Julius Lippert

Sozial-Geschichte Böhmens

in vorhussitischer Zeit - 2. Band

Julius Lippert

Sozial-Geschichte Böhmens
in vorhussitischer Zeit - 2. Band

ISBN/EAN: 9783743630116

Hergestellt in Europa, USA, Kanada, Australien, Japan

Cover: Foto ©ninafisch / pixelio.de

Weitere Bücher finden Sie auf **www.hansebooks.com**

SOCIAL-GESCHICHTE BÖHMENS

IN VORHUSSITISCHER ZEIT.

VON

JULIUS LIPPERT.

II. BAND:

DER SOCIALE EINFLUSS
DER CHRISTLICH-KIRCHLICHEN ORGANISATIONEN
UND DER DEUTSCHEN COLONISATION.

PRAG. WIEN. LEIPZIG.
F. TEMPSKY. F. TEMPSKY. G. FREYTAG.
1898.

Druck von Gebrüder Stiepel in Reichenberg.

Vorwort.

Verlagstechnische Schwierigkeiten verschuldeten die lange Zwischenfrist, die seit dem Erscheinen des ersten Bandes dieser Socialgeschichte Böhmens verstrich. Gleiche Rücksichten bedingten dem ursprünglichen Programme gegenüber eine Beschränkung des Materials im vorliegenden Bande. Wie ich sie jetzt vorlegen kann, bilden beide inhaltlich auf einander angewiesene Bände gleichsam nur die socialhistorischen Elemente, aus denen alle gesellschaftlichen Einrichtungen unseres Landes emporkeimten, deren zusammenfassende Darstellung nun hätte nachfolgen müssen. Über den Wegfall einer solchen Darstellung darf ich mich indes vielleicht auch damit trösten, dass das zu bietende Neue thatsächlich mehr in jenen Elementen, als in den auch anderweitig behandelten Verhältnissen und Einrichtungen zu liegen scheint.

Mehr fast bedauere ich, an eine Fortsetzung der Zeit nach nicht denken zu können. Die ganze Hussitenzeit und die der nachfolgenden socialen Reaction müsste nun von der dargebotenen Grundlage aus richtig erfasst in neuer Beleuchtung erscheinen. Aber der Kreis, der sich um böhmische Dinge in deutscher Darstellung Interessierenden ist zu klein, um ein solches Unternehmen tragen zu können.

Ich habe diesem Band eine mehrjährige Arbeit fast ausschließlich gewidmet. Dass ich es konnte, verdanke ich der Unterstützung der Gesellschaft zur Förderung deutscher Wissenschaft, Literatur und Kunst. Durch diese Unterstützung war ich auch in die Lage versetzt, auf einen Theil des zwischen mir und der Verlagsbuchhandlung vereinbarten Honorars zu Gunsten der Verlagsbuchhandlung zu verzichten, zur theilweisen Schadloshaltung der letzteren.

Prag, am 5. Feber 1898.

Der Verfasser.

Inhaltsverzeichnis.

Seite:

I. Der sociale Einfluss der christlich-kirchlichen Organisationen 1
    Die Zeit des Überganges der Culte 1
    Die Zeit der Collegiatstifte 29
    Die Verbreitung der Mönchsorden 42
    Die Zeit der ritterlichen Orden 74
    Die jüngeren Orden 83
    Der Kampf um das Stiftungsgut 92
II. Der sociale Einfluss des deutschen Elementes im Lande 124
    Die städtische Colonisation 124
    Die Bürgercolonien auf Königsboden als «königliche Städte» 151
    Die Städtegründungen im Einzelnen 169
    Sociale Umgestaltungen im Gefolge der Einführung bürgerlicher Gemeinden . . . 270
    Königliche Villicationstädte 300
    Städtegründungen geistlicher Herrschaften 318
    Städtegründungen auf Adelsgütern 330
    Charakter der Stadtanlagen 353
    Sprachenverhältnisse 362
    Ländliche Colonisation 366

I.

Der sociale Einfluss der christlich-kirchlichen Organisationen.

Die Zeit des Überganges der Culte.

Nur in so weit, als durch die Einführung des Christenthums die älteren socialen Verhältnisse in unserem Lande beeinflusst, umgestaltet oder fortgebildet wurden, ist jenes und dieses selbst hier Gegenstand unserer Erörterung.

Was wir über die Cultverhältnisse der vorchristlichen Slaven innerhalb und außerhalb Böhmens aus unseren Quellen erfahren, erscheint uns zum Theil nur deshalb so unzureichend, weil sich unsere Betrachtung an Entwickelteres, unser Geschmack an Phantasievolleres gewöhnt hat. Eine Bewunderung, Vergöttlichung und Anbetung «der Natur und ihrer Kräfte» finden wir da allerdings nicht. Kein Berichterstatter weiß etwas davon, dass Sonne und Mond Götter der Slaven gewesen wären. Fast jeder aber — denn sie sind ja alle Christen — stößt sich an dem Culte, den jene ihren Todten im freien Felde oder im Walde, unter Bäumen und an Quellen weihen — überdachte Wohnungen für dieselben hatten sie also noch nicht und desgleichen wird keine Art des Tempelbaues bei unseren Slaven erwähnt.

Dass sie außer jenen Geistern der Abgeschiedenen nach Geschlecht und Stamm — und den Organisationsstufen überhaupt folgend — auch Geister höheren Ranges durch Cultgaben zu erfreuen und zu gewinnen geneigt waren, ergibt sich aus vielen berichteten Umständen. Eine Art von Fetischgedanke knüpft sich wie überall an diese Vorstellungen: Zeichen und Örtlichkeiten, mit denen der Cult in Verbindung tritt, Gräber und Male, Hügel und Haine, Bäume und Quellen wurden Gegenstände der Heiligkeit. Über deren Verehrung klagen unsere Gewährsmänner. Spuren kunstvollerer Ausgestaltung der Malzeichen, wie sie sich bei den Nordslaven zu zeigen beginnen, werden in den Böhmen berührenden Berichten nicht erwähnt; auch scheint sich der Cult «ohne Tempel und Götterbilder» genügt zu haben. In allem Übrigen aber decken sich die kargen Nachrichten über altčechisches Cultwesen vollständig mit denen über nordslavisches, so dass man jene durch letztere ergänzt und bestätigt sehen kann. Zur Zeit, als vorübergehend Wagirer, Polaber und Obotriten als drei Stämme zu einem Staate vereinigt waren, bezeichnet Helmold[1]) Folgendes als ihren Cultbestand: in den Gefilden viele heilige Haine und in den Ortschaften ein Gewimmel von Hausgöttern, darüber aber in jedem der drei Stämme je eine mit besonderem Namen bezeichnete Stammesgottheit. Von Sonne und Mond und personificierten Naturgewalten als Gottheiten weiß der Augenzeuge nichts. Dagegen gelten als geistbeseelte Heiligthümer bei Eidesleistungen Bäume, Quellen und Steine.[2])

Lag die Cultpflege naturgemäß im Interesse der Familie und der sich ihr überordnenden Organisationseinheiten, so mussten gewisse Momente derselben ebenso naturgemäß in die Hände der Vorstände aller dieser Einheiten fallen: sie wurden zugleich Cultvorstände der Gens, der Phratrie und des Stammes. Will man dieses ihr Amt ein priesterliches nennen, so erscheint bei Völkern gleicher Stufe fast überall ein doppeltes Priesterthum: das jener Organisationen, das man das officielle nennen könnte, und ein zweites von mehr privatem Charakter, das den Cult nicht der gemeinen Wohlfahrt willen, sondern für ganz bestimmte einzelne Zwecke unterhält, wobei in der Regel auch die Cultobjecte, durch deren Vermittlung jene Sonderzwecke erreichbar gedacht werden, individueller Art zu sein pflegen. Man bezeichnet diese Kategorie, aus der vielleicht der «Schamane» und der «Medicinmann» die bekanntesten sind, als Zauberpriester oder Zauberer.

Dass auch sie bei den Slaven in Böhmen vertreten waren, ist wenigstens an dem Vorhandensein zweier Hauptrichtungen dieses Zauberwesens deutlich zu erkennen. Cosmas, der Reste alten Cultwesens noch so üppig um sich wuchern sehen konnte, zeichnet anschaulich in seiner Kazi zugleich die Thätigkeit des heilenden Medicinmannes und jenes Zauberspecialisten, den wir bereits als Sok, den Erspäher der Diebe und der Diebshabe kennen lernten, während das officielle Priesterthum in der Schwester Teta personificiert erscheint. Das letztere muss natürlich im Laufe jener socialen Entwicklung, die wir im ersten Bande verfolgten, ausschließlich in die Hände der erblich gewordenen Vorstandsfamilien, also des Adels der Dörfer und der Fürsten gelangt sein, während in der andern Gruppe

---
[1]) Helmoldi Chronicon Slavorum I, c. 52 v. 2 f.
[2]) Ebend. I, 83, 19.

Glück und Geschick den Mann auch im Unterthanenstande finden konnten.

Die Cultstätten mussten sich in ihrer Gliederung nothwendig an diejenige der Organisationseinheiten angeschlossen haben. Die primitivste war allen Analogien nach ursprünglich gewiss der gemeinsame Herd der Hauscommunion, nachmals eine Stelle inmitten der zu Sonderwirtschaften gewordenen Wohnstätten des Dorfes, wie sie wohl heute noch Baum und Kreuz bezeichnen.

Auch der nach wirtschaftlichen Bedürfnissen, wie gemeinsamer Weidenutzung und ähnl. wiederkehrende Cult der Phratrie erforderte eine oder mehrere gemeinsame Cultstätten, wie ja gerade die Phratrie als Cultverband uns am häufigsten im nachmaligen Kirchspiele erhalten scheint. Haine und Hügel, auch außer den Dörfern des Gaues haben dazu gedient und manche christliche Capelle bezeichnet wohl heute noch solche Stätten, die zugleich als ausgesuchtere Begräbnisplätze dienten. Oft ist es der Drachentödter S. Georg, oft Johannes in der Wüste, die sich hier dem heidnischen Spuck entgegenstellen.

Großentheils einem besseren Geschicke giengen die Cultstätten der Stämme entgegen; ihre Cultpflegschaft gewann mehr Anlässe, eine ständige zu werden und sich mit einer dauernd bewohnten Ortschaft zu umgeben. Zu dieser Art Cultheiligthümern der Burg Prag dürfte jener Felsblock inmitten derselben zu zählen sein, auf welchem bis zur Zeit der Königskrönungen die Einführung des neuen Fürsten stattfand.[1]

Auch die Culthandlungen scheinen sich nicht von ihrem ursprünglichen Wesen entfernt und zu keinen symbolisierenden Formen sublimiert zu haben: Darbietungen, dem Bedürfnisse des lebenden Menschen abgesehen, bildeten den Kerngehalt derselben. Die christlichen Beobachter nannten sie allerdings Opfer. Als Speisen brachte man sie den Geistern an ihre Wohnplätze, oder die Geister fanden sich, von den Menschen geladen, unter den Genießenden ein. An sich selbst lud sie dem Glauben nach jede bessere Mahlzeit. Das frische Fleisch der Schlachtthiere war jenen Menschen keine gemeine Nahrung: es dem Einzelnen nur nach dem Maße seines Bedürfnisses zugänglich zu machen, fehlte die Veranstaltung; das ganze Schlachtthier vereinigte auch ein ganzes Geschlecht. Aus Zusammenkunft und Schmaus entsteht das Fest, und es wird durch den Hinzutritt der Geister zur Culthandlung. Seine Anlässe sind zunächst wirtschaftlicher Art, aber aus der Wiederkehr erwächst der theilnehmenden Gottheit ein Recht, und das Fest wird ihr gefeiert, das Thier ihr

---

[1] Vincentius p. 35.

geschlachtet. Natürlich sind die Feste, die an den Malstätten Phratrien und Stämme vereinigen, die größeren. Bei den Nordslaven wanderten daher «die Männer und Weiber mit den Kindern und schlachteten ihren Göttern Rinder und Schafe, viele aber auch» — in Erinnerung an eine vergangene Urzeit des Kannibalismus — «Christenmenschen, an deren Blute sich nach ihrer Versicherung ihre Götter ergötzen.»[1]) Ein solches Rudiment hat betreffs Böhmens kein Zeugnis. Was aber auch hier außer Wiedersehn und Schmaus die Grundlage der Festfreude bildete, das zeigen uns noch in jüngerer Zeit die Festfeiern für die Verstorbenen: es waren Erzählungen, Schnurren und schallendes Gelächter, an denen sich in den Vorhallen der Kirchen die freigewordene Seele mit erfreute, und schon war aus dem Vortrage entsprechender Geschichten eine Art Gewerbe geworden, gegen das die Synoden ankämpften.

Die bedeutenderen Cultstätten der Nordslaven besaßen bereits eine stehende Cultbedienung — eine **Priesterschaft** —, welche die Festzeiten dem Volke ansagte. Auch dafür finden wir in Böhmen kein Zeugnis; vielmehr müssen wir die Cultbesorgung an den Gau- und Stammesmalstätten in den Händen des Gauvorstandes und seiner Leute erachten, beides also noch in jener Vereinigung, welche in der alten Doppelbedeutung des Wortes kněz angedeutet erschien.

Die Macht des Stammespriesters bei den Nordslaven findet aber Helmold[2]) so groß, dass ihm im Vergleiche dazu die des Königs gering erscheint. Jener hänge von den Losorakeln der Gottheit, die er deutet, ab; dieser und das ganze Volk aber von seiner Weisung. Auch materiell hebt sich seine Bedeutung. Den Bedarf der Feste bestreiten die Theilnehmer, und sie decken auch die Bedürfnisse eines ständigen Cultes. Mit dem Ansehen der Cultstätte wächst ihr Überschuss an Reichthum. Verwalter und Nutznießer ist der Priester. So hatte sich der Stammescult der slavischen Ranen — oder Rugionen auf Rügen — fast alle Nachbarstämme tributpflichtig gemacht. Hier pflegte zur Novemberzeit ein reichlicher Häringsfang stattzufinden und der Zusammenfluß der Händler gestaltete sich zur Festzeit. Die Theilnahme an dieser Häringsmesse wurde ihnen aber nicht gestattet, ohne dass sie dem Stammesculte zuvor ihre Beisteuer entrichtet haben.[3]) Die nordgermanischen Stämme kannten eine förmliche «Tempelsteuer».

---

[1]) Helmold I, 52, 2.
[2]) a. a. O. II, 12, 8.
[3]) Ebend. II, 12, 10.

Fielen nun allen Anzeichen nach bei den Altčechen Fürstenthum und Priesterthum noch nicht auseinander, so musste doch auch hier jener Machtfactor wirken; der Zuwachs von Macht, Ansehn und Gut fiel also auf das Fürstenthum.

Insofern außer dem Culte auch die Lebensführung in einigen Punkten von dem nachfolgenden Übergange zum Christenthum berührt wurde, müssen wir auch auf diese in vorchristlicher Zeit einen Blick werfen. Ihre dunkelsten Schattenseiten, die in den Anklagen der Bekehrungseiferer als scheusliche Laster erscheinen, und ihre schönsten Glanzpunkte, die auch im Kampfe selbst von den Gegnern als helle Tugenden anerkannt wurden, ruhten gleicherweise auf der Grundlage einer Familienverfassung, die zwar nicht den Slaven allein eigenthümlich doch mit ihren Folgeerscheinungen diesen weit länger anhaftete, als den Germanenstämmen. Unter jenen dunklen Punkten ist der des ehelichen Lebens, wie er von den christlichen Berichterstattern geschildert wird, wohl der dunkelste, und er bleibt es wohl auch dann, wenn wir die Zuthaten mönchischen Übereifers in Abrechnung bringen. Dass — nach Cosmas — die vorchristlichen Čechen dereinst ohne jede Kenntnis des Ehebandes gelebt hätten, können wir getrost zu letzteren rechnen. Dass viele aber, so weit die wirtschaftliche Lage es gestattete, in bigamischen und polygamischen Ehen lebten, dürfte man um so weniger mit Erfolg bestreiten können, als solche Verhältnisse auch zur Zeit des Christenthums immer wieder auftauchten. Was in ähnlicher Hinsicht den Frauen vorgeworfen wird, scheint uns weniger auf Überreste ehemaliger Polyandrie als auf Leichtfertigkeit der Sitten und geringe Wahrung der Anspruchsgrenzen des Einzelnen hinzudeuten. Daran lehnt sich dann immer wieder die Klage über den Abschluss der Ehen in zu nahen Verwandtschaftsgraden. Dieser Erscheinung kann ebenso eine zu geringe Betonung des Princips der exogamischen Ehe, die doch dem Wesen nach der ganzen Gesellschaftsform zugrunde liegen musste, wie eine zu große Sorglosigkeit des Umgangs innerhalb erweiterter Hauscommunionen zu Grunde liegen, wie auch ein Drittes nicht ganz unwahrscheinlich ist, dass nämlich die Altčechen bei ihren Verwandtschaftsbestimmungen noch einseitig an dem System der Mutterfolge festgehalten hätten, wodurch sie dann mit der christlichen Berechnungsweise, die ja als allernächste Verwandtschaftsgrade zählte, was jenes als solche überhaupt nicht anerkannte, hätten in Conflict gerathen müssen.

Es fällt nicht schwer, einen Hauptgrund dieser Erscheinungen in dem Zusammenbleiben und Wirtschaften ganzer Geschlechter und mehrerer Generationen in Einer Gemeinschaft zu erkennen. Auf denselben Urgrund scheint auch der zweite Hauptfehler zurückzudeuten, den sich die alten Slaven Böhmens oft vorwerfen lassen mussten, der der Unmäßigkeit im Essen und Trinken. Auf das Alltagsleben, das karg genug sein musste, kann er sich nicht beziehen; wohl aber auf jene Festzeiten, bei denen eine ökonomische Zurückhaltung um so weniger eintreten konnte, als man ursprünglich gewohnt war, aus einem gemeinsamen Vorrathe zu schöpfen. Aber auch was den Nordslaven als sittlicher Vorzug nachgerühmt wird und der Ähnlichkeit der Verhältnisse wegen gewiss auch auf die Tschechen bezogen werden kann, ihre Gastfreundschaft und ihre Achtung vor den Eltern, wuchs aus derselben Grundlage hervor. Man finde bei ihnen — den Ranen — keine Dürftigen und keine Bettler und für die von Krankheit oder Alter Geschwächten werde in menschlichster Weise gesorgt, denn «Gastfreundschaft und Sorge für die Eltern bezeichnen in erster Reihe die Tugenden der Slaven.»[1]) Diese Züge weisen deutlich noch auf die Einheit größerer Wirtschaftsverbände hin; erst bei ihrer Auftheilung können Bettel und Altersversorgung zu socialen Fragen werden.

Dass in diesen Cult- und Lebensverhältnissen viel Gegensätzliches lag, in dessen Überwindung die **Einführung des Christenthums** bestehen musste, liegt auf der Hand. Daneben lässt sich aber auch das vielfach Gleichartige nicht verkennen, an welches ein Christenthum in seinen damaligen Zeitformen anknüpfen konnte, um im Übergange durch Wesensverwandtes und Leichterfassbares auch Anforderungen den Weg zu bahnen, die einer durchaus fremdartigen Culturentwicklung entstammt waren.

Nicht wie das erste Christenthum gieng dieses aus einer inneren Gährung der Massen hervor, und nicht von unten herauf arbeitete es sich ins Volk; überall vielmehr nahm es seinen Weg von oben herab in die Massen. In die subtile Unterscheidung eines einzigen absolut Göttlichen von einem relativ Göttlichen, dem die Slaven bisher ihre Culte gewidmet, brauchten sie sich nicht zu vertiefen: den unteren Schichten genügte nicht nur der Ersatz ihrer Cultobjecte durch Heilige, die sich bereits durch wunderbare Wirkungen auf jenen Gebieten, die zu erschließen jeder Cult den Zweck hat, einen klangvollen Namen erworben; er musste ihnen, falls nur der neue Cult vom Glücke begleitet war, als ein begehrenswerter Tausch erscheinen. Die aber über dem Volke standen, mussten Macht und Wert ihrer Cultobjecte an den Erfolgen des Völkerringens

---

[1]) Helmold II, 12, 12.

messen lernen. Götter zu verlassen, die von anderen besiegt ihr eigenes Volk verlassen zu haben schienen, war dem «Heidenthum keine ungeläufige Vorstellung; mit jeder neuen Staatsbildung vollzog sich ihm ein solcher Process. An eine Existenzlosigkeit der entthronten Cultobjecte zu glauben, wurde ihm keineswegs zugemuthet. Bekehrungsmissionäre — im Bereiche der Nordslaven — versichern uns vielmehr, mit eigenen Augen beim Sturze von Götterbildern den entweichenden Dämon gesehen zu haben, und in der Lehre von den bösen Geistern fand der Übergang von einer Lehre zur andern den bequemen Steg.

Wenn sich das Christenthum den Slaven als eine Heilslehre näherte, so war auch deren alter Cult als ein Heilmittel gegen die mannigfachsten Gebrechen des Lebens gehandhabt worden, und im Ganzen diente der neue in allen Lebenslagen, in welchem der alte mit seinen Objecten Verwendung gefunden hatte. Es waren auch noch in späten Jahrhunderten christliche Cleriker, welche die Leibzeichen und Reliquien der Heiligen dem Feinde entgegentrugen, wie Entsprechendes von den heidnischen Slavenpriestern erzählt wird; christliche Geistliche intervenierten mittels der neuen Heiligthümer bei Entscheidungen auf der Gerichtsstätte, und unser erste Bischof in Böhmen hatte aus der Fremde ins Land kommend durch die Erfolge seiner Heilkunst sich empfohlen; Grotten und Malstätten alter Zeit waren nach Beschwörung ihrer Dämonen zu christlichen Wallfahrtszielen geworden.

Dass sich das Christenthum dort leichter einführen konnte, wo es auf einen abgesonderten, zu Macht und Besitz gelangten Priesterstand noch nicht stieß, wo sich seine Cultdiener den Herren und Vorständen anbieten konnten, ohne schon vorhandene verdrängen zu müssen, liegt auf der Hand. Für den frühen Bestand eines solchen gesonderten Priesterstandes aber haben wir in Böhmen kein Zeugnis, und daraus erklärt es sich vielleicht, dass wir auch von eigentlichen Bekehrungskämpfen nichts erfahren. Der Kampf der Čechen gegen die wahrscheinlich schon christlichen Lučanen, der Kampf Boleslavs gegen seinen Bruder Wenzel sind rein politischer Natur.

Den günstigsten Anknüpfungspunkt für den neuen Cult musste das schon in vorchristlicher Zeit hochentwickelte Bedürfnis der Fürsorge für das Fortleben der Seele darbieten. Während aber in vorchristlicher Auffassung die mit der nöthigen Cultpflege nicht versorgte Seele einer Art Vagantenleben oder dem völligen Vergehen entgegen sehen musste, steigerten sich auf dem christlichen Standpunkte ihre Entbehrungen bis zu den abschreckendsten Qualen «der Hölle», und in dem Maße, in welchem der Abstand von diesen zu den erlesensten Himmelsfreuden zunahm, musste das Bedürfnis nach der entsprechenden Cultfürsorge wachsen. Gerade diese aber fand im Christenthum jener Zeit eine besondere Betonung, gerade diese bot es nun in ganz neuartigen, geheimnisvollen Mitteln dar, während es in seinem Priesterthum eine vielseitige fertige Organisation zur Verfügung stellte, die sich jedermann nach Maßgabe seiner Aufwendungen dienstbar machen konnte. Das sicherte dem Christenthum gerade bei Reichen und Mächtigen eine willige Aufnahme, der Priesterschaft eine reichliche Ausstattung.

Die Kämpfe der Čechen mit den Franken und Thüringern im 7. und 8. Jahrhunderte führten keine freundschaftlichen Verhältnisse zwischen den fremdsprachigen Nachbarn herbei. Erst im 9. Jahrhunderte trat ein Theil der böhmischen Herzoge in solche zu den Franken; die Taufe der 14 Herzoge zu Regensburg im Jahre 845 bezeichnet diese Thatsache.[1]) Auf dem gleichen Wege kam diese Art Bekehrung im Jahre 895 zum Abschlusse, indem der Prager Fürst Spytihněv sich zu Regensburg mit allen Herzogen unterwarf. Die Bedeutung dieser Bekehrung des ganzen Landes kann zunächst nur darin gesucht werden, dass in den Sitzen der Stammesvorstände oder Gaufürsten der christliche Cult Eingang fand, was zunächst nach der Sachlage nur durch fremde, zuvörderst fränkische und bairische Geistliche geschehen konnte. Hatte bis dahin der betreffende Fürst selbst die Verwaltung des Stammescultes in seiner Hand, so gab er sie jetzt zwar an den fremden Priester ab, nicht aber ohne von dessen Ansehen einen Zuwachs seiner Macht zu erwarten.

Der vorchristliche Cultplatz auf der Prager Burg erscheint uns nach zahlreichen Analogien durch den Drachentödter S. Georg verlässlich gekennzeichnet. Diese Stelle war es aber nicht, auf welcher der von Regensburg heimkehrende Spytihněv das erste christliche Kirchlein baute; vielmehr stand dieses fern dem Mittelpunkte der alten Burganlage am Thore der Burg. Man kann daraus schließen, dass der getaufte Spytihněv nicht sofort den alten Cult unter Auflassung desselben durch den neuen ersetzte, sondern letzteren zunächst neben jenem errichtete, bis sein Nachfolger Wratislav es wagen durfte, auf dem alten Cultplatze inmitten der Hauptburg dem Drachentödter eine Kirche zu erbauen.

---

[1]) Dass die Lučanen zu den Bekehrten gehörten, scheint uns der durch die Čechen travestierte Bundesmahlbericht bei Cosmas, Script. rer. boh. p. 27 anzudeuten.

Die ersten Geistlichen hat Spytihněv ohne Zweifel aus Regensburg mitgebracht. Auch eine spätere Zeit, welche die Legende von Bořivoj und seiner Taufe in Mähren dichtete, konnte sich den Vorgang nicht anders denken, als dass mit dem Neubekehrten ein Priester einzog, der fortan an der ihm zugewiesenen Stätte den Cult versah und vom Fürsten erhalten wurde. Nicht allein dessen Freigebigkeit, sondern auch der Reichthum an Opfergaben und Cultspenden, welcher gerade bei Neubekehrten zuzufließen pflegte, zog dann freiwillig zuwandernde Priester in größerer Zahl dahin. So nennen die Wenzelslegenden [1]) Priester aus Bayern und Schwaben, welche sich dem freigebigen Fürsten mit Reliquien und Bücherschätzen zur Verfügung stellten.

An den Höfen der Großen, die bei jenen Taufen als deren Gefolge erscheinen, mag sich Ähnliches vollzogen haben. Vor das Volk aber mit Predigt und Belehrung zu treten, konnte jenen Fremdlingen, zu denen sich später außer Franken und Thüringern auch Sachsen gesellten, wohl kaum sofort möglich sein. Eine besondere Anziehungskraft behielt ein Land wie Böhmen durch Jahrhunderte hindurch, und ein classischer Zeuge [2]) spricht noch im 14. Jahrhunderte von Geistlichen, die aus weiter Ferne einem freigebigen Hofe zuströmten; der Besitz von Reliquien war nach der Denkweise der Zeit für den Einwandernden der beste Empfehlungsbrief. Was sich ihm darbot, waren im 10. Jahrhunderte außer Gold und Silber Schätze an Pelzwerk und Kleidern, aber auch, wie ausdrücklich gesagt wird, an Sclaven. Dass solche zurückgewiesen worden wären, wird nicht gesagt.

Ob solche Priester wenigstens an der Hauptcultstätte des Landes schon in frühester Zeit nach Art eines «Capitels» zusammenwohnten, ist nicht gewiss; einzelne Nachrichten darüber sind unzuverlässig, andere sichtlich gefälscht.[3]) Der heilige Veit war durch die Übertragung seiner Gebeine nach dem Kloster Korvei im Jahre 836 zum Patron der Sachsen geworden; dass gerade diesem Herzog Wenzel zwischen den beiden erstgenannten eine dritte Kirche auf der Prager Burg erbaute, deutet auf Beziehungen zu jenem Kloster, dessen Missionsthätigkeit sich um die Zeit des beginnenden 10. Jahrhunderts bis Böhmen erstreckt haben dürfte. Eine Vereinigung der Geistlichen dieser Kirche zu einer Art Capitel erfolgte wahrscheinlich nicht vor der Gründung des Bisthums daselbst (973). Sowohl der erste Bischof — Dietmar 973—982 —

---

[1]) Fontes rer. boh. I, p. 154, 185, 214 f.
[2]) Peter von Zittau in Chron. Aulae Reg. C. LIX. Fontes r. 6. p. 71.
[3]) Frind, Kirchengeschichte Böhmens S. 15, 102.

wie der erste uns bekannte Probst jenes Capitels — Welich — waren eingewanderte Deutsche. Der zweite, heimische Bischof — Adalbert — hatte seine Ausbildung in Magdeburg gesucht. Bald verlegte sich die christliche Propaganda im Lande selbst auf die Heranbildung Heimischer zu Clerikern. Bei der der Legende nach von Spytihněv auf seinem Gute Budeč gestifteten Kirche soll in frühester Zeit solcher Unterricht ertheilt worden sein. Zu gleichen Zwecken entstand eine «Domschule» zu St. Veit. Deutsche wanderten aber immer noch zu, darunter Männer aus deutschen Klöstern, die wirklich apostolischer Eifer antrieb. So war auch Dietmar[1]) als Mönch aus Magdeburg nach Böhmen gekommen, nachdem er sich vorher die vollständige Kenntnis der slavischen Sprache angeeignet hatte. Von dem Durchschnitte der Burggeistlichen dagegen, wie er nachmals bis in die Mitte des 11. Jahrhunderts, in dem es an Anlässen zu aufopfernder Missionsthätigkeit noch immer nicht gefehlt hätte, beschaffen war, entwarf der Domdechant Cosmas [2]) kein anmuthendes Bild. Canoniker waren sie nur «dem Namen nach; ungebildet und ungelehrt saßen sie in Laienkleidern im Chore und führten ohne Aufsicht ein Leben wie thierische Centauren». Solcher Cleriker — zunächst Personen ohne höhere Weihen — müssen also schon damals große Scharen auf der Prager Burg gelebt haben, wenn der Reformator des Domcapitels, der Deutsche Marcus, aus ihnen fünfundzwanzig der besten für sein Reformwerk auswählen konnte.

Nach Späterem zu schließen, müssen die genannten Kirchen ihren Erhaltungsaufwand außer aus täglichen Spenden der Bekehrten aus den Einkünften reich ausgestatteter «Seelgeräthe» ihrer Stifter gezogen haben. Die Kosten solcher Veranstaltungen waren an die Stelle dessen getreten, was vordem als Darbietungen für Frieden und Behagen der Seelen aufgewendet worden war.

Ähnliches muss auf den Höfen der Großen im Lande sich wiederholt haben. Indem die Cultpflege von der Vorstandschaft sich auch örtlich trennte, entstand das Kirchlein als ein zweites Herrenhaus neben dem alten; die Rechtsverhältnisse sollten sich erst später ordnen. Wohl behielt sich der Vorstand sein Anrecht auch auf dieses zweite Herrenhaus vor; aber zum Unterschiede von jenem älteren blieb es dem Anspruche und in gewissem Sinne der Wirklichkeit nach der ganzen Genossenschaft geöffnet. Dahin kamen nun die Genossen zur Festzeit, doch nicht mit leeren Händen; sie alle stützten und förderten den Bau.

---

[1]) Cosmas ad a. 967 I, p. 49.
[2]) Cosmas ad a. 1068, p. 147.

Wie von solchen Stützpunkten aus die Propaganda — in jedem Sinne — weiter greifen musste, zeigt uns wieder am besten eine Analogie bei den Nordslaven.¹) Der vom Grafen berufene Priester zerstört die Cultstätten der Heiligen Haine und deren Cultus und lässt in der Burg eine Kirche erbauen, die er mit den nöthigen Büchern und Cultgeräthen ausstattet. Der Graf aber — wir könnten zunächst an einen Gaufürsten denken — befahl den Slaven, ihre Todten zum Begräbnisse in die Vorhallen der Kirche zu tragen, hier zu den Festzeiten zusammenzukommen und das Wort Gottes zu hören. Der — deutsche — Priester aber besaß eine Anzahl in slavischer Sprache aufgeschriebener Ansprachen, die er dem Volke gelegentlich vortrug. Es wurde ferner den Slaven verwehrt, ihre Eide bei Bäumen, Quellen und Steinen zu leisten; vielmehr mussten sie die wegen eines Verbrechens Verfolgten dem christlichen Priester anbieten, der sie durch das Ordal des glühenden Eisens oder der Pflugschar prüfen sollte. — Wir dürfen ähnliche Maßnahmen um so mehr auch nach Böhmen verlegen, als wir sie daselbst noch Jahrhunderte nach der ersten Bekehrungsarbeit geschichtlich bezeugt vorfinden werden.

Mittelpunkt des Cultes blieben — in Auffassung und Übung des Volkes — nach wie vor die festlichen Zusammenkünfte der Geschlechtsgenossen oder Verbandsmitglieder. Jene verwandelten sich allmählich in Kirchspielgenossen, wobei wohl oft die territoriale Begränzung die gentilistische durchkreuzen musste. An Stelle des Geschlechtsstammvaters trat — wie heute noch bei den Südslaven zu beobachten ist — der heilige Schutzpatron des Kirchspieles. Von diesen «Jahresfesten», die mit christlichen Culthandlungen und vorchristlichen Gelagen gefeiert wurden, sprechen schon die älteren Wenzelslegenden.²) Wie man dem anwesend geglaubten Cultgeiste vordem den Becher gewidmet, so trank man mit geringer Gedankenwendung auch dem Heiligen zu.³) Das Zusammenströmen von Genossen größerer Verbände gab Anlass zu Tausch und Handel; so bildeten seit Unzeiten zu Prag die beiden Hauptfeste St. Veit und St. Wenzel auch die Jahrmarktszeiten.⁴) Der Cultgedanke dringt in der Vorstellung durch, dass es verdienstlich und heilsam sei, solche Feste zu besuchen.⁵)

---

¹) Helmold l. c. I, 83, 17 ff.
²) Laurentii passio St. Wenceslai. Fontes r. b. I, 175.
³) Gumpoldi vita St. Wenc. Font. r. b. I, 159.
⁴) Tomek, Geschichte Prags I, 366.
⁵) Als im J. 1370 das Wenzelsfest schlecht besucht war, folgte im ganzen Lande die Pest. B. v. Weitmühl IV. ad a 1370.

Aber dieser Weg von der Fürstenburg herab war doch nicht der einzige zur Verbreitung des neuen Cultes. Zuzug und heimischer Zuwachs von Cultdienern — auf den Weihegrad kam es nicht an — überragte den Bedarf an Fürstenhöfen und Herrenburgen. Auch Wunsch und Eigenart führten manche auf besondere Wege. Ihres Legendenschmuckes entkleidet zeigt uns die Erzählung von St. Prokop ein solches Beispiel aus dem 11. Jahrhunderte. Gleiche Fälle mögen vorangegangen sein. An der Sazawa war eine Höhle[1]), welche die damaligen Christen von tausend Dämonen bevölkert glaubten — also wohl ein alter Cult- und Begräbnisplatz — zu dem noch immer wohlbekannte Wege durch die umhegende Wildnis führen mochten. Hier siedelte sich ein Mann mit seinem Sohne an, um mit Werken christlichen Cultes sich selbst und alle Nothleidenden zu entsühnen, die sich zahlreich hierher wendeten. Enthaltsamkeit und Bußübungen aller Art die Wirksamkeit von Cultwerken zuzuschreiben, ist keine ausschließlich christliche Vorstellung. Ein solcher Einsiedler von Ruf zog diejenigen an, die nicht gleich Fürsten für ihr Heil einen Cult zu stiften vermochten. Auch in die Höhle an der Sazava «kamen scharenweise die Bewohner der Provinz, um Geschenke darzubringen» und sich damit ihren Antheil zu sichern. Seit auch Herzog Ulrich († 1037) den neuen Cultort besucht und beschenkt, mehrten sich Zulauf und Gaben. Die Cultdiener konnten den Bau eines Kirchleins beginnen, das wie so oft an verrufenen Orten Johann dem Täufer geweiht wurde. Dem Dienste boten sich so viele an, dass Prokop eine Anzahl auswählen und in Hütten ansiedeln konnte — der Grundstock eines Capitelhauses oder Klosters. — So sehen wir eine zweite Art von Cultstätten entstehen, aus der Mitte des Volkes und für dieses, aus der Ansammlung seiner Beisteuern in kleinen und kleinsten Beträgen.

Beide Formen wuchsen aber auch ineinander. Die von den Landherren gestifteten Kirchen wurden gleichzeitig Sammelbecken für die Cultdarbringungen der Genossen und Anderer. Ein in volksthümlicher Weise entstandener Cultplatz aber zog durch seine Heilwirkungen die Aufmerksamkeit und Zustiftung der Großen an sich. So erhoben sich viele «Einsiedler»-Gründungen zu weithin herrschenden Stiftungen. Die Art ihrer Dotierung aber war vornehmlich das Neue, auf viele sociale Verhältnisse umgestaltend Einwirkende.

Auch Prokop erhielt vom Fürsten das Gebiet seiner Niederlassung selbst zum Geschenk; dessen Sohn Břetislav stiftete sich

---

[1]) Chronist von Sazawa in Script. r. b. ad a. 1038, p. 89 ff.

selbst ein Seelgeräth[1]) bei dieser Cultstätte, indem er unter andern Geschenken ein ganzes Dorf[2]) hinzufügte. Das gestattete die Aufnahme einer größeren Gesellschaft von Mönchen, und aus der Einsiedelei wurde eine Abtei.

Dass der Gründer Prokop der lateinischen Cultsprache kundig gewesen sei, ist ebensowenig entschieden, wie die Frage, ob schon durch ihn selbst oder erst durch die in Břetislavs Stiftung aufgenommenen Brüder die lithurgischen Bücher in kyrillischer Schrift eingeführt worden seien. Jedenfalls fanden sie hier zur Zeit Břetislavs und nachmals unter Wratislav Verwendung. Doch muss Prokop selbst vor der Zeit seiner Gründung mindestens in Beziehung zur Regensburg-Prager Kirche gestanden haben, wie die Namen seines Sohnes und Neffen, Emmeram und Vitus, genug auffallend bezeugen. Als Ordensregel galt im Kloster Sazau die des heil. Benedict, für die es in Böhmen bereits ein zweifaches Muster gab.

Die älteste aller fürstlichen Klosterstiftungen in Böhmen ist die des Jungfrauenklosters der Benedictinerinnen bei St. Georg auf der Prager Burg, die ungefähr in das Jahr 973 fällt. Seine Gründer sind Boleslav II. und Mlada (Maria), die Sprossen des ersten Boleslav, der sich mit grausamer Gewalt in den Herrschaftsbesitz des größeren Theiles von Böhmen gesetzt hatte. Volksunterweisung oder Wälderrodung konnte dem gewählten Mittel nach die Absicht der Stifter nicht sein; sie lag vielmehr in der Sicherung des Seelenheils, das die fürstlichen Geschwister durch die Blutschuld des Vaters besonders gefährdet glauben konnten.

Die Subsistenz des Klosters war auf mit unterthänigen Bauern besetzten Grundbesitz gegründet, der, wenn zusammenhängend, ein nicht unbedeutendes Fürstenthum dargestellt hätte. Doch lagen die Dörfer und Dorfantheile, die am Beginne des 13. Jahrhunderts auf 129 angewachsen waren, in Gruppen und vereinzelt in verschiedenen Gauen, wie sie gerade durch Heimfall oder auf andere Art in den Besitz des Fürsten gekommen waren. Markland oder Waldboden zu schenken, hätte den Zweck gänzlich verfehlt. Nachdem auch der fromme Boleslav nicht ohne Erfolg die Bahn seines Vaters betreten, scheint gerade die eroberte Burg Libitz mit ihrem Gute, sowie das benachbarte Oldřiš aus dem vernichteten Slavnikreiche als Sühne dem Kloster zugefallen zu sein.[3])

---

[1]) pro remedio animae suae. Ibid. I, p. 94.
[2]) Skramnik zwischen Böhm.-Brod und Sadska.
[3]) Cosmas I. 48, 52. Erben Regesta B. I. (1228) p. 336.)

Derselbe Boleslav II. war in Gemeinschaft mit dem Bischofe Adalbert der Begründer des ersten Benedictinermännerklosters in Böhmen, das um 993 eine Colonie italienischer Mönche aus Rom bezog. Auch diese Stiftung kennzeichnet sich vor allem als fürstliches Seelgeräth. Ihr Stiftungsgut erhielt sie nicht im Grenzwalde, sondern in nächster Nähe der Burg Prag, wo die Unterthanendörfer Břewnow, Weleslawin, Liboc und Rusyn einen zusammenhängenden Großgrundbesitz bildeten.[1]) In Weleslawin bestanden bereits bebaute Weinberge, die dem Kloster sammt den Arbeitsknechten und deren Casatenlande übergeben wurden. Dazu kamen auch Dörfer in entfernten Gegenden des Landes und wichtige Bareinkünfte. — Die Erwerbung und Verwertung von Markländereien seitens der Klöster bezeichnet eine jüngere Stufe. Im Prager Burgflecken selbst wurden dem Stifte 30 Unterthanen als Seelgeräthsknechte — *animatores* oder *proanimati*, čech. *dušnici* — mit Deputatgrund für unterschiedliche Handdienstleistungen sammt ihrer Nachkommenschaft und am Moldauflusse unterhalb der Burg zwei fertige Mühlen und drei Mühlstätten angewiesen. Auch eine bestehende Kirche — im Dorfe Wrana — sammt dem zugewiesenen Zehent vom Hofgute Radotin gehörte zu den Ertragsobjecten. Von den directen Bezügen erwähnen wir den zehnten Theil des Marktzolles und der Gerichtsbußen in den Burgen Prag, Schlan, Pilsen, Leitmeritz, Kouřim und Chrudim und das Zehntel der Gefangenschaftsknechte in der Prager Burg, das Zehntel der Erträge der Grenzzölle in Tauss, Kralup, Kulm und Trstenice, dann von den Wasserzöllen von Leitmeritz und Aussig. Für den Bedarf bei den hohen Festen, die eine weitreichende Gastfreiheit auszeichnen musste, waren den Hofwirtschaften zu Prag und Pilsen reichliche Lieferungen an Bargeld, Wachs, Honig, Käse und Braten auferlegt. Von diesen Festtagen bildete das der Einweihung der Kirche das Jahresfest, und zu ihnen gehörten auch die des Heiligen Emmeram und Michael. Vom Bischofe Adalbert erhielt das Kloster neben einigen Landgütern den ganzen Bischofszehent der Gaue von Leitmeritz, Bilin und Tetschen (später Leipa).[2])

Die Besitzungen wuchsen in der Folgezeit beständig, aber es dauerte einige Jahrhunderte, ehe das Stift auch an die Erwerbung und Verwertung von Strecken des Grenzwaldes gieng. Selbst in jenen Sumpf- und Waldgegenden an der Egermündung, die wir als die Reste einer alten Binnenmark ansehen müssen, bestand zur Zeit der Schenkung mindestens schon das Hauptgut Hrdly und jenseits der

---
[1]) Erben R. I. (993) 33.
[2]) Erb. I. (993) 35.

Elbe Lenzel. Die ganze Ausstattung deutet mit nichts darauf, dass die Mönche mit der Aufgabe nach Böhmen berufen worden wären, hier eine wirtschaftliche Culturarbeit zu vollbringen; «Arbeit» in den Klöstern war allenfalls ein pädagogisches, aber — vom eigenen Hausstande abgesehen — kein wirtschaftliches Moment. Der in zahllosen Beurkundungen ausgesprochene Zweck der Stifter war vielmehr, sich für alle Zukunft der Continuität eines Organes zu versichern, welches durch geregelte, ununterbrochen fortgesetzte Cultwerke das Seelenheil des Stifters sichern soll. Wenn dabei ein Reichthum aufgestapelt wurde, der weit über das Bedürfnis der für solche Cultarbeit gewonnenen Personen hinauszugehen schien, so lag doch auch dieser Umstand nicht außerhalb des Zweckes, denn nur von einer reichen Stiftung durfte man jene Anziehung erwarten, welche dem Stifter die gewünschte Continuität verbürgte.

Das war die Art «Seelsorge», welche solchen Stiften oblag; aber Seelsorge in unserem heutigen Sinne blieb ihnen fern. Es war nicht Sache dieser Mönche, aufs Land hinaus zu gehen und auf ihren Gütern sich der geistigen Pflege ihrer Unterthanen anzunehmen. Auch wo bereits Kirchen bestanden, pflegten jene die Seelsorge nicht zu leiten, und sie sollten das nach Bullen Calixts II. und Alexanders III. ohne besondere oberhirtliche Genehmigung als Mönche nicht einmal thun dürfen. Solchen Kirchen gegenüber waren sie vielmehr einfach die Gutsherren und Patrone, indem sie einen Geistlichen mit bestimmter Entlohnung einsetzten und den überschüssigen Ertrag an sich nahmen. Seit die Kirche auch in Böhmen die anfangs ungemessenen Rechte der Patrone eingeschränkt hatte, bedurfte es auch dazu der kirchlichen Genehmigung.

Collegiatstifte und Mönchsorden älterer Zeit unterscheiden sich zwar wesentlich durch ihre Verfassung; in Bezug auf ihren nächsten Zweck aber stehen sie auf gleicher Stufe. Auch jene sind — einer altägyptischen Priesterschaft vergleichbar — ein für ewige Dauer — vom «Ende der Welt» sprechen die Urkunden — bestimmtes und dementsprechend bestiftetes Collegium von Cultpflegern für die Familien der Stifter und diejenigen, die sie einbeziehen, oder die sich durch Zustiftungen anschließen, in die Seelgeräthsanstalt gleichsam einkaufen wollen. Auch äußerlich erinnert die Veranstaltung an eine altägyptische, indem sie der Regel nach an dem Grabe des Stifters erstand, beziehungsweise diesem seine Grabstätte in ihrer Mitte gewährte. Der Cult und die Anwesenheit von Reliquien schützten dann nach der Vorstellung der Zeit seine Seele vor jeder Anfechtung. Dass die Furcht vor einer solchen gerade bei den Generationen der

Neubekehrten in dem Maße größer gewesen sein muss, in welchem die Erinnerung an die verlassenen Götter noch fortlebte, liegt in der Natur der Sache. Gewannen zwar auch diese vornehmen Familienstiftungen mit der Zeit durch den Beitritt Anderer eine Art genossenschaftlichen Charakters, so tritt ein solcher doch viel früher und auffälliger bei einer anderen Kategorie hervor, obgleich im Grunde auch hier ein ähnlicher Vorgang stattfand.

Das sind die Kirchen des «Volkes», deren Leiter in ihrem Namen *Plebani*, «Leutpriester», den Gegensatz recht anschaulich hervortreten lassen. Indes werden wir die ältesten Kirchen bei uns der Organisation entsprechend für beiderlei zugleich halten müssen: für Familienstiftungen der Vorstandsfamilie und für Genossenschaftsanstalten für die Unterthanen. Das Innerste der neuen Kirche, der Platz unter oder vor dem Altare gehörte als Ruhestätte dem Herrn, Vorhalle und Umgänge den Genossen. Als Unternehmer tritt uns der Herr entgegen, der zum Baue und zum Dienste des Gotteshauses die Unterthanen heranzieht — als Wächter, Glöckner u. s. w., wie sie uns die Urkunden nennen. Es ist des Herrn Sorge, eine geeignete Person zur Cultübung zu gewinnen; zur Erhaltung aber steuern die Unterthanen theils durch freiwillige Darbringungen — das Offertorium beim Gottesdienst — theils durch Entlohnung einzelner Handlungen und theils durch Auflagen bei, für welche sich allmählich die bestimmte Norm des «Zehents» der Feldfrüchte und des «kleineren» Zehents von den übrigen Wirtschaftserträgen der Bevölkerung angewöhnen lässt. Das Alles kommt zu dem hinzu, was die Herrschaft als Dotation aus ihrem Vermögen geschenkt. Nicht jede Hauscommunion oder jedes Dorf vermag für sich allein den nöthigen Aufwand zu erschwingen und mit dem Dargebotenen einen tauglichen Cultpfleger an sich zu ziehen. Die Kenntnis von ein wenig Latein, die Fähigkeit zu lesen und die erlangte Weihe durch ein Organ der allgemeinen Kirche, stempeln das Amt zu einem besonderen.

An eine planmäßige Vertheilung dieser Stationen der «Seelsorge» ist natürlich nicht zu denken. Wo ein Dorfherr die neue Sache hoffnungsvoll ergriff, wo die Lage einen entsprechenden Zuzug von Offerierenden erwarten ließ, entstand eine Cultstätte neuer Art, und je nach der Gunst der Verhältnisse zog sie die Landbevölkerung eines engeren oder weiteren Kreises an sich; die Abgrenzung von Kirchspielen blieb einer späteren Zeit vorbehalten.

Mehr trat die Genossenschaft bei denjenigen Kirchen in den Vordergrund, welche die Landesfürsten hie und da auf den Ortschaften ihres eigenen Besitzes begründet, oder mit letzterem zugleich als Heimfall an sich gebracht hatten. Vom zweiten Boleslav wird erzählt, dass er an zwanzig Kirchen ersterer Art erbaut hätte, die dann in den meisten Fällen von Anfang an eigentliche **Volkskirchen** darstellten, obwohl dieselben nicht etwa an die betreffende Dorfschaft übergeben wurden, sondern im «Patronate» der Landesfürsten blieben oder an Einzelne verschenkt wurden. Es ist kein Zweifel, dass sich die Patrone ursprünglich als die Herren der Kirchen betrachteten, in demselben Sinne, in welchem sie Herren der ganzen Dörfer geworden waren.

Nur in der Organisationsform der «Gemeinde», wie sie in etwas jüngerer Zeit zuerst sehr vereinzelt in Böhmen Eingang fand, findet sich auch die eigentliche Volkskirche mit Gemeindepatronat ein, das in diesen Ausnahmsfällen durch das Privilegium der freien Wahl des Leutpriesters gekennzeichnet ist.

Zu einer weiteren Differenzierung der Kirchenstiftungen trugen die Begabung und Erfolge ihrer Plebane, vielleicht in höherem Maße aber noch die Schätze an auserlesenen Reliquien und deren Heilwirkungen bei. Durch solche Wirkungen wurden sie nicht nur ein Schatz im idealen Sinne, sondern für die Herren der Kirche als die Unternehmer der Anstalt eine Quelle materiellen Reichthums, den die Opfergaben der Heilsuchenden aufhäuften. Wie so die Mönche zu Hildesheim[1]) die Reste eines heilig gesprochenen Bischofs in doppeltem Sinne als «ihren Schatz» betrachten konnten, macht uns unser Cosmas verständlich, indem er erzählt,[2]) wie der aus dem Grabe gehobene Leichnam des heil. Adalbert kaum auf dem Altare der Verehrung des Volkes ausgesetzt worden war, als dasselbe auch schon am ersten Tage 200 Mark in einzelnen Gaben als Opfer vor demselben niedergelegt hatte. Wie sehr erst Heilerfolge der Reliquien den Säckel des in seinem natürlichen Eigennutze dankbaren Volkes öffnen mussten, ist begreiflich. Die Wunder des nach dieser Richtung so berühmten heiligen Dionys von Paris, von dessen heilendem Leichenstaub genossen zu haben auch unser Chronist Peter von Zittau[3]) sich rühmt, sind nur die bekanntesten von unzähligen gleichartigen Vorkommnissen: auch an jenem Tage der Erhebung der Reste des heil. Adalbert wurden sofort zahlreiche Kranke geheilt[4] und die ersten Wunder, welche an der Grabstätte St. Wenzels

[1]) Arnoldi Chron. Slavor. L. IV, c. 23, v. 2.
[2]) Cosmas ad a. 1039 Scrpt. I. p. 113.
[3]) Chron. Aul. reg. III, 19.
[4]) Cosmas l. c.

geschehen, gehören derselben Gruppe an. Nicht bloß im Reiche der Franken, auch anderwärts schützte ein Umgang mit den Reliquien die Belagerten vor ihren Feinden.[1] Wie bei uns König Wenzel I. vor drohenden Gewittern hinter seiner Sammlung von Reliquien Schutz fand, und welchen Wert namentlich unser Karl IV. auf ihre Anhäufung legte, ist bekannt genug. Dass man sie für solche Zwecke nicht bloß in geweihten Räumen aufstellte, sondern auch auf Reisen bei sich führte, zeigt uns das Beispiel des letzten Přemyslidenkönigs.[2]

Als so das Christenthum in Böhmen Verbreitung fand, besaß es im Auslande bereits seine feste Gliederung nach Bisthümern und Erzbisthümern; nach dem geschichtlichen Hergange musste Böhmen als das zum Bisthume Regensburg gehörige Neuland betrachtet werden, und dass das auch wirklich der Fall war, darüber besteht kein Zweifel. Während aus der mährischen Diöcese, so lange eine solche noch bestand und etwas zahlreicher vielleicht noch nach deren Zertrümmerung durch die Magyaren nur vereinzelte priesterliche Elemente eindringen mochten, erscheint die Verbindung mit Regensburg als eine äußerst lebhafte, wie namentlich der in vielfacher Weise bezeugte Cult des heil. Emmeram, des Patrons von Regensburg beweist. Dennoch muss der ordnende und verwaltende Einfluss eines Bischofs auf Böhmen nicht zu vergleichen gewesen sein mit jener geistlichen Herrschaft, welche beispielsweise ein Bischof in dem von Karl dem Großen bekehrten Sachsenlande ausübte. Dort waren nach dem «Sachsencapitulare» Einrichtungen getroffen, welche eine planmäßige Dislocation der Seelsorgestationen im Anschlusse an bestehende Organisationseinheiten ermöglichten, indem diese zu bestimmten Leistungen und Bestiftungen für die Kirchen angehalten, im gewissen Sinne verurtheilt wurden. An ein solches Verhältnis ist in Böhmen schon deshalb nicht zu denken, weil hier bis Ende des 10. Jahrhunderts kein einzelner Fürst eine Gewalt über das ganze Land übte, wie Karl der Große im eroberten Gebiete.

Aber auch unter minder geordneten Verhältnissen blieb dem Bischofe schon dadurch ein Einfluss gesichert, dass die Ausübung gewisser Functionen an seine Weihe geknüpft war. Nur schrumpfte dieser sein Einfluss wieder dadurch sehr zusammen, dass wir uns für jene Zeit unter den vielen Personen, welche sich dem Cultdienste anzubieten pflegten, nur verhältnismäßig wenige geweihte «Priester im engeren Sinne» vorzustellen haben. Die Functionen bei den

---

[1] Arnoldus l. c. VI, 4, 7.
[2] Emler R. III. (1327) p. 537.

Fürstenstiftungen erforderten solche nur in geringer Zahl, weshalb in Klöstern und Collegiatstiften das Element der Laien und das der niedern Weihen vorwaltete. Aber selbst die Stellen der Leutpriesterschaft mit wirklichen, geweihten Priestern zu besetzen, muss nicht immer gelungen sein; selbst noch im 12. Jahrhunderte müssen vereinzelt Fälle vorgekommen sein, in welchen Laien ohne Ordination an das Messelesen giengen.[1]) Auch musste es das erste Jahrhundert hindurch, so lange weder Kloster noch Collegiatstift bestand, in Böhmen schwer sein, die nöthigen Vorkenntnisse zu erwerben und die Ordination einzuholen. Das Bedürfnis nach einem Bisthum erfüllte das Jahr 973.

Damals bestand das mährisch-pannonische Erzbisthum nicht mehr; die Magyarenherrschaft hatte es zerstört. Wie vorher dem Regensburger, fiel nun dem neuen Prager Bisthum der nicht für immer aufgegebene Osten als Neuland zu. Seine Grenzen reichten daher — dem Anspruche nach — vom Böhmerwalde bis an das Matragebirge und die Flüsse Bug und Stry: im Norden schlossen sie einen großen Theil des heutigen Schlesien ein. Von Böhmen aber blieben das Egerland und das sog. Niederland außerhalb desselben, ersteres zum Bisthum Regensburg, letzteres zu dem von Meißen gehörig.

Die Erhebung des ersten Bischofs, des genannten Benedictinermönches Dietmar geschah, wenn Cosmas[2]) nicht allzusehr seine Zeit im Auge hat, in Form einer scheinbaren Wahl. Boleslav II. hatte den auf einer Missionsreise nach Böhmen gekommenen Mönch liebgewonen und bewog die versammelte Menge des Klerus, der Volksvorstände und des Volkes durch Bitten und Ermahnungen, demselben als Bischof zu acclamieren. Dann schickte er ihn mit einem Empfehlungsschreiben an Kaiser Otto zum Empfange der Investitur, der ihn wieder dem Mainzer Erzbischofe zur Ordination empfahl. Dann erst fand seine Inthronisation in Prag statt.

Würde man auch nur das Weihen der vielen neuen Kirchen in entlegenen Theilen des Landes als seine Hauptaufgabe ins Auge fassen, und die Umständlichkeit des Reisens mit großem Schutzgefolge, so würde man eine reichliche Ausstattung des Bisthums mit ertragreichen Gütern, der damals einzig möglichen Form einer solchen, begreifen. Indes trug nach der Auffassung der Zeit auch die Gründung eines Bisthums mit seinem Collegiatdomstifte den Charakter einer Seelgeräthsstiftung, für welche nicht reichlich genug gesorgt werden konnte; in Anbetracht der erwünschten Folgen war

---

[1]) Brief Eugenius IV., Erben I. (1140) p. 124.
[2]) Cosmas ad a. 967 p. 40.

ein Übermaß gar nicht denkbar. Bis zur Zeit der Husitenkriege war die Grunddodation des Bisthums auf neunzehn große Herrschaften und zahlreiche kleinere Güter angewachsen, die in den verschiedensten Gegenden des Landes, auch in den minder erschlossenen in der Nähe des Grenzwaldes zerstreut lagen. Es ist nicht zu entscheiden, ob dieser Vertheilung der Plan zu Grunde lag, dem Bischof überall im Lande durch die zu errichtenden Hofburgen — Bischofteinitz, Bischofřečitz, Čerčíněves u. a. — bis an den Saum der Marken hin Stützpunkte für seine Thätigkeit zu schaffen oder ob ein zusammenhängendes Ertragsgebiet dem Fürsten eben nicht zur Verfügung stand, wie das ja auch bei vielen anderen Stiftungen nicht der Fall war.

Eine wichtige sociale Einrichtung, die mit dem Bisthum und in einer entwickelteren Form vielleicht auch erst mit diesem nach Böhmen kam, ist die Einführung einer a l l g e m e i n e n B e s t e u e r u n g des Volkes. Wie sich dem Alter nach diese B i s c h o f s s t e u e r zu der ähnlichen aber nicht so allgemein umfassenden Friedenssteuer des Landesfürsten verhielt, ist nicht festzustellen. Die Bischofssteuer aber erscheint im Laufe der Zeit in zweierlei Form und unter zweierlei Namen, einmal als ein Z e h e n t aller Feldfrüchte, auf biblische Grundlagen basiert und dann als ein Geldzins unter dem Namen der «Rauchpfennige» — *fumales*. Beide Arten sind aber nur Entwicklungsformen ein und derselben Kirchensteuer in verschiedenen Zeiten. Auch der «Zehent» ist im 13. Jahrhunderte vielfach schon ein Geldzins — *decimales denarii*[1]) — und eine Urkunde derselben Zeit[2]) belehrt uns über den Übergang, indem sie sagt, die *decimales* hätten früher *vomerales*, Pflugzins geheißen. Dem Ursprunge nach war der B i s c h o f s z e h e n t — *decimae episcopales*[3]) — wohl zu unterscheiden von dem örtlichen K i r c h e n zehent — eine dem Namen nach den zehnten Theil des Ertrages umfassende Naturalabgabe von jedem Ackerlande, das seinen eigenen Pflug hatte — *vomerales* —, für deren Einhebung die bischöflichen Wirtschaftshöfe in ihrer Vertheilung über das ganze Land nicht ohne Bedeutung waren. Nachmals, vielleicht erst seitdem in Bezug auf andere Besteuerungen nur noch die Pflugmaße der Unterthanen in Betracht kamen, knüpfte sich die Bischofssteuer an den einzelnen Herd oder R a u c h als den Mittelpunkt einer Haushaltungseinheit — *fumales* — und gieng in einen bestimmten Geldzins über.

---

[1]) Eml. II. (1258) p. 69, (1260) p. 92.
[2]) Eml. II. (1298) p. 772.
[3]) Quae de quolibet manso ... per totum regnum convertuntur Eml. II. (1257) p. 54

Zum Unterschiede von dem örtlichen Kirchenzehent, der sich mitunter wirklich auf den zehnten Theil aller Wirtschaftserträge erstreckte, war der Bischofszehent von allem Anfange an eine Pauschalabfindung, indem schon der erste Bischof Dietmar an seiner Stelle zwei Haufen Getreide, jeden zu 50 Garben von jeder Pflugwirtschaft einforderte.[1]) Schon aus den nächsten Umgestaltungen dieser Steuer aber schimmert das Bestreben der Gutsherren, sie ganz auf die Schultern ihrer Unterthanen abzuwälzen, nicht undeutlich hervor. Vom vierten Prager Bischofe Ekhard rühmt Cosmas[2]), dass er aufrecht gegen die Großen, mild gegen die Kleinen gewesen wäre und es durchgeführt hätte, dass jeder, der einen Grund unter dem Pfluge hatte, gleichviel, ob es Lehen- oder Allodgrund — *Feudum vel allodium* — gewesen sei, der Reiche wie der Arme, seinen Zehent zahlen musste. Die Ausdrücke «Lehen und Allod» sind für damals in Böhmen einfach als gelehrte Importationen des Cosmas zu betrachten, der seine Studien in den Niederlanden gemacht, und können nach Maßgabe der Verhältnisse nichts anderes bedeuten, als den Unterschied von Dominikal- und Rustikalland, von denen auch das erstere sich dem Zehent nicht entziehen sollte, während es der analogen Friedenssteuer schon nicht unterlag. Daher sollten statt der Garben nur noch Körner geliefert werden, und zwar von jedem Pfluglande zwei Maße, je fünf Handbreiten und zwei Finger hoch. Im 13. Jahrhunderte begann mit dem gesammten wirtschaftlichen Umschwunge, der diese Zeit kennzeichnet, auch die Geldreluition des Bischofszehents. Den Ablösungsbetrag bildeten 6 Denare.[3]) Die so wesentlich erleichterte Einhebung brauchte nun in keinem Zusammenhange mehr mit den bischöflichen Wirtschaftshöfen zu stehen, vielmehr bildeten die Decanate, in welche das Land zum Zwecke der kirchlichen Verwaltung eingetheilt war, die Stützpunkte und einzelne Geistliche höheren Ranges die *Decimatores* oder *Collectores*, welche das ihnen zugewiesene Gebiet zum Zwecke der Zehenteintreibung bereisen mussten. Die ältesten Ansätze zu einer Bevölkerungsstatistik hätten am besten diese Collectoren liefern können. So zählte ein solcher, nachdem er den Pfarrsprengel Hohenfurth zu diesem Zwecke «durchwandert» daselbst 180 Ansäßige (ob Familien oder männliche Personen?) und obwohl deren an einem Herde — *in una stuba* — drei, vier bis fünf wohnten, konnte er doch von

---

[1]) Cosmas ad a. 1023, Scr. p. 85.
[2]) Ibd. p. 84.
[3]) Eml. R. (1257) p. 54; (1298) p. 772.

diesen zusammen immer nur je zwei Denare erhalten.¹) Auch pflegte das Geschäft nicht immer glatt und leicht zu gehen. Auch in besseren Zeiten hatte der dortige Pfarrer aus seinem Sprengel 26 Groschen «nur mit großer Mühe erpressen» können, und auch dazu habe er das Mittel der **Entziehung der Sacramente** zu Hilfe nehmen müssen. Es wird geklagt, dass sich die Diener des Stiftes der Eintreibung dieser Steuer gegenüber ganz ablehnend verhalten, und Förster, Heger, Richter und Büttel jede Hilfe versagen.²)

Hatte der Ortspfarrer die «Rauchpfennige» eingesammelt, so erschien bei ihm ein dazu deputierter Geistlicher aus der Umgebung als Commissär, nicht nur um die Summe zu erheben, sondern auch um die Zahl der Ansäßigen zu controllieren. Diese Commissäre überlieferten dann die Beträge dem Decan des betreffenden Gaues und dieser oder ein anderer dazu bestimmter Decimator hatte sie dann zur Zeit der — im 14. Jahrhunderte — jährlich nach dem Feste St. Veit (15. Juni) in Prag abgehaltenen Synode dahin zu bringen. Mochten auch die Zeiten so unsicher sein, dass die Synode abgesagt werden musste, so waren doch diese Decimatoren bei schweren Strafen gehalten, die Reise nach Prag zu unternehmen.³)

Diese Schwierigkeiten der Einhebung mögen es gewesen sein, welche das Bisthum geneigt machten, mit größeren Stiftsherrschaften Pauschalverträge einzugehen. So zahlte die Abtei **Tepl** ein Jahrespauschal von einer halben Mark Goldes und fand sich mit ihren Unterthanen ab.⁴) Die Abte von **Plass** und **Nepomuk** waren mit einer Mark pauschaliert, welcher Betrag nach längerem Streite durch Schiedsspruch auf **zehn Mark Silber** ermäßigt wurde.⁵) Andere Stifte als Gutsherrschaften suchten wenigstens fallweise mit den Decimatoren ein Pauschalabkommen zu treffen und pflegten in den Locierungsverträgen mit ihren Unterthanen auch die Summe festzustellen, die sie von ihnen für diesen Fall erheben würden, während sie im Falle des Misslingens auf eigenes Handeln angewiesen wurden.

Nach der Wirtschaftsweise der Zeit bestritten auch die Bischöfe manche ihrer Auslagen mit Anweisungen auf bestimmte Theile dieses ihres Zehentes und manche Stiftung wurde damit ausgestattet. Die

---

¹) Eml. R. IV. (1339) p. 246 f.
²) Ibid.
³) Palacky Formelb. II. p. 169. Emler R. II. (1300) p. 803.
⁴) Emler R. II. (1303) p. 851.
⁵) Emler III. (1330) p. 629.

bedeutendste dieser Art war die Zuweisung des gesammten Bischofszehents der Gaue Leitmeritz, Bilin und Tetschen an das Kloster Břevnov durch den heiligen Adalbert als Bischof. Auch die Güter von Břevnov selbst waren von diesem Zehent von Anfang an befreit.[1]) Dafür erhob ihn das Kloster von seinen Unterthanen für eigene Rechnung.[2]) Aus einer Urkunde[3]) könnte geschlossen werden, dass der Zehent des Melniker Gaues dem Prager Domcapitel zugewiesen worden wäre; bestimmt überließ diesem Bischof Johann den Zehent einiger Dörfer daselbst. Auch dem Kloster Zderas schenkte derselbe Bischof den Zehent von einem seiner Dörfer.[4])

Nichts destoweniger ist der örtliche Kirchenzehent von dem Bischofszehent wohl zu unterscheiden, und es ist ein Irrthum, dass letzterer in den ersteren übergegangen sei. Jener ist sowohl seinem Ursprunge wie seinem Inhalte nach ein anderer. Die Mehrzahl der Kirchen im Lande ist von den Gutsherren gestiftet. Wie nun diese auch das Rustikalland ihrer Bauern als das ihrige betrachteten, so verwendeten sie auch nach freiem Belieben dessen Ertrag zur Ausstattung und ständigen Unterhaltung ihrer Stiftung. Es geschah dies, indem sie ihren Bauern einen Zehent als Leistung für ihre Kirche auferlegten. Solches geschah auch noch zu einer Zeit, da die Herrschaften begannen, theils mit Colonisten, theils mit den eigenen Unterthanen sich in Vertragsverhältnisse einzulassen; dann bildete die Zehentleistung an die Kirche eine der Stipulationen der Herrschaft, wie zahlreiche Urkunden nachweisen. Diese Zehentleistungen waren mitunter dem Bischofszehent gegenüber sehr umfassender Natur. Die umfassendsten nannte man *Decimae integrales, totales, plenae* und *universales*. Sie bezogen sich nicht bloß auf alle Feldfrüchte, sondern auch auf die Erträge des Stalles; Kälber, Lämmer, Ferkel, Gänse, Hühner, Käse und Eier wurden verzehentet.[5]) Der Stallzehent hieß mitunter dem Fruchtzehent gegenüber auch der kleinere;[6]) zu letzterem zählte sonst aber auch noch der Gartenertrag.

Indem hiebei die Einhebung leichter war, trat auch eine Relution nicht sobald ein, wohl aber dürfte der häufig entstandene Streit um die Garbenzahl auf dem Felde zu einem gewissen Pauschalabkommen geführt habe. Während man im 13. Jahrhunderte in

[1]) Emler R. IV. (1281) p. 533.
[2]) Emler IV. (1342) p. 476.
[3]) Emler II. (1200) p. 93.
[4]) Emler II. (1278) p. 471.
[5]) Emler R. II. (1259) p. 87; (1291) p. 1195.
[6]) Emler II. 1206 p. 202.

Mähren noch verschieden vorgieng, hatte in Böhmen die Übung überhand genommen, dem Pfarrer je drei Mandeln Garben von jeder Bauernwirtschaft zu leisten; in Mähren hieß darum dieses Ausmaß der ‹böhmische Zehent›.[1]) Bischof Bruno führte denselben in seiner ganzen Diöcese ein, indem er es den Bauern freistellte, entweder die drei Mandeln oder zwei Maße gedroschenes Getreide zu liefern.[2]) Man nannte diesen Zehent nachmals wohl auch den verminderten — *decimas minutas.*[3])

Aber auch die ärmste Kirche pflegte nicht auf diese Leistungen allein angewiesen zu sein. Zur Zeit der Colonisation pflegte mindestens eine Freihufe der Kirchenwidmut zugewiesen zu werden. Die älteren Bestiftungen sind aber meistens noch reicher und bestehen oft aus mehreren Dörfern sammt ihren Unterthanen. Aber auch die Zuweisung einer größeren Anzahl von Dörfern zum Kirchspiel bedeutete infolge der Zehentpflicht ein großes Vermögen. So war beispielsweise das Einkommen einer Dorfkirche in Mähren — Lappanitz bei Brünn — so groß, dass der Bischof Johann von Olmütz glaubte, aus dem Überschuss noch die Scholastrie an seiner Domkirche erhalten zu können. Deshalb übertrug er dieser das Patronat und theilte die Einkünfte so, dass der Pfarrer die täglichen Offertorien und Funeraleinkünfte, den Zehent im Dorfe Fritzendorf, die Filialkirche in Lišeň, zwei Mühlen und einen Weinberg für sich, der Scholasticus aber den Zehent von neun Dörfern haben sollte.[4]) Ohne dass wir die allmähliche Steigerung oder Minderung verfolgen könnten, belehren uns doch viele Urkunden, dass in jener Zeit die freiwilligen Darbringungen der Gläubiger auf dem Altare ihrer Kirche — die Offertorien — sehr in die Wagschale fielen, wenn auch ihr Ertrag nach der Örtlichkeit sehr verschieden sein musste. Aber auch die einzelnen Hilfeleistungen der Geistlichen scheinen der Regel nach nicht unentgeltlich gewesen zu sein. Auch in nachhusitischer Zeit zeigt uns noch ein ‹Brauch und uralte Gerechtigkeit›, dass der Kranke für die Chrisamreichung 6 Pfennige und für das Beichthören einen zu zahlen pflegte. Starb er dann, so gebührten dem Priester noch aus der Verlassenschaft weitere 5 Groschen u. dgl.[5])

Der Widerspruch, der hier zu liegen scheint, dass derselbe Bauer, der sich nur mit Mühe und Arbeit den Bischofspfennig ab-

---

[1]) Emler Reg. II. 1257 p. 62.
[2]) Emler II. (1277) p. 459.
[3]) Emler II. 1296 p. 740.
[4]) Emler R. II. (1306) p. 898.
[5]) Pangerl, Urkundenbuch von Goldenkron. S. 471.

pressen ließ, seiner eigenen Kirche, wie der Kirche seines Vertrauens gegenüber nach Thunlichkeit freigebig war, löst sich, wenn wir bedenken, welchen unmittelbaren Nutzen er von solcher Opferwilligkeit erwartete. Kein Wunder also, wenn gerade Kirchen und Kirchenpatronate als reiche Ertragsgüter immer wieder zur Ausstattung neuer Stiftungen verwendet wurden, denen sie oft mehr boten als ein geschenktes Landgut; wenn sie verschenkt, als Heiratsgut verschrieben und in ähnlicher Weise verwendet wurden. Nur verkauft durften sie infolge der kirchlichen Simoniegesetze nicht werden. Indes man verkaufte dann die Güter und schenkte die Kirchen hinzu.[1]) Ihr Besitz war natürlich in dem Maße wertvoller, in welchem noch das Recht des Patrons dem des Herrn gleichkam. Es ist schon daraus erklärlich, dass sich ursprünglich nur der Gutsherr für berechtigt hielt, auf seinem Gute eine Kirche zu stiften und dass auch der Bischof Adalbert, als er an geeigneten Stellen«, also systemmäßiger als bisher, Kirchen erbauen und Zehnte erheben wollte, dazu der Erlaubnis des Herzog Boleslav bedurfte.[2])

Die Legende, welche dem sterbenden Bischofe Dietmar Worte der Selbstanklage in den Mund legt, ist wohl dahin zu deuten, dass er der Klugheit zu folgen glaubte, wenn er sich von einem hastigen Eingreifen in das nach christlichen Normen wenig eingerichtete Volksleben zurückhielt. Desto rücksichtsloser verfuhr der schwärmerische Adalbert, der sich vom Landesfürsten in Gegenwart seiner Primaten das Recht einräumen ließ, die im Lande bestehenden Ehen auf ihre canonische Giltigkeit zu prüfen und die innerhalb verbotener Verwandtschaftsgrade geschlossenen zu trennen.[3]) Damit war ein weites Rechtsgebiet der Laien thatsächlich vor den Richterstuhl der Geistlichkeit gezogen, ein Eingriff, der um so einschneidender empfunden werden musste, als nach der Volksauffassung das Eheverhältnis immer noch auf einem Eigenthumsverhältnisse ruhte. Der Bischof unterlag dann auch zunächst noch einmal jener bekannten Reaction, die wohl auch ohne den Zufall ausgebrochen wäre, dass gerade ein Organ der Kirche in anderer Weise der Eigenthumsverletzung auf diesem Gebiete beschuldigt wurde.[4]) Was dann zunächst — in gleicher Weise erfolglos — den Eifer Adalberts herausforderte, war die im Lande verbreitete Polygamie und der Handel, den die Juden mit Christensclaven trieben.[5]) Nicht dem Institute

---

[1]) Erben Reg. I. (1233) p. 384.
[2]) Wattenbach, Beiträge p. 51 aus dem Cod. v. Heiligenkreuz. Erben I. (992) p. 33.
[3]) Wattenbach Ebend.
[4]) Canaparli vita Adalberti c. 19. Fontes r. 6. I. p. 252.
[5]) Ibid I p. 244.

der Knechtschaft an sich galt es, die auch auf den christlichen Wirtschaftshöfen, die der Geistlichkeit nicht ausgeschlossen, in verschiedenen Formen fortlebte. Nur dem Sclavenhandel trat der Heilige näher, indem er durch Loskauf christliche Sclaven aus Judenhänden zu befreien suchte. Dass er das selbst, mit unzulänglichen Mitteln versuchte, beweist, dass der Staat noch weit entfernt war, sich zu einer solchen Maßregel herbeizulassen.

Was sonst noch im Volksleben den kirchlichen Organen Angriffspunkte bot, tritt am deutlichsten in jener Heeresbeeidigung hervor, welche die Vertreter der weltlichen und geistlichen Gewalt, Herzog Břetislav und Bischof Severus, im Jahre 1039 am Grabe Adalberts einmüthig vornahmen. Von heiliger Furcht ergriffen, schwuren diesmal die anwesenden Geschlechtshäupter, was beide verlangten, und der Bischof fesselte die Gewissen mit schweren Flüchen. In unmittelbarer Beziehung zum Cultleben standen bloß die Vorschriften bezüglich der Begräbnisse und der Festfeiern. Indes bereits zwei Jahrhunderte lang die Fürsten und Grafen sich mit nicht geringen Opfern die Ruhestätten in christlichen Kirchen und Klöstern zu erkaufen gewohnt waren, zog das Volk es noch immer vor, seine Todten an den alten Todtenstätten in Feldern und Hainen zu begraben und scheute vielleicht nicht so sehr die Kirchen als die Funeralgebüren. Nun sollte es endlich mit Strafandrohungen gezwungen werden. Ein so Beerdigter sollte wieder ausgegraben und im Umgange der Kirche beigesetzt werden, dem betreffenden Archidiacon aber, dem kirchlichen Aufsichtsorgan am Orte des Gaugrafen, als Buße — aus dem Vermögen der Verwandtschaft — ein Ochs, der herzoglichen Kammer 300 Denare zufallen.

Die Sonn- und die in der Kirche angesagten Festtage sollten fortan allgemein durch Arbeitsenthaltung gefeiert werden. In die Strafe des Zuwiderhandelns theilten sich wieder Priester und Fürst; jenem sollte das confiscierte Ackergespann, diesem die Buße von 200 Denaren zufallen. Vordem waren gerade die Festzeiten die des Tausches und Handels gewesen und noch der heil. Adalbert soll sich entsetzt haben, als ihm bei seiner Heimkehr in Pilsen das Marktleben an einem Sonntage entgegentrat. Das Volk wollte die Wochentage der Arbeit sparen.[1]) Indem wir später die Markttage vor den Festtag verlegt finden, entgieng der Arbeit die doppelte Zeit.

Die Ehebündnisse sollten fortan auf die canonischen Vorschriften gegründet werden, gesetzmäßig, monogamisch und monandrisch und unlöslich sein. Die willkürliche Lösung stand schon

---

[1]) Cosmas Scr. I. p. 112.

bisher vielleicht seit Adalbert — unter Strafandrohung des Freiheitverlustes. Jetzt wurde diese Strafe dahin verschärft, dass derjenige Theil, welcher sich weigern sollte, in das frühere Verhältnis zurückzukehren, nicht mehr — in Knechtschaft verfallen — im Lande bleiben, sondern ohne Zulass eines Loskaufes oder jemaliger Rückkehr nach Ungarn verbannt werden sollte. Beklagt sich eine Frau, dass der Zwist durch die schlechte Behandlung ihres Mannes veranlasst sei, so ist die Prüfung durch das Ordal vorzunehmen und der schuldige Theil zu bestrafen. Es ist für jene Zeit noch selbstverständlich, dass das Gottesgericht in den Händen des Geistlichen ruhte. Jede Frauenperson, die außer der Ehe empfangen hat, soll fortan nach Ungarn verbannt werden. Als Motiv für solche Strenge wird die große Leichtigkeit angeführt, mit der es jenen möglich wäre, Ehen zu schließen.

Todtschläger und Mörder verfielen bisher der Blutrache oder den Pflichten einer ihnen von irgend einem Schiedsrichter vereinbarten Lösung; jetzt vereinigten sich Kirche und Staat zu ihrer Verfolgung, jene auf Grund ihrer eigenen Strafzucht, dieser als alleiniger Schiedsrichter. Der Erzpriester des Gaues sollte fortan die Namen der Verbrecher dieser Art dem betreffenden Gaugrafen zur Anzeige bringen, der Graf selbst den Ausgleichsversuch machen, die Widerstrebenden durch Verhaftung dazu wie zur — kirchlichen — Buße verhalten und die Leugnenden der Feuer- oder Wasserprobe, also wieder der kirchlichen Ingerenz überliefern.

Morde und Todtschläge innerhalb des Geschlechts, für die bis dahin zu einem Sühne- oder Bußverfahren außerhalb desselben kein Anlass gegeben war, sollten fortan dem Morde von Priestern gleichgestellt die höchste Strafsanction von Staatswegen nach sich ziehen. Gegen Mörder sollte der Erzpriester beim Grafen oder Herzoge die Klage erheben und der Schuldige an Leib und Hand gebrandmarkt aus dem Lande verbannt werden.

Die letzte Verordnung richtet sich gegen die Tabernen als die Brutstätten aller Laster, wo Diebstahl, Mord und Ehebruch reifen. Auf Errichtung einer solchen ist Excommunication und Ausstäupung des Thäters, Vernichtung der Ware gesetzt. Die ergriffenen Trinker werden gefangen gesetzt und nicht ohne Lösungsbuße von 300 Denaren entlassen.[1])

Vielleicht ist es diese harte Verordnung, an welche anknüpfend die jüngere Sage entstand, der strenge Bischof Adalbert hätte in Böhmen das Bierbrauen überhaupt unter die Strafe der Excommuni-

---

[1]) Cosmas ad a. 1039, Scr. p. 110 ff.

cation gestellt und erst Papst Innozenz IV. auf Bitten König Wenzels I. diesen Bann wieder vom Lande genommen.[1]) Indes beweist schon die angedrohte Art der Körperstrafe, dass das Verbot bloß den Unterthanen gilt. Das Herrenrecht wird dadurch nicht bloß nicht geschmälert, sondern im Gegentheil sein Monopol unter die Sanction der Kirche gestellt.

Dass mit alledem die moralische Absicht des Vorganges nicht sofort zu erreichen war, ist selbstverständlich; aber nach einer andern Richtung griff er tief in das Volksleben ein. Die eigene, langsam vorwärtsschreitende Rechtsbildung wurde abgebrochen und ein fremdes, nicht gerade in allen Punkten widerstreitendes, aber doch weit vorausgreifendes Gesetz dafür eingestellt. Wesentlicher aber noch war die Umgestaltung der Formen, vor allem die der strafrichterlichen Gewalt, die dadurch dem Herzoge auch in Dingen übertragen wurde, die vordem nicht vor sein Forum gehörten. Die über einen Mord in Fehde gerathenen Parteien konnten sich früher den Vermittler und Ausgleichsstifter suchen, wo sie wollten; jetzt waren der Herzog und sein Graf die alleinigen Richter und sie richteten nicht auf Ansuchen der Parteien, sondern auf die Anzeige des Priesters, nicht als Ausgleichsvermittler, sondern als Strafgewalt. Damit war ein ganz neues, auf fremdem Boden gewachsenes Princip in die erst in ihrem Entwicklungskeime begriffene heimische Strafrechtspflege gekommen und der Machtzuwachs, der durch dieses neue Princip der fürstlichen Gewalt zu Theil wurde, musste die ganze Entwicklung in andere Bahnen leiten.

Zunächst aber zeigte sich die Lebensweise des Volkes durch das Ereignis in Gnesen wenig beeinflusst. Auch ein halbes Jahrhundert später finden wir das gemeine Volk noch fern von den christlichen Kirchen und Cultstätten oder neben diesen in seiner alten Weise für die Seelen seiner Angehörigen und seine verwandten Bedürfnisse sorgen. Die Angaben, welche hierüber Cosmas[2]) zum Jahre 1092 macht, sind für uns um so wertvoller, als sie eine Zeit betreffen, die unser Gewährsmann noch selbst durchlebt hat. Das Geschlecht der Zauberer, d. h. der alten Cultbesorger und Zauberpriester war noch immer nicht ausgestorben, und das Volk sah und ehrte seine Cultobjecte noch immer in einzelnen Bäumen und Hainen. Auch vereinigte man Altes und Neues in einer anderen Weise, als es der kirchliche Brauch ohnehin zu thun pflegte. Indem das Volk das christliche Pfingsten willig mit der Kirche feierte, gedachte es

---

[1]) Dobner, Annal. IV, 340; Frind, Kirchengesch. I. 63.
[2]) Cosmas ad a. 1092 p. 197.

an seinem dritten Feiertage» der Geister seiner Abgeschiedenen, indem es mit ihnen an Quellen Mahlzeiten hielt, beziehungsweise ihnen «Opfer» schlachtete. Später hat die Kirche auch diese Feier in ihren «blauen Messen» unter ihr Dach gezogen. Von dem Begraben in Hainen und im offenen Felde ließ man nicht ab. Den anwesend gedachten Todten zu Ehren und zur Freude führte man in Vermummungen bacchantische Tänze und sehr profane Schwänke auf und hielt an Wegkreuzungen Mahlzeiten zur Versöhnung der Geister.

All das suchte auch Břetislav II. wieder durch bezügliche Maßnahmen abzustellen, von denen wohl die Vertreibung der Zauberpriester aus dem Lande die wirksamste sein mochte. Einer Gattung derselben — dem Sok — hatte bereits das Statut seines Vorgängers Konrad das Leben schwer gemacht. Nach denselben und anderen Richtungen hin blieb es dem Einflusse der regelmäßig wiederkehrenden Synode auf die Leutepriester und durch diese auf die Bevölkerung anheimgestellt,[1]) die Äußerungen des Volkslebens allmählich in die Bahnen des christlichen Lebens einzuleiten. Viel Anlass hiezu boten die bei Todtenbestattungen üblichen Gebräuche selbst, die Lustbarkeiten zur Erheiterung und Ehrung der geschiedenen Seele, die sich allmählich in die Vorhöfe und Hallen der Kirchen hineingezogen hatten. Ein sehr ausgedehntes Gebiet der Bekämpfung war weiter das der volksmedicinischen, häufig sehr schmutzigen Gebräuche des Volkes. Wenn wir in den «Pitantien» der Stifte und Klöster die Verchristlichung jener Todtengebräuche sehen, so sind es hier die Reliquienheilungen, welche nach der andern Richtung hin verdrängend wirkten. Wie der Einfluss des vorchristlich Zauberhaften beim Gerichte durch einen christlichen ersetzt wurde, haben wir schon im ersten Bande auseinandersetzen müssen.

Die Zeit der Collegiatstifte.

Die Ablösung der Formen, für die Zukunft der Seele zu sorgen, das war ursprünglich der wesentlichste Punkt beim Übergange zum Christenthume. Dass die Cultformen desselben mit einem unendlich sublimierteren, für den Erfahrungskreis der Bekehrten schwer erfassbarem Inhalte erfüllt waren, war für letztere nicht von Belang; durch Beispiele und Auctoritäten geleitet, glauben sie an ihre Wirksamkeit; das war zunächst der Sinn ihrer Bekehrung. Sie

---

[1]) S. Höfler Concilia Pragensia.

fanden jetzt in den «Stiftungen» des Christenthums nicht nur das Mittel, durch eine endlose Ewigkeit für diejenigen Abgeschiedenen zu sorgen, für welche die alte Cultpflicht ihnen diese Sorge auferlegte, oder vielmehr sich selbst dieser Sorge ohne Schädigung des Anspruchs der Seelen zu entledigen, sondern auch den Weg, schon bei Lebzeiten die eigene Seele in diese Sorge einzubeziehen, ohne sich auf die trügerische Hoffnung einer endlosen Nachkommenschaftsreihe und deren Pflichttreue verlassen zu müssen.

Selbständig und ohne genossenschaftliche Hilfe konnten allerdings nur die Reichsten und Mächtigsten an solche Schöpfungen herantreten. Ehe wir nun die weitere Art der Einwirkung des Christenthumes auf die socialen Verhältnisse Böhmens verfolgen können, müssen wir uns einen Überblick über jene Schöpfungen im elften bis dreizehnten Jahrhunderte verschaffen, um so mehr als ihre Bedeutung und Ausdehnung an sich schon ein Moment der socialen Composition im Lande bezeichnet.

Die älteste und für lange Zeit hervorragendste Form dieser Schöpfungen ist die des Collegiatstiftes. Zwar haben wir auch bereits von drei Benedictiner-Mönchsstiften vernommen; indes verdanken die beiden älteren – das der Nonnen von S. Georg und das der Mönche zu Břevnow — ihre Entstehung gleichsam als Ausnahme ganz besonderen Beziehungen des Hofes Boleslavs II. und des h. Adalbert zu den Klöstern Roms, während das dritte — die Abtei zu Sazau nicht·sofort als fürstliche Stiftung ins Leben trat. Zu diesen Benedictinerstiften fand sich noch das nach einer Insel — Ostrow — an der Sazawamündung benannte, das derselbe Boleslav II. in seinem letzten Lebensjahre — 999 — gestiftet und einem aus dem bairischen Kloster Altaich berufenen Abte unterstellt haben soll.[1]) Das Kennzeichnende an dieser Stiftung war das allmähliche Anwachsen ihres ursprünglich nicht sehr bedeutenden Besitzstandes. Das Klostergut wuchs gleichsam durch seine eigene Anziehungskraft, die immer neue Zustiftungen von Fürsten und Großen zur Folge hatte, wobei es, wie es scheint recht planmäßig, seine Fühlarme immer wieder von einem neugewonnenen Stützpunkte aus weiter in die Ferne streckte.

Die ursprünglichen Nährdörfer des Klosters Ostrow — Wodochod, Blažim und Zajeci — lagen in einiger Entfernung vom

---

[1]) Erben R. I. p. 36 und (1205) p. 222 ff. Die als Transsumt in der letzteren Urkunde erscheinenden Beziehungen auf 999 und eines der folgenden Jahre sind lediglich historische Notizen aus dem 12. Jahrhunderte, denen indes nicht alle Glaubwürdigkeit abzusprechen sein dürfte.

Kloster selbst. Auch die geschenkten Fischer — zu Drasowitz, Třeban und Lahowitz — wohnten ziemlich entfernt an der Moldau und Beraun, während die Ortschaften der «*familia*», d. h. der zu ständigen Dienstleistungen beim Kloster bestimmten Unterthanen — Sazawa und Mněchenitz — in nächster Nähe desselben am Moldauufer lagen, Sedlec dagegen weit entfernt am Unterlaufe der in die Beraun mündenden Lodenitz. In all diesen Dörfern hat das Kloster keine Kirchen gebaut. Um so eifriger war das Stift bemüht, da und dort in entfernter Lage eine Kapelle zu errichten, ein Stück Land zu erwerben, wo seine Stiftsbrüder zur Verwaltung exponiert wurden, auf welchem Wege sogenannte Probsteien — *Praepositueren* — erstanden.

Schon Herzog Ulrich[1]) schenkte dem Kloster für seinen Gebetseinschluss — *orationis causa* — fernere drei Dörfer. Reicher wurde der Zufluss an Gütern und Einkünften durch Herzog Břetislav[2]), wie fortan fast alle nachfolgenden Fürsten in langer Reihe irgend etwas zulegten. Nach Analogien zu schließen wohl durch einen exponierten Einsiedlermönch war unterhalb des Klostermeierhofes Sedletz an der Lodenitz in einer Felsenhöhle ein Kirchlein des heiligen Johannes des Täufers entstanden. Wieder erzählt die Legende vom «heiligen Iwan» (S. Johann) von dessen Kampfe mit unzähligen Dämonen in dieser Höhle. Diese Kirche mit ihrem Einkommen und dem Platze schenkte dann Břetislav förmlich dem Kloster. Aus dem Gütchen wurde eine Probstei, aus dieser ein zweites Kloster.

Zwei von Břetislav geschenkte Dörfer — Otročiněwes und Černin — lagen am Rande der weiten waldigen Gaumark zwischen dem alten Tetiner und Rakonitzer Gau, und in dessen Mitte sehen wir nun auf dem Berge Weliš wiederum S. Johann den Täufer in einem Einsiedlerkirchlein auftauchen, bei welchem die Unterthanen von Otročiněwes als Kirchenwächter verwendet wurden. Wieder schenkt nun derselbe Fürst das Kirchlein «mit allem Zugehör» dem Kloster Ostrow. Dann werden wir weit nach dem Süden versetzt. An der Moldau jenseits von Krummau im damaligen Walde Zatoň (Ottau) hat wieder der Wüstenheilige Johann die Dämonen vertrieben, und wieder schenkt der Fürst nicht nur das Kirchlein, sondern auch den ganzen Wald dem Kloster Ostrow. Aus dem Gute erstand die Probstei Ottau. Dieses wie die Gegend von Weliš konnte nur durch Kolonisation ertragreich werden, dazu gehörte Kapital. Die Schenkung des Zehntels vom Zolle zu Tauß und des Ertrags der

---
[1]) Erben R. I. p. 42.
[2]) Erb. R. I. p. 50.

dortigen S. Jakobskirche gewährte das Nöthige. Spytihněv vermehrte das Stammgut[1]) und schenkte dem Kloster im Dorfe Jerčany Unterthanen zur Lieferung von Schüsseln. Die von Wratislaw[2]) geschenkten Güter bildeten eine Etappe zwischen dem Kloster und seinem ältesten Dorfe Zaječí. Durch Konrads Zustiftung fasste das Stift selbst in Mähren Fuß, während ihm auch in Böhmen zwei Dörfer zuwuchsen.[3]) Břetislav II. schenkte ihm eine **Kirche** zu Putim am Blanitzflusse mit vier Pflugmaßen Land[4]) — eine Erwerbung, die vielleicht den Einsiedlerunternehmungen an die Seite zu stellen ist — der jüngere Wladislaw fügte dieser Schenkung dann auch noch — wie gewöhnlich — den nahen Wald hinzu. Swatopluk vermehrte den alten Hausbesitz durch das dem Kloster nahegelegene Bojanowic.[5]) — Im 12. Jahrhunderte ließen die fürstlichen Zustiftungen sichtlich nach.

Aber außer den Fürsten schlossen sich im Laufe der Zeit auch viele Landherren der Cultgenossenschaft durch Schenkungen von Dörfern und Dorfantheilen an. Sechs derselben liegen im alten Stammgebiete, die übrigen zum Theil weit entfernt. Auch drei **Kirchen** gehörten zu diesen Geschenken. Diese waren nur in dem Sinne geschenkt, dass der Überschuss des Ertrages, der nach Entlohnung des Seelsorgers verblieb, dem Kloster zugute käme; noch verfügte — im 12. Jahrhunderte — der Adel über **seine Kirchen**. Auch die Hauptkirche von **Schlan** finden wir später im Besitze des Klosters und dabei eine Probstei desselben.

Wir haben diese zweitälteste Mönchsgemeinde Böhmens etwas eingehender betrachtet, als es sonst im Plane dieses Werkes liegen kann, weil sie nach mancher Richtung hin von typischer Bedeutung ist. Die Erwerbungen des jetzt verschwundenen Klosters sind von zweierlei Art. Die eine bilden wohlbesiedelte Dörfer, welche der Mönchsgemeinde Nahrungsmittel und Dienstleute für ihren Bedarf liefern. Das Kloster liegt auf schützender Insel, aber diese Güter haben ursprünglich keinen Zusammenhang mit ihm, keinen unter einander. Aber das Kloster scheint — mit Erfolg — stets darauf bedacht, die Lücken zu schließen. Wenn wir nach dem Vorgehen weltlicher Herren schließen dürfen, gelingt ihm dies dadurch, dass es stets ein wachsames Auge auf die zu erwerbenden «Heimfälle»

---

[1]) Erben R. I. p. 54.
[2]) Erben R. I. p. 81.
[3]) Ebend. p. 84.
[4]) Ebend.
[5]) Ebend. p. 87.

hat und rechtzeitig beim Fürsten vorspricht. So thaten es auch weltliche Herren. Was das Kloster gegenbot, war natürlich sein Cultverdienst. Diese Art Erwerbungen kennzeichnet die erste Zeit des Bestandes. Das ältere Benediktinerstift zu Břevnow, das mit italienischen Mönchen besiedelt war, verharrt überhaupt durch mehrere Jahrhunderte ausschließlich bei dieser Erwerbungsart. Dagegen betreten die aus dem süddeutschen Ostlande eingewanderten Mönche von Ostrow frühzeitig auch noch eine andere Bahn. Sie entsenden aus ihrer Mitte «Einsiedler» in die landesfürstlichen Markländereien und dort wiederholt sich, was wir in der Einsiedelei an der oberen Sazawa bereits kennen lernten. Dass es beherzte und jeder Entsagung fähige Männer sein mussten, die sich zu solchem Pionierdienste bereit fanden, ist außer allem Zweifel; aber für das Vertrauen in den Erfolg und für diesen selbst war eben so gewiss auch die Rückendeckung, welche diese Pioniere in den reichen Mitteln ihres Stammklosters fanden, von förderlichster Bedeutung.

Die vor Schluss des 10. Jahrhunderts fallende Gründung der Benedictinermönchsstifte Břevnow und Ostrow kann in jener Zeit immer noch als eine seltene Ausnahme aufgefasst werden, während in dem genannten und dem nachfolgenden 11. Jahrhunderte das Collegiatstift, d. i. die Vereinigung von Weltgeistlichen und niederen Klerikern zu einem Collegium bei einer bestimmten Kirche die kennzeichnende Form ansehnlicherer Seelgeräthstiftungen bildete. Die Form fand sich gleichsam von selbst, indem das System der kultlichen Handlungen die einzelnen Functionäre auf Verständigung verwies. Ob dann nach dem Vorgange des h. Chrodegang auch das gesellschaftlich-wirtschaftliche Leben der Einzelnen in eine «Regel» zusammengefasst wurde oder nicht, war zunächst für den Zweck des Stifters nicht wesentlich. Diesen aber finden wir in gewissen kleineren Stiftungen dieser Art am ungeschminktesten ausgedrückt, weshalb wir zunächst — freilich außer der Chronologie — diese als Beispiele heranziehen wollen.

Noch im Anfange des 12. Jahrhunderts sehen wir ein solches Seelgeräth kleineren Maßstabes entstehen, welches einer altägyptischen Cultstiftung um so vollkommener gleicht, als es noch einen Familienstand der Cultbesorger im Auge hat. Es ist eine der vielen Stiftungen, die gerade von Priestern ausgiengen, worin wir wohl einen Beweis für die ernste Innigkeit des Glaubens jener Zeit erblicken müssen. Ein Priester namens Zbyhněw ist Erbeigenthümer des Gutes Ouněštitz nördlich von Prag. Hier hat er sich seine eigene Begräbnissstätte vorbereitet und über dieselbe eine Kirche erbaut.

Zum Dienste bei derselben bestellt er nun zwei «Canonici» namens Ras und Bezděd, sie und ihre Nachkommenschaft erblich für ewige Zeiten — «bis an's Ende der Welt». Dafür bestiftet er sie mit dem genannten Gute Ounětitz und schenkt ihnen den ganzen Knechtsbestand, den er, sein Vater und seine Mutter ererbt und besessen haben. Die Nachkommen der beiden Genannten sollen wieder priesterliche Cultpfleger an derselben Kirche werden. Sollten sie sich die nöthige Vorbildung dazu nicht erworben haben, so haben sie die Pflicht, bei Lebzeiten statt der Söhne geeignete Personen als ihre Nachfolger einzusetzen, an welche dann der Nutzgenuss übergehen würde. Diese Anordnungen und die ganze Stiftung legt Zbyhněw in die Hände des Fürsten Soběslaw, den er bittet, der eigentliche Probst und Vogt — *praepositus, defensor* — derselben sein zu wollen.[1])

Die besonderen Leistungen, zu welchen Zbyhněw seine zwei Kanoniker verpflichtete, werden nicht angeführt. Sie sind seinerzeit selbstverständlich und bestehen sonach — wie wir in vielen anderen Fällen sehen können — außer in den fortdauernden Culthandlungen in einer Wiederholung alles dessen, was dem Todten zu seiner Befriedigung im Jenseits geboten worden war, an bestimmten Gedächtnistagen. Zu diesen Wiederholungen gehörte auch die des Festmahls, welches dem Todten bei seinem Scheiden veranstaltet worden war und welches der römische Cultus in dieser Umgestaltung selbst aufgenommen hat.

Als der genannte Ottokar I. durch die Auslieferung der Ounětitzer Stiftung an das Prager Domkapitel diesem eine Wohlthat erwiesen hatte, verpflichtete er es dafür, den Jahresgedächtnistag seiner Mutter mit einer an die Kanoniker und Hilfskleriker zu spendenden «Refection» zu feiern.[2])

Diese Refectionen finden wir unter den verschiedensten Namen wieder, unter denen das deutsche «*Garmus*» und das der Wurzel nach vielleicht slavische «*pitantia*» sich am meisten einbürgerten.

---

[1]) Erben R. I. (c. 1132) p. 98 f. Palacký hat die Urkunde als verdächtig bezeichnet. Insofern ihn hiezu die Voraussetzung der verehelichten Canonici bewog, können wir ihm auf viele Thatsachen gestützt nicht folgen. Wohl aber deutet auf den gerade in dieser Hinsicht eingetretenen Umschwung die Thatsache, dass wir jene Erbstiftung hundert Jahre später als solche aufgehoben und dem Prager Domstift einverleibt finden, welche «Reform zum Bessern» König Ottokar I. durchgeführt hatte. Erben I. (1233) p. 377. Indem Ottokar I. dies vollzog, machte er eben von der ihm eingeräumten Vogtei Gebrauch, und das vermag doch die Echtheit der Urkunde eher zu bestätigen.

[2]) Ibid.

Die Anniversarien heißen auch «Jahrgezeiten»¹) und ihr Sinn ist auch dem 14. Jahrhunderte noch einigermaßen bewusst, wenn es verlangt, man solle sie so abhalten, «als ob der Todte gegenwärtig wäre.» Dagegen ist der Sinn der *pitantia* schon im Schwinden begriffen. Der «Erinnerungstrost» — *consolatio memorialis* —, der dafür eintritt, zeigt schon den Übergang zur heutigen Auffassung des «Leidvertrinkens».²)

Eingehendere Aufzeichnungen der Verpflichtungen, welche die Cultbesorgung mit der Stiftung übernimmt, treffen wir — aus ganz äußerlichen Gründen — freilich erst in jüngerer Zeit; doch enthalten auch diese gewiss nur Althergebrachtes, weshalb wohl für orientierende Beispiele die Chronologie ohne Belang ist. Ein Herr Baron von Baworow (Barau) gab als Zweck der Hingabe seines ganzen Gutes an, dass er mit diesem Beweise von Gehorsam der göttlichen Gnade entsprechen wolle, um beim letzten Gerichte zu bestehen. Zu dem Zwecke wolle er seine Grabstätte in der bestimmten Kirche haben, und er erhielt dafür vom Leiter der Klostergemeinschaft das bindende Versprechen, dass vor einem bestimmten Altar Tag und Nacht bis an das «Ende der Welt» eine Lampe brennen solle, beim Grabe selbst aber ohne Unterbrechung eine Wachskerze. Das Jahresgedächtnis soll so gefeiert werden, wie es in der betreffenden Klostergemeinschaft Brauch ist und alle Tage bis an das Ende der Welt eine Todtenmesse für den Stifter gelesen werden.³)

Durch die Schenkung ansehnlicher Dörfer verpflichtet der Bischof Johann unter Anathemsandrohung seine Mönche zu Raudnitz zur Anwaltschaft seines Seelenbedarfes, dessen Bedeckung er in folgender Weise feststellt: Im Kloster selbst soll alle Tage des Jahres — den einzigen Charsamstag ausgenommen — eine Marienmesse gelesen werden. Das Anniversarium ist so zu feiern, dass alljährlich am Todesgedächtnistage das Kloster von den Einkünften der hiefür geschenkten Dörfer den Domherrn und dem dienenden Clerus einschließlich der Glöckner und «Matronen» mit dem Aufwande von 10 Mark Silber eine *Pitancia* beschaffe. Diese Pitancia schließt neben der Mahlzeit noch einiges andere ein. Auf jene sollen 9 Mark entfallen; sie soll aber nur von den thatsächlich Anwesenden in dem dazu bestimmten Refectorium genossen, keineswegs aber in Antheilen — *praebendae* in die Häuser und Wohnungen verschickt werden; — immer noch war

---

¹) Emler R. IV. (1345) p. 648.
²) Emler R. IV. (1308) p. 770.
³) Pangerl, Urk.-Buch von Goldenkron. Fontes rer. austr. XXXVII, p. 54 ff.

also die Geselligkeit der Todtenmahle als ein Wesentliches der Cultfeier in Erinnerung. Die eine Hälfte der restlichen Mark sollte zur Anschaffung von Kerzen und zu Opfergaben bei der Messe verwendet werden. Die größte dieser Kerzen, die im Volke die *pokladnice* hieß, soll am Gedächtnistage die Nacht hindurch brennen. Von der letzten Hälfte sollen Messstipendien zu 6 Denaren an Priester gezahlt werden, welche sich dazu melden werden. Ein Sacristan und zwei Altaristen der Prager Kirche, die derselbe Bischof dafür besonders bestiftet hat, übernehmen die Pflicht, jene Mahlzeit auszurichten, wozu ihnen der Probst von Raudnitz einen Monat vorher die genannte Summe auszufolgen haben wird.[1])

Haben uns diese jüngeren Urkunden einen Einblick in die Art der Leistungen gewährt, die den Zweck der Stiftungen bildeten, so sprechen ältere dafür, dass — mit Ausnahme der erwähnten Fälle — es im 10. und 11. Jahrhunderte noch wenig üblich war, sich der «ewigen Dauer» jener Leistungen durch die Bestiftung von Mönchsorden zu versichern. Noch zog man weltliche Cleriker vor und unter den Erklärungsgründen mag auch der zu beachten sein, dass man die gewünschte Fortdauer noch in den Familien der Bestifteten — wie im Falle von Ouncětic — gesichert sah. Dass die Söhne der Cleriker wieder Cleriker zu werden pflegten, daran erinnert das Beispiel unseres Domdechanten Cosmas des Chronisten und seines berühmten Sohnes, des Bischofs von Olmütz. Nachdem aber gegen diesen Zustand von Rom aus seit Jahrhunderten angekämpft worden war, verschwand er schließlich im Verlaufe des 12. Jahrhunderts auch bei uns. Mittlerweile hatte sich auch hier der Clerikerstand so vermehrt, dass die Stifter und ihre Rechtsnachfolger — die «Patrone» der Stiftungen — eine Unterbrechung des Cultes schon seltener zu fürchten hatten.

In den einzelnen Kirchen, die im Grunde vielfach auch Stiftungen derselben Art waren, war zunächst nur je Ein Priester beschäftigt; als auch nach und nach sogenannte Altaristen hinzukamen, diente doch jeder derselben für sich wieder nur einer besonderen Stiftung, wenn auch der Plebanus dann ihr Rector genannt zu werden pflegte. Wo aber mehrere ein und derselben Stiftung dienten, da konnten allenfalls, wie in Ouncětic — auch schon zwei Priester als «Canonici» ein Collegiatstift repräsentieren. In der Regel aber bezeichnete man mit diesem vornehmen Namen nur die ansehnlicheren und reicheren Stiftungen dieser Art.

---

[1]) Emler Reg. IV. (1334) p. 32 ff.

Wir hatten bis jetzt zwei solche kennen zu lernen Gelegenheit: das Collegiatstift bei St. Georg und das zu St. Veit auf der Burg zu Prag.

In dem erstgenannten wurde das Jahresgedächtnis des Stifters Wratislav I. noch im 14. Jahrhunderte in der angedeuteten Weise gefeiert, indem die betheiligten Personen eine gemeinschaftliche Mahlzeit hielten — natürlich nach Vollzug des kirchlichen Cultes. Doch war auch für die, die es vorzogen, schon eine Abfindung mit 36 Groschen zugelassen — so begann das Absterben des alten Cultrestes. Eine kleine Pitancia gieng am Vortage voran. Ähnliche Pitancien wurden im Laufe der Zeit von Fürsten und fürstlichen Äbtissinnen des Nonnenklosters von St. Georg, dem jene Domherren zugleich als Seelsorger dienten, noch eine ganze Reihe hinzugestiftet.

So setzten sich die Einkünfte und Genüsse der Domherren mannigfaltig genug zusammen. Sie bezogen außer den Erträgen der Landgüter der Stiftung auch die gesammten Opfergelder der Kirche und erhielten auf bestimmte Zeiten vertheilt mannigfache Beträge theils an Geld, theils an Naturalien — Brot, Wein, Bier, Hühner, Fleisch, Fische, Schweine, Korn, Eier, Obst, Honig — aus den Wirtschaftsvorräthen des Nonnenklosters. Solche Bezüge bildeten neben den «Präbenden» eine Art Präsenzlohn für ihre thatsächliche Gegenwart, die nicht immer vorausgesetzt werden konnte, weil dieselben Domherren oft bei mehreren Stiftungen beschäftigt waren und erst ein gewisser Überschuss an Clerikern eintreten musste, ehe es möglich wurde, sich in einzelnen Stellen durch honorierte Vicare vertreten zu lassen.[1]

Bei St. Veit waren seit früher Zeit sowohl für die ursprünglichen Stiftungszwecke bestimmte Cleriker wie auch besonders zugestiftete Altar- und Kapellengeistliche thätig, deren Mehrzahl auch im 11. Jahrhundert noch weder durch besondere Bildung noch durch ein canonisch geordnetes Leben hervorragten.

Erst nach 1068 sonderte der Probst Marcus das Collegium der eigentlichen Canonici von jener übrigen Geistlichkeit aus und gab ihnen eine eigene geistliche Kleidung und ein bestimmtes Ausmaß an Speise und Trank.[2] Etwas später vereinfachte derselbe Probst, der die allgemeinen Einkünfte der Stiftung verwaltete, diesen Modus dahin, dass er von dem letzterer zugetheilten Bischofszehent ein Viertel für sich behielt, den Rest aber zu gleichen Theilen so an die einzelnen Domherren vertheilte, dass jeder jährlich 30 Strich

---

[1] Dobners Monum. VI. 334 ff. Tomek, Prag I., S. 510 ff.
[2] Cosmas p. 147.

Weizen und 30 Strich Hafer beziehen sollte, wozu er ihnen noch wöchentlich je 4 Denare für Fleischeinkauf ausfolgte.

Daneben besaß auch das Domcapitel selbst — mit Ausschluss des Probstes — ein sich stetig mehrendes Vermögen an liegenden Gütern, die seit unbestimmbarer Zeit als «Präbenden» an die einzelnen Domherrenstellen vertheilt waren.[1]) Über die Ergänzung des Collegiums mochte sich erst allmählich im Widerstreite der Interessen der Patrone und der Ansprüche der allgemeinen Kirche ein Rechtsgrundsatz ausbilden. Zunächst war naturgemäß der Einfluss der Landesfürsten maßgebend, während allmählich mit der Selbständigkeit der kirchlichen Institute überhaupt das Recht der Zuwahl erstarkte, ohne dass ersterer Einfluss völlig beseitigt werden konnte. Einen weiteren Fortschritt bezeichnet das Eingreifen des Bischofs und später das der Pröbste. Neu gestiftete Präbenden wurden auch im 14. Jahrhunderte noch von dem Stifter selbst besetzt. Der Empfang der Priesterweihe war noch keineswegs eine Bedingung für die Erlangung einer Domherrenpräbende und selbst die Kenntnisse eines niederen Clerikers wurden wieder entbehrlich, seit das System der Vicarien in Übung getreten war.

Der zunehmende Reichthum der Präbenden scheint der Hauptanlass gewesen zu sein, unter welchem sich die erst gegen Ende des 11. Jahrhunderts eingeführte klösterliche Gemeinschaft der Domherren schon im 13. Jahrhunderte wieder aufgelöst hatte. Einzelne derselben standen in landesfürstlichen und bischöflichen Hofämtern oder wohnten aus anderen Anlässen auswärts. Nur die Feste des hl. Veit und des hl. Wenzels vereinigten eine größere Zahl im alten Capitelhause. Auch die alte Naturalversorgung durch den Domprobst, dessen Präbende sich allmählich aus einer großen Reihe zerstreut liegender Landgüter zusammensetzte, musste unter diesen Umständen wieder aufhören. Einer der Pröbste schloss im Jahre 1328 für sich mit den Domherren den Abfindungsvertrag, dass er ihnen im Ganzen jährlich 100 Mark Silber herauszahlte und ihnen viermal des Jahres eine Mahlzeit bereitete oder auch diese Pflicht mit 7 Schock Gr. ablösen konnte, nebst dem Entgelt für je einen neuen Pelz und eine neue Cappa. Auf welchem Wege sich fortab auch die Präbenden der einzelnen Domherren vermehrten, zeigt eine Urkunde von 1290. durch welche[2]) der Dechantspräbende als Vermächtnis ein Dorf gegen die Verpflichtung einer jährlichen Gedächtnisfeier mit Mahlzeit für die Erblasser zugewiesen wird.

[1]) Tomek a. a. O. S. 83.
[2]) Emler Reg. II. p. 642.

Dieser Gattung kirchlicher Institute wendete sich nun während des 11. Jahrhunderts die landesfürstliche Fürsorge besonders zu. Als Standorte derselben wurden alte Gauburgen und landesfürstliche Hofstätten besonders bevorzugt, indem hier am besten für die wirtschaftliche Versorgung vorgesehen war. Gleichzeitig scheint eine entsprechende Nähe zu Prag maßgebend gewesen zu sein.

Herzog Břetislav war vom Pabste verurtheilt worden, zur Sühne für seine Beraubung der Gnesener Kirche ein solches Stift zu errichten, dessen Cleriker in alle Ewigkeit Culthandlungen zu Gunsten Lebender und Verstorbener unausgesetzt verrichten sollten.[1] Der Fürst wählte das nahe Alt-Bunzlau, den eigentlichen Stammsitz der regierenden fürstlichen Linie. Als Reliquienschatz erhielt das Stift die Körper jener «fünf Brüder,» die Břetislav mit der Leiche St. Adalberts aus Gnesen nach Böhmen gebracht hatte. Břetislav schenkte ihm hiebei ganze Dörfer in weiterem Umkreise, eine Schar von Knechten zur Bearbeitung der Felder und für alle qualificierteren Arbeiten einer großen Hofhaltung. Zu den Bareinkünften steuerte sozusagen das ganze Land: eine Sechspfenniggebühr die Gaue Časlau und Görlitz, einen Zehent der Gerichtskosten Saaz und Bunzlau, den Zehent der Regieeinkünfte von Honig und Friedenstribut ebendieselben; drei mährische Gaue lieferten einen Geldzehent, ein Zehntel des Marktzolles und des Erlöses vom Verkaufe verurtheilter Personen, das Zehntel aller Brückenzölle an der Thaya u. ähnl. Andere mährische Gaue leisteten jährlich je eine Mark Silber als Bekleidungspauschal für die Canonici und je zwei Ochsen zu den Ackerbezügen. Zudem erhielt die Stiftung 18 ganze Dörfer in Mähren. Um das Jahresgedächtnis der Božena, der bekannten Mutter des Stifters mit einem «Garmus» feiern zu können, wurde der Ertrag des Dorfes Žiželic angewiesen.

Auch auf der nächsten Gauburg, auf der zu Melnik finden wir bald ein Collegiatstift, über dessen Gründer und Gründungsanlass uns nichts bekannt ist.[2] Auch ihm gehörten viele im Lande zerstreut liegende Dörfer und Güter. Unter den näheren war Brozan an der untern Eger mit der reich dotierten Kirche das ansehnlichste, die entferntesten lagen im Prachiner und Pilsner Gau.

In der Gauburg Leitmeritz war es Spytihněv II., welcher im Jahre 1057 die Kirche daselbst erneuerte und zum Heile seiner Seele [3] mit einem fürstlich bestifteten Collegiatcapitel versah. Der

---
[1] Cosmas a. a. O. p. 118.
[2] Vergl. Frind, Kirchengesch. I, S. 149 ff.
[3] Confirmationsurkunde bei Frind a. a. O. I, S. 128.

Hauptstock von 14 Dörfern lag mit fünf Kirchen und ihren Einkünften in nächster Nähe.¹) Zu den Geldeinkünften zählte ein Antheil am Elbzoll unterhalb der Burg und an den Zöllen von Aussig und Kulm. Der Grundstock der eigenen Regiewirtschaft sollte ein Geschenk von 30 dienenden Mädchen, 100 Stuten, ebensoviel Schafen, 30 Kühen und 70 Sauen bilden. Bauern und Handwerkskundige aller Art waren in den Dörfern mit Weib und Kind dem Stifte zu ewiger Dienstbarkeit angewiesen. Die das Stift bedurfte, lösten einander reihenweise ab. Den Probst setzten die Rechtsnachfolger des Stifters ein.

Alle diese Stiftungen übertraf an Großartigkeit der Anlage die, welche um das Jahr 1070 Wratislav II., der Nachfolger Spytihněvs, auf der bis dahin wenig bedeutenden Feste Wyšehrad unweit Prag begründete. Sie ist ein richtiges Seelgeräth; die neue Kirche sollte nach des Stifters Absicht ihn selbst und sein nachfolgendes Geschlecht im Tode aufnehmen und er übergab sie «in der Hoffnung auf ein ewiges Leben.»²) Äußerlich hängt sie allerdings mit der Gegensätzlichkeit zusammen, in die Wratislav II. zu seinem Bruder Jaromir-Gebhard als Bischof und dem bischöflichen Domcapitel zu Prag gerathen war.³) Im Zusammenhange steht damit die Loslösung der Stiftung vom Bischofe, die directe Unterstellung unter den Schutz Roms, dann aber nach der andern Seite die Bevorzugung von Sazau mit seiner slavischen und der Kampf der beiden Liturgien. Rom gewährte seinen Schutz nicht ohne Tribut.⁴)

Zum Lebensunterhalte von 12 Canonikern und zwei Vorständen — Probst und Dechant — sollten wohl 80 Dörfer und Dorfantheile genügen. Geld floss zu als ein Zehntel der damals noch ergiebigen Friedenssteuer von 16 bestimmten Gauen, ein Zehntel der gerichtlichen Menschenverkäufe in vier Gauen, vom ganzen Grenzzoll bei Prachatitz und anderen Zöllen. Von allem Hopfen auf fürstlichem Grunde wanderte der zehnte Theil nach Wyšehrad; jede Gauburgswirtschaft lieferte jährlich dahin ein Tischtuch und Handtuch, die Prager aber jährlich eine Magd, drei Ochsen, ein Füllen, 15 Strich (Maß) Haber, 19 Strich Korn und 17 Töpfe Honig.⁵)

Die Organisation dieses reichen Haushaltes war anfangs dieselbe, wie sie gerade um jene Zeit auch beim Prager Domcapitel

---

¹) Erben R. I. (1057) p. 51.
²) Erben I. (c. 1088) p. 77.
³) Vergl. Lippert, Wyšehrad-Frage in Mittheilungen d. V. f. G. d. D. XXXII. S. 213 ff.
⁴) Erben R. III. (1331) p. 681, Nr. 1743; p. 602.
⁵) Erben R. I. p. 77.

eingeführt worden war: Während der Dechant der Leiter der Cultfunctionen war, verwaltete der Probst als Hausvater das Ganze und wies den Domherren wöchentlich aus dem Gesammtvorrathe ihre Präbende» an Nahrungsmitteln an. Allein solcher Reichthum erdrückte die klösterliche Zucht, und der Versuch bewährte sich nicht.

Schon die nächsten Nachfolger Wratislavs schienen ihre Gunst nicht in gleichem Maße seiner Schöpfung zugewendet zu haben. Swatopluk und Wladislav I. suchten vielmehr ihr Seelgeräth an einem andern Orte und in anderer Form zu errichten.

Erst Soběslav I. kehrte zu dem Plane seines Vaters zurück — fand aber die junge Stiftung in keinem erfreulichen Zustande. Um Ordnung zu schaffen,[1]) sah er sich genöthigt, den Gedanken des klösterlichen Haushaltes aufzugeben und eine materielle Auftheilung der Ertragsquellen vorzunehmen. Dadurch erhielt die «Präbende» einen anderen Sinn. Für den größeren Antheil verblieb dem Probste die Pflicht, entweder allwöchentlich den Domherren eine reichliche Mahlzeit zu geben, oder für ihren Bedarf je eine junge Kuh, 12 Hühner, 6 Ferkel, einen Eimer Meth und ebensoviel Bier beizustellen. In den Wochen des Winters sollte die Kuh durch je zwei dreijährige Schweine ersetzt werden. Ein Relutum von wöchentlich 40 Denaren für Fische musste während der Fastenzeit verdoppelt werden. Der Domdechant erhielt von allem einen doppelten Antheil. Es ist ersichtlich, dass dabei an eine förmliche Hofhaltung jedes einzelnen Canonicus gedacht war, in welche die von ihm in Dienst gestellten Cleriker und Vicare eingeschlossen sein konnten.

Wratislav II. hatte nach seinem Wunsche Grabstätte und Anniversarium bei St. Peter und Paul auf dem Vyšehrad gefunden; jetzt stiftete sein Sohn Soběslav noch ein Landgut zu, damit auch seine ebendaselbst begrabene Mutter und die Seelen seiner Brüder Boleslav und Břetislav der Cultuswohlthat des Capitels theilhaftig würden. Später fügte er noch fünf neue Präbenden hinzu, damit für die Seelen beider Fürsten Tag und Nacht gebetet werden könnte, indem er dazu die Münze und seine Hofwirtschaft mit jährlichen Lieferungen belastete. Um den Papstzins zu decken, wurden dem Stifte die reichen Einkünfte der Laurenzikirche auf dem Petřín und des Hospitals der h. Maria am Tein zugewiesen, letzteres in der Weise, dass der Probst aus dessen Stiftungseinkommen außer den täglich Zureisenden zwölf Arme ständig verpflegen, den Überschuss aber für das Capitel verwenden sollte.

---

[1]) Erben R. I. (1130) p. 93; (1135) p. 99.

Auch Herzog Soběslav II. vermehrte das Gut der Kirche, in der auch er seine Ruhestätte zu finden wünschte, «aus Verehrung Gottes, seiner heiligen Mutter Maria und des Apostels Petrus, sie am jüngsten Tage gnädig zu finden».[1])

Die letzte Stiftung dieser, sonst nur für das elfte Jahrhundert kennzeichnenden Art fällt schon in den Beginn des zwölften. Sadska, unweit Poděbrad, war ein landesfürstliches Wirtschaftsgut und bildete, mitten in ausgedehnten Wiesen und am Saume des Auwaldes der Elbe gelegen — wie vordem Zbečno — einen Lieblingsaufenthalt der Fürsten des 11. und 12. Jahrhunderts. Auch hier erhob sich eine reich ausgestattete Kirche mit einem Collegiatstifte, das Bořivoj II. seinem Schutzpatrone, dem h. Apollinar zum Danke für seine Befreiung aus jahrelanger Kerkerhaft begründet haben soll.[2])

Die Verbreitung der Mönchsorden.

Die Benedictiner.

Es war vielleicht die Folge eines wirklichen Fortschreitens des religiösen Feingefühls, dass sich das Bedürfnis der Jenseitssicherung auch in jenen Kreisen, die für die Bedeckung zu sorgen im Stande waren, fortan von dieser ältesten, mehr als halb weltlichen Form abwandte, bei der gleichsam nur der Reichthum des prunkenden Aufwandes das beruhigende Moment für die in Zweifeln geängstigte Seele gebildet hatte. Der Gedanke, dass das Vertrauen in die Wirksamkeit der Cultwerke durch eine der gemeineren entrückte Lebensführung der betreffenden Organe gehoben werde, entstammt eigentlich nicht erst dem Christenthume, sondern ist sammt dem Einsiedlerthume in den verschiedensten Formen älter als jenes. Dieses hatte, wie wir schon sahen, auch vom Anfang an nicht aufgehört, dem Volke zu imponieren; aber die Sucht des in höherem Grade geängstigten Gemüthes, sich hinter der möglichst großen Menge der Cultwerke sicherer zu bergen, hatte die Reichsten und Vornehmsten eine zeitlang jenen subtileren Einschlag übersehen lassen.

Seit dem 12. Jahrhunderte aber wendet sich bei uns in Böhmen die Gunst der Großen ausschließlich den Mönchsorden zu, die zu immer neueren Gestaltungen sich umformend dem wechselnden

---

[1]) Erben R. I. (1178) p. 162.
[2]) Dobner, Annal. VI, 138.

Bedürfnisse der Zeiten und der allmählichen Erschöpfung der reicheren Mittel sich anzupassen bestrebt sind. Den Beginn des 12. Jahrhundertes beherrscht bei uns noch ausschließlich der uns schon bekannte Orden von der Regel des h. Benedict.

Eine gewisse volkswirtschaftliche Bedeutung hatte allerdings auch schon die voran genannte Kategorie der Domstifte. Während sie einerseits die materiellen Mittel des Fürstenthums nicht unbedeutend verminderten, entzogen sie andererseits dem Landadel einen noch größeren Theil, indem wohl die Mehrzahl der ihnen geschenkten Landgüter durch den Heimfall in die Hand des Fürsten gelangt war, und ohne die Dazwischenkunft der Stiftungen, wie das landesüblich war, als erbetenes Lohngut wieder an andere Adelsfamilien zurückgelangt wäre. Diesen Kreislauf hemmten nun in immer zahlreicheren Fällen die Stifte, indem das ihnen geschenkte Gut immerhin als eine zweite Reserve der Fürstengewalt zurückgehalten wurde. Darin wird sich aber wohl auch der wesentlichste Theil ihres wirtschaftlichen Einflusses erschöpft haben; für die Aufschließung neuer Ertragsquellen haben sie gewiss wenig gethan. Anders wurde das nun bezüglich einzelner Mönchsorden. Wenn auch sie, wie wir schon sahen, zunächst eines Stockes schon erschlossenen Nährbodens bedurften, so reichte doch bei ihrer Bestiftung die Hand der Geber schon immer tiefer in das nur halb erschlossene Gebiet im Übergange zu alten Markwaldungen und in diese selbst hinein, sodass die Ausdehnung ihrer Ertragswirtschaften nach dieser Richtung für das Land von volkswirtschaftlicher Bedeutung wurde, während sie die schwankende Wage zwischen Fürsten- und Adelsmacht in gleicher Weise wie jene älteren Stifte belasteten. Dadurch wird denn auch dieser Theil der «Kirchengeschichte» für unsere Socialgeschichte von Bedeutung.

Indem wir uns der nächsten Stiftung dieser Art, der des Benedictinerklosters zu Opatowitz zuwenden, führt uns die Spur ihrer Entstehung auf einen uns nicht mehr unbekannten Weg. In einem Reste der alten Wälder, innerhalb deren der jüngere Gau von Grätz (Königgrätz) sich öffnete, finden wir Ende des 11. Jahrhundertes eine Einsiedlerzelle zum hl. Laurenz, die unter der Obedienz des Klosters Břevnov steht, zugleich aber als Zelle des Hofbeamten Mikulne bezeichnet wird. Wir haben es also mit dem Vorstoß eines Pioniers von Břevnov von der Art zu thun, die wir bei dem Kloster Ostrow[1]) kennen lernten. Jener vornehme Mikulne — oder ein Vorfahre desselben — hat dann wohl die «Zelle»

---

[1]) S. oben S. 31.

in einer Weise mit Land und Gut ausgestattet, dass er sie als sein Seelgeräth betrachten und seine Zelle nennen konnte. Gewiss mit einer weiteren Schenkung verbunden war dann die Erhebung dieser Zelle zu einer selbständigen Abtei. Durch jenen Heiligen, dessen Cult wohl wie der des h. Veit auf Verbindungen mit dem alten Sachsenlande hinweist, in einem Traumgesichte aufgefordert betheiligt sich um 1086 Wratislav II. an der Neubegründung, indem er jene Erhebung bestätigt, einen seiner Kapläne zum ersten Abte einsetzt und dem neuen Kloster Landgüter in Böhmen und Mähren schenkt. Sofort betheiligen sich an der Bestiftung außer jenem Mikulne noch eine Reihe anderer Herren, wie denn fortan dieser Stiftung ein reicher Segen von Zustiftungen zufließt.[1]) So hat auch König Ottokar I. gemeinschaftlich mit seiner Gemahlin Constantia seinem verstorbenen Sohne Wladislav — *ob remedium animae* — ein Seelgeräth daselbst gestiftet, und sein »getreuer Diener«, der getaufte Jude Stephan that ein Gleiches für seine Seele; ihm folgten der fürstliche Koch Matthäus und eine Reihe von Vornehmen, deren einige sich die Grabstätten im Kloster ausbedangen.[2])

Nach Ziegelbauer[3]) sollen wieder die Klöster und Probsteien Wahlstatt, Grüssau und Neumark in Schlesien von Opatowitz ausgegangen sein, und das Zeugnis von Grüssau deutet uns an, dass das wieder in derselben Weise geschehen ist, wie Opatowitz selbst entstand.

Von Břevnov–Prag über die Stationen Sadska und Libitz nach dem Walde von Königgrätz zu gelangen, konnte damals für einen Mönch kein Wagnis mehr sein. Gewagter mochte es erscheinen, durch die Wälder an der Aupa bis an den jenseitigen Saum des Grenzwaldes vorzudringen. Dahin aber hatte das Kloster im nächsten, 13. Jahrhunderte, doch nicht ohne Einladung durch den dortigen Landesfürsten Herzog Heinrich von Schlesien, seinen gewesenen Abt und einige Brüder entsendet, deren «Armut und Demuth die Witwe des genannten Fürsten bewog, ihnen von dem gewählten Walde Kresobor so viel zu schenken, als sie mit eigenen Händen und Mitteln auszuroden vermöchten.[1]) In der That lebten sie hier eine zeitlang als Eremiten»; aber kurze Jahre darauf erlangten sie schon von Herzog Boleslav als Geschenk den Marktort Landshut mit einem Landgute daselbst und überdies die Erlaubnis,

---

[1]) Erben R. I. (1086) p. 73; (1108) p. 87.
[2]) Ibid. I. (1228) p. 337 f.
[3]) Hist. mon. Břevnow. p. 200 f.
[4]) Erben I. (1242) p. 503.

in dem ganzen Walde bis an die böhmische Grenze Dörfer anzulegen.¹) Hier wurden sie dann die Grenznachbarn der Břevnover, die inzwischen von der böhmischen Seite aus in ganz gleicher Weise dahin vorgerückt waren.

In unbekannter Zeit muss dasselbe unternehmende Stift Opatowitz in gleicher Weise auch den Weg an der Elbe aufwärts vorzudringen versucht haben, doch nicht mit gleichem Erfolge, indem es hier das ehedem landesfürstliche Gut bereits an Colonisten vertheilt und keine reichen Güter mehr vorfand.²)

Der Vorgang bei solchen Vorstößen durch Eremitencolonien, wie sie besonders dem alten Benedictinerorden eigen waren, erscheint immer als der planmäßig gleiche. Dafür gleich hier noch einige Beispiele. Als typisch kann neben anderen die Erwerbung des mährischen Gebietes Hranice durch das von Břevnov aus gegründete Kloster **Raygern** gelten. Der Pionier war ein Mönch namens Jurik (Georg), der sich an Elisabeth, die Gemahlin des Olmützer Herzogs Friedrich mit der Bitte wandte, eine, Hranice genannte Gegend — «eine erschreckend öde Wüste» — bewohnen zu dürfen, um den Wald auszuhauen und Neuland vorzubereiten. Auf Bitten der Fürstin gab der Fürst dem «genügsamen, fleißigen Einsiedler» nicht nur die erwünschte Erlaubnis, sondern schenkte ihm — da er doch zu leben haben musste — auch in dem nahen Dorfe Stipky zur Anrechnung für sein Seelenheil ein Pflugmaß urbaren Ackerlandes mit Wiesen und Obstgärten. Darüber hinaus stellte er ihm so viel des angrenzenden Waldes ohne jede Begrenzung zur Verfügung, als er würde aushauen wollen. Als das geschehen war, kam der Abt des betreffenden Eremiten und erbat sich die entsprechende Schenkungsurkunde für — das Kloster Raygrad.³)

Ein Beispiel, wie ganz nach derselben Methode auch wieder die **bairischen** Benedictiner nach Böhmen herüber in den «Nordwald» vorrückten, bietet der bekannte Einsiedler **Günther**. — Günther, von fürstlicher Abkunft, hat sich in höheren Jahren dem Kloster zu Niederaltaich in Baiern in die Arme geworfen, ohne auch da Befriedigung zu finden.⁴) Endlich findet er diese in der Verwendung als Eremiten-Pionier. Mit dem Segen des Abtes und mit

---

¹) Erben R. I. (1249) p. 577.
²) Vergl. Über die Probstei Wrchlab zwischen Arnau und Hohenelbe von W. Hieke in Mittheilungen d. V. f. G. d. D. XXXIII. p. 264 ff.
³) Erben R. I. (1169) p. 144 f.
⁴) Vita Güntherii in Fontes rer. b. I. p. 338 ff.

Genehmigung König Heinrichs II. begibt er sich — selbstredend nicht allein — in den Nordwald und erbaut da zu Rinchnach — wieder zu Ehren Johannes des Täufers — eine Kirche, bei der er mit einer Schar anderer Benedictiner seine Wohnung aufschlägt. Im Jahre 1019 weiht sie der Passauer Bischof Berengar ein und kann ihr bereits den üblichen Zehent auch von urbaren Gründen in der Nähe anweisen, was bestimmt erkennen lässt, dass sich diese einsiedelnden Mönche auch der Arbeitskraft von Colonen oder Unterthanen bedient haben müssen. Dann geht Günther den Kaiser Konrad II., dem die Verfügung über dieses Markland zustand, an, und dieser schenkt ihm, bezw. seiner Kirche (1029), das Gebiet in einem bestimmten, aber sehr weiten Umfange. Endlich erscheint dann — wie dort in Mähren — der Abt von Niederaltaich und erlangt von Heinrich III (1040) die Incorporirung der so entstandenen Filiale Rinchnach mitsammt dem ganzen Gebiete für sein Stift.[1]) Was inzwischen Günther weiter veranlasst hatte: die Errichtung eines neuen Saumweges nach Böhmen und die Anlage einer inneren Station in Böhmen zu Březnic — dies lag im Interesse der Hebung jenes so erworbenen Gutes, namentlich durch die Belebung mit einem Verkehrswege zwischen Regensburg und Böhmen.[2]) Es entsprach dem Geschmacke der Stubenliteratur der späteren Mönche, den unternehmenden Mann, der sich des Schutzes seiner Arbeit durch befreundete Fürsten bewusst war, als asketischen Einsiedler zu zu verzeichnen. — —

König Wladislav I., der Sohn Wratislavs, der diesem aber erst 1109 in der Regierung folgte, fand keinen Anlass, in der Rivalität beider Domcapitel — Prag und Wyšehrad — Partei zu ergreifen und wählte seine Ruhestätte weder da noch dort, sondern stiftete für dieselbe fernab um das Jahr 1115 ein neues großartiges Seelgeräth, zu dessen Verwaltung er Benedictinermönche berief. Was ihn dabei weit weg nach Westen, an das Quellgebiet der Mies führte, mögen wohl zum Theil wenigstens wirtschaftliche Gründe gewesen sein. Größere, halbwegs zusammenhängende Gebiete standen den Fürsten wohl nur noch in der Nähe der Grenzwälder zu Gebote, und andererseits konnte daselbst ein Mönchsorden auf dem halb oder gar nicht erschlossenen Boden nützlicher werden als ein Domcapitel, das schon durch das übliche Präbendensystem der einheitlichen Leitung entbehrend für große wirtschaftliche Unternehmungen weniger geeignet erschien.

[1]) Erben R. I. (1040) p. 43; (1019) p. 38 f; (1029) p. 39 f.
[2]) Vergl. B. I. p. 78.

Im Grenzwalde an der oberen Mies war die innere, slavische Colonisation so weit vorgedrungen, dass er einem halb erschlossenen Gaue glich, in dessen Bereiche 37 Dörfer aufgezählt werden, die alle, wie der Grund, auf dem sie entstanden waren, dem Fürsten gehörten. Einige dieser Dörfer — zwölf an der Zahl — hat er schon früher zur Entlohnung von Laien verwendet. Der Rest aber, an das neuzugründende Kloster mit dem Sitze zu Kladrau verschenkt, soll nun die Wirtschaftsbasis bilden, auf welcher jenes bestehen und von wo aus es den gleichzeitig zugeschenkten Markwald in Cultur nehmen kann. Wladislav schenkte also der neuen Anlage[1]) das ganze waldige Gebiet zwischen der großen und kleinen Mies (Auharka) vom Dorfe Wuttau (Butow) noch unterhalb der Mündung der letzteren bis «an das deutsche Land», also den Grenzwald zwischen Tachau und Pfraumberg und das offene Land bis über Mies hinaus. Die zwölf Dörfer, welche er ausnimmt, weil sie nach der einen Urkunde seit altersher bestehen, nach der anderen bereits anderweitig vergeben sind, liegen im östlichen Theile dieses Gebietes und ihre Namen sind bis heute erhalten; dagegen sind von den 25 Dörfern, die dem Kloster zufielen, nur noch sehr wenige unter denselben Namen auffindbar. Sie sind also wohl im Gegensatze zu jenen «alten» Dörfern die jüngeren, deren Erweiterung durch Colonisten sie zum Theil um ihre Namen brachte. Dazu kamen noch Schenkungen in entlegenen Gebieten, und die üblichen Geldzuflüsse auf Zölle und Hofwirtschaften angewiesen sowie der Stamm für ein ‹Gynäcium› — 11 Mägde und 7 Hofknechte. Nachmals[2]) fügte Wladislav noch einen Neulandbezirk im Walde — *vulgo vocatus Ujezd* — im Quellgebiete des heutigen Manetiner Baches mit 9 bestehenden Dörfern zu, von denen heute noch 5 am alten Namen erkennbar sind.

Das größere Vertrauen, das diese Cultgenossenschaft beim Volke fand, zeigte sich sofort schon in der ersten Zeit ihres Bestehens in überreichlicher Zustiftung von Seiten kleiner Landbesitzer. Manche vermachten ihr ganzes Gut für den Todesfall dem Stifte; ein Einzelner bedang es dabei seinem Sohne aus, auf dem so geschenkten Gute entweder dem Kloster zu dienen oder «die Hospitalität zu lösen», d. h. davonzugehen; ein anderer übergab s i c h s e l b s t sammt seinem Gute dem Kloster.[3])

---

[1]) Erben I. (1115) p. 89 und p. 176.
[2]) Erben I. p. 177.
[3]) Ibid. p. 90.

Noch waren in jener Zeit die Fürsten immer der Meinung, als Stifter die eigentlichen Herren dieser Stiftungen zu bleiben und deren Hospitalität und Unterstützung bedingungslos in allen nöthigenden Fällen beanspruchen zu können. So hatte auch Soběslav II. (1170—1178) vor seiner Thronbesteigung in seiner Nothlage die Unterstützung des Klosters erfahren und belohnte dasselbe nachmals durch die Schenkung des Bezirkes von Kurojed in der Miesgegend.[1]) Herzog Heinrich schenkte fernere 6 Dörfer, Herzog Friedrich für sein und aller Vorgänger Seelenheil» ein siebentes. Ähnliches that König Wenzel I.[2]). Da auch Private in einer Gegend, die noch durch kein ähnliches Institut erschöpft war, fortdauernd zustiften konnten, wuchs das Vermögen der Klostergemeinde bald so heran, dass sie an Arrondierungen durch Tausch und Kauf denken konnte.[3]) Wenn sie dabei nachmals wieder Landgut in weit entfernten Gegenden — beispielsweise nördlich von Leitmeritz — erwarb, so mag wohl dabei der Plan von Filialstiftungen vorgeschwebt haben. Es braucht kaum eingeschaltet zu werden, dass die Bevölkerung all dieser Dörfer eine unfreie war, so verschieden auch die Praxis mit ihnen umgehen mochte. —

Dass die ersten Mönche nach Kladrau aus Deutschland kamen, darauf lässt schon die Theilnahme Richsa's, der deutschen Gemahlin Wladislavs schließen. War das die zweite der gleichnamigen Gemahlinnen dieses Fürsten, die Tochter Dietpolds von Voburg, so blieb es wohl nicht belanglos, dass deren Vater der Gründer der angesehenen Klöster Reichenbach und Waldsassen gewesen war. In der Folgezeit fanden natürlich auch Einheimische Aufnahme im Kloster. So begegnen wir am Schlusse des 12. Jahrhundertes[1]) neben den deutschen Namen Lambert, Wicker, Friedrich, Konrad und Heinrich einem Bohuslav und Bohuš.

In dem ganzen Vorgehen dieser Benedictinerklöster offenbart sich ein auf Erfahrung und Umsicht beruhendes Wirtschaftssystem, das dem der damaligen Laienwirtschaft weit überlegen sein musste. Wir wissen nicht bestimmt, ob schon der ältere Straßenzug über Kladrau nach Pilsen führte oder erst vom Kloster dahin gezogen wurde, wohl aber sagen uns die Urkunden, dass sich das Stift erfolgreich damit bemühte, jenen Ort zu einem Marktplatze zu machen, der ein gut Theil des Auslandshandels an sich zog. —

---

[1]) Erben R. I. (1170) p. 156.
[2]) Erben I. (1235) p. 416.
[3]) Erben I. (1238) p. 443.
[1]) Erben I. (1197) p. 195.

So bestand auch vielleicht schon vor der Scheide des 11. und 12. Jahrhunderts im entgegengesetzten Ende Böhmens, an der großen Handelsstraße mitten im Grenzwalde — bei Leitomischl — eine Benedictinerniederlassung. Wir wissen aber noch immer nicht, woher sie kam, noch wer sie gründete oder was sie an Land besaß. Nur das verräth uns eine Urkunde[1]), dass sie um 1108 bestand, dass der Ort Leitomischl nicht ihr Eigen war. Sie hatte aus unbekannten Gründen kein Gedeihen; war es ein missglückter Versuch von Opatowitz aus, das Güter am Dešnabache erworben hatte?

Ein Verwandter jener Gemahlin Wladislavs I., die als Mitbegründerin von Kladrau betrachtet wird, Graf Wilhelm von Sulzbach soll Hauptmann des Olmützer Gaues gewesen sein, und diesen bezeichnet die Klosterlegende als Stifter eines nach seinem Namen Wilemow genannten Benedictinerklosters am Saume desselben östlichen Grenzwaldes, da, wo sich zwischen den Hauptstraßen von Leitomischl und von Habern — wohl nicht ohne Zuthun jenes Klosters — eine Art Nebenweg nach Mähren in der Richtung nach dem Nachbarkloster Saar zu öffnen begann. Nach der Lage des Ortes muss man schließen, dass schon die ursprüngliche Bestiftung ähnlich wie bei Kladrau den Zuerwerb durch erst zu erschließende Waldstrecken im Auge hatte, wie denn in der That nachmals neu entstandene Colonistendörfer — Michelsberg, Hundorf, Sieghardsdorf, Langendorf, Scheibelsdorf, Kochensdorf — zum Besitzstande gezählt werden. Wie weit sich aber der ursprüngliche erstreckte, wissen wir nicht. Die spärlichen Urkunden[2]) deuten nur an, dass auch hier der Stammbesitz durch Zustiftung von Seelgeräthen in allmählichem Wachsen begriffen war. Ein Theil jener jüngeren Dörfer liegt in der Waldstrecke Deutschbrod—Iglau. Doch waren die schon bestehenden Dörfer, die das Kloster erwarb, weitaus in der Mehrzahl. Einige — Štěpanow, Smrdow, Lubno, Bačkow — weisen auf einen zusammenhängenden Bezirk westlich von Habern, andere auf einen gleichen Strich an der Sazawa unterhalb Deutschbrod; die meisten lagen zerstreut und viele entfernt. Wie etwa auch dieser Stiftung die Landesfürsten selbst zu Hilfe kamen, ist nicht ersichtlich. Dagegen wissen wir von Theobald III., dass er bei Gelegenheit einer Grenzberichtigung, die er als Herr der Ostgaue bei seiner Zollstätte Habern gegen das Kloster vornahm, letzterem einen Antheil am Zollertrage daselbst gewährte.[3])

[1]) Erben I. (1108) p. 87.
[2]) Erben I. p. 227, 312.
[3]) Erben I. (1207) p. 227.

Klostergründungen hatten ihre Schicksale gleich anderen wirtschaftlichen Speculationen: während Wilemov ohne sonderliche Unterstützung der Fürsten aufblühte, so dass es um 1278 von 380 Mönchen und Clerikern[1]) gewimmelt haben soll, konnte es in nicht gar entfernter Gegend eine Tochtergründung Břevnows trotz fürstlicher Gunst zu keiner Blüte bringen: es zeigt sich die langsam eindringende Gewalt eines Volkswillens, der für die älteren Stiftungen belanglos verblieben war. Podlažic liegt in demselben Grenzwaldgebiete südöstlich von Chrudim. Daselbst hatte Břevnow einen Besitz erlangt und eine Probstei begründet, die König Wladislaw im Jahre 1159, jedenfalls nicht ohne entsprechendes Pathengeschenk, zur Abtei erhob. Zu einer Bedeutung gelangte sie nicht.

Noch einen weiteren Punkt am inneren Saume des östlichen Grenzwaldes — Siloe oder Selau (Želiv) südwestlich von Deutschbrod im Markgaue von Řečic hatte sich der Benedictinerorden ausersehen — ebenfalls ohne nachhaltigen Erfolg. Mönchspioniere waren vom Kloster Sazawa aus hieher vorgedrungen, und das Mutterkloster hatte hier in der Benedictinerweise auf bischöflichem Grunde eine Filiale gestiftet; der Bischof benahm sich deshalb als ihr Patron. Aber wie hier die Landwirtschaft in jenen Gegenden nur mäßig gedeihen will, kam auch das Kloster nicht vorwärts, umso weniger als es an einem ausgiebigeren Grundstocke erschlossener Güter gefehlt zu haben scheint. Andererseits war wohl auch, ehe sich der Bergbau und die Colonisation in diese Gegenden zog, die Bevölkerung zu arm, um ein Kloster reich zu machen.

Ganz anders verhielt sich das Alles bei einer anderen Gründung desselben Ordens fern im Nordwesten mitten im fruchtbarsten Boden am Ufer der Eger. Über die Gründung des Benedictinerklosters, genannt zur «Pforte der Apostel» — woraus Postelberg und Postoloprty — fehlt jede Beurkundung. Doch kennt schon unser Cosmas dessen Bestand.[2]) Seine Gründung muss also zumindest an die Scheide des 11. und 12. Jahrhunderts fallen. Woher die Mönche, oder wess' Seelgeräth sie etwa hüteten, wissen wir nicht. Eben darum aber war es wohl keine landesfürstliche Stiftung. Ihren großen Reichthum verdankt sie wohl dem Reichthum der Gaugrafen und Großen der Gegend. Von Urwaldsiedlern und Wälderrodung war hier keine Rede. Der Platz lag vielmehr mitten im Weltgetriebe, an der Scheide zweier Auslandstraßen. Die meisten seiner Landerwerbungen, darunter besonders einträgliche Kirchenpatronate, befanden sich in dieser ge-

---

[1]) Nach Ziegelbauer Hist. mon. Břev. p. 207.
[2]) Cosmas l. c. p. 31.

segneten Gegend selbst, doch reichten einzelne zerstreut auch bis in das Gebiet von Kladrau. Im nahen Weberschan und in Saaz bestanden Probsteien.

Auf die Nonnenklöster des Benedictinerordens haben wir bloß nebenher einen Blick zu werfen. Nicht als ob sie nicht als Asyle für gebrochene und verzichtende Herzen und für jene, die einen Frieden suchten, den jene Zeit nirgends außer ihren Mauern bieten konnte, für das innere Leben in den höheren und höchsten Kreisen von Bedeutung gewesen wären; aber in ihnen reifen jene kennzeichnenden mönchischen Unternehmungen, die eine sociale Umwälzung anbahnen halfen, entweder gar nicht, oder in geringem Ausmaße; und nur deshalb ist die Erscheinung für uns von geringerem Belange. An sich aber war ihre wirtschaftliche Bedeutung nicht minder groß.

Das Nonnenkloster der Benedictinerinnen bei S. Georg war, wie wir schon wissen, älter als alle anderen Klöster im Lande überhaupt. Die Tendenz seiner Einführung muss denn doch von den anderen Stiftungen etwas verschieden gewesen sein. Es mag nicht in der Initiative einer frommen Prinzessin allein gelegen sein, dass das Bedürfnis eines Frauenklosters zuerst hervortrat. Es handelt sich hier nicht um den Import fremder Cultträger, wie bei anderen Klöstern, sondern wohl mindestens gleichzeitig und ebenso sehr um eine Schutzstätte der weiblichen Jugend des eigenen Landes.

Das war wohl ein Grund der überaus reichen Bestiftung und des beständigen Zuwachses an Reichthümern. Hier konnte es sich nicht um Waldanweisungen handeln; es bedurfte ertragreicher Culturdörfer und vor allem reich fließender Baareinkünfte. Sie bestanden in Antheilen an den Straßenzöllen von Leitmeritz, Aussig, Netolitz und Tauss, an den Marktzöllen der genannten Plätze außer Tauss, zuzüglich von Saaz und Melnik. Von 38 größerntheils nordwestlich von Prag liegenden Dörfern bezog das Kloster einen Zehent vielleicht infolge bischöflicher Zuwendung. Die Zahl der unterthanen Dörfer und Dorfantheile belief sich am Anfange des 13. Jahrhunderts auf 129. Hievon lagen 62 gruppenweise im Umkreise von Prag, die übrigen in den verschiedensten Gauen zerstreut. Zusammengelegt hätten diese Ländereien eines einzigen Frauenklosters wohl an Umfang das alte Čechenreich der Prager Gaufürsten übertroffen; in der That theilten sich auch Břevnow und St. Georg in den größeren Theil des Culturlandes desselben. Hier, mitten im Lande wenigstens, war damit die Entwicklung mächtiger Adelsgeschlechter unterbunden; diese Gefahr drohte der Macht des

Herrschens nur noch von den Grenzen her. Jene Stiftung blieb lange die einzige ihrer Art.

Erst gegen das Jahr 1164 begründete die Königin Judith, die zweite Gemahlin Wladislavs I. aus dem Hause der Thüringer Landgrafen, das Benedictiner-Nonnenstift zu Teplitz. Wir finden dasselbe im Besitze des genannten Ortes und seiner zwei Kirchen, sowie der Burg auf der Doubravska hora (Schlossberg) mit ihren zugehörigen Landgütern. Besonders reich scheint das Stift an Kirchen gewesen zu sein.

Am Schlusse dieser Übersicht lenkt das alte Mönchsstift Břevnow unsere Aufmerksamkeit noch einmal auf sich. Es hat inzwischen seinen Besitz durch Zustiftungen weiter gemehrt. Gruppen solcher liegen in der Gegend von Leitmeritz (Zebus, Hrdly), im Gau von Poděbrad, in dem von Prachin und anderwärts. Nachdem es auf der großen Straße, die nach Polen führte, vorschreitend in Opatowitz einen Stützpunkt gefunden, beschritt es erst wieder im 13. Jahrhunderte den Weg in das Markgebiet. Jetzt — etwa um 1200 — sehen wir seine vorgeschickten «Einsiedler» weiter — bis Nachod — vordringen, von wo sie den kaum sehr begangenen Weg in den nördlicheren Grenzwald einschlugen, da wo er in die Gegend des heutigen Friedland in Schlesien führt. In der Mitte dieses Weges, auf einer offenen Lichtung — *police* — errichtete ein Bruder Vitalis mit seinen Genossen eine Capelle, welche Anlage von Břevnow aus mit allem Nöthigen versehen wurde. Wohl nachdem sich die Anlage nicht ganz unfruchtbar erwiesen, ergieng auf dem üblichen Wege an den Landesfürsten als den Herrn der Mark die Bitte um Überlassung des betreffenden Waldgebietes und sicherer Einnahmsquellen in dessen Nähe. Ihr entsprechend schenkte König Ottokar I. im Jahre 1213 die alten Dörfer Neswadilow und Prowodow, letzteres als Marktort am Nachoder Landesthore, und jenen Walddistrict um Politz bis an den Fluss Steine jenseits des Sandsteingebirges dem Stifte.[1]) Indem später — 1253 — das Stift die Bewilligung erbat, den Markt von Prowodow nach der neuen Ansiedlung Politz zu verlegen, beabsichtigte es wohl, einen Theil des Verkehrs von der alten Straße nach der jüngeren hinüber zu leiten; auf die Einsiedelei als solche kam es also dem Kloster nicht mehr an. Zu Beginn des 14. Jahrhunderts konnte das Stift bereits ein wirkliches neues Kloster in Politz erbauen und bald darauf das Gebiet durch Zukauf einiger Dörfer arrondieren. Im anstoßenden

---

[1]) Erben R. I. p. 250, 353.

Braunauer Ländchen war auf dem linken Ufer der Steine der Urwald streckenweise schon einer von Glatz ausgehenden Colonisation gewichen. Nachdem das Stift auch diesen Theil erworben, vollendete es die Colonisation im ganzen Ländchen und errichtete im Schlosse zu Braunau eine neue Probstei.¹)

Die Prämonstratenser.

Uns interessieren die kirchlichen Schöpfungen zunächst nach der wirtschaftlichen Seite hin. Die ältesten Domstifte blieben vereinzelte Pflanzungen ohne Zusammenhang und ohne Vermehrung von innen heraus. Die Benedictiner-Klöster kennzeichnet ein Sprossen und Ranken nach außen hin, aber wie bei der Erdbeerstaude starb das Rankenband gewöhnlich ab, sobald sein Ende eine Stelle gefunden, an der es Wurzeln in die Erde schlagen und sich selbst ernähren konnte. Der Zusammenhang der einzelnen Klöster war zwar ein genetischer, aber er hörte auf ein wirtschaftlicher zu sein. Darum sahen wir wohl auch manchen jungen Schoß in minder nahrhaftem Boden vertrocknen.

Um das Jahr 1120 hatte der Xantener Canonicus Norbert, nachmaliger Erzbischof von Magdeburg, auf der Grundlage einer strengeren Organisation von Chorherren nach der Regel Augustins einen neuen Orden gestiftet, der eine Vereinigung des Collegiatstiftes mit dem Mönchsthum darstellen sollte. Nach dem Ausgangspunkte und Stammkloster Prémontré hieß er der **Prämonstratenser-Orden**. Als Collegiatstift verfolgte er die uns bekannten Ziele; neu aber und von großer Bedeutung war seine äußere Organisation. Der ganze Orden sollte mit all seinen Stiftungen ein einziges Ganze vorstellen. Das Mutterkloster blieb dessen Haupt, und ein Generalcapitel, das alljährlich ebendort alle Äbte vereinigte, hielt die Einheit aufrecht. Nach seiner größeren Ausbreitung theilte sich der Orden in Ordensgebiete, *Circarien*, deren jedem ein Pater abbas vorstand. Dieser nahm jährlich strenge Visitationen vor, und Absetzungen von Äbten waren nichts seltenes. Was jedes Benedictinerstift einzeln erst erwerben musste, ehe es einen Vorstoß in eine neuerschlossene Gegend mit Erfolg wagen konnte, den materiellen Rückhalt, das war hier durch den Orden als Ganzes gegeben und die Wechselbeziehungen von Mutter- und Tochterstift gaben dem

---

¹) Vergl. Tomek, Älteste Nachrichten über die Herrschaft Braunau und Politz. Prag 1857. Lippert, Älteste Colonisation im Braunauer Ländchen, Mittheilungen d. V. f. G. d. D. XXVI. p. 325 f.

Ganzen eine gewisse Beweglichkeit und weltkundige Umsicht. Deshalb mochte der Orden Vielen berufen erscheinen, den der Benedictiner nicht nur im allgemeinen, was auch in Betreff der Neustiftungen für einige Zeit der Fall war, abzulösen, sondern auch im Einzelnen Unternehmungen der Benedictiner, die nicht gedeihen wollten, zu besserem Ziele zu führen, wie in Leitomischl, in Selau u. a.

Schon im Jahre 1140 fand der neue Orden Eingang in Böhmen, indem der am Prager Hofe lebende Bischof Heinrich Zdik und der Prager Bischof Johann den König Wladislav II. zu bewegen wussten, zur Verwaltung seines eigenen Seelgeräthes jenen zu berufen, der die Vornehmheit eines Collegiat-Stiftes mit der Verdienstfülle eines Mönchsklosters zu vereinigen schien. In der That bestellte Wladislav II. seine Grabstiftung weder in einer der alten Kirchen der Burg, noch in jener zu Wyschehrad oder Kladrau, wo seine Vorfahren lagen, sondern in dem neubegründeten Prämonstratenserstifte auf dem zum Berge Sion» umgetauften Strahow in der Nähe der Burg Prag. Auch seine Gemahlin Gertrud und der genannte Bischof Zdik sind hier begraben. Die Chorherren kamen aus dem Kloster Steinfeld am Rhein. Dessen Abt blieb daher Pater abbas der Circarie Böhmens und Mährens. Die Bestiftung geschah in der alten Weise, nur wirkten die genannten Personen zusammen. Bischof Johann widmete all seinen Privatbesitz, der in 14 Dorfschaften nördlich von Königgrätz und einer ‹familia» von 19 Knechten bestand. Der König und seine Gemahlin wiesen *pro remedio animae* wöchentlich 200 Denare aus der Münze an und schenkten das große Gut Radonitz — unterhalb Laun — mit Dörfern und Knechten. Eine Anzahl von Unterthanen, die wohl als ehemalige *hospites* die Freiheit gehabt hätten, das Gut zu verlassen, wählten freiwillig die Unterthänigkeit des Krummstabs. Dazu kam noch eine größere Zahl zerstreut liegender Dörfer mit zahlreichem Unterthanenbestande.[1])

Fast gleichzeitig gründete die Königin Gertrud für denselben Orden das Nonnenkloster Doxan an der unteren Eger. Das reiche Stiftungsgut lag, von zerstreuten Dorfschaften und Kirchen abgesehen, in zwei Hauptgruppen an der unteren und oberen Eger. Die Zustiftungen Privater erfolgten zunächst mit der Aufnahme neuer Mitglieder; die Institution wurde, von dem frommen Impulse der Zeit abgesehen, die eines vornehmen Leibgedinges, in die Jungfrauen und Witwen durch Stiftungsbeiträge eingekauft werden konnten.

---

[1]) Erben I. p. 106; Tomek Prag I. S. 99.

Die Formel der Urkunde lautete dann mitunter einfach: er gab dem Kloster dieses oder jenes Dorf oder Landgut «mit seiner Tochter».[1]) Gewöhnlich ist es die Heimsteuer der Tochter Nonne, welche dem Kloster zufällt, mitunter in der Weise, dass sie für die Zeit ihres Lebens ganz oder zum Theil noch ihr Privatpeculium bleibt, das erst nach ihrem Tode in das Klostergut einfließt.[2])

Neben diesem gleichsam natürlichen Zuwachs des Klosters setzte sich auch jener fort, den es seiner eigenen Wachsamkeit verdankte. Dass Doxan durch seinen Probst mit Strahow in Verbindung blieb, kam ihm dabei zugute. Die Schenkungen der Urkunden mit ihren salbungsvollen Motivierungen enthalten nur zu selten auch ihre Vorgeschichte. Hier ein Beispiel einer solchen: Der Baron Diviš ist ohne Sohn gestorben und hat in Auherzen — bei Pilsen — ein Gut hinterlassen, das König Ottokar als Heimfall einzog. So weitab dieses Gut nun auch lag, war der Besitzwechsel denn doch dem wachsamen Probste von Doxan nicht entgangen und er begann dem Könige darum in den Ohren zu liegen. Lange weigerte sich dieser, weil ihm das Gut selbst gelegen war; endlich aber, als der Probst auch andere Adelige noch als Fürbitter zuhilfe nahm, gab der König, durch solches Bitten ermüdet, oder, wie sein Schreiber schöner sagt, «besiegt» nach und schenkte es dem Kloster zur Vergebung seiner Sünden . Dem Kloster aber war das Gut in seiner Entlegenheit so wenig nütze, dass es dasselbe bei erster Gelegenheit verkaufte.[3]) Man sieht wohl daraus, wie gewissenhaft die besser organisierten Klöster den Cataster der bevorstehenden Heimfälligkeiten» führten.

Um sich ähnlicher Zustiftungen von kleinen Landherren direct zu versichern, musste sich die Klostergemeinschaft oft in fein berechnete Unternehmungen einlassen. Sie musste beispielsweise, um sich einen Gewinn für einen Todesfall zu verschaffen, bestimmte Prämien auf Lebenszeit herauszuzahlen sich entschließen — auch zu diesem Geschäfte gehörte Betriebscapital.

So haben die Brüder Peter und Götzlein, Bürger von Leitmeritz, je einen Gutshof in Bauschowitz nächst Doxan besessen; zum Gute des Peter scheint auch das Kirchenpatronat daselbst gehört zu haben. Diesen Gutshof hat nun das Kloster gekauft, und um auch den zweiten zu erwerben, schließt es mit Götzlein den Vertrag, wonach dieser für den Todesfall sein ganzes Gut dem Kloster zuschreibt.

---

[1]) Emler II. (1210) p. 241.
[2]) Emler R. III. (1330) p. 631.
[3]) Erben R. I. (1222) p. 308.

wenn es ihm dafür den Nutzgenuss des Gutes Peters für Lebenszeit überlässt. Das Kloster geht darauf ein, wobei es die Kirchencollation sofort für sich in Sicherheit bringt. Dagegen soll das so errichtete Seelgeräth auch für Götzleins Eltern und Frau wirksam sein.[1]) In solcher und ähnlicher Weise gelang es bald, das liegende Vermögen der Stiftung in außerordentlicher Weise zu vermehren.

Bestand dieses Stammland an der unteren Eger aus altem, höchst ergiebigem Culturboden, so lag die zweite Gruppe an der oberen Eger, der «Bezirk Welchau» an der Grenze von Culturland und Markwald, beiderlei umfassend. Die Neugründung der Stadt **Königsberg** im Waldgebiete an der oberen Eger kennzeichnet die Art, in welcher die um die weltlichen Dinge sorgenden Priester den Überschuss der Erträge anzulegen wussten.[2])

Dass nachmals die so an den Orden verschenkten Markgebiete ein Feld der Colonisation wurden, ist allerdings Thatsache; dass sie aber König Wladislav zu diesem Zwecke ausgewählt oder dass er um dieser Erschließung willen diesen oder einen andern Orden ins Land gerufen habe, ist ein allerdings landläufiger Irrthum. Warum er für die **jungen** Colonien des Ordens solche Waldstrecken verwendete, sagt er selbst in seiner Bestätigungsurkunde von 1167: «weil ich die genannte Kirche mit zahlreichen **Dörfern** nicht beschenken **konnte**, habe ich ihr den ganzen **Wald**» geschenkt.[3]) Es waren eben die sogenannten Tafelgüter des Fürsten in der Nähe von Prag und an den alten Gauburgen in der Sorge um das Seelenheil der Vorfahren bereits aufgegangen und die Heimfälle flossen nicht so reichlich zu, dass sie fortgesetzt ausgereicht hätten.

Aber mehr noch; König Wladislav dachte noch gar nicht daran, irgend einem Kloster den Grenzwald zu dem Zwecke zu schenken, dass es denselben ausroden und an seiner Stelle Dörfer anlegen sollte. Ganz im Gegentheil, er dachte an die Ausnützung der Wiesen und Weiden im Walde mit einem Wirtschaftsbetriebe, wie das beispielsweise in Betreff des Gutes Zahoř der Fall war. Darum sagt er ganz unzweideutig: Wir setzen auch fest und wollen, dass es von dem Herrn Abte der genannten Kirche und allen seinen Nachfolgern streng beobachtet werde, dass sie niemals irgend welchen Leuten gestatten, **Dörfer in diesem Walde anzulegen** oder für ihren eigenen Nutzen irgend eine Arbeit zu betreiben, ausgenommen dessen, was etwa die Brüder des Stiftes selbst zu ihrem Nutzen verwenden

---

[1]) Emler III. (1331) p. 677. Vergl. ebend. (1333) p. 789.
[2]) Erben I. (1232) 370.
[3]) Erben I. (1167) p. 138 ff.

wollen. Es geht daraus ganz klar hervor, dass die Fürsten noch um die Mitte des 12. Jahrhunderts eine durchgreifende Colonisation des Grenzwaldes auch Mähren gegenüber gar nicht wollten, und erst die Zukunft hat dieses Verbot entweder zurückgenommen oder stillschweigend in Vergessenheit gerathen lassen.

Ob es nun die Unternehmungslust des neuen Ordens selbst war, die jetzt dahin drängte, die in ihrer Vereinzelung nothleidenden Benedictinergemeinden abzulösen, oder ob ihm diese Aufgabe von anderer Seite gestellt wurde, wissen wir nicht. Wir sehen ihn aber sofort an dieser Arbeit.

Das erste Benedictinerkloster im mährischen Grenzwalde, welches der Umwandlung in ein **Prämonstratenserstift** verfiel, war das zu **Leitomischl**. Die erste Neubestiftung nahmen schon 1145 Herzog Otto von Olmütz und sein Bischof Heinrich Zdik vor.[1]) Dann folgten Mitglieder des königlichen Hauses und Wladislav selbst. Die geschenkten Nährdörfer lagen zerstreut in Böhmen und Mähren; in nächster Nähe des Klosters aber das vordem landesfürstliche Gut Nedošin und ein Landgebiet, von welchem der König die Unterthanen abberufen hatte. Hier konnte also das neue Stift eine Regiewirtschaft nach eigenem Gutdünken einrichten, wozu ihm die Mittel in einem Barbezuge aus der Münze, in reluirten Lieferungen vom landesfürstlichen Gute Chejnow und in einem Antheile am Salzzolle von Trstenice und dem Siebentel des Marktzolles in Grutow bereit standen. Von allem Wilde, das auf dem fürstlichen Gute Grutow erlegt würde, sollte dem Kloster ein Theil des Fleisches zufallen und ihm gestattet sein, im ganzen Bereiche Hopfen sammeln zu lassen. Im Zusammenhange damit stand ja wohl die Gestattung einer Schankwirtschaft, wobei der König ausdrücklich darauf hinwies, dass für diesen Fall der allgemeine Kirchenfluch, der auf dieses Gewerbe seit Břetislavs Zeiten gelegt war, nicht gelten sollte, ein Beweis, dass das Verbot das Propriantionsrecht des Fürsten nur in dem Sinne berührte, dass es ihm das Monopol gewährte.[2])

Etwas westlicher in der Flur Dubrawnice besaß das Stift eine Herde wilder Pferde sammt Weiden und Weideknechten — vielleicht die erste Besiedlung des späteren Dorfes Doubrawitz. Ein Gut Ujezd, wahrscheinlich mit dem Dorfe Oberaujezd hatte ein Ministeriale geschenkt, etwas entferntere Dörfer die Königin, andere die Gemahlin Herzog Friedrichs. Groß war der von Wladislav selbst geschenkte Markwald von der Deschnaquelle bis an den Zwratkabach.

---

[1]) Erben I. 1145 p. 112.
[2]) S. oben S. 27.

der heute als Schwarzawa die Landesgrenze bildet, mit Einschluss der Wiesen in der Flur Polička. Die größte Waldstrecke breitet sich im Norden und Osten von Leitomischl aus, dort begrenzt durch den Bach Sloupnitz, hier durch die Třebowa und südlich bis an die Landesgrenze reichend. Auch die in den Orden Eintretenden brachten mitunter ihr Erbtheil mit. Die Urkunde nennt einen Milota, der bei seiner Aufnahme dem Kloster zwei Dörfer schenken konnte. Im Ganzen war der westliche Theil des so bezeichneten Territoriums bereits mit slavischen Dörfern besetzt, der östliche, weit größere aber ein von natürlichen Lichtungen und Wiesengründen durchbrochener Markwald.

Acht Jahre nach der Begründung von Strahov — 1148 — sehen wir wiederum von Steinfeld am Rhein eine Prämonstratensercolonie in Selau einziehen, von wo der Prager Bischof als Grundherr die Benedictiner abgerufen hatte.[1]) Schon der Beginn ihrer Unternehmungen ist kennzeichnend für den neuen Geist. Ein Gut bei Selau sowie ein Stück Markwald an der mährischen Grenze — Borek genannt — hatte einem fürstlichen Ministerialen Namens Ranozir gehört, der letzteres wahrscheinlich als Lohngut erworben hatte. Das offene Gut hatte nun der Protector des neuen Ordens, Bischof Zdik, jenem Ritter abgekauft, um es der neuen Klostergemeinde zu schenken. Später aber tauschte der Abt gegen dieses offene Gut jenen unerschlossenen Wald von Ranozir um, der ihm noch 50 Mark Silbers um seines Seelenheiles willen herauszahlte.[2]) Wahrscheinlich waltete schon damals die Absicht vor, den Wald zu colonisieren, aber sie ließ sich wohl gegenüber einem höheren Willen nicht sobald durchführen. Als im Jahre 1233 König Wenzel die Grenze jenes zwischen Iglau und Humpoletz gelegenen Waldgebietes sicherstellte, spricht er nur von Wäldern, Wiesen, Weiden und Bächen, aber von keinen Ortschaften, die dasselbe umschlossen hätte.[3])

Wie Doxan zu Strahov, in demselben Verhältnisse stand das Nonnenkloster zu Launowitz,[4]) südlich von der Sazawa, zu Selau. Angeblich hat es ein Chorherr dieses Stiftes mit jenem Vermögen begründet, das er durch den Ruf seiner Heilkunst erworben hatte. Die ersten Nonnen waren vom Kloster Donewald in der Cölner Diöcese dahin gebracht worden. Sie müssen in dem wenig fruchtbaren Lande ziemlich glücklich gewirtschaftet haben, denn als König

---

[1]) Chron. Silocnse in Dobner, Mon. B. I, 102 ff.
[2]) Erben I. (1174) p. 152.
[3]) Erben J. (1233) p. 382.
[4]) Dobner Mon. B. I. 99.

Sigismund ihre Landgüter verpfändete, bildeten diese einen ansehnlichen Bezirk.[1])

Die letzte Colonie dieses Ordens wurde um 1184 von dem Landherrn Georg von Mühlhausen (Milewsko) auf dessen Gute im südlichen Böhmen unter einem aus Selau bezogenen Abte angesiedelt. Es wurde diesem Stifte schwer, einen halbwegs gelegenen Besitz zu arrondieren. Die ersten Schenkungen, die ihm der Stifter machen konnte, lagen weitab in der Saazer Gegend und auch das dafür später eingetauschte Tynčan war entfernt genug. Durch Colonisation war wenig hinzu zugewinnen; doch lieh das Kloster dem Fürsten wiederholt Geld gegen irgend ein Dorf als Pfand und gewann dann wohl das unausgelöste in seinen Besitz. Anderes suchte es durch Kauf und Tausch zuzuerwerben, doch standen kaum mehr als drei Dörfer südlich von Milewsko in einiger Verbindung.[2])

Das Verhältnis begann sich allmählich umzukehren; wenn vordem auch die reicheren Landherren sich in den von den Fürsten zunächst für eigenen Bedarf geschaffenen Seelgeräthen mit einzubauen pflegten, wie die kleinern Vögel im Storchnest, so giengen jetzt die durch die Verwaltung der Markgebiete zu ansehnlicherem Besitze gelangten Landherren mit selbständigen Stiftungen derselben Art voran und überließen es den Fürsten, sich bei den zu Ruf gekommenen Unternehmungen im eigenen Interesse mit zu betheiligen. Die Stiftung Mühlhausen hatte hierin nur wenig Glück, wohl nach dem Sprichwort von den Tauben. Desto besser gelang es einer Stiftung des Grafen Hroznata, der in seiner eigenen Schöpfung schon etwa 30 Jahre nach seinem Tode als Seliger verehrt durch die ihm zugeschriebenen Wunder sein Seelgeräth Tepl mit großer Anziehungskraft ausstattete.[3])

Hroznata, der den Wechsel des 12. und 13. Jahrhunderts überlebte, nennt sich selbst einen Grafen von erlauchterem Stamme, und die Landesfürsten nennen ihn ihren Freund. Man hat dabei an ein altes Gaufürstenhaus gedacht; aber auch das Glück, in mehreren Generationen gegen die damals übliche Art der Entlohnung dem Landesfürsten dienen zu können, konnte in einem Hause einen so reichen Besitzstand anhäufen, wie ihn die im Lande zerstreuten Güter Hroznatas darstellen, während die zusammenhängenden im Marklande des Westens liegend, auf die Quelle hinweisen, aus der damals vielen Adelshäusern Bereicherung zufloss. Dass er selbst Besitzer des

---

[1]) Archiv český I, 531.
[2]) Erben R. I. (1216) 266. Überdies p. 231, 259, 275 u. a.
[3]) Vita fratris Hroznatae, Fontes b. I. 369 ff.

Landesthores und der Zollstätte Tepl war, ist kaum auffallend, wenn wir vergleichen, wie ja auch andere Stätten dieser Art — Prachatitz, Nachod — geschenkweise in Privatbesitz übergehen konnten, wenn die Bittsteller den rechten Augenblick zu erhaschen wussten.

Indem Hroznata, der letzte männliche Sprosse seines Hauses, mit Einwilligung des Landesfürsten, der hierfür die übliche Vogtei — advocatia — des Ganzen übernahm,[1]) dessen nächster Anwärter er ja sonst gewesen wäre, mit diesem Gute ein dem Prämonstratenserorden anvertrautes Seelgeräth zu Tepl stiftete, in dem er dann selbst als Laienbruder und Laienprobst die Verwaltung und Vogtei für Lebenszeit behielt und nach dem — unter nicht ganz aufgeklärten Umständen — in nicht ausgelöster Gefangenschaft erfolgtem Tode seine Grabstätte fand, erhielt das neue Stift einen großen Stamm theilweise freilich zerstreut liegender, ertragreicher Güter gleichzeitig mit solchen, welche erst nach entsprechenden Aufwendungen ertragreich werden sollten. Doch ist die Annahme, dass nun erst das Kloster diese Erschließung durch Colonisation eingeleitet hätte, eine irrige. Zumindest war es Hroznata selbst, der, ähnlich wie im Süden das Geschlecht der Wittigonen, die Colonisation schon vor der Gründung des Klosters begonnen hatte. In dem ihm, als er noch im Dienste Ottokars I. stand, von diesem zu Erbbesitz geschenkten Stück Markwaldes im sedlitzer Gau — nördlich von Karlsbad — hat er bereits nach dem Systeme einer planvollen Colonisation sein Lichtenstadt als Marktplatz angelegt.[2]) Aber auch auf dem Hauptgute Tepl hatte zumeist er selbst schon die Erschließung, wenn auch wahrscheinlich zumeist mit heimischer Colonisation begonnen. Seine reisigen Clienten sitzen zum Schutze und zur Verwaltung auf seinen Dörfern im bereits offenen Lande um Tepl und er unterscheidet sie[3]) von jenen, die er in die jüngeren Dörfer in den Wäldern gesetzt hat. Jene soll das Kloster nur gegen eine Ablösungssumme fortschicken, diese nach Belieben. Noch eine ältere Colonisation daselbst ist auf die Hüter des Landesthores zurückzuführen, die hier wie die Choden bei Taus saßen.

Dem Gute Hroznatas fügte noch im Jahre der Stiftung — 1197 Herzog Heinrich das Gebiet zwischen Sandau und der Landesgrenze aus Eigenem hinzu und schenkte für sein Seelenheil dem Kloster für alle Zeiten so viel von der jeweiligen Berna, als auf dessen Unterthanen entfallen würde. Auch Papst Cölestin III., der

---

[1]) Erben I. 193 p. 286.
[2]) Ibid. p. 286.
[3]) Ibid. p. 194.

das Stift unter seinen eigenen Schutz nahm, stellte sich mit einem
Geschenk ein, wie wir es bis jetzt noch nicht antrafen, mit einem
Ablass von zwanzig Tagen der verhängten Kirchenbuße für die Besucher der Kirche am Stiftungsfeste — der Kirchweihe.[1]) Das hob
den Besuch, und man kam damals noch nicht mit leeren Händen vor
den Altar. Der in der Rohheit der Zeit und der Lebensformen versunkene Mensch war um so mehr zum Opfern bereit, als er im Bewusstsein seiner groben Stofflichkeit in sein eigenes Gebet kein
Vertrauen setzte.

Von der Königswitwe Constantia konnte der Orden bereits im
Jahre 1233 mit barem Gelde ein Gutsgebiet von 17 Dörfern bei dem
heutigen Neumarkt und Lichtenstein kaufen,[2]) das sich nach Süden
hin an das Stammgut anschloss. Solche Barmittel konnte das Stift
auch dadurch zurücklegen, dass sich Adelige gedrängt fühlten, für
eine Geldsumme sich in die «Bruderschaft» des Klosters einzukaufen.[3])

Nach diesen Arrondierungen bildete das Gut des Stiftes Tepl,
im Westen und Nordwesten in den Markwald reichend, vier Hauptgruppen. Die älteste, um Tepl selbst sich ausbreitend, reichte nach
den Angaben der Urkunden von der Quellgegend der Tepl bis zur
Mündung des Goldbaches, mit welchem der rothe Bach von Sängerberg gemeint sein kann. Der Zukauf der Güter Constantiens erweiterte dieses Gebiet nach Osten — Landeck, Prochomut, Witschin
— und nach Südosten — Neumarkt — zu. Daran schlossen sich
dann wieder mit wenig Unterbrechung nach Südosten die Dörfer der
Gruppe Krukanice—Bernardice, die sich östlich vom Neumarkter
Bache bis an dessen Mündung in die Mies hinzogen. Die Sandauer
Gruppe, die dem Kloster bis auf die Zinsungen bald wieder abhanden
kam, verräth sich uns durch die «Grün»-Dörfer — Mayersgrün,
Ulrichsgrün, Amonsgrün — als ein Gebiet der Colonisation aus
«grüner Wurzel». Die vierte Gruppe endlich bildete Lichtenstadt
mit seinem Umkreis von «Grünen». Die Diaspora-Dörfer bei Leitmeritz — Klappai, Pičkowic, Soběnic, Nesel, Oujezd und Pirnai —
wurden gelegentlich zu Tausch- und Arrondierungszwecken verwendet.
Das ganze Gut war groß genug, um die Basis eines aufstrebenden
Fürstenthums werden zu können, größer als jede der Herrschaften
Rosenberg und Krummau in ihren Anfängen; man kann ermessen,
warum der Landesfürst, der dem Drängen seiner «Diener» gegen-

---

[1]) Erben I. (1197) p. 198.
[2]) Erben I. (1233) p. 377.
[3]) Erben I. (1237) p. 423.

über das Ganze als Kammergut zu halten nicht im Stande gewesen wäre, in die Stiftung Hroznatas gern einwilligte.

Fast gleichzeitig mit Tepl entstand — der Hergang ist nicht genau bekannt — ebenfalls auf dem Grunde Hroznatas und mit diesem ausgestattet das Prämonstratenser-Nonnenkloster Chotěschau südwestlich von Pilsen, in demselben Verhältnis zu Tepl stehend wie Doxan zu Strahov. Hroznata hatte zwei Schwestern, deren eine das Stift Tepl vertragsmäßig in lebenslängliche Versorgung nahm, während die andere, Wojslawa, als Witwe vom Bruder ihren Unterhalt auf dem Gute Chotěschau angewiesen erhielt. Ihr Witwensitz gestaltete sich in ein Nonnenkloster um, zu dessen Ausstattung Hroznata das genannte Gut hergab, dessen Verwaltung er sich jedoch für Lebenszeit vorbehielt. Allmählich arrondiert bildeten diese Güter einen weitläufigen Distrikt an den Kladrauer Besitz anstoßend, südlich von der Mies bis an die Radbusa, dann, Staab umgehend, jener aufwärts folgend bis vor Bischofteinitz. Nicht alle Dörfer dieses Bereiches stammten aus dem Besitze Hroznatas; eines der bedeutendsten, Auherzen, lernen wir als das Zugebrachte einer eintretenden Nonne kennen.[1]) Auch von den Leitmeritzer Gütern schenkte Hroznata einige dem Nonnenkloster und mehrere andere kamen durch eine Schenkung Ottokars II. hinzu, aus denen sich die Stiftsadministration Hruschowan bildete.

Die Cistercienser.

Mit der Ausbreitung der Chorherrnstifte der Prämonstratenser lief der Zeit und Richtung nach die des neuen Mönchsordens der Cistercienser ziemlich parallel. Letzterer war aus einer Reform des Benedictinerordens hervorgegangen, die von Bedeutung wurde, als der heil. Bernhard dem neuen Orden beitrat. Die innere Reform ist für uns minder wesentlich; die äußere aber deckte sich in der Hauptsache mit dem, was auch der früher genannte Chorherrnorden anstrebte: wesentlich war die Befestigung der Einheit des Ganzen, die gegenseitige Beaufsichtigung und Unterstützung der einzelnen Niederlassungen, welche Einheit zur Grundlage eines großartigen Aufschwunges der ganzen Ordensgemeinde wurde. Diese wirtschaftliche Seite werden wir zu betrachten haben.

Ehe Böhmen noch ein Stift dieser Art besaß, hatte der Orden selbst schon von seiner Niederlassung in Waldsassen aus seine wirtschaftliche Initiative über den Norden Böhmens erstreckt und zwar

---

[1]) Erben R. I. (1213) p. 251.

durch das Egerland, die Egergegenden aufwärts bis gegen Laun und südwärts in der Richtung auf Pilsen. Der vor allem emsig auf seine Wirtschaft bedachte Orden verstand es von Anfang an, auch den kleinen Grundbesitz an sich zu ziehen und aus Kleinem Großes entstehen zu lassen. Dass sich die neuen Mönche im Gegensatze zu den Chorherren, die bis jetzt den Vortritt hatten, die «Armen Christi» nennen ließen, scheint sie auch den mittleren Volksschichten empfohlen zu haben. Aber auch sie hatten als Quellen gesicherter Einnahmen noch ganz vorzugsweise Grund und Boden im Auge.

So hatte Waldsassen, durch die Herren von Vohburg, seine Begründer gefördert, in Eger, das damals noch nicht zu Böhmen gehörte, einen Besitz mit Unterthanen. Im Quellgebiete der Elster schenkte ihm Wladislaw I. ein Waldgebiet und im Saazer Gau das Dorf Pröhlig an der Eger, welches Herzog Friedrich und König Wenzel I. mit zwei Dörfern am Goldbach vermehrten. Dazu kamen in unbekannter Weise Chodau und Dorfschaften in dessen Nähe, Schönbach, Konradsgrün und andere Dörfer im Erzgebirgswalde an der Grenze des Egerer Gebietes. Oberhalb Chodau befand sich eine ganze, gleich dem Quellgebiete der Elster ‹Meringe» genannte ‹Provinz» — ein großer Ujezd — mit Wäldern und Dörfern im Besitze der Mönche von Waldsassen, wahrscheinlich die Gegend von Schönlind und Heinrichsgrün. Um Saaz herum mehrten sich später die Ortschaften besonders; in Laun erwarb das Kloster nachmals das Kirchenpatronat. Die allerdings nur ganz zerstreuten Besitzungen im äußersten Westen Böhmens reichten vereinzelt von der Grenze des Sandauer Gebietes (Konradsgrün) bis Schönbach und Schönlind im Erzgebirge.[1]) Schon dieser Schichtung ist es anzusehen, dass die meisten der Stiftungen von mittleren Gutsbesitzern herrührten. Ihrer zerstreuten Lage entsprechend erlangte das Kloster von den böhmischen Fürsten das Privilegium aller möglichen Erleichterungen für die oft nothwendigen Reisen seiner «Familie».[2])

Dem entsprechend ist auch die erste Niederlassung des Ordens auf böhmischem Boden, die dereinst von so großen Folgen für die gesammte Geschichte des Landes werden sollte, die im Jahre 1143 zu Sedletz bei dem nachmaligen Kuttenberg begründete Abtei, nicht die Seelgeräthstiftung eines Landesfürsten, sondern die eines allerdings begüterten Landherrn, Namens Miroslaw. Stifter ähnlicher mittlerer Stellung vermehrten fortlaufend den Besitz des

---

[1]) Vergl. Erben R. I. p. 137, 166, 193; Brenner, Geschichte d. St. Waldsassen 24 ff., Frind, Kirchengeschichte I. 286 f.

[2]) Erben I. (1196) p. 193.

Klosters zu einem staunenswerten Reichthum an Grund und Boden, und obwohl gerade den Cisterciensern die Befähigung, öde Waldstrecken wirtschaftlich zu bemeistern, nicht abgesprochen werden kann, so zeigte doch diese erste großartig gedeihende Niederlassung, dass ihnen soche Arbeit keineswegs Zweck war, sondern dass sie altes Culturland vielmehr vorzogen, wo es zu haben war. Die erste Besatzung des neuen Klosters kam aus Waldsassen.

Jener Miroslaw befand sich in nicht unähnlichen Verhältnissen wie Hroznata, dem er aber an Reichthum nachstand: auch er sah das Aussterben seines Hauses vor sich, und hatte sonach eigentlich nur den Landesfürsten zu einem Verzicht zu bewegen, durch welchen für ihn ein reiches Seelgeräth errichtet wurde. Was Miroslaw noch bei Lebzeiten dem neuen Kloster zuweisen konnte, erlitt eine gewisse Einbuße durch die zerstreute Lage der Theile. Das Kloster selbst lag bei Malin, Solnitz östlich von Königgrätz, Chotowitz grenzte an das Leitomischler, Polotschen an das Opatowitzer Klostergebiet, Hradiště aber, das nachmalige Münchengrätz, lag im alten Karwatengau. Nicht minder zerstreut lagen die sieben westlichen Dörfer. Nichts desto weniger wuchs dieser Besitz zu großem Reichthum an. Der nächste Zuwachs erfolgte wohl durch den Tod Miroslaws. Dann setzte ein sehr vermögender Graf Kojata von Brüx in ganz gleicher Lage «Christus zum Erben» all seiner Güter ein.[1]) Obwohl canonisch der Begriff eines Kirchenguts bereits längst feststand, so gewöhnte sich doch das böhmische Volk noch nicht an denselben. Es übergab sein Gut entweder Christus im allgemeinen oder einem besonders genannten Heiligen, und dem Landesfürsten mag es schwer geworden sein, auch wenn ihm eine solche Schenkung seines Anspruchsgutes nicht genehm war, mit einem solchen Erben den Rechtsstreit anzutreten und die angesuchte Genehmigung zu versagen. Aus dem Erbe Kojatas fielen 4 Dörfer an Sedletz. Auf diese Art wuchs der Landbesitz so sehr, dass ein um Jahrhunderte jüngeres Verzeichnis[2]) über hundert Dörfer und Dorfantheile aufführen kann. Die Tradition berichtet, dass das Kloster auf einem besonderen Kirchhofe wirkliche heilige, d. h. Erde aus dem heiligen Lande hatte aufführen lassen, so dass sich dann in Menge die an das Kloster herandrängten, die in heiliger Erde bestattet sein wollten. Es mag damit nur angedeutet sein, wie es das Kloster verstand, die Zustifter mit besonderen Mitteln an sich zu ziehen, und die berühmten Ossarien von

---

[1]) Erben R. I. (1227) p 333.
[2]) Sartorii Cisterc. hist. 982 ff.

Sedletz dürften vielmehr Zeugen dieses Andranges als dessen sein, wofür man sie gewöhnlich hält.

Es ist auch nicht zu zweifeln, dass es den Mönchen gelang, die vielen, ihnen durch Erbschaft und Stiftung zugefallenen Kirchenpatronate, darunter auch solche in dem neuerstandenen Kuttenberg, in ihrem Einkommen zu heben. Ja an der Entstehung Kuttenbergs als Bergstadt selbst wird man die rührigen Nachbarn nicht für unbetheiligt halten können. Es ist zu erinnern, dass auch die berühmte Bergstadt Freiberg in Meißen zu jener Zeit sich auf dem Grunde eines Dorfes erhob, das dem nahen Cistercienserstifte Altenzell gehörte.[1]) Unter den zahlreichen Fällen der Bestiftung durch Adelspersonen auf Kosten der rechtmäßigen Erben fehlen nicht ganz auch solche, in denen die Nachkommen der selbstsüchtigen Freigebigkeit der Väter fluchten. Schon zeigen sich Spuren eines beginnenden Kampfes der Interessen der Lebenden mit denen der Todten. So hatte ein Dirslaus von Kojic dieses Gut mit allen Dörfern der Kirche zu Sedletz geschenkt, während nachmals seine Söhne Dalibor und Borso sich diese Verkürzung ihrer Erbansprüche nicht gefallen lassen wollten, und um jene Güter eine förmliche Fehde mit dem Stifte führten, bis dieses sich mit ihnen in der Weise abfand, dass es dem Einem für seine Lebenszeit jährlich 14 Schock Gr. und dem anderen je 4 Schock und ein Winterkleid zusicherte.[2])

Ungefähr gleichzeitig, als Waldsassen seine Mönchscolonie nach Sedletz sandte, gründete das Cistercienserkloster Eberach in Franken eine Colonie zu Nepomuk (Pomuk) in der Böhmerwaldgegend.

Bedeutender wurde eine dritte Colonie, welche das fränkische Kloster Langheim auf Veranlassung des stiftungsfreudigen Königs Wladislaw I. in jene Gegend entsandte, die bereits der Benedictiner- und Prämonstratenserorden in eine Art Klosterland umgeschaffen hatten. Aber nicht westwärts im tiefem Walde, sondern östlich in der halberschlossenen Binnenmark, zu Plass am Střelabache nordwärts von Pilsen fand die Ansiedlung statt. Die Grundstiftung Wladislaws bildete ein schön abgerundetes Gebiet in der Lichtung der Pilsen-Rokytensker Mark rings um Plass selbst.[3]) Trotz ihrer Waldverborgenheit hatten die Mönche hier außerordentlichen Erfolg. Fürsten und Fürstinnen, Edelleute und ihre Frauen drängten sich mit Seelgeräthsaufträgen heran. Nicht nur in der Nähe, auch in

---

[1]) Annales Veterocellenses, Menken II, 378 f.
[2]) Emler Reg. IV. (1343) p. 523.
[3]) Erben R. I. (1146) p. 118.

ziemlich weiter Ferne fielen dem Stifte Dörfer und Landgüter zu.[1]) Es zeigte sich, dass das Herabsteigen in die mittleren und immer tiefer in die niederen Volksschichten, das in der Tendenz der weiteren Entwicklung des gesammten Ordenswesens so deutlich hervortritt, auf richtiger Berechnung beruhte.

Mitunter war die Gabe für bestimmte Zwecke gewidmet oder erbeten, und es war jedenfalls auch für kleine Bedürfnisse genügend gesorgt, wenn zur Beschaffung der Häringe in der Fastenzeit fünf ganze Dörfer, für die Speisung der Armen am Gründonnerstage ein ganzes Dorf gestiftet wurden. Wo Dörfer verödet waren, übernahm das Kloster die Neubesiedlung nicht selbst, sondern legte diese Mühe irgend einem Edelmanne auf, wofür es ihm die Nutzung für Lebenszeit beließ, für den Fall des Todes aber sich auch noch dessen eigenes Gut als Stiftung stipulierte.[2]) Überall sehen wir so die geistlichen Darbietungen des Stiftes für den Gewinn weltlicher Güter in die Wagschale gelegt. In den ersten hundert Jahren waren es an 40 in solcher Weise erworbene Dörfer, deren Beurkundung uns heute noch vorliegt. Einen weiteren Fortschritt auf dem bezeichneten Wege bahnte die Indulgenz des Papstes Innocenz IV. an, wonach es hiezu vom Abte zu bestimmenden Geistlichen der Mönchsgemeinde gestattet wurde, unter gewissen Beschränkungen auch Beichte zu hören und Kirchenbußen aufzuerlegen,[3]) was sonst der Pfarrgeistlichkeit vorbehalten war. Gerade im Beichtstuhl keimten nicht selten jene Entschließungen, die nachmals zu Wohlthaten für das Stift auswuchsen.

Auch von den Diasporagütern wuchsen einzelne so an, dass es sich verlohnte, sie durch eigene Pröbste verwalten zu lassen. So entstand die Probstei St. Magdalena zu Böhm.-Leipa und die vor dem Aujezde bei Prag.

Wann Münchengrätz als Cistercienserabtei gestiftet wurde, wissen wir nicht; nur das steht fest, dass es sich selbst für ein Tochterhaus von Plass hielt. Als erster Stifter wird ein Mitglied des Hauses der Markwarte angegeben. Weniger glücklich als seine Schwesterstifte scheint es sich vorzugsweise mit der Erwerbung von Kirchenpatronaten begnügt zu haben.[4]) Die erst 1378 in solcher Weise erfolgte Einverleibung der Pfarrkirche zu Gabel am Zittauer Wege führte — vielleicht durch den Cult einer angeblichen Schwester

---
[1]) Erben R. I. p. 118, 143, 170 f., 182, 184 ff., 187, 189, 204, 222 etc. etc.
[2]) Erben R. I. (1224) p. 315.
[3]) Erben I. (1250) p. 581.
[4]) Vgl. Frind, a. a. O. I. 296 ff.

St. Wenzels daselbst besonders gefördert — zur Gründung einer Probstei. Eine andere Probstei war vorher — 1377 — zu Žleb im Caslauer Gebiete entstanden.

Übrigens hatten auch die Expeditionen unserer durch Umsicht und Erfahrung und vor allem eine seltene zähe Ausdauer im Verfolgen ihrer klaren Ziele ausgezeichneten Mönche ihre Schicksale. Graf Milhost war ein Abkömmling einer Familie, die in üblicher Weise durch Fürstendienst in den Besitz ausgedehnter Landgüter gelangt war[1]) und suchte nun das Seelgeräth seiner Ahnen, für das die bereits bestehende Kirche auf dem von seinem Vater durch Dienst erworbenen Gute Maschau (Mašťow) bestimmt war, durch eine Mönchsansiedlung standesgemäß auszugestalten. Das Flußgebiet der oberen Eger, in dem Maschau liegt, war aber damals um 1194 -- im Bereiche des Einflusses von Waldsassen. Dahin wendete sich Milhost um Abgabe einer Colonie des zum Ausschwärmen stets bereiten Mutterstockes. Er erhielt sie und bestiftete sie mit dem ganzen Gute, das damals mit 15 zusammenhängenden Dörfern den oberen Theil zwischen dem Au- und Goldbache ausfüllte. Auch das war damals kein Rodeland mehr. Aber der Colonie gefiel es hier nicht, angeblich wegen ungenügenden Schutzes. Als sich ihr daher nach 6 Jahren die Gelegenheit bot, in derselben Dienstleistung zu einer neuen Herrschaft überzutreten und dort einen zusagenderen Wohnsitz aufzuschlagen, griff sie dieselbe auf, ohne indes dem verlassenen Grafen seine Güter zurückstellen zu wollen.

Slavko, der Gaugraf von Bilin und sein Bruder Hrabiša, Oberstkämmerer des Herzogs, gehörten jenem nachmals nach dem Schlosse Riesenburg benannten Geschlechte an, das wir bereits[2]) als eines derjenigen kennen lernten, die ihren Hausbesitz dadurch zu vergrößern wussten, dass sie ihre Dienstentlohnungen in ausgedehnten Markländereien suchten, die sie dann im Wege der Colonisation in Culturland umwandelten. Auf diesem Gebiete war Slavko bereits mit großem Erfolge thätig gewesen: er hatte Schlaggenwerth (Slawkenswerder) an der oberen Eger gegründet und an dem Aushau — Osek — am Biliner Grenzsteige ein weites Culturland geschaffen, an dessen Anmuth er sich erfreute.[3]) Mitten in diesem selbst geschaffenen Paradiese hatte er seinen Ahnen und seinem Geschlechte in einer Marienkirche ein bereits mit Landgütern und Einkommen ansehnlich ausgestattetes Seelgeräth gestiftet. Dieses

---

[1]) Erben R. I. (1196) p 192.
[2]) Im 1. Bande.
[3]) Erben I. p. 226.

nun übergab er den aus Maschau auswandernden Cisterciensermönchen unter bedeutender Vermehrung des Grundbesitzes und später unter Beistellung alles Erforderlichen an Arbeitskräften und Materialien zur Erbauung einer steinernen Kirche und eines Klosters. Fortan betrachteten alle Angehörigen des Hauses Riesenburg dieses Kloster als ihr gemeinschaftliches Seelgeräth, und Fürsten und Bischöfe unterstützten sie darin. Mit Milhost aber endeten die Mönche den Streit mit einem für ihre Ansprüche allerdings mageren Vergleich.

Die Stammdotation in Ossegg bestand in zehn, zum Theil erst jüngst durch Colonisation neu angelegter Dörfern. Ottokar I. fügte ein Neuntel des Zollertrags von Kopitz — in Meißen — hinzu und verbot zunächst jedem anderen außer dem Kloster die Niederlegung des angrenzenden Grenzwaldes,[1]) ohne ein bestimmtes Ausmaß dem Kloster selbst zuzuweisen. Dagegen versprach Slavko außer einem Dominikallande von zwölf Pflugmaßen ausreichenden Wald zur Anlage neuer Dörfer. Sein Sohn schenkte dem Stifte das Kirchenpatronat in Schlaggenwald, Bischof Daniel das von Sayda. Doch sollte das Kloster an beiden Kirchen keine bloßen Lohnpriester, sondern einen ständigen Vicaristen erhalten.

Im Bezug auf die ihm von Ottokar zugestandene Waldrodung schloss das Kloster mit seinem Stifter einen Vertrag, dem gemäß die Arbeit und Auslage auf diesen allein, der Nutzen der Neuanlagen aber zur Hälfte dem Kloster zufallen sollte.[2]) So wahrte sich Slavko selbst dem Verbote des Königs gegenüber eine gewisse Freiheit der Waldrodung.

Wenn wir, ohne dass die Colonisationsarbeit dem Orden Selbstzweck gewesen wäre, ja ohne dass er sie eigentlich auch nur gesucht hätte, vielmehr sie, wo er nur konnte, umgieng, fortan gerade diesen Orden dennoch überall an die Grenzen des Landes geschoben sehen werden, so liegt das nur einerseits an der Erschöpfung der Fürstengüter im Innern des Landes, und andrerseits daran, dass sich auch die lohnenden Gewinn suchenden Adelsfamilien in eben diese Gegenden zu ziehen begonnen hatten.

So wurde — um 1251 — Saar (Zďar) an der böhmisch-mährischen Grenze, wiederholt der Wasserscheide entsprechend zu Böhmen gerechnet, das Seelgeräth der Familie Bočeks, des damaligen Burggrafen von Znaim, eines Ahnherrn der Herren von Kunstadt. Auch hier im Walde an der Sazawaquelle wollte ein Kloster nicht glücklich gedeihen. Der erste Gründer scheint außer Grund und

---

[1]) Ibid. p. 215.
[2]) Ibid. 237.

Boden wenig dafür aufgewendet zu haben, als er eine Colonie von Ossegg dahin zog. Als dann der Ossegger Abt, ein Sohn des Gründers von Ossegg, die erste Visitation daselbst vornahm, fand er die Versorgung seiner Brüder so unwürdig, dass er diese sofort wieder mit sich nach Ossegg zurücknahm. Erst als später dasselbe Waldgebiet in capitalskräftigere Hände übergieng, erneuerte eine kleine Colonie aus Nepomuk denselben Versuch mit besserem Erfolge.[1] Der Besitz lag zum größeren Theil in Mähren, erstreckte sich aber auch nach Böhmen herein, besonders seit sich die Familie der Lichtenburge an der Zustiftung betheiligte.[2] Namen wie Berchtholdsdorf, Rohrberg, Heinrichs deuten auf deutsche Colonisation, welche Boček oder seine Vorgänger schon vor der Bestiftung des Klosters vorgenommen haben mussten. Die Ausstattung der sich eines großen Reliquienschatzes erfreuenden Kirche mit einem päpstlichen Ablasse war nun schon etwas Gewöhnliches.[3] Als erwähnenswerte Zuwendung mag das Drittel an den Zehnten der Silbergruben auf den Gründen der Lichtenburge erscheinen; die beiden anderen Drittel bezogen die Klöster Sedletz und Münchengrätz, sowie die Kirche in Chotěboř.[4]

Das der Zeit nach nächste war das größere Familienseelgeräth, welches Wok von Rosenberg im Jahre 1259 im äußersten Süden Böhmens für sein Haus stiftete. Thatsächlich hat in der Gruft von Hohenfurt der letzte der Rosenberger die Reihe seiner Ahnen geschlossen, und mit dem Vermögen und Ansehen dieses unternehmenden Geschlechtes wuchs auch entsprechend der Reichthum des Klosters. Die Besitzungen waren hier deutlich geschieden von zweierlei Art: solche, welche bis gegen Budweis und Gratzen hin zerstreut aus den von Rosenbergern geschaffenen Coloniegütern und Patronaten bestanden, und als zweite Art ein Wald südlich von dem Moldaubuge, den größerntheils erst die neuen Besitzer in eine Anzahl kleiner Colonistendörfer auflösten.[5] Den Zweck der Stiftung spricht der Gründer so aus: «zum Heile und zur Erlösung unserer Seele und der Seelen unserer Voreltern und Nachfolger.»[6] Es zeigt von einem Erschlaffen des damals treibenden Bewusstseins in einer jüngeren Zeit, wenn diese bei all solchen Gründungen nach einem besonderen

---

[1] Chronicon domus Sarensis. Fontes r. b. II.
[2] Erben I. (1252) p. 603.
[3] Emler Reg. II. 1254 p. 6.
[4] Emler Reg. II. (1257) p. 65.
[5] Pangerl, Urkundenbuch von Hohenfurth. Fontes rer. Aust. XXIII, 1.
[6] Pangerl a. a. O. p. 7; Emler R. II. p. 99.

So entstand denn dem religiösen Bedürfnisse der Zeit und der Politik des großen Ottokar zugleich dienend das reichste der königlichen Seelgeräthe in Böhmen, das alsbald nach Westen zu durch die Zustiftung **Hirzos**, des getreuen Burggrafen von Klingenberg erweitert und abgerundet von den Grenzen der Herrschaften Rosenberg und Krummau im Osten bis an die Probstei Wyschehrad im Westen, die Herrschaft Prachatitz reichte; von Netolitz im Norden bis an die Reichsgrenze im Süden. Die reicheren Nährdörfer bot die alte Hofwirtschaft **Poletitz** westlich von Krummau und das offene Land um Netolitz.

Um das Jahr 1265 stifteten zwei Frauen das Cisterciensernonnenkloster **Frauenthal** bei Deutschbrod, dessen Wohlthäter in der Folgezeit die Lichtenburge waren. So hatten fast alle großen Colonisationsförderer des heimischen Adels ihre Seelgeräthe gerne in die Hände dieses Ordens gelegt: die Riesenburge in Ossegg, die Markwarde in Münchengrätz, die Lichtenburge in Saar und Frauenthal und die Rosenberge in Hohenfurth. —

Wenn uns die Kirchengeschichte erzählt, König Wenzel II. wär als besonderer Liebhaber der Jagdgründe in **Zbraslaw** — an der Beraun und Moldau —, das damals der Bischof zum größeren Theil von Kladrau erworben hatte, auf den Gedanken gekommen, in dieser Gegend ein neues Cistercienserkloster zu erbauen,[1]) so ist das eigentlich etwas ungenau. Die Urkunden gewähren uns vielmehr gerade in diesem Falle einen sehr orientierenden Einblick in das Getriebe solcher Gründungen — so beim Jagen, Reiten und Schwimmen kamen diese Gedanken nicht.

Richtig ist wohl, dass Wenzel II. nach den Stürmen seiner Jugend nicht dazu geleitet wurde, das verlassene Seelgeräth seines Vaters auch für sich einzurichten, sondern — hierin so vielen seiner Vorfahren folgend und von den klugen Großen des Landes sich unterscheidend — sich mit dem Gedanken trug, für sich selbst ein neu und glänzendes zu begründen; aber dafür sein ihm lieb gewordenes Jagdschloss und die anmuthigen Jagdgründe daselbst herzugeben, daran dachte gerade er nicht. Daran dachten andere, und um ihn dazu zu bringen, bedurfte es einer besonderen Fügung und Führung. Wir berichten anbei, da uns eine außerordentlich verlässliche Quelle vorliegt, etwas ausführlicher.

Die Cistercienser waren in Bezug auf ihren Wohnsitz viel wählerischer, als man dem Geschmacke jener Zeit zumuthen möchte.

---

[1]) Frind, Kirchengesch. II, S. 223.

— In den Nöthen, in welche der junge König Wenzel II. um 1287 durch Záviš von Falkenstein gerathen war, hatte jener sich zwar vorgenommen, ein neues Kloster zu bauen, nach Záviš's Tode aber den Gedanken sich wieder aus dem Sinne geschlagen. Da frischte Heidenreich, der Abt von Sedletz, der täglich im Saale des Königs als dessen Vertrauter vorsprach, das Gelöbnis so weit auf, dass Wenzel ihm versprach, den neuen Mönchsbestand aus Sedletz zu nehmen, obgleich das keine königliche Stiftung sei. Sofort nahm Heidenreich den Abt von Waldsassen zuhilfe, der auf seinen Ruf nach Böhmen eilte, damit der königliche Sinn von dem guten Vorsatze nicht mehr zurücktreten könne».[1]

Beide Äbte lagen nun dem Könige in den Ohren. Dieser aber wollte die Sache nicht überstürzen, sondern begann sich erst nach einiger Zeit mit dem Bischofe und anderen Männern über den Ort der Stiftung zu berathen. Aber darüber vergiengen einige Jahre. Im Jahre 1291 nahmen sich die beiden Äbte wieder ein Herz, den König zu mahnen, damit man sie nicht nachmals einer Versäumnis beschuldigen könne. Dem Könige aber hatten die weltlichen Geschäfte und die unkluge Verzögerung die Sache fast in Vergessenheit gebracht. Nun aber begann er sich wirklich um einen angemessenen Platz umzusehen. Er nahm die beiden drängenden Äbte, den Prior von Sedletz und andere Räthe mit und fuhr mit ihnen die Moldau hinauf bis an die Insel, auf welcher das alte Benedictinerstift stand, und seine Leute begannen diese Insel genauer zu durchmustern, denn diese Insel gedachte er allenfalls den Cisterciensern einzuräumen und die Benedictiner wo anders hin zu versetzen. Der Plan aber hatte nicht den Beifall der Äbte; ihnen hatte es bereits ein anderer Punkt angethan. Wieder stromabwärts zurückfahrend hielten sie vor Zbraslaw, wo des Königs Jagdschloss stand, doch nicht auf seinem, sondern auf des Bischofs Grunde. Kaum hatte hier Theodorich, der Abt von Waldsassen, den Fuß auf den Boden gesetzt, «so überkam ihn gleichsam ein prophetischer Geist» und allen vernehmlich rief er den Vers des Psalmisten: «Hier ist meine Ruhe in Ewigkeit; hier werde ich wohnen, weil ich sie gewählt habe». — Der König lenkt die Fahrt weiter, die Beraun hinauf nach Radotin. Heimgekehrt verweigert er die Entscheidung; er will drei Tage Überlegungsfrist. Die Äbte ziehen nun noch den Meissener Probst Bernhard ins Vertrauen und einigen sich mit ihm für Zbraslaw. Dem frommen König scheint die Sache Seelenqualen zu bereiten; er hat für den Tag der

---

[1] Worte des Königsaaler Cisterciensers, Chron. Aul. Reg. Fontes rer. boh. IV, p. 37. L. l. c. XXII.

Entscheidung eine h. Geistmesse angeordnet; bei dieser finden ihn die Äbte. Er nimmt sie zu sich in sein Geheimgemach; sie wissen, dass ihr Urtheil ihm wehthun wird — keiner will der Sprecher sein. Endlich bezeichnet der König selbst den Probst; der fällt vor dem Abte nieder und erbittet dessen Segen. Der Abt spricht ihn und lässt einfließen, dass es «Worte Gottes» sind, die nun im Angesichte des Königs gesprochen werden sollen. Nun nennt der Probst «im Namen Gottes — Zbraslaw als den geeigneten Ort. So gedrängt willigt der König endlich ein, obgleich er von Jugend auf gerade diesen Fleck unter allen seinen Gütern am meisten geliebt hatte — gerade darin sieht der Chronist die Fügung Gottes.

Aber in sich selbst zurückgekehrt, grollt der König; er will der Erfüllung des ihm abgerungenen Versprechens aus dem Wege gehen — auf den Rath böser Gesellen, meint der Chronist; er ergreift die Flucht vor den Bedrängern und begibt sich nach Mähren. — Aber kaum wieder heimgekehrt, wird er neuerdings von den Äbten gefasst — sie haben ja nun sein Wort! — er bekennt reuig sein Verschulden. In Kolin will er nur noch mit dem Bischof zusammenkommen und dann über den Ort der Gründung schlüssig werden. Als nun hier in Kolin vor dem Bischofe, den der König zu sich beschieden hatte, eine Brücke zusammenstürzt, erschüttert den König dieses sichtliche Teufelswerk so, dass er geängstigt nach Sedletz flüchtet — in die Falle selbst, möchte man sagen. Hier ergibt sich der Umdrängte willig in das unvermeidliche — und zwölf Mönche werden vom Abte auserlesen; sie wählen den Prior Konrad zu ihrem neuen Abte und beziehen das Jagdschloss, das fortan Königssaal zu heißen hat. 1292.

Es bezeichnet wohl gleichzeitig die Größe des Opfers, das Wenzel abgerungen worden war, wie die Ausbündigkeit des Kultes, der durch Förderung des Cistercienserordens gerade der hl. Maria zutheil wurde, wenn der König nachmals oft wiederholt haben soll, einen so schönen Besitz wie sein geliebtes Zbraslaw würde er außer Marien keinem anderen Heiligen und selbst Christo nicht abgetreten haben![1])

Ausreichende Güter für den Orden gibt es in der Nähe nicht. Ja als die Mönche auch das Gut Zbraslaw in Besitz nehmen wollen, stellt sich ihnen der Bischof mit älteren Anforderungen entgegen, die der König erst 1295 durch anderweitige Entschädigungen abwehren konnte.[2]) Um einen anderen Grundbesitz zu besorgen,

---

[1]) Ibid. l. c. 58, l. c. p. 69.
[2]) Emler R. II. p. 726.

muss er erst mit seinem Notar ein Abkommen auf Überlassung zweier entfernter Dörfer treffen.¹) Wie es scheint, erst viel später entschließt sich der König, einen Theil des großen Colonisationsgebietes im Osten mit den Städten Wildenschwert (Wilhelmswerder) und Landskron, die einst Zawiš an sich gebracht hatte, dem Kloster zu schenken.²) Die Annahme, dass das damals ein Waldgebiet war, das erst die Cistercienser colonisiert und cultiviert hätten, ist ganz unhaltbar. Wenzel zählt außer den zwei Städten und den Märkten Böhm.-Trübau und Gabel (Jabloné) 45 Dörfer mit Namen auf und spricht von den Zugehörungen, die zu dem Bezirke Landskron «von altersher», also doch wohl mindestens seit den Zeiten seines Vaters gehört hatten. Je näher man überdies diese Schenkung, von der es ungewiss erscheinen kann, ob sie die Urkunde von 1304 eben erst gewährt oder als schon gewährte bestätigt, an die Gründung des Klosters heranrückt, desto unmöglicher wird es anzunehmen sein, dass die junge Colonie von 12 Mönchen jenes Werk in so kurzer Zeit vollendet haben könnte. Überdies bezeugt schon eine Urkunde von 1285³) die Existenz der Burg Landsberg und der Stadt Landskron «mit dazu gehörigen Städten und Dörfern» vor jener Zeit.

Welchen Einfluss gerade die Äbte von Sedletz und Königssaal nachmals im Lande gewannen und festzuhalten wussten, das bezeugt am besten die einzige Thatsache, dass sie es waren, die die Luxemburgische Dynastie in Böhmen eingeführt haben.

Gegenüber solcher Bedeutung genügt es, zwei andere Cisterciensercolonien aus jüngerer Zeit nur dem Namen nach zu nennen: das Männerkloster Skalic unweit Kouřim und das Frauenkloster Sezemic im Gaue von Chrudim.

—

Die Zeit der ritterlichen Orden.

Ehe es den Entwicklungen auf dem gesellschaftlichen Boden folgend zu einer Art Umschwung auf dem Gebiete der Ordensbildungen kam, brachte das 12. Jahrhundert noch einmal neue Gestaltungen im alten Geiste hervor. Und wenn auch der äußere Anlass in der Fremde ohne jede Beziehung auf diese Verbindung

---

[1] Emler R. II. (1293) p. 701.
[2] Emler R. II. (1304) p. 867.
[3] Emler R. II. p. 586.

hervortrat, so kann man doch sagen, dass eine gewisse Nöthigung
zu solcher Verjüngung vorlag. Dass gerade in Böhmen die Königs-
zeit Wladislavs I. noch einmal eine Glanzperiode für alle Arten
kirchlicher Institute geworden war, lag an ganz besonderen nur für
Böhmen vorhandenen Ursachen; nach mehr als einer Richtung hin
fand das ganze Königthum im Glanze kirchlicher Institute eine
Stütze.

Diese Art soliden Glanzes aber schloss mit dem 12. Jahrhunderte
für immer. Spuren materieller Erschöpfung durch eine Überzahl
großartiger Seelgeräthe und den Fortschritt ihrer Folgen haben wir
schon begegnen müssen. Schließlich hätte in Fortsetzung dieses
Systems auch ein mehrfach so reiches Land erschöpft werden müssen.

Dazu kam noch ein Zweites: in alter Zeit konnte es den Fürsten
recht sein, wenn sich von Fürst zu Fürst die Schatzkammer der
Seelgeräthe füllte — das war ihre Kammer; aber seit dem 12. Jahrhunderte war Rom auch in Böhmen praktisch erfolgreich gewesen
und hatte mit Glück aus all den einzelnen Seelgeräthen ein großes
Kirchengut zusammenzuschweißen begonnen. Von der Zeit an,
da dieser Kampf einen für Rom günstigen Abschluss gefunden, trat
eine ganz entgegengesetzte Art der Verwendung und Verwertung
minderwertiger Landstrecken ein: die der Colonisation zum Vortheile
des Staates. Wir erinnern uns wie sie Wladislav II. in gewissem
Sinne noch verboten; Ottokar I. und Wenzel I. begannen sie zu
betreiben. Wir sahen die Zeit eintreten, in der die alte Form
der Collegiatstifte kein neues Reis mehr treiben wollte und der
altberühmte Benedictinerorden nur noch in seinen vorhandenen An-
siedelungen weiter gedieh. Beide aber durchglühte in ihren zeitgemäßen Neugestaltungen — im Prämonstratenser- und Cistercienser-
orden — eine junge Lebenskraft: aber auch ihre Zeit schien sich
nun langsam erfüllen zu wollen.

Eines musste jedes neu in die erschwerte Concurrenz eintretende
Statut festhalten, was bereits die jüngere Gruppe charakterisiert
hatte: die Einheit der Organisation; es musste sozusagen immer nur
Ein Speicher sein, für welchen alle Hände arbeiteten. Dann aber
war nach zwei Dingen auszusehen: nach einer Vermehrung des Anreizes und des Vertrauens beim Eintausche des Himmlischen gegen
das Irdische und andererseits nach einer Erweiterung des Kreises
der irdischen Tauschmittel, nachdem Landgüter nur noch spärlicher
zu gewinnen waren.

Da kam die Zeit selbst der Entwicklung günstig entgegen:
es waren die Kreuzzüge gekommen, ein unendliches Sehnen nach

den fernen Heimstätten des Erlösungsglaubens, nach Ruhm und Abenteuern, Kämpfen und Reisen im Dienste des Seelenheils. Das Ideal solcher Ritterlichkeit imponirte so gut, wie vor und nach das der einsiedlerischen Askese. Dann kam der praktisch christliche Dienst der Hospitalität dazu: die Ritterlichkeit war das verehrte Bild, die Hospitalität der Opferstock davor.

So waren auf Grundlage alter Grundsätze jene neuen Orden - in den mannigfaltigsten Schattierungen — entstanden, die den alten Heilsmitteln das des Kampfes und Geleites, der Hospitalität den Pilgern gegenüber hinzufügten. Allerdings konnten in dem großen Haushalte eines solchen «geistlichen Ritterordens» nur verhältnismäßig wenige sein, die diese besonderen Heilsmittel übten; aber das Verdienstliche übertrug sich auf alle Sammelstellen im Lande, die nebenher doch noch den Cultleistungen alter Art gerecht wurden. Auch das musste die Zeit als einen Vorzug begrüßen, dass sich nun den Adelsgeschlechtern viel häufiger directe Gelegenheit darbot, ihren jüngeren Söhnen und Verwandten die Orden zu erschließen.

So haben sich denn auch die Ritterorden in ihren Hauptformen nicht nur schnell nach Böhmen verbreitet, sondern hier auch Mitglieder der ersten Adelsfamilien in ihre Reihen aufgenommen. Ein solches Zuströmen aber wurde wieder für die Orden selbst von Nutzen, indem der Einzelne sein Erbtheil als Leibrente mit sich brachte und nach seinem Tode den Rest dem Stifte hinterließ. Ohne aus seiner Thätigkeitsbahn herausgerissen zu werden, konnte so der Einzelne mit demselben Stiftungsgute zugleich sein Seelgeräth bestellen und seine Lebensstellung begründen.

Der andere Weg zu einer zeitgemäßen Reform musste sich auf die Erwerbsobjecte selbst beziehen. Obgleich auch von den ritterlichen Orden einige auch in Böhmen noch das Glück hatten, da und dort ziemlich ausgedehnte Latifundien häufen zu können, so bildete doch diese Art Erwerb hierzulande fortan die Ausnahme. Immer nothwendiger wird es vielmehr, sich auf die kleineren Besitzer und auf die eigenartigen, in neuer Gesellschaftsform entstehenden Gemeinden zu stützen. Neue großartige Seelgeräthe in die Verwaltung des Ordens zu bekommen wird immer aussichtsloser; dagegen ist ja jede Pfarrkirche an sich schon ein cumulirtes Seelgeräth vieler kleiner Leute; diese in größerer Zahl dem Orden zuzuführen, ersetzt manche ältere Bestiftungsart, und die Ordensmitglieder auf diese Präbenden aufzutheilen, darauf ist das Ordensstatut eingerichtet. Der Patron stiftet sich durch die Schenkung des

Patronats an den Orden selbst wieder ein Seelgeräth, und die bäuerlichen Mitstifter sehen mit Vertrauen eine Veränderung, die ihre Kirche zur Vermittlerin großer Gnadenschätze macht. Neben den Kirchen sind es die mit solchen verbundenen Hospitäler, die sich oft reicher Bestiftungen erfreuen, unter der Leitung der neuen Orden aber den Rang doppelt heilvoller Cultstätten erlangen.

Der erste, der von diesen Orden nach Böhmen gelangte, war der der Johanniter, nachmaligen Maltheser. Die Verwaltung eines großen landesfürstlichen Seelgeräthes gewann der Orden nicht, wohl aber eine über das ganze Land zerstreute Menge kleinerer, deren Landausstattung hie und da zu größeren Gütern zu arrondieren gelang, während die größere Mehrzahl in Einzelnposten über das Land zerstreut den einzelnen Kirchen diente, deren Patronat dem Orden zugefallen war. Auch zeigte sich der Orden bereit, an geeigneten Plätzen selbst als Unternehmer und Begründer neuer Kirchen aufzutreten, um sich dann gegen die üblichen Seelsorgleistungen die Opfer und anderen Patronatseinkünfte zu sichern. So hat der Orden zu Prag, wo seit 1159 bis in die zweite Hälfte des 13. Jahrhunderts sein Hauptsitz war, seine eigene Kirche vor dem damals volkreichen Burgflecken unter der Prager Burg, und um 1185 eine andere in dem neuangelegten Burgplatze Kaaden gegründet. In allen seinen Kirchen war der Orden zugleich Seelsorger und Patron, während sonst der Seelsorger als der entlohnte Angestellte des letzteren zu betrachten war. Wo es sich nicht zugleich um die Verwaltung größeren Landgutes handelte, bildete der Seelsorger zugleich den Commandeur (Comthur) des Platzes; sonst befand sich das Comthursamt in den Händen von Rittern als Ruheposten nach anderweitiger Verwendung.

Ein größerer Gütercomplex kam um 1186 durch Schenkung zweier Brüder, Söhne eines anderen Grafen Hroznata, an der untern Elbe — um Großpriesen und Aussig — in den Besitz des Ordens und erweiterte sich durch neue Geschenke des genannten Grafen selbst, sowie durch Gütertausch mit dem hier begüterten Stifte Kladrau — bei Proboscht — das ganze Thal hinauf bis Ploschkowitz.

Andere «Commenden» von Bedeutung entstanden zu Strakonitz, Manetin, Cosmanos—Jungbunzlau, Glatz, Böhm.-Aicha, Blatna u. a. Seit der Erwerbung der reichen Stiftung in Strakonitz war der Landescomthur von Prag dorthin übersiedelt.

Indem bei den Johannitern schon die einzelne Pfarrkirche als Ertragsobject einen bedeutenden Wert gewann, waren sie darauf angewiesen, denselben durch geeignete Mittel zu erhöhen. Dazu gehörten reichlichere Ablässe[1]) u. dgl. Gebets- und Verdienstverbrüderungen kannten allerdings auch schon die ältesten Orden und Stifte, aber die Johanniter scheinen sie ganz besonders gepflegt zu haben, wie es ja auch im Sinne der Zeit lag, sich gerade ihrer Verdienste theilhaftig machen zu wollen. So standen viele Laien als «Affiliierte» zum Orden in engerer Beziehung, indem sie ihm jährlich am Johannistage ihre Beisteuer entrichteten.[2]) Auch eine Art Lebensversicherung sehen wir den Orden mit seinen Affiliierten eingehen, eine Form, durch welche die schon erlahmende Gewohnheit, kostspielige Seelgeräthe zu bestellen, einen neuen Anreiz gewinnen konnte. Die Matrone Afra versichert den Rest ihres Lebens und zugleich ihr Seelgeräth bei dem Johanniterstift in Strakonitz. Sie erlegt zu diesem Zwecke ein für allemal 50 Schock Gr. Dafür gewährt ihr das Stift für ihre Lebenszeit ein Häuschen mit einem Stück Garten am Schlosse gelegen und verabreicht ihr jährlich 3½ Schock zur Lebenserhaltung. Nach ihrem Tode erhält sie kostenfrei ein Begräbnis wie ein Bruder des Stiftes und an jedem Jahresgedächtnisse vertheilt der Prior ½ Schock unter die Brüder. Wie weit das unserer heutigen Versicherungstechnik entspricht, können wir nicht beurtheilen; aber der Orden scheint nach Erfahrungen gehandelt zu haben.[3])

Unter den vielen oft mehr ephemeren Erscheinungen zur Zeit der Kreuzzüge taucht auch ein Verein der «Wächter des heil. Grabes» auf, eine Brüderschaft, die sich als Collegiatstift am hl. Grabe unter der Regel des hl. Augustin aufthat. Auch diesen Orden beriefen böhmische Adelige als Wächter ihres Seelgeräths, der von ihnen gestifteten Grabkirche auf dem Zderaz bei Prag, und selbst kinderlos beschenkten sie ihn mit ihrem ganzen Gute, darunter auch der Burg und dem Markte zu Brüx.[4]) Nachdem jedoch der Landesfürst in diesem Falle namentlich gegen die letztere Schenkung Einspruch erhoben, verblieb den Grabwächtern zumindest das Patronat in Brüx. Die Witwe eines der Stifter begründete zu Schwatz bei Teplitz eine weibliche Niederlassung desselben Ordens. Nachmals wurde der Orden, dem auch das Spital von Trautenau zufiel, in ganz Böhmen und Mähren sehr begütert.[5])

---

[1]) Für Strakonitz Emler R. II. (1310) p. 1235.
[2]) Frind, Kircheng. II. p. 202.
[3]) Emler Reg. IV. (1337) p. 163.
[4]) Erben Reg. I. (1227) p. 332 f.
[5]) Vergl. Tomek Prag I, 492 ff.

Auch der berühmte Templerorden fand seinen Weg nach Böhmen, ja gewisse Eigenthümlichkeiten machten gerade diesen Orden zugänglicher und populärer. Dazu zählt vor Allem das große Gewicht, das er auf das Affiliationswesen legte, so dass aus allen Lebenskreisen Verbündete unter den Schutz seiner kirchlichen Privilegien flohen, die ohne auf einmal ein empfindliches Opfer bringen zu müssen, gegen Jahresleistungen seiner unendlich hoch geschätzten Verdienste sich theilhaftig machten. Aber auch der wirkliche Eintritt war — für den Besitzenden — erleichtert. Wie der Johanniterorden bestand auch er nicht aus großen, köpfereichen Niederlassungen, sondern jedes einzelne geschenkte Verwaltungsgut konnte eine Commende bilden, und der Regel nach verblieb der Stifter für seine Lebenszeit als erster Commendator auf derselben. Bei dem beschränkten Erbrechte der Zeit war somit das zu bringende Opfer in vielen Fällen wesentlich verringert, ja in vielen brachte es überhaupt nur der Landesfürst für seine Kammer, insofern er die Genehmigung nicht versagte oder nicht zu versagen wagte. Um die Mitte des 13. Jahrhunderts besaßen die Templer in Böhmen bereits die Commende St. Laurenz (Annahof) in Prag. Im Laufe des Jahrhunderts wuchsen eine Anzahl neuer Commenden zu, darunter Auřinowes, Čakowic, Neuhof-Rüdgerschlag. Nach der Aufhebung dieses Ordens sollten seine Besitzungen den Johannitern zufallen, gelangten aber nur zum mindesten Theile an diesen Erben.

Von dauernderem Einflusse blieb für Böhmen der deutsche Ritterorden, besonders seit sein Thätigkeitsgebiet dem Lande näher gerückt war. Auch ihn kennzeichnet mehr die ideale Einheit, die in der ganzen Organisation hervortritt, als die Bildung großer Brüdergemeinden in der Diaspora. Hier erscheinen vielmehr meist vereinzelte Senkertriebe, welche bestimmt sind, die Nährsäfte aus dem Boden an sich zu saugen — der fruchtbringende Stamm ist in der Fremde zu suchen. Als wenn also der Boden nach anderer Richtung hin wirklich schon gänzlich ausgesogen wäre, sehen wir gerade den deutschen Orden vorzugsweise nach der Erwerbung von Kirchenpatronaten ausgehen. Sicher war die Verwaltung derselben durch einen Geistlichen, der beides in Einem vorstellte, Pleban und Patron, billiger als die der Rittercommenden der Templer.

Die Ordenshäuser oder Comthureien einer bestimmten Provinz bildeten eine Ballei. Die von Böhmen war direct der «Kammer» des Hochmeisters als Kammerballei» unterstellt. Die ersten Förderer des Ordens in Böhmen waren die Könige Ottokar I. und Wenzel I. Sie unterstützten ihn durch die generelle Genehmigung aller von

Privaten an ihn zu machenden Geschenke und durch Überlassung einer Anzahl von kirchlichen Patronaten, die eben unter ihrer Regierung durch Anlage von Städten wertvoll zu werden begannen. Zuerst — um 1217 — scheinen die deutschen Ritter, oder Deutschherrn unter jenen Landsleuten Fuß gefasst zu haben, die sich als deutsche Kaufleute um St. Peter — Prag — niedergelassen hatten. Hier besaß die Gemeinde selbst das Patronat und scheint es auf den Orden übertragen zu haben. Das betreffende Kirchengut wurde so die erste der Commenden, zu denen bald auch die St. Stephanskirche — damals noch im Dorfe Rybniček — und das Gut Hloupětin zählten. Jene Commende verkaufte indes der Orden schon 1233 an die Königin Constantia und erwarb für einen Theil des Erlöses die Dörfer Bičkowic, Nesel, Ujezdec und Pirna bis Leitmeritz.[1]) Nachmals kamen dortselbst Lenzel, Triebsch, Dubravic, Teinitzl und Babina hinzu, und in Prag erscheinen die Ritter im Besitze der Pfarrei St. Benedict. Noch vor der Mitte des 13. Jahrhunderts erwarb der Orden die Güter Miletin und Drobowic (bei Časlau) und das Patronat der Kirche in Polna. Selbständige Commenden — um den Kern eines Kirchenpatronats gebildet — entstanden zu Gumpolds (Humpoletz) und Iglau, zu Deutschbrod, Neuhaus, Pilsen, Königgrätz, Klösterle u. a.

Einen günstigen Boden traf der Orden, als ihm 1252 von einem Adeligen das Dorf Komotau unter dem Erzgebirge geschenkt und dieses Geschenk bald durch eine Menge von Seelgeräthsstiftungen vermehrt wurde. Durch Zukauf wurde gerade diese Commende bald die ansehnlichste von Böhmen und der Sitz des Landescomthurs. In Eger erlangten die Deutschherren das Kirchenpatronat von dem letzten Hohenstaufen; zur Zeit der Reformation befanden sich alle Kirchen im ganzen Egerlande — mit Ausnahme derjenigen von Liebenstein — in ihren Händen.

Die Kirchspielleute scheinen eine Art Auszeichnung in der Administrierung ihrer Kirche durch den tapfern Orden gesehen zu haben; mindestens aber schätzten sie den Vortheil, dadurch von dem gefürchteten Mercenarius, d. h. dem vom Patronatsherrn nur fristweise gemieteten Lohngeistlichen befreit zu sein und sich einer ununterbrochenen Seelsorge zu erfreuen. In solcher Ordenszugehörigkeit standen die Hauptkirchen der königlichen Städte Kolin, Časlau, Aussig, Pilsen, Königgrätz, Königstein u. a. — —

Inzwischen war eine sehr wesentliche Veränderung in der Gesellschaftsschichtung vor sich gegangen; für Böhmen trifft dieser Um-

---
[1]) Erben I. p. 376, 410.

schwung ungefähr mit dem Eintritte des 13. Jahrhunderts zusammen. Bis dahin hatten die kirchlichen Anstalten nur zwei Gesellschaftsclassen vor sich: den grundbesitzlosen Bauer und die Grundbesitzer. Letztere gliederten sich in Fürsten, Adelige und Freisassen. Die ersten beiden Classen waren durch Grundstiftungen so erschöpft, dass beispielsweise im Prager und Leitmeritzer Gaue keine größere Stiftung mehr den Boden gefunden hätte, und dass den Fürsten bei der Anlage der Städte wiederholt der nöthige Raum fehlte. Auch von den kleineren Freisassengütern sind aller Wahrscheinlichkeit nach mehr als die Urkunden uns verrathen von den großen Stiftungsgütern aufgesogen worden. Kinderlose Besitzer gaben ihr Gut an irgend ein Stift und behielten sich für den Lebensrest den Nutzgenuss, aber auch solche, die Erben hinterließen, thaten, wie wir schon sahen, dasselbe und stellten es ihren Kindern frei, entweder dem betreffenden Kloster als Unterthanen zu dienen oder von der väterlichen Scholle fortzuziehen. Die eigentlichen Bauern aber konnten über keinen Grund verfügen; nur von ihrem Peculium konnten sie den Kirchen Geschenke machen.

Nun aber erschienen mit dem ersten Drittel des 13. Jahrhunderts in Böhmen erst vereinzelt, dann immer zahlreicher die **Bürgergemeinden**, deren Geschichte wir in einem kommenden Abschnitte behandeln werden. Zwar konnte auf das eigentlich städtische Grundeigenthum der Bürger zu Stiftungszwecken nicht dauernd gerechnet werden. Dasselbe wurde, wenn es auch ein Erbeigen war, doch niemals wieder ganz frei, verfiel nie wieder der königlichen Kammer, sondern verblieb als «Schoßgrund» immer wieder bei der Stadt zum Zwecke der Ausstattung ihrer Mitglieder, indem die «Schoßgebür» auf ihm lasten blieb. Ein belastetes Eigen aber war den Stiftungen weniger dienlich. Eben darum eigneten sich diese Schoßgründe nicht zur Ausstattung von Seelgeräthen, und wo das dem Volksbewusstsein nicht sofort klar wurde, drängten die städtischen Statutarrechte zur Klarstellung. Dagegen häuften diese neuartigen Bürgergemeinden bald ganze Stapel **beweglicher** Güter. Schon die alten Marktorte entbehrten nicht leicht der Unterkunftshäuser für die zureisende Kaufmannschaft und der Hospitäler für die Erkrankten. Beides lernten wir in Prag am Teinhofe kennen. Der urkundliche Bericht[1] lässt die Deutung zu, dass daselbst die zureisenden Fremden auch gegen Entgelt gespeist und beherbergt wurden, dass aber daneben stiftungsmäßig täglich bis zu 12 Armen unentgeltlich verpflegt werden sollten. Dafür war das Spital in einer Weise

---

[1] Erben I. (cc. 1135) p. 99 f.

bestiftet, die wir hier als ersten ähnlichen Fall genauer ansehen müssen. Es besaß in drei Dörfern Grundstücke mit zehn leibeigenen Bauernfamilien und entsprechenden Viehbeständen. Von dem Gebürenertrage des benachbarten Kaufhofes floss der dritte Pfennig dem Hospital zu. Von jeder Gauburgwirtschaft sollte jährlich der Villicus 12 Paar Socken, 12 Paar Pelze, 12 Paar Röcke, ebensoviel Stiefeln, Unterkleider und Handschuhe und 12 Gürteltaschen mit Scheidemessern, die sog. Alte (avia) ähnliche Wäschebestandtheile liefern. Das Holzholz empfieng das Hospital durch eine Naturalbeschatzung des auf den Markt gebrachten. Am Flusse besaß es dazu Mühlgelegenheiten und einen leibeigenen Müller. Zum Spitale gehörte in der Nähe der heutigen Teinkirche die ältere Marienkirche als Spitalkirche und als Dienerschaft waren ihm 7 leibeigene Frauen mit ihren Töchtern zugewiesen.

Dieses Hospital nun schenkte um 1185 Herzog Soběslav dem Domstifte auf dem Wyšehrad, damit es mit den in der Verwaltung zu erzielenden Überschüssen des Ertrages seine eigenen Präbenden aufbessere.

Die Hospitäler waren also keine Schöpfungen des Bürgerthums, sondern sie bestanden längst, ehe es ein solches gab; aber während sie das Bedürfnis nachmals gerade bei den Städten festhielt, besaßen die Bürger sowohl die Mittel als den nahen Anreiz, ihre Cultaufwendungen auf diese Anstalten zu häufen. In denselben tritt uns zum ersten Male eine Verbindung des Cultgedankens mit Werken von socialem Werte entgegen, und diese Verbindung ist nach beiden Seiten hin fruchtbar geworden. Sie erhielt aber ihren greifbaren Ausdruck erst in der Verbindung der Humanitätsanstalt mit einer Cultpflegschaft.

Eine solche entstand in dem neuen Orden der Kreuzherren mit dem rothen Stern», der eine auf heimischem Boden erwachsene Nachbildung der ritterlichen Orden darstellte, und bald seine Niederlassungen in den meisten deutschen Städten des Landes hatte. Doch befanden sich die Hospitäler, zu deren Verwaltung er berufen wurde, nach der Sitte jener Zeit zumeist außerhalb der Mauern der Städte.

Mit dem Gute, das die Königin Constantia[1]) dem deutschen Orden bei St. Peter am Poříč abgekauft hatte, bestiftete sie daselbst ein dem vorgenannten ähnliches Hospital für Arme und Kranke. Aus der klösterlichen Brüderschaft, welcher die Verwaltung dieses Hospitals, das im Besitze von sieben Dörfern und des Patronats der

---

[1]) Erben R. I. (1233) p. 376.

Stefanskirche bestand, anvertraut war, entwickelte sich allmählich durch päpstliche Privilegien gestützt, der erwähnte Kreuzherrenorden. Zunächst aber führte die Brüderschaft nicht einmal die Verwaltung des Spitalsvermögens, welche vielmehr dem Kloster zu St. Franz zustand, sondern befand sich nur in einer dienenden Stellung.[1]) Im Jahre 1238 übergab Äbtissin Agnes, die Tochter der Königin Constantia, das ganze bedeutende Stiftungsvermögen des Spitals — außer Hloupětin und einigen Dörfern — dem Papste und dieser dem neuen Orden zu unmittelbarer Verwaltung.[2]) Im Jahre 1252 wurde das neue Hospital neben der Prager Brücke erbaut, und der junge Orden gewann fortan durch reichlich fließende Zustiftungen und Übertragungen ein hohes Ansehen. Unter den auswärtigen Spitälern fiel ihm zunächst das von einem Bürger von Mies gestiftete zu, mit dem 1243 die Einkünfte der dortigen Pfarrkirche verbunden wurden. Von König Wenzel I. erhielt das Spital zu Elbogen ebenso die Pfarrkirche daselbst (1246) und 1253 erlangte der Orden das Spital zu Brüx mit der Wenzelscapelle und den dazu gehörigen Dörfern. Es zeigt von dem Geschäftssinn des jüngsten Ordens, dass er gegen Überlassung der zugehörigen Fondsgüter — die in fixen Zöllen und 8 Dörfern bestanden — auch die ständige Erhaltung der Prager Brücke übernahm. Mit der St. Hippolytkirche am Pöltenberge bei Znaim erhielt er 11 Dörfer. Im Jahre 1242 fasste er durch Übernahme des neugegründeten Matthias-Spitals in Breslau auch in dieser Stadt Fuß. Später fielen ihm die Hospitäler zu Eger, zu Klattau, Leitmeritz, Aussig und Kouřim zu (bis 1338) dann noch die zu Budweis, Pisek, Schüttenhofen, Blatna u. a. m.

Wo bereits eine Brüderschaft zur Spitalsverwaltung bestanden hatte, da pflegte diese in den Orden aufgenommen und dem Meister untergeordnet zu werden.

Die jüngeren Orden.

Mit dem zweiten Viertel des 13. Jahrhunderts erscheint in Böhmen eine ganz neue Categorie von Orden, die der Prediger und der Bettelmönche. Wie es bei den geänderten gesellschaftlichen Verhältnissen eines neuen Anreizes bedurfte, um den Cultgedanken in fruchtbarer Bethätigung zu erhalten, haben wir

[1]) Erben I. (1235) p. 414.
[2]) Erben I. (1238) p. 139.

bereits gesehen. Die neuen Orden kommen dem nach zwei Richtungen hin nach. Was den Anreiz anlangt, so erhöhen sie ihn durch das bisher in bescheidenem Maße angewendete Mittel der Predigt vor dem Volke und durch eine ins Auffälligste getriebene Askese; den social-wirtschaftlichen Verhältnissen aber tragen sie Rechnung, indem sie — grundsätzlich — von der Bestiftung mit Grund und Boden absehen und den geheischten Cultbeitrag in eine Menge kleinerer Almosen auflösen, wie sie etwa das Vermögen des Bürgers und selbst das bescheidene Peculium des Bauers leisten kann. Mit den Dominikanern steigt die Theologie des Christenthums, mit den Franziskanern das praktische Cultgenügen um eine Schicht tiefer ins Volk herab. Während sich aber die bisher einander nachfolgenden Orden gleichsam friedlich ineinander gefügt, gieng es bei dem größeren Abstande der Systeme fortan nicht ganz ohne Conflicte ab; es war indes mehr die Curatseelsorge, an welche die Rührigkeit der neuen Mönche hart anstieß.

Das neue System konnte kaum zum Ziele führen, wenn sich die neuen Orden nicht mindestens theilweise als Verwalter und Spender derjenigen Cultmittel, die bis dahin die Leutkirche allein verwaltet hatte, dem Volke nähern durften. Sowohl Dominikaner als Franziskaner — jene ursprünglich Spanier, diese Italiener — erwarben daher vom Pabste das Recht, ohne Rücksicht auf die Rechte der Pfarrer überall predigen und beichthören zu können. Während sie sich aber ursprünglich dem Bischofe für das unbedeckte Bedürfnis zur Verfügung zu stellen gedachten, nützten sie bei uns das Privilegium ihrer Freiheit auch dem Bischofe gegenüber dahin aus, dass wir ihre Niederlassungen nicht in den von der Seelsorge vernachlässigten, sondern in den mit Stiftungen überschütteten Gegenden finden. Zu der ertragloseren Befugnis des Predigens und Beichthörens, die den älteren Orden nur ausnahmsweise und mit Beschränkungen verliehen worden war, nahmen sie sofort auch die der Grabbestattung hinzu, und gerade ihre Kirchen und Kreuzgänge wurden sehr gesuchte Ruhestätten der städtischen Patrizier und des Kleinadels. Schon die Gepflogenheit, solche Grabstätten mit Jahresgedächtnissen auszustatten und hiefür auf Grundstücken ruhende Jahreszinsen anzuweisen, gestattete es den Bettelorden nicht, wirklich besitzlos zu bleiben. Dominikaner und Minoriten sahen sich genöthigt, der Welt und ihrem Willen nachzugeben, und begannen sich gleich den älteren Orden eifrig genug auf den Erwerb von Grundstücken zu verlegen. Die Seelgeräthsverwalter von Fürsten wurden sie allerdings nicht mehr, wohl aber die recht vieler Adelsfamilien mittleren

Standes. Sie verschmähten keinen Auftrag, für vieles viel, für wenig weniger bietend. So sammelten sie gerade keine großen Reichthümer, begründeten aber ihre Existenz.

Außerdem hatte es der heil. Franz der Welt noch bequemer gemacht, sich mit ihm und seinem Orden zu verbinden, indem er die Regel des sog. dritten Ordens, der Tertiarier, begründete, die zum Theil in der Welt aber unter Aufsicht geistlicher Ordensbrüder weiter lebten. Die Leichtigkeit, mit welcher diese Halbmönche Unterstützungen von den noch weltlicher Gesinnten an sich ziehen konnten, mochte dazu beitragen, dass gerade diese Ordensbildungen sich mit ungewöhnlicher Schnelligkeit vermehrten.

Nach Böhmen sollen die ersten Dominikaner schon um 1226 gekommen sein und im Jahre 1232 ihr Heim bei St. Clemens durch Bischof Peregrin erhalten haben, der bei ihnen seine Ruhestätte wählte. Dann — seit 1236 — folgten die Ansiedlungen zu Leitmeritz, Turnau, Laun, Nimburg, Grabel, Budweis, Klattau, Pilsen, Königgrätz, Pisek, Aussig u. a.

Von den Franziskanern gelangten um 1232 und 1234 bereits beide Zweige nach Prag, die sogenannten Observanten zu St. Franziskus (Agneskloster) und die Minoriten zu St. Jakob. Weitere Niederlassungen waren die zu Leitmeritz, Königgrätz, Mies, Bechin, Jungbunzlau, Beneschau, Neubydschow, Hohenmauth, Tauss, Časlau u. a. Diese schnellere Verbreitung der neuen Orden steht im Verhältnisse zu ihrer anspruchsloseren Wirtschaftsbasis.

Auch vom rein socialen Standpunkte aus kann es nicht mit Stillschweigen übergangen werden, dass es der Dominikaner-Orden war, mit dessen Eintritte zugleich die unrühmlichste Erscheinung der christlichen Ära nach Böhmen kam: die Ketzerriecherei und die allmählich wie eine Seuche um sich greifende Ketzerangst, mit der zugleich die Lust am Ketzermorde sich steigerte. Von Ketzereien» war in Böhmen bis ins 14. Jahrhundert keine Rede gewesen; aber gewiss brauchte man sie hier wie anderswo nur zu suchen, um sie zu finden. Es muss bald nach der Herkunft König Johanns gewesen sein, dass sich an den Jüngling die Mittheilung herandrängte, sein neues Königreich sei eine wahre Ketzergrube. Hier hätten die Ketzer ihren eigenen Erzbischof und sieben Bischöfe, und jeder Bischof 300 Ketzer unter sich, denen des Nachts in Höhlen gepredigt würde u. dgl. m. Dem gegenüber steht freilich der bedenkliche Bericht derselben Anklage, dass der zuständige Bischof selbst die Geschmähten in Schutz genommen[1]) und des verleumdeten Bischofs

---

[1]) Emler Reg. IV. (1318) p. 173 ff.

schließlicher Freispruch. Aber die Angeberei erreichte ihren Zweck. Der geängstigte König lag dem Bischofe an, das Institut der Inquisition — *Inquisitores haereticae pravitatis* — dessen die Dominikaner sonst überall schon walteten, auch in Böhmen einzuführen, und der Bischof musste nachgeben — um sofort das damit heraufbeschworene Unheil zu erkennen. In kurzer Zeit verurtheilte das neue Officium vierzehn Ketzer und überlieferte sie dem Hofgerichte zur Verbrennung. Als dasselbe Schicksal auch einem Arzte, namens Richard, widerfuhr, ließ der Bischof selbst diesen Arzt durch seine Diener den Dominikanern mit Gewalt entreißen — aber schon murrte das Volk über den Entgang eines Schauspiels. Auch eine Anzahl anderer bereits mit dem Todeskreuze gezeichneter Ketzer befreite der Bischof und löste das Inquisitionsofficium in seiner Diöcese wieder auf. Dafür musste der menschenfreundliche Mann elf Jahre lang vor dem päpstlichen Untersuchungsgerichte in Avignon stehen, und obwohl er in Allem freigesprochen wurde, sehen wir das unselige Inquisitionsgericht der Dominikaner — mindestens seit 1340 — zu Prag wieder in Thätigkeit treten. Eine Sittengeschichte müsste zeigen, wie wohl kaum etwas verrohender auf unser Volk einwirken konnte, als ein solcher Einfluss.

Damals hatte Ulrich von Neuhaus dem Papste Benedict XII. zu Avignon persönlich ein Schauerbild von dem Treiben der Ketzer auf seinen Gütern entworfen und sich, wie es scheint, dafür eine gewisse Freiheit des Schaltens über seine eigenen Unterthanen zu sichern gesucht und ein Gotteslohn obendrein. Gerade die Deutschen, die Colonisten also sollten es sein, die nun auch die Einheimischen anzustecken drohten — war das vielleicht nicht der Widerstreit in den socialen Verhältnissen beider Gruppen seiner Unterthanen, der da seiner Selbstherrlichkeit eine arge Ketzerei zu gebären schien? Vorher hatte hier ein Dominikaner Gallus als Inquisitor gewirkt und die Ketzer ordentlich — im Sinne des Herrn — «bekehrt»; aber nun der fort ist, sind sie alle rückfällig geworden. Da erbietet sich Ulrich selbst, sie alle auszurotten, und der Papst gewährt ihm für ein Massacre seiner Unterthanen den Ablass wie einem Kreuzfahrer.[1] Das hat das sittliche Leben in Böhmen nicht gehoben. Um jene Zeit war es, dass Bluträcher einem Inquisitor aus Schlesien bis Prag folgten und ihn bei St. Clemens niederstachen.

Aber auch nach einer andern Richtung hin wurde der Friede durch das Eindringen der neuesten Ordensform gestört. Der akademische Streit der Mönchsgruppen untereinander kommt für uns

---

[1] Emler R. IV. (1340) p. 302 f.

nicht in Betracht; wohl aber das Eingreifen in die Seelsorge der Leutpriester, welche letztere ohnehin schon den glücklicheren Stiftungspriestern gegenüber ein oft recht bescheidenes Dasein führten. Es trat eine natürliche Reaction ein, die dann wieder so weit gieng, dass einzelne Curatgeistliche den Grundsatz vertheidigten, die bei den Bettelmönchen abgelegten Beichten hätten keine Giltigkeit. Gegen diese Angriffe hatten wieder die letzteren bei einigen Cardinälen Schutz gesucht und gefunden.[1]) Die Aufdringlichkeit der Dominikaner muss derart gewesen sein, dass sie auch an Stellen verletzt hat, an denen sonst jedes kirchliche Unternehmen eine Unterstützung fand. So hatte Königin Elisabeth in ihren letzten Lebensjahren Nonnen des Dominikaner-Ordens in einem verlassenen Kloster bei Prag angesiedelt;[2]) aber schon nach drei Monaten empfand die fromme Frau »Schmerz und Reue« über diese ihre Wahl und setzte die Nonnen wieder an die Luft.[3])

Dem Curatclerus im Wettbewerbkampfe mit den Bettelmönchen beizustehen, hielt Bischof Johann IV. für seine Pflicht, und es stand ihm ein materielles Recht zur Seite. Denn die großen Unzukömmlichkeiten, zu welchen das unbeschränkte Privileg der Bettelmönche geführt, hatte (1311) das Concil von Vienne bewogen, bedeutende Einschränkungen nachfolgen zu lassen und insbesondere bezüglich der Begräbnisse die Bestimmung zu erneuern, die niederen Orden sollten ihre Kirchen als Grabstätten niemand aufdrängen, von den Funeralien aber den vierten Theil an die Seelsorger abliefern. Daran kehrten sich aber jene nicht. Auf ihr Papstprivileg pochend, fügten sie sich auch dem aus Avignon heimkehrenden Bischofe nicht und er sah sich 1331 veranlasst, zwei der Widerspenstigsten von ihnen aus ihrer Burg von St. Jakob gewaltsam herauszugreifen.[4]) Selbst eine päpstliche Bulle Johanns XII.[5]), welche sich auf die dem Beschlusse von Vienne zugrunde liegende Verordnung Bonifaz's VIII. — *Super cathedram* — bezog, brachte die Mendikanten, denen sich auch die Augustiner-Einsiedler zugesellt hatten, nicht zum Schweigen, indem sie behaupteten, jene Päpste hätten nur die Verhältnisse in der Lombardei, nicht aber in Böhmen im Auge gehabt. Da schritt der zahlreiche Curatclerus der Prager Kirchspiele zu gemeinsamer Selbsthilfe. Am Sonntage vor dem Jakobsfeste versammelte er alle

---

[1]) Vergl. Tomek, Prag I, p. 580.
[2]) a. 1330 Chron. Aul. Reg. p. 303.
[3]) Emler R. III. (1330) p. 658 f.
[4]) Neplach, Chron. Fontes r. b. III. p. 480.
[5]) Emler III. (1333) p. 799 f.

seine Kirchspielleute, so weit sie ihm noch treu waren, in zwei Kirchen der Altstadt, zu St. Niclas und St. Maria am See. Hier las er ihnen die Bullen der Päpste vor, und weil sich diesen die Mendikanten widersetzt hatten, sprach er über sie unter feierlichem Geläute und dem Auslöschen der Kerzen die Excommunication aus. Das hätte ihnen nun freilich das bevorstehende Jakobifest arg verdorben. Aber die Bettelmönche hatten das kommen sehen und mit ihrem Anhange die Kirchen mit Waffen unter den Kleidern betreten. Während nun die Mönche die Worte der Cleriker mit gräulichen Schimpfreden niederschrien, stürzten sich einzelne ihres Anhanges auf jene und entrissen ihnen die Bulle. Nun mischten sich beiderseits die Massen in den Kampf, und es kam zum Blutvergießen. Der Hauptschlacht folgte dann den ganzen Sommer hindurch der Kleinkrieg auf allen Kanzeln.[1]) So musste erst die Autorität ins Wanken gebracht werden, ehe sich das Volk unwissend und kritiklos in das Chaos theologischer Kämpfe stürzen konnte.

Weder die Zeugungskraft des Ordensprincips, noch der Nährboden Böhmens waren mit den bisher betrachteten Erscheinungen ganz erschöpft; aber was noch hinzu kam, kennzeichnet keine neue Kategorie. Die **Franziskanerinnen** (oder Clarissinnen) verbreiteten sich von der Stiftung der Königstochter Agnes zu Prag aus nach Jungfern-Teinitz und Krummau. Jenes Kloster war eine Art Familien-Stift des Hauses Zerotin, dieses der Rosenberge. Klöster der **Magdalenitinnen** entstanden zu Dobrzan, Brüx und Laun.

Von Männerorden wanderten nach Böhmen noch ein die **Cyriaken** und **Augustiner-Eremiten**, dann **Chorherren** nach der Regel Augustins, **Karthäuser**, **Karmeliter**, **Cölestiner**, **Serviten** u. a. Die ersteren -- seit 1253 in Böhmen — bildeten einen Chorherren-Verein und übernahmen Kirchenpatronate und Liegenschaften. Die Augustinermönche standen auf dem Standpunkte der Minoriten, indem sie Ewigkeitszinse und Grundbesitz nicht abwiesen. Ihr Kloster St. Benigna bei Zbirow bildete das Familienstift des Hauses Waldeck-Hasenburg. Wie mehrere Mitglieder des Hauses dem Orden angehörten, so traten auch die Gründer des Eremitenklosters zu Schopka bei Melnik dem Orden bei der Übergabe ihrer Güter bei. Mitte des 14. Jahrhunderts hatte ein Schwamberg eine Colonie desselben Ordens in seine Stadt Neumarkt (bei Weseritz) aufgenommen — aber sein Sohn und Erbe

---

[1]) Weiteres Chron. Aul. Reg. III, 3, Fontes r. b. p. 320; Neplach, Fontes p. 480, Franciscus III., 2 Scrpt. p. 184; Eml. IV. (1334) p. 38 f.

löste sie auf [1]), es zeigten sich Zeichen der Reaction. Der Karthäuser-Orden kam mit andern erst im 14. Jahrhundert nach Böhmen; fast scheint es nur eine Art Sammlersinn zu sein, der Karl IV. bewog, der Vollständigkeit zulieb auch noch Karmeliter, Cölestiner (Oybin) und Serviten (Slup am Botič) heranzuziehen.

Nur der ersten Einführung der Augustiner-Chorherren müssen wir als einer mehr symptomatischen Erscheinung noch einige Worte widmen. Den Anlass bietet nicht der Orden selbst, sondern ein Umstand seiner Einführung durch den uns bekannten tapferen Bischof Johann IV. bei Errichtung seines reichbestifteten Seelgeräths zu Raudnitz im Jahre 1334.

Wir haben merken müssen, wie sich von Anfang an durch die Einführung vieler Orden, wenn auch in verschwindender Minorität dem heimischen ein fremdes, deutsches Volkselement beigesellte. Die jüngeren Orden zeigten diese Erscheinung andauernder, weil sie mit dem deutschen Mutterlande in Verbindung blieben. Die deutschen Städte und die ländlichen Colonien, welche seit Anfang des 13. Jahrhunderts entstanden, mehrten dieses Element in weit ansehnlicherer Weise — sollte das Alles ohne jede Störung des Friedens vor sich gegangen sein? Gehören nationaler Kampf und Widerstand nur dem Schlusse unserer Periode an? Das zu glauben, wäre ein Irrthum!

Schon unser Chronist Cosmas, der seine Unterweisung als Scholare des Domes in lateinischer Sprache genossen und im fernen Auslande vervollständigte, ist sich der nationalen Gegensätze, die in seiner Heimat schon damals — im 11. und am Beginne des 12. Jahrhunderts hervortreten — ganz wohl bewusst. Die aus Deutschland gekommenen Priester bedienten sich zwar in ihren Functionen der lateinischen Sprache. Dass sie aber darum dem slavischen Concurrenten nicht als Lateiner, sondern als die mindestens nicht geliebten «Deutschen» erschienen, geht aus der Prokopilegende sehr deutlich hervor. Trotz dem allmählich zahlreicher werdenden Anbot heimischer Kräfte fanden aber die Eingewanderten doch noch eine gewisse Bevorzugung, entweder indem sie kostbare Reliquien und Bücher mit sich brachten, oder, worauf bei den ersten Mönchscolonien der größte Wert gelegt werden musste, das lebendige Beispiel der Regel und des Brauches. Aber auch der regelmäßige Gebrauch der lateinischen Umgangssprache konnte doch, wie uns eine Biographie Adalbert's zeigt, die Muttersprache nicht vergessen machen

---

[1]) Frind, Kircheng. II, p. 311.

— es gab Augenblicke, wo auch unter der Kutte wieder der Deutsche zum Vorschein kam.[1]) Die Benedictinerklöster konnten durch heimischen Zudrang bald slavisirt sein. Nicht so Prämonstratenser und Cistercienser, noch weniger Maltheser und Deutschherren. Sie behielten bei ihrer Verbindung mit dem Stammboden immer einen vorherrschend deutschen Charakter. Gegen alles Erwarten änderte sich dieses Verhältnis auch nur wenig mit dem Eintritte der jüngsten Orden. Dafür mögen ihre Beziehungen zu den deutschen Städten des Landes der Hauptgrund sein. Die Praxis, welche bei der Vertheilung der Mendikantenbrüder seitens der Höheren zunächst wohl aus wirtschaftlichen Gründen befolgt wurde, entsprach schon im 13. Jahrhundert nicht mehr den nationalen Forderungen, zu deren Dolmetsch am päpstlichen Hofe sich Königin Kunigunde, die Gemahlin Ottokars II., machte.[2]) Die Klagen betrafen die große Zahl der Deutschen, die durch diese Orden nach Böhmen kämen, während die geborenen Slaven wieder in andere Länder versetzt würden, sowie dass den böhmischen Klöstern Deutsche als Vorsteher aufgedrängt würden. Namentlich die letztere Klage zeigt den nationalen Frieden in den Klöstern des 13. Jahrhunderts schon in keinem schönen Lichte. Die Stimmung erhielt im folgenden Jahrhundert noch mehr Nahrung, als auf Betreiben eines deutschen Ordens deutsche Herrscher nach Böhmen kamen, und ihre Herrschaft zunächst auf deutsche Rathgeber stützten. Schlimmer hat auch unsere Zeit die nationalen Gegensätze kaum hervortreten gesehen, als sie aus Dalimils Reimchronik zu Beginn des 14. Jahrhunderts heraustönen. Die alte Klage wiederholte auch Karl IV. nochmals vor dem Papste Clemens VI., die Klage über die Ausländer, welche besonders der Cistercienser-Orden nach Böhmen schickte.[3])

Es muss aber schon vordem in den Klöstern recht viel nationaler Geist geherrscht haben, wenn jener Bischof Johann IV. nach 33jähriger Amtserfahrung zu dem Urtheil gelangen musste, dass es einmal nicht angehe, Deutsche und Čechen in ein und demselben Kloster zu vereinigen. Indem er in dem schon erwähnten großen

---

[1]) Adalberts Muttersprache war natürlich die slavische. In Magdeburg lernte der Knabe im Umgange Deutsch, in der Schule nur Latein. Nun frischt sein Biograph Bruno aus dessen gemeinsamen Lehrjahren die psychologisch nicht uninteressante Erinnerung auf, wie den Knaben die Macht des Schmerzes das Gebot der Schule vergessen lies: dann kam im Aufschrei nach dem Lateiner der Deutsche und dann der Slave zum Vorschein. primum «mi domine!» garrit, jam cum increscit dolor, qui legem non habet, eodem verbo nunc Saxo, nunc Sclavus misericordiam clamat. Brunonis v. A. Fontes rer. 6. I, p. 209.

[2]) Palacký, Formelbücher I, 287, 289, 316.

[3]) Ebend. 361 f.

Seelgeräth zu Raudnitz¹), das zugleich neben einer Anzahl von Dörfern die dortige Pfarrkirche und das Hospital umfassen sollte, Domherren nach der Regel Augustins einführt, trifft er für alle Zeiten folgende Bestimmung: Übrigens gestatten wir durchaus nicht, dass zu dem Collegium des genannten Stiftes jemand von einer andern Nation zugelassen werde, als ein Čeche (Bohemus), dessen beide Eltern der čechischen Sprache angehörten, indem wir durch vorangegangene und gegenwärtige Zeiten belehrt, in Zukunft für den Frieden des Stiftes und seiner Mitglieder fürzusorgen wünschen; denn die Lehrerin der Dinge, die Erfahrung hat uns gezeigt, dass dem čechischen Volke andere Nationen feindlich gegenüberstehen, dass so wie zwei Gegensätze in Einem Subjecte nicht zugleich bestehen können, so auch einander gegensetzliche Nationen in Einem Kloster keineswegs zusammen sein können.

Wie anders hätten sich die socialen Verhältnisse in Böhmen entwickeln müssen, wenn dieser Grundsatz auch in Bezug auf die andern Orden festgehalten worden wäre!

Dass jene Bestimmung auch von Einfluss war auf den nationalen Charakter der nachmals — unter Erzbischof Ernst — von Raudnitz ausgegangenen Zweigniederlassungen in Jaroměř, Rokycan und Glatz, liegt in der Natur der Sache. Ob aber auch Karl IV. eine gleiche Absicht vorschwebte, als er 1351 das große Collegiatstift Karlshof in der Neustadt Prag mit Chorherren desselben Ordens besetzte, ist zwar nicht beurkundet, wird aber dadurch wahrscheinlich, dass er auch das zu Ingelheim demselben Heiligen gestiftete Chorherrenstift für böhmische Priester bestimmt haben soll.²)

Es scheint sogar, dass fortan den Nachsommer, der den Stiftungen alter Form beschieden war, derselbe nationale Zug durchleuchtete, um die Ereignisse des 15. Jahrhunderts vorbereiten zu helfen. Als Karl IV., der bekanntlich auch der Gründer des Slavenklosters zu Emaus war, das alte Collegiatstift St. Apollinar von Sadska nach der Neustadt Prag verlegte, waren es wieder dieselben nationalen Augustiner-Chorherren, die der Erzbischof Ernst in das leergewordene Stiftsgebäude zu Sadska einführte. Auch als um dieselbe Zeit — 1367 — vier Brüder des Hauses Rosenberg ein neues Chorherrenstift zu Wittingau gründeten, übergaben sie es demselben Orden und entnahmen die Colonie demselben Mutterhause Raudnitz³) und verpflichteten sie auf die Bestimmungen desselben.

---

¹) Emler Rg. IV. (1334) p. 33 f.
²) Pelzel Karl IV., S. 330.
³) Borowý Libri erection. I, p. 62 f.

Der Kampf um das Stiftungsgut.

Wir haben bisher die große Mehrzahl der frommen Stiftungen mit dem aus dem Mittelalter stammenden, die Sache im Wesen treffenden Namen «Seelgeräth» bezeichnet. Der čechische, bis heute noch gebräuchliche Name ist *záduší*, das sich genau an das lateinische *pro anima* anschließt und den deutschen Namen dem Sinne nach vollständig deckt. Während aber das Seelgeräth noch den Sinn des Individuellen in sich trägt, hat die Form záduší etwas Verallgemeinerndes, ungefähr wie die deutsche «*todte Hand*.» Wir haben wie bisher die gesammten Güter dieser «todten Hand» durch die ganze Periode hindurch mit demselben Namen bezeichnet, ohne darauf aufmerksam zu machen, dass wir am Anfang und am Ende derselbe keinesfalls mehr auch nach Begriff und Praxis dasselbe Object unter der Hand halten, dass vielmehr in dessen Charakter in zielbewusster Umgestaltung eine Wandlung vor sich gegangen ist, die wir in ihren wesentlichsten Stufen ins Auge fassen müssen.

Objecte des Seelgeräthes sind, wie wir sahen, Ländereien und Liegenschaften jeder Art, Häuser, Güter, Dörfer, entweder die auf ihnen lastenden Ewigkeitszinse, deren «Ankauf» damals die einzige Form der Capitalsanlage bildete, oder jene Gegenstände selbst, desgleichen Menschen unter verschiedene Formen der Knechtschaft und Unterthänigkeit. Ein Mensch im Besitze der «todten Hand» hieß *proanimatus*, seltener auch *animator*, čechisch *zádušnik* oder *dušnik*.

Da das Gut für den Stiftungsverwalter ohne den dasselbe cultivierenden Bauer ertraglos geblieben wäre, musste die Stiftung auch dessen Lebenserhaltung allerdings mit auf sich nehmen und sich mit einem Ertragsantheile begnügen, der in älterer Zeit als eine Art Zehent bemessen, in jüngerer aber zumeist in einen ständigen Zins umgewandelt war. Bei den meisten Schenkungen jüngerer Zeit kam es dann fast immer nur auf die Sicherung dieses Zinses an. Da es aber durch die Kirche verboten war, Zinsen von einem Capital zu nehmen oder ein Capital auf Zinsen auszuleihen, so musste das Bedürfnis die aus einer fremden Welt stammende Satzung gleichsam hintergehen. Hatte eine Kirche ein gewisses Capital gewonnen oder erspart, so ließ sie es keineswegs todt liegen, sondern erkaufte dafür einen bestimmten Jahreszins, der auf diese Weise auch auf einem freien Erbgute lasten konnte, wenn der Besitzer desselben ihn gegen Empfang des Capitals «verkauft» hatte. Er hieß nur dann zum Unterschiede vom Bauernzinse ein «freier» — *census liber*

— oder weil ihm sonst keine Verpflichtung anhieng, ein nackter Zins — *census nudus*. Als «Ewigkeitszins» — *census perpetuus* — scheint er der Regel nach unkündbar gewesen zu sein. Wollte sich aber das belastete Gut seiner entledigen, so musste es wieder auf einem andern dem Zinseigenthümer gleich gut gelegenen Gute einen eben so hohen, gleich sicheren Zins «kaufen» und die Kaufurkunde dem Gläubiger übergeben.[1]) Der Kaufpreis pflegte damals der Regel nach das Zehnfache des Jahreszinses zu sein, d. h. der Zinsfuß stand auf 10 Procent. Mit solchen Ewigkeitszinsen waren namentlich auch die Häuser der Städte überlastet. Aber wie immer die Festlegung erfolgte, auch diese Zinse gehörten wie all das Vorgenannte zum Seelgeräthsgute.

Wem aber gehörte das Seelgeräthsgut? Diese Frage mag Jahrhunderte lang nicht gestellt worden sein, weil das Eigenthumsrecht auch in Wirklichkeit nicht in Frage gestellt war. Was in vorchristlicher Zeit dem Todten als sein Seelgeräth mitgegeben worden war, Waffen und Schmuck und all das andere, das gehörte natürlich dem Todten selbst, das Heiligthum seines Grabes selbst aber wieder in gewissem Sinne der zur fortdauernden Cultpflege verpflichteten Familie. Sich das Verhältnis zunächst ebenso vorzustellen, daran hinderte den jungen Christen der Umstand nicht, dass er in der Regel die Mittel zur Fortsetzung des Cultes einem bestimmten Heiligen der von ihm erbauten Kirche zum Geschenke gemacht hatte. Dieser sollte in der sublimeren Auffassung der Seelenversorgung der Vermittler sein, wie der Priester der Verwalter war; aber als Eigenthümerin im weltlichen Sinne dachte sich die Familie. Im Hinblicke auf den Streitpunkt der kommenden Zeit ist festzustellen, dass auch nicht Eine ältere Urkunde bekannt ist, welche die «Kirche» in ihrer Allgemeinheit als die Empfängerin des Seelgeräthsgutes nennen würde; immer ist es ganz individuell der in einer bestimmten Kirche oder Kapelle wohnend gedachte Heilige, welchem die Schenkung dargebracht wird, häufig mit genauer Bestimmung des Verwendungszweckes, oft ohne solche, weil diese gewohnheitsmäßig und an sich selbstverständlich war. Hörten wir doch Wenzel II. sagen, Christus hätte er das nicht geschenkt, was er der heiligen Maria dargebracht! So naiv dachte vordem das ganze Volk. Ob man nun das Eigenthumsverhältnis, in welches sich der betreffende Familienvorstand mit dem Heiligen theilte, auf Seite des ersteren eine «Vogtei» — *advocatia* — oder Patronat nannte, das blieb dem aus vorchristlichen Gewohnheiten kaum herausgetretenen Volk noch

---

[1]) Ein Beispiel siehe Borowý, Libri erectionum, V. p. 690.

lange belanglos. Nur der Cultpfleger, der Mönch oder Priester, theilte sich nicht in gleicher Weise in das Eigenthum; er stand ungefähr dem Seelgeräthsgute gegenüber wie der Bauer zum Grunde des Herrn; er widmete dem Zwecke seine Dienste und nahm dafür vom Ertrage seine Präbende.

Dass im diametralen Gegensatze dazu in Rom eine Auffassung bestand, in deren Entwicklungsgange die Erscheinung Gregors VII. die bekannteste Phase bezeichnet, konnte unser Volk nur in dem Maße berühren, in welchem die Verwirklichungsversuche auch thatsächlich nach Böhmen vordrangen und Erfolge erzielten. Und nur mit dieser Seite der Entwicklung haben wir uns zu befassen.

Der Gedanke Roms, all die vereinzelten Seelgeräthe der Christenheit als ein einziges Kirchengut in Anspruch zu nehmen, war in den Versuchen seiner Durchführung von tief einschneidenden Folgen; denn die Praxis im Lande stand ihm bis ins 13. Jahrhundert schroff entgegen. Jedes halbwegs glücklich situierte Seelgeräth, das uns begegnet, ist bis dahin nicht bloß im Sinne der Pietät ein Schatz seiner Besitzer, mögen wir sie auch vorausgreifend Patrone nennen. Zu Schenkungen und Ausstattungen aller Art, zu Brautschatz und Leibgedinge werden die ertragreichen Stiftungen verwendet, und wenn der oft nur für Zeit gedungene Priester seinen Lohn erhalten, durch ihn die Cultpflicht erfüllt ist, fließt der Überschuss dem glücklichen Besitzer zu. Ganze Orden konnten darum auf den Besitz von Patronaten ihre Existenz aufbauen; wie wir gezeigt haben, gab es auch Mittel, um den seit Gregors VII. Zeiten auf Kauf und Handel mit solchem Gute gelegten Fluch zu umschleichen. Genug, dass man bei Übertragungen auf den Cultzweck und die bäuerlichen Kirchspielgenossen so viel Rücksicht nahm, dass man die öfter wiederholte Bedingung stellte, es möge kein *mercenarius* oder Lohnpriester, sondern ein fest angestellter und vom Ertrage gezahlter Vicarius die Seelsorge versehen.[1]

Für das Verhältnis des Stifters zu der betreffenden Kirche nach dieser Auffassung des 11. Jahrhunderts ist uns Cosmas[2] ein beachtenswerter Zeuge. Mztis ist Burggraf in Bilin und hat sich im Burgflecken daselbst eine Kirche gebaut. Als er erfährt, Herzog Wratislav habe ihm die Burggrafschaft genommen, tröstet er sich damit, dass er ihm doch seine Kirche nicht nehmen könne. — Die Familie von Fuchsberg hat das ihr erblich gehörige Patronat der

---

[1] Vgl. Erben R. I. (1209) p. 237.
[2] Cosmas ad a. 1061, Scrpt. I, p. 138.

Prager Pfarrkirche zu St. Leonhard «für ihre und der Ihren Sündenvergebung» dem Dominikanerinnenkloster St. Anna geschenkt und der Bischof genehmigt, dass das Kloster alle wie immer genannten Früchte der Kirche für sich genießen möge einzig mit Vorbehalt dessen, was zur Erhaltung eines Vicars nöthig ist.[1]) Aus einer andern Urkunde lernen wir die Auftheilung des Ertrages zwischen dem «Patron» und dem Seelsorger genauer kennen.[2]) Jener behält sich das Sichere, alle der Kirche gehörigen Zinserträge vor, während der Tageserwerb, die Opfergelder und was sonst von den Pfarrkindern einkommt, dem Geistlichen verbleiben soll, der aber dafür dem Patrone wieder als «Zeichen der Anerkennung der Herrschaft» — *dominii* — jährlich 3 Kerzen und 4 Pfund Wachs liefern soll.

Selbst Verpachtungen von Kirchen kommen — später natürlich immer nur mit bischöflicher Genehmigung — auf solcher Grundlage vor. Ein Pfarrer von St. Michael in Prag beabsichtigte einige Zeit in der Fremde mit Studium zuzubringen. Ein anderer Pfarrer bei Prag fand es nun vortheilhaft, für diese Zeit seine eigene Pfarrei — natürlich mit ähnlichem Contracte — einem Vicar zu überlassen und die Kirche jenes in Pacht zu nehmen.[3]) In ähnlicher Weise war selbst auch die «Einverleibung» einer Pfarrkirche in eine andere möglich, wie der von Příbram in die zu St. Egyd in Prag.[4]) In der Regel zeugt schon der Zweck der «Einverleibung» für den dem Herrn zufallenden Nutzen. So schenkte 1215 Ottokar I. dem Stifte Wyschehrad die St. Clemenskapelle daselbst zur Ergänzung der geschmälerten Domherrenpräbenden. Es sind[5]) direct die «Früchte und das Einkommen» der Pfarrkirche zu Braunau, welche der Bischof dem Abte von Břevnow schenkt, damit das Kloster Fische kaufen könne. Den Vicar, den der Abt dafür erhalten muss, kann er beliebig ein- und absetzen. Die Opfergelder werden auf jährlich 16 Schock — d. i. über 300 fl. — veranschlagt.[6]) Dass außer den Opfern Gebüren für Taufen, Beichthören, Communicieren, Ölen, Trauen und Begraben bis ins 14. Jahrhundert allgemein waren, geht aus dem Verbote des Erzbischof Ernest hervor[7]); wir haben sie auch nachher noch angetroffen. Übrigens war auch damals das Geschenk-

---
[1]) Emler R. II. (1298) 775.
[2]) Tomek, Prag I 446, Anmerk. 15.
[3]) Summa Gerhardi 25.
[4]) Hammerschmied p. 154.
[5]) Emler R. II. (1258) p. 191.
[6]) Tomek, Älteste Nachrichten 1857, p. 90.
[7]) Synodalstatut von 1343, Emler R. IV. p. 541.

nehmen, dem Priester nicht verboten — es sollte nur nicht als Entlohnung für die Sakramente gedeutet werden.

Von den Kirchenschenkungen unterscheiden sich die sog. Inkorporierungen, indem letztere dem Kloster das Recht geben, die Pfarrstelle ohne Einmischung des Bischofs von einem seiner Brüder vicarieren zu lassen, wodurch der Anteil des Stiftes am Ertrage noch größer wurde. In Politz, wo ein Klosterbruder die von Anfang an dem Kloster gehörige Kirche versorgte, war das Verhältnis in gewisser Beziehung umgekehrt: die Einkünfte gelangten gleichsam durch den Pfarrer an das Kloster, indem jener den Brüdern täglich eine Speise und zu St. Johann — dem Einsiedlerpatrone — eine «Minutio» gewähren und außerdem jährlich 7 Groschen an den Convent abliefern musste.

Bevor der Gründer von Heisterbach die an dieses Stift zu schenkenden Kirchen anführt, sagt er ganz bestimmt, er wolle jetzt die Einkünfte und Güter des Stiftes nennen, und es ist kein Zweifel, daß die Kirche zu Rosenthal mit all ihrem Zubehör und ihrem ganzen Nutzen, die zu Priorthal mit aller Frucht, die von ihr kommen könne u. s. w. dem Stifte als Ertragsobjekte geschenkt sein sollten.

Wie auch die Übergabe durch Schenkung der gewöhnlichere Weg auf dem Kirchen aus Nutznießern in einen anderen Herrn kamen, so waren doch nach dem römischen Verbote Tausch und Kauf nicht ganz ausgeschlossen. So besaßen die Magdalenerinnen zu Mies die Kirchen St. Veit und St. Nikolaus in Dobrzan. Der Besitz brachte aber dem Orden weder Nutzen noch Ehre, indem der Vater der Schlechtigkeit durch die ärgsten Nonnen Ärgernis stiftete. Der Orden beschloß daher diese Kirchen gegen gelegenere zu vertauschen, da sich aber hierfür niemand fand, verkaufte er sie um 70 Mark Silber an das Stift Chotieschau. In anderen schon genannten Fällen umgeht man den beiden Pracht durch Verkauf der Kirchenhäuser und Zuschenkung der Kirche. Aber auch im Wege des Tausches gegen Dörfer und Herrschaften sehen wir noch in später Zeit Patronate aus einer Hand in die andere übergeben.

All das soll nur zeigen, dass die Gutsherren und sonst vermögende Leute auch noch einen andern Grund, Kirchen an geeigneten Orten zu stiften, haben konnten, als den Antrieb der Pietät, und dass die Patrone älterer Zeit wohl allen Grund hatten, sich gegen die Eingriffe der römischen Concentrierungsabsicht mannhaft zu wehren. Wie man aber in Böhmen noch Ende des 12. Jahrhunderts über die Rechte des Patronats dachte, darüber kann uns niemand besser belehren, als der Bischof selbst, der im Jahre 1154 nicht als Oberhirt, sondern als P a t r o n die Benedictiner ohne Verhör und Urtheil schlechtweg von seiner Stiftung Selau jagte.[1]

Im Grunde beruhte das Verhältnis des Dominiums oder Patronats über die großen, meist fürstlichen Seelgeräthe der Stifte und Klöster, das in dieser Begrenzung vorzugsweise V o g t e i genannt wurde, auf keiner andern Grundlage. Doch treten einige Umstände abändernd dazu. Eines der wichtigsten Rechte des Dominiums über einzelne Volkskirchen bildete das der Aufnahme und Entlassung der Cultdiener, auf welche die Kirchenleitung nur den Einfluss nahm, dass sie durch die Forderung der Weihe den Kreis der Aufnahmsberechtigten begrenzte. Dieses Recht der Aufnahme musste bei Stiften und Klöstern durch die Natur der Sache theils beschränkt werden, theils in Wegfall kommen. Das erstere trat bei den Collegiatstiften ein, indem sich das Collegium in irgend einem Ausmaße ein Cooptationsrecht erwarb. Dann blieb aber dem Patrone häufig noch das Recht der Einsetzung der Vorstände, bis auch dieses durch besondere Privilegien anderweitig geordnet werden konnte. Bei den Klöstern beschränkte die Ordensregel auch dieses Recht von vornherein.

Ebenso bildete die Vermögensverwaltung ein Unterscheidungsmal. Zwar behielten sich die Landesfürsten als Patrone aller größeren Stiftungen — welches Anrecht sie durch ihren Verzicht auf den Heimfall erworben hatten, auch wenn sie nicht selbst die Stifter waren — das Recht der gelegentlichen Ausnützung der materiellen Mittel durch Einlagerungen der Ihrigen, besondere Schatzungen und Besteuerungen vor; aber grundsätzlich verwalteten die Stifte und Klöster das Stiftungsvermögen selbst. Aber über diesem Formunterschied vergaßen die Fürsten Böhmens nie das Wesen der Sache von ihrem Standpunkte aus zu betrachten: all dieses Gut der großen Stiftungen war nach ihrer Anschauung das Vermögen ihrer ·Kammer. Ihr Standpunkt glich hierin nur dem jedes anderen Privatpatrones.

[1] Gerlach, Fontes r. b. II. p. 117.

Als Anwärter des Heimfalls waren sie bei **jeder** Stiftung betheiligt; jede, die zustande kam, setzte ihren Verzicht und ihre Einwilligung voraus, sei es, dass sie dieselben im Falle selbst ertheilten, oder dass die zu bestiftende Gesellschaft, wie viele Orden einen Generalverzicht erlangt hatte. So konnte Ottokar I. mit Recht sagen, dass es Rechtssitte im Lande sei, sein Gut dem Herrn «durch die Hände des Fürsten» zu opfern.[1] Darum sind dem **Unterkämmerer** so wie die nachmaligen Städte so auch die geistlichen Stifte untergestellt. Von dieser Auffassung sind die Fürsten nie abgegangen. Noch am Ende des 15. Jahrhunderts erklärte der König in einem Rechtsstreite den Schaden, der dem Kloster Schwatz zugefügt worden war, für den Schaden «seiner Kammer».[2]

Aus diesem Titel leiteten die Fürsten das Recht ab, das Vermögen der Stifte sich in allen Bedarfsfällen dienstbar zu machen, das Klostergut mit Steuern zu belasten, im Nothfalle zu verpfänden, umgekehrt aber jede Verfügung über dasselbe, selbst das Austheilen des Grundes zu Erbpacht, Abverkauf und Tausch an ihre Genehmigung zu binden. So sehen wir den Abt von Cladrau selbst für den Verkauf eines Kelches des Königs Erlaubnis erbitten.[3] Dagegen sind wieder Verleihungen von Pfründen u. dgl. seitens der Fürsten nichts seltenes. Karl IV. meldet einfach dem Prager Johanniterkloster, dass er eine Klosterpfründe seinem dienstunfähig gewordenen Untermarschall verliehen habe.[4] Eine Art Anerkennungszoll bildete immer noch das sogenannte *Ostrožné*, eine Abgabe, die jeder neu ernannte Abt dem Fürsten zu leisten hatte.[5]

Als eine Erinnerung daran, dass ehedem eine andere zusammenfassende Organisation über den einzelnen Seelgeräthstiftungen nicht bestand, erhielt sich das in Deutschland sogenannte **Spolienrecht**, d. h. der Heimfall des Gutes der Geistlichen und besonders der Bischöfe an den Landesfürsten. Auch in Deutschland haben von altersher die Fürsten die «Exuvien» der Bischöfe an sich genommen, und noch im 12. Jahrhunderte währte um dieses Recht der Streit mit der Kirche. In Böhmen und Mähren bestand das alte Recht noch am Beginn des 13. Jahrhunderts, obwohl sich bereits Ottokar I. hatte überzeugen lassen, dass es eine «allem göttlichen Rechte widerstreitende» Übung sei. Er hatte es deshalb in der Weise aufgegeben,

---

[1] Erben I. (1203) p. 214.
[2] Archiv český IV. (1471) p. 263.
[3] Pelzel Wenzel IV., II. 487.
[4] Huber, Regesten Karls IV. 3183.
[5] Huber l. c. 3550.

dass beim Tode eines Bischofs alles Gut des Bisthums und der Kirche vom Probst und Dechant für den Nachfolger in Verwahrung genommen werde, wobei er freilich über das Gut der Person noch keine Entscheidung traf.[1])

Die nicht fürstlichen Patrone haben auch später im 13. Jahrhunderte noch keine Lust, diesem Beispiele zu folgen, sondern behandelten das Privatgut ihrer verstorbenen Pfarrer gerade so als Heimfall, wie die Hinterlassenschaft ihrer Bauern, und sie hielten sich hierzu um so mehr für berechtigt, als jene Geistlichen nun legale Erben nicht hinterlassen konnten, die Testierfähigkeit aber erst im 16. Jahrhunderte[2]) erlangten. Die römische Kirche suchte von ihrem Standpunkte aus durch Bannandrohungen gegen jene Übung einzuschreiten.[3]) Trotzdem bleibt, soweit es sich um wirkliches Privatgut der Geistlichen handelt, demgegenüber auch nach dem Entwurfe der Majestas Carolina die Auffassung in Geltung, dass solches Gut an die Kammer heimfalle.[4])

In den ganzen Zusammenhang dieser Verhältnisse greift die große kirchliche Bewegung ein, die mit Gregor VII. ihren Höhepunkt, mit dem Wormser Concordate aber noch keineswegs ihren Abschluss erreichte. Im innigsten Zusammenhange mit dieser stand auch die Frage der Ehelosigkeit der Geistlichen. Wenn es auch im allgemeinen schon die Patrone waren, welche darüber wachten, dass ihnen ihr Besetzungsrecht nicht geschmälert werde, so gab es doch auch wieder Stiftungen, bei denen eine Vererbung des Cultdienstes sogar in der Absicht des Stifters lag.[5]) Eine gewohnheitsmäßige Vererbung des Dienstes aber hätte auch zu einer Vererbung des Dienstgutes führen müssen, ähnlich wie das bei den altägyptischen Erbpriesterschaften der Fall war.

Zum mindesten aber wäre dann an ein Besetzungsrecht der Kirche nicht mehr zu denken gewesen. Das wäre mehr noch als der Anspruch und Widerstand der Patrone ein Hindernis der Zusammenschweißung all dieser Güter zu einem «Kirchengute» geworden. Was sonst auch das Cölibat empfehlen konnte, kann für uns unerörtert bleiben; auch das ist für uns nicht wesentlich, seit wann etwa die römische Kirche die Forderung des Cölibates betrieb.

---

[1]) Zunächst für Olmütz Erben R. I. 1207, p. 228.
[2]) Durch Ferdinand I. im J. 1552.
[3]) Literae encyclicae synodales cardinalis Guidonis ex concilio Viennensi Emler R. II. (1267) p. 1174.
[4]) Maj. Car. LXXI.
[5]) S. oben S. 33.

Von Bedeutung ist uns dagegen die Thatsache, dass auch nach Gregor VII. fast bis an das Ende des 12. Jahrhunderts in Böhmen die Priesterehe als etwas Gewöhnliches und Unanstößiges fortbestand. Nach der ältesten Legende war S. Prokop noch als Priester beweibt und erst als Einsiedler verließ er sein Weib, behielt aber den Sohn bei sich, der sein Werk fortsetzte. Unser Chronist Cosmas lebte als Domdechant und geweihter Priester in ehrbarer Ehe, der ein Sohn entstammte, der zu den berühmtesten Bischöfen und Förderern des kirchlichen Lebens seiner Zeit zählte.

Erst lange nach Cosmas Tode, um das Jahr 1143 machte Rom den ersten Vorstoß in dieser Richtung auch nach dem spät bekehrten Böhmen; — aber noch galt es nicht der allgemeinen Einführung des Cölibats. Dies Eingreifen richtete sich vielmehr nur gegen die Wiederverheiratung verwitweter Priester und das Ärgernis erregende Concubinat in diesem Gesellschaftskreise.

Um die genannte Zeit kam der römische Cardinal Guido als päpstlicher Legat in Begleitung des Olmützer Bischofs nach Prag; sein Einschreiten beschränkte sich auf die oben angeführten Fälle, nur dass er an den Hauptkirchen strenger vorgieng und den verheirateten Laien, die er in den besten Pfründen vorfand, die Wahl stellte, entweder die Priesterweihe anzunehmen und die Frauen zu verabschieden oder die Pfründe aufzugeben, wobei ihn die Bischöfe von Prag und Olmütz sowie Herzog Wratislav II. unterstützten.

Der erste, den er entsetzen musste, war der Prager Probst von S. Veit selbst, der immer noch Laie geblieben war und von seinem Weibe die Einwilligung zur Trennung nicht erhielt. Das Gleiche widerfuhr dem Domdechant ebendaselbst, weil er, obwohl zum Priester geweiht, doch bereits die dritte Frau hatte und überdies mit «Simonie behaftet» war.[1])

Ein dritter Canonicus wurde ebenfalls aus dem Grunde entfernt, weil er Laie und beweibt war. Eine Anzahl anderer Diener dieser Kirche wurden wegen nicht näher bezeichneter «Infamie» ausgeschlossen. — Dann begann die Durchsicht des Wyschehrader Capitels. Auch hier traf zuerst den Probst die Entsetzung, weil er das Weib eines andern geheiratet hatte und Laie war. Es scheint demnach, dass damals die Pröbste, deren Geschäft allerdings auch genug weltlicher Art war, damals überhaupt als Weltherren auftraten. Ein «Magister» wurde als gewesener Mönch, der dann als Geistlicher geheiratet hatte, und in Böhmen nicht heimatsberechtigt war, aus dem

---

[1]) Die Ausdrücke bigamus und trigamus glauben wir nach Erwägung aller Umstände mit Frind in obiger Weise deuten zu müssen.

Lande gewiesen. An der Olmützer Kirche wurden der Domdechant und ein Magister, in ganz Böhmen und Mähren aber diejenigen Geistlichen — Priester, Diakonen, Subdiakonen — ihres Amtes entsetzt, welche entweder zum zweitenmale oder Witwen oder geschiedene Frauen geheiratet hatten oder durch offenes Concubinat Ärgernis gaben.[1] Man schonte also noch diejenigen, welche vor ihrem Clerikerstande in die Ehe getreten waren, vielleicht auch die, welche als Cleriker ehrbare Jungfrauen geheiratet hatten. Die Priesterehe überhaupt mit einem Schlage abzustellen, konnte dem Legaten angesichts der Volksstimmung in Böhmen noch nicht gerathen erscheinen. Wie sich auch zeigte, war diese Stimmung sehr gegen die Neuerung, obgleich dem Volke der ganze Zusammenhang der Fragen und Absichten noch nicht durchsichtig sein konnte.

Unter dem Curatclerus muss denn auch fortan die Priesterehe noch mindestens ein Jahrhundert lang allgemeine Gewohnheit geblieben sein. Als im Jahre 1197 der Papst wieder einen Legaten, zunächst in Angelegenheiten eines Kreuzzuges nach Böhmen gesandt hatte, benützte auch dieser Cardinal die Gelegenheit, um die Frage des Cölibats einen Schritt weiter zu bringen. Als der Olmützer Bischof zur üblichen Zeit die Weihe der angehenden Priester in seiner Gegenwart vornehmen sollte, wurde — jedenfalls in des Cardinals Auftrage und wie aus allem hervorgeht, zum erstenmale — von den zu Weihenden das eidliche Gelöbnis des Cölibates verlangt. Aber diese Zumuthung wurde schlecht aufgenommen. Es erhob sich in der Kirche selbst ein Aufstand, bei welchem der Legat beinahe ermordet worden wäre. Es gelang dann zwar, die Rädelsführer festzunehmen und zu strafen; aber die Priesterweihe konnte in diesem Jahre überhaupt nicht ertheilt werden. Und so ist es wohl auch trotz der heilsamen Ermahnungen, die nachmals derselbe Cardinal Peter auf einer Synode in Prag an die Geistlichkeit richtete, noch die nächsten Jahrzehnte hindurch geblieben.[2] Als sich im Jahre 1267 wieder ein Cardinal Guido an den böhmischen Clerus wandte, um ihm einige der Beschlüsse von Vienne einzuschärfen, da fand er keinen Anlass mehr, von Ehen der Geistlichen zu sprechen, wohl aber noch von öffentlichen Concubinaten, die binnen Monatsfrist aufgelassen werden sollten.[3] Über ihr immer anstößigeres Hervortreten hatte aber auch der erste Erzbischof noch sehr zu klagen,[4]

---

[1] Guidos Bericht bei Erben R. I. (1143) p. 105.
[2] Gerlaci Chron., Fontes r. b. II. p. 512; Dobner Monum. I. 125.
[3] Guidonis litarae encyclicae. Emler R. II. (1267) p. 1173.
[4] Synodalstatut, Emler R. IV. 542.

es herrsche im ganzen Clerus der Diöcese und viele unterhalten unkluger Weise ihre Concubinen öffentlich selbst in ihren eigenen Häusern.» Die Thatsachen bewiesen: hätte es sich Rom um die Hebung der Moral und des Ansehens des Clerus gehandelt, so hätte der Weg der Cölibatsgesetzgebung nicht beschritten werden müssen: es handelte sich aber um andere Absichten, um einen Plan von staunenswerter Großartigkeit der Anlage. Er war aber zu großartig, um ganz zu gelingen.

Weiter in der Richtung derselben Tendenz aber lagen die allmählich siegreichen Bestrebungen Roms, einmal: die Feststellung der Eignung und Zulässigkeit der für den Cultdienst bestimmten Personen ganz seinen Aufsichtsorganen — den Bischöfen — vorzubehalten und dann: darüber hinaus diesen wenn schon nicht die alleinige Besetzung so doch den entscheidenden Antheil bei der Besetzung der concreten Stellen und Pfründen zuzuwenden. Wiewohl in ältester Zeit die Besitzer von Kirchen durch die Lage gezwungen sein mochten, Cultdiener in Sold zu nehmen, wie sie sich ihnen eben anboten, so finden wir doch keine Andeutung von besonderen Schwierigkeiten, welche sich der Forderung der Kirche, die Wahl auf die «Geweihten» zu beschränken, entgegengestellt hätten. Im Gegentheil musste man ja in der Weihe eine Bürgschaft des Gelingens sehen, und solche Bürgschaften zu suchen war man — wie auch die husitische Bewegung zeigen sollte — eher zu ängstlich besorgt, als zu lässig. Misstrauend der eigenen Kraft und Geschicklichkeit wollte man für seine Opfer die möglichste Sicherung erkaufen, und hierin kamen beiderseitige Wünsche einander entgegen.

Allerdings gab es noch viele Cultdienste außer dem Messopfer und für diese genügten selbst nach kirchlichen Grundsätzen auch solche, die die priesterlichen oder überhaupt höheren Weihen nicht besaßen. So waren ja immer noch an Collegiatstiften viele Ungeweihte im Besitze von Pfründen. Viele davon gelangten erst in späteren Jahren zur Weihe, nachdem sie schon lange vorher die Pfründe genossen. Auch unser Cosmas war — allerdings im 11. Jahrhunderte — 54 Jahre alt und längst Domdechant, als er zum Priester geweiht wurde.[1]) Da wo ein einziger Priester alle Acte der Seelsorge zu vollziehen hatte, war das allerdings unzukömmlich, und es lässt sich denken, dass schon in Rücksicht auf den Wettstreit der Bewerber trachtete, sich die Weihe zu verschaffen.

Bald aber genügte der Kirche dieser einschränkende Einfluss, den sie immer auf die Wahl der Seelgeräthsverwalter genommen

---

[1]) Cosmas, Script. I. p. 209.

hatte, nicht mehr. Noch bewegte sich in der That die Wahl der Herren der Stiftungen ziemlich frei, denn es gab unter den Geweihten große Schaaren vagierender Priester, die sich im Bestreben nach Verbesserung ihrer Lage bald diesem, bald jenem Herrn anboten und bald da, bald dort mehr oder weniger lohnende Beschäftigung fanden, ohne dass bei solchem Wechsel die kirchliche Aufsicht irgend eine Ingerenz besaß.

Gegen diesen Zustand kämpfte die Kirche nun zunächst dadurch an, dass sie die Weihe — als Befähigungsform zur Priesterschaft — nicht nur im allgemeinen, sondern nur noch im Hinblicke auf ganz bestimmte Stellungen und Pfründen ertheilen wollte. Es sollten mit anderen Worten Priester nicht mehr gleichsam in Vorrath gestellt, sondern ihre Bestellung nur für bestimmte Pfründen erbeten werden können, wodurch ein Theil der Besetzung selbst der organisierten Aufsicht der Kirche zufallen musste. Der Leser muss ersucht werden, die kanonische Regel und die Praxis auseinander zu halten. Jene entstand nicht wie die Grundsätze des Rechtes aus dem Volksleben heraus, sondern musste, selbst exotischen Ursprungs in das oft widerstrebende Volksleben hinein gepflanzt werden. Sie bestand in der Regel schon lange zuvor, ehe sie sich die Praxis in den verschiedenen Ländern unterwarf. Trotzdem dies auch in Bezug auf die Titel-Weihe der Fall war, fand doch der genannte Cardinal[1]) noch im Jahre 1142 in Böhmen eine ganze Menge Priester, welche «auf keinen bestimmten Titel» geweiht waren, und er traf neuerdings die Anordnung, dass fortan nur noch das Gegentheil geschehen sollte. Es ist anzunehmen, dass das von da ab immer mehr zur Regel wurde, obgleich von vagierenden Priestern «ohne Titel» noch im Jahre 1343 die Rede ist.[2]) Immer lebten solche damals noch als wirkliche *mercenarii*, Lohngeistliche, die von Kirche zu Kirche ziehend sich den Kirchenleitern anboten, um für 6 oder auch für 4 kleine Denare Messen zu lesen. Der geringe und unsichere Lohn zwang sie dann oft, gegen die Vorschrift mehr als eine Messe am Tage anzubieten. Erst der erste Erzbischof steuerte diesem Zustande, wie es scheint, mit mehr Erfolg.

Ganz anders aber stand es um den Verzicht der Patrone auf die alte freie Ernennung ihrer Cultdiener aus der Zahl der Geweihten, wie sie die kirchlichen Gesetze seit Gregor VII. und dem Wormser Concordate verlangten. In dieser in die materiellen Interessen tief einschneidenden Frage zeigten die böhmischen Landherren die

---

[1]) Erben II. (1142) p. 105.
[2]) Prager Synodalstatuten, Emler IV. p. 542.

zäheste, ja erbittertste Hartnäckigkeit, und auch im 14. Jahrhundert muss gleich dem Funken unter der Asche dieser Widerspruch noch so lange im Stillen fortgeglüht haben, bis ihn die offene Revolution auf dem ganzen Gebiete zur Flamme anfachte. Die ersten Anhänger Husens waren nicht die böhmischen Bauern, sondern die mittleren und kleineren Landherren und Adeligen, jene «Patrone», die sich zuerst durch den frommen Eigennutz der Väter in ihrem Besitze geschmälert und nachmals durch die Reformen der Kirche aus dem Reste desselben herausgeworfen wussten. Dieses Bewusstsein in ihnen zu wecken und zu stacheln, war ein dankbares Predigen. Indem Soběslaw noch gegen Ende des 12. Jahrhunderts der deutschen Gemeinde bei Prag, die sich ihre Kirche selbst erbaut hatte, das Recht zusprach, sich selbst nach Belieben den Pfarrer einzusetzen, übertrug er auf dieselbe nur das im Lande noch allgemein geltende Recht der Stifter.[1]) Dass die Kirche selbst längst andere Satzungen aufgestellt hatte, blieb in Böhmen unbeachtet.

Auch ein strengeres Auftreten der Kirche nach dem Concil von Vienne, wie wir es durch Guido, den zweiten Legaten dieses Namens, um das Jahr 1267 vermittelt sehen, führte hier nicht zum Ziele. Seine Synodalencyclika[2]) verbot aufs strengste unter Androhung der Suspension jedem Geistlichen, eine Pfarrkirche von einem Laienpatron anzunehmen — geistliche Patrone genossen gewisse Vorrechte bezüglich der «incorporierten» Kirchen — wenn er nicht vorher vom Bischofe eingesetzt sei. Der Laie aber, der eine solche Einsetzung vornehme, solle des Patronates verlustig werden. Der Prager Canonicus Franciscus[3]), der auf dem Standpunkte des Kirchenrechts steht, versichert uns, dass noch der öfter genannte Bischof Johann IV. bei seinem Amtsantritte im Jahre 1301 so ziemlich Alles im alten Zustande fand, «ein großes und verdammenswertes Gebrechen, das seine Vorgänger nicht auszurotten vermocht hatten». Immer noch waren «die Leutpriester und Kirchenrectoren nicht Hirten, sondern gleichsam Lohndiener *(mercenarii)*, woraus eine große Gefahr für die Seelen entstand, denn jene feierten die Messen und spendeten die Sacramente im Auftrage ihrer Patrone, die doch zur Ertheilung dieser Mission kein Recht hatten. Wenn einer der Leutpriester seinem Patron nicht gehorchte, wurde er sofort von der Kirche gejagt und wieder ein anderer für die Zeit eines Jahres von Georgi zu Georgi aufgenommen».

[1]) Erben l. c. 1174, p. 164.
[2]) Emler II. p. 1174.
[3]) Francisci Chron. l. ad a 1301, Script. II. p. 63.

Der neue Bischof gieng nun daran, auch in seiner Diöcese den canonischen Vorschriften Geltung zu verschaffen, konnte es aber nicht, ohne einen harten Kampf mit dem Könige und dem Adel seines Landes aufzunehmen. Er stellte den Patronen vor, dass sie durch ihre Eigenmächtigkeit die Seelen ihrer Untergebenen in die ewige Verdammnis stürzen und begann diejenigen Priester zu suspendieren, welche als *mercenarii* angestellt waren. Die Erbitterung darüber unter den Landherren war aber so groß, dass einer der hohen Landesbeamten vor dem versammelten Adel dem Bischofe zurief: «Lieber wollen wir zum Heidenthum zurückkehren, als uns hierin Eurem Willen fügen!» Dennoch aber habe der Bischof durch zähe Ausdauer von Fall zu Fall seinen Willen durchgesetzt, indem er die ihm von den Patronen «präsentierten» Candidaten «bestätigte», so dass sie fortan ihr Amt auf bischöfliche Autorität hin verwalteten. Gewiss aber wachte noch das ganze Jahrhundert hindurch die Eifersucht der Patrone darüber, dass der Einfluss des Bischofs nicht über die Form des Compromisses hinausgieng, dem sie sich schwer genug fügten.

Auch nach einer andern Richtung hin wurde allmählich System in die Sache gebracht. Es wurde gezeigt, wie die Gründung von Kirchen nicht dem Pastorierungsbedürfnisse der Volksgruppen sich anschloss, sondern ganz anderen Antrieben folgte. Daher kam es, dass stellenweise, wie auf dem Gebiete der nachmaligen Prager Städte, die Pfarrkirchen dicht aneinander standen, während anderwärts weite Strecken überhaupt keine Kirche besaßen. So konnte denn auch von einer bestimmten Zutheilung an die Seelsorgestationen nicht die Rede sein, soweit nicht etwa die Kirchenpatrone auf ihre Unterthanen einen Zwang übten. Dann aber konnten immer noch viele außerhalb jeder Pastorirung verbleiben. Diese Wahrnehmung machte denn auch im Jahre 1143 der oftgenannte Legat, der erste, der die Verhältnisse in Böhmen durch Autopsie kennen lernte. Er befahl darum dem Bischofe, das ganze Land in Pfarrsprengel einzutheilen, so dass fortan jedermann seinen bestimmten Pfarrer und Seelsorger haben müsste. Dann mussten aber auch diesen so hervorgehobenen Kirchen ihren Pfarrkindern gegenüber bestimmte Rechte zugewiesen werden, als welche wir nachmals die des Taufens und Begrabens angeführt finden.[1] Es ist möglich, dass der Legat hoffte, durch diese Aussonderung und Auszeichnung bestimmter Kirchen deren Patrone etwas leichter für die oben angeführte Anforderung gewinnen zu können; denn immerhin wuchsen

---

[1] Erben R. I. (1222) p. 309.

auf diese Weise ihren Kirchen neue Erträge zu. Hierin aber scheint er sich getäuscht zu haben.

Mit der neuen, keineswegs leicht durchführbaren Pfarrenvertheilung sehen wir dann mehrere der nachfolgenden Bischöfe beschäftigt, unter denen sich wieder Johann IV. hervorthat, indem er da, wo vordem keine passend gelegene Kirche gewesen, eine neue theils selbst errichtete, theils solche — die wohl auf seinen Antrieb gebaut worden waren — als Pfarrkirchen einweihte[1]), um das unvollkommene Netz der Seelsorgestationen zu ergänzen.[2])

Mitten in diese Entwickelungen und in die meisten dieser Verhältnisse mit entscheidend eingreifend, fiel ein ziemlich langwieriger Process zwischen «Staat und Kirche» — König Ottokar I. und die Curie — den wir nicht aus seinem Zusammenhange reißen wollen, da er uns zugleich auch in die andern Theile der Entwicklung einführen soll, namentlich in solche, die von Einfluss auf die zu betrachtende Neugestaltung der Verhältnisse zwischen den Unterthanen und den geistlichen Herren waren.

Der erste Anlass jenes großen Streites scheint uns wieder auf jene Reform-Mission zurückzuweisen, die der genannte Legat im Jahre 1143 zu erfüllen hatte. Wenigstens stammt eine Urkunde Wladislavs II., welche das Verhältnis der Unterthanen des Olmützer Bischofs im Wege der Exemtion auf eine neue, den jüngeren Anforderungen der Kirche entsprechende Grundlage stellte, aus dem auf die Anwesenheit jenes Legaten folgenden Jahre. Da nun nachmals der Prager Bischof glaubwürdig behauptete, dass auch sein Bisthum eine gleiche Urkunde besessen habe, die aber verloren gegangen sei, so darf man wohl die Verleihung beider Privilegiums-Urkunden seitens des Fürsten auf Rechnung des Einflusses jenes Legaten setzen, der damit bereits ein hohes Ziel erreicht hatte.

Die Tendenz beider Privilegien, deren Urschriften nicht mehr erhalten sind, war auf die Loslösung der Unterthanen des betreffenden Bisthumsgutes von dem Einflusse und den Organen der Staatsverwaltung gerichtet, so dass das genannte Gut, wie wir es in seiner riesigen Ausdehnung kennen gelernt haben, gleichsam eine Provinz für sich bilden sollte, unbeschadet allenfalls eines losen Schutzverhältnisses zum Landesfürsten. Der Parallelismus eines darauf ge-

---

[1]) Franciscus l. c. I, 31.

[2]) Das älteste Verzeichnis der so vertheilten Seelsorgestationen aus der Zeit zwischen 1344 und 1350 findet sich gedruckt bei Balbin, Miscellanea hist. Boh. l. V, p. 9 ff; nach einer älteren Handschrift und sonst noch verbessert bei Palacký, dějiny 1. 2, příloha D, p. 371 ff.

richteten Strebens der Kirche mit den Bemühungen zur Loslösung der kleineren Seelgeräth-Stiftungen — der Pfarrkirchen — von der Herrschaft der Patrone, springt in die Augen — ebenso aber auch die Harmlosigkeit der Fürsten bei den ersten Gewährungen, wie bei der Assistenzleistung zur Einführung des Cölibates u. dgl. m. Man muss freilich bedenken, dass sie sich in den Händen von Geistlichen befanden, die entweder schon kirchlich genug gesinnt oder willige Werkzeuge ihrer Vorgesetzten waren.

Die Unterthanen des Bischofs waren demnach, wie aus der späteren Erneuerung der Urkunde zu entnehmen ist, von jener Zeit an von allen Landesfrohnen, die auf den Unterthanen der Landherren und den Freisassen lasteten, von dem Bau der Burgen, aller Art Schanzarbeit, von der Leistung des Geleites, der Lieferung der Nahrungsmittel, aber auch von den allgemeinen **Steuern** und anderen Zahlungen befreit, also eigentlich, insofern ritterlicher Kriegsdienst ohnehin nicht ihre Sache war, von allen wesentlichen Pflichten eines politischen Verbandes losgelöst. Aber auch von dem **Gerichtsverbande** löste das Privileg das ganze unterthane Gebiet des Bischofs, indem nur dem Fürsten selbst, beziehungsweise seinem Hofgerichte, eine Art Vogteigericht in den Verbrechensfällen des Diebstahls und Raubes, vorbehalten blieb, ohne dass ihm jedoch auch hievon die Strafgelder und der sonstige Nutzen des Gerichtes zuflossen. Von den Gaugerichten — ein Landesgericht gab es noch nicht — wurden die Unterthanen des Bischofs zugleich losgelöst und dem Bischofe selbst die Gerichtsbarkeit über dieselben zugesprochen, die alten Formen der Gemeinbürgschaft der Dörfer mit ihren schweren Bußen aber überhaupt aufgehoben.[1]

So war denn das Bischofsland in Böhmen und Mähren den wesentlichsten Merkmalen nach ein Staat für sich geworden. Auch vordem hatte wohl der Idee nach etwas Ähnliches bestanden, indem die Prager Bischöfe ihre Belehnung von Anfang an von den deutschen Kaisern einholten. Indes war damals auch das Fürstenthum Böhmens in einem gleichen Verbande gestanden und die deutschen Kaiser haben es nie versucht, ihr Recht in **solcher Weise** thatsächlich geltend zu machen. Jetzt hätte es nur noch der unbeschränkten Einsetzung des Bischofs durch Rom bedurft, um aus einem Stück böhmischen Landes eine weltliche Satrapie Roms zu machen.

---

[1] Letzteres war nothwendig, weil sonst in an verschiedene Herren vertheilten Dörfern die Gaubehörden immer noch in einer Weise hätten eingreifen können, die auch die exemten Bischofsunterthanen getroffen hätte. Der Inhalt derselben in der Bestätigung Ottokars I. Erben R. I. (1221) p. 300.

Seit jener Zeit begannen aber auch — und allmählich mit Erfolg — die übrigen großen geistlichen Herrschaften, zunächst die Stifte, dann auch die Klöster nach einer ebenso exemten Stellung im Staate zu streben, was natürlich von Rom aus nur unterstützt werden konnte.[1])

Zunächst kann man hieher eine Verleihung an das Stift Wyschehrad zählen, obgleich dieselbe auch wieder von wesentlich anderer Art ist. Die schweren Bußen der Gemeinbürgschaft werden hier nicht zu Gunsten der Unterthanen aufgehoben, sondern nur den bisherigen Beamten der Gaugerichte entzogen und dem Stifte geschenkt. Ebenso werden die Unterthanen nicht von der allgemeinen Berna befreit, sondern diese, soweit sie die Unterthanen des Stiftes betraf, letzterem geschenkt. Eine Exemtion von den Gaugerichten ist daraus nicht abzuleiten, wohl aber durfte der Satz, dass das Stift fern von den Plackereien aller andern Gewalten nur dem Fürsten selbst unterworfen sein soll, eine bedingte Aufhebung der Gaufrohnen bedeuten.[2]) Indes macht eine um vier Tage später ausgestellte Urkunde auch bezüglich der Gerichte eine andere Deutung nothwendig.[3]) Diese bezieht sich auf den demselben Stifte gehörigen «Bezirk der Swatawa», welchem der Fürst mit Entfernung jedes Einflusses der Gau- oder Burggrafen seine eigene Schutzherrschaft zusichert und zugleich Exemtion von den Gaugerichten gewährt. Nur der Probst mit dem Domdechant und Custos sollen im Capitel über die Unterthanen dieses Bezirkes richten und allen Ertrag an sich nehmen. Nur, wenn sie Verbrechen wie Mord und Todtschlag nicht richten wollten, dann soll des Fürsten Hofrichter das Gericht halten, der Ertrag aber doch dem Stifte zufallen. Im übrigen wird der Ertrag der Gemeinbürgschaft und der Berna wie oben dem Stifte geschenkt.

Dass die Fürsten nur mit Zögern und Widerstreben und wohl aus Rücksicht auf ihre nächste Umgebung — der Pobst von Wyschehrad war ja des Fürsten Kanzler — auf die Übertragung solcher Exemtionen vom Bisthumsgut auf andere Stifte eingiengen, bezeugt der lange Zwischenraum der Zeit und der Zug in der

---

[1]) Eine Anzahl von Klosterurkunden, welche eine solche Exemtion schon für eine frühere Zeit bezeugen, sind in dem Sinne als gefälscht zu betrachten, als sie, indem sie in einer späteren Zeit die ursprüngliche Stiftungsurkunde dem Inhalte nach zu erneuern bezwecken, die seither hinzugekommenen und in Geltung befindlichen Privilegien und Verleihungen jener hinzufügen, wodurch zwar für ihre Zeit sachlich kein Unrecht bezweckt, der historischen Treue aber entsagt wurde.

[2]) Erben R. I. (1187), 2. Mai, p. 179.

[3]) Ibid. 1187, 6. Mai.

Bestätigungsurkunde Ottokars I.[1]), wonach Friedrich jenen ersten Schritt erst gethan hätte, als ihn St. Peter selbst in nächtlicher Erscheinung sehr unsanft daran erinnerte! Es vergiengen dann wieder 17 Jahre, ehe für das rivalisierende Prager Domstift ein gleiches Privilegium erlangt werden konnte.[2]) Hier handelt es sich aber nicht um einen Wechsel des Gerichtsstandes, sondern nur um die Schenkung der fälligen Gemeinbußen an das Stift.

Zur selben Zeit befreite der Markgraf Wladislav die Johanniter in Mähren von den Verwaltungslasten und der Berna und stellte ihre Unterthanen außer die Gerichte des Landes, wobei jedoch nur die deutschen Colonisten ins Auge gefasst waren, deren Contract eine solche Befreiung erheischte.[3]) Nun aber scheint die Sache doch in Fluss gekommen zu sein. Im Jahre 1205 erhielt das Kloster Ostrov[4]) von Ottokar I. einen Befreiungsbrief, welcher sich auf beiderlei bezog: auf die Schenkung der Gemeinbußen an das Kloster und auf die Bestellung des Prager Hofgerichtes als Instanz für alle Besitzungen des Klosters, wo immer im Lande sie lägen. Im Jahre 1208 erklärte sich derselbe König[5]) als Schutzherr von Ossegg und erließ diesem den jeweiligen Theil der Berna und befreite die Unterthanen von allen Gaugerichten, indem der Abt in allen Fällen ohne Ausnahme Richter sein sollte — der erste Fall einer so weitgehenden Exemtion. Bei der Bestätigung der Stiftung von Tepl und Chotieschau[6]) beruft sich Ottokar I. ausdrücklich auf die ihm und seinen Nachfolgern vom Stifter übertragene erbliche Vogtei, derzufolge alle Rechtsfälle an sein Hofgericht gewiesen werden. Der «Nutzen» soll dem Kloster zufallen und die Unterthanen von Frohnleistungen und Abgaben befreit sein.

Auf dieser Bahn einzuhalten, gab ein Streit, der um 1215 zwischen Bischof und König ausbrach, den Anlass. — Von Wladislav III., welcher nur kurze Zeit regierte (1197), sagte man, dass er «die Geistlichkeit nicht liebe». Wenn die Nachrede eine Berechtigung hatte, so konnte sie sich wohl nur irgend wie auf das Ringen beider Gewalten beziehen. Und in der That, so kurz seine Regierung war, so fand er doch Gelegenheit in seinem Caplane Daniel — zum ersten Male auch mit Übergehung des kaiserlichen

---

[1]) Erben R. I. (1211) p. 243.
[2]) Erben R. I. p. 218.
[3]) Erben R. I. (1204) p. 221.
[4]) Erben R. I. (1205) p. 222.
[5]) Erben R. I. (1208) p. 232.
[6]) Erben R. I. (1213) p. 255 f.

Vorrechtes der Investierung — einen Bischof einzusetzen, der, solange er lebte (1214), in dem ganzen Streite trotz aller Anfechtungen auf der Seite des Fürsten stand. Nicht so glücklich war die Wahl seines Nachfolgers Andreas, des ersten Bischofs, der zu Recht die Investitur vom Könige selbst erhalten hatte, weil letzterem dieses Recht inzwischen vom Kaiser Friedrich II. verliehen worden war.

Daniel trat vielmehr ganz auf die Seite der römischen Bestrebungen. Während man seinem Vorgänger noch — unentschieden mit wie viel Recht — vorgeworfen hatte, dass er, selbst ein Priesterssohn — noch als Bischof in gesegneter Ehe lebte — wurde Andreas ein Eiferer für den Cölibat des Clerus — im Zusammenhange mit dem ganzen Complexe von Fragen. Als neuer Gegenstand des Strebens kam, von den früheren und den geringfügigeren abgesehen, hinzu die Erweiterung der kirchlichen Gerichtsbarkeit und die Erstreckung der Zehentpflicht.[1]) Dass dem Bischofe außer dem kirchlichen Censurrechte auch ein Strafrecht über die Geistlichen in Bezug auf Berufssachen zustand, daran hat niemand gerüttelt, obwohl diese geistliche Gerichtsbarkeit bis auf die Zeiten des ersten Erzbischofs in keinem hohen Ansehen stand.[2]) Jetzt handelte es sich aber um die Einführung und Durchführung des canonischen Grundsatzes, dass der Geistliche als solcher von jeder weltlichen Strafgerichtsbarkeit exemt sein solle. Aus dem ganzen Systeme der Curie wuchs derselbe mit ebenso viel Consequenz heraus, als er in Böhmen unverstanden blieb.

König Ottokar I. hatte in einem bestimmten Falle einen unter Räubern als Räuber ergriffenen Cleriker trotz seiner Tonsur als Räuber behandelt. So hatte man es auch vordem in Böhmen gehalten; dafür zeugt uns ein Fall aus dem Jahre 1130.[3])

Den zweiten Streitpunkt bezeichnet das Bestreben des neuen Bischofs nach Erweiterung seines Zehentbezuges. Gerade um jene Zeit hatte eine planmäßigere Colonisation von Markländereien begonnen, auf die der Bischof — wohl mit Recht — die Zehentpflicht erstreckt sehen wollte, während die betreffenden Grundherren und unter diesen allen voran die geistlichen, behaupteten, das dem Bisthum vom Landesfürsten gewährte Recht könne sich nur auf die altvorhandenen Dörfer beziehen. Einzelne geistliche Grundherren erwarben sich wenigstens für die Zukunft eine Befreiung durch

---

[1]) Erben R. I. (1217) p. 271.
[2]) Weitmühl Chr. IV, ad a 1364.
[3]) Cosmae Cont. Script. I, p. 301.

Pauschalverträge. Aber der Bischof wollte nun auch noch den sogenannten «kleinen» Zehent einbezogen wissen, der als Bischofszehent damals wenigstens nicht üblich gewesen war.

Durch die Nichtgewährung dieser und einiger anderer bedeutsamer Forderungen kam es zum offenen Streite. Der ergrimmte Bischof verließ das Land, wandte sich 1216 nach Rom und belegte von da aus Böhmen mit dem Inderdicte, worauf der König durch Sequestrierung der Güter des Bisthums antwortete. Da zeigte sich, dass weder die böhmische Geistlichkeit ganz auf Seiten des Bischofs, noch der Metropolit von Mainz, der das Interdikt auf Bitten des Königs aufhob, auf Seiten der Curie stand.

Der Papst dagegen verlangte in seinem Mahnschreiben[1]) außer der Einhaltung des neuverhängten Interdicts die volle Überlassung der Einsetzung der Geistlichen und des Gerichtes über dieselben an den Bischof und die Entrichtung des verweigerten Zehnten. Antwortend leugnete der König[2]), sich an einem Geistlichen vergriffen zu haben — irgend jemand, Laien oder Geistlichen, zum Tode zu verurtheilen, sei nicht seine, nicht seiner Vorfahren Gewohnheit gewesen. Das Interdict habe er gehalten, so lange es bestand. Den Zehent leiste er von seinem Domanium an die königlichen Kirchen und andere halte er zur Zehentleistung an. Die Frage der «Investitur» berührte er nicht. In einem zweiten Schreiben[3]) glaubte er zur Kürzung der Verhandlung im vorhinein dem Papste aussprechen zu sollen, «inwieweit er glaube, die Hartnäckigkeit seines Volkes beugen zu können, und inwieweit nicht». Zu ungewohntem Zehent werde er sein Volk nicht zu zwingen vermögen. In Bezug auf den andern Mahnruf gab er jetzt — besser berichtet — zu, dass ein Cleriker mit einer Bande Räuber zugleich gehängt worden sei. Derselbe habe fünf Kirchen erbrochen, Falschmünzerei getrieben und war dann unter die Räuber gegangen.

Der Papst ließ sich aber von der Hauptsache nicht ablenken. In die vorgeschlagenen Verhandlungen mit dem Bischofe zu Passau wolle er willigen, wenn erst der König demselben die Einsetzung der Geistlichen und das Gericht über dieselben zugestanden haben werde.[4])

Den zur Entgegennahme jener Erklärungen Abgesandten des Papstes reiste Ottokar bis Kladrau entgegen. Dem Versprechen,

[1]) Erben R. I. (1217) p. 271.
[2]) Ibid. (1217) p. 273.
[3]) Erben I. (1218) p. 278 f.
[4]) Erben R. I. (1218) p. 279 f.

dem Bischofe fortan die Ein- und Absetzung der Geistlichen zu überlassen, fügte er jedoch die eigentlich aufhebende Einschränkung «unbeschadet der Rechte der Patronate» hinzu. Der Zehent sollte überall, aber nur in der herkömmlichen Weise geleistet werden.[1] Indes nun daraufhin ein Friedensschluss erwartet wurde und der König seinen Gesandten bereits nach Rom geschickt hatte, klagte ihn der Bischof neuerdings wegen Nichteinhaltung der Präliminarien an. Nach wie vor setzten die Adeligen die Geistlichen in den Kirchen ein und ab, ließen den geistlichen Gerichten nicht ihren Gang und schützten alte schlechte Gewohnheiten vor, um sich der Zehentpflicht zu entziehen.[2] Neue Verhandlungen, neues Scheitern. Mit einer Bulle vom 11. Januar 1221 bestätigte endlich der Papst seinerseits einen Theil jener Kladrauer Präliminarien. An dem Beisatze «unbeschade der Patronatsrechte» stösst sich der Papst nicht — er hatte ja zunächst die canonischen und nicht die böhmischen Patronatrechte in Sinn. Damit wird die Einsetzung der Geistlichen dem Bischof übertragen; die Judicatur über die Geistlichen wird ihm unbedingt zugesprochen; die Frage über den Gerichtsstand der Unterthanen der Geistlichen aber und die des Zehents noch offen gelassen.[3] Der König solle aber die verlorenen Privilegien des Bischofs nach dessen Eidesaussage erneuern und selbst mit seinen Großen den Vertrag beschwören und Bürgschaften leisten. Dies geschah endlich im Sommer des Jahres 1221 auf einem jetzt unbestimmbaren Berge namens Šac (Scac oder Schatz?) in der Nähe der Grenze von Böhmen, Mähren und Österreich. Hier erneuerte Ottokar das oben inhaltlich angeführte Privilegium des Prager Bisthums, durch welches die Unterthanen desselben von der Verwaltungs- und Gerichtsgewalt der weltlichen Herrschaft in Böhmen befreit wurden.[1]

Dann wurden die weitern Verhandlungen durch den päpstlichen Legaten Cardinal Gregor de Crescentia in Prag fortgesetzt, doch wagte sich Bischof Andreas noch nicht in das Land zurück. Die große Erbitterung des Adels, die ihn zurückhielt, beweist uns, wie hoch und wichtig dieser zu schätzen wusste, was er in dem Processe verloren hatte. Die Verhandlungen zu Prag zeitigten als Resultat das neue große Privilegium der böhmischen Geistlichkeit vom 10. März 1222, das die bedeutendste Etappe auf dem Wege zur Bildung einer aus allen Seelgeräthen zusammengeschweißten, von den Regierungs-

---

[1] Erben R. I. (1219) p. 232 f.
[2] Ibid. (1219) p. 286.
[3] Ibid. I. (1221) p. 297 f.
[4] Erben R. I. 1221, p. 300.

factoren des Landes so gut wie unabhängigen Kirchengutes darstellt.

Die für uns wesentlichsten Bestimmungen sind folgende: Um die Last der Gemeinbürgschaft abzuwälzen, genügt auf den Gütern der Kirche — so darf man sie jetzt wohl nennen — die Reinigung des Beschuldigten durch das Zeugnis der Nachbarschaft, während der falsche Ankläger in Strafe genommen werden soll. Alle Unterthanen der Kirche werden den Gaugerichten entzogen und sind vom Kanzler des Hofgerichts und in Blutschuldssachen vom Hofrichter zu richten. Die den Clerikern und geistlichen Personen geschenkten Wälder sollen diese unbeschränkt zu ihrem Nutzen verwenden können — Beschränkungen bezogen sich bisher auf Jagdrecht und Rodung —; auch traten der König und die Landherren damit einen Theil ihrer vorbehaltenen Vogteirechte ab. Unterthanen, die der Knechtschaft auf den geistlichen Gütern entfliehen, sollen auf Laien- und Fürstengütern nicht aufgenommen werden. Die angeblich nicht alte (!) Pflicht der Klöster, dem Fürsten auf der Reise Proviantwägen zu stellen — ein Rest von Kriegspflichterfüllung — soll aufhören. Hofbeamte und weltliche Dienstleute sollen die Gastfreundschaft der Klöster nicht mehr beanspruchen dürfen. Die Unterthanen der Kirchen sind von Landesfrohnen befreit. Die Gemeinbuße für einen nachgewiesener Weise begangenen Mord wird dahin gemildert, dass der früher von jedem Unterthanen des Dorfes zu entrichtende Betrag fortan nur dem ganzen Dorfe auferlegt werden soll.

Die Stimmung, in welcher der siegreiche Legat das Volk von Böhmen zurückließ, muss wenig beruhigend geschienen haben: Bischof Andreas verließ nach kurzer Zeit das Vaterland wieder und erwartete sein Ende in einer Art Exil zu Rom (1224). Dem unterlegenen Könige Ottokar I. wird nachgesagt, dass er sich von der Gönnerschaft der Geistlichkeit, die bisher fast allen böhmischen Fürsten nachgerühmt wurde, abgewendet und fortan an deren Stelle die Gründung von Bürgergemeinden gefördert habe. Sein Sohn, Wenzel I., der unter diesen Kämpfen aufwuchs, soll das Geläute der Glocken nicht haben vertragen können. Der Groll des Adels vernichtete dem zweiten Wenzel den Plan, ein «Generalstudium» zu begründen. Derselbe Adel, der aus Jenseitsfurcht und Fürsorge für sich selbst auch fernerhin reichbeschenkter Stiftungen nicht entrathen konnte, ließ seinem Hasse die Zügel schießen, wenn es galt, ein Werk zu hintertreiben, das der Geistlichkeit zu neuem Ansehen verholfen hätte.[1]

---

[1] Chron. Aulae Reg. I, 52; Fontes r. b. IV, p. 62 f.

Parallel mit der erörterten Entwicklung lief eine andere, welche die Art der Bestellung des Bischofs betraf. Unser Cosmas ist kein Zeuge der Erhebung des ersten Bischofs gewesen; aber die Art, wie er sich diese vorstellt, kann mindestens für seine und die nächst vorangegangene Zeit als zutreffend betrachtet werden. Nach seiner Meinung aber hat damals der Herzog Boleslav III. die eigentliche Wahl vollzogen, dann den Clerus, die Primaten und das Volk um sich versammelt und durch Bitten und Mahnungen bewogen, seinen Mann zu «wählen». Diese Wahl bestand in der zustimmenden Acclamation Aller. Darauf wird der Gewählte zum deutschen Kaiser mit der Bitte entsendet, die Wahl bestätigen und die Weihe anordnen zu wollen. Kaiser Otto im Rathe seiner Fürsten und Prälaten empfängt den Bischof und befiehlt dem Mainzer Erzbischof die Weihe, die dieser vollzieht. Durch den nachmals als Investitur bezeichneten Bestätigungsact des Kaisers wurde der Bischof von Prag in die Zahl der geistlichen Reichsfürsten aufgenommen und dieses Verhältnis dauerte ungestört bis auf Kaiser Friedrich II., von welchem das Investiturrecht (26. September 1212) an König Ottokar I. abgetreten wurde. Das Errichtungsschreiben Johanns XIII. an Boleslav, das Cosmas[1]) mittheilt, erweckt zwar den Verdacht der Unechtheit, bildet aber doch ein unanfechtbares Zeugnis dafür, wie sich in Böhmen ein Domdechant des elften Jahrhunderts das legale Verhältnis darstellte; in diesem Briefe — von cr. 971 — aber gibt der Papst die Wahl des Bischofs einfach dem Fürsten anheim.

Der oben angeführte Vorgang kehrt durch Jahrhunderte hindurch als der regelrechte wieder; nur dass der Wahlantheil des Volkes und des niederen Clerus immer rudimentärer wird, und in einzelnen Fällen der ausschlaggebende Factor des fürstlichen Willens nackter hervortritt. Nach des ersten Bischofs Tode hatte Boleslav noch zwei Einheimische auf dieselbe Weise erhoben. Zuletzt, nachdem der zweite schon während der Weihe gestorben, soll er nach Cosmas[2]) Kaiser Otto III. gebeten haben, ihm einen Bischof zu schicken, da es daheim keinen geeigneten gäbe. Der Geschickte wurde willig aufgenommen.

In einem einzigen Falle schlägt die Empfehlung des Fürsten nicht durch.[3]) Als Wladislav im Felde dem Heere seinen Candidaten präsentiert, bleibt die erwartete Acclamation aus; es hat sich eine Verschwörung gegen denselben gebildet, und der Fürst gibt nach.

---

[1]) Cosmas Scrpt. I. p. 48.
[2]) Scrpt. p. 62.
[3]) Cosmas Scrpt. I. p. 142 f.

Bei der Wahl Hermanns, die Cosmas[1]) im Jahre 1098 mit erlebte, berief der Fürst die Großen und Kirchenvorstände nach Bunzlau, wo sein Mann zum Bischof erhoben wurde, unter Zustimmung des Clerus und mit Gunst des Volkes — favente populo. Im Jahre 1122 war bekanntlich zu Worms der große Kirchenstreit vorläufig dahin geschlichtet worden, dass fortan der Clerus allein die Bischöfe wählen, der Kaiser sie mit den Regalien belehnen solle. Wie wenig man sich aber wieder in Böhmen an diese Neuerung kehrte, zeigt gerade die nächstfolgende Erhebung des Bischofs Johann I., die mehr als eine der vorangegangenen eine wirkliche Wahl genannt werden kann.

Da zum Wenzelsfeste 1134 viel Volks nach Prag gekommen war,[2]) berief der Fürst alle Optimaten, die des Clerus wie des Laienstandes — vom «Volke» ist nicht mehr die Rede — zu einer Wahlversammlung. Hier aber scheint er nicht selbst eingegriffen zu haben, sondern erst nach der Nennung mancher Namen neigten sich alle auf einen. — Der nächstfolgende Bischof Silvester verdankte wieder seine Wahl so sehr dem Einflusse des Fürsten, dass er nach dessen unerwartet schnell eingetretenen Tode das Amt nicht festzuhalten vermochte.[3]) Auf Daniel, über dessen Erhebung wir nichts wissen, folgten die Bischöfe aus dem thüringischen Gönnerschaftskreise der Königin Judith, von deren letztem, Valentin, wir mindestens mit Bestimmtheit wissen, dass dessen Wahl nicht in der canonischen Weise vor sich gieng, sondern gegen den Willen des Capitels und, wenn wir Gerlach glauben dürfen, des ganzen Clerus von der Fürstinwitwe Elisabeth durchgesetzt wurde.[4]) Erst bei der Wahl des Prinzen Heinrich wäre, wenn wir wiederum Gerlach, dem Reformfreunde, glauben dürfen, zum ersten Male die Reihenfolge die canonische gewesen: Wahl durch den Clerus, Zustimmung des Fürsten, Beglückwünschung durch das ganze Volk.[5]) Dann folgte ein starker Rückfall. Wladislav II. ernannte ohne jeden Wahlact seinen Caplan Daniel zum Bischofe und da eben nach Heinrich VI. der Kaiserthron erledigt war, kam es thatsächlich zum ersten Male von dem alten Brauche ab, dass der Kaiser den Bischof von Prag zum

---

[1]) Cosmas (1048) p. 208.
[2]) Cosmae Cont. (1131) p. 314.
[3]) Contin. (1130) p. 329.
[4]) Gerlach, Chr. u. Font. r. b. II. p. 476 (1180).
[5]) Gerlach l. c. (1182) p. 478. Dass Gerlach nach Frind I, p. 213, diese Form «eine alte Sitte» nenne, habe ich bei Gerlach nicht finden können. Vielmehr konnte hier der Fürst den Vortritt gerade deshalb ausnahmsweise dem Clerus lassen, weil es sich um die Berufung eines Prinzen handelte.

Reichsfürsten erhob. Dass nun dieser Bischof den Homagialeid in
die Hände des Herzogs und nicht in die des Kaisers leistete, sah
der damalige Clerus für eine große Beeinträchtigung seines Ranges
an.[1]) Seit der Erhebung des Herzogthums zum erblichen Königthum
(1198) und dem Privilegium Friedrichs II. verblieb es jedoch bei
dieser Umgestaltung.

Von seinem Nachfolger Andreas, unter dem der akute Streit
auflorderte, war schon die Rede. Nach dem Siege, den die Curie
davongetragen, schien die Zeit gekommen, bei des Andreas Heim-
gang auch die Frage der Bischofserhebung im canonischen Sinne zu
ordnen. Es war nun zwar nicht schwer, sie dem Prager Domstift
als dem «Vertreter des Clerus» in die Hand zu geben; aber noch
bestand auch dieses Domcapitel zum Theil aus jenen Personen, welche
im Streite auf Seiten des Königs gestanden und beim Friedensschlusse
hatten begnadigt werden müssen. Wie nun die erkämpfte Freiheit
zu verstehen war, zeigte die Curie, indem sie darangieng, jenen Mangel
auszugleichen. Sie befahl also dem Domcapitel zur Wahl des neuen
Bischofs die — der Curie zweifellos ergebenen — Äbte von Nepomuk
und Ostrow und den Probst von Olmütz zuzuziehen und den Gewählten zunächst zu ihrer Bestätigung ihr anzuzeigen.[2]) Aber die
Wahl war schon vollzogen, ehe der päpstliche Auftrag nach Prag
gelangte. Der so gewählte Bischof Peregrin wurde deshalb zur
Abdankung verhalten und Budislav in der vorgeschriebenen Weise
gewählt. Als der bereits 1225 starb, gieng die Curie noch einen
Schritt weiter: sie befahl dem Capitel, vor der Wahl eine Abordnung
von 3 oder 4 Personen nach Rom zu entsenden, damit sie selbst mit
diesen ein Übereinkommen über die Wahl treffe; so war der Einfluss des Papstes bei Besetzung des Bisthums endlich an die Stelle
desjenigen getreten, den vordem der Fürst des Landes ausgeübt.[3])
Aber auch das bezeichnete noch nicht den höchsten Stand: der jugend-
liche Johann von Jenstein wurde 1379 vom Papste ohne jede andere
Mitwirkung einfach ernannt. Ein solches «Recht» stand dem
Papste angeblich deshalb zu, weil er den Vorgänger durch Erhebung
zum Cardinal abgerufen hatte.[4])

Der Vorgang solcher Ablösung einer Art böhmischen Kirchen-
staates vom politischen und dessen nähere Heranziehung an Rom
war nicht von bloß platonischer Art. Als seine greifbarste Folge

---

[1]) Gerlach, p. 512.
[2]) Erben I. (1224) p. 317 f.
[3]) Erben I. (1226) p. 324.
[4]) Vergl. Frind, Kircheng. III, S. 15.

erscheint sofort die wiederholte Schatzung desselben durch den Papst. Auch hierin war dieser, wenn schon nicht an die Stelle des Fürsten, so doch neben denselben getreten, und dem ohnehin grollenden Patron machte die neue Herrschaft von Zeit zu Zeit sich unangenehm bemerklich.

So erschien schon 1229 ein Legat Simon in Böhmen, um für den Papst einen Zehent von allen Einkünften der Geistlichkeit einzuheben. Die Neuerung muss aber sehr wenig Anklang gefunden haben; der Chronist meldet nur, der Legat habe neuerdings in allen Conventkirchen — den Gottesdienst eingestellt.[1]) Aber die Schatzungen wiederholen sich, so in den Jahren 1251, 1252, 1254. Im erstgenannten habe der Papst vom böhmischen Clerus 1000 Mark Silber und ein Gewicht von Gold in gleichem Werte erpresst und letzteren Theil an den Bischof von Breslau angewiesen.[2]) Das nachfolgende Jahr war es der Legat Hugo, der durch den Dominikanerbruder Gerhard 50 Mark vom Clerus erhob. 1254 weilte der Legat Bernhard vom Juni bis August im Stifte Strahow und schatzte während der Zeit den Clerus um 200 Mark Silber. Um auch den Laienstand nicht bar ausgehen zu lassen, richtete er in verschiedenen Kirchen «Stationen» mit Ablässen ein.[3]) Schon 1256 finden wir wieder einen Legaten in demselben Geschäft in Prag,[4]) der nebenbei das Interdikt auf diese Stadt legte, weil sie — aus unbekanntem Anlasse — einen Mönch gefangen gesetzt hatte.

Gegen Ende des Jahrhunderts nahm dieser Zehent immer mehr die Tendenz an, ständig zu werden, angeblich zur Unterstützung des heil. Landes. Es scheint aber eine sehr ungelegene Zeit gewesen zu sein, als Canonicus Albero von Venedig im Jahre 1282 zur Einhebung nach Böhmen kam. Aber der nicht eingehende Zehent wurde als Schuld des Clerus bis 1286 in Vorschreibung geführt und als er auch da nicht nachgezahlt wurde, verhängte der Einheber kirchliche Censuren über den Clerus, die Papst Honorius IV. nur gegen das Versprechen pünktlicher Zehententrichtung für die Zukunft behob.[5]) Als aber dann wieder Johann von Tusculum als Legat erschien, täuschte ihn die Erwartung doch wohl wieder, denn er gieng nun sogar mit der Interdiktsverhängung und der Suspension des Bischofs vor. Seither hat sich der böhmische Clerus immer mehr an die regelmäßige Wiederkehr der Forderung gewöhnen müssen.

[1]) Cosm. Cont. Scrpt. p. 370.
[2]) Ibid. p. 380.
[3]) Ibid. 385.
[4]) Ibid. 388.
[5]) Epist. Martini IV. et Honorii IV. in Palacký, Italienische Reise.

Nur die Bettelmönche blieben befreit, während die ursprüngliche Befreiung der Ritterorden später aufhörte. Da die Einhebungen schwierig vor sich giengen, verlangte der Papst von Karl IV. die Anlage und Übergabe eines Catasters über die jährlichen Einkünfte aller böhmischen Kirchen. Der fromme Kaiser lehnte dieses Ansinnen jedoch mit der Versicherung ab, dass die Zehenten für die päpstliche Kammer richtig entrichtet würden.[1])

War ehedem das »Sporengeld«, das die neuen Äbte dem Fürsten entrichteten, kaum mehr als ein Anerkennungszeichen, so wuste die Finanzkunst Roms aus demselben Anlasse mehr herauszuschlagen, indem Johann XXII. im Jahre 1316 die Ablieferung des Ertrages des ersten Jahres ausnahmslos von allen Kirchenbeneficien bei Neubesetzungen anordnete und bestimmte Organe für die Einhebung bestellte.[2]) Die «Provisionen» und die «Anwartschaften» gehörten nun zum Systeme. Wenn durch das viel reicher ausgestaltete Ablasssystem und dessen Anwendung manche Kirche einen Ersatz für das nach Rom abfließende Vermögen erhielt, so ließ sich das doch nicht vom Volksvermögen im allgemeinen behaupten.

Zu all diesen Schröpfungen kam später noch die neue Erfindung des nicht nur in Rom zu feiernden, sondern auch irgend wohin verlegbaren sog. Jubel- oder Gnadenjahrs. Ein solches war vordem nur als Säcularfest in Rom gefeiert worden, dann hatte Clemens VI. es ersprießlicher gefunden, dasselbe schon nach 50 Jahren wiederkehren zu lassen und Bonifacius IX. hielt die noch kleinere Zahl von 33 Jahren für passender, weil sie dem Lebensalter Jesu entsprach. Ein solches Jubiläum fiel auf das Jahr 1393, und derselbe Papst gestattete dessen Feier nun auch in Prag. Es kam dabei auf eine neue Schatzung hinaus, in die sich die Probstei Wyšehrad mit Rom theilte.[3])

Zu einer allgemeinen Befreiung des Kirchenguts von den Geldleistungen an den Staat, wie sie in dem großen Kampfe seitens der Kirche angestrebt und in einzelnen Privilegien theilweise ausgesprochen war, kam es thatsächlich niemals. Das nähere Bedürfnis siegte. Im Gegentheil, in der Zeit, in welcher nach König Johanns Vorgang die Bevölkerung an eine so häufige Wiederkehr der Berna gewöhnt worden war, dass sie fast wie eine regelmäßige Steuer anzusehen war, unterlagen auch die Kirchengüter dieser allgemeinen Auflage neuerdings. Ja sie mussten vielmehr, hierin den Städten gleichgestellt

---

[1]) Palacký, Formelbücher 363.
[2]) Emler III. (1316) p. 139 f.
[3]) Tomek, Praha III, 368.

und der königlichen Kammer zugezählt, dieser noch eine besondere Steuer nach des Königs Schatzung oder nach getroffenem Übereinkommen zahlen. Eine bestimmte Jahressumme statt dieser Schatzung war seit uns unbekannten Zeiten in Böhmen mit 29 Klöstern vereinbart worden, die sie dann wieder nach Art der allgemeinen Berna auf ihre Unterthanen umgelegt hatten. Da diese Art Pauschalierung in die 70er Jahre des 14. Jahrhunderts zu fallen scheint,[1]) so dürfte es wohl Karl IV. gewesen sein, der auch in dieses Verhältnis Ordnung brachte.

Man hat die Größe des so entstandenen Nebenstaates wiederholt auf ein Drittel des Ganzen geschätzt, und das dürfte kaum übertrieben sein; im Prager Gau wird man kaum noch ein Drittel allen Gutes in weltlichen Händen gefunden haben. Von der Westgrenze des Landes her konnte man in der Richtung nach Prag zu 70 Kilometer weit wandern, ehe man das Gut eines weltlichen Landherrn erreichte. Dass aber das alles zur Zeit der Schenkung werthlose Waldstrecken gewesen seien, hat sich uns als völlig falsch erwiesen. Welche Umwälzung ein solcher Besitz in der «todten Hand» bei der beschränkten Erbfolge unter den Verhältnissen des böhmischen Adels hervorbrachte, haben wir schon angedeutet. All dieser Besitz wäre dareinst als Heimfall in die böhmische Landeskammer geflossen, die ihn aber unmittelbar nicht zu halten vermocht hätte. Bei der ursprünglichen Art von Entlohnung von Hof-, Wirtschafts- und Kriegsdiensten würde der größte Theil dieses Gutes wieder als «Wýsluha» herausgeflossen, beziehungsweise herausgedrückt worden sein. In dem Maße aber, in welchem die höheren Ämter in einer immer beschränkteren Zahl von Familien sich erhielten, hätten diese zur Ansammlung fürstlichen Besitzes gelangen müssen und darüber, wie sich dann die Composition oder Decomposition des böhmischen Staats gestaltet hätte, ließe sich ein Feld von Vermuthungen eröffnen.

Der Landesfürst hatte als Anwärter allen Landgutes ein Recht, dessen Verwendung zu Stiftungen zu genehmigen oder zu untersagen. Er that in allen uns bekannten Fällen das erstere, gewiss weil er darin ein sonst nicht vorhandenes Mittel fand, all dieses Gut in seiner Kammer festzuhalten, denn nur die Verwaltung stand den bestellten Cultorganen zu: Grund und Boden blieben Kammergut.

---

[1]) Tomek, Pr. III, 140. Vgl. Pelzel Wenzel IV. 396.

Nun aber trat die Kirche als siegreiche Rivalin auf; all jene Güter wurden ein Kirchengut. Aber beide Gewalten blieben vor einem Compromiss stehen; sie einigten sich über die Demarkierung durch die «Rechte des Patronats», aber nicht über den Begriff desselben. So behandelte die römische Curie das böhmische Kirchengut zwar ungescheut als ihr Steuerobject, — aber nicht minder auch der Landesfürst. Nach seinem Anspruche blieb das Gut böhmisches Kammergut, und auch die frömmsten Fürsten zogen daraus sehr eingreifende Consequenzen; man denke an die Verpfändungen durch Siegmund.

Dieses Kammergut war auch in anderer Weise für den Fürsten die Grundlage zur Entfaltung eines vordem in Böhmen unbekannten Glanzes der äußeren Erscheinung des Fürstenthums. Die Personen, die zu dieser Hebung beitrugen, drängte ihm nicht mehr der Wille des Adels auf; der Fürst brachte sie nach eigenem Belieben in ihre Stellungen. Das aber hörte nun nach dem Siege der Curie auf, und jener Glanz verblieb dem Fürsten nur noch als ein ihm von Rom geliehener. Es lag nun an ihm, sich so zu Rom zu stellen, dass sich die neuen Verhältnisse nicht gegen ihn kehrten. Fürsten, die am meisten auf den Glanz der Erscheinung und Machtentfaltung hielten, sorgten nachmals immer am emsigsten dafür, die Freundschaft Roms zu erhalten.

Im Innern hatte die Ausscheidung eines so großen Territorialbesitzes aus der Gauverwaltung die Macht der Gaugrafen so herabgedrückt, dass die Gefahr, die von dieser Seite dem Fürstenthum so oft gedroht hatte, völlig verschwunden war. Das Wesentlichste, was nun der Gauverwaltung übrig blieb, war noch das Gaugericht; nun wurde auch diesem ein wesentlicher Theil entzogen und damit den Gaubeamten ein bedeutendes Einkommen. In demselben Maße aber gewann das landesfürstliche Hofgericht an Umfang und Bedeutung. Mit einem Worte: für die ganze Landesorganisation hatte sich eine neue Basis vorbereitet. Auf der alten stehen zu bleiben ist nicht mehr möglich, und wenn der schlichte Chronist[1]) einen Umschwung in der Person Wenzels I. wahrzunehmen glaubt, so hat er damit wenigstens die Zeit richtig angedeutet, in welcher ein solcher sich ankündigte.

Dass aber auch der Urgrund der ganzen Lage der Zeit allmählich zum Bewusstsein kam, zeigen die staatlichen Vorkehrungen gegen ein Übermaß des Seelgeräthsluxus, die nach und nach an die Stelle der Förderung desselben traten. Systematisch durchgebildet

---

[1]) Cosm. Cont. (1249) p. 372.

wurden jene Beschränkungen, wie wir noch sehen werden, zuerst in den im Lande neu eingeführten Städten, deren wirtschaftliche Grundlagen sie die Gefahr frühzeitig erkennen ließen. Dass selbst der kirchlich gesinnte Karl IV. daran dachte, ähnliche Beschränkungen für das ganze Land einzuführen, beweist der Umstand, dass er eine entsprechende Bestimmung in seinen Entwurf eines Landesgesetzes aufnahm. Dasselbe[1]) setzt Confiscationen darauf, wenn jemand seine Güter an die «todte Hand», also an eine Hand verschenkt, die dem Könige nicht dafür dienen kann.

Dass die Bestimmung Lebenskraft gewann, dafür spricht ihre Wiederkehr in etwas veränderter Form in der Gerichtsordnung.[2]) Es ist nur die Wiederholung des ältesten Rechtsbestandes, dass niemand ein Gut für die todte Hand annehmen oder irgendwie erwerben dürfe ohne des Königs besondere Erlaubnis. Es wird aber hinzugefügt, dass auch dann die Kirche das in Liegenschaften bestehende Gut wieder an einen Laien verkaufen müsse, der dafür dem Könige Dienste leistet, wozu ihr eine Frist von zwei Jahren eingeräumt wird. Ist das nicht geschehen, so hat zunächst der natürliche Erbe das Recht, das Gut an sich zu nehmen. Meldet sich kein solcher, so fällt es an den König.[3]) Auch unter Wenzel IV. hatte das Gesetz thatsächlich Bestand.[4])

Nicht ohne Einfluss blieben alle diese Neuentwicklungen auf den betroffenen, ansehnlich großen Bauernstand. Nur darf man sich nicht vorstellen, dass die den Klöstern geschenkten Bauern zu jenen etwa in das christliche Verhältnis von Pfarrkindern getreten wären. Diese Begriffe bleiben völlig auseinanderliegend. Der Probst oder Abt war den Bauern gegenüber nur der neue Herr und ihm war der Bauer nach wie vor nur das Mittel, um seinem, des Herrn Grunde einen Ertrag in verwendbarer Gestalt abzugewinnen. Zu dem Zwecke war ihm zumeist nur der Grund mit den Bauern geschenkt worden, und er trat diesen gegenüber in alle Rechte des früheren Herrn. Auch dass etwa der Einfluss der christlichen Lehre die Formen dieses Besitzes jäh geändert hätte, ist keineswegs der Fall. Das Seelgeräth übernahm ohne Scrupel jede Form der Knechtschaft — es schuf sie nicht, aber es behob sie auch nicht aus christlichen Grundsätzen, und das wird schon dadurch begreiflich, dass die Seelgeräthe ältester Zeit in den Händen von Laien blieben. Auch bei

---

[1]) Maj. Car. XXXII.
[2]) Ordo judicii 93.
[3]) Vergl. Fragmentum litterarum von 1385—1388 im Archiv český II, 347.
[4]) Pelzel Wenzel IV., Urkundb. II. Nr. CCXV.

den Klöstern lag die Verwaltung nicht selten in den Händen sog. Laienpröbste, die von der Lehre des Evangelismus wenig Kenntnis verriethen. Nur das darf man annehmen, dass die barbarischesten Arten von Bauernmisshandlung, wie sich deren wohl ein weltlicher Herr namentlich als unbeschränkter Richter seiner Leute schuldig machte, der Regel nach unterblieben sein mögen. Denn auch ehe noch das deutsche Schöffensystem im Wege der Colonisationsdörfer Eingang auf den geistlichen Herrschaften fand, wird doch ab und zu das Kapitel oder ein Theil desselben als an den Gerichtshandlungen der Pröbste, Dechante und Äbte theilnehmend bezeichnet, was denn doch wohl den Bauer vor den brutalsten Acten der Willkür schützen konnte.

Aber diesem Fortschritte zu einer vielleicht etwas christlicheren Behandlung Aller stand wieder die Thatsache gegenüber, dass auf dem Stiftsgute schon sehr bald die verschiedenen Stufen von Knechtschaft und Unterthänigkeit des Bauers in einander verliefen; angesichts des Zweckes, zu welchem dem Stifte der Bauer mit dem Grunde geschenkt worden war, kam es auf den Unterschied seiner Herkunft und Vergangenheit nicht mehr an. So scheinen die sog. *Originarii*, die auf den Stammgütern dereinst die Hauptmasse der Rustikalisten ausmachen mussten, auf den Stiftsgütern zuerst nicht nur dem Namen, sondern auch ihren Vorrechten nach im Verschwinden begriffen zu sein. Allerdings lassen uns die Urkunden über die Wesenheit dieser Gruppe ohne directe Aufklärung; wenn es aber auch im 14. Jahrhunderte noch Bauern gab, in deren Rustikalgrund nach Zeugnis einer Ossegger Urkunde[1] nach ihrem Absterben sich nicht nur die entferntesten Verwandten, sondern auch die ganze Dorfgemeinde theilten, so dürften wir diesen Anspruch der Dorfgenossen wohl als ein kennzeichnendes Recht jener Originariergemeinden auffassen dürfen, die dereinst aus der Hauscommunion hervorgegangen waren. Dem gegenüber traten auf den Stiftsgütern frühzeitig die sog. Gäste und Gastgründe in den Vordergrund, die mit jener älteren Einrichtung, die das Gepräge der slavischen Flurtheilung so wesentlich mit beeinflußt hat, nicht gut vereinbar schienen. Ganz bestimmt aber wird jene ältere Einrichtung durch die Einführung von Colonisten nach jüngerer Rechtsordnung zurückgedrängt und nachmals in großem Umfange durch die mit der Einführung des deutschen Rechtes verbundene Commassation völlig behoben. Bis zu dieser Einführung aber bleibt es allen Bauern gegenüber gleicher

Wenn festsoehend feststand, dass sie weder Lupe noch Interesse an ihren Nutzungsgründen beizugreiben können. Beschränkung der Herrschaft gehörte.

Andererseits führte die Ansammlung zahlloser Dörfer und Dorfteile zu schwer zerstreuter Lage dahin, eine große Zahl ehemaliger Regiewirtschaften des Klosterhofs in Restkapital aufzulösen. Zu Besetzung desselben wurden die Überschüsse aus der darum bei dem Hofgesinde und jeder Knechte verwendet, welche ansonsten jährlich von den landesfürstlichen Ämtern geliefert werden mussten und als dies nicht ausreichte oder im Abnahme kam, immer Colonisten. Dadurch wurden dem Sohn von der geborenen Regebühren abgesehen, die Lieferungen der anderen bauern die Hauptsache, was im Interesse einer gesicherten Wirtschaft zu ihrer Erzeugung führen musste. Es ist wahrscheinlich, dass die ganze Lebensrechnung, das wir nachmals auch auf Laienzinsern übertragen finden, von den Stiftungsgütern seinen Ausgang nahm. Der Lehensverwandte sich dann, wie auf dem Benediktiner selbst in eine immer gleich Abgabe von einem bestimmten Ackerteile und diese dann wenige in einem Geldzins. Blieb daher auch noch eine unbestimmte Rentpflicht bestehen, so wurde diese doch erheblich durch die Auflösung vieler kleiner Regiehöfe ermäßigt, und der Stiftungsbauer musste es als eine große Erleichterung empfinden, dass ihm später eine von Ruben erlassen wurde, die vorher im Amt auf den Gutsdiensten auferlegt worden war. Allerdings werden die Bauern auch wieder bei dem Baue von Klöstern und Kirchen Maueräu... Verwasche sowie bei der Anlage von Teichen ausnehmender Zweck der Beschäftigung gefunden haben.

II.

Der sociale Einfluss des deutschen Elementes im Lande.

Die städtische Colonisation

Die deutsche Gemeinde zu Prag — die erste Bürgerstadt.

Einer slavischen Colonisation im Lande sind wir vielfach begegnet; sie eröffnete neue Landstrecken der Cultur und schuf neue Besiedlungen, aber keine neue Organisationsform.

Was beiderlei deutsche Ansiedlungen, städtische wie ländliche von den bisher vorhandenen einheimischen dem Wesen nach unterscheidet, das ist in beiden Fällen die Organisation als Genossenschaft, und das sind weiterhin die aus diesem Principe erwachsenen Institutionen, ein Maß von Selbstverwaltung und Selbstgerichtsbarkeit.

Ordnung und Zucht und irgendwelche Organe zur Aufrechterhaltung derselben bestanden zweifellos auch in den slavischen Dörfern, wie wir sie vor der Zeit der deutschen Colonisation kennen lernten; aber diese Organe bestellte nicht eine genossenschaftlich verbundene Gesammtheit, seit der Auflösung der alten Hauscommunionen auch nicht mehr irgend eine blutsverwandtschaftlich verbundene Einheit, sondern das aus jener Auflösung hervorgegangene Princip der Herrschaft oder des Besitzes an Land und Leuten, wie er dieser zugefallen war. Was immer unter dieser Gewalt als ein ordnendes Organ stand, das übte seine Macht wieder als eine «väterliche», wie sie in der jüngeren unterthänigen Hauscommunion fortlebte. Deshalb konnte W. W. Tomek bezüglich aller im Umkreise der Burg wohnenden Slaven ganz richtig sagen, dass sie alle «keine Gemeindeverfassung» hatten.[1]) Aber auch weiter im Lande draußen suchen wir sie vergeblich. Die Composition dessen, was uns äußerlich als slavische «Gemeinde» erscheint, hatte zu einer solchen Organisation nicht geführt, weil sie im Grunde ihrer nicht bedurfte.

Das Vorhandensein einer solchen «Gemeindeverfassung» aber war es, was städtische und ländliche deutsche Colonien einerseits als geschaffene Ansiedlungen von den gleichsam gewachsenen

---

[1]) Tomek, Gesch. Prags I, p. 71.

slavischen anderseits unterschied. In beiden ersteren ersetzt jene Verfassung» innerhalb einer aus Blutsfremden bestehenden durch anderweitige gemeinsame Interessen zusammengeführten Genossenschaft das natürliche Band, welches in der slavischen Ansiedlung durch Blutsgemeinschaft geknüpft war.

Was aber im Wesentlichen und ursprünglich wieder eine solche deutsche «Gemeinde» zur Stadtgemeinde machte, das ist der Markt.

Dass es schon früher auch auf rein slavischem Boden einen Unterschied von Dörfern und Marktorten gegeben, haben wir im 1. Bande gezeigt. Die Gemeindeverfassung in Verbindung mit einer solchen Marktgerechtigkeit ist die Grundlage der Stadt in unserem, fortan geltenden Sinne des Wortes. Ob der Handel des betreffenden Marktes ein Auslandhandel oder der gewöhnliche Binnenhandel sei, ist zunächst ohne Belang; doch erscheint die Einführung der ganzen Institution zunächst durch den Auslandhandel nach Böhmen geleitet. Auch das ist nicht von Wesenheit, ob der Handel alle Genossen einer solchen Gemeinde und ob er sie ausschließlich beschäftige. Der landwirtschaftliche Betrieb tritt vielmehr häufig in verschiedenen Formen hinzu, und von der ältesten Stadtbildung in Böhmen abgesehen, bildet vielmehr fast eine jede Stadtcolonie zugleich eine Ackerbaugemeinde.

Doch unterscheidet sie sich auch als solche nicht unwesentlich von der Dorfcolonie. In der letzteren tritt jeder einzelne Colonist bezüglich seines Grundes in ein Vertragsverhältnis zu dem Grundherrn, wenn sich auch die Vermittlung häufig in den Händen eines Unternehmens concentriert; in der Stadt ist es diese selbst, die Gesammtheit der Bürgerschaft, die «Gemeinde» selbst, welche den Grund als Ganzes erwirbt und für den Zinsbetrag im ganzen sich verbürgt. In beiden Fällen aber erwirbt der Colonist den Grund, ob mittelbar oder unmittelbar, zu Erbeigen im entschiedensten Gegensatze zu dem Verhältnisse, in welchem ein slavischer Bauer zu seinem Nutzungsgrunde steht. Eine vielfache Theilung des Grundes ist in beiden Fällen grundsätzlich zulässig, aber nicht im gleichen Maße. Für die Stadtcolonie bildet die Einheit der Hube (oder Hufe, *mansus, lancus*) eben nur ein geometrisches Maß, und es ist dem Grundherrn, der den Zins von der Gesammtheit fordert, gleichgiltig, in wie viel materielle Theilchen der Grund zerfällt oder wie diese wieder gruppenweise cumuliert werden. Die Hube der Dorfcolonie ist aber auch eine wirtschaftliche Einheit und aus wirtschaftlichen sowohl wie aus Verwaltungsrücksichten hat die Zerlegbarkeit in den meisten Fällen in Hälften und Vierteln ihre Grenze. Die Erwerbungsart und der Besitztitel der Colonisten ist in beiden Fällen der Kauf, wenn auch unter ganz besonderen Formen, welche eben so der begrenzten Kaufkraft der Bewerber wie dem Wirtschaftsziele der Zeit entsprechen; aber ganz entsprechend dem Erbeigen ist die Kaufform für den Vertrag so wesentlich, dass das ganze Verhältnis als Kaufrecht, *právo zákupné*, bezeichnet wird.

Als das Eigenthümlichste an der Sache kann wohl die Form dieses Kaufes erscheinen. Sie wird aber sofort erklärlich, wenn wir uns aus dem Vorangegangenen erinnern, wie man damals[1]) durch den Kauf von Ewigkeitszinsen» Capitalien anzulegen pflegte. Unser Kaufschilling zerfiel demnach gewöhnlich in zwei Theile. Einen Theil nahm der Grundherr als Verkäufer vom Colonisten als Angabe in Barem in Empfang, für den andern aber, den er auf dem Gute stehen ließ, erkaufte er selbst einen Ewigkeitszins, der jedoch nicht immer ein «nackter» Geldzins sein musste, sondern auch in verschiedenen anderen Leistungen, wie sie der Vertrag festsetzte, abgetragen werden konnte.

Bei der Stadtgründung tritt der Grundherr als Verkäufer in kein Verhältnis zum Einzelnen; nur die «Gemeinde» hat mit diesem zu schaffen, indem sie den Gesammtbetrag des Zinses von den Einzelnen als «Schoß» zusammenschießen lässt. Bei den ersten Gründungen, als in beiden Fällen ein zukünftiger «Erbrichter» den Grund und die Sorge seines Verkaufes und seiner Besiedlung auf sich nahm, mag dieser Unterschied weniger hervorgetreten sein als nachmals, als sich in der Stadt neben dem Erbrichter noch andere Verwaltungsorgane herausbildeten und die Beweglichkeit des Grundbesitzes in der Stadt eine größere und leichtere wurde als im Dorfe.

Mit dem Umfange des Grundes und der Art der materiellen Auftheilung desselben hieng in vielen Fällen auch das Äußere der Ansiedlungsanlage zusammen. Im Waldgebiete mit entwickelten Thälern, wie es die sogenannte «fränkische» oder fränkisch-thüringische Colonisation in Beschlag nahm, innerhalb dessen jeder Antheil des Grundes eine Wirtschaftseinheit darstellen sollte, konnte jedes Gehöft auf seinen eigenen Grundtheil gestellt werden; das Kopfende am Verbindungswege bildete die *Area* oder Hofreite. In anderen Gegenden und durchwegs in den Marktcolonien, in welchen der Auftheil weder eine solche Einheit noch die wesentlichste Existenzgrundlage bildete, entfiel dieser Zusammenhang, und die Hofstätten bildeten zusammen ein geschlossenes Ausmaß. Deshalb stand die städtische Anlage der alten slavischen und der deutschen Stamm-

---

[1]) S. oben S. 92.

dorfanlage näher als der des Waldcolonistendorfes. Doch ist auch dessen charakteristische Anlage nicht j e d e r deutschen Colonisation in Böhmen eigen; die des bairischen Stamms beispielsweise kannte sie nicht. Die Ummauerung der Marktcolonie machte die Stadt zu der Gemeinde B u r g.

Bürger betrieben oft über das Gebiet der «Schoßgüter» hinaus L a n d w i r t s c h a f t in großem Maßstabe, und wir werden sie selbst bei großen Meliorationsunternehmungen antreffen. Aber die zu diesem Zwecke erworbenen freien Erbgüter sind von jenen zu unterscheiden; sie liegen n i c h t unter dem Schoß der Stadt. Aus solchen und aus Bürgern, die K a u f m a n n s c h a f t in weitem Sinne trieben, bestand sehr häufig der erste Stamm der Ansiedler, die auch die Schoßgründe erwarben und auftheilten. Dazu kamen aber auch noch H a n d w e r k e r von allerlei Art, die nicht immer, in manchen Städten nur ausnahmsweise einen Antheil an den Schoßgründen besaßen; wohl aber schoßten sie für die Hofstätte, auf der sie ihr Haus in der Stadt bauten und galten, unmittelbar nur den Genossenschaftsorganen unterstehend, für eben so freie Männer wie jene. Dadurch unterschieden sie sich von jenen, die dieselben oder ähnlichen Handwerke und Fertigkeiten auf den Hofwerkstätten oder den Casatengründen ihren Grundherren übten. Aus den beiden Gruppen hat sich bei uns ein so stark zugespitzter Gegensatz wie zwischen Patriciern und Handwerkern in den Reichsstädten nicht herausgebildet; doch waren die Elemente dafür vorhanden. In den meisten Städten gab es aber auch noch eine dritte Gruppe von Bewohnern: die Hintersassen — *subsides*. Sie hatten weder einen Antheil am Schoßgrund, noch eine Hofstätte, sondern man gönnte ihnen gewöhnlich gegen eine Art Kopfsteuer einen Platz außerhalb der Mauern, wo sie sich ihre Hütten bauten. Auch auf den Colonistendörfern gab es solche Hintersassen.

Für die ländlichen Colonien boten sich vorzugsweise die ausgedehnten Ländereien der ehemaligen Marken dar; die städtischen mussten ihrem Zwecke entsprechend inselartig über das ganze Land vertheilt werden. Wie ehedem den Marktdörfern wurden ihnen die Plätze vielfach durch den Zug der Straßen angewiesen; wo sich aber an der Stelle eines alten Marktes die Gelegenheit nicht bot, wurde auch eine Verlegung der Straße vorgenommen. Besonders aber wurden die Marktorte unter den alten Gauburgen bevorzugt. Gar häufig war indes gerade an diesen gesuchteren Plätzen aller Grund schon in einem Maße an die Stiftungen der Burg oder an andere ergeben, dass der Fürst sich erst durch Tausch und Kauf aufs neue Raum für seine Stadtanlage schaffen musste. Oft ließ er es auch darauf ankommen und entschädigte erst hinterher den drängenden Probst oder Abt.

Mit Bezug auf den Grundherrn unterscheiden wir Städte des Landesfürsten und der — weltlichen wie geistlichen — Landherren. Von den Städten des Königs erscheint ihren Privilegien und Einrichtungen nach eine allerdings die Mehrzahl umfassende Gruppe als «königliche Städte» im engeren Sinne des Wortes. Die Städte der Landherren werden, weil diese den mit Erbzins ausgethanen Gründen gegenüber das «dominium» festhalten, als unterthänige Städte bezeichnet.

Der Entstehung nach können wir zwei sehr ungleiche Gruppen der Städte unterscheiden, solche die aus den gegebenen Bedingungen von selbst herauswuchsen, und solche, die von den betreffenden Grundherren in vortheilhafter Verwertung ihres Grundes und der besonderen Erwerbsgelegenheit planmäßig angelegt und geschaffen wurden. Für die erstere Form zeigen uns indes die Quellen nur ein einziges Beispiel in dem ältern Theile der nachmaligen alten Stadt Prags — mit Ausschluss des St. Galliviertels.

Unterhalb der Prager Burg war der nicht allzu breite Uferstreifen zwischen dieser und dem Petřin — Laurenziberge — einerseits und dem Moldauufer andrerseits wahrscheinlich seit der Anlage der Burg besiedelt. Der Grund gehörte hier und auf dem geräumigeren jenseitigen Ufer — als alte Gaumark — dem Landesfürsten und blieb in dessen Besitze, insofern nicht Theile desselben als Lohngut an Einzelne oder als Seelgeräth an Stiftungen verschenkt worden waren. Nur mit eben diesen Ausnahmen waren die Bewohner und Bebauer dieses Grundes unfreie Unterthanen des Fürsten. Mit Ausnahme der an das Stift Břevnow und andere Stifte verschenkten Unterthanen gehörten alle, die hier am Fuße des Burghügels, in den Fluren «am Sande», Oujezd, Trávník[1]) Nebowyd u. a. wohnten, mit ihren Verpflichtungen zur fürstlichen Hofwirtschaft auf der Burg, mögen sie nun für den Nutzgenuss ihrer Äcker reihenweise auf jener ihren Dienst geleistet oder in ihren Häusern und auf ihren Äckern für die Vorrathskammer derselben gearbeitet haben.

Das ganze Gebiet dieser Schlossunterthanen mit Einschluss der gleichartigen aber zerstreuteren Ansiedlungen auf dem rechten Moldauufer ohne bestimmte Begrenzung bezeichnen die lateinischen Quellen als *Suburbium*, wofür wir in unserem «Burgflecken» insofern eine wenig zutreffende Übersetzung haben, als wir bei dieser Bezeichnung an ein Gemeindewesen zu denken pflegen. Dem

---
[1]) Erben R. I. (1088) p. 79.

čechischen *podhradí* hängt dieser Nebenbegriff weniger an. Jene Bewohner des Suburbiums aber bildeten weder gruppenweise, noch im Ganzen ein organisiertes Gemeinwesen, sondern standen unmittelbar unter den Befehlen des betreffenden Schlossbeamten und seiner Diener.

Vom linken Moldauufer führten — vor Anlage der Wehren — zwei Furthen zum rechten hinüber, die eine bei Bubna, die andere bei St. Johann an der Furth in der Gegend der gegenwärtigen steinernen Brücke. Von der ersteren aus dürfte in ältester Zeit das alte, hintere Thor der Burg vielleicht besser als in späteren Zeiten erreichbar gewesen sein, indem sich der Fluss — am Bug unterhalb des Belvederes — erst allmählich immer enger an den Felsenabhang herandrängte, während er gleichzeitig am entgegengesetzten flachen Ufer eine immer weiter fortschreitende Anlandung bilden musste, die ihren Ursprung noch in späteren Jahrhunderten durch den Rückstand von Sümpfen und Teichen verrieth.

Auch dieses Ufer war mit burgpflichtigen Unterthanen gruppenweise besiedelt und auch hier trugen einzelne Ansiedlungen die Namen der Flur, wie das Uferland *Poříčí* in der Nähe der unteren Furth, Rybník u. a. Dazwischen aber tauchen dann in christlicher Zeit vereinzelte Kirchen auf, um die sich die Nächstwohnenden zu Kirchspielen gruppieren. In den Fällen, in welchen Grund und Boden als fürstliches Geschenk an den Erbauer der Kirche gelangt waren, fallen jene dann mit Gutsgebieten und Ortschaften zusammen. So erbaute ein Abt von Ostrov die Kirche des heil. Andreas in der jetzigen Bethlehemsgasse; die Kirche des heil. Martin — beim Platteis — gehörte sammt dem Gutsbezirke dem Stift Wyšehrad[1]) und der Abt von Kladrau legte auf dem ihm geschenkten Grunde bei St. Michael das Dorf Opatowitz an,[2]) das er mit Zuzüglern besiedelte. In ähnlicher Weise dürften die meisten der übrigen Kirchspiele entstanden sein, die sich so allmählich als gutsherrliche Dorfschaften zwischen die Ansiedlungen der Schlossleute mischten. Als unter der Regierung Wratislavs II. Wyšehrad zur zweiten Residenz erhoben wurde, wahrscheinlich mit den genannten Suburbien durch die „*via publica*" verbunden und die «Gasse» unterhalb jenes,[3]) sowie Podskal, Zátoň[4]) und Podol fortan hinzutraten, erstreckte sich das Prager *Suburbium* auf dem rechten Moldauufer

---

[1]) Erben R. I. p. 162, 180.
[2]) Erben l. c. (1115) p. 89.
[3]) Erben 1091, p. 185.
[4]) Erben p. 79.

überhaupt in vereinzelten Ansiedlungen vom Wyšehrad bis zum Pořič. Wie dann dieses Gebiet landesfürstlicher Unterthanen vielfach durchsetzt war von Meierhöfen und Dorfschaften anderer Grundherren, so gesellten sich hier auch noch fremdartige Elemente hinzu.

Bezüglich des Suburbiums am linken Ufer ist die erst im Jahre 1159 erbaute Kirche der Johanniter oder Maltheser die erste, von der uns die Urkunden berichten. Der verhältnismäßig große Reichthum von Kirchen, die uns in frühester Zeit auf dem rechten Ufer entgegenragen, gibt uns den sicheren Fingerzeig, dass sich gerade hier von früh her der belebtere Verkehr entwickelte, und das Einmünden der wichtigsten Durchzugsstraßen daselbst lässt uns auf dasselbe schließen.

Auch der Markt, den wir irgendwo in der Nähe der Burg erwarten müssen, lag, soweit uns die Quellen zurückzugeleiten vermögen, auf dieser rechten Seite des Flusses. Tomek[1]) hat es sehr wahrscheinlich gemacht, dass wir denselben schon seit Urzeiten an der Stelle des heutigen Altstädter Ringes zu suchen haben. Wenn die Hauptwege des Auslandes — der aus Meißen, der bei Auholitz die Moldau übersetzt, der von Bunzlau und die große Polenstraße von Libitz-Sadska her, der Leitomischler von Böhm.-Brod, der von Řičan und die *via publica* von Wyšehrad — in der Nähe der Prager Burg die Richtung auf deren älteren Zugang — die «alte Schlossstiege» — nahmen, dann mussten sie alle ungefähr da zusammentreffen, wo sich uns jener «alte Markt» — den heutigen großen und kleinen Ring umfassend — darstellt. Dieser Markt behielt — gewiss nicht zuletzt dieser seiner natürlichen Lage wegen — von Anfang an durch alle Zeiten hindurch seine hervorragende Bedeutung. Als im 11. Jahrhunderte auch der Wyšehrad zu einer zweiten Residenz erhoben wurde, that sich auch in dessen Nähe ein zweiter Markt auf, irgendwo halbwegs zwischen beiden Burgen an jener öfter genannten *via publica*.[2]) Während uns aber hier nur Wochenmärkte durch Cosmas bezeugt sind und eine Einrichtung für den täglichen Verkehr mit Auslandwaren, wie wir sie in nächster Nähe des «alten» Marktes treffen, hier nicht bestand, so bezieht doch derselbe Cosmas beide Marktplätze in seine Behauptung ein, dass sie von überreichen Juden und ebensolchen Geschäftsleuten «aus allen Nationen» und Münzhändlern — *monetarii* — besucht würden.[3]) Dennoch aber findet sich keine Spur dafür, dass die Wohnsitze angesiedelter

---

[1]) Tomek, Prag, S. 27.
[2]) Cosmas (1105) p. 220.
[3]) Cosmas, p. 185.

Juden irgendwo anders gelegen wären, als etwas nördlich vom alten Markte, zwischen diesem und jener Stelle des Flusses, an der derselbe wahrscheinlich in der Richtung auf das östliche Burgthor mit Prahmen übersetzt wurde, da also, wo sich bis auf unsere Zeit die Judenstadt und inmitten derselben eine schon für 1124 bezeugte Synagoge befand.[1]) Jene Überfuhr hatte sich bis auf unsere Zeit da erhalten, wo jetzt der Kettensteg die Moldau überspannt. So saßen also die geschäftigen Juden unmittelbar vor dem Zugange zur Burg und doch auch in der Nähe des allgemeinen Marktes. Es muss also angenommen werden, dass jene Juden von diesem ihrem Wohnplatze aus die beiden Marktplätze mit ihren Waren besuchten, die letzteren allerdings nur während der kurzen Zeit, binnen welcher sich die Blüte Wyšehrads erhielt.

In gleicher Weise finden wir nun auch seit dem 11. Jahrhunderte die Anwesenheit von angesiedelten Deutschen hier bezeugt, und gewiss in einer Beziehung zur Nähe eines der beiden Märkte; es scheint uns aber alle Wahrscheinlichkeit dafür zu sprechen, dass die jüdische Ansiedlung als solche die ältere war. Nicht bloß, dass zweifellos jüdische Geschäftsleute vorübergehend schon in viel früheren Jahrhunderten in diese Länder gelangten, ehe man überhaupt von deutschen Kaufleuten sprechen konnte; in dieser Hinsicht können selbst die in Urkunden genannten Romanen und Griechen ältere Gäste in unserem Lande sein als die Deutschen, die nachmals allerdings der Lage nach alle übrigen Zureisenden an Zahl übertrafen. Wir werden aber in dem «Frohnhofe» nächst dem alten Markte eine Anstalt kennen lernen, die nach ihrer Einrichtung zureisenden christlichen Kaufleuten, wie es scheint, für eine lange Zeit vollkommen genügen konnte, während jüdische bei der Ausschließlichkeit ihrer Lebensformen viel früher darauf angewiesen sein mussten, bei bleibend angesiedelten Glaubensgenossen Unterstand zu suchen.

So konnte wohl der Stock einer jüdischen Ansiedlung schon bestehen, als den deutschen Kaufleuten noch die nach der Sitte der Zeit eingerichtete allgemeine Herberge genügte.

Nichts destoweniger weist schon die Lage eines Theils der ältesten Ansiedlung deutscher Geschäftsleute auf ein höheres Alter zurück, als die Urkunden andeuten. Dieser lag an einem zweiten Zugange zu derselben Stelle der Burg, vor der Furth nächst dem heutigen Poříč, die in ältester Zeit mehr benützt sein musste als die

---

[1]) Cosmas, p. 272. Cosm. cont. p. 339. Vergl. Tomek, Prag 24.

obere. Die Anlage beherrschte außer jener unteren Furth zugleich die Einmündung der Meißner Straße, sowie des Zittauer Weges, seit dieser die Richtung über Altbunzlau genommen haben mochte. Aus dieser ihrer Lage aber auch auf die Herkunft jener Deutschen schließen zu wollen, dürfte verfehlt sein. Eher kann aus dem Umstande, dass in dieser Ansiedlung im 11. und 12. Jahrhunderte die Regensburger Münze[1]) im Umlauf war, auf ein Vorherrschen süddeutschen Elementes geschlossen werden, das auf die uralten Verbindungen hinweist, die seit den Zeiten der Markomannen und wie ein Erbe derselben zwischen Bayern und Böhmen bestanden. Diese süddeutschen Elemente mochten einen Geschäftsvortheil darin finden, dem norddeutschen und polnischen Handel wenigstens bis vor die Prager Burg entgegenzugehen und auch danach den Sitz ihrer festeren Ansiedlung zu wählen, die unseres Dafürhaltens ihren ersten Anfängen nach älter sein dürfte, als die ersten urkundlichen Zeugnisse andeuten. Außer in dieser Einen Ansiedlung, die noch in späteren Zeiten als solche hervortritt, müssen aber auch noch an anderen Stellen und am wahrscheinlichsten in der Nähe des alten Marktes Deutsche ständig gewohnt haben.

Der Freibrief Soběslavs, die älteste, ehrwürdige Urkunde dieser Gemeinde[2]), bestätigt seinem Sinne nach die Thatsache, dass diese Deutschen schon vor der Zeit König Wratislavs (1061 bis 1092) hier anwesend waren. Was sie aber erst diesem Fürsten danken und was sonach in die 2. Hälfte des 11. Jahrhunderts fällt, das ist die Constituierung ihrer Ansiedlung zu einer organisierten Gemeinde nach deutscher Art, deutschem Gesetz und Rechtsbrauch — legem et justitiam Theutenicorum, quam habuerunt a tempore avi mei regis Wraczlay — und was damit eingeschlossen ist, die Befreiung von allen Ansprüchen, die nach heimisch slavischem Rechte aus der Thatsache hervorgehen konnten, dass sie auf Fürstenboden ihre Wohnsitze aufgeschlagen hatten. Der Notorietät dieser Thatsache und der Analogie der Judengemeinde gegenüber bedurfte es der Hervorhebung: — «wisset, dass die Deutschen freie Leute sind» — noveritis, quod Theutonici liberi homines sunt.

Ebenso wesentlich ist es, dass ihre Ansiedlung, die nicht, wie man gedeutet hat, eine einzelne «Gasse» (vicus) irgend einer sagenhaften Prager Stadt» gebildet hat, sondern schon ehe es eine solche gab, aus mehreren Gassen[3]) bestand, ausdrücklich eine civitas,

---

[1]) Čelakovský, Jura municip. I. Privilegia Prag. p. 2; Erben I. p. 161.
[2]) Čelakovský a. a. O.
[3]) si per vicos Theutonicorum aliquis iret. Ibid.

eine Bürgerschaft oder Stadtgemeinde genannt wird. Sie erscheint durch die Bezeichnung nach dem Sprachgebrauche der Zeit einerseits den heimischen Burgplätzen gleichgestellt, unbeschadet des hervorgehobenen Unterschiedes, dass sie sich als «Gemeinde» in einem fremden Sinne aus f r e i e n Männern zusammensetzt.

Diese für Böhmen völlig neuartige Organisation findet ihren prägnantesten Ausdruck darin, dass diese Gemeinde unter einem R i c h t e r steht, den sie sich selbst w ä h l t — ein Princip, das in die slavische Familienverfassung seit der Zeit, in welcher die Hausvorstandschaften erblich geworden waren, kaum mehr Eingang finden konnte. Nur eine fremde, von jener Entwicklung unberührte Gesellschaft, konnte zu derselben zurückkehren. Eine bevorzugte Stellung gewann diese Colonie noch dadurch, dass sich ihr der Fürst zur Gewährung des Friedensschutzes verpflichtet — in graciam meam et defensionem suscipio Theutonicos — während sie ein nachfolgender Fürst, Wenzel I., von dem Friedenstribute, den heimische Freie zu leisten haben, befreite.[1]) Andere «Befreiungen» dagegen, wie die von der Belastung mit der Beherbergung und Verpflegung fürstlicher Dienstleute und Reisender und der Theilnahme an Heereszügen außer Land finden darin ihre Ablösung, dass sich die Colonie zum bewaffneten Schutze der Burg bei Abwesenheit des Fürsten verpflichtet.

Noch andere «Freiheiten» ergeben sich aus der neuartigen Stellung des Freien zu seinem Besitze. Das Obereigenthum, das der böhmische Fürst gegenüber allem Grundbesitze im Lande beanspruchte, gestattete ihm, jeden Besitz an seine Kammer einzuziehen, wenn sich das Familienhaupt vergangen. Dem Deutschen gegenüber gilt dieses Recht n i c h t; für seine Vergehen sollen Frau und Kinder nicht mitleiden, weder an Ehren, noch an Gut.

Als oberster Friedensvogt bleibt der Fürst selbst Richter in den Fällen groben Friedensbruches, bei Mord und Diebstahl; in allen anderen Fällen richtet der gewählte Richter. Die Idee der Gemeinbürgschaft tritt nur noch in einer neuen, für die Gemeindemitglieder lediglich günstigen Form auf. Nicht nur derjenige, der ein Haus sein eigen nennt, soll vor dem Verfahren gegen Ungenossen — Gefangensetzung und Haft — gesichert sein, sondern auch derjenige, für den seine Genossen Bürgschaft leisten. Dagegen wird in einem bestimmten Falle die slavische Gemeinbürgschaft positiv aufgehoben, wenn nämlich in einem deutschen Weiler jemand

---

[1]) Čelakovský l. c. p. 4.

nächtlicher Weile getödtet worden war, der ihn ohne Licht betreten hatte — womit zugleich ein Schutz gegen Einschleicher geboten wurde.

Im Beweis- beziehungsweise Reinigungsverfahren soll auch hier im fremden Lande deutscher Brauch gelten und nicht vor fremden Heiligthümern soll der Deutsche schwören müssen, sondern nur vor den seinen, nach seinem Brauch, wenn nicht der Fürst selbst anderes befiehlt.[1]) Im Processe zwischen Deutschen und Čechen soll ein vollgiltiges Zeugnis durch je einen Zeugen der eignen, und je zwei der andern Nation erbracht werden. Das gleiche Princip gilt gegenüber Juden und Romanen.

Dass die Deutschen den Grund ihrer Häuser zu freiem Erbeigen erwarben, setzen die Bestimmungen Wratislavs und Soběslavs als selbstverständlich voraus, denn sie sprechen ausdrücklich von den eigenen Häusern derselben; nichtsdestoweniger mag gerade dieses Besitzverhältnis nachmals nicht selten von den fürstlichen Beamten angefochten worden sein, weshalb König Wenzel I. um 1231 ihnen ausdrücklich das Recht bestätigte, Güter durch Kauf oder Erbpacht oder fürstliche Schenkung als Eigen zu erwerben und nach dreimal Jahr und Tag unanfechtbar zu besitzen.[2]) Dieses auch vor der Bestätigung geltende Recht zu üben, hatten die Deutschen zunächst wohl kaum wo anders mehr Anlass, als in der Nähe und Umgebung des alten Marktes, wenn auch jene Bestätigung schon mehr auf die Erwerbung von Landgütern als Wirtschaftsobjecten hinzuweisen scheint.

Dass es gerade die deutsche Gemeinde war, welche fortan den Kernpunkt für die Organisation der Fremden überhaupt bilden sollte, zeugt gewiss deutlich dafür, dass die Deutschen unter den anwesenden Fremden — Wälschen und Griechen — die am zahlreichsten vertretene Nation darstellten. Deshalb sollte gerade ihnen das Recht zustehen, jeden Ankömmling, aus welchem Lande er immer käme, in ihren Verband aufzunehmen, wenn er es für die Dauer begehrte. Dass damit das nachmals geltende deutsche Gewohnheitsrecht, demgemäß die Aufnahme in eine Bürgergemeinde den früheren Knecht an sich zum Freien machte, im vorhinein bestätigt sein sollte, lässt sich aus dem Wortlaute nicht herauslesen; dieser spricht vielmehr unzweideutig von Zuzüglern aus fremden Ländern.

---

[1]) Nusquam jurare debent Theutonici nisi ante ecclesiam S. Petri, nisi principis sit mandatum.

[2]) Čelakovský p. 4.

Die Übergabe des Grundes an diese Art Colonisten zu wirklichem Eigen hatte zur Folge, dass auch ein Kirchenpatronat ihnen unmittelbar zufallen musste, falls sie selbst auf eigenem Grunde eine Kirche bauen und bestiften würden. In der That scheint das schon zur Zeit Wratislavs der Fall gewesen zu sein und die Bestimmung, dass ihnen selbst die freie Wahl des Leutpriesters zustehen und der Bischof verhalten sein solle, ihrem Wunsche sich nicht zu widersetzen, dem älteren Privileg zu entstammen. Die älteste dieser Kirchen und lange Zeit wohl die einzige ist die zu St. Peter in der genannten Ansiedlung am Poříč und an diese Kirche und ihre Umgebung knüpfte sich lange Zeit noch in besonderer Weise die Bezeichnung *vicus Teutonicorum*, die «deutsche Gasse» oder vielleicht richtiger in norddeutscher Fassung die «deutsche Wiek».[1]

Der Bau der ersten Kirche der Deutschen in der Ufergegend des Flusses — Poříč — zeugt allerdings dafür, dass ein Stämmchen der Deutschen seit älteren Zeiten gerade dort sich niedergelassen habe. Dass aber das eben erwähnte Privilegium jener Ansiedlung am Poříč und dieser allein gegolten hätte, ist ein auf dem Verkennen der Zeitverhältnisse beruhender Irrthum, der allerdings allgemeine Verbreitung gefunden hat.[2]

Im ganzen Privilegium selbst ist mit keinem Worte gesagt, dass es den bei St. Peter wohnenden Deutschen und lediglich diesen als denen, welche die deutsche Gemeinde bildeten, ertheilt sei.[3] Es nennt vielmehr ausdrücklich die Deutschen im Prager Suburbium überhaupt — *Theutonicos, qui manent in suburbio Pragensi;* darunter den Poříč zu verstehen, ist durchaus nicht der Sprachgebrauch der Zeit. Die Urkunde besagt nur, dass diese Deutschen des Prager Suburbiums damals ihre eigene Kirche auf dem Poříč hatten; aber auch das wäre nicht einmal nothwendig so zu verstehen, dass das ihre einzige Kirche gewesen sei, denn der Anlass ihrer Nennung gibt vielmehr nur ihre Darstellung als

---

[1] Erben R. I. (c. 1178) p. 161; (1215) p. 259; (1233) p. 375, 601, 609.

[2] Auf dieser Verwechslung baut unter anderen Čelakovský in seiner geschichtlichen Einleitung zu den Privilegien Prags die ganze Darstellung auf, derzufolge die «deutsche Gasse» als ein fremder Bestandtheil einer «Prager Stadtgemeinde» unbekannter und, wie mir scheint, unerklärlicher Herkunft erscheint. Es gliche dann einem Missverständnisse, durch welches das Privilegium jenes Theiles unter die Privilegien der ganzen Gemeinde gerathen wäre, welche letztere doch auf dessen wiederholte Bestätigung so sehr bedacht erscheint. Aus dem Texte sind die Gründe wohl ersichtlich, aus denen ich mich dieser Auffassung nicht anschließen kann.

[3] Die Worte „*v podhradí Pražském u sv. Petra na Poříčí*" stehen auch bei Čelakovský nur in der modernen Überschrift.

Schwurkirche der Deutschen, und das könnte sie immerhin auch neben anderen geblieben sein. So gab es auch auf der Prager Burg mehrere Kirchen; aber nur Eine bestimmte Kapelle war für die Böhmen die Schwurkapelle. Aber die Art, wie die Urkunde nur von Einem Pleban und Einer Kirche spricht, zwingt zu der Deutung, dass damals die Deutschen, wo immer sie *in suburbio Pragensi* wohnen mochten, doch nur die Eine Kirche zu St. Peter besaßen. Indes abgesehen davon: jenes Privileg spricht ja gar nicht von jenem *vicus Theutonicorum*, den zweifellos jüngere Urkunden im Auge hatten und als Ansiedlungstheil mit diesem Namen bezeichnen, sondern im Gegentheil ganz ausdrücklich von dem Suburbium im allgemeinen und von mehreren Plätzen, Gassen oder Weilern der Deutschen in diesem Suburbium — *si per vicos Theutonicorum aliquis iret* — und die Bestätigung durch Wenzel I.[1]) lässt ganz deutlich erkennen, dass die Häuser und Wohnungen der Deutschen nicht nur in einem Suburbium engeren Sinnes, sondern auch in den dasselbe bildenden oder berührenden Dörfern — in villis — zerstreut lagen, und doch bestätigt der König gerade diesen Deutschen von Wort zu Wort das alte Privilegium.

Man hat übersehen, dass der Begriff der ‹Gemeinde›, um deren Constituirung es sich handelte, nach den Verhältnissen jener Zeit nicht in einer territorialen Begrenzung gefasst werden konnte. Diese alte ‹deutsche Gemeinde› war noch keine Stadt im Sinne einer Festung des 14. Jahrhunderts. Ja eine solche Einheit trat ja gerade in Prag auch dann noch nicht hervor, als dem Kerne dieser Ansiedlungen Festungswerke angelegt wurden. Auch dann lebten und wohnten immer noch Elemente gruppenweise neben einander, die ganz verschiedenen Jurisdictionsgebieten angehörten. Nicht Alles, was innerhalb der Ringmauern einer jüngeren Zeit lebte, gehörte zur Prager Bürgergemeinde. Nur nach lebhaften Kämpfen rang sich das Princip der territorialen Abgrenzung empor und immer noch zeigten auch die späteren Jahrhunderte Ausnahmen von demselben.

Von einer solchen Entwicklung war also die Zeit des 11. und 12. Jahrhunderts in Böhmen noch weit entfernt. Auch das neu eindringende Gemeindeprincip musste sich zunächst einer gentilistischen Form fügen, die neue Gemeinde als eine Gens erscheinen, nur dass ein genossenschaftliches Princip gleichsam künstlicher Weise die Blutsgemeinschaft ersetzt hat. Um es zu wiederholen: nicht die Dorfschaften und Weiler als solche, sondern die grundherrschaftlichen

---

[1]) Čelakovský p. 4.

Gebiete mit ihrem Unterthanenbestande ohne Rücksicht auf dessen Dislocation, bildeten die Organisationseinheiten, und wie es in einer Dorfschaft mehrere Gebietstheile geben konnte und thatsächlich gab, die zu verschiedenen Dominien gehörten, so konnte auch ein und dasselbe Dominium in mehrere Dorfschaften hineinreichen. Ein solches Dominium bildete nun aber auch die deutsche Gemeinde. Dass sich das Privilegium auf das Prager Suburbium allein bezog, war bei dessen Ausdehnung und der völligen Unbestimmtheit seiner Grenzen kaum eine fühlbare Einschränkung. Wo immer innerhalb dieses Gebietes ein der Gemeinde angehöriger Deutscher oder Romane wohnte, da genoss er ihre «Freiheiten», unterstand ihrem Richter und hatte seine gerichtlichen Eide nicht in der Schwurkapelle des Prager Schlosses, sondern vor der Kirche zu St. Peter zu leisten. Dass aber die Deutschen sich nicht in allzu zerstreuter Lage da und dort niederließen, sondern es vorzogen, zu gegenseitigem Schutze Gruppen ihrer Ansiedlungen zu bilden, das geht schon aus dem ältesten Privileg hervor, indem es von mehreren Wieken derselben spricht.

Dass diese Constituierung der dauernd unter der Prager Burg anwesenden deutschen Geschäftsleute zu einer ständigen Gemeinde gerade unter Wratislav, dem ersten böhmischen Könige, vor sich gegangen sein soll, entspricht vollkommen den uns sonst bekannten Thatsachen. Wie viel Anlässe zum Verkehr zwischen Deutschen und Čechen in Böhmen vom Anfang an geboten waren, hatten wir im 1. Bande bei Darstellung der äußeren Organisationsentwicklung zu zeigen Gelegenheit. Diese Anlässe mehrten sich durch das Vordringen des Christenthums nicht minder, als durch den ununterbrochenen Handelsverkehr.

In den ersten Jahrhunderten jenes war der Zuzug deutscher Priester ebensowenig zu entbehren, wie nach der Errichtung eines eigenen Bisthums deutscher Oberhirten zu entrathen war. Gerade am Hofe, der die Beziehungen zum deutschen Kaiser wie zu deutschen Oberhirten zu pflegen hatte, scheint frühzeitig auch eine Hinneigung zu deutschen Lebensformen eingetreten zu sein. Schon der zweite Boleslav (967—999) muss nicht ganz ohne Erfolg diesem Einflusse ausgesetzt gewesen sein, wenn er nach Cosmas Bericht[1]) zur Feier der Bischofsinthronisation ein deutsches Lied anstimmen konnte. Das Maß dieses Einflusses am Hofe und in der höheren Gesellschaft war wohl bereits der Zankapfel der Parteien unter Břetislav I. (1037—1055), Spytihněv II. (1055—1061) und Wratislav II.

---

[1]) Cosmas l. c. p. 50.

(1061—1092). Durch Spytihněv siegte eine erste slavische Reaction — zur Freude unseres Cosmas —; Wratislav aber bevorzugte umso auffälliger wieder das deutsche Element. Sein Wunsch, einem Deutschen den Prager Bischofssitz zuzuwenden, setzte ihn in einen verhängnisvollen Gegensatz zu der unter seinen Vorgängern herrschenden Stimmung. Seine intimen Beziehungen zum deutschen Kaiser Heinrich IV. trugen ihm dagegen die ersehnte Königskrone ein (1086), und fortan tritt unverkennbar sein Bestreben hervor, sich mit königlichem Glanze und Hofstaate zu umgeben. Und dieser Wunsch mag auch das Seine dazu beigetragen haben, Geschäftsleute zur Einführung westlicher Bedarfs- und Luxusgegenstände dauernd an die Nähe seines Hofes zu fesseln und an der Stätte seines Hofstaates ein Stadtwesen nach deutschem Muster zu begründen. Dass er hiezu deutsche Geschäftsleute, die ohnedem häufig bei Prag weilten, willig fand, lag in der Natur der Sache; es ist aber dennoch nicht ausgemacht, ob es bloße Redensart ist, wenn nachmals Wenzel I. erklärte, auch jene erste Gemeinde sei nach Böhmen gerufen worden.[1]) Andernfalls gab damit Wenzel I. zumindest dem Bewusstsein seiner Zeit Ausdruck, das eine andere Art der Städtegründung in Böhmen nicht zu kennen schien.

Was die große Herberge für fremde Kaufleute in der Nähe des alten Marktes — den öfter genannten Tein- oder Frohnhof — mit dem Hospital und Marienkirchlein betrifft, so wissen wir allerdings nur, dass diese Anlage um das Jahr 1101 bereits bestand.[2]) Dieser Hof enthielt außer der Herberge für die fremden Kaufleute und den Lagerräumen für deren Waren auch den Platz, auf welchem die landesfürstlichen — doch nur für diesen Platz geltenden — Originalmaße und -Gewichte zur Benützung der Handelnden gegen bestimmte Abgaben aufgestellt waren, nach denen auch der Kauf von inländischen Waren sich vollzog. Zugleich war hier zur Entscheidung von Zwistigkeiten und zur Ahndung von Vergehen ein landesfürstlicher Richter aufgestellt. Dieser zum Unterschiede von dem bürgerlichen als *judex* bezeichnete Richter richtet über alles, was innerhalb des Kaufhofes vorgeht und außerdem über alle Nichtbürger.

Die Bürger aber gehörten zu jener Zeit — um das Jahr 1100 — einer Stadtgemeinde — Civitas — an, die sich — wenn auch vielleicht nicht ganz wörtlich — rings um den Teinhof ausbreitet, denn dieser wird als «inmitten der Stadtgemeinde» — *in medio civitatis* — liegend bezeichnet. Obgleich das Gebiet dieser Gemeinde

---

[1]) a prima ipsorum vocatione in Boemiam. Čelakovský l. c. p. 4.
[2]) Erben I. (c. 1101) p. 84 f.

noch nicht ummauert ist, ist doch auch schon eine gewisse terrritoriale Abgrenzung nothwendig anzunehmen, denn es wird den Kaufleuten verboten, mit ihren Waren aus der Stadt heraus» zu gehen und Strafe darauf gesetzt. Dass also diese Gemeinde die deutsche ist, ergibt sich wohl deutlich genug, indem ihr Gerichtsvorstand im lateinischen Texte dem *judex* des Fürsten als der *Richterius*» der Bürger gegenüber gestellt wird. Nur vor diesen Richterius können diese «Bürger» — cives — auch von den Fremden belangt werden, und dass das derselbe Richter der Deutschen ist, von dem nachmals das Privileg Soběslavs spricht, ist unzweifelhaft, denn nirgends in allen Quellen findet sich die leiseste Andeutung, die zu jener Zeit auf zwei «deutsche Richter» unterhalb Prag schließen ließe. Damals aber sind seit dem Tode Wratislavs, der zuerst die deutsche Gemeinde «im Suburbium» constituierte, nicht mehr als acht Jahre vergangen, und da sollten sich auch dessen Anordnungen nicht auf diese Gemeinde bezogen haben gegen den Wortlaut des späteren Privileges *in defensionem meam suscipio Theutonicos, qui manent in suburbio Pragensi*»—bloß weil auch damals noch die Bürger nicht in der Marienkirche am Tein, vor welcher der *judex* der Fürsten seinen Gerichtsplatz hatte, sondern vor der alten St. Peterskirche am Poříč ihre gerichtlichen Eide unter alterthümlichen Formen leisteten? Da sollte sich dann diese Gemeinde das Privilegium einer anderen gleichsam nur irrthümlicher Weise angemaßt haben, indem sie immer wieder darauf drang, dass dieses Privilegium als der Urquell aller ihrer Freiheiten immer wieder die Bestätigung des Landesfürsten fand?

Dass sich das Schwergewicht der deutschen Gemeinde, wenn es schon einmal in alten Zeiten an der unteren Furth bei St. Peter gelegen war, immer mehr nach der oberen, dem Markte und dem Fremdenhospiz hingezogen hatte, lässt sich auch aus äußeren Momenten einigermaßen erklären. Zu diesen mag vor allem die Überbrückung des Flusses in der Nähe der oberen Furth zu rechnen sein. Seit wann daselbst jene hölzerne Jochbrücke bestand, die so niedrig war, dass das Hochwasser die Balkenlage berühren konnte, wissen wir allerdings nicht. Zu des Cosmas Zeiten[1]) bestand sie schon und da er die Neubegründung eines solchen Bauwerkes wohl angemerkt hätte, wenn sie in eine spätere Zeit seines Lebens gefallen wäre, so dürfen wir ihre Anlage zumindest in die Zeiten König Wratislavs versetzen, mit dessen Umgestaltungen des alten Fürstenhofes vielleicht auch dieses Werk organisch zusammenhieng.

---

[1]) Cosmas (1118) p. 259.

Dass es in diesem Falle Cosmas nicht erwähnt hätte, würde nur seiner Parteinahme für des Königs Bruder Gebhard-Jaromir und seiner Feindseligkeit gegen Wratislav entsprechen, die ihn Alles todtschweigen ließ, was dieser Fürst unternommen. So wenig er von dessen Stiftung auf dem Wyšehrad erzählt, so wenig weiß er von der Schaffung eines bürgerlichen Gemeinwesens von Prag und der Überbrückung des Flusses, die damit vielleicht in irgend einem Zusammenhange stand. Mit diesem bequemen Übergange aber musste der unbequeme an der untern Furth und die Anlage einer Handelsgemeinde daselbst bedeutungslos werden.

Als Ottokar I. und nach ihm Wenzel I., beide ausgesprochene Förderer deutschen Wesens, das Privilegium Wratislav-Soběslav's bestätigten,[1]) hatte diese Entwicklung ein reichliches Jahrhundert hinter sich. Wenzel spricht in seiner Bestätigung nur noch ganz allgemein von den ‹Prager Deutschen› als seinen Bürgern›, die ihn um Bestätigung ihrer alten Privilegien ersucht hätten und als dieses ihr altes Privilegium nennt er das seběslavische. Wie schon erwähnt, bezieht sich dann derselbe König auf jene Güter, welche etwa diese Deutschen im Suburbium und den Dörfern theils gekauft, theils in Erbpacht genommen oder von den Fürsten geschenkt erhalten hätten. Dieser Fortgang der Ansiedlung durch Grunderwerbung hat umsoweniger Auffallendes, als wir seit den Zeiten der Přemysliden-Könige Prager Deutsche als angesehene Kaufleute und Münzhändler oder Münzer — monetarii — selbst in der Nähe von Fürsten auf Urkunden gezeichnet finden. Bald gelangten Prager Bürger wie Campnosius — und Eberlin — zu einflussreichen Ämtern, insbesondere im Gebiete des Münzwesens.

Die Concentrierung der deutschen Gemeinde in der Umgegend des alten Marktes muss in den ersten Jahrzehnten des 13. Jahrhunderts schon solche Fortschritte gemacht haben, dass sich ihre Beziehungen zur alten Pfarrkirche bei St. Peter zu lösen begannen. Auf das Patronat, das die Gemeinde selbst über diese Kirche besaß, muss sie schon ein geringeres Gewicht gelegt haben, als sie dasselbe zweifellos geschenkweise an den deutschen Orden übergehen ließ. Von diesem erwarb es — wahrscheinlich kaufweise — die Königin-Mutter Constantia, welche die Absicht hatte, die Kirche in ein Nonnenkloster umzugestalten.[2]) Jene Überlassung lässt darauf schließen, dass damals für das Bedürfnis bereits in anderer Weise gesorgt war, und die nachmalige Hauptkirche der alten Stadt Prag

---
[1]) Čelakovský p. 5 f.
[2]) Erben I. (1233) p. 375 f.

zu St. Nikolaus in nächster Nähe des Marktes bereits begründet war. In der That wurden im 13. Jahrhunderte die gerichtlichen Eide in dieser Kirche abgelegt,[1]) in welcher Hinsicht sie also an die Stelle der alten Petrikirche getreten war.

Die Wahl des heil. Nikolaus als Patron kennzeichnet das bürgerliche Element, das wir an vielen Orten unter dieser Patronanz finden, während der heil. Petrus am Poříč wohl der Nähe des fischreichen Wassers seine Wahl verdankt, ähnlich wie auch in Altköln und Berlin die beiden Heiligen einander gegenüber stehen. Auch war Nikolaus einer der beliebtesten Taufnamen im Gebrauche der Prager Bürgerschaft. — Wenn wir, was häufig zulässig ist, aus dem späteren Patronatsbesitze auf den Gründer der Kirche zurückschließen dürfen, so war es wahrscheinlich ein einzelner Bürger, der in irgend einem Verwandtschaftsverhältnisse zu dem Geschlechte der Wolframe gestanden, der jene Kirche, wie es scheint, auf einem damals dem Kloster Strahow gehörigen Grunde gestiftet hatte. Denn noch im 14. Jahrhunderte wurden die Pfarrer an dieser Kirche von der genannten Familie präsentiert,[2]) wiewohl sie nun schon als Pfarr- und Schwurkirche der ganzen deutschen Gemeinde diente.

Denken wir uns den Häuserblock entfernt, welcher heute den kleinen Ring vom großen trennt, so erscheint uns der ‹alte Markt› als ein höchst geräumiger, rechteckiger Platz, an dessen nördlicher Langseite die neue Kirche aufragte. Rings um diesen Markt und vorzugsweise nordöstlich von demselben lagen der Hauptmasse nach die Häuser und Höfe der Bürger.

Bald gesellte sich der so gleichsam von selbst erwachsenen ältesten Prager Stadt eine nach der jüngeren Methode der Gründungen entstandene zu und schmiegte sich räumlich an jene eng an. Südlich von der Häusermasse jener und gegen Westen an den Stiftsbezirk von St. Martin anstoßend, ungefähr zwischen dieser Kirche und der heutigen Zeltnergasse öffnete sich in langem Oval das Gebiet für eine jener Unternehmungen, wie sie die Zeit Wenzels I. in größerer Zahl kennzeichnete, für die planmäßige Anlage eines neuen städtischen Gemeinwesens. Die uns überkommenen Quellen erscheinen allerdings auf eine winzige Andeutung reduciert,[3]) die aber im Zusammenhalte mit anderen bekannten Stadtgründungen jener Zeit zu dem Nachfolgenden ergänzt werden kann. Der schon genannte Prager Bürger Eberlin — ein Kosename von Eberhard

---

[1]) Tomek, Prag I. nach dem alten Stadtbuche S. 247.
[2]) Tomek, Prag I, p. 339.
[3]) Palacký, Formelbücher I, 311. Emler R. II. (1265) p. 190.

— war Münzmeister König Wenzels I. geworden, wie er auch noch dem nachfolgenden Könige Ottokar II. diente. Schon um jenen hatte sich Eberhard Verdienste und damit im Zusammenhange wohl auch für sich und seine Familie ein bedeutendes Vermögen erworben. Dieses verwendete er nun in einer zeitgemäßen Unternehmung, indem er, vielleicht durch Geld und fürstliche Gunst zugleich, jenes genannte Gebiet erwarb und parcelliert — wahrscheinlich in Erbpachtform — an Ansiedler austhat, welche besonders dazu angelockt wurden, dass sie König Wenzel I. mit städtischen Rechten und Freiheiten ausstattete. Eberhard und sein Geschlecht haben selbst einen großen Theil der neuen Stadt erbaut und wahrscheinlich auch die Kirche des heil. Gallus angelegt, die im Mittelpunkte der ganzen Anlage erscheint. Es ist nach Analogien wahrscheinlich, dass dieser Eberhard und seine Nachkommen alle Rechte und Vortheile eines Erbrichters in dieser Stadt erwarben, wozu ihnen Ottokar II. noch die Errichtung von Kaufgewölben (salac) bei St. Gallus genehmigte. Im Gegensatze zur alten war diese «neue Stadt» auf einem beschränkten von vornherein abgemessenen Umfange regelmäßig nach der Schnur angelegt und stellte vor allem einen höchst ansehnlichen, die heutige Galli- und Rittergasse mit dem Kohlenmarkte umfassenden Marktplatz dar, der nach Nordosten zu in die sich verengende Gasse des heutigen Obstmarktes auslief, in der Folgezeit aber durch den Einbau der genannten Verkaufsgewölbe ähnlich wie der Altstädter Ring beengt wurde.

So wenig leider von der Geschichte dieser Stadtgründung des weiteren bekannt ist, scheint uns doch eine wichtige Thatsache gerade hieher zu gehören. Es war üblich, eine in solcher Weise begründete Stadt nicht einer unbestimmten Rechtsentwicklung innerhalb des Rahmens ihrer Freiheiten zu überlassen, sondern sie an ein bereits entwickelteres oder womöglich in seinen Hauptzügen durch Niederschrift mittheilbares ‹Stadtrecht› zu weisen, welches dann die Fürsten oder Grundherren für den einzelnen Fall zu bestätigen pflegten, wodurch sie selbst Sicherheit und die Rechtsübung in der Stadt Festigkeit erlangten. Eine solche Rechtsmittheilung konnte der alten Prager Gemeinde bei ihrer Gründung nicht zutheil werden, weil auch die ältesten Niederschriften deutscher Stadtrechte erst in viel jüngerer Zeit entstanden. Damals mussten vielmehr die gewährten Freiheiten einerseits und die Erinnerung an heimischen Rechtsbrauch andererseits den Colonisten die rechtsbildenden Factoren sein. Aber auch weiterhin kann eine Rechtsmittheilung an diese, sich unter steter Befruchtung durch Neuzuwandernde aus sich selbst heraus entwickelnde Gemeinde nicht stattgefunden haben, indem es undenkbar erscheint, dass ein so wichtiges Factum, wenn es in jüngerer Zeit stattgefunden hätte, bei der Bestätigung der alten Privilegien und Rechte durch Wenzel I. und seine Nachfolger ohne jede Einbeziehung und Andeutung geblieben wäre.[1])

Damit erscheint aber die in jüngerer Zeit hervortretende Thatsache im Widerspruch, dass auch die Prager Altstadt verhältnismäßig frühzeitig ein ihr verliehenes deutsches Stadtrecht besessen habe. In der That erscheint als solches[2]) in einer Urkunde König Johanns das Recht der Stadt Nürnberg bezeichnet, von welchem jener König in scheinbar unvereinbarem Widerspruche mit dem Angeführten behauptet, dass es die größere Stadt Prag von ihrer ersten Gründung an besessen habe.[3]) An der Richtigkeit der Angabe, soweit sie sich auf die Zeit Johanns bezieht, ist umso weniger zu zweifeln, als die Thatsache, dass die Altstadt Prag sich des Nürnberger Rechtes bediente, auch durch eine Urkunde Wenzels IV. von 1387 bestätigt wurde.[4])

Welches ist aber zur Zeit Johanns die größere Prager Stadt? Das ist nicht mehr die alte Gemeinde Wratislavs und Soběslavs, sondern eine in für uns unbestimmbarer Zeit vor sich gegangene Vereinigung beider Städte, derjenigen Soběslavs um den alten Markt mit derjenigen Eberhards bei St. Gallus. In irgend einem Zusammenhange zu dieser Vereinigung kann wohl die erste Ummauerung beider Städte mit Einschluss der Judenstadt stehen, welche Wenzel I. nicht vor dem Jahre 1235 durchführte. Während aber trotz dieser Umschließung die Judenstadt auch nachmals noch ein gesondertes Gemeinwesen blieb, erscheinen die beiden christlichen Stadtgemeinden nachmals, vielleicht aber erst seit Ottokars II. Zeiten zu einer einzigen verschmolzen, und die Nachwelt konnte sehr wohl diese Vereinigung im Zusammenhalte mit der Ummauerung als die Gründung jener Stadt bezeichnen, welche zur Zeit Johanns als die größere Prager Stadt zu benennen üblich war. Es kann umso mehr Anlass gewesen sein, an eine solche Neugründung zu denken,

---

[1]) Čelakovský a. a. O. XVI ff. muss durch die, wie wir gezeigt zu haben glauben, fehlgreifende Annahme, dass jene älteste Gemeinde der Deutschen und die alte Prager Gemeinde nicht identisch seien, zu anderen Folgerungen geleitet werden.

[2]) Einer Entdeckung des Archivars K. Köpl zufolge. S. «Zur Frage nach der Herkunft des Rechtes der Altstadt Prag» in Mittheilungen des Institutes für österreichische Geschichtsforschung VIII. p. 307 ff.

[3]) jura civitatis Nurembergensis, quo major civitas nostra Pragensis a prima sui fundatione freta est et fruitur.

[4]) Palacký, Formelbücher II, 127.

als seit jener Ummauerung ältere Theile der bürgerlichen Ansiedlungen von der Wohlthat dieses Schutzes ausgeschieden blieben und dadurch wohl veranlasst werden konnten, an eine Übersiedlung zu denken. Jedenfalls näherte sich dadurch die größere oder alte Stadt Prag der einheitlichen Organisation auf territorialer Grundlage um einen wesentlichen Schritt, wenn auch noch die Judengemeinde außer einigen Stiftsgütern als Erinnerung an den älteren Bestand zurückblieb.

Wenn nun auch König Ottokar II. den Pragern das alte Soběslavische Privileg bestätigt[1]) ohne bezüglich der Rechtsverleihung irgend einen Zusatz zu machen, und wenn König Johann dann wieder dieses Privileg Ottokars II, den Bürgern der »größeren Stadt Prag«, unter welcher dermalen schon nothwendig die Vereinigung beider Städte zu verstehen ist, in gleicher Weise bestätigt,[2]) so kann doch die Verleihung des Nürnberger Rechtes, von welcher er anderswo gelegentlich mit solcher Bestimmtheit spricht, nicht wohl an dieselbe Gemeinde erfolgt sein, die sich immer nur um die Bestätigung ihres soběslavischen Privilegiums bemüht.

Da es aber durchwegs üblich war, Städte, welche in der Weise der St. Gallistadt begründet wurden, bei ihrer Gründung mit einem bestimmten Rechte zu bewidmen, so liegt kaum etwas näher als die Annahme, dass es seinerzeit jener Eberhard war, dessen Schöpfung König Wenzel I. mit jenen Rechten und allen Freiheiten, deren sich andere königl. Städte erfreuen, ausstattete», der unter diesen auch das Nürnberger Recht für seine Stiftung erwarb. Dieser Gebrauch verbreitete sich dann von den Anfängen desselben aus auf die vereinigte Gemeinde, oder es trat wenigstens eine solche Übernahme äußerlich hervor, indem zunächst wohl nur ein Theil der Bürger nun wieder seinen Rechtszug nach Nürnberg nahm, den vordem die alte Gemeinde an sich vielleicht nicht gekannt hatte. Eine Bestätigung dieses Bestandes in großen Zügen kann man in jenen Privilegien erblicken, mit welchen König Johann im Jahre 1316[3]) den Bürgern der größeren Stadt Prag im allgemeinen alle ihre von den früheren Königen gewährten Immunitäten, Gnaden und Freiheiten bestätigt und erweitert, ohne die einzelnen einzuschalten.

Der Entstehung nach unserer Darstellung vollkommen entsprechend deckten sich noch im 14. Jahrhunderte nicht die Gebiete der Bügerrschaftsgemeinde Prag und der territorialen Ortschaft derselben

---

[1]) Čelakovský a. a. O. (1274) p. 12.
[2]) Ebend. (1319) p. 27.
[3]) Čelakovský a. a. O. p. 21 f.

Namens, vielmehr kreuzten beide einander in mannigfacher Weise. Wenn wir der Thatsache entsprechend den Gerichtsstand als Kriterium der Zugehörigkeit betrachten, so erstreckte sich das Bereich der Stadtgemeinde außerhalb der Mauern[1]) über den größeren Theil von Poříč, der im 14. Jahrhunderte als «Vorstadt» bezeichnet wird und den Rest des St. Martinsbezirkes (um die heutige Charwatgasse) wahrscheinlich auch einen Theil der Zderaser Gegend und außerdem jene Güter, welche von einzelnen Prager Bürgern erworben worden waren. Doch theilten nur die Besitzer solcher Güter die Gemeindemitgliedschaft nach jeder Richtung, während die Unterthanen auf denselben durch diesen Wechsel nur unter die städtische Gerichtsbarkeit gelangten. Solche Landgüter erwarben aber die reichen Bürger in bedeutender Anzahl im ganzen Lande, zum Theil in den entferntesten Gegenden, wo kaum noch praktisch an eine Erstreckung der Gerichtsbarkeit zu denken war. Obgleich solche Güter in einer späteren Zeit als «landtäfliche» wären bezeichnet und von der Evidenzhaltung durch bürgerliche Gerichte ausgeschieden worden, so wurde doch damals noch der Handel um solche vor dem Richter und den Schöffen der Bürgergemeinde geschlossen und ausdrücklich die Unterwerfung unter das Stadtrecht beurkundet. Noch weniger waren die Bürger als solche in der Erwerbung solcher freier Güter beschränkt.

Dagegen gehörten auch im 14. Jahrhunderte noch eine Anzahl innerhalb der Mauern der «alten Stadt Prag» gelegene Gebiete sammt ihren Besitzern und Unterthanen nicht dem bürgerlichen Gemeindeverbande an, und die Unterthanen derselben verfielen nur in Strafsachen und nur insoweit, als sie als Ungenossen zu behandeln waren, dem Stadtgerichte. Dahin gehörten vor allem die Gründe der geistlichen Oberhirten, welche, wie oben gezeigt wurde, seit Anfang des 13. Jahrhundertes die Exemtion von den Gaugerichten erlangt hatten. Unter ihnen wäre besonders die Klosterdomäne zu St. Franz und Agnes auf dem «František» hervorzuheben. In nächster Nachbarschaft mengten sich unter die Bürgergründe mit ihrem Besitze das Maltheserkloster jenseits der Brücke, die Kreuzherren, die Benedictiner von Břevnow am Poříč; andere Kreuzherren (vom Grabe) herrschten am Zderas, Kladrauer Äbte über das Dorf Opatowitz, St. Georg über die Gegend «am Sande», Strahov über einen Theil der Obora u. s. w. Im allgemeinen bildete jedes Kloster und Stift auch innerhalb des Stadtrayons ein eigenes Gerichts- und Hofgebiet. Das gleiche galt von den an Zahl nicht unbedeutenden

---
[1]) Wie Tomek, Prag I, S. 311, nach Urkundenandeutungen wahrscheinlich gemacht.

Häusern und Höfen der Adeligen innerhalb der Mauern. Endlich bildete inmitten der Stadtummauerung die um ihre alte Synagoge angesiedelte Judengemeinde eine besondere, dem Bürgergerichte nicht unterstehende Organisation, die in analoger Verfassung wie die deutsche Gemeinde ein besonderes Schutzprivilegium Ottokar II. verdankte.[1])

Diese Verhältnisse sind maßgebend für die richtige Vorstellung, die wir uns in Beantwortung der Frage nach Nationalität und Sprache der Prager Bürgerschaft zu machen haben. Dass diese Bürgerschaft engeren Sinnes im 11. und 12. Jahrhunderte, abgesehen von einer Beimischung von Wälschen, nach Herkunft und Sprache eine ausschließlich deutsche war, kann nach dem Wortlaut des Soběslav'schen Privilegs gar nicht bezweifelt werden. Das Privileg wurde noch im 14. Jahrhunderte bestätigt, und wenn es auch das 13. hindurch wirklich in Rechtskraft blieb, so konnte die Gemeindezugehörigkeit sich nur Deutschen, Romanen und anderen Ausländern nach Maßgabe der Zulassung der deutschen Majorität öffnen. In der maßgebenden Bestimmung ist die Absicht nicht zu verkennen, vermögende Leute, — denn einiges Vermögen setzte sowohl die Kaufmannschaft wie der Ankauf voraus — aus der Fremde ins Land zu ziehen, den heimischen Grundherren aber das unterthänige Arbeitermaterial nicht zu verringern. Der Gebrauch der Regensburger Münze in ältester Zeit, die Einführung des Nürnberger Stadtrechtes weisen auf Baiern und Franken hin, der verbreitete Nikolauscult dürfte ein Import der Romanen sein. Nachweisbar erscheint[2]) die Herkunft einzelner Bürger aus Baiern, Franken und Schwaben im allgemeinen, aus den Städten Regensburg, Eger, Ingolstadt, Straubingen, Haimburg, Augsburg, Straßburg und Kolmar und Ypern in Holland. Dagegen reicht der Zuzug aus dem Norden nicht über Meißen und Halle hinaus. Überdies stand diese Bürgerschaft mit nahezu allen den jüngeren Städten Böhmens, mit vielen Mährens bis nach Krakau hin im Verkehr, und wie sie dahin wahrscheinlich Geschäftsexposituren entsandte, so übersiedelten auch wieder von dorther Bürger nach Prag, wie aus ihren Benennungen ersichtlich ist. Wie wir sehen werden, waren aber auch diese Bürgerschaften mit geringen Ausnahmen deutscher Herkunft.

Es tritt hinzu, dass die Sprache bei Gericht, die Sprache aller Art Rechtsaufzeichnungen — vom Lateinischen abgesehen — bis ins 15. Jahrhundert hinein ausschließlich die deutsche war. In

---
[1]) Emler R. II. (1268) p. 241.
[2]) Tomek, Prag I. S. 328.

all den Dingen drängte sich eine Rücksichtsnahme auf eine andere Bevölkerung nicht auf, denn all das gilt auch immer nur von der Bürgergemeinde Prags, nicht aber von der ummauerten Ortschaft dieses Namens und ihren Vororten. Hier lebten vielmehr deutsche Bürger und čechische Grundherren und Unterthanen untermischt neben einander, wenn auch in der Stadt selbst namentlich seit der Gründung der Neustadt von St. Gallus erstere weitaus in der Mehrzahl waren. Wenn die čechische Bevölkerung auch nicht vor Gericht, vor den «vier Bänken» mit den Deutschen in Verkehr trat, noch weniger als nichtbürgerliche an den «Morgensprachen» der Schöffen oder den Verhandlungen der Ältesten theilnehmen konnte, so fand doch der lebhafteste Verkehr beider Gruppen auf dem Markte statt, der, wie uns Urkunden sagen, gerade von den Unterthanen der Klöster mit ihren Wirtschaftsprodukten besucht wurde. Der Handel mit Auslandwaren, namentlich der vielbegehrten fremden Tuche, Geldgeschäfte und Grundkäufe, waren es wieder, welche die heimischen geistlichen und weltlichen Grundherren in einen regen Vekehr zu den Bürgern brachten. Nicht immer waren freilich die geistlichen Herren von slavischer Nationalität und der heimische Adel, der in Prag ansässig war, hat sich gerade unter Ottokar I., Wenzel I. und Ottokar II. in Sprache und Sitte vielfach den deutschen Bürgern genähert. — Umgekehrt drangen mit der čechischen Umgangssprache auch reichlich čechische Tauf-, Ruf- und Kosenamen in deutsche Familien ein, wobei man wohl auch an eine Vergevatterung beider Volkselemente zu denken hat, wenn beispielsweise im Hause der Wölflinge ein Bolko, in dem der Wolframe ein Buslaw (Bohuslav) und Wenclav auftaucht. So wie aber ein solcher Rufname neben soviel echt deutschen — Meinhard, Hiltmar, Wölflin, Albrecht, Heinrich und Dietrich in allen Koseformen, Henslin, Dietz u. a. — nicht eine ganze Familie zur slavischen stempeln kann, so dürfen uns auch Zunamen wie von Rokyzan, Beneschau, Přibram Nepomuk u. ähnl. nicht zu einem gleichen Schlusse verleiten. Sie sind der Regel nach von Liegenschaften oder von Geschäftsexposituren in jenen čechischen Orten auf Bürger deutscher Abstammung übertragen worden oder mit deutschen Bürgern von einer Station zur anderen gewandert. Selbst Beinamen wie Ginoschel — recte Junoš —, den ein Johlin, Kunzlin, Martin und Nikolaus führen, oder den Spitznamen Kokot (gallus), vermögen wir nicht mit der gleichen Bestimmtheit wie Tomek[1]) auf slavische Abstammung zu deuten. Nur darf man, wie schon bemerkt und wie aus der ganzen Übersicht

---

[1]) Tomek. Prag I. S. 313.

hervorgeht, diese Ausschließlichkeit des deutschen Elementes in der Prager Bürgerschaft auch für die ersten Jahrhunderte ihres Bestandes nicht auch auf die Örtlichkeit Prags beziehen. Innerhalb dieser dürfte Peter von Zittau, der Zeitgenosse der Könige Wenzel II. und Johann, das Mischungsverhältnis für das beginnende 14. Jahrhundert richtig angeben, indem er sagt, bei den Festlichkeiten aus Anlass der Krönung König Johanns[1]) haben in Prag böhmische Scharen böhmisch, der größere Theil als der der Deutschen deutsch gesungen. Äußerlich muss mancher ausgleichende Einfluss erst damals begonnen haben sich geltend zu machen. Die alte heimische Leder- und Pelzkleidung sehen wir der von auswärts eindringenden Tuchkleidung weichen, in gewissem Sinne den Gärber zunächst dem Gewandschneider, der das Tuch aus der Fremde brachte, dann dem Tuchmacher, der es hier erzeugte, den Pelznäher dem Schneider. Noch hat aber der Gebrauch des gröberen, meist grauen Tuches die Oberhand; bald wird es zum Unterschiede von den importierten Edeltuchen als heimisches oder polnisches (schlesisches) bezeichnet. Letzteres scheint gleichbedeutend zu sein mit jenem geringen Tuche aus «Flocke» — Wolleabfall —, das in den deutschen Ansiedlungen Schlesiens und der Grafschaft Glatz hergestellt wurde. Trotz der Gleichheit des Stoffes aber ließ sich auch jetzt noch[2]) der verschiedene Schnitt des «böhmischen» Wamms vom «schwäbischen» unterscheiden. Das letztere muss gleich dem fränkischen das engere und kürzere gewesen sein. Dann — noch zu Johanns Zeiten — beginnt der Jammer der Chronisten, dass allmählich das fremde Gewand das alte heimische, das so anständig gewesen wie jenes unanständig, gänzlich verdränge, sodass man im 14. Jahrhunderte äußerlich den Čechen vom Ausländer nicht mehr unterscheiden konnte. Das hat sicherlich zumeist, und lange wohl auch nur von Prag gegolten, auf dessen innere Verhältnisse das alles nicht ganz ohne Bedeutung blieb. Die Menschen sind einmal von Äußerlichkeiten abhängig: den Schafpelz neben Ypernschem Tuche auf den «Vierbänken» sitzen zu sehen, mochte niemand denkbar erscheinen — aber Tuch war Tuch. «Kleider machen Leute.»

Unter solchen Verhältnissen konnte es nicht fehlen, dass mit der Zeit die ursprünglich gewollte Beschränkung der Aufnahmsfähigkeit auf Ausländer von Seiten der deutschen Gemeinde unbeachtet blieb. Wenn diese willens war, diese Aufnahme in ihren Verband auch Einheimischen zu gewähren, so konnte zunächst

---

[1]) Chron. Aul. R. 269.
[2]) Vergl. das Privileg der Schneider von 1318.

gegenüber dem Eintritte von Freisassen und Adeligen von anderer Seite nicht wohl Einsprache erhoben werden. Wir finden indess solche Geschlechter in der Bürgerschaft nicht beurkundet. Allenfalls könnte eine Familie, wie die der genannten Ginoschel (Junoši) auf einen ähnlichen Ursprung zurückgeführt werden, indem angenommen würde, dass jüngere Söhne von Freisassen, anstatt als Junker (panoši) im Reisigendienst ihr Fortkommen zu suchen, sich auch dem bürgerlichen Erwerbe zuzuwenden begannen. Dass aber schon der Sohn eines solchen Junoš als Schöffe der Stadt zu einer solchen Würde gelangte und dessen Sohn schon das Richteramt erwarb, spricht gewiss gegen eine solche Annahme. Dagegen gestatteten doch schon die Verhältnisse, einem Deutschen einen čechischen Spitznamen anzuhängen, wie selbst deutsche Mütter sich der weichen Kinderkosenamen der Čechen bedienten.

Zweifellos ist mindestens seit dem 14. Jahrhunderte das Eindringen in die Handwerkerkreise der Bürgerschaft seitens derjenigen Čechen, die bisher als Hofleute der Grundherren mitten unter jenen lebten. Wir wissen bereits, dass es auf diesen Hofwirtschaften auch unterthänige Handwerker für alle Arten des damaligen Bedarfes gab, und dass denselben gewöhnlich für den Genuss eines Ackergrundes eine Lieferung gefertigter Artikel in bestimmtem Ausmaße auferlegt war. Mit den restlichen Erzeugnissen ihres Fleißes konnten sie auf eine Vermehrung ihres Peculiums ausgehen. Es ist nun natürlich, dass die Nähe eines großen Marktes an sich und die Anwesenheit einer dichteren und kaufkräftigeren Bevölkerung insbesondere sowohl den Privatfleiß dieser «Hofhandwerker» spornen, wie auch in kürzerer Zeit ihr Peculium soweit mehren mussten, dass sie unter sonst günstigen Verhältnissen einen Loskauf von ihrer Herrschaft erlangen konnten. Ohne die Nähe einer freien Bürgergemeinde, in der sie Aufnahme hoffen konnten, hätten sie hierzu allerdings keinen Antrieb gehabt, weil sie sonst zu ihrer Selbsterhaltung auch noch einen Grund hätten auskaufen müssen, welche Art Geschäft erst im 14. Jahrhunderte mehr in Gang kam. Jedenfalls bot ihnen die Nähe der Bürgergemeinde eine bedeutende Erleichterung in der Durchführung ihres Vorhabens. Der Antrieb dazu wurde gleichsam noch zwingender, als — seit Beginn das 14. Jahrhundertes — die bürgerlichen Handwerker durch Bruderschaften, die ursprünglich nur einem religiösen Bedürfnisse gedient hatten, und Innungen die Förderung ihres Vortheiles suchten und auf diesem Wege immer erfolgreicher die vordem freie Concurrenz der Hofhandwerker niederdrückten. Die Handhabe dazu fanden die

Innungen darin, dass sie sich allein das Monopol der Beschäftigung von Gehilfen zuerkannten, den Hofhandwerkern sie aber dadurch entzogen, dass sie zuwiderhandelnden Gesellen für bestimmte Zeiten die Aufnahme in die eigenen Werkstätten verweigerten. Wollte aber ein Hofhandwerker in eine Innung eintreten, so wurde ihm die Erlangung des Bürgerrechtes d. i. die Aufnahme in die Bürgergemeinde zur Bedingung gemacht.[1])

So werden in der zweiten Hälfte des 14. Jahrhundertes aus Hofhandwerkern hervorgegangene Bürger immer häufiger bezeugt.[2])

Es war nicht in erster Reihe Sache der Bürgergemeinde, sich darüber Gewissheit zu verschaffen, dass der Aufzunehmende sein Verhältnis zur Herrschaft in landesüblicher Weise gelöst habe. Oft mochte die Sachlage zweifelhaft sein, und die Stadt musste zu ihrer Sicherung vor gewaltthätigen Anfechtungen mindestens eine Fristbestimmung für die rechtliche Beanstandung der Freiheit des neuen Mitbürgers wünschen, wie sie ja auch bezüglich anderer Eigenthumsobjecte bestand. Hierauf gründeten sich in den heimischen deutschen Städten allmählich bestimmte Gewohnheitsrechte, auf deren Geltung auch Prag Anspruch erhob. Dass ihr jemals ein solches Verjährungs- bezw. Ersitzungsrecht gegenüber den Herrenansprüchen auf entwichene Unterthanen von irgend einem Fürsten zuerkannt worden sei, ist nicht bekannt, man nähme denn an, dass es als in die Nürnberger Stadtrechte mit eingeschlossen betrachtet wurde. Wohl aber förderte das Bestreben einzelner Könige, wie Ottokars II., ihren neubegründeten Städten ein möglichst reichliches Material für bürgerliche Handwerker zuzuführen, sowie darauf abzielende Verordnungen die Ausbreitung des Grundsatzes, dass ein durch eine bestimmte Frist unangefochten gebliebener Aufenthalt als Mitglied der Bürgergemeinde den Unfreien zum Freien mache. Auf diesem Wege wurde dem slavischen Elemente des Landes zwar nicht erst der Einlass in die Stadt Prag, innerhalb deren es ja schon heimisch gewesen sein konnte, wohl aber die Aufnahme in die Bürgergemeinde daselbst eröffnet und damit gleichzeitig ein gesellschaftlicher Zustand begründet, welcher dem oft sehr gespannten Verhältnisse zwischen Geschlechtern und Handwerkerzünften in den Städten Deutschlands nicht unähnlich sah. Wenn ihm aber hier die eigentliche Stadtverfassung eine besondere Zuspitzung nicht verlieh, so trat doch dafür das trennende Element der Nationalität und Sprache verschärfend hinzu. Ihrer besonderen Geschichte entsprechend, musste sich in der Stadt Prag das deutsche

---

[1]) Am lehrreichsten hierüber ist das Zunftprivileg für 1318.
[2]) Tomek, Prag, S. 375, Anmerk. 18.

Element der Gründer als ein bürgerlich-aristokratisches dem slavischen der Zuzügler als einem demokratischen gegenüberstellen: die sociale Scheidung zwischen ehemaligen Hausgenossen und dermaligen Grundherren war kaum viel bedeutender als die zwischen den reichen Handelsgeschlechtern mit ihren Rittergütern und Schlössern auf dem Lande und den behäbigen Handwerkern der Prager Stadt. War auch dort das Bewusstsein engerer Blutsverwandtschaft geschwunden, so war doch das einer weiteren Verwandtschaft, der Volksgemeinschaft zurückgeblieben. Darum trat zu der socialen Scheidung das durch den Sprachenunterschied wachgehaltene Bewusstsein des Volksfremden, und dieses steigerte sich zu einem Parteihasse, der nicht erst in der Husitenzeit, sondern in zwar vereinzelten aber grell aufleuchtenden Fällen schon im Beginne des 13. Jahrhunderts hervortrat. Während aber in dem Streben und Empfinden der unteren Volksschicht der Natur der Sache nach ein Moment der Einheit lag, folgten die «Geschlechter», ohne sich eines solchen Bandes bewusst zu sein, ihren geschäftlichen Interessen, die sie oft auseinander und gegeneinander führten, wofür ebenfalls der Beginn des 14. Jahrhunderts Beweise in großer Zahl liefert.[1)]

Außer der deutschen Uneinigkeit lernten die sich herandrängenden Slaven doch auch noch etwas Anderes, wunderbar Neuartiges und Nachahmenswertes von der ersten deutschen Gemeinde im Lande: die Constituierung einer solchen weder durch Blutsverwandtschaft noch durch die Einheit einer Herrschaft, sondern durch Verträge und Gesetze; das Selbstregiment innerhalb einer solchen in allen inneren und eigenen Angelegenheiten und weit darüber hinaus nachahmbar: die neuartige Einrichtung der Friedensveranstaltung eines Gerichtes, dessen Urtheilsfinder dem Stande und der Gemeinschaft des zu Richtenden angehörten. Diese neuen Formen, vor allem aber die letztere, wirkten umgestaltend auf die alte Organisation des Landes.

Die Bürgercolonien auf Königsboden als „königliche Städte".

Trotz dem im wesentlichen gleichen gesellschaftlichen Gepräge, das die seit dem Beginne des 13. Jahrhundertes nach und nach im Lande geschaffenen königlichen Städte an sich tragen, unterschieden sie sich doch in ihrer Entstehungs- und Entwicklungsweise

---

[1)] Für die eigentliche Geschichte Prags ist auf Tomeks unübertroffenes Werk zu verweisen, dessen zweiter und die folgenden Bände noch einer deutschen Übersetzung harren.

nicht unwesentlich von der eben betrachteten ältesten Bildung gleicher Art. Während diese aus dem Keime einer Handelsansiedlung Fremder unter dem Friedensschutze des Landesfürsten von selbst erwachsen war, verdanken die «königlichen Städte» des offenen Landes ihre Gründung und Anlage dem activen Eingreifen und zielbewussten Schaffen einer Reihe von Landesfürsten.

Die Zeit, in welcher sich nach dieser Richtung hin ein für unserere Socialgeschichte tiefeingreifender Umschwung der inneren Politik vollzog, war die des erblichen Königthums der Přemysliden von Ottokar I. (1197—1230) an. Die glanzvoller auftretenden Formen des Königthums erhöhten den Bedarf an Bareinkünften — mit den alten Pelz- und Wäschelieferungen der Hofwirtschaften war kein Auslangen mehr zu finden. Was aber die vorangegangenen Fürsten in ihrer Schatzkammer hinterlegt zu haben, was sie durch die Heiligkeit der Wächter wie mit dem Schwerte des Erzengels für sich geschützt glaubten, das hatte der Sieg der Kirchenreform den kommenden entwunden: das große Kammergut der Seelgeräthe des Landes war zum Kirchengut geworden. Da neigte sich der König nach dem naiven Berichte des Chronisten von den Kirchen ab und den Städten zu. —

Während das Heimfallsgut der Fürsten durch den Bedarf an Lohngütern immer wieder aufgesogen wurde, war auch ein Theil des Marklandes bereits dahingegeben und in die Erschließung des Restes nach einem den Zeitbedürfnissen entsprechenden Systeme gehörte die Gründung neuer Marktplätze mit städtischer Verfassung. Überdies sollte jede Bürgergemeinde im Schutze ihrer Mauern eine neue Burg des Königthums werden. Dieser Umschwung ist es, der sich in den Urtheilen der Zeitgenossen spiegelt. Härter noch als Ottokar I., hat dieses Urtheil seinen Sohn Wenzel I. (1230—1253) getroffen. Anfangs, sagt der Fortsetzer des Cosmas[1], sehr bezeichnend, habe ja auch er noch den Clerus geliebt und die Kirchen beschenkt; — dann aber habe er Prag ummauert und befestigte Städte angelegt. — Die Zurückhaltung der Geistlichkeit gegenüber, die an Ottokar I. noch nicht wahrzunehmen war, musste allerdings umso mehr als ein Ausfluss eines neuen Wirtschaftssystems in die Augen fallen, als sonst gerade dieser Wenzel I. wegen seiner Freigebigkeit weit und breit berühmt war. Mancher Schatten, den die geistlichen Chronisten auf ihn geworfen — er habe, abgesehen von seinem Hass der Glocken,

---

[1] Cosmae Cont. Script. I, p. 372.

nur seinem Behagen und seinen Gelüsten gelebt[1]) — mag sich aus jener Wendung der Dinge erklären.

Das System der Unternehmung und Durchführung war ein für die fürstliche Kammer äußerst günstiges und kaum mit irgend welchen Opfern der Anlage verbunden. Die entsprechenden Ländereien wurden sowohl für städtische wie für ländliche Colonisation — beide gehen zumeist Hand in Hand und sind auch in der Darstellung nicht immer zu trennen — in einer Weise verkauft, die der Kammer nach gewissen Carenzzeiten Jahr für Jahr einen ganz bestimmten Barertrag von jeder Loseinheit sicherte und darüber hinaus die Regiekosten, die bei der Eigenverwaltung allen Nutzen zu verschlingen pflegten, durch die Eigenthümlichkeit der Organisation vollständig deckten. Dabei wurden aus den Stadtcolonien strategische Stützpunkte von einer Bedeutung, die über diejenige der engen Burgen von ehedem weit hinausgieng. In der Wirtschaftspolitik gelangte der Grundsatz zur Herrschaft, dass der Zuwachs einer nicht mittellosen Bevölkerung an sich der Herrschaft Vortheil und einen erhöhten Glanz gewähre. Ottokar II. erklärte ausdrücklich, dass er gerade aus dieser Erwägung daran gehe, öde Gegenden mit Menschen zu besiedeln.[2])

Nach mehreren Richtungen hin unterscheiden sich die planmäßig angelegten Landstädte nicht ganz unwesentlich von der vor Prag entstandenen Niederlassung. Das Durcheinander-Wohnen von Unterthänigkeitsgruppen unter der dem ersten Besiedlungsstamme nach durchwegs deutschen Gemeinde wurde nach Thunlichkeit vermieden. Ein darauf abzielendes Bestreben erkennen wir in den vielen Fällen, in welchen der Landesfürst entweder von seinem Grunde die bisherigen Unterthanen zurückzieht, oder die fremden Gutsbestandtheile im Tauschwege an sich bringt, um da einer angesiedelten Gemeinde in ihrem Bereiche gleichsam einen reinen Tisch bieten zu können. Ist es auch nicht unmöglich, dass Erscheinungen, die bei Prag frühzeitig hervortraten, dahin geführt haben mögen, so wirkte doch auch die Nothwendigkeit, diese Gemeinden mit zusammenhängenden Grundstücken auszustatten, dahin. Die deutsche Gemeinde Prags hatte ursprünglich außer ihren Hofstätten so wenig Landgebiet im Besitze, dass der Fürst den nachbarlichen Landgütern die Servitut auferlegen musste, den Bürgern die Eröffnung und Benützung von Sand- und Lehmgruben gestatten zu müssen, um nur den Baubedarf der Stadt zu decken. Dem entgegen sah man bei

---

[1]) Franciscus p. 20.
[2]) Čelakovský, Jura municipalia II. (1265) p. 43.

den neuen Städten darauf, dass den Bürgern im Zusammenhange mit dem Stadtgebiet ein solcher Landbesitz zugetheilt werden konnte, dass sie einen Theil ihrer Existenz auch auf den Landbau gründen konnten, der ohnedies mit dem Handel in nächste Beziehung trat.

Ja man gieng an der Hand der Erfahrung darin noch weiter. Diese hatte gezeigt, wie oft auch Bürgerfamilien darauf angewiesen waren, einen großen Theil ihres Vermögens im Ankauf freier Landgüter fruchtbringend anzulegen. Man sah deshalb häufig darauf, der neu angesiedelten Bürgergemeinde in der Nähe so viel Kammergut zur Verfügung zu stellen, dass sie selbst oder die einzelnen Bürger entweder Hofgründe erwerben oder ganze Dörfer neu anlegen konnten, welche fortan gleich den Hausgründen unter ständigem Kammerzins blieben. So trat die städtische Colonisation in einen innigen Zusammenhang mit der ländlichen, und gerade die wohlhabenden Bürgerfamilien der Städte erscheinen wieder als die unternehmendsten Colonisatoren des offenen Landes.

Indem die so entstandenen Dörfer in Bezug auf Verwaltung und Rechtspflege den von den Gaugerichten eximierten Städten unterstellt wurden, entstanden mitten im Lande ganze Inseln «deutschen Rechtes,» und das nicht bloß insofern man unter diesem Namen das neue Besitz- und Zinsungsverhältnis verstand, sondern auch in Anbetracht der wirklichen Rechtspflege. Zunächst in diesen mit den betreffenden Städten zugleich an die Kammer zinsenden Dörfern trat an die Stelle des grundherrlichen Functionärs ein *Richter* als Vorstand einer Schöffenbank, die aus Mitgliedern der Dorfgemeinde zusammengesetzt über ihr zugewiesene geringfügigere Angelegenheiten Recht sprach, indes dem Schöffenstuhle der zugehörigen Stadt die höhere Gerichtsbarkeit vorbehalten blieb. Nachahmungsweise wurde dann diese oder eine ähnliche Organisation auch auf slavische Dörfer übertragen; die nächste Veranlassung dazu lag natürlich dann vor, wenn auch solche Dörfer in den Besitz von Städten oder von einzelnen Bürgern gelangten. Doch verblieb dann gewöhnlich das unterscheidende Merkmal, dass in diesen Dörfern der Richter vom Grundherrn auf kurze Zeit eingesetzt und beliebig gewechselt wurde, während in den Originalcolonien das Richteramt gewöhnlich in einer der Colonistenfamilien erblich war und mit dem zugehörigen Gute zugleich durch Kauf erworben werden konnte.

Der Zufall der Urkundenerhaltung gestattet uns leider nicht, zugleich chronologisch vorzugehen, indem wir es vorziehen für die einzelnen Richtungen, die in Betracht kommen, möglichst anschauliche Paradigmen auszuwählen; in Bezug auf die gleichartige Sache fallen auch die — oft bedeutenden — Zeitabschnitte nicht ins Gewicht.

Den im allgemeinen eingehaltenen Vorgang mag uns die Gründung der königlichen Stadt Polička im mährischen Grenzwalde vergegenwärtigen. Allerdings bezeichnet dieser die Gattung der Colonien aus ›grüner Wurzel‹ — hier stand noch unbebauter Boden in großer Ausdehnung zur Verfügung. Wenn dies, wie in der Nähe aller Gauburgen, nicht der Fall war, da musste bereits bebauter Grund von der königlichen Kammer erworben und zu neuer Auftheilung übergeben werden. Hievon abgesehen muss aber das Verfahren als das gleiche gedacht werden.

Der Fürst, beziehungsweise der Grundherr, der eine solche Colonisation beabsichtigt, wendet sich behufs der Durchführung an einen ›geeigneten und in diesem Fache erfahrenen‹ Unternehmer. Ein solcher ist nach dem Zeugnisse unserer Urkunde[1]) Konrad von Löwendorf, der nach diesem Beinamen, der noch kein Adelsprädicat bedeutet, zu schließen, bereits vordem in eben dieser Gegend ähnliche Colonisationsgeschäfte betrieben und das genannte Dorf jetzt Laubendorf, - čechisch Limberk d. i. Löwenberg — angelegt hatte. Diesem übergibt König Ottokar II. die mit dem auf Waldlichtungen hindeutenden Namen Polička — «Feldchen — bezeichnete Gegend in einem Ausmaße von je einer Meile nach Länge und Breite von dem Platze der nachmaligen Stadt aus — d. i. also ungefähr von vier Quadratmeilen Land , um sie zu lociren, d. i. mit Besiedlern auf Erbpacht zu besetzen und ertragsreich zu machen -- locare et fructifera nobis facere. Für die vollbrachte Arbeit erhält Konrad in seinem Mannesstamme erblich in Bezug auf Stadt und Dörfer, welche jemals innerhalb der genannten Grenzen entstehen würden, die Vogtei und das Richteramt — advocatiam et juditium — als Erbbesitz — jure hereditario. Das Erbrichteramt bezieht sich auf die Stadt Polička, die Vogtei auf das Obergericht über die Dörfer, welche nach einem sonst üblichen Terminus die ›Schoßdörfer‹ derselben genannt wurden, da sie mit ihr zusammen den Erbzins für ihre Grundantheile zusammenschießen mussten. Vogtei und Vogtsgut, Richteramt und Richtergut sollen Konrad und seinen Nachkommen als Erbamt und Erbgut, aber auch als Erbbesitz, bei welchem anderwärts das Wörtchen ›nach Landesrecht‹ zugefügt erscheint, gehören, d. h. sie sollen nicht wie

[1]) Čelakovský II. (1265) p. 43 ff.

anderes Locationsgut unter Erbzins stehen, sondern Freigut, frei von Erbzins sein. In gleicher Weise war schon früher auf der alten Mautstätte an der Trstenitzer Straße unweit der Gauburg Wratislaw die Stadt Hohenmaut — Alta Muta — mit einem ähnlichen Umkreise von Schoßdörfern geschaffen und mit «deutschem Rechte» begabt worden. Dieses selbe Recht sollte nun auch in der neuen Stadt Polička die Grundlage und Norm der Rechtssprechung und der Gerichtsveranstaltungen bilden. Unter den Rechtsnormen, die so außer den allgemeinen Einrichtungen durch Übertragungen von einer Stadt zur andern gelangten, sind vor allem die Ansätze der Bußen zu verstehen, welche auf die Arten von Vergehungen gesetzt wurden. Da der Betrag dieser Bußen zu einem gewissen Theile der Grundherrschaft, zu einem andern dem Richter, aber zu keinem Theile der Gemeinde zufiel, musste dieser daran liegen, sich durch ein bestimmtes Abkommen, wie es in der «Ausstattung» mit diesem oder jenem Rechte lag, gegen eine willkürliche Brandschatzung ihrer Angehörigen im Wege der Auferlegung der Bußen zu sichern. Daher bildete die Art des verliehenen «Stadtrechtes» immer einen Theil des Colonisationsvertrages, der das Verhältnis zwischen dem Grundherrn und dem Colonisten regelte. War dann den Schöffen in einem einzelnen Falle nicht bekannt, was Rechtens sei, so frug man bei derjenigen Stadt an, an die man «mit dem Rechte» gewiesen war, die gegebenen Falles auch wieder weiterfragen musste. Dadurch war der Willkür, welche sonst die Gutsherren als Richter gegen ihre Unterthanen üben konnten, umsomehr vorgebeugt, als nicht der vorsitzende Richter als mitbetheiligte Person, sondern die Schöffenbank das Urtheil fand, das jener zu exequieren hatte. Durch diese Einrichtung allein springt der Unterschied der neuen Organisation gegenüber der im Lande bestehenden slavischen in die Augen.

Stritte, die nicht mit dem Untergange eines Menschenlebens zusammenhiengen, und nicht zu einem Bluturtheile führen konnten, sollten, wenn sie in den Dörfern entstanden waren, die Dorfrichter richten. Überstieg die Geldbuße nicht 12 Denare, so fiel sie dem betreffenden Dorfrichter zur Gänze zu. Überstieg sie aber diese Summe, so sollten davon zwei Drittel an die königliche Kammer, ein Drittel aber an Konrad als Vogt fallen, und nur von diesem letzten Drittel sollte dann dem Dorfrichter wieder ein Drittel gebüren. Hinsichtlich der Stadt verstand sich das Gleiche bei anderen Rechtsfällen. Das Blutgericht aber — culpae majores, quae tangunt sententiam sanguinis et vergunt in interitum personarum —

stand in Bezug auf die Schoßdörfer wie die Stadt selbst nur Konrad als V o g t e zu oder demjenigen, an welchen die Vogtei im Wege der Vererbung oder des Verkaufs übergehen würde. Von den Bußen dieses Gerichtes gehörten ein Drittel dem Vogte, zwei Drittel der königlichen Kammer.

Überdies bildeten noch besondere wichtige Vorrechte des Vogtes den Lohn des bei den damaligen Verkehrsmitteln gewiss nicht mühelosen Besiedlungsunternehmens; an ihrer Reichhaltigkeit gemessen erscheinen diese Mühen sehr hoch veranschlagt. Konrad erhielt erblich zwei völlig zinsfreie Hufen — lanei — Landes, in der Stadt Polička je zwei ebenso freie Fleisch- und Brotbänke, im nahen Löwendorf aber eine Schankgerechtigkeit *(taberna)* mit der Bestimmung, dass in allen andern Dörfern des bezeichneten Colonisationsgebietes kein zweites Wirtshaus sich befinden dürfe, sondern nur noch in Polička selbst. An vier Stellen sollen die für einen Mühlbetrieb nöthigen Wasservorrichtungen ihm und seinen Nachkommen allein zinsfrei dienen. Alle anderen Mühlen aber, die noch entstehen könnten, sollten dem Fürsten, — nach Ablauf der Freifrist, — zinspflichtig sein.

Die ganze Colonisationsfläche wurde auf mehr als 800 Hufen geschätzt. Von diesen sollen 50 Hufen zur neuen Stadt gehören, die übrigen aber zur Anlage von Dörfern verwendet werden. Ein Bürger, welchem diese Gründe zufallen werden, solle 18 Jahre von jeder Gegenleistung frei, nach Ablauf dieser Freifrist aber zu Zins und vertragsmäßigen Leistungen verpflichtet sein. Aus einer verschiedenen Bemessung der Freifrist darf man schließen, dass mit der Besiedlung der Stadtgründe um mindestens zwei Jahre früher begonnen worden war, als mit der Anlegung der Dörfer mit Ausnahme von Löwendorf.

Die übrigen zu den zu gründenden Dörfern zugehörigen und annoch mit Wald bedeckten Hufen sollten von dem Jahre ihrer ersten Ansaat an eine zwanzigjährige Freiheit genießen, nach Ablauf derselben aber je einen Vierdung (ferto) Silber nach Leitomischler Gewicht, sechs Strich Roggen und 6 Strich Hafer nach ebensolchem Maß leisten. Von irgendwelchen Frohndiensten ist keine Rede — es gab ja auch noch keinen gutsherrlichen Wirtschaftshof im Gebiete, dem sie hätten zugute kommen sollen. Damit aber der genannte Konrad die Besiedlung nicht lässig betreibe, wurde ihm auch noch in allen in jenem Gebiete anzulegenden Dörfern jede zehnte Hufe als Eigen zugesprochen, ihm und seinen Rechtsnachfolgern.

Um Besiedler für die neue in rauher Waldwildnis entstehende Stadt herbeizuziehen, wurden die Ankömmlinge von jeder Art Zoll und Maut befreit und durch zwei Jahre vor jeder Verfolgung wegen eines anderswo veranlassten Gerichtsfalles, mit Ausnahme eines solchen um Geldschuld, in fürstlichen Schutz genommen — eine Bestimmung, die einigermaßen an die Gründungssage von Rom und die altübliche Bevölkerung der Marken im allgemeinen erinnert.

Um den Verkehr nach der neuen Stadt zu ziehen, verlegte Ottokar II. die alte Handelstraße zwischen Prag und Brünn, die bisher durch das geistliche Stiftsgut Leitomischl geführt hatte, von da hinweg, so dass sie fortan von Hohenmauth unmittelbar nach Polička und von hier nach Brünn führen sollte. Der Zöllner aber soll das Mautzeichen von den Reisenden nicht in der Stadt Polička, sondern wie bei Hohenmauth außerhalb derselben einfordern. Es mussten also — nach unserer Auffassung — die Mautstellen in Hohenmauth und Polička in Wechselbeziehung gestanden haben, so dass die Entrichtung der Mautgebür an einer dieser Stellen die Aus- und Einwandernden an der anderen befreite, falls sie die in irgend einer Marke bestehende Mautquittung vorweisen konnten. Indem nun diese Vorweisung außer der Stadt geschah, sollte den Bürgern ein gewisser mautfreier Spielraum zur Bewegung vor ihrer Stadt gesichert sein.

Die Urkunde war für den Unternehmer, den «Locator», bestimmt und befasst sich deshalb vorzugsweise nur mit dessen Berechtigungen und mit den Leistungen der Ansiedler wohl nur deshalb, weil der Locator als Vogt berufen war, jene einzufordern und abzuliefern. So wie es bezüglich der Taberne angedeutet ist, waren zweifellos auch der Bürgerschaft Fleisch- und Brotbänke, wahrscheinlich auch Schuhbänke, in bestimmter Zahl überlassen, doch nicht wie jenem zinsfrei. Mahlen, Schlachten, Backen und einzelne der Hantierungen in den alten Hofwirtschaften, wie Schusterei und Schmiede, blieben nun einmal dem Grundgedanken nach immer noch herrschaftliche Betriebe und die Herrschaft — in unserem Falle die fürstliche Kammer — verpachtete die Berechtigungen in einem bestimmten Ausmaße — z. B. nach Bänken» — an die Bürgerschaft, diese wieder an die Einzelnen. Auch der Erbrichter betrieb die ihm zinsfrei überlassenen Betriebe zumeist nicht selbst, sondern zog den Nutzen von denselben in Form eines Pachtzinses.

Über das Rechtsverhältnis einer jeden Bürgergemeinde und der Bürgerschaft überhaupt zu den alten Organen der Landesverwaltung und Rechtspflege belehrt uns — auch für unsern Fall geltend — das von König Wenzel I.[1]) der Stadt Iglau verliehene, ausdrücklich aber auf die Bürger im ganzen Reiche bezogene Privilegium der **Gerichtsexemtion**. Keiner der Barone, Adeligen und Ritter, kein Provinzialbeamte und keiner der Hofleute hat in irgend einer Stadt irgend eine Gewalt auszuüben, noch irgend einen einzelnen Bürger zu verfolgen, zu ergreifen oder in seinem Betriebe zu behindern ohne Vorwissen des Stadtrichters und der Schöffen (Geschworenen). Hat ein Bürger oder ein Bergmann — diese zählen durchwegs zum Bürgerstande — einen Besitz innerhalb oder **außerhalb** der Stadt, so untersteht dieser dem **Gaurichter** und seinen Genossen weder in Rechtssachen noch in Bezug auf irgendwelche Landesgerechtsame. Wenn vielmehr die genannten Barone und Herren eine Klage gegen einen Bürger oder den Unterthanen eines Bürgers zu erheben haben, so sollen auch sie das lediglich vor dem Stadtrichter und Stadtgerichte thun, wie jeder andere Mensch. — Hat ein Bürger einem Herrn oder Ritter Güter oder Waren mit bestimmtem Ziel vor Gericht oder vor Zeugen verkauft, ohne dass jener das Ziel eingehalten, so darf der Bürger auch den Baron und Edelmann um seine Schuld pfänden. — Endlich erhielten die — königlichen — Städte im allgemeinen das Recht, sich selbst durch Beschlüsse der Schöffen die Angelegenheiten des allgemeinen Wohles zu ordnen und auf diesem Wege ein Statutarrecht zu schaffen.

Diese **Bürgerschaft** ist nicht nur dem größten Theile der Personen, sondern auch ihrem ganzen **Wesen** nach ein fremdes Element im Lande — sie bildet einen völlig neuen **Stand** der Gesellschaft. Der Bürger erscheint nicht eingeschlossen in die Zahl der freien Grundbesitzer, insofern er zur königlichen Kammer in Zinspflicht steht, aber auch nicht in die ihrer Unterthanen, denn der Zinsgrund ist erblich sein eigen und er ist persönlich ein freier Mann, freier insofern selbst als der heimische Freisasse, als er keiner Gaubehörde botmäßig ist.

Wie schon erwähnt, besitzt er — im Gegensatze zum heimischen Unterthanen oder Bauer — seinen Grund nach dem in Böhmen gebräuchlichen Terminus zu **Kaufrecht** oder zu **Burgrecht**. Der letztere Name dürfte wohl an ein deutsches System von Burglehen erinnern und daher übernommen sein. Der erstere aber bezeichnet das Wesen der Sache; der Bürger hat seinen Grund zu Erbeigen gekauft; doch aber steht er zu ihm wieder nicht in dem Verhältnisse des heimischen Adeligen, der seinen Grund nach «Landrecht» besitzt. Er hat nämlich — wenn ihm nicht auch dieser Theil aus

---
[1]) Čelakovský II. (1249) p. 7 ff.

besonderen Gründen nachgesehen worden war — nur die «*Arrha*», Anleite» oder *podace*» als Kaufschilling erlegt, den Rest des letzteren aber vom Grundherrn als unkündbares Darlehen auf den so erkauften Grund genommen und hat diese Hypothek nun mit einem «Erbzinse» oder Erbpachte an den Herrn zu verzinsen. Der Grundherr kann wohl den Zins, nicht aber den Grund weiterbegeben oder verkaufen. der «Erbpächter» aber kann den Grund sammt der Zinspflicht beliebig vererben, verkaufen oder verschenken, doch immer nur unter solchen Voraussetzungen, welche den Vertrag mit dem Grundherrn aufrecht erhalten. Gerade in Überwachung dessen behält das vorbehaltene «dominium» des Grundherrn immer praktischen Wert.

Während das nun im allgemeinen für das Verhältnis des «deutschen Rechtes» in Böhmen gilt, sondert sich in diesem Punkte das Bürgerthum von dem ländlichen Colonisten, indem ihm gegenüber das «dominium» weniger unmittelbar Gestalt gewinnt. Zunächst greift sein Grundherr, der König, nur ganz ausnahmsweise unmittelbar ein. Er wird durch die Verwaltung seiner Kammer vertreten. In dieser aber ist für die Verwaltung der Angelegenheiten der königlichen Städte eine besondere Abtheilung entstanden, an deren Spitze ein «Unterkämmerer» steht.[1]) Dieser ist den königlichen Städten gegenüber das Organ des Grundherrn. Wichtiger und kennzeichnender aber ist noch, dass kein einzelner Bürger im Vertragsverhältnisse zu jenem steht: nicht der Einzelne. sondern nur die Gesammtheit zahlt den Zins für das gesammte Stadtgut an die Kammer und es ist ihre Sache, sich dafür am Einzelnen schadlos zu halten. Dadurch gewinnt der Bürger eine größere Freiheit der Bewegung. Er kann sich ohne irgend eine Einmischung seitens eines Organes des Grundherrn seines Antheils am Grunde in einer beliebigen Weise begeben, er kann ihn auch nach Gelegenheit vermehren. Würde ein Grund in welcher Weise immer herrenlos, so hat sich um seine Neubesetzung der Grundherr nicht zu sorgen; der Zins läuft fort. Darum gibt es auch keinen Heimfall des einzelnen Schoßgutes an die Kammer — es fällt nur an die Gemeinde, deren Sorge es ist, es ihren eigenen Verpflichtungen entsprechend zu verwerten. Auf dieser Grundlage konnte sich deshalb unbeschadet des königlichen Heimfallsrechtes ein freieres Erbrecht entwickeln, und wir werden noch sehen, wie dasselbe thatsächlich auf diesem Boden zuerst ausgestaltet wurde.

Bisher bestand in Böhmen der Zustand, dass jeder, der nicht zum unabhängigen Adel gehörte, seinen Friedensschutz allein bei

---

[1] Siehe Čelakovský, Das Unterkämmereramt (čech.).

seinem Herrn suchen konnte und sonach alles diesem Zwecke dienende Gerichtswesen für diese ganze große Bevölkerungsclasse ein patriarchales war. Nur für den gegenseitigen Friedensschutz des selbständigen Adels bestanden die Ausgerichte, unter die nachmalige Prager Landesgericht erst als Prager Gaugericht coordiniert war, ehe es sich zum Obergerichte erhob. In dieses ganze System des Friedensschutzes und der Gerichtsbarkeit, wie sich beides auf slavischem Boden in Böhmen entwickelt hatte, ließ sich nun das fremdartige Element des Bürgerthums mit seinem Anhange von Dorfcolonien nicht einfügen. König und Unterkämmerer markierten zwar als oberste Richter in Sachen der Bürgerschaft das Princip der Herrschaft, aber die Form änderte in hohem Grade auch den Inhalt der Sache. Auch im Gerichtswesen tritt ein genossenschaftliches Princip in den Vordergrund und nur den Friedensschutz der Bürgerschaften untereinander wie dem unabhängigen Adel gegenüber übernimmt der Landesfürst selbst. Nach diesen beiden Richtungen hin zielen die wesentlichsten Privilegien des Bürgerstandes.

Wie das vorangeführte bewegt sich auch das große Privilegium, welches Wenzel II. den königlichen Städten Böhmens im allgemeinen ertheilte, vorzugsweise nach der besseren Richtung; im ersteren genügten ja die den einzelnen Städten bei ihrer Begründung verliehenen Stadtrechte.

Vor allem stellt sich der König selbst als den Hort des Bürgerthums hin; an ihn allein und an keinen anderen soll es als seinen Schutzherrn gewiesen sein und sich wenden; er wird richten und gegebenen Falls den Städten untereinander das Recht der Selbsthilfe im Lande einräumen. Erleidet eine ganze Stadt einen Schaden, so haben ihre Bürger vor den König selbst ihre Klage zu bringen. Ist es diesem nicht möglich ihnen Genugthuung zu verschaffen, weil der von ihm in Contumaz verurtheilte Beklagte sich dem Ausspruche nicht fügt, so sollen mehrere Städte gemeinsam ihre Kräfte vereinigen, um den Verurtheilten wo möglich mit Gewalt zu fassen und zu gestellen.

Wenn ein Adeliger — Baron oder Ritter — oder dessen Diener in einer Stadt Raub oder Brandschatzung verübt, so soll der König um Rechtshilfe angegangen werden. Weigert sich der Beklagte, der Vorladung zu folgen, so darf er mit Einwilligung des Königs von den Bürgern persönlich festgehalten werden, bis er sowohl für sein Verbrechen als auch seinen Ungehorsam Genugthuung leistet.

Begibt sich ein in einer Stadt Gebannter — proscriptus — in eine andere Stadt, so sollen ihn die Bürger festsetzen: die vom Landrichter Gebannten, Adelige wie Unterthanen, sollen den Richtern und Schöffen aller Städte angezeigt werden. Wenn ein Bürger in einem Processe beim Gaugerichte einem Adeligen obsiegte, die Execution des Urtheils aber nicht erreichen kann, so darf der Bürger mit Erlaubnis des Königs die Person jenes Adeligen oder dessen Knechte festnehmen, wo immer er sie in einer Stadt betrifft.

Eine mittelbare Beeinflussung der städtischen Verhältnisse durch den Adel soll die Bestimmung hintanhalten, dass ein Bürger, der in ein Dienstverhältnis zu einem Adeligen tritt, auf das Geheiß des Richters mit all seinem Gute aus dem Stadtverbande ausscheiden soll.

Zur Erhaltung des Friedens innerhalb der Bürgergemeinden wird den Bürgern die Pflege des Rechtes empfohlen und werden allen Städten ihre alten Rechtsgrundsätze und erprobten Gewohnheiten ganz allgemein insoweit bestätigt, als sie dem königlichen Hause gegenüber nichts Ungeziemliches und Unangemessenes gestatten. Wer sich gegen diese Festsetzungen vergehe, der solle nach Maßgabe der Rechte der Städte und unter Beistand derselben in einer Weise gestraft werden, dass er anderen zum abschreckenden Beispiel diene. — —

Für den Friedensschutz durch Rechtsprechung im Innern der Stadt konnte mit Rücksicht auf die Sonderstellung der Bürger im fremden Lande kein heimischer Factor geeignet erscheinen; desto geeigneter erwies sich das den Einwanderern geläufige System des Schöffen- oder Geschworenengerichtes in einer entsprechenden Anpassung. Indem dasselbe nach seiner Einführung durch die Städte im ganzen Lande umgestaltend auf das Gerichtswesen gewirkt hat, ist es nothwendig, die Gegensätze genauer ins Auge zu fassen.

Auch nur eine Spur dieses Systems als eine heimische, böhmisch-slavische Institution nachzuweisen, ist uns nicht gelungen. Obwohl die Entwicklung des Gerichtswesens auf slavischer wie auf deutscher Seite von den gleichen natürlichen Grundlagen ausgeht, so ist sie doch nicht beiderseits in gleichmäßiger Staffelreihe vorgeschritten. Spuren und Reste desjenigen Gerichtsfactors, den wir in den altdeutschen Gerichten unter der Bezeichnung des «Umstandes» antreffen, konnten wir auch im čechischen Gerichte nachweisen, und in beiden Fällen bildete dieser «Umstand» nur noch einen rudimentär gewordenen Rückstand. In beiden Fällen aber ruhte **ursprünglich** gerade in dieser zum Umstande gewordenen Versammlung der Genossen eines Friedensverbandes die urtheilende Potenz. Während aber wieder in beiden Fällen diese Versammlung zum acclamierenden Umstande» zusammenschrumpfte, geschah das auf deutscher Seite nicht, ohne dass sich aus derselben eine Art ständigen Ausschusses losgelöst hätte, der die Urtheilsfindung an sich riss und zu behaupten wusste, während sie im slavischen Gerichte vom Leiter desselben mit durchschlagendem Erfolge in Anspruch genommen wurde. Was zu dieser Scheidung in der Entwicklung am meisten beitragen musste, das scheint uns — wir sind in diesem Dunkel auf Vermuthungen angewiesen — die auf deutschem Boden frühzeitiger vor sich gegangene Auflösung des Hauscommunionsverhältnisses und das Überhandnehmen der Gemeindegründungen im Wege der Markencolonisation gewesen zu sein. An der Stelle eines solchen ständigen Ausschusses als Vertreter der Genossenschaft sehen wir beim slavischen Gerichte eine wechselnde Gefolgschaft des Richters, der es schon wegen ihrer untergeordneten Stellung zu diesem nicht gelingen kann, anders als berathend einzugreifen.

Umgekehrt entwickelte sich jener Ausschuss auf deutschem Gebiete zum Schöffencollegium, einer Körperschaft von gewöhnlich zwölf oder sechs der betreffenden Genossenschaft angehörigen Mitgliedern, welche das «Urtheil fand», während ein ursprünglich von der — freien — Genossenschaft eingesetzter und in deren Vertretung handelnder «Richter» oder «Vogt» den Gerichtsvorgang nach gewohnheitsmäßig entstandenen Formen leitete und innerhalb wie außerhalb des Gerichtes den Friedensschutz übte, die Gerichtsbeschlüsse exequierte.

Diese Form und Organisation des Gerichtswesens im allgemeinen ist es, welche zur Zeit der Städtegründungen in Böhmen als das «deutsche Recht» in Anbetracht der Rechtspflege bezeichnet und als solches an die Städte und Dörfer vom Landesfürsten verliehen wurde. Dasselbe musste den gründenden Fürsten als eine gelegene Erscheinung entgegenkommen, indem es eine in dem neuartigen Verhältnisse sonst offene Lücke glücklich ausfüllte.

Ein Unterschied trat indes bei der Übertragung des Institutes sofort hervor. Auf deutschem Boden, auf dem sich das Schöffensystem von selbst entwickelt hatte, führte die natürliche Tendenz desselben zunächst zu lebenslänglichem, dann selbst zu einer Art Erbbesitz der Schöffenwürde. Oder es combinierte sich beides in der Weise, dass die Schöffen nur aus hierzu bevorrechteten Familien zu langer Zeit» gewählt wurden. Nach Böhmen konnten solche durch Gewohnheit geheiligte Ansprüche nicht übertragen werden. Zwar begann sich auch hier örtlich — z. B. in Budweis — das System der Schöffen «zu langer Zeit» einzubürgern; aber es war zu jung, um sich äußernden Missbräuchen gegenüber sich halten zu können. Es wurde vielmehr allgemein giltige Regel, dass hier der Landesfürst als Grundherr in allen seinen Städten — unmittelbar oder mittelbar — die Schöffen aus der Bürgerschaft ernannte und einsetzte und dadurch der Regel nach alljährlich die ‹Schöffenbank› erneuerte. Darin mochte das Königthum auch ein erwünschtes Gegengewicht gegen die Macht der erblichen Richter erblicken.

Wie nun nach Weisung der Schöffen der Richter das Gericht befriedet, wie er es einleitete und führte, wie die Schöffen den Urtheilsspruch fanden, welches Maß der Bußen sie jedem einzelnen Vergehen setzen sollten, das alles mussten die ersten Bürger einer Stadtgemeinde in lebendigem Bewusstsein aus ihrer Heimat mitgebracht haben. Wenn sich diese Summe von Rechtsgewohnheiten, Einrichtungen und Gepflogenheiten als das an einem besonders berühmten Schöffenstuhle der Heimat übliche Recht bezeichnen ließ, so gewann dadurch die Fortentwicklung der Colonie einen Grad von Festigkeit, indem sich in allen hier neuauftauchenden Fragen Rechtsbelehrungen an jener Quelle schöpfen ließen. Als eine solche Quelle haben wir bereits Nürnberg in Beziehung auf einen Bestandtheil der Alten Prager Stadt kennen gelernt; in übertragener Weise wurde die Bergstadt Iglau eine solche für Städte und Dörfer des Ostens.

Für die gleichen Beziehungen zu Norddeutschland tritt Magdeburg ganz besonders hervor. Während aber beispielsweise schlesische Fürsten[1]) bereits in der zweiten Hälfte des 13. Jahrhunderts schon bestimmt formulierte Rechtsvorschriften im Auge haben, die sie ihren Städten als Magdeburgisches Recht gewähren und bestätigen, und die Geltung neu hinzukommender immer wieder von ihrer Bestätigung abhängig machen, verräth ein Ausspruch Ottokars II. noch um dieselbe Zeit,[2]) dass er sich unter magdeburgischem Recht noch kaum etwas anderes denkt, als das Wesen jener Gerichtsverfassung des Schöffensystems und jene hergebrachten Strafnormen, auf Grund deren er auch einer unbedeutenden Gemeinde das eigene Gericht beruhigt anvertrauen könnte. Indem er der dem Kloster Opatowitz unterthänigen Stadt Přelauč das Recht der Städte Kolin und Kaufim ertheilt, bezeichnet er dasselbe als dasjenige der Stadt Magdeburg und erklärt dieses dahin, dass es die Machtvollkommen-

---

[1]) Gaupp, Magdeburgisches und Hallisches Recht.
[2]) Emler R. II. (1261) p. 1236.

heit bedeute, sowohl in Personen wie in Sachen entsprechend der Schuld der Verbrecher und dem Gewichte der begangenen Ausschreitungen Strafen zu verhängen und zwar Urtheile zu fällen auf Hängen, Köpfen, Rädern, Zweikampf und was sonst zum Rechte der genannten Städte gehört. — Nach dieser Erklärung war Ottokar II. in diesem Falle bestimmt der Meinung, mit dem Ausdrucke Verleihung des Magdeburger Rechtes» dasjenige zu decken, was uns sonst als das «Recht zu Stock und Galgen — cippi et patibuli — oder als Recht der Poprava (gegen Nichtadelige) entgegentritt, ein Recht, welches nachmals[1]) allgemein allen Städten ertheilt, beziehentlich bestätigt wurde. Diese Congruenz konnte aber nur insofern bestehen, als ihm bereits die Gerichtseinrichtung des Schöffensystems als die nothwendige Voraussetzung für die Verleihung des Blutbannes an eine Gemeinde galt.

Wir wissen bereits, dass gerade diese Art Rechtspflege, wie sie als *Poprava* bezeichnet wird, nur gegen den Ungenossen, *in praxi* gegen die «kleinen Leute» geübt wurde. Der Bürger, als zu keinem der heimischen freien Stände gehörig, hätte ihr dem Grundsatze nach verfallen können, wenn er nicht durch ein königliches Machtgebot jenen an die Seite gestellt worden wäre. Was ihn nun zum «Genossen» und über den Unterthan erhob, das war seine Ansässigkeit auf seinem Grunde und auch ohne diese die Bürgschaft ansässiger Genossen. Dieselbe Zusicherung, die den Deutschen zu Prag in ihrem ältesten Privileg gemacht worden,[2]) muss von Anfang an auf alle deutschen Gemeinden im Lande übergegangen sein. Als im Jahre 1307 Albrecht I. sich in den Besitz der Städte Grätz, Jaroměř, Chrudim, Maut und Polička setzte, ist dieses Recht das erste, dessen Bestätigung sie von ihm verlangen.[3]) Nur erscheint jetzt nicht mehr der Besitz eines eigenen Hauses an sich genügend, sondern dasselbe soll einen Mindestwert von 50 Mark Silber haben, um zu genügen, wodurch wohl die Hintersassen vor den Mauern ausgeschlossen wurden. Im Strafgerichtsverfahren außer der Poprava hatte sich der Fürst als oberster Richter der Stadt das Gericht über Tödtung vorbehalten, sowie die Buße im Falle «Friedensbruches». Seit der Gründung mehrerer Städte war die Ausübung dieses Richteramtes an den Kämmerer des Fürsten übergegangen und die Fälle des Friedensbruches waren bestimmter definiert. In der genannten Bestätigung der Stadtrechte durch Kaiser Albrecht waren dem Ge-

---

[1]) Emler R. IV. (1337) p. 183 f.
[2]) Quidquid faciant Theutunici, non capiantur nec in carcerem ponantur, si habuerint fidejussores vel domum. Celakovsky I. p. 2.
[3]) Ibid. II. p. 149.

richte des Kämmerers vorbehaltene Fälle die Falschmünzerei, Nothzucht und «Heimsuchung», d. i. der räuberische Anfall eines Hauses. Würde der Kämmerer darüber hinaus sein Recht auszudehnen suchen und deshalb in bestimmten Fällen dem Richter mit den Schöffen der Stadt Recht zu sprechen verbieten, so sollen sie das dennoch auch gegen sein Verbot thun dürfen. Der Kämmerer darf ferner — auch in den ihm vorbehaltenen Fällen — die Bürger nicht irgend wohin aus ihrer Stadt vor sein Gericht rufen, sondern er hat als Richter in die Stadt zu kommen, in welcher der Anlass stattfand. So sei es den Städten in älteren — uns nicht mehr erhaltenen — Briefen verbürgt. —

Jetzt handelt es sich zunächst darum, die innere und äußere Einrichtung der Stadtanlage an beglaubigten Beispielen kennen zu lernen, für welche Orientierung wir uns wieder nicht streng an die Chronologie binden können. Im allgemeinen bildet der Marktplatz den wesentlichen Theil einer Stadtanlage, gleichviel ob sie sich an einen schon vorhandenen Markt anschließt oder nicht. Diese Plätze sind in der Regel groß und geräumig, rechteckig, nur selten oblong, niemals rund. Durch all das unterscheiden sie sich sowohl von den alten slavischen Dorfanlagen, wie auch von deutschen Colonistendörfern. Recht häufig werden inmitten dieses Marktplatzes aus ursprünglich beweglichen Kramläden und Hütten ständige und feste, sodass die Mitte des Platzes dann mit Gebäuden verbaut erscheint, unter welchen mitunter auch die Stadtkirche, häufiger noch ein Rathhaus auftaucht. Doch gehört dessen Schaffung überhaupt erst einer jüngern Zeit an; so lange es noch eine Erbrichterfamilie im Amte gibt, ist deren Haus an seiner Stelle. Gerade durch die Verbauung der Mitte wird der Marktplatz zum ‹Ringe›, eine Bezeichnung, die jener im ganzen Osten Deutschlands, in čechischen und polnischen Ländern führt.

Die Einschließung mit Mauern versteht sich bei landesfürstlichen Städten von selbst; sie sollen ja dem Fürsten selbst, der seine alten Burgen oft in dieselben überträgt, befestigte Stützen sein. Aber bei Städten anderer Grundherren setzt aus gleichem Grunde die Ummauerung eine besondere Genehmigung des Landesfürsten voraus; dem Grundsatze nach sollen sie ihm vielmehr offen stehen. — Die Lage der Stadt finden wir der Regel nach so gewählt, dass nur zwei in der Längenachse einander gegenüberliegende Thore den Zugang durch die Mauern vermitteln. Seitwärts durchbricht allenfalls eine oder die andere «Pforte» die Mauern. Häufig führt von da den Abhang hinab eine Stiege oder ein Steig zum fließenden Wasser.

In der Richtung vom Markte zu den Thoren entstehen die Gassen; in kleineren Städten oft nur je eine, in den meisten je zwei. Rückwärtige und Nebengässchen entwickeln sich erst später.

Um den Marktplatz herum wohnen von Anfang an die angeseheneren Bürger, die Geschlechter und die Handeltreibenden, in den Gassen, oft gruppenweise nach der Beschäftigung zusammengeschart, die Handwerker.

Die erste Befestigung einer neubegründeten Stadt scheint aus einem Planken- oder Pallisadenzaune bestanden zu haben, dessen Benamung wohl irgendwie mit dem Namen Pferch zusammenhieng, aus dem dann das slavisierte «*Parchan*» entstanden sein mag. Was dann — namentlich durch die Fürsorge Ottokars II., der einmal erklärte, dass ihm eine große Anzahl wohlbefestigter Städte als der Schmuck seines Reiches erscheine, den er zu mehren suche,[1]) — hinzukam, war ein ausgemauerter Graben außerhalb desselben. Die Umwandlung jenes Zauns in Mauerwerk mit streckenweise vertheilten, oft nach innen zu offenen Thürmen vollendete nach dem Wunsche jener Zeit die Befestigung.

Die nicht unbedeutenden Mittel für eine solche Befestigung aufzubringen, war nicht Sorge der königlichen Kammer. Sie ließ vielmehr die neuen Ansiedler gewöhnlich erst einigermaßen zu Kräften kommen, ehe sie auf die Vollendung derselben drang. Dann sprang sie ihnen nur in der Weise bei, dass sie für eine Reihe von Jahren auf alle ihre Einkünfte, auf Zinsen, Zölle, Mauten, Gerichtsbußen und Steuern besonderer Art zu Gunsten der Bürgerschaft verzichtete, wofür diese verhalten wurde, jene Befestigungswerke nach Vorschrift des Fürsten fertigzustellen. In verschiedenen Städten werden zwei, vier und auch acht Jahre genannt.

Mehrfach galt die so geschaffene Befestigung der Stadt Kolin an der Elbe als mustergiltig.[2]) Der Graben, welcher in engerem Einschlusse rings um die Stadt geführt wurde, hatte oben eine lichte Breite von 20 Ellen unter entsprechender Verjüngung nach unten hin. Beide Seitenwände desselben waren ausgemauert, und während diese Mauer auf der Glacisseite nur bis zur Bodenhöhe reichte, erhob sich auf der Innenseite auf der gleich hohen Untermauer die Parchan genannte Umfriedung. Die Höhe der Umfriedung betrug sammt der Grabenmauer von der Sohle des Grabens aus 20 Ellen. Auch der Parchan wird um diese Zeit schon als Mauerwerk[3])

---

[1]) Emler R. II. p. 1035.
[2]) Nach dem Formelbuche des Henricus Italicus in Emler R. II. p. 1035 ff.
[3]) murum, qui barchanus dicitur. Ibid. p. 1036.

behandelt und — nach Geschossweite bemessen — sind in denselben Vertheidigungsthürme eingebaut. Nur in einem uns bekannten Falle — ungewiss ob Aussig oder Glatz betreffend — ist noch zur Zeit Ottokars II. anstatt des Parchans ein Holzzaun rings über der Grabenmauer aufgeführt.[1]) In jüngerer Zeit wird der Name Parchan, Parchen auf den ganzen Befestigungsraum vom Glacis bis zur Stadt erstreckt. Thürme sind auch über den Thoren vorauszusetzen. In einer nicht mit Namen bezeichneten Stadt[2]) werden die nach dem Koliner Muster gebauten Thürme als gerundet bezeichnet und ein solcher über jedem der drei Thore angeführt; auf der Wasserseite soll eine kleine Pforte angebracht werden. Anderwärts[3]) werden hölzerne Kammern als Abschluss der Thorthürme erwähnt, die wohl zugleich die sogenannten Mordgänge darstellten. Indem einer Auflage von aneinandergereihten Balken nur bei den vorspringenden Mauerthürmen gedacht wird, entbehrte wohl die Parchanmauer noch solcher Gänge, während die rundlichen Thürme als innen offene Rondele zu denken sein dürften. Im 14. Jahrhunderte werden in einzelnen Fällen auch noch Zwinger oder Vorwerke — propugnacula — in der Nähe der Thore errichtet, z. B. bei Bydžow.

Im Nothfalle kann auch die Wand eines Gebäudes auf ihrer Strecke die Parchanmauer vertreten. So findet Ottokar II.[4]) den Raum für das Dominicanerkloster in seiner Stadt Nimburg zu eng und ordnet deshalb an, dass die Dominicaner die Steinmauer ihres Klosters so anlegen, dass sie zugleich als Befestigungsmauer dienen könne. All das zeigt, wie sehr alle diese Anlagen Gegenstand planmäßigen Vorbedachtes waren.

Dass zu den Arbeiten an den Städtebefestigungen, wie der Chronist klagt, auch Unterthanen von Stiftsgütern herangezogen wurden, finden wir nur einmal urkundlich angedeutet, indem Ottokar II.[5]) an eine unbekannte Adresse den Befehl richtet, ihre Unterthanen zur Arbeit an den Gräben der Stadt Časlau zu schicken. In einzelnen Fällen wird auch schon dem Locator der Stadt die Aufgabe dieser Befestigung und der Gemeinde schon in der Zeit der Freijahre eine entsprechende Leistung auferlegt. Von solchen Umständen und von der Länge der Einschließungslinie pflegt dann aber auch die Zahl der Freijahre mit abzuhängen. Nur ganz ausnahmsweise betheiligt sich die Kammer auch mit barem Gelde an der Ausführung.

[1]) Emler R. II. p. 1030, Nr. 2399.
[2]) Emler II. p. 1037.
[3]) Eml. II. p. 1037, Nr. 2395.
[4]) Emler II. p. 1038, Nr. 2397.
[5]) Emler II. (1278?) p. 466.

Die Städtegründungen im Einzelnen.

Um die Bedeutung deutscher Bürgeransiedlungen im Lande Böhmen ihrem Umfange nach beurtheilen zu können, kann uns ein Eingehen in die einzelnen Gründungen nicht erspart bleiben.

Nicht alle ehemaligen Gauburgen erhielten anschließend oder in nächster Nähe eine Stadtanlage, obwohl solche Plätze grundsätzlich bevorzugt erscheinen. Aber einige waren bereits der Kammer entfremdet, andere zu bedeutungslos geworden. Nächst den alten Burgplätzen kommen wohl in entscheidender Weise die alten Verkehrsstraßen in Betracht. An der Wasserstraße der Elbe waren auf dem königlichen Gute Austi — Aussig, bei den Gauburgen Leitmeritz und Melnik königliche Städte angelegt worden; desgleichen eine unmittelbar am Fuße der Burg Prag, alle diese mit gleichsam von der Natur gegebenen Beziehungen zu Magdeburg, für Böhmen die Hauptstadt des Nordens; am Hauptwege des Ostens, der Polenstraße, bei den Burgen Glatz und Grätz; im Gebiete der Brünner Straße Mauth unweit der Gauburg Wratislav, dann bei den Burgen Chrudim und Kouřim, an der Haberner Straße bei Časlau. Die besonderen Verhältnisse im Süden des Landes erscheinen auch dadurch charakterisiert, dass sich hier keine städtische Colonie an eine Gauburg anschließt. Die Gauburgen — Netolitz, Teindles — waren gefallen, indem die Gaugrafen als Hüter des Waldes ihre Stützpunkte in diesen selbst verlegt hatten; ebenso im Südosten. Erst bei Pilsen, Klattau und Taus erscheinen königliche Städte in einem annähernd ähnlichen Verhältnisse zu alten Burgen. An der Weststraße sind es Eger, das sich an die alte Kaiserburg lehnt, und Saaz, das den alten Mittelpunkt des Gaues bezeichnet. Noch kann Schlan hieher bezogen werden; doch wählte diese Ansiedlung den Vorort einer jüngeren Zeit.

Einige Städte haben zwar sichtlich die Nähe des Gauvorortes gesucht, aber aus wirtschaftlichen Gründen den geeigneten Platz nur in einiger Entfernung gefunden. Dann verödete der alte Platz wohl mitunter erst vollends infolge der neuen Concurrenz. Unter diese hätte schon Neu-Pilsen in seinem Verhältnisse zu Alt-Pilsen eingereiht werden können. In das gleiche Verhältnis trat an der Mies, da wo die Pilsen-Prager Straße den Fluss überschreitet, Beraun zum alten Tetin, an der Elbe Nimburg zu Libitz und vielleicht Kolin zu Oldřiš, — im Süden in gewissem Sinne auch Budweis zu Teindles und Schüttenhofen zu Prachin. Während die betreffenden Gauburgen vollends verfielen, gelangten andere im Zustande des Verfalls aus dem Besitze der königlichen Krone in die Hände von geistlichen oder weltlichen Großen, und wurden — wie Chcinow, Rečic, Rokycan, Řičan, Rakonitz, Luditz, Bilin, Jungbunzlau, Tetschen u. a. — von diesen neuen Herren in ihren Suburbien zu unterthänigen Städten oder Städtchen ausgestaltet, von denen dann einige wieder von Umständen begünstigt zur Krone in das Verhältnis königlicher Städte traten, wie Jungbunzlau, Rokycan, Rakonitz.

Eine andere Gruppe von königlichen Städten entstand in ähnlicher Weise wie bei den alten Gauburgen am Fuße oder in der Nähe jener Burgen, welche die Fürsten in einer jüngeren Zeit zum Schutze der Auslandstraßen, Zollstätten und Märkte in der Nähe des alten Markwaldes angelegt hatten. Dazu gehören Tachau, Elbogen, Kaaden, Brüx, Königinhof, Jaroměř, Trautenau, Polička. Aber auch von solchen Burgen und Hofanlagen hatten einzelne das Schicksal, dass sie selbst oder doch ihre zu Städten sich umgestaltenden Suburbien aus den Händen der Fürsten in die anderer Besitzer übergiengen, wie — neben anderen — Sandau und Tepl, Komotau, Bösig (das spätere Weißwasser), Arnau, Braunau, Landskron.

Eine besondere Gruppe bilden ihrer Entstehung nach die alten Bergstädte. Sie lehnen sich weder an eine bestandene Zoll- oder Marktstätte noch an eine Gau- oder Grenzburg, sondern an den besonderen Erwerbszweig, den die Beschaffenheit des Bodens hervorrief. Hieher gehören Kuttenberg und Mies und das vordem unterthänige Deutschbrod; aber auch die königliche Stadt Karlsbad ist dieser Gruppe anzureihen. Eine besondere Stellung nahmen Laun an der Eger, Pisek und Wodnian ein.

Die genannten königlichen Städte nach der Gründungszeit an einander zu reihen, ist wegen der großen Verluste, die gerade nach dieser Richtung hin das Urkundenmaterial erlitten hat, nicht mehr möglich. Doch scheint in dieser Hinsicht — von Eger und Pirna ihres besonderen Verhältnisses wegen abgesehen — die Stadt Grätz, jetzt Königgrätz (eigentlich Königingrätz) an der alten Polenstraße und neben ihr Pilsen, den ersten Rang unter den Landstädten beanspruchen zu können. Die Gauburg, an die sich dort die Stadtgründung anlehnte, hieß in alten Zeiten die ‹Burg› schlechtweg, und Reste der Mark reichten bis an sie heran. Dass hier, zum Theil auf solchem Markgrunde ein Vorgang stattfand, wie wir ihn bei Polička — für eine jüngere Zeit urkundlich verbürgt — kennen lernten, dafür spricht auch die auf deutsche Colonisation zurückweisende Anlageform der zwischen Adler und Elbe sich ausbreitenden wie einiger anderer Dörfer in jenem Gebiete. Mit Bestimmtheit lässt sich nur sagen, dass die Anlage schon v o r dem Jahre 1225 stattgefunden haben musste, denn in diesem Jahre schenkte bereits Ottokar I. der neuen Stadt «in Gradec» das entfernter — bei Skalitz — gelegene Dorf Westec.¹) Wenn auch das Wort «Civitas» allein nicht Bürge für die Richtigkeit solcher Auffassung sein kann, so ist doch das alte unterthane Suburbium, das allenfalls auch so genannt sein könnte, unmöglich als Besitzer eines Dorfes denkbar; der eigenen Burg aber, die dereinst allerdings auch mit *civitas* bezeichnet wurde, und deren Hofwirtschaft mit der Gründung der Stadt keineswegs aufhörte, hätte der König nicht in solcher Form ein Geschenk machen können. Ein Přisnobor, der uns um jene Zeit als «Richter in Hradce» genannt wird.²) war zweifellos ein Beamter des alten Gauamtes daselbst. Dass es aber auch einen städtischen E r b r i c h t e r in der S t a d t Grätz gab, bezeugen Urkunden des 13. und 14. Jahrhunderts.³) Eine solche sagt uns auch, dass das alte, freie Erbrichtergut im höchst stattlichen Ausmaße von 4½ Hufen — mindestens 130—160 Joch — in dem nahen Dorfe Plotišt lag.⁴) Doch lassen die erhaltenen Namen — Johann der Richter, Johann der junge Richter, Adam und Andreas — keinen Schluss auf die Herkunft der Familie zu. Dieselben würden uns auch nicht auf den ersten Unternehmer zurückführen können, da schon im 13. Jahrhunderte, sei es durch das Aussterben seiner Familie oder in anderer Weise das Richteramt frei geworden und damals von Wenzel II. an den Prager Bürger Meinhard für eine bestimmte Zeit verpachtet worden war.⁵) Doch finden wir im 14. Jahrhunderte das Amt wieder im Erbbesitze.

Dass es das «deutsche Recht» war, auf das die neue Stadt Grätz gegründet worden, ersehen wir aus der Gewährung desselben Rechtes an die unterthane Stadt Leitomischl. Indem sich die Bürger daselbst des Rechtes von Grätz erfreuen sollten, hatten sie sich vor kein Provinzialgericht, sondern nur vor das des Königs zu stellen. Dementsprechend sollen sie befreit sein von den Landesfrohnen und damit zusammenhängenden Giebigkeiten, von der Pflicht der Verpflegung und Beherbergung, des Jagdnetztragens und der Pflege der Hunde und Hundewärter, von der «Getreideschüttung» und dem Sechspfenniggeld für die Jägermeister. Die alten Gemeinbürgschaftslasten bei Todschlag, Verwundung, Erhängen sollen wegfallen.⁶)

¹) Čelak. II. (1225) p. 1 f; Erben I. p. 323.
²) Erben I. (1229) p. 354.
³) Emler R. IV. (1344) p. 557. Borowý, Libri erectionum p. 81, 131, 157.
⁴) Čelakovský II. (1374) p. 684.
⁵) Čelakovský II. (c. 1291) p. 109.
⁶) Emler R. II. (1259) p. 89.

Damit ist natürlich nur der Boden für die deutsche Gemeindeverfassung bereitet; diese sollte die jüngere Colonie von Grätz entlehnen. Auch die nachmals beurkundeten Verhältnisse weisen auf einen Stamm deutscher Ansiedler als die ersten Begründer der Bürgergemeinde zurück. Nicht nur die äußeren Formen der Gerichtsverfassung, der Schöffenstuhl mit den «vier Bänken», der «rechte Dingtag» und ein gehegt Ding, da alle Dinge Kraft haben» weisen unwiderleglich auf deutsche Herkunft; auch die Verhandlungssprache des Gerichtes ist noch am Ende des 14. Jahrhunderts die deutsche.[1]) Die einzelnen Majestätsbriefe Karls IV., Wenzels IV. und der Königin Elisabeth[2]) wenden sich in deutscher Sprache an die Stadt. Auch die Namensformen zeugen für die deutsche Umgangssprache in der Stadt. Die Zunamen nach dem Herkunftsorte sind das ganze 14. Jahrhundert hindurch mit deutscher Endung gebildet — Politzer, Dobruscher, Mautner, Jitschiner, Liegnitzer, Placzitzer — oder erscheinen, wie der junge Schöpfe, Johannes dictus «mit dem Rosse»[3]) auch im lateinischen Texte in deutscher Form. Diejenigen Namen, welche einen Ansatz zu Familiennamen bilden, sind größtentheils gut deutsch — Hugwart, Ross, Ringwert, Eris, Voit, Zeidlin, Peslin, Rotel, Skultis, Stesserer, Silbercin, Rosner, Stendler, Glatner, Kramer, Reissenkittel, Reitner, Schonscheider, Krieg, Sporport, Kowlenrichter, Wernher, sämmtlich Schöffennamen.[1]) Unter den Vornamen, die häufig noch für sich allein die Person bezeichnen, befinden sich außer den gewöhnlichen Johann, Andreas, Adam und ähnlichen ein Stamm den Formen nach echt deutscher: Kunzlin, Volklin, Bartlin, Berchlin, Hans, Henslin, Michel, Fritz, Jürge, Merten, Heinel, Frenzlin.[5]) Doch zeigt sich daneben auch in Familien, die wir nach anderen Anzeichen für deutsche ansprechen müssen, eine Vorliebe, den Kosenamen, gleichviel ob sie an sich deutsche oder slavische seien, slavische Formen zu geben: Friczko, Hanso, Niczko (Nikolaus), Mixo, Francko. Nur ganz vereinzelt aber taucht dazwischen ein Name wie Zdczlav Buškonis auf, den wir auf eine čechische Familie beziehen müssen. Inwieweit Personennamen, die nach der lateinischen Bezeichnung von Handwerkern getragen werden, auf ein Eindringen des slavischen Elementes in die Handwerkerschichte deuten könnten, ist

---

[1]) Borowý l. cr. (1395) p. 422.
[2]) Čelak. II. (1378) p. 712 ff.; (1382) p. 741); (1395) p. 865 u. a.
[3]) Čelak. II. (1351) p. 421.
[4]) Borowý (1371—1397) p. 81, 95, 131, 142, 157 ff. et passim.
[5]) Ebend.

nicht feststellbar. Es bleibt da zu beachten, dass Hofämter und eine Hofwirtschaft, letztere mit einem dazu gehörigen unterthänigen Suburbiumsgebiete fortbestanden, welch letzteres Gebiet sich in Form von Vorstädten an die Stadt der deutschen Gemeinde anschloss. Diesen sicherlich slavischen Unterthanen machte Wenzel II.[1] ein bedeutsames Geschenk, indem er ihnen ihren bisherigen Nutzungsgrund unentgeltlich zu bürgerlichem Eigenthum übergab, und die Stadt gewann nicht unwesentlich, indem diese Gründe der Stadt als Schoßgründe zugewiesen wurden, ohne dass sich damit ihre Schoßpflicht vermehrt hätte. Die seltene Maßregel lässt darauf schließen, dass die alte Hofwirtschaft der Concurrenz der freien Handwerker nicht mehr Stand haltend zu einem Theile wenigstens aufgelassen worden war. Die ehemaligen Unterthanen traten nun in das Verhältnis von Colonisten und unter ihnen wuchs wohl vorzugsweise der Nachschuss heran, den die slavische Bevölkerung in die deutsche Stadt sandte. Ein Dominicanerinnenkloster, das in dieser Vorstadt bestand, scheint gegen Ende des 14. Jahrhunderts fast nur Töchter slavischer Abstammung — Hilcze, Hrzla, Elzka, Manya, Weselská, Czrnčická, Labenská, Turgowec, Bětka — beherbergt zu haben.[2]

Woher etwa die erste Colonie der Bürger gekommen, ist aus keiner Andeutung zu entnehmen. Dass aber später im 14. Jahrhunderte ein reger Aus- und Zuwanderungsverkehr mit den Stadtcolonien des Ostens, einschließlich schlesischer stattfand, zeigen die auf Chrudim, Politz, Braunau, Dobruška, Jičin, Maut, Nachod, Liegnitz hindeutenden Personennamen. —

Von keinem geringeren Alter dürfte die Anlage von Leitmeritz an der damals verhältnismäßig stark benützten Wasserstraße der untern Elbe gewesen sein. Das slavische Suburbium bei der alten Gauburg jenes Namens bildete das Dorf Leitmeritz. Dasselbe befand sich, als Ottokar I. seinen Gründungsplan zur Ausführung bringen wollte, nicht mehr in seinem Besitze, sondern gehörte dem Stifte Tepl; am wahrscheinlichsten, dass es dessen Gründer, der dem Könige als Gaugraf gedient, als Lohngut an sich gebracht und seiner Stiftung geschenkt hatte. Ohne zu verhandeln nahm es nun Ottokar dem Kloster wieder ab, und es bedurfte der vereinigten Mahnungen des Mainzer Erzbischofs und der Bischöfe von Prag und Olmütz, bis er dem Stifte durch die Schenkung eines anderen Dorfes Ersatz leistete; das Dorf Leitmeritz selbst zurückzustellen,

---

[2] Čelak. II. (1297) p. 128.
[3] Borový L. cr. (1393) p. 397.

war er offenbar nicht mehr in der Lage.[1]) Wenn nun der Bestand einer ‹Stadt› an jener Stelle mindestens zum Jahre 1235 urkundlich sicher gestellt ist, so muss jener Vorgang mit der Gründung derselben zweifellos im Zusammenhange erscheinen und diese demnach jedenfalls vor das Jahr 1228, bestimmt also in die Regierungszeit Ottokars I. gesetzt werden. Der Vorgang selbst scheint die Angaben der Chronisten, dass es, als der König anfieng, seine Gunst den Städtegründungen zuzuwenden, ohne Beeinträchtigung der geistlichen Stifte nicht ganz abgieng, zu bestätigen, Urkunden vom Jahre 1235 und 1237 setzen bereits[2]) den geordneten Bestand einer Stadt Leitmeritz «und anderer Städte› in Böhmen voraus, indem Wenzel I. der unterthänigen Bischofsstadt Raudnitz «in Criminal- und Civilsachen» dasselbe Recht verleiht, das in jenen in Gewohnheit ist, «die in unserem Reiche nach deutschem Rechte angesiedelt sind».

Dieses «deutsche Recht» bedeutete für Leitmeritz einerseits den Besitz des der neuen Gemeinde zugewiesenen Grundes zu Erbpacht und anderseits die Befreiung von jedem inländischen Gerichte — das des Königs ausgenommen —, wofür sie sich unter ihrem eigenen Richter und Schöffengerichte selbst verwalten und im Rechte schützen sollte. Dieser Zustand fand gewiss schon Jahre lang statt und es galten dabei die den Ansiedlern bewussten Formen des Magdeburgischen Vorbildes, als Ottokar II. im Jahre 1262 Anlass fand, die Bürger im Besitze jener Freiheiten und des Magdeburgischen Rechtes ausdrücklich zu bestätigen.[3])

Um dieselbe Zeit, in welcher der frühzeitig zu großem Ruhme gelangte Schöffenstuhl zu Magdeburg Belehrungen verschiedenen Ausmaßes über seine Einrichtungen, Entscheidungen in öfter wiederkehrenden Rechtsfällen, das Ausmaß der Bußen u. dgl. nach verschiedenen Städten des Ostens, namentlich Schlesiens — doch keineswegs unentgeltlich — aussandte,[4]) bestellte auch die junge Stadt Leitmeritz eine solche schriftliche Belehrung und erhielt sie im Jahre 1282. Leider ist uns zwar das zugehörige Begleitschreiben der Magdeburger Schöffen[5]), nicht aber die gesiegelte Rolle mit der Belehrung erhalten geblieben. Diese Art Verbindung der beiden Städte hörte nicht

---

[1]) Erben R. I. (1228) p. 339.
[2]) Čelak. II. p. 3; Emler R. II. (1237) p. 1236.
[3]) volentes vobis in premissis jus et consvetudines Magdeburgenses observare. Emler IV. p. 814. Čelak. II. p. 37.
[4]) S. Gaupp a. a. O.
[5]) Emler R. IV. (1282) p. 819.

mehr auf. Leitmeritz holte sich in allen schwierigen oder neuartigen Rechtsfällen Rechtsbelehrungen in Magdeburg,[1]) wie sein Schöffenstuhl selbst wieder allen jüngeren Städten desselben Rechtes in Böhmen als Quelle des Rechtes diente.

Auch für Leitmeritz bestand ein **Erbrichteramt** — entsprechend der erzbischöflichen Vogtei zu Magdeburg — zunächst in der Familie des ersten Unternehmers. Ob wir aber denselben in der Person jenes Herbert vor uns haben, der noch im Jahre 1248 als Vogt — advocatus — genannt wird,[2]) ist ungewiss aber nicht unmöglich. Im darauffolgenden Jahre wäre ihm dann Luthold als Erbrichter gefolgt.[3]) Es folgen dann Witgo und wieder ein Herbert, Heinrich und Konrad.[4]) Im 14. Jahrhunderte treffen wir zuerst einen Matthias,[5]) um 1343 einen Peter von Taus und etwas später einen Peter von Meissen.[6]) Mit dem zum Jahre 1290 genannten Heinrich scheint die Familie des ersten Unternehmers erloschen zu sein, wenn nicht die betreffende Urkunde Wenzels II.[7]) eine bloße Bestätigung der Amtsnachfolge bedeuten sollte.[8])

Sicher war um 1383 das Erbrichteramt erledigt, und Karl IV. verlieh es neuerdings erblich an den Leitmeritzer Bürger Fraňa (Franz) genannt Manau und dessen Sohn Mixiko (Mikeš i. e. Nikolaus); Manau aber verkaufte es mit königlicher Einwilligung im Jahre 1386 an die Brüder Kunad (Konrad), Hans und Jarke (Jaroslav) Kappler (oder Keppler),[9]) die nachmals das Prädicat «von Sulowitz» zu führen pflegten; so gelangte eine in der Nachbarschaft begüterte Wladykenfamilie zu einflussreicher Stellung in der Stadt.

Dass nichts desto weniger des Königs Kanzlei auch mit dieser Familie noch **deutsch** verkehrte, wie das bezüglich Leitmeritz überhaupt der Fall ist, so oft sie den lateinischen Stil verlässt, deutet immerhin auch noch am Ende des 14. Jahrhunderts auf das Vor-

---

[1]) Eine solche Emler R. IV. (1324) p. 832 ff.
[2]) Erben I. (1248) p. 562.
[3]) Erben R. I. (1249) p. 573; unter R. IV. (1253) p. 813; Čelak. II. p. 31.
[4]) Emler R. II. (1262) p. 148; (1267) p. 213; (1290) p. 1048, 1059.
[5]) Emler Reg. III. (1319) p. 220; (1331) p. 677.
[6]) Emler R. IV. (1343) p. 490; Čelak. II. (1349) p. 419 ff.
[7]) Čelak. II. p. 113.
[8]) Ob sich die Urkunde Čelak. II. Nr. 50, p. 114, mit welcher Wenzel II. einem Ungenannten das Richteramt für ein Jahr verleiht, auf Leitmeritz beziehe, ist nicht ausgemacht.
[9]) Čelak. II. p. 758, 777.

herrschen des deutschen Elementes in der Bürgerschaft; eben darauf aber auch der Rest der uns erhaltenen Namen der Ansiedlerfamilien,[1]) als da sind — zum Jahre 1248: Hertwig, Herbert, Litold (Luthold), Lambert, Heinrich, gen. König (Henricus Rex), Burghard, Siffried; 1253: Ludolf, Richter von Budin, Hermann von Porta (Schulpforte), Johann von Meissen, Heinrich von Freiberg (identisch mit dem «Könige»); 1262: Johann, Herberts Sohn, gesessen in Kopist, Witgo, Adolf von Freiberg, Otto von Aldenberg, Otto von Hessler, Peter von Aussig; 1263: Bruno, Peter, Werner, Anselm; 1267: Sifried von Meissen, Herbert, Konrad von Schandau, Peter von Schandau, Anton, Heinrich von Hildensim (Hildesheim), Konrad von Meissen, Heinrich von Pirna; 1269: Rüdiger von Budissin (Bautzen), Peter, Werner von Aussig; 1282: außer den beiden Schandauern Bartholemäus, Konrad und Peter, Söhne Antons, Herbert, Johann, Ludolfs Sohn, Konrad von Gabel, Sifried vom Rhein (Reinensis), Dietmar von Kouřim. — Wenn wir die Gründung der Stadt auf das Jahr 1225 ansetzen, so können dem Lebensalter nach viele der Genannten immer noch zu den ersten Einwanderern und Ansiedlern gehört haben.

Im 14. Jahrhunderte erscheinen: Matthias, gen. v. Konojed, Peter von Gabel, Petzold, Heinrich Zinner, Hildebrand, Thetico Isenrich, Jacolin von Schandau, Goczelin (Götzlein, Gottfried), Peslin von Gabel, Nikolaus von Budin, Wenzel von Meissen, Jakob von Schandau, Johann de monte (Freiberg?), Dietlein Zinners, Nikolaus Pirners, Ulmann von Aussig, Hanko von Gabel, Heinrich von Aldenberg, Henlin von Kopist, Nikolaus Haumanns, Goczlin von Buschwitz (Bauschowitz), Jacko von Kopist, Nikolaus Lysse, Peter von Taus, Peter von Meissen, Hanemann von der Mühle, Peter von Aussig, Heinrich von Pirna, Heinrich von Krischow, Peter Anselms, Rudolf Christinens, Johann von Gabel, Peter von Chemnitz, Siffrid von Kopist, Siffrid von Meissen, Johann von Schandau, Heinrich von Bautzen und Frana Manau.

Sehen wir von der auch hier angedeuteten Vorliebe für slavisierte Kosenamen ab, so lässt die weitaus größte Anzahl der Namen auf deutschen Ursprung schließen. Dass das Deutsche in der Stadt Umgangssprache war, beweisen die in die lateinischen Texte eingestreuten Vulgärbezeichnungen, wie Elbe, Scheffel, Niederlag u. ä. Einige der Namen können einen ziemlich sicheren Schluss auf die Herkunft gewähren. Eine Mehrzahl derselben deutet auf die Beziehungen

---

[1]) Belege in Erben und Emler Regg., Čelakovský Privilegien II. und Borowý Lib. erect.

zu dem schiffbaren Strome, der der königlichen Kammer so willkommene Unternehmer herbeizog. Zunächst muss die neue Colonie sich an die Colonien des Landes Meissen angelehnt haben; mit den Etappen Schandau, Pirna und Meissen erscheint auch die Verbindung mit Magdeburg selbst angedeutet. Auch außer diesen Elbeplätzen betheiligte sich Meissen — durch Altenberg bei Geising, Freiberg, Chemnitz, Pforta — die Oberlausitz durch Bautzen, Niederdeutschland durch Hildesheim und die Gegend des Rheins an der Besiedlung der neuen Stadtanlage, deren Bevölkerung sich dem Stammescharakter nach von der Prager nicht unwesentlich unterschieden haben mag.

Das bewegliche Element des Bürgerstandes blieb aber in der neuen Etappe nicht stehen, sondern trat in Wechselbeziehungen zu andern Städten Böhmens. Ein Konrad von Leitmeritz starb als einer der reichsten Bürger von Alt-Prag; Kouřim und Taus gaben dafür Bürger an Leitmeritz ab; das Verhältnis zum nahen Aussig mag ein wechselseitiges gewesen sein.

Eine andere Gruppe von Bürgernamen bezeichnet dagegen, wie in einzelnen Fällen urkundlich feststeht, die colonisatorischen und agrar-geschäftlichen Beziehungen, in welche die neuen Bürger in nahen und entfernten Orten eingetreten waren. Von einem Peter genannt Keblitz», von Gotzelin «von Buschwitz» weisen die Urkunden deutlich nach, dass sie diese Bezeichnungen den Erfolgen ihrer agrarischen Unternehmungen in den nahen Dörfern Keblitz und Bauschowitz verdankten, und auf dieselbe Beziehung muss man bei einem Henlin und Jacko, einem Hildebrand und Paul «von Kopist», Matthias «von Konojed», Ludolf von Budin, Konrad von Pistian u. a. schließen. Da wir die Beziehungen von Leitmeritzer Bürgern zu der neuen Colonie Graber — Krawar — noch kennen lernen werden, so können wir auch bezüglich der häufig wiederkehrenden Nennung des Städtchens Gabel an keine andere Art der Beziehung denken; dasselbe gilt von Lyssa an der Elbe. Bezeichnungen wie von Kopist» u. ä. auf eine Abstammung der betreffenden Bürger aus dem genannten Dorfe zu deuten, ist ganz ausgeschlossen, denn es wäre ganz unerklärlich, wie wir einen kaum der Knechtschaft entlaufenen Unterthanen nicht nur unter der Bürgerschaft, sondern auch sofort auf der Schöffenbank finden könnten.

Überdies lassen diese Einwanderer alle ihre Unternehmungen als vermögende Leute erscheinen. Ihr Hauptaugenmerk war zunächst sichtlich auf die Ausnützung und eine Art Monopolisierung des Elbehandels und der Elbeschiffahrt gerichtet, für welche die vorgeschobene Station Leitmeritz dasselbe werden sollte, was vordem schon Pirna jenseits des Grenzwaldes war. Die Ausfuhr hatte vorzugsweise Getreide, die Einfuhr Salz im Auge. Für beides und jede andere Handelsware erhielt die neue Stadtgemeinde das «Niederlags-» oder Stapelrecht,[1]) d. h. weder thalwärts noch aufwärts durfte ein Schiff mit irgend einer Ladung an Leitmeritz vorüberfahren, ohne aufzuhalten, auszuladen und seine Ware den Bürgern zum Kaufe anzubieten, die dadurch in die Lage kamen, allen Handel mit Getreide nach dem Auslande und mit Salz nach dem weiteren Inlande an sich zu reißen, bis an demselben — doch nur in beschränkter Weise — auch die jüngere Stadt Aussig, die bischöfliche Herrschaft Raudnitz und die Pröbste von Melnik einen gewissen Antheil zu nehmen begannen.

Bei den hohen Zollsätzen, die überdies immer noch für Rechnung der königlichen Kammer das so eingehandelte Getreide belasteten, musste der Gewinn der Bürger in dem Maße steigen, in welchem sie ihr eigenes, selbsterbautes Getreide, das zollfrei zur Ladestätte gelangte, in den Handel bringen konnten. Dieser Vortheil hat wohl nicht weniger als das vortreffliche Gedeihen einzelner Culturpflanzen — wie des Weines und Hopfens — dazu beigetragen, die Ansiedler zu Unternehmungen auf dem Gebiete des Landbaues in großem, bis dahin vielleicht kaum gekanntem Maßstabe anzuleiten.

Das Ausmaß des Ackerlandes, welches König Ottokar I. der Bürgerschaft als Schoßgrund in nächster Nähe der Ansiedlung anweisen konnte, muss verhältnismäßig geringfügig gewesen sein. Schoßdörfer gehörten überhaupt nicht dazu; das Dorf Leitmeritz konnte der König nur an sich genommen haben, um die Unterthanen abzuberufen und Raum zu schaffen. Für eine Colonisation aus grüner Wurzel — wie nachmals bei Polička — war in der fruchtbaren und schon frühzeitig dicht bevölkerten Gegend wenig Raum. Deshalb nahm die Wirtschaftsthätigkeit der vermögenden Bürger, von der Kammer gelegentlich unterstützt, die Richtung auf die kauf- und pachtweise Erwerbung und Melioration von Herrschaftsgütern, die bisher in heimischer Art als Regiegüter bewirtschaftet worden waren. Ihre Methode war dabei die Auftheilung dieser Güter an verlässliche Landwirte zu Erbpacht. Vielfach traten so die neuen Bürger den Herrschaften oder der Kammer gegenüber in die Rolle von unternehmenden «Locatoren» ein, und während sie jenen eine verlässliche Zinsleistung sicherten und das Capital der «Anleite»

---

[1]) Emler R. III. p. 429; Čelak. II. p. 229; Emler R. IV. (1314) p. 824.

zuwandten, erwarben sie für sich alle jene Vortheile und Nutzungen, wie sie solchen Locatoren zugesichert zu werden pflegten. Dass sie auch zu diesem Zwecke Landleute aus ihrer Heimat nach sich zogen, ist wahrscheinlich. Als ihnen Ottokar II. ein neues Colonisationsobject dieser Art übergibt, stellt er den Unternehmern zwar keineswegs, wie man nach den Nachreden einiger Chronisten vermuthen sollte, die Bedingung, Deutsche anzusiedeln, wohl aber verlangt er eine vorsichtige Prüfung der Eignung der Personen».[1]

Für den Vorgang bei solchen Unternehmungen kann das nahe Lobositz als Beispiel dienen. Herr des Gutes ist Heinrich, der Burggraf von Zittau aus dem Geschlechte der Hrone. Dieser schloss im Jahre 1248 mit dem Bürger Hertwig von Leitmeritz folgenden Vertrag ab.[2] Hertwig theilt den Grund in Hufen von bestimmter Länge und Breite und verbürgt dem Gutsherrn von jeder Hufe einen sicheren jährlichen Zins von Einer Mark Silber Prager Gewichts. Diese Zahlung liegt in der Gesammtheit des Zinses dem Hertwig und seinen Rechtsnachfolgern bedingungslos ob, ohne dass sich der Gutsherr fortan weiter zu kümmern hätte, wie jener durch Besetzung der Hufen Jahr für Jahr zu seinem Gelde kommt. Hertwig wird Erbrichter und behält ein Drittel des Gerichtsertrages. Die drei großen Jahresgerichte aber behält sich der Gutsherr vor und wenn er oder sein Stellvertreter erscheint, so haben ihm die Bauern die Verköstigung zu bieten. Als Erbrichter erhält Hertwig ferner eine zinsfreie Hufe, eine Mühle mit den nahen Inseln und dem Walde, den Pachtzins eines Wirtshauses und gegen einen Weinzehent die zum Gute gehörigen Weinberge; auf die Überfuhr das Vorkaufsrecht. Die Kirche erhält als Widmut eine Hufe Landes und als Zehent einen Kübel Korn von jeder Hufe. Jedenfalls genoss der entfernt wohnende Grundherr die Annehmlichkeit, fortan ohne Aufwand und Fürsorge, unabhängig von Wetter und Ernte seiner Rente sicher zu sein. Die Colonisten als neue Vertragsunterthanen ausdrücklich von allen Frohnen und Diensten frei zu sprechen, konnte ihm nicht schwer fallen, da er ihrer nicht mehr bedurfte. Mit der Aufteilung war auch das Regiegut als solches aufgelassen; dass aber etwa vorhandene Rusticalgründe mit in die Auftheilung fielen, ohne dass daraus den bisher nach böhmischem Rechte ansässigen Bebauern ein Anspruch auf Ersatz erwuchs, ist nach der Beschaffenheit dieses ‹böhmischen Rechtes› selbstverständlich.[3]

---

[1] Emler R. IV. (1253) p. 813; Celak. II. 31.
[2] Erben R. I. (1248) p. 562.
[3] Einen Beweis dafür siehe Borowý, L. cr. (1366) p. 55.

Ob nun einige dieser alten Unterthanen nach vorsichtiger
Prüfung» Aufnahme unter den Colonisten fanden, ob sie sie überhaupt unter den gestellten Bedingungen suchten, wissen wir nicht,
wohl aber, dass eine größere Anzahl derselben nicht in diese Lage
kam; — woraus nothwendig geschlossen werden muss, dass Hertwig
das übernommene Land mit fremden, d. i. deutschen Colonisten besetzte. Von den alten Unterthanen aber blieb ein Theil auf ihren
Hausstätten als Hintersassen zurück, die dem Erbrichter insgesammt
jährlich 32 Metzen Salz zu zinsen haben. Diese Art der Zinsauflage
führt zu der Annahme, dass diese Häusler ihren Verdienst vornehmlich im Ziehen der Schiffe fanden, welche bei der Bergfahrt
fast ausschließlich nur Salz führten, mit dem sie dann die Leute
entlohnten.

Auch die schon vordem ansässigen Fischer wurden nicht unter
die Erbpächter aufgenommen; sie sollten vielmehr für die Nutzung
des der Grundherrschaft verbleibenden Flusses jener jährlich außer
dem erstgefangenen Lachse zu je zweien einen solchen Fisch liefern.
und der Erbrichter sollte sehen. was er sonst noch billiger Weise
von diesen Unterthanen bekommen könnte.

Der mittelbare Einfluss solcher Unternehmungen, der in der
Anciferung zur Nachfolge lag, war so durchgreifend und reichte so
weit, dass wir heute weit und breit in jener Gegend insbesondere
aber in der Richtung nach Nordosten hin bis in das Grenzwaldgebiet die Spuren slavischer Feldeintheilung vernichtet sehen; überall.
mit ganz geringen Ausnahmen, ist, auch unter Verwendung der vorhandenen Bauernschaft das neue Besitzverhältnis des deutschen
Rechtes» zur Einführung gelangt. Das Beispiel griff so sehr um
sich, dass entfernt von ihren Gütern wohnende Herrschaften die
Gefahr kommen sahen, ihre Unterthanen würden angesteckt von
dem Zuge der Zeit auch ohne Einwilligung der Herrschaften und
ohne diese zu entschädigen, das deutsche Recht usurpieren, d. h. des
Bodens. den sie bisher nach slavischer Rechtsauffassung nur als
Nutznießer bebaut, sich als ihres Eigens bemächtigen.[1]

Kaum konnte in der neuen Stadt Leitmeritz die erste Generation herangewachsen sein, als an sie schon ein neues Besiedlungswerk herantrat, indem Ottokar II. dem Erbrichter Luthold und den
Bürgern Johann von Meißen und Heinrich von Freiberg — genannt
der König» — eine zweite städtische Ansiedlung auf dem
alten Burghügel selbst — mit Ausschluss des östlich gelegenen
Probsteigebietes — auftrug. Schon damals muss also dieser Hügel

[1] Siehe die obige Note.

als Burgplatz völlig aufgelassen worden sein, und das «königliche Haus» oder «Schloss» (hrad), das wir zu Zeiten Karls IV. als innerhalb der älteren Stadt gelegen beurkundet finden, dürfte die Verlegung daher schon Ottokar II. verdanken. Jeder Ansiedler, der sich auf dem so leer gewordenen Burgplatze ein anständiges Haus bauen wollte, sollte sieben Jahre Freiheit von allen Abgaben genießen.[1]) Diese «Neustadt Leitmeritz» wurde mit Schoßgütern sogar reichlicher versehen als die ältere, indem ihr der König die östlich von Leitmeritz in schönstem Zusammenhange liegenden Dörfer Ruschowan, Polep, Webrutz und Schwařenitz schenkte, damit ihr durch angemessene Auftheilung und Übergabe an geeignete Personen der Ersatz von Schoßgründen würde, welch lerztere anschließend an die neue Gründung nicht mehr vorhanden waren. Auch von jenen Dörfern hatte der König zwei — Polep und Webrutz — erst von den früheren geistlichen Besitzern zurückerwerben müssen.[2])

Das gegen die Elbe zu anstoßende Gebiet zwischen dem der Leitmeritzer Probstei gehörigen Dorfe Křeschitz und Polep, welches vom Anfang an zum Schoßgute der ältern Stadt gehört haben dürfte, war ein ödes Sumpf- und Bruchland, čech. *blata*, das die Gemeinde als Viehweide benutzte. Mit Beginn des nächsten Jahrhunderts aber unternahmen die Bürger eine großartige Melioration daselbst, indem die Stadt nach eingeholter Genehmigung König Johanns[3]) den Grund doch ausschließlich an Bürger der Stadt zu Erbpacht auftheilte und dadurch Anleite und Zins für sich gewann, während die Bürger daran giengen, durch ensprechende Entwässerung ihre Gründe nutzbar zu machen. So entstand aus dem Sumpf *blata* das herrliche Hopfenland der «Platte».

Nicht minder verwandelten die Bürger auf der entgegengesetzten Seite — westlich von der Stadt — die steinigen Lehnen der Rodebeule in Weingärten, nachdem sie ihnen Karl IV. zu diesem Zwecke überlassen hatte.[4]) In dem neugeschaffenen Fruchtgelände erhob sich unter Sommersiedlungen ein Kirchlein.[5])

Über die agrarische Thätigkeit Einzelner können wir nur einige Andeutungen geben. Schon im Jahre 1249 hatte Wenzel II.[6])

[1]) Emler R. IV. (1253) p. 813; Čelak. II. p. 31.
[2]) Emler II. (1257) p. 55; (1267) p. 221.
[3]) Emler R. III. (1319) p. 223.
[4]) Čelak. II. (1359) p. 548.
[5]) Hildebrand und Paul von Kopist sind um 1360 Patrone von «St. Nikolaus in den Weinbergen». Borowý L. cr. p. 22.
[6]) Emler R. IV. (1249) p. 810; Čelak. II. p. 6.

das jenseits der Elbe gelegene Dorf Keblitz an Johann, Sohn des Bürgers Herbert in Leitmeritz, ganz in derselben Weise verkauft, wie Heinrich von Zittau fast zu gleicher Zeit sein Lobosiz. Johann zahlte 100 Mark Anleite und versprach einen Jahreszins von 10 Mark, indem er sich vorbehielt, die aufgetheilten Hufen zu einem Zins von je $^1/_2$ Mark, jedoch nur an Bürger der Stadt, zu verkaufen. Für seine Mühewaltung sollte ihm eine Freihufe nebst Weingärten verbleiben, selbstverständlich auch das Erbrichteramt. In diesem Falle stellt sich die Art der Berechnung recht klar heraus. Indem zehn Procent den üblichen Zinsfuß jener Zeit darstellen, erscheint also das Gut auf 200 Mark Silber — etwa 4200 fl. ö. W. — bewertet, wovon der Käufer die Hälfte erlegt und die Hälfte verzinst. Anspruchsfrei war aber auch dieser Besitz der sehr reducirten königl. Kammer nicht gewesen, und wir finden die Käufer deshalb bald im Processe mit dem Kloster Ossegg.

Wenn ungefähr um dieselbe Zeit ein Bürger Ludolf als Vogt — advocatus — von Budin bezeichnet erscheint,[1]) so setzt das bestimmt einen gleichen Vorgang bezüglich des Kammerguts Budin voraus. In Prosmik an der Elbe muss ein solcher schon vor dem Jahre 1248 eingetreten sein, indem schon bei der Auftheilung von Lobositz das Ausmaß der bestehenden Hufen von Prosmik zugrunde gelegt wird. Deutsch-Kopist, in dem uns die Urkunden bürgerliche Besitzer nachweisen, verdankt wahrscheinlich Namen und Anlage dem gleichen Vorgange. Eine Mühle daselbst in den Händen eines dieser Bürger[2]) deutet auf dessen Eigenschaft als Erbrichter. In Mlikojed aber, das mit seiner Kirchenstiftung zur Stadt gehörte, finden wir noch im 16. und 17. Jahrhunderte Bürger derselben als Hofbesitzer. Sonach hat die Einwanderung in kürzester Zeit ihren umgestaltenden Einfluss über das ganze fruchtbare Egerdeltaland bis an die Besitzungen der Stifte Doxan und Melnik-Brozan heran erstreckt; aber auch diese bildeten keine Grenze für denselben.

Am rechten Elbeufer übernimmt der genannte Erbrichter von Budin, Ludolf, mit seinem Bruder Hermann von Pforta vom Domcapitel gegen Zehentpflicht den Hügel bei dem damaligen Dorfe Kyscow (Gießhof), wie der Erfolg lehrt, in der Absicht, daselbst Weinberge anzulegen.[3]) Wenn sich gleichzeitig ein anderer Bürger, Konrad — von Pištian, dem Lobositz gegenüber gelegenen Dorfe nennt, so deutet er damit gewiss irgend ein ähnliches Verhältnis an.

---

[1]) Erben I. (1253) p. 607.
[2]) Emler R. II. (1262) p. 148.
[3]) Erben R. I. (1253) p. 607.

Eine Urkunde versichert uns im allgemeinen[1]), dass Leitmeritzer Bürger von den Domcapiteln Prag und Leitmeritz, von den Stiften Ossegg, Doxan und Chotěboř und von den Kreuzherren Erbpachtgüter gekauft haben. Der Probst von Leitmeritz hatte schon vor 1269 sein Dorf Alt-Thein (Teins, Tynec) dem Heinrich gen. König in ähnlicher Weise zur Aussetzung mit deutschem Rechte übergeben, wie wir das bezüglich Lobositz kennen gelernt haben.[2]) Es wird dabei ausdrücklich ausgesprochen, dass das «deutsche Recht» den Maßstab für die Berechnung von Bußen bilden solle, aber auch, dass dieses selbe deutsche Recht schon eine Anzahl Dörfer der Nachbarschaft besitze. Die Bezeichnung Deutsch-Tynec, die das Dorf im čechischen führt, dürfte noch an jene Besetzung erinnern. Unter den vom Stifte Leitmeritz ferner noch an Bürger zu deutschem Rechte überlassenen Dörfern werden wir neben anderen das Dorf Třebautitz und das jetzt nur im Flurnamen Pirnai fortlebende Dorf dieses Namens zu suchen haben, deren Gerichtseinrichtung die Äbtissin von St. Georg wieder für die Umwandlung von Aujezd zum Muster nimmt,[3]) ein Beweis, dass diese Gerichtseinrichtungen auch dort eingeführt wurden, wo, wie eben in Aujezd, die alten slavischen Unterthanen sich nach deutschem Rechte» in das Eigenthum an den neuaufgetheilten Gründen einkauften.

Ein Bürger, Siegfried, kaufte[4]) von der Wyšehrader Probstei in gleicher Weise Gründe in Schüttenitz, um sie zu «meliorieren». Der Bürger Nicolaus von Bautzen bewirtschaftet die Gründe des Klosters St. Georg in Schiřowitz.[5]) Götzlein sahen wir bereits in Bauschowitz in gleichen Geschäften mit dem Kloster Doxan, dessen Güter auch andere Bürger bewirtschaften.[6]) Wenn dieses Kloster schon im Jahre 1226 daran gieng, den einst auf einer Egerinsel gelegenen Ort Mur nach deutschem Rechte auszusetzen,[7]) so könnte man daraus immerhin auf eine erste Beziehung zu den Bürgern von Leitmeritz schließen. Haben wir die Thätigkeit der Bürger bereits bis Altthein und seine Nachbardörfer — jenseits von Auscha begleitet, so kann es uns nicht mehr auffallen, wenn sich ein Leitmeritzer Erbrichter nach dem benachbarten Konojed benennen lässt. Aber auch hier verlieren sich die Spuren noch nicht ganz. Wenn

---

[1]) Čelak. II. (1272) p. 54 f.
[2]) Emler R. IV. (1269) p. 817.
[3]) Borowý L. er. (1366) p. 55.
[4]) Emler II. (1267) p. 213.
[5]) Emler R. II. (1299) p. 788.
[6]) Emler R. III. (1331) p. 710.
[7]) Erben R. I. (1226) p. 325.

uns Bürger von Leitmeritz als Besitzer in Deutsch-Kopist und vielleicht selbst als Erbrichter dieses neuangelegten Dorfes entgegentreten, und wenn dann wieder emphiteutische Grundbesitzer in Kopist — wie ein Heinrich Vogt, Heinrich Haspenberger, Arnold von Leipa — gleichzeitig als Bürger des bei Konojed gelegenen Städtchens Graber (Krawar), dessen Grundherrschaft das Stift Doxan war, bezeugt werden;[1]) wenn ferner bei dem Verkaufe des nahen Johnsdorf, das zweifellos als deutsche Anlage im Waldgebiete anzusprechen ist, eine Reihe von Bürgern von Leitmeritz interveniert,[2]) so zwingt sich gewiss die Annahme auf, dass es die Thätigkeit dieser unternehmenden Bürger ist, die uns hier überall in ihren Erfolgen entgegentritt.

Nachmals wieder werden wir noch weitere Beziehungen bis in den alten Grenzwald um Bösig und Leipa hinein — Bürger von Graber sind die Locatoren von Hirschberg — aufdecken können, um hier nur an einem einzigen Punkte zu beweisen, welch' mächtig und weithin wirkender Sauerteig mit dem deutschen Bürgerthume in den trägen Gährungsprocess der slavischen Gesellschaftsorganisation eingegriffen hat. In unserem Falle ist es ebenso der heimische Kleinadel — wie jener Ritter Bohuslav von Žernosek im Besitze von Johannesdorf — und die Geistlichkeit gewesen, welche sich bemühten, den Bestand ihrer Güter durch Vermittlung der deutschen Bürger, die ein neues Wirtschaftssystem auf Grundlage einer neuen Gemeindeverfassung und Rechtsordnung einzuführen wussten, zu verbessern. Die Bürger aber fanden gerade nach dieser, bisher kaum ins Auge gefassten Richtung hin, ein Arbeitsfeld vor, das uns die Urkunden nach seiner ganzen Ausdehnung kaum anzudeuten vermögen.

Unter den Gebirgsdörfern dieser Gegend findet man häufiger noch als nach Colonistenart neu angelegte solche, in denen ein Theil nach alter Art zertheilt erscheint, während ein ergänzender augenfällig die Hufenauftheilung und hie und da auch die Hofanlage der Colonisten aufweist. Wir glauben in dem Voranstehenden den Fingerzeig der Erklärung erblicken zu dürfen. Sie wird uns noch mehr empfohlen, wenn uns zufällig erhaltene Urkunden des 15. Jahrhunderts die Bürger Nikolaus und Siegmund im Besitze von Zinsungen in den Gebirgsdörfern Koleben, Tschersing und Neudörfel zeigen. Neben den großen, viele Einzelndörfer umfassenden Gütern der geistlichen Stifte lagen hier noch die kleineren Dorfgüter einzelner

---

[1]) Emler R. II. (1263) p. 169.
[2]) Emler Reg. II. (1282) p. 548.

Wladyken alter Zeit — derer von Žernosek, Sebusein, Libochowan, Kameik, Pokratitz u. a. Viele derselben in hiesiger Gegend erscheinen in einem Dienstverhältnisse zum Bisthum, sie sind dessen "Armigeri", ritterliche Dienstleute, deren Besitz vielleicht theilweise aus ehemaligem Bisthumsgute herstammt. Angesichts der aufmunternden Beispiele mussten sie das Bedürfnis empfinden, ihre noch brach liegenden Gemarkungsgründe gegen festen Zins auszusetzen und Theile ihres Dominikal- und Rustikalgrundes durch Umlegung in die neue Wirtschaftsform ertragreicher zu machen. Wie wir nun die Bürger in vielen einzelnen Fällen als Vermittler dieses Geschäftes urkundlich nachgewiesen haben, so dürfen wir sie auch in anderen als solche mindestens vermuthen. Fiel dann für den Vermittler eine zinsfreie Hufe ab, so konnte er sie für seine Rechnung zu Erbzins oder Zeitpacht einem Dritten überlassen — und es entstanden jene nachgewiesenen Zinsenbezüge der Bürger.

Wenn bald nach der Emphiteutisierung von Lobositz die Herrschaft — d. h. nun der Zinsen- und Bußenanspruch — dieses Dorfes mit Žernosek und einem Theile von Sulowitz aus den Händen eines Lichtenburgers in die des meißnischen Cistercienser-Stiftes Alten-Zell übergieng,[1]) so ist vielleicht auch das nicht ohne Vermittlung der Bürger geschehen. Während einzelne nicht nur von Lobositz, sondern auch von Graber aus in Berührungen mit den Lichtenburgers standen, hatten andere[2]) ihre Heimat in der Nachbarschaft jenes Klosters, dessen Mönche — Martin und Konrad von Bautzen und Hermann von Bocha — mit dem Abte Eberhard wir nun auf böhmischem Boden treffen.

Dass ein deutsches Element und deutscher Einfluss nicht nur nach Leitmeritz, sondern auch in weitere Umkreise vordrang, ist nicht zu bezweifeln; aber der Germanisierung des alten Marklandes durch Colonisation aus grüner Wurzel glich dieser Vorgang weder nach seiner Art, noch nach seinem Erfolge. Selbst in der neuen Stadt fehlte das čechische Element nicht ganz. Die alten Burgämter in ihrer Besetzung mit heimischem Adel waren jetzt sogar in die ältere Stadt selbst eingekehrt. Dicht an die Stadt stießen die Ansiedlungen der Unterthanen der Probsteien Leitmeritz und Wyšehrad.[3]) Bei Besiedlung der neuen Stadt, die trotz ihrer Ausstattung zu keiner hohen Bedeutung gelangte, dürfte das heimatliche Element ebensowenig ausgeschlossen gewesen sein, wie bei der Umgestaltung

---

[1]) Emler R. IV. (1251) p. 811; Čelak. II. p. 422.
[2]) Hermannus de Porta Erben I. p. 607.
[3]) Erben R. I. (1252) p. 504; Emler R. II. (1277) p. 460.

vieler Dörfer «nach deutschem Rechte». Auch wo es sich an dem Erwerb der Grundstücke nicht betheiligen konnte oder wollte, blieb es zum großen Theil als Hintersassenschaft — *subsides* — zurück. Auch die von Deutschen gegründete Erbrichterei kam nicht selten durch Kauf in die Hände heimischen Kleinadels — die von Leitmeritz selbst bietet ein Beispiel.

Die Erscheinung und Thätigkeit des deutschen Bürgerthums an dem alten Stapelplatze der unteren Elbe haben wir nur als ein Paradigma so ausführlich behandelt; fortan können wir nicht jeder weiteren Etappe denselben Raum bieten. — —

Aussig — *Ústí*, ältere Form Usk, woraus die deutsche — gewann auch durch die Ansiedlung einer Stadtcolonie nicht die weitausgreifende Bedeutung von Leitmeritz, ist diesem aber doch nach jeder Richtung hin als jüngere Gründung an die Seite zu stellen. Die alte čechische Ortschaft Úsk — die «Mündung» der Biela — besaß keine Gauburg, wohl aber Zollstätte und Markt. Ebenso befand sich hier mit einem Burggebäude ein landesfürstlicher Wirtschaftshof — *villicatio* — zu dem unter anderen das Gut Priesen — jetzt Schönpriesen — gehörte.[1] Der befestigte Hauptsitz dieser Regiewirtschaft schmiegte sich seit der Anlage der Stadt als Feste — *castrum* — an dieselbe an.[2] Die Lage desselben bezeichnet die Gegend am Burgstadtl» bei der St. Adalbertskirche.[3]

Als Begründer der Stadt bezeugen die nachfolgenden Fürsten König Ottokar II.[4] den wahren Städtebegründer. Eine undatierte Urkunde dieses Königs handelt von der Ummauerung der Stadt.[5] Die Anlage selbst ist wohl in seine ersten Regierungsjahre zu setzen, indem der schon im Jahre 1262 nach seiner Herkunft «von Aussig» genannte Leitmeritzer Bürger, denn doch wahrscheinlicher schon als übersiedelnder Bürger dieser Stadt denn als Unterthan des älteren Marktortes in Leitmeritz Aufnahme gefunden haben dürfte.[6] Der neue Marktplatz war von ungewöhnlicher Größe, die neue Kirche in der Südostecke nebenan, die Gassen von geringer Entwicklung. Die Kirche muss der König selbst gestiftet haben,

---

[1] Emler R. III. (1325) p. 421; Čelak. II. p. 220 f.; Emler R. IV. (1335) p. 67.
[2] Emler R. II. (1283) p. 559.
[3] Die gegenüberliegende Burg Schreckenstein hatte erst im Beginn des 14. Jahrhunderts der Gutsherr des anliegenden Dorfes Šrekow erbaut und von König Johann zu Lehen genommen, Emler R. III. (1319) p. 199.
[4] Emler III. (1325) p. 421; Čelak. II. p. 220 f.; Hieke und Horčička, Urkundenbuch von Aussig Nr. 22.
[5] Emler II. p. 1039.
[6] Emler R. II. (1262) p. 148.

aus dessen Hand das Patronat in der Weise an den deutschen Orden übergieng, dass die Aussiger Kirche eine Filialkirche derjenigen zu Königstein wurde, die sich im Besitze des Ordens befand.[1]) Etwas mehr als 26 Hufen Landes nach verschiedenen Richtungen hin — in der «Au», «jenseits der Biela», unter «dem großen Felsen» (Podskal) und über dem Berge (dem jetzigen Marienberge) — zertheilt, bildeten die der Stadt zugemessenen Schoßgründe.[2]) Culturlose Flächen sollte die Stadt zur Cultivierung unter Erbpacht aussetzen dürfen. Exemtion von den Gerichten des Landes und eigene Rechtspflege nach «Magdeburger Recht» bildeten die Hauptzugeständnisse, und es geht aus dem Wortlaute der bezüglichen Stellen recht deutlich hervor, dass der Verleihende darunter zunächst nur im allgemeinen das Selbstregierungsrecht in den Formen des Schöffengerichtes dachte. In allen Fällen, in welchen die Rechtserfahrung der neuen Bürger nicht ausreichte, sollte das ältere Leitmeritz die Quelle der Rechtsbelehrung sein.[3])

Obwohl auch Aussig nach seiner Lage an der Landstraße von Kulm und der Wasserstraße der Elbe vorzugsweise auf den Handel hingewiesen schien, erhielt es doch — gewiss mit Rücksicht auf Pirna und Leitmeritz — ein eigentliches Niederlagsrecht nicht,[4]) und in Bezug auf die Benutzung des Flusses als Handelsstraße musste es sich nach längerem Stritte alle Beschränkungen gefallen lassen, die ihm die älteren Vorrechte von Leitmeritz auferlegten. Dagegen war ihm das übliche Meilenrecht ausdrücklich eingeräumt.

Über die Abkunft der ersten Stadtbesiedler lassen die uns überkommenen Namen[5]) ebensowenig einen Zweifel wie bezüglich Leitmeritz; slavische Koseformen der Vornamen sind sogar seltener als sonst. Erst im Jahre 1389 erscheint außer vorgenanntem Trochař wieder vereinzelt ein Čelák als Bürger und unter den lateinisch bezeichneten Handwerkern können um so eher neben Deutschen auch Čechen vermuthet werden, als wie anderwärts vor der Stadt selbst Taglöhner wohnten, die derselben schoßpflichtig waren.[6]) Nach

[1]) Urkundenbuch (1321) Nr. 20.
[2]) Emler R. IV. (1335) p. 69 f; Urkundenbuch Nr. 25.
[3]) Emler R. III. (1325) p. 421; Emler IV. (1324) p. 833, A.-Urk.-B. Nr 21, 22.
[4]) Celak. II. (1401) p. 957.
[5]) 1328: Petermann, Kurschil, Trübel, Modler, Kandler, Krübel, Reuffel, Gevower, Slicheint, Liebstein; 1329: Patermann, Kunzlin, Trucklo, Leufaal, Trochatz, Slichting; 1330: Kuntzkin, Weiner, Rosener, Maygans, Isenrik, Smoller; 1389: Herbord, Eberhard, Stoer, Gretzer, Gossil, Eibel, Vetlin, Tapard, Munitzer, Dressel; 1399: Emprich, Eckel, Vetterlin, Lipmann, Schönzopf.
[6]) Urk.-B. Nr. 38, p. 26.

Aussig gerichtete Urkunden sind, soweit nicht lateinisch, ausschließlich deutsch gefasst, und auch die lateinischen bezeichnen die eingeschalteten deutschen Worte als die der Vulgärsprache.

Auch die Aussiger Bürger haben sich mit agrarischen Meliorationsunternehmungen in größerem Maßstabe befasst. Wir wissen von einem Heinrich von Kytz, dass er von König Johann den angrenzenden Gutshof Schönpriesen in Versatz nahm mit dem Rechte, ihn auch weiter zu verkaufen[1]) und aus den bürgerlichen Zunamen «von Priesen,» Schochau, Kleisch, Modlan, Bensen, können wir auf ähnliche Beziehungen schließen, wie sie uns bezüglich der Leitmeritzer Stadtcolonie bezeugt sind.

Auch bezüglich des Stadtregimentes finden wir übereinstimmende Verhältnisse. An der Spitze steht ein Erbrichter. Der erste uns bekannte ist ein Hermann von Dresden.[2]) Im Jahre 1389 ist es Gretzer,[3]) wie der Name andeutet, ein aus Königgrätz stammender Bürger, 1396 ein Emprich. Beide letzteren dürften bereits von der Stadt selbst eingesetzte Richter gewesen sein, indem es scheint, dass die Stadt zur Zeit Karl IV. das Erbrichteramt gegen einen Erbzins an sich kaufte, welchen Erbzins sie dann später (1405) wieder von einem Unterkämmerer, dem das Bezugsrecht vom Könige eingeräumt worden war, mit einer Capitalsleistung einlöste.[4])

Die Elbe aufwärts erscheinen zwischen Leitmeritz und Königgrätz auf landesfürstlichem Boden noch drei Städte. Von diesen stellt Melnik die Umwandlung eines alten Burgplatzes dar, während die beiden anderen im alten Auwalde der Elbe als Colonisationen aus grüner Wurzel erscheinen.

In dieser Hinsicht ist uns Nimburg — Niuwenburg, d. i. Neuenburg — an der Mündung der Mrlina in die Elbe, wo es gleich Aussig ein ebenfalls Ústí genanntes Dörfchen aufsog, ein neuer Typus; durch das gleiche «Magdeburger Recht» aber schließt es sich an Leitmeritz, mit dem es vielleicht auch seiner Entstehung nach nicht außer Zusammenhang ist. Die «neue Stadt» — Neuenburg ist der richtige Name — entstand durch Veranstaltung Ottokars II. — falls eine Urkundenabschrift richtig datiert ist[5]) — um das Jahr 1257 in einer Wildnis, die bis dahin nur der Zittauer Weg gekreuzt haben kann, während die Straße von Ost nach West wohl erst aus diesem

---

[1]) Emler IV. (1335) p. 67.
[2]) Urk.-B. p. 14, 16. Emler III. (1321) p. 281, 182 f.; (1328) p. 553.
[3]) Urk.-B. (1388) p. 52, 54.
[4]) A.-C.-B. (1404) Nr. 136; (1405) Nr. 137, 138. Čelak. II. (1405) p. 1016.
[5]) Emler R. II. p. 1038.

Anlasse dahin verlegt wurde. Dass die Gründung von Aussig vorangegangen sein müsse, könnte man daraus schließen, dass hier der alte Ortsname Ústí, den die Stadt mit demselben Rechte wie Aussig hätte führen können, vielleicht gerade mit Rücksicht darauf einem andern Gebrauche wich. Zur Hebung der Stadt, die zwischen den alten Hofwirtschaften Poděbrad, Sadska und Lysa lag, wurden die Gaugerichte und Adelszusammenkünfte des Kreises dahin verlegt,[1]) während die Villicationsbehörden sammt dem Gaurichter ihren Wohnsitz in Poděhrad behielten. Ein Handelsplatz besonderen Ranges wurde Nimburg nicht; auch gieng ihm das «Niederlagsrecht» ab.[2]) Die zeitweise Befreiung der dortigen Kaufleute mit ihren Waren von verschiedenen Zöllen im Lande bot keinen Ersatz.[3]) Erst im Jahre 1401[4]) erhielten die Bürger wenigstens das Niederlagsrecht für Salz, d. h. alle durch Nimburg Salz führenden Händler müssen dasselbe in der Stadt zum Kaufe ausbieten und die Bürger so in den Stand setzen, den weitern Vertrieb an sich zu nehmen.

Ein zum Jahre 1257 genannter Erbrichter Konrad dürfte als der Unternehmer anzusehen sein. Er stand zur Stadt in dem uns bereits bekannten Verhältnisse. Außer einem Drittel der Gerichtseinkünfte, die ihm später ganz geschenkt wurden, besaß er zinsfrei ein Haus in der Stadt, ein Mühlenungeheuer mit zehn Rädern, zwei Hufen in dem anstoßenden Dörfchen Ústí und außer dem Fischereirechte in der Mrlina sieben Hufen in einem andern Dorfe — vielleicht in Syrovatky, das wir später als «Molkenberg» wiederfinden.[5] Im Jahre 1287 setzen sich die Brüder Eckhard und Peter von Görlitz durch Kauf für 120 Mark in den Besitz der Erbrichterei; aber schon 1293 ist sie als erledigt wieder an den König zurückgefallen und wird von diesem an Ortlieb von Rosenthal verkauft.[6]) Unter Karl IV. hat sie ein Ritter Albert Habranc (von Hawran?) mitsammt dem Hofe in Molkenberg inne.[7]) Die seit 1383 folgende Familie[8]) wird bald Sokel oder Sockel, bald Sokol geschrieben; aber auch mit diesem Erbrichter, wie mit der Stadt überhaupt verkehrt die Hofkanzlei auch noch im 15. Jahrhunderte in deutscher Sprache.

[1]) Emler R. III. (1327) p. 549; Čelak. II. p. 253.
[2]) Čelak. II. (1310) p. 167.
[3]) Ebend. (c. 1288) p. 104.
[4]) Emler IV. p. 967.
[5]) Čelak. II. (1287) p. 101, 103; Emler II. p. 618; Emler IV. (1348) p. 416.
[6]) Čelak. II. (1293) p. 123.
[7]) Emler R. IV. (1348) p. 416.
[8]) Emler IV. p. 758.

Grund und Boden der Kammer waren hier noch nicht so knapp wie um die alten Gauburgen; die Stadt erhielt an Schoßgrund 117 Hufen zu je 72 Strich Aussaat gegen einen Gesammtjahreszins von 58 Mark. Vier als Weiden benützte Hufen wurden nicht verzinst; dagegen hatte die Stadt ein zweites Weideland von der Hofwirtschaft zu Poděbrad gegen Erbzins kaufen müssen; zu diesem gehörte ein Wald zwischen (Klein-) Kostenblatt und der Stadt.[1]) Einen andern im Ausmaße von drei Hufen jenseits der Elbe — genannt Komar — schenkte ihr König Johann zum Zwecke der Lichtung zur Anlage von Wiesen. Diese überreiche Ausstattung musste die Bürgerschaft vorzugsweise zur Pflege der Landwirtschaft führen.

Namen von Bürgerfamilien hat uns der Zufall nicht erhalten; indem wir aber geborne Nimburger — einen Frenzlin — unter den Bürgern und einen Konrad selbst unter den Schöffen Prags in der ersten Hälfte des 14. Jahrhunderts antreffen, können wir keinen Zweifel hegen, dass sie zur einheimischen Nationalität in demselben Verhältnisse standen, wie die Prager Schöffenfamilien jener Zeit und die bisher besprochenen Bürger überhaupt. Indem uns sonst keine Nachricht über die Bürgerschaft erhalten blieb, ist für uns auch der Umfang ihrer colonisatorischen Thätigkeit nicht festzustellen; dass sie aber in dieser Richtung thätig war und auch hier Gelegenheit fand, sich als Unternehmer geistlichen und weltlichen Grundherren anzubieten, können wir zeigen. Es ist sehr wahrscheinlich, dass die so reichlich geschenkten Schoßgründe um Nimburg selbst theilweise noch aufzuroden waren. Das Stadtgebiet am linken Elbeufer, von dem der Name *Komarna* zurückblieb, zeigt heute keinen Rest des Waldes mehr. Auch jenseits zwischen Kleinkostenblatt und Nimburg verschwand der Wald, und an die beiden Viehweiden — *draha* dürften uns noch die Dörfer Drahelitz und Draho erinnern. Westlich von Nimburg setzte sich auch im 14. Jahrhunderte noch der Wald fort; nur die Hofherrschaft Lysá unterbrach ihn. Königin Gutha, die Tochter Rudolfs von Habsburg — übergab im Jahre 1291 diese ganze Herrschaft[2]) mit allen bestehenden Dörfern einem Unternehmer Namens Rudlin zur Aussetzung und Umlegung nach deutschem Recht, damit er mit dem Meßseile reihenweise getheilte Hufen schaffe, wie die Locatoren« vorzugehen pflegten. Wer dann eine solche Hufe «nach wirklichem Burgrecht» aufnehmen will, soll zwei Jahre Zinsfreiheit genießen. Von da ab aber soll Rudlin dafür einstehen, dass die Kammer der Königin jährlich von jeder Hufe drei Vierdunge

---

[1]) Čelak. II. (1327) p. 253.
[2]) Emler R. II. (1291) p. 661.

(¹/₄ Mark) Zins erhalte. Wie üblich erhielt Rudlin dann die Vogtei in Lissa und allen Dörfern, drei zinsfreie Hufen, eine Taberne und eine Mühlgelegenheit.

Die Bezeichnung Rudlins als eines Dieners der Königin kann bei diesem Verhältnisse kein Hindernis sein, in ihm einen Bürger des nahen Nimburg zu vermuthen. Der Vorgang dürfte Nachahmung gefunden haben. Das Kloster Sedletz erwarb Chleb und Dimokur im Nordosten von Nimburg und im Süden jenseits der Elbe Čelakowitz.[1]) Für so entfernt liegende Güter empfahl sich das Burgrecht besonders, und in den Bürgern fanden sich Vermittler. Eine Bäuerin des in diesem Gebiet liegenden Dorfes Westec — damals Schenkow-Westec — sehen wir 1405 einen Ewigkeitszins ihres Hofes der Kirche anbieten;[2]) das setzt nothwendig die Erwerbung des Grundes zu Kaufrecht voraus.

Aber auch die Colonisation aus grüner Wurzel fand in der alten Gaumark, die jetzt ein Waldgut des Königs bildete, ein dankbares Feld. Nur gehörten dazu wohl capitalskräftigere Unternehmer als die Bürger von Nimburg sein mochten, und so sehen wir denn die Prager Erbrichterfamilie Rokzaner in ihr Bereich eindringen. König Johann verkaufte im Jahre 1341 den Brüdern Meinlin und Wenzel zu Locationszwecken den zwischen Nimburg und Lissa sich ausdehnenden Wald Lipanský von 40 Hufen zu je 72 Strich gegen eine Anzahlung — Arra oder Anleit — von 160 Mark Silber. Neun Hufen waren unentgeltlich, drei davon für die zu erbauende Kirche, drei dem Erbrichter und drei als Gemeindeland zur Weide bestimmt. Die 40 Hufen aber sollten mit Bauern besetzt werden und nach acht Freijahren je 48 Groschen zinsen. Dem Erbrichter fiel überdies noch der Pacht von einer Schenke und Schmiede, von einem Fleischer, Bäcker, Schneider und Schuster zu.[3]) Nach der Lage ist es kaum zweifelhaft, dass wir die so geschaffene Ansiedlung in Großkostomlat und dem anschließendem Lány zu suchen haben. Die Anleite betrug hier nicht die Hälfte des Kaufpreises, sondern stand zu dem zu verzinsenden Capital im Verhältnisse von 1 : 2.

Auch das weiter elbeaufwärts liegende Kolin — ehedem Colonia und Cöln a. d. Elbe — schmiegte sich an keine bestehende Burg und keinen alten Namen an, sondern ist gleichsam eine Schöpfung im freien Felde. Auch sein Schöpfer ist Ottokar II. Leider ist die besondere Befestigungsvorschrift, die er gerade für

---

[1]) Emler R. II. p. 656 und 675.
[2]) Borowý L. er. p. 645.
[3]) Emler R. IV. (1341) p. 414.

diese Stadt erließ, uns nur ohne Datum erhalten.[1]) Die älteste Nennung eines Erbstadtrichters daselbst führt auf das Jahr 1277, doch erwähnt dieselbe Urkunde[2]) noch einen älteren Richter namens Heinrich. Urkundlich wird der Bestand der Stadt zuerst für das Jahr 1261 festgestellt.[3]) Ein Gemeinname — colonia — für die neue Stadt ist wie bei Nimburg aus dem Mangel eines Anschlusses an einen älteren Ort von Bedeutung wohl erklärlich, dagegen die lateinische Form doch so auffällig, dass die Beziehung auf Köln am Rhein nicht unbedingt ausgeschlossen erscheint — aus Hildesheim und vom Rhein kamen ja auch Bürger nach Leitmeritz. Aber die Bezeichnung Nova Colonia, Neukolin unterstützt diese Deutung nicht; sie weist vielmehr auf das zum Dorfe herabgesunkene Alt-Kolin — Antiqua Colonia — in nächster Nähe hin, wo wahrscheinlich — ein nicht allein stehender Fall — die erste Anlage versucht, bald aber gegen eine geeignetere vertauscht worden war. Kolin besaß zum Unterschiede von Nimburg gleich Leitmeritz ein vollkommenes Stapelrecht[4]), das sich sowohl auf die hier von Iglau und Leitomischl zusammenlaufenden Straßen, als auch auf den Fluss bezog, der als Flossfahrtsstraße Kolin zum wichtigsten Holzmarkte und die Bürger zu Holzhändlern machte.[5]) Dieser Betrieb aber fand wieder in dem Holzbedarf des nahen Kuttenberg seinen Ursprung. Wohl um dieses Vortheils willen war Altkolin im Inundationsgebiete angelegt worden, und vielleicht war es das Zurückweichen des wandelbaren, wilden Flusslaufes, was die Ansiedler bewog, die einzige Stelle in der Nähe aufzusuchen, die gleichzeitig den Vortheil der Flussnähe und der gesicherten Lage bot — Neu-Kolin. Wichtige Beziehungen zwischen beiden Plätzen bestanden aber fort. Der alte Ort blieb im Schoßverbande des neuen, und der Stadtrichter von Neukolin war Richter von Altkolin, wo auch ein Theil seiner Freigründe lag; in eine alte Stiftung theilen sich die Kirchen beider Ortschaften.[6]) Auch Kolin gehörte noch zum Gebiete des »Magdeburger Rechts ;[7]) aber es erhielt dasselbe zunächst nur in jener allgemeinen Weise, dass darunter die Befreiung von den heimischen Gerichten einerseits und das Recht, alle Straffälle — mit den bekannten Ausnahmen — in der Weise selbst zu richten, dass auch das

[1]) Čelak. II. p. 10.
[2]) Emler R. IV. (1295) p. 721.
[3]) Čelak. II. (1261) p. 100.
[4]) Čelak. II. (1310) p. 167.
[5]) Čelak. II. (1263) p. 585.
[6]) Emler R. II. (1295) p. 721.
[7]) Čelak. II. (1261) p. 100.

vermittelnde Schöffensystem der Friede zwischen Richter und Gemeinde ohne Einschreiten eines andern Machtfactors gesichert war. Dass man ursprünglich in den deutschen Colonialstädten nur dieses allgemeine Princip und nicht zugleich die Summe des explicierten Rechtes, wie es sich allmählich entwickelte, unter dem bezeichneten Ausdruck verstand, beweist uns eben der Fall von Kolin dadurch, dass dieses, obwohl es selbst nach Magdeburger Recht eingerichtet war und gerade für dieses Recht wieder den kleinen Nachbarorten gegenüber zur Quelle wurde, doch keinen Widerspruch darin fand, nachmals sich das bereits entwickeltere und niedergeschriebene Statutarrecht von Iglau zu beschaffen.[1])

Im übrigen bekundet alles denselben Hergang und dieselben Grundlagen, wie wir sie bereits kennen lernten. Die ersten Richter und die ersten Bürger bis in die Husitenzeit sind auch in Kolin durch ihren Namen ebenso als fremder Bevölkerungstheil gekennzeichnet wie in Prag und Leitmeritz; die Einrichtungen sind dieselben und manches deutet auf eine gleiche Wirtschaftsthätigkeit. Der Richter nimmt eine hervorragende und wirtschaftlich reich ausgestattete Stellung ein. Ihm fielen die ganzen Gerichtsbußen zu, nur wenn über die vorbehaltenen Fälle — Mordbrennen, Nothzucht und Todschlag — unter dem Vorsitze des Fürsten gerichtet wird, beschränkt sich der Antheil des Richters auf das sonst übliche Drittel. In der Stadt hat er sein zinsfreies Haus und das Ungelts- und Pachteinkommen von der Herings- und Fischniederlage, von der Bleiwage, von zehn Brotbänken, zwei Fleischbänken, einer Schneiderwerkstatt und einer Mälzerei in der Vorstadt. Für die Nachtwache, die er auf dem Markte zu stellen hat, fließt ihm die Gebühr derjenigen zu, die ihren Wagen stehen haben. Sein Grundbesitz besteht aus vier Freihufen mit zwei Mühlen im Dorfe Tschitern (Čtitar); von Krawar — der jetzigen Klavarmühle — bis Altkolin steht ihm die Flussfischerei zu. In Altkolin gehört ihm das Gericht mit einer Schankwirtschaft und zwei Waldstrecken, von denen die eine «Rodland» heißt, und eine Insel bei der Mühle Grob.[2])

Der älteste beurkundete Richter, der vielleicht noch als Unternehmer anzusprechen wäre, ist ein Heinrich.[3]) Zwischen den Jahren 1277 und 1289 findet der Richter Gieselbert öfter Nennung. Dann muss wohl eine Unterbrechung der Erbfolge eingetreten sein, indem Wenzel II. das Gericht im Jahre 1291 einem Pernold

---
[1]) Čelak. II. p. 10.
[2]) Čelak. II. (1327) p. 241 f.
[3]) Emler IV. (1295) p. 721.

für ein Jahr verlieh. Am Schlusse des Jahrhunderts richteten ein Ortlin, zwischen 1327 und 1343 erst Götzlin, dann dessen Söhne Wenzel und Christof, welch letzterer die Erbrichterei von dem Bürger Bruckmeister ankaufte, von dem sie 1387 wieder verkaufsweise an Andreas gen. Geschrey (oder Clamor) übergieng. Der Schöffenstuhl von Kolin verhandelte deutsch und auch die Umgangssprache in der Stadt war deutsch.[1]) Lateinische Urkunden übersetzen z. B. cumulus und foramen mit Stapel (Staffil) und Flutrinne in die Koliner Vulgärsprache.

Unter den vielen Bürgernamen, die uns bis in den Beginn des 15. Jahrhunderts erhalten sind, findet sich das slavische Element kaum angedeutet. Sie heißen: Gottfried und Gerhard gen. List, Rudlin, Tilmann, Friedrich, Markwart, Konrad, Arnold, Frowin (1277); Gotthard, Martin, Nicolaus, Berthold (1289); Henzlin, Breslauer, Weinand, Kladauer, Halbworst, Hoschalk, Poschitzer, Schulmeister Rabenstein, Schmied, Federl, Sechsel, Leyer, Preller, Sytiner, Sudler, Strauss, Helwig, Choler, Steubel, Helmbrecht (auch Heyllynbrecht), Keser, Leynwanter, Leynwot, Mertlin, Czamer, Schetzil, Meyssner, Hamer, Stral, Eylauer, Piller, Leupold, Alfart, Otnand, Günther, Bescherer, Schaffer, Scheichenkauf, Petermann, Schnürschneider, Sachers, Ludlin, Wetzlin, Dietlin, Jungmeier, Rakner, Panzner, Tuseler, Eikener, Stoer, Ziger, Kackauer, Sudelfleisch, Keber, Nunkleppel. Diesen ausgesprochen deutschen Namen stehen lediglich Busko (Bušek) und Antusch gegenüber, die auf heimischen Zuzug deuten, aber auch übernommene Kosenamen sein können. Wohin der Maurermeister Pleibschil, ein Prochs und ein Ocronandi einzureihen wären, bleibt zweifelhaft. Als Herkunftsorte einzelner Bürger werden durch die Namen Breslau, Meissen, Klattau (?), Eulau, Kouřim (Guryn), Kuttenberg und Andernach bezeichnet. Einer heißt de Ungaria.

Reichliche Spuren colonisatorischer Thätigkeit der früher bezeichneten Art weist heute noch die Gegend von Kolin weit und breit auf, und trotz der Vernichtung des Urkundenmaterials ergeben sich doch nahe Beziehungen zu den eingewanderten Bürgern. Vom Stadtrichter Ortlin wissen wir es urkundlich, dass er in dem nahen Dorfe Kel, das sich jetzt unter einem neuen Namen verbirgt, Grund für drei Hufen nach «deutschem Rechte» erwarb, die später[2]) an einen Albert, des Dietwin Sohn gelangten, der sich wohl nach einem

---

[1]) Čelak. II. p. 787; Borowý p. 192.
[2]) Emler R. IV. (1295) p. 721.

ähnlichen Geschäfte von Kuchna nannte. Ähnlich wird uns[1]) ein Bürger Franciscus als der Besitzer von Gütern in dem bei der Stadt gelegenen Dorfe Polep bezeichnet, während im gleichen Texte ein anderer nur schlechtweg Andreas von Welim und ein dritter Gallus von Slepotitz genannt wird. Wir haben schon erwähnt, dass das «von» in jener Zeit noch kein Adelsprädicat, sondern die Beziehung zum Besitze darstellt. So heißt (um 1277) ein Konrad «von Grob» nach der nahen Flur bei Altkolin, ein Markwart von Welim, ein Anderer von Lemus, einer Sytiner u. ähl. oft nach recht entlegenen Orten, wohin sie der Unternehmungsgeist treiben mochte. Ein Poschitzer deutet auf Beziehungen zu dem kouřimer Schoßgute Boschitz — ist also wahrscheinlich ein Kouřimer Bürger im Besitze von Schoßgut daselbst — ein Heimann nennt sich nach dem Gute Paichowe (Býchor).

Reichliche Anknüpfungspunkte zu Locationsgeschäften verschiedener Art muss das nahe, reiche Stift Sedletz des musterlich wirtschaftlichen Cisterzienserordens geboten haben, das seine Besitzungen allmählich kaufweise bis an die Elbe bei Kolin vorschob. Hier besaß es schon im 13. Jahrhunderte Poboř, westlich von Kolin, zu dem es 1290 das nahe Březan, dann Neudorf, Krawar und Radhostitz zukaufte. Neudorf — Nováwes — ist auch der Flureintheilung nach eine jüngere Anlage, die auf die Thätigkeit einer nahen deutschen Stadt hinweist, Radhostitz und Krawar aber sind heute als Dörfer verschwunden. Letzteres lebt noch in einem Mühlennamen fort; ersteres dürfte in dem emphiteutisierten nahen Schönweid, dem erst wieder eine jüngere Zeit den slavischen Namen Ohrada beilegte, zu erkennen sein. Zwischen Kolin und Časlau erwarb im Jahre 1278[2]) Kloster Sedletz zum Zwecke von Dörferanlagen einen großen Wald, von dem jetzt kaum noch eine Spur vorhanden ist; dagegen erhebt sich auf diesem Boden die Herrschaft Neuhof mit diesem Vororte, mit St. Jakob, St. Nikolai, St. Katharina und andere Ortschaften.

Die Anlage Melniks ist mehr der von Leitmeritz an die Seite zu stellen; aber in jeder Hinsicht beschränkter an Umfang und Bedeutung gleicht sie genauer noch derjenigen der «Neustadt» auf dem alten Burghügel zu Leitmeritz. Dagegen lud die fruchtbare Umgebung zu erfolgreichen Unternehmungen ein, die heute noch der Gegend den Charakter verleihen. Auch Melnik entstand als Stadt auf dem Burghügel selbst, beschränkte sich auf diesen und hatte

---

[1]) Borowý L., cr. (1401) p. 553.
[2]) Emler R. II. (1278) p. 481.

ihn räumlich noch mit den fortbestehenden Gaubehörden und dem Probsteistifte zu theilen.

Die Gründung fällt ebenfalls in die Zeit Ottokars II.; mindestens im Jahre 1274 bestand die Stadt schon.[1]) Als Schoßgrund war ihr ein Gebiet von rund 74 Hufen gegen den Jahreszins von Einer Mark für die Hufe zugemessen. Weidegründe lagen am Chlomekberge, und andere stießen an die Gründe von Wrutitz und Jelenitz. Innerhalb dieser Grenzen dürften die ehemaligen Schoßgründe zu suchen sein. Die Flureintheilung erinnert jetzt noch an das Eingreifen der Colonisten. Als die letzte Přemyslidin, Königin Elisabeth, die unmittelbare Herrin der Stadt geworden, ergab sich, dass man nach damaligem Maßstabe zu reichlich gemessen hatte, und bei einer Neuvermessung, welcher je 72 Strich Aussaat für die Hufe zugrunde gelegt wurden, erschienen 15 Hufen als Übermaß · «Superexcrescenz». Fortan wurde bei den Herrschaften auch weit im Süden das «Melniker Maß» sehr beliebt. Die Übermaßhufen blieben zwar den Bürgern, die aber — zu Nutz einer frommen Stiftung — 15 Mark Zinszuschlag auf sich nehmen mussten.[2]) Andrerseits erhielt die Bürgerschaft vielleicht zur Entschädigung von derselben Königin das Grundbuchamt — die Kreistafel — bei dem dortigen Kreisgerichte des Adels, d. h. das Recht des Sportelbezuges bei diesem Amte gegen Stellung eines entsprechenden Schreibers.[3]) Handel und Stapelrecht Melniks waren gegenüber denen des älteren Leitmeritz sehr beschränkt. Nach der ursprünglichen Dotierung[4]) sollte die Stadt nur mit **vier** Schiffen auf der Elbe Handel treiben und nur für die von diesen zugeführten Waren — besonders Salz und Heringe — ein Niederlagsrecht besitzen. Auch darüber gerieth sie in Collision mit Leitmeritz. Die Schiffe wurden auf drei beschränkt und diese von den Leitmeritzern gezeichnet; davon durften immer nur zwei auf der Bergfahrt mit Salz beladen sein: die Thalfahrt stand mit Getreide allen frei. Das Meilenrecht besaß Melnik wie andere Städte. Die Königin schützte dasselbe besonders in Bezug auf den Bierverkauf gegenüber dem kleinen Adel der Nachbarschaft, nahm aber die Dorfschmiede von der Beschränkung aus.[5]) Das Gericht — ein Erbrichter mit einer Schöffenbank — war nach Leitmeritzer Recht eingerichtet, also zum Magdeburger Rechtskreise gehörig.[6])

[1]) Čelak. II. p. 60.
[2]) Čelak. II. (1320) p. 189; Emler R. III. (1321) p. 285.
[3]) Čelak. II. (1348) p. 411.
[4]) Čelak. II. (1274) p. 60.
[5]) Čelak. II. (1383) p. 747; (1411) p. 1130.
[6]) Ibid. p. 191.

Der Erbrichter — wir finden 1331 einen Wenzel, 1381 einen Jaklín Mukač und von da ab einen Heinrich Sotlin — besaß ein zinsfreies Haus in der Stadt, einen Hof außerhalb und außer den üblichen Gerichtsgebühren auch den Zoll. Gleich anderen Städten, erhielt auch Melnik für sein bürgerliches Gericht das Recht der «Kreisrechtspflege» — *poprawa* — d. h. nicht nur innerhalb ihres Gerichtsgebietes sondern auch im ganzen Kreise gegen offenkundige Räuber und Diebe und Ungenossen ohne Bürgschaft summarisch vorzugehn.

Dass auch diese Bürgerschaft neu eingewandert war, bezeugen die wenigen erhaltenen Namen: 1324: Heinrich Hebriner, 1331: Kosler, von Pirna, Nikol. Kunat, Daniel, Ulrich, Kunzlín der Fleischer, Pabenberger, Springinsgut, Peter sutor, Leisentritt, Krabern. 1362—1381: Wenzelín und Nikolaus Kunadi, Sotlin. Neben diesen treten aber verhältnismäßig mehr slavische hervor: ein Beneš ist zugleich Beamter in Hořin, Metelitz, Mukač. Vom Hofe erhielt die Stadt deutsche Zuschriften.[1]) Dagegen hat die Umgangssprache slavische Vulgärbezeichnungen — drahy, chlumek allerdings als Flurnamen — aufgenommen. Der Einfluss der inmitten einer minder zahlreichen Bürgerschaft lebenden Gau- und Wirtschaftsbeamten und der Umstand, dass einzelne Bürger in Dienststellungen zu dem schon im 14. Jahrhunderte in Hořin weilenden Hofhalte der Königin traten, müssen auf einen Ausgleich hingewirkt haben. Dagegen dauerte wieder der Verkehr nach unterhalb, namentlich nach Pirna fort. Eine unmittelbare Betheiligung an Colonisationsgeschäften ist uns nur in einem Falle nachweisbar. Einer der bürgerlichen Hofbediensteten der Königin Guta erhielt als Lohn in dem an Hořin anstoßenden Brzanken[2]) drei Hufen Landes, um sie gegen Erbpacht auszuthun und sich auf den Zins zu setzen. Nach ihm besaß sie in gleicher Weise der Hofkerzenzieher Konrad. So hat auch später[3]) Königin Elisabeth dem Zimmermann Wanka zu gleichem Zwecke zwei Hufen ebendaselbst geschenkt. Wenn wir heute auch in dieser Gegend die altslavische Flurtheilung nur noch wenig vertreten sehen, so dürfte das auf die Locationsthätigkeit der Fürsten, der Probstei und des Augustinerstiftes unterhalb Melnik zurückweisen. Von der Königin Elisabeth ist solche Thätigkeit mehrfach bezeugt, wobei die Absicht einer wohlwollenden Berücksichtigung der bisherigen Nutznießer hervortritt. So hat sie im nahen Dorfe Vrbno sieben Hufen zu

---

[1]) Čelak. II. (1350) p. 440; (1352) p. 486.
[2]) Emler III. (1327) p. 542.
[3]) Emler IV. (1336) p. 107.

«Burgrecht» verkauft, jedoch nur an die daselbst schon angesessenen «armen Robotleute.»[1] Dass die Pröbste von Melnik in ihren entfernten Besitzungen eifrig den Erbpachtverkauf betrieben, ist bekannt;[2] auf ihrem nahen Gute zu Brozan an der Eger haben sie um so wahrscheinlicher dasselbe gethan, als ihnen sich hier die Vermittlung der Bürger anbot. — —

An die beiden Neugründungen im Auwalde, die wir voraus betrachteten, schließen sich nach Süden zu noch drei Gründungen nach dem Typus von Leitmeritz—Melnik mit Anlehnung an alte Gauburgstätten und Aufnahme der alten Provinzialbehörden: Kouřim, Časlau und Chrudim. Dann ist nach Süden zu für weite Strecken das Gebiet der königlichen Städte abgeschlossen. Dasselbe gilt aber auch bezüglich der Gaue nördlich von der kleinen Elbe. Dann erst beginnt ein neuer Typus im erschlossenen großen Grenzwalde. Als Übergang können Hohenmauth und Jaroměř, dann — schon im Walde selbst — Glatz dienen.

In Bezug auf die Rechtseinrichtungen und das Besiedlungsmaterial schließt sich indes auch die Bürgergemeinde an der alten Burgstätte Kouřim — Kuřim, Gurym — der benachbarten von Kolin an. Beide haben den Gemeindeeinrichtungen nach — Magdeburgisches Recht.[3] Über die Gründungszeit Kouřims wissen wir nur, dass sie vor 1260, also wohl wieder in die ersten Regierungsjahre Ottokars II. fallen muss. So gewinnt es immer mehr den Anschein, dass die Gründung der Mehrzahl unserer Städte eine einheitliche Action dieses Fürsten bildete, was freilich voraussetzt, dass damals — ungefähr um das Jahr 1256 — eine kleine Völkerwanderung deutscher Unternehmer nach Böhmen stattgefunden haben muss. Bei der Ausstattung Kouřims mit Landgut scheint Ottokar weit ausgegriffen zu haben, indem er wahrscheinlich auch Zdanitz im Süden noch zum Schoßdorfe der Stadt machte ohne Rücksicht darauf, dass es bis dahin dem Kloster Sedletz gehört hatte. Während sonst seine Nachfolger die so beeinträchtigten Klöster durch einen andern Ersatz klaglos stellten, gab Wenzel II. Zdanitz selbst dem Kloster zurück.[4] Dafür erweiterte sich durch das Bestreben der Bürger das Schoßgebiet nach anderen Richtungen hin. Noch muss dereinst Chraštian weit im Norden dazu gehört haben, indem sich

---

[1] Emler IV. (1319) p. 829.
[2] Borový (1372) p. 91.
[3] Emler II. (1261) p. 1239.
[4] Emler II. 1305 p. 882.

daselbst die Freihufen der Erbrichterei befanden.¹) Im Westen gegen Dobrepole schenkte König Johann der Stadt den Wald Lipsko im Ausmaße von 6 Hufen, die sie nach dem Maßstabe der Stammhufen verzinsen sollte, wenn sie einmal urbar gemacht wären.²) An dieser Stelle ist längst kein Wald mehr vorhanden. Nach Osten zu gehörten Gründe in Bošic zu den Schoßgütern.³) Das Dorf Jilmanic, das mindestens zum Theil in demselben Verhältnisse stand, ist heute verschwunden, wahrscheinlich in wirtschaftlichen Umgestaltungen, wie sie die Bürger vornahmen. Dass für solche in der Gegend auch über die Schoßgründe hinaus sich noch Raum fand, bewirkten die geistlichen Besitzungen in der Nachbarschaft. So übergab die Probstei Wyšehrad das nördlich gelegene Pfarrdorf Wrbčan im Jahre 1328⁴) einem Otto, der sich wohl erst infolge dessen «von Wrbčan» nannte, als Locator und Erbrichter zur Umwandlung nach Kaufrecht und zur Einführung des deutschen Rechtes von Kouřim, also des Magdeburger Rechtes, wobei er außer einer Freihufe, einer Schankwirtschaft und Bäckerei den Ertrag aller Gerichtsgebühren besitzen sollte; nur von den Fällen von Nothzucht, Mordbrand, Todschlag und Diebstahl sollte er zwei Drittel der Bußen an das Stift abführen.

Als ältester Erbrichter in Kouřim lernen wir zum Jahre 1297 einen Heinrich, Sohn des Adloth kennen. Dieser Adloth war jedenfalls einer der größeren Unternehmer der angedeuteten Art. Er besaß Güter in Třebaul (Třebovle) nördlich von Kouřim und in den nicht mehr auffindbaren Dörfern: Ocheles und Prasnic. Zum Gerichte gehörten außer zwei Hufen in Chraštian vier Fleischbänke und 8 Hintersassenhäuschen, — Häuschen ohne Feldlosantheil vor der Stadt. Von Wenzel II., in dessen Regierungszeit wir ohne erklärbaren Grund gleichzeitig so viele alte Erbrichterämter erledigt sehen, kaufte auch das Richteramt in Kouřim ein gewisser Diviš (Dionys), Sohn eines Peter Stainn (?)⁵) von dem es wieder kaufweise auf einen Heinrich übergieng. Im Jahre 1343 besaß es ein Jakob, 1864 Nikolaus.⁶)

¹) Emler II. (1306) p. 802.
²) Emler III. (1327) p. 490.
³) Čelak. II. (1336) p. 315; (1353) p. 488; (1408) p. 1004.
⁴) Emler III. p. 551.
⁵) Emler II. p. 892.
⁶) Während in der Bürgerschaft schon mit dem Anfange des 14. Jahrhunderts der Gebrauch von Personenbezeichnungen (außer den Tauf- und Rufnamen) beginnt, aus denen sich allmählich Familiennamen bilden, stehen die Namen der Richter noch in der Mitte des Jahrhundertes häufig für sich allein, jedenfalls weil das Richteramt eine genügende Kennzeichnung der Person bildete.

Auch für Kouřim zeugen die allerdings spärlich erhaltenen bürgerlichen Namen für einen ursprünglich deutschen Stamm der Bürgerschaft, in den allmählich das heimische Element einzudringen beginnt: Leo, Adloth, Heinrich, Berthold, Jakob, Kunzlin, Rudger, Klommiger; im 14. Jahrhundert: Wilmann, Pescheak, Nikolaus, Albert Lacher, Friedrich, Peter Heidlîn, Jeklin Plyshost, Nik. Pfauenzagel, Henzlin Episcopi, Nikolaus Milota, Henslîn Rucz, Martin Trap. Ein Name weist auf Beziehungen zu Poděbrad, ein zweiter auf solche zu Kuttenberg hin.

Unter gleichen Verhältnissen und auf gleiche Weise entstand die Stadtgemeinde an der alten Burgstätte Čáslau. Auch die Zeit scheint dieselbe gewesen zu sein, wenn eine undatierte Urkunde Ottokars II. auf diese Stadt bezogen werden darf[1]). Dann dürfte es das nahe Kloster Sedletz gewesen sein, dessen Unterthanen zu den Befestigungsarbeiten herangezogen wurden. Auch das Recht der Stadt dürfte ursprünglich in jenem allgemeinen Sinne das Magdeburger gewesen sein, was aber die Bürger ebenso wenig wie die von Kolin hinderte, sich das geschriebene Statutarrecht von Iglau zu verschaffen und von König Johann bestätigen zu lassen.[2]) Der zur Stadt unmittelbar zugewiesene Schoßgrund bestand aus 86 Hufen zu je ½ Mark und 11 Hufen zu 1 Mark Jahreszins. Der Zoll an der Burgstätte Čáslau war von altersher dem Landesmundschenkenamte zugewiesen.[3])

Zur Erbrichterei gehörten eine Badstube, vier Fleisch-, fünf Brotbänke, die Gebühren von der Bleiwage, wenn eine aufgestellt werden sollte, und die von der «Niederlage», die indes nur bezüglich der Weindurchfuhr — aus Österreich — galt. Die Prager und Kuttenberger konnten ihre Weine auch ohne «Niederlage» durchführen. Ferner gehörten jenem Gerichte die Gebühren des Schrotamtes, — d. i. vom «Ziehen der Fässer» oder des Verfrachtungsgeschäftes im Orte — und von der Nachthut der in der Stadt übernachtenden Wägen — ähnlich wie in Kolin. Wägen, die vor der Vesperzeit ankamen, entgiengen dieser Gebühr, indem sie noch weiter fahren durften. Die Vorbehaltsfälle des Gerichtes werden als Todschlag, «Feuer oder Brand», «Frauennothpressen» und «Falsche» (Falschmünzung) bezeichnet. Statt des Gebührenantheils erhielt jedoch die Kammer einen Pauschalbetrag von 20 Mark jährlich. Auch hier besaß die Erbrichterei zehn Häuser und ein Brauhaus vor dem Thore, d. h. den

---

[1]) Čelak. II. p. 87; Emler II. Nr. 2304.
[2]) Čelak. II. (1330) p. 263.
[3]) Čelak. II. (1337) p. 317.

Zins der Hintersassen daselbst. Diese dem Gerichte zinspflichtigen Hintersassenvorstädte erinnern an die «Rathswiek» in vielen norddeutschen Städten.

Als Richter lernen wir zur Zeit Ottokars II. einen Konrad Spitaler kennen, dem wir auch in königlichen Diensten begegnen. Am Anfange des 14. Jahrhunderts treffen wir Johann und Wenzel. Zur Zeit Karls IV. verkaufte das Gericht Johann Rotlew (Rothlöw) an den Bürger Johann von Zařičan, gegen Ende des Jahrhunderts ist ein Simon Pule an seiner Stelle.

Rings um Časlau begegnen wir vielfach den Spuren einer ausgedehnten Locationsthätigkeit, an der sich die neuen Bürger direct oder indirect betheiligten. Außer den eigenen Schoßgründen boten ihnen hiezu die Güter des Klosters Sedletz reichlich Gelegenheit, und König Johann beschränkte dem Kloster das Recht, die Bürger von Časlau auf den vom Kloster erworbenen Zinsgütern über den verabredeten Zins hinaus zu belasten,[1]) ein Beweis zugleich, dass derlei Versuche, wie sie in nachhusitischer Zeit immer häufiger wurden, auch damals schon hervortraten. Zum Schoßgute gehören die Dörfer Loch und Schindloch — der letztere Name ist verschwunden.[2]) Im Jahre 1393 kaufte die Stadt von Wenzel IV. die Heimfallgüter Pololz und Brandenburg (Podol und Branibor) hinzu. Der letztere Name deutet auf vorangegangene Emphiteutisierung, wenn nicht vielmehr noch die Lage am waldigen Grenzgebirge des Gaus auf Colonisation aus grüner Wurzel schließen ließe. Auf den dazwischen liegenden Gütern von Zařičan liegen Zinsgüter der Bürger. Die Güter Wlačitz und Bučitz zwischen jenen und den Schoßgütern der Stadt hat das Kloster Wilemow, das sie vordem in eigener Regie hielt, um das Jahr 1279 an «Colonen» zu Erbpacht ausgethan und das Feldmaß so wie die Rechtseinrichtungen von Časlau entlehnt.[3]) Dass Bürger die Vermittler waren, ist um so zweifelloser, als wir solche nachmals im Besitze von Zinsgütern daselbst finden, wie uns wiederholt der Beiname «von Bučitz» (Boschitz) verräth. Andere Bürger haben Güter in Třebešitz zwischen Časlau und Kuttenberg,[4]) und in Dobrowitz[5] an der Haberner Straße. In gleichen Beziehungen steht eine andere Bürgerfamilie zu dem nahen Wrdy und wieder eine zu Žák (de Sacco). Potěch, Strampauch u. a. zeigen in ihrer Anlage deutliche

---
[1]) Čelak. II. (1330) p. 263.
[2]) Borový Lib. err. p. 355, 77; Čelakovský II. (1405) p. 1013.
[3]) Emler II. (1279) p. 500.
[4]) Emler IV. p. 797.
[5]) Ibid. (1342) p. 448.

Spuren der Colonisation. In mehreren Städten stoßen wir auf den Spitznamen «der Bischof» — *episcopus* in lateinischen Urkunden. Mit den betreffenden Familiennamen in Časlau können wir wohl die Ortschaft Biskupitz in Zusammenhang bringen. Podol muss schon im 13. Jahrhunderte zu Erbpacht lociert gewesen sein, und der Richter Gottfried, der um 1307 daselbst nach deutschem Rechte richtete, war sicher aus der Bürgerschaft hervorgegangen und gewiss ein vermögender Mann. Ihn berief im genannten Jahre[1]) Ulrich von Lichtenburg zur Umwandlung Ronows, des Stammsitzes seines Geschlechtes in ein städtisches Gemeinwesen, in welchem Gottfried seine Colonisationsgenossen — *concultores* — nach Časlauer Feldmaß betheilen und nach Časlauer Gerichtsformen richten sollte. Von den bürgerlichen Namen lassen noch die «von Chozwors», «von Zahubin», «von Sacco», «von Wyslawic», «von Prisach» auf ähnliche Beziehungen schließen. Gerade die Bürgerschaft von Časlau fand inmitten der ausgedehnten Ländereien der Stifte Sedletz und Wilimow und in der Nähe der Güter der unternehmenden Lichtenburge ein ergiebiges Gebiet für solche Thätigkeit. Wie weit sonst noch die Unternehmungen der Bürger von Časlau ausgriffen, deutet uns jener Eberhard, Bruder des Bürgers Bischof an, der schon zu Ottokars II. Zeit Mitpächter der Münze zu Iglau wurde.[2])

Dass auch die Besiedlung von Časlau selbst von eingewanderten Deutschen vorgenommen wurde, und dass auch bis ins 15. Jahrhundert der deutsche Typus der Stadt mindestens vorwaltete, ist durch die Urkunden außer Zweifel gestellt. Wir besitzen zwar keine deutschen Verhandlungsschriften des Časlauer Schöffengerichtes, aber auch in lateinischen Worten kennzeichnet die Redensart «im vollem Gericht, wo alle Dinge Kraft haben»[3]) unverkennbar ein deutsches Gericht. Den Kaufvertrag mit Wenzel IV. schließt die Stadt[4]) deutsch und derselbe König wendet sich an sie ausnahmslos in deutschen Zuschriften, so oft sein Notar nicht vorzieht, lateinisch zu schreiben.[5]) Auch die Namengebung unter den Bürgern, die eben noch im Zuge ist, ist eine deutsche. Ein Heinemann führt auch in lateinischen Urkunden den Spitznamen dictus «Jungschöpf». Dem Zeugnisse der Namen kommt für jene Zeit ein anderes Gewicht zu, als in unserer. Nicht seine Wurzel, sondern die Form und Fügung zeugt für die

---

[1]) Emler IV. (1307) p. 823.
[2]) Emler II. (1275) p. 411.
[3]) Borowý (1370) p. 78.
[4]) Čelak. II. (1393) p. 851.
[5]) Čelak. II. p. 752, 013, 1100.

Umgangssprache derer, die ihn gebraucht, in unserem Falle der Gemeinde. Wir geben alle Namen wieder, die uns zugänglich geworden sind. Außer unbestimmteren, mit lateinischen Bezeichnungen des Handwerks finden sich unter ihnen auch entschieden slavische, doch nur in verschwindender Minderzahl, obgleich auch hier der Einfluss von Vorstädten und Umgebung nicht erfolglos gewirkt haben kann.[1])

Als Abkunftsorte verrathen uns die bezüglichen Namen: Leitmeritz und Schüttenitz, Chrudim, Kolin (Kolna), Pleissen (Leipzig?), Kuttenberg und Löbau. —

Ähnliche Nachweise fehlen uns für die Stadt Chrudim gänzlich. Doch hat sich hier wieder die wichtige Gründungsurkunde selbst — leider ohne Datum — erhalten, und diese beweist zur Genüge, dass auch Chrudims Gründung zu derselben großen Action Ottokars II. gehört und auf gleiche Weise durchgeführt wurde, wie die voranstehend geschilderten. Uns zeigt gerade dieser Fall, was wir in den voranstehenden mangels der eigentlichen Gründungsurkunde nicht wahrnehmen konnten, dass diese ganze, nicht nur für die Stellung des Königthums, sondern für die ganze Form der Landescultur epochale Action die königliche Kammer auch in den ersten Stadien der Ausführung nicht nur nicht belastete, sondern sofort nicht unwesentlich stärkte. Wir erfahren nämlich bezüglich Chrudims, dass König Ottokar II.,[2]) indem er die Ansiedlung einer neuen Colonie nächst dem alten Burgplatze Chrudim anordnete, dazu 100 Hufen Landes widmete, aber nicht um sie den Colonisten lediglich gegen Erbpacht zu überlassen, sondern gegen die Anzahlung der sehr ansehnlichen Summe von 1000 Mark in sehr kurzen Fristen zu

---

[1]) Bürgernamen sind: Nik. Roth, Andreas Puchner, Henslin Kuhdieb (Kudiþ), Nik. Kukuk, Jeklin Tirmann, Nic. Krudimensis, Albertus cuprifaber, Nic. Piper, Wenzel Kolner, Nic. Pleissner, Albertus Faber, Enderlin Nesslin; — Frenzlin Finder, Arnold Tanner, Henslin Franzo, Nik. Ratho, Johannes de Boschitz, Joh. de Chozwors, Frenzlin Pesoldi, Frana Scheichenkauf, Peslin Rabenhaupt, Nelinus Eberlini, Henslin de Zahubin; — Nik. Sayer, Jarko Tyrmann de Sacco, Pezmann, Henzmann, Joh. pistor de Boschitz, Ludovicus carnifex, Henslin Gkefler, Ewerlin de Sarriczan, Andreas de Boschitz, Jakob Pulcher, Nik. Gaier, Wenz. Chrudener (Chrudimer), Frenlin Finder, Matthaeus Melchewer, Franz Leupold, Jeklin de Wyslawitz; — Albert Pawerfint (Bauernfeind); — Oswald, Haynlin Pechter, Gunther de Letzt, Eberhard Heiming; — Konrad Kutiner; — Tylo de Lubovia, Otlilin, Peter Tyrmann Puder; — Albert Schick, Gotzlin Ronower, Heinzmann, Pesold albus, Nic. de Risach, Heinlin Longus, Albert Steinlin, Nic. Minler, Nic. Salzer, Heinrich Fressemül, Henzlin, Gotzlin parvus, Enderlin, Nic. Hoslin, Heinzmann Jungschöpf, Heinrich Beczo, Domoslaus von Lutmeritz, Friedrich de Wrd, Heinrich de Sytenic, Ulrich von Podol; slavische: Hermann Wilkus (vlk?), Waniko, Martin Mikeš, Herusch, Tylusch.

[2]) Čelak. II. p. 83

verkaufen. Viele Urkunden schweigen wohl nur deshalb darüber, weil zur Zeit ihrer Ausfertigung das Geld schon erlegt ist. Die Kaufsumme ist für jene Zeit so hoch, dass wir die Käufer nur unter recht vermögenden Leuten des Auslandes suchen können. Ihre selbständige Verfassung sicherte ihnen der König unter Anschluss an das Recht der Stadt Iglau.

Der Unternehmer ist durch den Namen Konrad ohne Adelsprädicat genügend als Deutscher gekennzeichnet. Als Unternehmungslohn erhielt er das Erbrichteramt mit zwei Freihufen, eine Hofstätte in der Stadt, dem Bade, zwei Fleischbänken und zwei Brotbänken.

Mit den zwei folgenden Städten Hohenmauth und Jaroměř treten wir an die Gebietsgrenzen der Colonisation aus grüner Wurzel heran. Nur schließt sich erstere Stadt noch insofern den vorher genannten an, als sie doch in einiger Beziehung zu der nicht allzu entfernten Gauburg Wratislaw steht.

Wie aus der Errichtungsurkunde für Polička ersichtlich ist, bestand die Stadt Hohenmauth zumindest schon im Jahre 1265, indem sich jene neue Gründung in ihren Rechtseinrichtungen nach dieser älteren richten sollte.[1]) Die Verfassung ruhte auch hier auf dem Erbrichteramte und einem Schöffenstuhl. Ersteres verkaufte Wenzel II. sammt dem Mauterträge der früher Leitomischler, jetzt Poličkaer Straße dem Bürger Heinrich gegen einen Jahreszins von 30 Mark.[2]) Albrecht I. bestätigte der Stadt im Jahre 1307 dieselben Rechte und Privilegien, wie sie neben anderen die Städte Grätz und Chrudim besaßen.[3]) Ob sich eine nur in einer Formel erhaltene Urkunde aus der Zeit Karls IV., die uns dann genauer über die Ausstattung des Richteramtes unterrichten könnte, hieher beziehen ließe, ist uns sehr zweifelhaft,[4]) doch ist die Art der Bezüge keine andere, als wir sie schon kennen lernten. Um 1362 war ein Nik. Rufus, nach ihm ein Rudlin Richter, der nach dem Beinamen Roit zu urtheilen, derselben Familie angehörte. Über die Bürgerschaft ist uns nichts bekannt; nur wissen wir, dass sich Wenzels IV. Kanzlei an dieselbe mit deutschen Zuschriften zu wenden pflegte.[5])

An Gelegenheiten, in die Landesculturverhältnisse einzugreifen, fehlte es hier an der Grenze der Landesmark gewiss nicht. Ob nicht jener Konrad von Löwendorf, der später Polička anlegte und das «Recht» von Hohenmauth dahin brachte, einer der Bürger dieser

---

[1]) Emler II. (1265) p. 192; Čelak. II. p. 43 ff.
[2]) Čelak. p. 116.
[3]) Ibid. (1307) p. 148.
[4]) Ibid. (1356) p. 529.
[5]) Ibd. (1395) p 874; (1412) p. 1152.

Stadt war, kann umso mehr gefragt werden, als auch in nächster Nähe von Hohenmauth eine Ortschaft liegt, die ähnlich jenem neubegründeten Löwendorf (heute Laubendorf) in slavisierter Form Limberg d. i. Löwenberg heißt. Im Jahre 1292 schenkte Wenzel II.[1]) seiner neuen Stiftung Königsaal unter andern Gütern auch den Wald Srub nächst Hohenmauth am Dorfe Slatina. Heute finden wir an dessen Stelle ein in Colonistenweise angelegtes Dorf des Namens Srub. Im Jahre 1309 hat das Kloster Zderaz die Dörfer Zaleš und Sloupna (oder Sloupce) gekauft; im Jahre 1361 steht das letztere Dorf verlassen und der Probst von Zderaz überließ dem genannten Erbrichter Rudlin Roth — *Rudlino dicto Roit* — neun Hufen desselben zur Neucultivierung.[2]) Das Dorf Tisova, das zwischen Untersloupnitz und Hohenmauth liegt, zeigt in Anlage und Flurtheilung deutlich den Einfluss deutscher Locierung.

Jaroměř trägt in den ältesten Urkunden die Namensform Jermer, die noch heute in der deutschen Nachbarschaft gebräuchlich ist. Die in unbestimmbarer Zeit, wahrscheinlich aber ebenfalls durch Ottokar II. geschaffene Anlage schließt sich nicht wie das nahe Grätz an eine Gauburg, sondern an eine an der alten Polenstraße vorgeschobene Station am Eingange zum Grenzwalde. Nach der naheliegenden Analogie der am Fuße des Riesengebirges entstehenden Städte ist eine landesfürstliche Hofwirtschaft mit einer entsprechenden Befestigung als Anhaltspunkt für die Stadtanlage vorauszusetzen. In Bezug auf die Rechtsverhältnisse schloss sich Jaroměř ganz an die Städte von Grätz, Maut und Chrudim, mit denen es wiederholt gemeinschaftlich die Bestätigung derselben erlangte.[3]) Zwingend ist daraus der Schluss auf die Form und Herkunft des Stadtrechtes gerade nicht, wohl aber können wir mit großer Wahrscheinlichkeit die letztgenannten Städte sammt Jaroměř und Polička als zur Gruppe des Iglauer Stadtrechtes gehörig annehmen. Jedenfalls ruhte auch hier der selbständige Rechtsschutz auf dem uns bekannten Systeme; des Schöffenamtes geschieht wiederholt Erwähnung. Unter den Richtern tritt uns jedoch nur ein einzelner — Reblin um 1309 — aus den Urkunden entgegen. Ebenso sind uns nur wenige Bürgernamen aus dem 14. Jahrhunderte — in den Erectionsbüchern — aufbewahrt: Peter Perator, Nik. Krüger, Fritzko Qualisdorf, Thomas Kambuer, Kunzlin Kolbe, Kycze Stoer, Tilo Byler, Nik. Seidelmann, Joh. Mertlin und Nikol. Helwig. — —

[1]) Emler R. IV. (1292) p. 745.
[2]) Emler II. p. 951; p. 588.
[3]) Emler II. (1307) p. 927; Cel. II. p. 149.

Ein zweites System von Städten, das gleichsam an der Niederelbe seine Wurzel hat, zieht sich die Eger und am Fuß des Erzgebirges, ein Zweig mit einer vereinzelten Blüte auch die Moldau hinauf. Was wir im kleinen bei der alten Burg Leitmeritz beobachtet, wiederholte sich in größerem Maßstabe bei der Prager Burg. Ottokar II. fand noch einen Raum zwischen seiner Burg und der jenseits des Flusses entlegenen älteren Stadt und verwendete diesen, den Abhang seines Schlosses gegen den Fluss zu, zur planvollen Anlage einer neuen Stadt: der Neustadt Prag unter dem Schlosse nach damaliger Bezeichnung, entsprechend der jetzigen «Kleinseite» mit Ausschluss der Wobora, des Malthesergutes und des Aujezd. Die Anlage, welche im Jahre 1257 unternommen wurde,[1]) begann mit der Abberufung der königlichen Unterthanen von dem betreffenden Grunde und dessen Abverkauf an deutsche Colonisten. Auch hier kauften sie, wie wir es überall gefunden, als Gemeinschaft die ihnen «zugemessenen» Gründe.[2]) Im Jahre 1262 stand schon die fertige Stadt.[3]) Dieselbe, nur aus dem Ringe mit den kurzen, direct zu den Thoren führenden Gassen bestehend, wurde von drei Seiten mit Mauern umzogen; mit der vierten schloss sie sich an die Burg. Wie der König seine Unterthanen, die er nach dem damaligen Rechtsbestande von seinen Gründen gleich jedem andern Grundbesitzer abberufen konnte, anderweitig verwendete, wissen wir nicht. Eine Mehrzahl siedelte sich wahrscheinlich in der Nähe vor dem Thore an, um sich die Verdienstgelegenheit der neuen Stadt zu Nutzen zu machen. Gründe geistlicher Herrschaften gab es nicht nur in nächster Nähe, sondern vereinzelt auch noch innerhalb der Stadt, obgleich die ersten Bürger des Glaubens gewesen zu sein scheinen, dass ihnen ein zusammenhängendes Gebiet ohne solche Ausnahmen überlassen worden sei.[4])

Die Rechtseinrichtung hatte den Magdeburger Typus, und der Rechtszug gieng von der «neuen» oder «wenigen Stadt» Prag nicht an die ältere, sondern — bis zum Jahre 1338 — an den Schöffenstuhl von Leitmeritz.[5]) König Johann löste diesen Zusammenhang und Wenzel IV. versuchte wie in andern Städten die Rechtscompetenz durch Vermehrung der Gerichtsvorbehalte zu beschränken.[6])

[1]) Cosmae Cont. p. 390; Franciscus p. 24.
[2]) Emler IV. p. 182; Čelak. I. (1337) p. 47.
[3]) Emler II. (1262) p. 132.
[4]) Emler II. p. 132.
[5]) Čelak. I. p. 53.
[6]) Čelak. I. (1405) p. 194.

Eine wesentliche Grundlage der wirtschaftlichen Existenz der Bürger bildete der Handel, sei es, dass ihn diese selbst führten, oder dass sie von fremdem Handel Nutzen zogen. Die Niederlagsbestimmungen Wenzels II.[1]) deuten auf Auslandsverbindungen mit Flandern und Venedig; für beide Fälle war wohl die glänzende Hofhaltung ein bedeutender Anziehungspunkt. Am Brückenthor an der Moldau lag ein «wälscher Hof»,[2]) das Einkehrhaus der Italiener.

Das Gebiet der «wenigen Stadt» für Landesculturunternehmungen lag in der damals noch waldreichen Gegend jenseits des «weißen Berges» an der alten Straße nach Thüringen. Ein Theil mochte hier als Schoßgrund gleich anfangs der Stadt zugewiesen sein, ein anderer gewann durch Erwerbung seitens der Bürger diesen Charakter. Solche Gründe lagen in Hostowitz, wo König Johann noch 1315[3]) weitere 6 Hufen eines jetzt verschwundenen Waldes seinem Notar zur Urbarmachung durch Colonisten übergeben konnte, weiter in Jenč[4]) und Unhošt.[5]) Im Zusammenhange damit ist in dieser ganzen Gegend an eine Vermessung und Umlegung der Gründe zu Kaufrecht zu denken, gleichviel ob neben einzelnen Bürgern noch heimische Käufer oder Erbpächter auftraten oder nicht. Andere Dörfer, die, dem Beispiele folgend, in gleicher Weise umgewandelt, aber nicht zugleich als Schoßdörfer der Stadtgemeinde einverleibt wurden, boten insofern wenigstens dem Richteramte der Stadt einen gewissen Nutzen, als der Stadtrichter ihnen gegenüber zum Vogte wurde.

So ließ die Königin Elisabeth, Johanns Gemahlin, die ihrer Kammer gehörigen nahen Dörfer Butowitz, Jinonitz und Groß- und Klein-Košiř nach «Burgrecht» umlegen, doch mit der ausdrücklichen Bestimmung, die wir bei dieser Přemyslidin schon einmal trafen, dass die neu zugemessenen Hufen denjenigen Unterthanen verkauft werden sollten, die bisher auf denselben «verweilt» hatten. Dagegen verlangte sie von diesen außer der Zinspflicht auch eine Anleitsumme; auch der Jahreszins war ungewöhnlich hoch. Das Gericht in den Dörfern wurde nach «Magdeburger Art» eingerichtet; der Rechtszug gieng zur Kleinseite. Eines Erbrichters wird nicht gedacht, wohl weil der Prager Bürger Balwin, der die Unternehmung durchführte als Gutsverwalter in den Diensten der Königin stand.[6])

---
[1]) Čelak. I. (1304) p. 20.
[2]) Čelak. I. (1407) p. 108.
[3]) Emler R. II. p. 110.
[4]) Emler III. (1316) p. 121; Emler IV. (1342) p. 430.
[5]) Čelak. I. 1359.
[6]) Emler R. III. (1312) p. 31 f.

Die älteren Richter der «neuen Stadt» kennen wir nicht. Mit dem Beginne des 14. Jahrhunderts tritt ein Richter Berchthold (1301) auf, dem dann ein Konrad (1318, 1334), ein Hanko Elyae (des Elias Sohn 1337), ein Michel Donat (1359) und wieder ein Konrad (1373) folgen. Dass der erste Stamm der Bürger aus Deutschland eingewandert war, bezeugen in diesem Falle nicht lediglich die uns aus dem 14. Jahrhunderte erhaltenen Bürgernamen,[1]) sondern ausdrücklich auch die heimischen Chronisten, die ihren Unwillen über die Bevorzugung der Fremden bei diesem Anlasse zum Ausdrucke bringen.

Für eine Durchsetzung dieses Stammes mit heimischen Elementen war indes gerade hier die Lage sehr günstig. Eine solche Bevölkerung saß mit der Stadt selbst im regen Verkehr dichter als sonst in nächster Nähe derselben, auf den geistlichen Gerichtsgebieten der Kirchenpfründe in der Wobora, der Maltheser an der Brücke und in vielen kleineren den Aujezd am Fuße des Laurenziberges entlang. Diesen in verschiedenen Hantierungen geübten Leuten gegenüber ließ sich das der Stadt verliehene Meilenrecht» nicht in der gewohnten Weise üben. Es war hart genug für die Grundherren, dass König Johann die vor den Thoren angesiedelten Handwerker verpflichtete, Steuern und Lasten mit der Stadt zu tragen, als wären sie deren Schoßgenossen.[2]) Der innere Zusammenhang lag allerdings in dem Kundschaftsgebiete, das die neue Stadt ihnen bot und in der Concurrenz, die sie den bürgerlichen Handwerkern machten. Diese Verknüpfung griff noch weiter aus, als Karl IV. jene neue Umfassungsmauer auf dem Rücken des Laurenziberges in weitem Bogen um die Stadt zog und bestimmte, dass innerhalb dieser Mauer alle Angesiedelten, soweit sie nicht einer geistlichen Gerichtsbarkeit angehörten, dem Marktgerichte unterstellt sein sollten. So bildete sich in diesem Vorstadtgebiete zwischen der alten und neuen Mauer eine gleichsam städtisch geschulte Bevölkerung heran, welche geeignet war, allmählich in die Lücken des alten Bestandes der Bürgerschaft einzutreten. Deshalb mehren sich gerade um jene Zeit die slavischen Namen, während die Handwerkerbezeichnungen in den meisten Fällen für die Nationalität des Trägers kein Zeugnis

[1]) Leupold der Leubel, Heinrich ebenso, Dietrich der Eisner, Heinrich der Held, Merten der Vising, Seifrit der Zeugenwein, Otte der Gunfarer, Konrad der Herherter, Konrad der Vetter, Pernold der Krumpelin, Peter der Turzeller, Rudolf der Maurer, Leo der Prünner (1301); Heinrich Planer (1316); Nik. Sturm, Tyllo, Berthold (1318); Nik. Friczo, Konrad Klugel, Albert Herold, Merklin Kutner, Peruger Tyrnickel (1334); Helyas, Otto Saffer, Nik. Peterlin (1337); Nik. Schlegel (1359), Konrad Klügel, Nik. Peterlin, Albert Stacn (1373).

[2]) Emler R. III. p. 642; Čelak. I. (1330) p. 35.

abgeben.¹) Als Abkunftsgegenden werden angedeutet: Sachsen, Schlan, Příbram, Gaëta (Geytaner). Trotzdem urkundeten auch im 14. Jahrhunderte Richter und Rath noch deutsch und noch Wenzel IV. wendete sich mit deutschen Zuschriften an die Bürger.²)

Egeraufwärts erfolgte die nächste Stadtanlage zu Laun Luny — an der Stelle eines alten Dorfes dieses Namens, bei dem eine Überfuhr seit ältesten Zeiten den Verkehr über den Fluss im Zuge einer begangenen Straße vermittelt hatte. Die Zeit der Anlage ist nicht bestimmbar, die Art schließt sich an die betrachtete Gruppe der Ottokarischen Städte. Auffällig sind die günstigen Bedingungen ihrer Ausstattung. Bisher lernten wir Hufen im mittleren Ausmaße von 72 Strich Aussaat kennen; die zur Stadt Laun gemessenen fassten je 84 Strich, während der Jahreszins nur eine halbe Mark von jeder Hufe betrug, was in dieser gewiss schon längst urbar gemachten Gegend auf eine hohe Anleite und auf vermögende Colonisten schließen lässt. Außerdem genoss die Stadt ohne Zins die Weiden an der Eger, gegen Dobroměřitz und Leneschitz zu, und die Felder in der Flur Kujem. Ebenso waren den Bürgern die Fleisch- und Brotbänke und die Badstube ohne Zins überlassen. Gründe, welche die Bürger weiterhin kaufweise erwerben würden, sollen mit der Stadt steuern und vom Landrechte in das Stadtrecht übergehen. Das letztere war das von Leitmeritz, beziehungsweise Magdeburg.³)

Wir sehen die Bürger nach allen Richtungen hin mit Erfolg nach Landerwerb streben, der ohne Zweifel mit der Umlegung der nahen Dorffluren nach deutschem Recht zusammenhieng, sei es, dass einzelne Bürger Hufen daselbst als Locatorengewinn erwarben, sei es dass sie von den vielen Kleinadeligen der Gegend Dorfantheile kauften und auf Erbpacht aussetzten. So finden wir Bürger im Besitze einzelner Gründe des nahen Citolib. und der König, der im Besitze des restlichen Theils ist, verspricht der Stadt diesen nur für ihre Erwerbung vorzubehalten.⁴) Viele Schoßgüter besaß die Stadt im

---

¹) Nik. Radosta (1318); Macko albus, Ješko carnifex (1334); Ješko sartor, Hawel (1337); Martin Horine, Pešk^o Mackowic, Nik. Scharka, Juřík Jakowic (1345); Blahut, Kuneš Kotrali, Mixo de Slana, Waclav Medwěd, Boleslaus, Bohunko Ludein, Johann Kazma (1359); Nik. Fricko (1375), Frana Hanner (1396), Wenzel Nárožník (1402); Joh. niger, Joh. albus, Konrad bonus, Henzlin faber, Konrad brasiator, Friedr. niger, Wilhelm faber (1337); Elblinus faber (1341); Jeklin niger, Leo pictor, Simon carnifex (1359); Ješko sartor, Nikol. de Slina, Heinzlin faber, Ješko carnifex (1373).

²) Emler II. (1301) p. 821; Čelak. I. (1405) p. 194.

³) Bestätigung Johanns, Emler III. (1325) p. 422 f.

⁴) Emler III. (1325) p. 424; Čelak. II. (1380) p. 887.

nahen Dobroměřitz jenseits der Eger.[1]) Im Jahre 1365[2]) kauften Launer Bürger acht Hufen bei Černčic. Im Dorfe Wolašitz (Worasitz?) treffen wir schon im 14. Jahrhunderte einen Richter, ein sicherer Beweis für die vorangegangene Umlocierung.[3]) In Weberschan bezeugt die Geltung des Magdeburger Rechtes[4]) denselben Vorgang. Einzelne Bürger besaßen Güter in Rannay und selbst in dem entfernten Sterkowitz bei Saaz.[5]) Das Haupterwerbsgebiet zog sich nach Norden hin an die vereinzelten Kegelberge des Mittelgebirges. Es ist nur ein Zufall, der uns die Kenntnis der Besitzungen des Einen reichen Bürgers und Richters Bero erhalten hat. Diesem gehörte ein großer Theil von Dobroměřitz und auch ein Antheil vom Kirchenpatronate daselbst, dann Güter in Netschich (Neczuch), im jetzt unbekannten Tyrlow, dann in Weberschan, das damals angeblich ›zu deutsch‹ Wlthein (Waldheim?) geheißen haben soll und zu Rannay, überdies das ganze ‹Dorf› Hoblik.[6]) Aus den Bürgernamen, so viele ihrer bekannt sind, lassen sich ähnliche Beziehungen zu den Ortschaften Milsau (Milžany bei Kaaden), Perutz, Bilin, Ludewitz (Liquitz?), Citolib, Leschčan, Strašic, Dirna herauslesen.

Für den Handel der Launer war das auf dem Landwege über das Erzgebirge gelangende Salz ein Hauptartikel. Auf ihr Bemühen übergab ihnen Karl IV.[7]) das ausschließliche Recht des Salzhandels und die entsprechenden Ungelteinnahmen in den nahen Marktorten Slavětín, Trebnitz und Libochowitz. Die Salzfuhren, die aus dem Grenzwalde kommen, haben ausschließlich auf den ordentlichen Straßen von einer der königl. Städte zur andern zu fahren und in jeder das Ungeltzeichen — *signum ungelti*, später auch *Kuntšoft* genannt — vorzuweisen. Auf Nebenwegen oder ohne dieses Zeichen ertappt, verlieren sie alles Gut. Im Jahre 1377 kam auch das[8]) bis dahin in Laun selbst für Rechnung der königl. Kammer erhobene Salzungelt an die Stadt.

Von den Erbrichtern kennen wir nur einige aus dem 14. Jahrhunderte; doch genügt ihre Zahl als Zeugnis für die Institution. Um 1314 besaß ein Dobroslaw das Gericht. Im Jahre 1321[9]) musste

---

[1]) Emler IV. (1335) p. 72.
[2]) Čelak. II. p. 603.
[3]) Emler III. (1333) p. 772.
[4]) Emler IV. (1341) p. 302.
[5]) Emler IV. (1342) p. 465.
[6]) Emler III. (1333) p. 718; Emler IV. (1335) p. 72, (1311) p. 302, (1336) p. 123.
[7]) Čelak. II. (1352) p. 467.
[8]) Čelak. II. p. 703.
[9]) Emler III. p. 285.

die alte Richterfamilie ausgestorben sein, und König Johann verkaufte das Erbgericht sammt dem Zoll an den Launer Bürger Bero — eine Namensform, die wahrscheinlich die Bürgernamen Bär (1314) und Ursus (1333) deckte. Petrus (1333), Nikolaus (1356) und Hana (1399 und 1403) erscheinen als Nachkommen desselben.

Über den Gebrauch der deutschen Sprache in Laun zu jener Zeit besteht kein Zweifel. Die Schöffen in den «vier Bänken verhandeln deutsch,[1]) und Karl IV. und Wenzel IV. lassen ihrer „*stat zu Lun*" deutsch schreiben.[2]) Auch die erhaltenen Bürgernamen[3]) zeugen von einem deutschen Stamme. Wenn aber schon mit dem Beginne des 14. Jahrhunderts[4]) Bürger und Inwohner in Laun — *cives et incolae* — unterschieden werden, so bekundet die hier verhältnismäßig frühzeitig hervortretende reichlichere Mischung der Namen mit slavischen[5]) neben solchen von unentschiedener Färbung,[6]) dass durch diese «Inwohner» sehr bald das slavische Element in die ursprünglich fremd eingewanderte Bürgerschaft eindrang. Wenn die zufällig erhaltenen Namen als richtige Mischproben aufgefasst werden könnten, so ließe sich bei dem Umstande, als sie fast durchwegs Personen angehören, die im Schöffenamte saßen, annehmen, dass Laun schon am Schlusse des 14. Jahrhunderts mehr slavische Elemente in der Bürgerschaft aufwies, als eine der vorher erwähnten königlichen Städte. — —

Flussaufwärts, kaum mehr als die doppelte Bannmeile entfernt, schloss sich inmitten des fruchtbarsten Culturbodens an die alte, nach einem einmündenden Bächlein genannte Gauburg Saaz — *Zatec, Zaci* — die gleichnamige Stadt. Auch sie ist aller Wahrscheinlichkeit nach eine Schöpfung Ottokars II.; gewiss bestand sie

---

[1]) Emler IV. (1314) p. 778.

[2]) Čelak. (1377) p. 703; (1393) p. 846.

[3]) 1314: Otle der riche, Mertin Reynoldis sún, Nik. v. Belyn, Joh. v. Luckwitz, Heinrich v. Milsan, Bär, Konrad v. Lusherah, Peter der schulmeyster, Peter der shuworth, Heinrich der smit, Soczil; 1333: Stephan, Berchthold, Heinlin Reinboth, Peter v. Milsan, Peter Ortlin, Mathias v. Perutz, Hoherius; 1334: Peter Gotzlin; 1342: Jakob Fridlin, Henlin de Citolib, Joh. Beronis, Nikol. Alberti, Fricko Reinbot, Otto Wernheri; 1399: Heiger, Otlo, Hecht; Heinrich Bero.

[4]) Emler III. (1325) p. 422.

[5]) 1333: Peter Wande, Peter Jenne; 1334: Nik. Bořenow; 1342: Stephan Diviš, Knižik; 1396: Johlik, Hanko, Hawliš, Polewka, Tluxa, Sedlaček; 1399: Mikuš rotifex, Iobn Šebek, Joh. Sadko, Blaha Hoc, Ješko Okřínek, Maїik pellifex.

[6]) Peter pinguis, Theodor pannicida, Ursus, Holczonis, Ješko Librici, Kunko Alberti, Petrus Petrisse, Martin retro scolas.

schon im Jahre 1266. In diesem[1]) befreite sie der König in der üblichen Weise vom Provinzial- und Landrecht und wies sie an ihr eigenes Gericht, das nach Gewohnheitsrecht — *jure consuetudinario* — richtete und an Markttagen im ganzen Umkreise der Bannmeile dem Stadtrichter zustand — zur Beschränkung des Gaurichters, der immer noch ebendaselbst seinen Sitz hatte. Insofern auch das Gericht des Erbrichters von Saaz ein Schöffengericht war, hätte man es wohl nach der in Böhmen damals üblichen Bezeichnung ebenfalls als **Magdeburger** bezeichnen können. Thatsächlich scheint aber den eingewanderten Bürgern für längere Zeit der mitgebrachte Schatz an Rechtsgewohnheiten genügt zu haben, ohne dass sie sich entscheiden müssten, woher sie eine Belehrung über fortgeschrittenere Rechtsübung einholen wollen. Als nachmals das Erb- und Testierrecht der Bürger erweitert und für die betreffenden Verhältnisse die der **Altstadt Prag** als Muster aufgestellt worden waren, sehen wir die Saazer Schöffen im Jahre 1368 zunächst[2]) in einer Erbschaftsfrage eine Rechtsbelehrung von den Schöffen der **Altstadt Prag** einholen. Bald darauf aber holen und erhalten sie von ebendaselbst[3]) Rechtsbelehrungen auch bezüglich anderer Materien, so dass man für diese Zeit behaupten dürfte, Saaz habe sich nicht mehr nach Leitmeritzer oder Magdeburger, sondern nach Prag-Altstädter Rechte gerichtet.

Es mag im Zusammenhange mit der ausgezeichneten Fruchtbarkeit der Gegend, die es dem leibeigenen Bauer leichter machte, ein größeres Peculium zu erwerben, stehen, dass Ottokar II. von vornherein darauf Bedacht nehmen konnte, auch die Eingeborenen zur Besiedlung der Stadt heranzuziehen. Er verfügte, dass die Grundherrschaften einen Unterthanen, der in die Stadt ziehen will, daran nicht hindern dürften, sobald er sein „*výhost*" gezahlt habe, d. h. aus seinem Dienste sich loszukaufen vermöge.

Wie groß die ursprüngliche Zahl der zur Stadtanlage zugewiesenen Schoßgründe der Bürgerschaft war, wissen wir nicht; doch muss auch hier der Vorgang derselbe gewesen sein, wie wir ihn bisher bei den Stadtanlagen antrafen. Auch hier wurden dann im Jahre 1321 die Schoßgründe neu vermessen und ihr Ausmaß auf 43 Hufen zu je 60 Seilen — *funes* — festgestellt und jede Hufe mit einer Mark Jahreszins belastet.[4])

[1]) Emler II. (1266) p. 204.
[2]) Schlesinger, Stadtbuch v. Saaz (1368) p. 34.
[3]) Ebend. (1372) p. 38, (1374) p. 39, (1387) p. 69, (1398) p. 100.
[4]) Emler III. (1321) p. 277.

Ein eigentliches Niederlagsrecht erwähnen die Urkunden nicht; doch wäre ein solches für eine Stadt von der Lage und Bedeutung wie Saaz anzunehmen. Der Auslandhandel, welcher der Stadt durch Straßenzwang zugeleitet wurde, schloss außer Salz auch feine Tuchsorten ein. Mitte des 14. Jahrhunderts besaß Saaz ähnlich wie Laun das Salzungelt in den nahen Marktorten Flöhau und Jechnitz.[1]) Die Gewandschneider, d. i. Tuchhändler, besaßen in Saaz um dieselbe Zeit ihr eigenes Kaufhaus. Gleichzeitig gab es aber auch schon heimische Tuchmacher daselbst.[2]) Dass diesen aber der Ausschnitt ihrer eigenen Ware immer wieder mit Erfolg streitig gemacht werden konnte, und die darin liegende Bevorzugung des Tuchhandels beweisen dessen höheres Alter: man muss in Böhmen früher das Tuch vom Auslande bezogen haben, ehe man auch nur die geringeren Sorten im Lande selbst zu fertigen verstand. Als Haupteinbruchstelle für die fremdländischen, zumeist niederländischen Tuche aber erscheinen die Pässe des mittleren Erzgebirges und als Hauptstationen des Handels in Böhmen Brüx und Saaz.

Die Beeinflussung der Landescultur-Verhältnisse durch die Bürgerschaft von Saaz lassen schon die nur vereinzelt erhaltenen Zeugnisse als eine außerordentlich weitgreifende erkennen. Schon 1282 erkauften Saazer Bürger[3]) vom Abte von Strahov das nahe Dorf Stankowitz mit dem Bache *Huchin* und dem halben „*na blatině*" genannten Sumpfe, um die Gründe neu aufzutheilen und zu besetzen. Die Stelle dieses Sumpfes nehmen wie auf der Leitmeritzer «Platte» berühmte Hopfengärten ein. Wenn wir später wieder das Stift Strahov als die Herrschaft von Stankowitz einzelne Bürger aber als Gutsbesitzer daselbst finden, so bezieht sich jene Herrschaft auf das Recht des Erbpachtbezuges. In wenig späterer Zeit nahm das Kloster Waldsassen dieselbe Umwandlung des Dorfes Schönau unweit der Eger, westlich von Saaz, vor,[4]) und wir können auf eine vermittelnde Thätigkeit der Saazer Bürger umso bestimmter rechnen, als wir solche um dieselbe Zeit mit demselben Stifte im Besitzstritte um das nahe Dorf Straupitz finden.[5]) Im Jahre 1386 wurde Knöschitz (Kněžic) im Südwesten neu «lociert».[6])

---

[1]) Schlesinger a. a. O. (1352) p. 18 f.
[2]) Ebend. (1362) p. 31.
[3]) Emler II. p. 1225.
[4]) Schlesinger l. c. (1291) p. 6.
[5]) Ebend. 1291, p. 6; 1295, p. 6.
[6]) Ebend. p. 65.

Es erhielt damit «Saazer Recht» und erscheint wenige Jahre später im Besitze des Saazer Stadtrichters Ulrich Czachborii.[1]) Eine Anzahl Saazer Bürger emphiteutisierte einen größeren Theil des Dorfes Čeraditz.[2]) In dem jetzt nicht nachweisbaren Dorfe Kossatitz besaßen schon Mitte des 14. Jahrhunderts 23 Bürger Güter, während die Emphiteutisierung des Restes desselben 1390 von einem Saazer Bürger vorgenommen wird.[3]) Die Familie Schadernicht ist Ende des 14. Jahrhunderts nicht nur Besitzerin, sondern auch Patron in Kopitz bei Brüx,[4]) was auf ähnliche Unternehmungen zurückweist. Manchen Anlass zu solchen mussten auch die Besitzungen des nahen Klosters Postelberg bieten, dessen erfolgreiche Locationsthätigkeit uns urkundlich bezeugt ist;[5]) es lag ihm nahe, sich die Unternehmungslust der Saazer Bürger zunutze zu machen. Auch dass das Beispiel weiterhin anregend wirkte, ist bezeugt. So erhob der betreffende Besitzer im Jahre 1337 das entfernte Rabenstein zur Stadt, indem er daselbst «Saazer Stadtrecht» einführte und den Rechtszug nach Saaz vorschrieb. Auch in Falkenau a. d. Eger führte König Johann als Grundherr eine Umgestaltung nach dem Muster der Stadt Saaz ein, durch welche aus den eigenthumslosen Unterthanen Erbpächter des Grundes wurden. Die Umwandlung bestand im wesentlichen darin, dass der Grund nach Hufenmaß neu aufgetheilt und an Stelle des bisher üblichen Zehents vom Ertrage, dessen Bemessung und Einhebung ebenso viel Willkür von Seite der Organe und Hinterziehungsversuche seitens der Unterthanen immer wieder herausforderten, ein fester und für alle Fälle gleicher Zins von einer halben Mark von der Hufe eingehoben wurde.[6]) Mehr oder weniger bestimmt weisen die Bezeichnungen einzelner Bürger auf verwandte Beziehungen zu nachfolgenden Dörfern hin: Weleditz, Laschovitz[7]), Rudig (Wrutik, Wroutek), Maschau, Flöhau, Perutz, Černitz, Stranitz, Liquitz.

Die charakteristische Einrichtung des Erbrichteramtes neben der Schöffenbank ist für Saaz so gut bezeugt, dass sich uns vom Beginne des 14. Jahrhunderts an die Reihe der Richter ziemlich ununterbrochen darstellt: um 1323 Nikolaus Werchimayster, vor 1340 Wilricus, 1341, 1348 und 1350 Peslin Mathiae von Eger;

[1]) Borový ad a. 1392.
[2]) Schlesinger (1388) p. 80.
[3]) Schlesinger (1357) p. 23 und (1390) p. 84.
[4]) Schlesinger (1392) p. 99.
[5]) Ebend. (1357) p. 25.
[6]) Ebend. (1331) p. 9.
[7]) Schlesinger p. 104 und 166.

1352 Henslin Burchards; 1359 Procopius. Im Jahre 1371 kaufte der Prager Bürger Frana Nagel das Gericht; 1392 erscheint Ulrich Czachborii, 1392, 1402 Johann Czachborii; 1404 Wenzel von Wolfsberg alias Wlčihora, zuletzt nur mit letzterem Namen genannt 1418. Seit 1419 wird lange Zeit kein Richter mehr genannt.

Namen der Bürger aus älterer Zeit sind uns für Saaz zahlreicher erhalten als für irgend eine andere Stadt, Prag ausgenommen. Wofür sie deutlich zeugen, ist auch hier ein ursprünglicher Stamm rein deutscher Familien, der erst allmählich von einer čechischen Minorität durchsetzt wird. Über die Herkunft der ersten Bürger besitzen wir keinerlei Nachricht. Dass sie aus Deutschland oder doch zunächst aus den angrenzenden Colonisationsgebieten kamen, dafür zeugt außer ihren Namen, die ihnen damals in Böhmen niemand in diesen Formen hätte beilegen können, die von ihnen mitgebrachte lebendige Kenntnis des deutschen Gewohnheitsrechtes. In etwas späterer Zeit kennzeichnen folgende Ortsnamen die Herkunft der Zuzügler: Eger, Koblenz, Meißen, Brüx, Chrudim, Rakonitz, Leipa, Plan, Rabstein, Maschau, Flöhau, Jechnitz, Udlitz. Die zuletzt genannten können aber auch nur geschäftliche Beziehungen andeuten.[1]

Dass in Schöffenkreisen bis ins 15. Jahrhundert deutsch verkehrt und verhandelt wurde, ist unzweifelhaft. Karl IV., sein Oberstkämmerer, Wenzel IV., das Prager Stadtgericht, richteten sich wieder-

[1] Von den deutschen Namen führen wir in chronologischer Reihe folgende an: Sybot, Albrecht Hismann, Berchthold, Ortron, Konrad, Markwart, Albert Sohn des Boto, Besold, Merbod, Burchard, Ulrich, Siefried, Heinrich, Thigmar — 1272; Haubschmann, Pitrolf, Nikl, Dietrich, Wigand — 1295; Frankengrüner, Hunel, Maskower, Jeklin Divitis, Merizower, Herschel, Scherz, Morl — 1348; Phanareus, Frenzlin, Erhard — 1350; Kunzmann, Gebhard, Lipner, Purger, Rakoniker — 1352; Tytz cum virgine, Weyker, Pitterkauf, Mentler, Slegel, Eberlin, Raubentisch, Klugel — 1357; Herrschuhel, Neupeck — 1359; Spatzmann 1362; Medüssel — 1365; Werkmeister, Wolflin, Hagmann — 1365; Mulstein, Gelfrad, Koblenzer, Kegler, Kochlin — 1370; Hiltner 1377; Rour, Rasenkranz, Floher, Jaklin prope portam — 1379; Melzer Altmann, Haweisen, Czisner — 1380; Knochlin, Erhard, Otlin, Hekel, Trachtinsrek — 1382; Rudlin Lipold, Drifuss, Schüttaus, Othard — 1383; Schadernicht, Udlitzer — 1387; Rus, Massawer, Fleissmann — 1388; Schüttauf 1390; Ule, Rothütl — 1402; Dürrniklin, Pfaf — 1404; Kellerhals, Frischbier — 1408; Sax, Schewenpfluk 1418. — Čechische Namen: Swatobor 1272; Cempernik, Plůtek — 1348; Hayna, Hanuš, Kvíček, Vitoslav de Rakovník — 1350; Svěcko 1352; Golacz 1356; Ratibor 1357; Alšík 1376; Zajíc 1377; Merczow, Hanka Pometlo 1380; Čepek 1389; Hrušowec, Uberko 1383; Kostial 1386; Balek, Krajik, Mařík, Hrušowec, Načal 1390; Smutek 1400, Stradal 1404; Mls, Lwiko, Mila 1405; Suchíček, Pechanec 1410; Kub, Jakšo, Blaško 1412; Busko 1413; Skerzin, Robčic 1418. Auch von diesen waren die meisten in Schöffenstellung und müssen demnach schon zur eigentlichen Bürgerschaft gehört haben.

holt darnach.[1]) Auch sprechen urkundliche Zeugnisse dafür, dass die Vulgär- oder Umgangssprache die deutsche war: *promontorium* heißt vulgär *leiten*.[2]) Häufiger aber zeugen sie schon gegen das Ende des 14. Jahrhundertes für einen Utraquismus der Volksprache: cespiterium heißt vulgär *travnik alias anger*.[3]) Die Vulgärnamen für die Terminen in der Mühle werden in einer Urkunde[4]) alle zweifach angeführt: *pytlowat — beuteln, luby — Läufe, prach — Staubmehl, třeslo — Lohe*. — Auch hier war es zweifellos eine čechische Vorstadtbevölkerung der Hintersassen, welche allmählich in die Stadt vorrückend den nationalen Charakter derselben beeinflusste. In einer der Vorstadtpfarreien finden wir um 1391 einen d e u t s c h e n Prediger — praedicator Teutonicorum[5]) — ein Beweis, dass dieser außerstädtische Pfarrsprengel vorwiegend čechisch war. Nicht ohne Einfluss auf die Vermittlung des Überganges mochten auch hier, wie in vielen anderen Städten, die Geistlichen, Schulrectoren und Gerichtsschreiber sein, die nur ausnahmsweise aus der Bürgerschaft der Stadt selbst stammten. Als der Rector und Stadtschreiber Johann von Sitbor im Jahre 1411 Saaz verlassen hatte, erscheinen mit Einem male die Namen der Schöffen nach Möglichkeit čechisiert. So wurde der eine derselben noch 1390 «von Rudig» geschrieben: 1410 heißt er bereits «von Wrutek», 1411 aber: «Wrutecký»! — —

Im nördlichen Nachbargau setzte sich an die alte Gauburg B i l i n keine königliche Stadt an; vielmehr soll diese Burg unter Wenzel I. geschenkweise in Privatbesitz übergegangen sein, während eine etwas westlicher angelegte durch die Vereinigung mehrerer Auslandwege für den Zweck einer Stadtanlage gelegener scheinen musste. Das war die nach der Brücke im großen Bruchlande benannte Burg P o n s, M o s t oder B r ü x. Während das eigentliche Schloss nachmals den Namen L a n d e s w a r t führte, blieb jener Ortsname an der jüngeren Stadt haften, die Ottokar II. an der vorhandenen Markt- und Zollstätte anlegte. Auch jene Burg war vordem mit ihrem Gebiete in den Privatbesitz der R i e s e n b u r g e gelangt, wohl auf dem Wege, auf welchem das Markland überhaupt in die Hände seiner Vögte überzugehen pflegte. Weder darauf noch auf die mittlerweile an das Stift Zderas erfolgte Schenkung eines Theiles dieses Gutes nahm Ottokar II. Rücksicht, als er den

---

[1]) Schlesinger a. a. O. p. 93. 100, 109. 117, 136.
[2]) Ebend. (1388) p. 74.
[3]) Ebend. p. 80.
[4]) Ebend. (1404) p. 125.
[5]) Ebend. (1391) p. 95.

für eine Stadtanlage so geeigneten Platz wieder an sich zog. Erst König Wenzel II. versprach auf Andringen des Papstes dem genannten Kloster eine entsprechende Entschädigung.[1] Wie bei den Gauburgen bestand auch hier das königliche Burggrafenamt auf der Burg neben der Stadt fort und bezog außer den Zöllen der Straßen und den Ungelten des Marktes noch die Einkünfte bestimmter Landgüter. Die Anwesenheit der «Bürger im engeren Sinne ist seit dem Jahre 1263[2]) oder mindestens 1270 beurkundet,[2] doch dürfte sich die Stadt schon eines längeren Bestandes erfreut haben. Die Verbriefung ihrer Rechte erfolgte im Jahre 1273.[4] Zunächst sollen die beiden Hauptwege aus dem Grenzwalde durch die Stadt führen, aber auch alle anderen Wege, die in den Bereich einer Doppelmeile im Umfange der Stadt treten, in diese einmünden müssen. Mit Ausnahme der Bürger anderer königlicher Städte unterliegen alle, die auf diesen Wegen zollpflichtig sind, der Niederlagspflicht in Brüx. Sie müssen daselbst ihre mitgeführten Waren zwei Tage lang für die Brüxer Bürger feil halten und nur, was sie unter dieser Zeit nicht an jene verkauft haben, dürfen sie als Handelsware weiter führen. Getreide ist als der Hauptausfuhrartikel zu betrachten; als Einfuhr vorzugsweise Salz und Tuch. Das Meilenrecht› erstreckt sich außer auf Bierbereitung und andere Handwerke auch auf den Handel mit den genannten drei Hauptwaren — Getreide, Salz, Tuch — sodass derselbe in all den betreffenden Dörfern mit Einschluss von Seestadtl — in lacu — untersagt wurde. Die Folge war die auch anderwärts hervortretende Beschränkung des ‹Ladens›, d. h. in dem betreffenden Umkreise durften nur Bürger das Getreide der Bauern aufkaufen und verladen. Nur in den Orten Seestadtl und Georgenthal (Jiřetin) sollte ausnahmsweise auch Brod, Fleisch und Bier gehandelt werden und in Kopitz eine Hofwerkstätte alter Art — fabrica — bestehen dürfen; das zu verhandelnde Bier aber musste in der Stadt gekauft werden, selbst brauen durften auch diese Orte nicht. Auch die Bauern selbst dürfen aus diesem Umkreise das Getreide nicht über die Grenze führen, sie hätten es denn vorher zwei Tage lang in der Stadt Brüx zum Kaufe ausgeboten.

Den Bestand eines eigenen Stadtgerichtes nach deutscher Art setzt dieses Privilegium schon voraus; auch die Art dieses Rechtes

---
[1] Schlesinger, Stadtbuch Brüx 1287 p. 12.
[2] Schlesinger, alte Dorfurkunde. «Mittheil.» XXII. Nr. 1
[3] Schlesinger, Stadtbuch p. 7.
[4] Ebend. p. 8.

und den Rechtszug erwähnt es nicht. Nur gestattet es wie allen anderen Städten so auch den Bürgern von Brüx, dass sie in Schuldsachen bis zu fünf Mark ihre Schuldner, seien sie adeligen oder sonst weltlichen oder geistlichen Standes, in ihrer Stadt festnehmen dürfen, um zu ihrem Gelde zu kommen.[1])

Dass auch diese Gründung in weitem Umfange auf die Landesculturverhältnisse umgestaltend einwirkte, erscheint in mannigfacher Weise angedeutet. Hervorzuheben ist, dass hier, wie wir es nachmals in den Gebieten des Grenzwaldes als Regel antreffen werden, der Landesfürst selbst durch seine Organe gleichzeitig mit den Bürgern an dieser Umgestaltung theilnahm, sodass nicht nur die Schoßgüter der Stadt, sondern auch die Güter des betreffenden Burggrafenamtes zu Erbpacht theils an die Unterthanen, theils an Colonisten überlassen wurden. Ein Beleg dafür ist uns in der Bestätigungsurkunde für das Dorf Tscheppern, südlich von Brüx, erhalten.[2]) Darnach hat Ottokar II. dieses unmittelbar zur Burggrafschaft Landeswart gehörige Dorf in Erbpacht ausgesetzt, unter den Schutz der Stadt gestellt, mit ‹Brüxer Recht› und — ein seltener Fall — mit der Freiheit den Richter zu wählen ausgestattet. Die ursprünglichen Erbpächter müssen der Mehrzahl nach Brüxer Bürger gewesen sein, indem auch noch im 14. Jahrhunderte auf solche Bedacht genommen wurde, welche das Bürgerrecht besaßen. Von einer Einverleibung als ‹Schoßdorf› der Stadt unterscheidet sich diese Veranstaltung dadurch, dass der Erbzins nicht als Schoß der Stadt, sondern direct dem Burggrafenamte zufloss. Für nicht bürgerliche Besitzer bildete dieses Amt, für bürgerliche das Stadtgericht die höhere Instanz. Ähnliche Dorfverfassungen[3]) besaßen noch andere Dörfer der Gegend als Zeugnisse eines ähnlichen Umgestaltungsprocesses.

Ein großes Gebiet der Meliorationscultur erschloss sich in dem weiten Bruchlande, das sich von Sümpfen und Seen durchsetzt zwischen Stadt und Grenzgebirge ausdehnte. In den entwässerten Gebieten erscheinen neue Dorfschaften von unverkennbarer Colonisationsanlage, die sich theils — wie Dřinow als Bartelsdorf, wie Ulbersdorf, Tschernitz, Jiřetin als Georgenthal, Leitensdorf, Kopist — von schon bestandenen aber der Verfassung nach umgestalteten Randdörfern aus in das neugewonnene Culturland hineinerstrecken,

---

[1]) Schlesinger a. a. O. p. 8 f.
[2]) Ebend. (1330) p. 27.
[3]) Vergl. Schlesinger, Dorfweisthümer, ‹Mittheilungen› XV. 3. Heft; XXII. 1. H. und XXII. 4. H.

theils — wie Kunnersdorf und Maltheuern — als Colonien aus grüner Wurzel erwuchsen.¹) Dass sich die Bürger auch direct betheiligten, bezeugt der Antheil, den die Stadt selbst in dem Gebiete des entwässerten Bruches — die «Seile» im Bruch, oder «Seilwiesen im See» besaß.²) Überdies lernen wir Bürger als Grundbesitzer im nahen Strimitz,³) Rudolfsdorf, Zlatnik, Tschausch⁴) und anderwärts kennen. Die Zunamen anderer Bürger deuten auf gleiche Beziehungen zu Račic, Pilna, dem Rösselberg, Schönau, Paredel, Seidowitz u. a.

Wie schon erwähnt, wurde Brüx ein besonderer Stapelplatz des Tuchhandels und Brüxer Gewandschneider bezogen den Markt von Saaz.⁵)

Neben der Umgestaltung der Agrarverfassung begegnen wir hier örtlich zum erstenmale eine solche der Dienstverhältnisse des Ministerialenstandes zu den größeren Grundherren, mit anderen Worten, dem Eindringen des westeuropäischen, speciell deutschen Lehenswesens. So haben die benachbarten Riesenburge ihre Dienstmannen durch Aussetzung von Lehensgütern als Lehensmannen organisiert⁶) und auch die zur Burggrafschaft Landeswart gehörenden Güter erscheinen im Lehensverbande.⁷)

Die Reaction des Adels gegen die Beschränkungen, die ein Theil seiner Güter durch das sog. Meilenrecht der neugegründeten Städte erfuhr, begann schon im 14. Jahrhunderte. Um die Wende dieses und des 15. einigte sich der gesammte Adel und die Ritterschaft des damaligen Saazer Kreises zu einem Ansturme gegen dieses Recht, bezw. gegen die dasselbe vertheidigenden Städte Laun, Saaz, Brüx, Kaaden und Komotau. Indem im Jahre 1407 die Beilegung des längeren Streites durch ein von König Wenzel IV. bestätigtes Schiedsgerichtsurtheil erfolgte, wurden die Gerechtsame der genannten Städte durch dasselbe näher bestimmt. Darnach hatten dieselben folgenden Bestand. Zunächst wird die Bannmeile durch den Halbmesser ihres Kreises genauer als bisher bestimmt. Dieser soll nach jeder Seite von den Mauern der Stadt an gemessen eine deutsche Meile von 365 Seilen (funes) zu je 52 Ellen betragen. In diesem Umkreise dürfen die Schenker und Wirte auch nicht zu eigener Verwendung Malz und Bier bereiten, auch nicht das Bier

---

¹) Schlesinger, Kummerner See, Festschrift 1871.
²) Schlesinger, Stadtbuch Brüx (1342) p. 32, (1327) p. 25.
³) Ebend. (1278) p. 9.
⁴) Ebend. (1311) p. 17 f.
⁵) Ebend. (1352) p. 34.
⁶) Schlesinger, Stadtb. Brüx, Nr. 49 p. 19, Nr. 51 p. 20, Nr. 52 p. 21.
⁷) Ebend. (1326) Nr. 59.

von auswärts beziehen, sondern nur aus der Stadt. Geistliche und weltliche Herrschaften in diesem Bereiche unterliegen derselben Beschränkung, nur dass sie das Nöthige für ihren eigenen Bedarf brauen dürfen. Desgleichen dürfen innerhalb der Bannmeile weder Schmiede noch Schuster, Schneider oder andere Handwerker ihr Handwerk als Gewerbe üben, jenen Dorfschmied ausgenommen, dessen der Landwirt stetig bedarf. Zimmermanns- und Maurerarbeit ist nicht besonders genannt, wohl weil sie auf dem Dorfe noch nicht zu den qualificierten Handwerken gerechnet wurde. Handel, namentlich mit Salz und Getreide, war untersagt, das Salz sollte der Umwohnende in der Stadt holen, das Getreide dahin bringen. Wägen mit Kaufmannsgut dürfen die gesetzlich bestimmte Straße nicht verlassen und nur von Stadt zu Stadt auslegen.

Gegen Übertretungen dieses Meilenrechtes wurde den Bürgern die Selbsthilfe zugestanden: sie durften Brauereien und Werkstätten zerstören und Kaufmannsgut außer der Zwangsstraße aufheben. Schließlich sollten auf der Eger, die zur Floss- bezw. Prahmfahrt benützt wurde, keine vom Könige nicht bestätigten Zölle erhoben werden.[1]

Über die Gerichtseinrichtung und den Bestand der ältesten Bürgerschaft gilt das Gleiche wie bei den vorgenannten Städten. Die Reihe der Erbrichter beginnt für uns mit einem Seifried um 1263, in dem wir, falls jene Urkunde echt ist, wohl auch den Unternehmer selbst erkennen könnten. Der folgende, Nikolaus, zwischen 1278 und 1298 dürfte kaum des ersteren Erbe gewesen sein, denn er zahlte für sein Amt an die Kammer den riesigen Pachtzins von 90 Mark jährlich, der seinem Nachfolger Berchthold bedeutend ermäßigt wurde. Ihm folgten in kurzer Zeit bis 1315 Tyrmann, Adolf und Mathias. Im Jahre 1326 lernen wir einen Johannes, 1336 einen Nikolaus Petermann, 1351 Nikolaus, den Sohn des Episcopus oder «Bischof» als Richter kennen. Von ihm erwarb das Gericht Heinrich Renker durch Kauf. Bis 1420 besaßen es gemeinschaftlich Hauer und Silberfuss, die es an Hans Eberhard verkauften. Hier, wo die Husiten den ersten erfolgreichen Widerstand fanden, erhielt sich auch weiterhin noch der Erbrichter im Amte.

Bürgernamen, die in die Zeit der Gründung hinaufreichen dürften, sind: Dietrich, des «Bischofs» Eidam, Jordan von Neumarkt und Scharfenberg, Johann, des «Bischofs» Sohn, Arnold, Jenzel von Slatnik,[2] dann: Arnold, genannt Bischof (wohl der vorige), Hermann,

---

[1] Ebend. (1407) p. 67 ff.
[2] Nach der übersetzten Urkunde von 1263.

Hanemann, Berngar, Gereon, Ulrich, Rekzel, Liphard, Nebelung, Hertlin, Unzlin. Das erste Zeugnis der Anschmiegung bietet der zum Jahre 1280 genannte Vorname Zdislaus, den Rekzel *(zel = zagel)* führte. Sonst sind hier slavische Namen unter der Bürgerschaft auch im 14. Jahrhunderte verschwindend selten. — —

Der Verfolg der weiteren Unternehmungen des großen Städtegründers führt uns an die Eger zurück, in die Gegend, wo das fruchtbare Egerland nach Westen zu in das Erzgebirge auskeilt. Die westlichste Ecke bis vor Kaaden bedeckte damals noch der Grenzwald;[1] Kaaden war keine Gauburg. Als Dorf hatte es die Herzogin Elisabeth dem Johanniterorden geschenkt, der hier im Jahre 1183 eine Pfarrei anlegte.[2] Fast um dieselbe Zeit erbaute hier Herzog Friedrich eine Grenzburg — novum burgum,[3] die er bald darauf demselben Orden einräumte. In welcher Weise sie Ottokar II. wieder an die Krone brachte, ist unbekannt, doch finden wir daselbst trotz der vorangegangenen Schenkung wie in Brüx zu seiner Zeit einen königlichen Burggrafen.[4] Ungefähr gleichzeitig mag hier der in seiner Schöpferkraft noch kaum annähernd gerecht gewürdigte Fürst mit der Anlage einer Stadt vorgegangen sein, deren Bestand zum Jahre 1261 zum erstenmale urkundlich bezeugt ist.[5] Zu dieser Zeit aber finden wir die Bürgerschaft schon inmitten einer großartigen Thätigkeit in Urbarmachung und Colonisierung des Grenzwaldes. Der Bürger Arvo hat es unternommen, den bestehenden Bannforst — *hortus ferrarum* — welcher sich von den Bergen an der Eger bis an den Fuß des Erzgebirges erstreckte, zu roden und daselbst aus grüner Wurzel die langgestreckten Colonistendörfer Nicolausdorf (Nickelsdorf), Wernhardsdorf (Wernsdorf), Buchelberg (Rest Piegelhof?) und Brumardsdorf (Brunnersdorf) anzulegen. Nikolaus, Wernhard, Buchel (so hieß 1284 ein Bürger in Brüx) und Brumand sind zweifellos die Namen der Unternehmer und nachmaligen Erbrichter, deren sich Arvo zur Ausführung bediente, während in dem kleineren Ahrendorf vielleicht sein eigener Name erhalten ist. Dass die Patronate der in diesen Dörfern etwa zu errichtenden Kirchen im voraus dem Johanniterorden geschenkt wurden, dürfte als ein Theil der Vergütung zu betrachten sein, die der Orden beanspruchen konnte. Wie sehr sich auch fernerhin die Thätigkeit

---

[1] Emler II. (1183) p. 108.
[2] Erben I. (1183) p. 108.
[3] Erben I. (1186) p. 174.
[4] Emler II. (1277) p. 461.
[5] Emler II. (1261) p. 128.

der Bürger diesem Gebiete zuwenden musste, ergibt sich aus den Entlastungen, mit welchen König Johann und Karl IV. denselben den Erwerb von Landgütern zu erleichtern suchten.[1]) Dass aber mit solchen Erwerbungen die Umgestaltung des Unterthänigkeitsverhältnisses Hand in Hand gieng, steht außer Zweifel. Ein Jahrhundert nach der Gründung der Stadt hatte sich diese Thätigkeit bereits auf die zum Theil sehr entlegenen Gemeinden Burgstadtl, Atschau (Ohačany), Wilken, südlich von jenem, Negranitz (Nechranice), Wakowitz (Wadkowice), Schaboglück (Žaboklik) am Aubach unweit Saaz, Naschau (Naši) bei Deutsch-Kralup, Pröhl (Prahle), Tuschmitz, Tschachwitz (Čachowice) erstreckt, und es war der Stadt gelungen, all die genannten Güter in das Verhältnis zu Schoßgütern zu bringen.[2]) So erstreckte sich diese Thätigkeit über den ganzen Landstrich vom Fuße des Erz- und Duppauergebirges westlich von beiden Ufern der Eger bis zum Aubache und zum Kraluper oder Priesener Bache im Osten fast bis an den Bereich von Saaz heran. Im Nordwesten überwogen die Neugründungen im Walde; aber auch am rechten Egerufer erscheinen Burgstadtl und das nahe Neudörfel als solche Gründungen, während auf dem ganzen übrigen Gebiete mit dem sich allmählich vollziehenden Besitzwechsel der oft bezeichnete Wechsel des Bauernverhältnisses und der Dorfverfassung verbunden war.

Den Handel der Stadt musste nach der Übung der Zeit ein mehr oder weniger künstlicher Straßenzwang begründen und fördern. Die alte Straße von Chemnitz über das Gebirge nach Böhmen muss den Komotauer Bach entlang in der Richtung nach Postelberg geführt haben, und der Bestand dieser Straße dürfte die hervortretende Bedeutung des Marktortes Komotau begründet haben. Nicht minder alt dürfte aber der Parallelweg am Kralup-Priesner Bache mit der Mündung vor Saaz gewesen sein. Nach Kaaden dagegen musste erst als Zwangsstraße der neue Weg aus Chemnitz über Pressnitz, Reischdorf, Wernsdorf und von da der Eger entlang nach Saaz und Laun geschaffen werden. Diese Zwangsstraße bestand — wahrscheinlich schon von der Gründung Kaadens an — bis auf Wenzel IV., der sich bewegen ließ, dem deutschen Orden als dem Besitzer von Komotau zulieb den Straßenzug von Saaz über Komotau, Krima, Raizenhein zurückzuverlegen. Doch hob er, genauer informiert, im Jahre 1401 diese Verfügung wieder auf und gab den Kaadenern ihre

---

[1]) Emler III. (1319) p. 229; (1331) p. 689.
[2]) Čelak. II. (1367) p. 619; (1402) p. 970.

Zwangsstraße zurück.[1]) Der alte Straßenzug aus dem Egerlande und Vogtlande nach Prag hatte über Luditz und Rakonitz geführt; jetzt wurde ein zweiter von Elbogen und Schlaggenwert über Rodisfort nach Kaaden eröffnet. Noch Karl IV. gestattete anfänglich — 1352[2]) — dass rohere Waren — Zinn, Blei, Eisen, Unschlitt, Schmalz, Getreide, grobe, graue oder ungefärbte Tuche — je nach Wahl des Kaufmannes auf dem älteren o d e r neuen Wege — über Luditz oder Rodisfort —, feinere Waren dagegen — französischer Wein, Zinnober, Saffran, Pfeffer, gefärbte und Edeltuche, Barchen und Krämerwaren — n u r auf der neuen Zwangs- oder «Königsstraße» fahren dürfen. Im Jahre 1366 hob er[3]) die alte Straße zu Gunsten des Umweges über Kaaden, Saaz, Laun, Schlan—Prag und umgekehrt ganz auf und verbot insbesondere die Nebenwege über Luditz, Komotau, Libochowitz und Budim für a l l e Waren. Ebenso mussten alle Fuhrwerke, die auf welchem Wege immer in den Bannmeilenkreis der Stadt eintraten, den Wege d u r c h die Stadt nehmen; ein eigentliches Niederlagsrecht besaß die Stadt aber nicht.[1])

Die Rechts- und Gerichtsverhältnisse waren in Kaaden eher günstiger als in einer der vorgenannten Städte. Bis ans Ende des 13. Jahrhunderts bestand auch hier ein städtisches Erbgericht. Noch Wenzel II. hatte es an die Bürger Albert und Werenher um einen Zins von 40 Mark Silber verkauft.[5]) Nachmals aber muss es die Bürgerschaft selbst um diesen Jahreszins an sich gekauft haben, so dass sie es fortan selbst besitzen und verpachten konnte, ein Vorgang, der an einen gleichen in Magdeburg erinnert, in Böhmen aber kaum häufiger vorkam. Das Stadtgericht erstreckte seine Competenz über das ganze Gebiet der Bannmeile; die Vorbehaltsfälle waren: Nothzucht, Mordbrand, Münzfälschung. Um darüber hinaus Einmischungen des Unterkämmerers hintanzuhalten, haben die Bürger die königliche Anordnung erlangt, dass jenem, wenn er infolge eines Parteienstrittes in die Stadt herbeigerufen würde, die unterliegende Partei, falls sie diejenige ist, die ihn angerufen, z e h n Schock Buße für Rechnung der Kammer, im andern Falle 60 Pfennige zu zahlen hatte.[6])

---

[1]) Čelak. II. (1401) p. 445.
[2]) Čelak. II. p. 487 f.
[3]) Čelak. II. p. 615.
[4]) Emler III. (1319) p. 229.
[5]) Emler II. 1299.
[6]) Emler III. (1319) p. 229.

Die Namen der ersten Bürger zeugen ausnahmslos für ihre deutsche Herkunft. — —

Der alte Gau der Sedličaner muss ein richtiger Waldgau gewesen sein, ein weites Gebiet für von Grund aus neue Colonien. An der östlichen Grenze befasste sich das dort begüterte Stift Doxan mit dieser Arbeit, indem es das Dorf Jokes (Jakubov) und andere Dörfer mit deutschem Rechte aussetzte.[1] Westlicher reichte das Gebiet von Lichtenstadt mit seinen «Grünen» aus der Ebene bis ans Erzgebirge — in der Richtung gegen das heutige Joachimsthal und Abertham hinauf, das sich gleicher Befreiungen erfreute.[2] Wieder östlich und südlich von der Eger hatte das Stift Ossegg in dem ihm zugemessenen Walde um Svetkau (Svatobor) Ortschaften mit gleichen Agrarverhältnissen und Freiheiten geschaffen.[3]

Die Stellung des alten Hauptsitzes — Zettlitz — hatte in jüngerer Zeit die königliche Schutzburg von Elbogen eingenommen. Sie bestand schon am Beginne des 13. Jahrhunderts.[4] Die Dörfer und Grundbesitzer nach altem, gemeinem Landrecht können nur wenig zahlreich gewesen sein. Der größte Theil des Grundes war Markgrund, der bei seiner Verwertung in ein Lehensverhältnis zu der neuen Gauburg und deren Burggrafschaft gestellt wurde. An Stelle der Gutsherrschaften erscheinen hier darum die Vasallen der Burg, die — immer unter Festhaltung der ihnen auferlegten Vasallenpflichten — von vornherein ein weitgehendes Verfügungs- und Testierungsrecht über ihren Lehensgrund hatten. Die ihnen untergeordneten Bauern aber stehen durchwegs alle zu ihnen im Verhältnisse des Erbpachts oder «deutschen Rechtes», das vielleicht gerade von einem solchen Zusammenhange den Namen «Burgrecht» erhalten hat. Die wenigen älteren, durch slavische Namen gekennzeichneten Ansiedlungen müssen, wohl nicht ohne Zuzug neuer Ansiedler in diese Form umgewandelt worden sein; die große Mehrzahl sind Neustiftungen deutscher Ansiedler. Die Vasallengeschlechter, so weit sie nicht aus dem Egerlande herübergekommen sind, dürften eine Mischung von deutschen Unternehmern und älteren Grundherrn darstellen.

Unter diesen Verhältnissen begann hier zu Anfang des 13. Jahrhunderts das königliche Amt der Burggrafschaft Elbogen selbst im Marklande zu colonisieren und Dörfer mit deutschem Rechte

---

[1] Erben I. (1234) p. 391.
[2] Emler II. (1268) p. 240.
[3] Emler II. p. 376.
[4] Erben I. (1234) p. 391.

anzulegen.[1]) Diese Thätigkeit wurde auch noch im 14. Jahrhunderte allmählich fortgesetzt. So erhielt 1325 ein Kojata jene 16 Hufen im Bannforste oder «Thiergarten» zwischen Eger und Tepl zu Lehen, auf denen sich nachmals wohl nicht ohne seine oder seiner Nachfolger Veranstaltung die Ansiedlung von Karlsbad zu erheben begann,[2]) worauf wir später noch zurückkommen.

Die wesentlichsten Rechte der Vasallen des Elbogner Kreises fasste Karl IV. in einem Privilegium von 1341 zusammen.[3]) Das erste war die Befreiung derselben, aber auch der ihnen untergebenen Bauern von jedem Cuden- oder Gaugerichte, und die Zuweisung zu dem Gerichte der Burggrafenschaft, beziehungsweise des Königs selbst, wobei es bei dem allgemeinen Charakter des Feudalismus schon für selbstverständlich angesehen wurde, dass dieses Gericht ein *judicium parium* in der Form der Schöffengerichte sei. Der Vasall im Dienst hat den Anspruch auf Ersatz seiner Erhaltungskosten und alles erlittenen Schadens durch den Herrn, bezw. den König. Er kann nicht enterbt werden, vielmehr sein Lehen mit den Diensten im Leben und für den Todesfall beliebig übertragen. Den Vasallen steht die niedere Jagd auf ihrem Gebiete überall offen; nur im ·Burggehege· ist sie dem Burggrafen vorbehalten. Bei Verurtheilungen der Vasallen gibt es keinen Vermögensverfall an den Fürsten; die Geldbußen sind ihnen nach dem Maßstabe des Elbogener Stadtrechtes zuzumessen. Die Bauern der Vasallen aber sitzen auf Erbzins. Ihnen gegenüber entspricht das Burggericht der sonst üblichen Vogtei.

Eine eigentliche ·Stadt· auf dem inselartigen Raume bei der Burg Elbogen — *cubitum, loket* — wird zuerst um das Jahr 1268 erwähnt.[4]) Es ist wahrscheinlich, dass auch das Richteramt derselben mit einem Burglehen verbunden war, und vielleicht mit diesem zu irgend einer Zeit von der Stadt oder Bürgerschaft selbst angekauft wurde. Wir haben darüber keinerlei Nachricht, doch bietet die Art, wie die Thorwache an den Stadtthoren besorgt war, vielleicht eine Analogie. Diese war hier nicht wie in anderen Städten vom Anfang an der Bürgerschaft überlassen, sondern — wohl in Ansehung der miteingeschlossenen Burg — so besorgt, dass sie von der Krone zu Beheim zu Lehen gieng·. Es waren also

---

[1]) libertatem eandam, quam nostris Nominibus ibidem commorantibus etc. Erben I. (1234) p. 391.
[2]) Emler IV. (1325) p. 835 f.
[3]) Emler IV. (1341) p. 365.
[4]) Emler II. (1268?) p. 240.

einzelne Bürger, die dieses Lehen trugen, d. h. für diesen Schutz und den erforderten Aufwand aufzukommen hatten, wofür sie je einen Hof in den Dörfern Rohlau und Poschizau, sowie das Vorwerk zu Sattel in Lehensgenuss hielten. Den letzten Besitzern — einem Niklas und einem Niklas Sletner — kaufte dann die Stadt am Beginne des 15. Jahrhundertes das Amt, beziehungsweise jene Güter mit dem darauf lastenden Amte ab.[1])

Außer dem Burgamte betheiligten sich wohl auch die Bürger selbst an der Colonisation. Zur Zeit Ottokars II. genoss ein Elbogner Helmschmied Günther ein gewisses Ansehen bei Hofe, das ihm einen Grundbesitz in den Dörfern Oberbrand, Gerhardsdorf und in entfernteren Gegenden eintrug. Derselbe Helmschmied war auch selbst als Unternehmer aufgetreten, indem er den ihm geschenkten Tagardes-Wald gelichtet und einen Weinberg in Salmansdorf angelegt hatte.[2])

Eines Niederlagsrechtes der Stadt geschieht nicht Erwähnung. Dagegen bestand der Straßenzwang bezüglich des Weges von Erfurt und Plauen nach Böhmen in der Richtung Elbogen bis Kaaden,[3]) und ein Privileg, welches Wenzel IV. der Stadt Eger verlieh, musste auch Elbogen sehr zugute kommen. Vordem war die regelmäßige Verbindung von Frankfurt a. M. mit der handeltreibenden Bürgerschaft Prags so beschaffen, dass der Weg in Böhmen mit einer einzigen Ausnahme durch eine städte- und handelslose Landschaft führte. Die Kaufleute betraten das Land bei Tachau und giengen über Pilsen, Mauth und Bettlern nach Prag. Die beiden Hauptzollstätten waren Tachau und Bettlern. Jetzt wurde diesen Karawanen der Weg über Weiden — Eger — Elbogen und durch die ganze Reihe der vorgenannten Städte bis Schlan—Prag vorgeschrieben, die Zollstelle von Bettlern nach Schlan herein, die von Tachau nach Weiden hinaus verlegt.

Elbogen genoss das gewöhnliche Meilenrecht, und der Rechtszug seines Gerichtes gieng nach Eger.[4]) In Bezug auf die unter König Johann immer regelmäßiger wiederkehrende Berna hatte sich die Stadt mit dem Könige im Pauschalierungswege dahin abgefunden, dass sie, doch nicht öfter als einmal des Jahres demselben bei seiner persönlichen Anwesenheit als Ablösung einen neuen

---

[1]) Čelak. II. (1412) p. 1151.
[2]) Emler II. (c. 1290) p. 1027.
[3]) Čelak. II. (1352) p. 487.
[4]) Čelak. II. (1352) p. 491.

Holzbecher mit dem Inhalte von fünf Pfund schwäbischer Heller überreichte.¹)

Schlaggenwerth (Ostrov), das uns im 14. Jahrhunderte in der Reihe der königl. Städte entgegentritt, scheint eine andere Art der Städteentstehung zu bezeichnen. Wenn es auch vielleicht ein älterer Colonistenort war, so war es doch nicht als Stadt und zum Zwecke der Stadtanlage colonisiert worden, wie die uns bisher bekannt gewordenen Städte. Vielmehr stand es als Ortschaft unter der Verwaltung der Burggrafen von Elbogen und was noch charakteristischer ist: die Bewohner besaßen ihre Güter wie die zu Falkenau unter Zehentpflicht. Nur als Zollstätte an einer mit den fortschreitenden Städtegründungen immer belebter werdenden Zwangsstraße²) scheint es sich von andern Ortschaften abgehoben zu haben. Die Zehentpflicht der Bewohner, wie sie der Gründer des Ortes aus dem Hause der Riesenburge eingeführt haben dürfte, bestand bis auf König Johann; erst dieser verwandelte den Zehent in einen Erbpacht von ½ Mark für jede Hufe. Wenzel IV. verlieh der so entstandenen Stadt Elbogner d. i. Egerer Rechte und das Meilenrecht. Doch bestellte immer noch bis zum Jahre 1399 der Elbogner Burggraf den Stadtrichter. Von da ab wurde den Bürgern selbst die Wahl des Richters überlassen, ebenso wie die Wahl des Zolleinnehmers im nahen Rodisfort, doch gegen Entrichtung einer bestimmten Pachttaxe seitens des Richters und Zöllners.³)

Die Besiedlung des Egerlandes und die Entstehung der Stadt Eger nächst der alten Hohenstaufenburg fällt der Zeit nach außer den Rahmen der böhmischen Geschichte.

Das entgegengesetzte Ende dieser Reihe von Städten bildete die Stadt Schlan, eine Schöpfung jüngerer Zeit. Als Marktort treffen wir die Stätte schon im 10. Jahrhunderte,⁴) und im Anfange des 13. Jahrhunderts steht hier eine Burg, die an Stelle des alten Dřewič die Gaubehörden aufgenommen hatte. Die Bürgergemeinde und Stadt an dieser Burg gründete erst Wenzel II. in den letzten Jahren des 14. Jahrhunderts oder kurz vorher. Den nöthigen Raum und die anzuschließenden Schoßdörfer — Želenice, Knobis, Draskowic, Zalužan — und andere Dörfer konnte der König nur durch Tauschvergleiche mit der Prager Domkirche und den Klöstern von St. Georg, Ossegg und Ostrow gewinnen.⁵)

---
¹) Ibid.
²) Čelak. II. (1352) p. 487; (1366) p. 615.
³) Čelak. (1387) p. 794; (1387) p. 797; (1399) p. 921.
⁴) Erben I. (993) p. 34.
⁵) Emler II. (1305) p. 881, 883; Emler III. (1311) p. 15, (1313) p. 59, (1333) p. 674.

An unmittelbaren Schoßgründen hatte Wenzel II. den Bürgern 96 Hufen zu je 84 Strich Aussaat zu je 1 Mark Jahreszins zugemessen. Die Gerichtseinrichtungen sind die Magdeburgischen. Die Stadt erhielt Meilenrecht und die Vorstadtbewohner wurden ihr mit Schoßpflicht zugewiesen.[1]) Karl IV. und Wenzel IV. hoben die junge Stadt, indem sie dieselbe in die große Zwangsstraße Eger—Prag einfügten, ohne dass ihr jedoch ein Stapelrecht zugekommen wäre.

Wenn auch die Stadt Schlan von Anfang an mit «Magdeburger» Recht ausgesetzt worden war, so dürfte daraus doch nicht auf eine Besiedlung durch Deutsche aus dem Reiche zu schließen sein; vielmehr denken wir uns die Besiedlung dieser jüngeren Stadt als von Unternehmern aus den älteren des Landes ausgehend. Damit dürfte der Umstand zusammenhängen, dass wir hier verhältnismäßig wenig Nachweise deutschen Einflusses und ein frühzeitiges Vorwalten slavischer Namen vorfinden. Dass von den Erbrichtern ein älterer — um 1348 — Dobrohost hieß und später — 1400 — ein Humpert und ein Beneschauer erscheinen, welch' letzterer das Erbgericht von jenem erkauft hat, ist weniger maßgebend, weil sich in dieses Amt ja auch jeder heimische Wladyke bei gebotener Gelegenheit einkaufen konnte; aber auch unter den wenigen Schöffen, die uns genannt werden, finden wir nur wenige deutsche, dagegen ein Überwiegen von čechischen Namen. Schon scheint die Städtegründung, wie sich im Bereiche der unterthänigen Städte noch auffälliger zeigen wird, allmählich auch ein Element slavischen Gesellschaftsfortschrittes geworden zu sein. —

Im Südwesten, wo seit uralten Zeiten der Verkehr mit dem Auslande am breitesten hin- und herflutete, entstand in jüngerer Zeit, die Stützpunkte desselben umfassend, eine besondere Städtegruppe.

Den Mittelpunkt derselben bildete der in Urzeiten unweit des Grenzwaldes gelegenen Marktort Pilsen, dem sich in jüngerer Zeit die gegen die Grenze vorgeschobenen Punkte Tachau, Taus und Klattau als Städte zugesellen. Pilsen als wichtige Gauburg und Marktplatz ist uns aus ältester Zeit bekannt; die Gründung einer «Stadt» Pilsen im jüngern Sinne wird zu zwei fast um ein Jahrhundert auseinander liegenden Zeiten beurkundet. In beiden Fällen aber heißt dann diese Stadtgemeinde — einmal im Gegensatze zu der alten Burgansiedlung, dann zu jener früheren Anlage — das neue Pilsen. Ein solches finden wir zuerst im Jahre 1216 — früher als

---

[1]) Emler IV. (1336) p. 851, Čelak. II. (1378) p. 718.

außer Prag irgend eine andere Stadt in Böhmen — genannt,[1]) und dass wir es bei diesem Neupilsen mit einer «Stadt» im deutschen Sinne zu thun haben, das bezeugen mehr noch als die ausdrücklich genannten «Bürger» — *cives* — die gleichzeitig angeführten «Schöffen» — *scabini*. Als Schöpfer dieser Stadt dürfte der König Ottokar I. zu betrachten sein. Dem gegenüber wird aber auch in viel späterer Zeit Wenzel II. als der Begründer von Neupilsen bezeichnet.[2]) Wir haben also ein ähnliches Verhältnis vor uns, wie wir es zwischen Neukolin und Altkolin voraussetzen mussten. Die ältere «neue Stadt» legte Ottokar I. am Fuße der Gauburg Alt-Pilsen — Plzenec — an der Uslawa an; später aber verlegte sie Wenzel II. auf das geräumigere Gelände unweit der Vereinigung der Radbusa mit der Mies. Wie nicht selten konnten die nöthigen Schoßgründe nur durch einen Eingriff in den bisherigen Besitz eines Klosters, diesmal desjenigen von Chotěschau, verfügbar werden.[3]) Das überreiche Maß derselben betrug 168 Hufen zu einer Maßeinheit, welche ursprünglich größer gewesen zu sein scheint, als sie in dieser Gegend später üblich war. Denn als es zur Zeit König Johanns üblich wurde, die früher zu Erbpacht ausgesetzten Gründe neu nachzumessen und auch die Stadt Pilsen im Jahre 1319[4]) von dieser Revision betroffen und damals das große Ausmaß von 42 Joch (84 Strich) als Einheit der Hufe angenommen wurde, da zeigte sich das ungewöhnlich bedeutende Übermaß von 80 Hufen! Dass es bei der ganzen Operation, deren Plan ein Finanzgenie des 14. Jahrhunderts ausgeheckt hatte, von vornherein auf die Gewinnung einer «Excrescenz» abgesehen war, deutet der Umstand an, dass König Johann im vorhinein den von der Neuvermessung zu erhoffenden Grundgewinn seinem Kanzler zur Begleichung einer Schuld zuwies. Nur zehn Hufen ließ er nachmals — wahrscheinlich auf besonderes Bitten — der Gemeinde zuweisen, so dass sie fortan 178 Hufen mit je einer halben Mark jährlich zu verzinsen hatte. Theilweise konnte ein solcher Zuwachs auch durch die Aufrodung von Rainen und Abhängen entstanden sein, was die Maßregel noch härter erscheinen lässt.[5])

Neupilsen erhielt bei seiner Aussetzung das Recht der alten Stadt Prag, also in übertragener Weise Nürnberger Recht.[6])

---

[1]) Emler II. (1216) p. 1156.
[2]) Emler III. (1325) p. 425 f.
[3]) Ibid.
[4]) Emler III. p. 230.
[5]) Emler III. (1320) p. 262; (1321) p. 283 f.
[6]) Emler IV. (1341) p. 413.

Der Hauptverkehr weist indes auch im 14. Jahrhunderte immer noch auf Regensburg zurück, wie auch um diese Zeit Regensburger Münze hier noch gangbarer war als Prager. Die Bürgerschaft bestand weit überwiegend aus Deutschen; Richter und Schöffen verhandelten und urkundeten im 14. Jahrhunderte deutsch.[1]) Neben den deutschen Bürgernamen derselben Zeit: Immeram — auf Regensburg weisend, — Konrad, Wernher, Jeklin, Salmann, Hermann, Ulrich 1315; Scharf, Hacker, Kuttener 1326; Wolfram, Zwillinger, Hildebrand 1307; Herschefal, Albert, Motler 1334; Fridlin, Ratschitzer, Götzlin, Heinzlin, Jeklin, Speytel 1341—1343 hat uns der Zufall nur zwei čechische Miloslaw 1339 und Mičko 1343 — erhalten.

Die Einrichtung des Erbgerichtes war die uns schon bekannte. Zur Erbrichterei gehörten unter anderem zwei Hufen und eine Thurmbefestigung in Lochotin sammt Wiesen und Hopfengärten. Aus dem 13. Jahrhunderte ist uns kein Richter mit Namen bekannt. Im 14. finden wir das Gericht einmal in den Händen zweier Prager Bürger, von denen es durch Kauf an den Kuttenberger Bürger Wernher übergieng. Dieser verkaufte es um 1327 an den Kuttenberger Bürger Tyrmann Leynwater. In dessen Familie blieb der Besitz bis 1382, in welchem Jahre es ein Heinrich von Hof ankaufte.

Dass auch die Pilsner Bürger in weit ausgreifenden agrarischen Unternehmungen standen, darauf deuten unter anderem schon ihre Beibenennungen. Wenn wir auch die Bezeichnungen von Budweis, Kutten, Prag, Klattau auf die Herkunft deuten dürfen, so scheinen doch die Bezeichnungen nach dem nahen Dorfe Račic, nach Dobrzan, Tuschkau, Pomuk, Jechnitz, Kralowitz auch auf andere Beziehungen hinzuweisen. Zu solchen Unternehmungen mussten die vielen und ausgedehnten nahen Klostergüter Gelegenheit in reichlichster Fülle bieten. So ist Andreas, der Sohn Immerams, den wir als Erbrichter des dem Kloster Plass gehörigen Dorfes Siglitz (Žichlice) kennen lernen,[2]) ohne Zweifel der Sohn eines Pilsner Bürgers. So wird es auch erklärlich, dass in jenem ziemlich entfernten Dorfe «Pilsner Stadtrecht» gilt. Den großen Besitz an Landgütern, den die Stadt selbst allmählich zu erwerben wusste, hat ihr das Geschick länger als anderen Städten erhalten. Von einer Niederlagspflicht melden zwar die Urkunden nichts; doch glauben wir diese Einrichtung hier voraussetzen zu müssen.

[1]) Emler IV. (1343) p. 503.
[2]) Emler III. (1315) p. 112.

Die Straßen über Tachau, Pfraumberg und Taus, die in Pilsen zusammenliefen und dann vereinigt über Bettlern (Žebrák) nach Prag führten, müssen auch in dieser Zeit zu den belebtesten Kauffahrteistraßen gehört haben. Das Geleitgeld auf denselben bildete ein bedeutendes Einkommen des Fürsten; es erhielt sich auch in friedlichen Zeiten gleichsam zwangsweise durch die Übung, dass die öffentlichen Gewalten für keinerlei Schaden aufkamen, wenn der Kaufmann ohne Geleit› zu reisen versucht hatte. Einzelne Landherren bebefanden sich mitunter im Pfandbesitze dieser Gebühren, so zu Zeiten König Johanns Peter von Rosenberg, im Besitze des Geleitsrechtes von Pilsen nach Bettlern.[1]) Die Pilsner Kaufleute genossen bei der Einfuhr von Wein, Tuchen und anderen Kaufmannswaren zu Tachau, Pfraumberg und Taus die Befreiung von Zoll und Geleit, d. h. sie durften sich das letztere selbst besorgen. Später, als der Zoll zu Bettlern durch die erwähnte Umlegung der Frankfurt-Prager Straße herabgesunken sein musste, kam ein Rest desselben dem Richter zu Pilsen zugute. Wenzel IV. bestimmte, dass der Viehhandel aus Österreich nach Böhmen von Budweis die Zwangsstraße nach Pilsen nehmen musste, um dort die ehedem in Bettlern fällige Zoll- und Geleitgebühr an den Richter — als Pächter — zu zahlen.[2]) Dagegen sollten Kaufleute und Viehhändler, die über Tachau, Pfraumberg oder Tepl nach Böhmen kamen, die Zwangsstraße über Mies bis Pilsen nehmen.[3])

Die Pilsner Städtegruppe bildeten nach außen zu die Städte Tachau, Taus, Klattau und Schüttenhofen; nach dem Binnenlande zu ist Beraun dazu zu zählen. Jene deckten und nützten die alten Verkehrsstraßen nach Nürnberg und Regensburg. Die Grenzburg Tachau hat nach alter Aufzeichnung[1]) Herzog Soběslav im 12. Jahrhunderte angelegt. Den Marktort daselbst, der nachmals mit andern Gütern in den Besitz des Klosters Kladrau gelangt sein muss, scheint wieder König Ottokar II. in ein städtisches Gemeinwesen verwandelt zu haben, indem uns eine Urkunde[5]) andeutet, dass er jene Güter dem Kloster abgekauft habe, was wohl in üblicher Weise auf den Zweck der Stadtdotierung bezogen werden kann.

—

[1]) Emler III. (1325) p. 446.
[2]) Čelak. II. (1383) p. 741.
[3]) Ibid. (1382) p. 747.
[4]) Cosmae Cont. Scrpt. I. p. 303.
[5]) Emler II. (cc. 1285) p. 583.

Die Organisation, die hier auf dem colonisierten Marklande eingeführt wurde, entsprach der von Elbogen oder war vielleicht wie jene eine Nachbildung der egerländischen: die neuen Anlagen standen in einem Vasallenverhältnisse zu dem Burgrafenamte Tachau und die Bewohner hatten hier allein ihr zuständiges Gericht[1]) (beziehungsweise Vogteigericht). Es hängt mit dieser Verfassung zusammen, dass auch die neu eingeführten bäuerlichen Colonisten durchwegs in Erbpachtverhältnissen standen. Auch die Bürger waren im Besitze von Gütern und Dörfern und gewiss nicht unbetheiligt bei so mancher Neuanlage[2]). Wie König Wenzel IV. als Kaiser, so weit es sich um die Verbindung von Prag mit Frankfurt handelte, die alte Zollstätte von Tachau nach Weiden im Fränkischen hinaus verlegte, haben wir schon berichtet.[3]) Von den wenigen älteren Bürgernamen, die uns der Zufall erhalten hat, deuten alle — Kunlin, Henlin Stich, Heinrich Holpritler, Henslin Hoffnagel, Hertlin, Rudlin — ausnahmslos auf deutsche Besiedlung Tachaus.

Die südlichere Grenzburg Pfraumberg beherrschte die Straße, die das schon seit älterer Zeit von Choden besiedelte Grenzwaldgebiet durchschnitt. Trotz mancher Privilegien, deren sich auch der Burgflecken Pfraumberg erfreute, erwuchs er doch nicht zur Stadt.

Anders verhielt es sich mit Taus im Chodenlande an der directesten Straße von Pilsen nach Regensburg. Eine «Stadt Taus bei der älteren Grenzburg gleichen Namens wird urkundlich zuerst in den Jahren 1263 und 1266 genannt[4]) und wir können auch ihre Gründung als einen Theil der planmäßigen Organisation Ottokars II. betrachten. Der Name erscheint in doppelter Form, als Toust und Domažlice. Der erstere, sichtlich aus dem alten Gaunamen Tuhošť entstanden, dürfte der Name der Burg gewesen sein, während das patronymische Domažlici ursprünglich wohl nur eine Dorfansiedlung bei dieser Burg bezeichnete, die später in der jüngeren Stadt aufgieng. Dass letztere mit «deutschem Rechte» ausgestattet war, besagen die Urkunden, ohne von der Art desselben zu sprechen. Doch dürfen wir auch hier Pilsner Recht vermuthen.

Die Gegend war vor der Stadtanlage keineswegs unbesiedelt; vielmehr hatte gerade hier der Völkerverkehr seit uralter Zeit von beiden Seiten eine nähere Verbindung angebahnt und das zu bewachende Eingangsthor den Anlass zur Ansiedlung der waldhüten-

---

[1]) Emler IV. (1335) p. 68.
[2]) Borowý, L. erection. (1375) p. 111.
[3]) Čelak. II. (1391) p. 828.
[4]) Emler II. p. 202, Nr. 1813.

den Choden gegeben. Wozu aber in weiterer Folge die Stadtanlage den Anstoß gab, das war die Umwandlung des Unterthanenverhältnisses dieser Choden, indem denselben in den bestehenden Dörfern Possigkau (Postřechow), Klentsch, Drasenau, Ujezd, Tilmitschau (Dlumačow), Mrdakow, Kličow und Melhut (Lhotka) das Stadtrecht von Taus verliehen wurde,[1]) welcher Act in einer Bestätigungsurkunde[2]) ganz zutreffend dahin erklärt wird, dass die Grundbebauer dadurch ein dauerndes Anrecht auf den **Besitz des Grundes** erlangt hätten. Sie waren dadurch gleich den deutschen Colonisten Erbpächter geworden und blieben lediglich dem Burggrafengerichte zu Taus unterstellt, das dann ihren Dorfgerichten gegenüber das Vogteigericht darstellte.

Dem colonisatorischen Eingreifen der Bürgerschaft war hier ein weites Feld geöffnet. Wir erkennen dasselbe auch ohne Urkundennachweis an den vielen im nahen Gebiete von Neugedein, Grafenried, Ronsberg, Muttersdorf, Heiligenkreuz von deutschen Colonisten auf grüner Wurzel gegründeten Ortschaften.[3]) Über die schon durch die einsprachige Namengebung kenntlichen hinaus dürften viele Ortschaften dieses Bereiches noch derselben Gruppe angehören, deren Ansiedler eine vorhandene Flurbezeichnung als Ortsnamen aufnahmen. Viele entstanden außerdem als Neuanlagen verödeter slavischer Ortschaften — gerade an diesen «Landesthore» gab der Krieg häufige Veranlassung zu solcher Verödung — noch andere als Erweiterung und Umwandlung solcher. Das dem Kloster Kladrau gehörige Dorf Wonischen (Ohništovice) war um 1318 ganz verlassen, so dass es dem Besitzer keinen Nutzen abwarf. Dieses Dorf übernimmt nun für einen Zeitraum von 12 Jahren der Tauser Stadtrichter Otto[4]) unter folgenden Bedingungen: zwei Jahre bleibt die Ödung lastenfrei; von da ab zahlt er jährlich 11 Mark Silber als Pacht; nach 12 Jahren fällt das neubesetzte Dorf an das Stift

---

[1]) Emler III. (1325) p. 404.

[2]) Emler III. (1332) p. 737.

[3]) Neudorf, Fuchsberg, Plöß, Hirschau, Springenberg, Tanneberg, Neumarkt, Maxberg, Johanneskirche, Preunet, Kohlstätten, Traxelmoor, Hochofen, Schmalzgruben, Neubau, Neubauhütten, Mauthaus, Althütten, Haselberg, Heinrichsberg, Sophienthal, Friedrichshütten, Kreuzhütten, Giebacht, Nimmvorgut, Deutsch-Kubitzen, Plassendorf, Weberhof, Fichtenberg, Volkman, Neuhof, Sternhof, Grafenried, Anger, Seeg, Münchsdorf, St. Georgen, Schieferau, Erasmus, Pfaffenberg, Gorschin, Putzbühl, Schwanenbrückel, Johannesberg, Friedrichshof, Neid, Franzbrunnhütte, Oberhütte, Unterhütte, Schwarzberg, Sichtichfür, Fuchsberg, Rosendorf, Weißensulz, Schmalau, Karlsbacher Hütte, Walddorf, Ruhstein, Franzenshütte, Plöß, Wenzelsdorf, Straßerhütte, Bärentanz u. a.

[4]) Emler III. (1318) p. 189 f.

zurück. Ein nachfolgender Richter von Taus, Heinrich Schicklîn, übernahm von Chotěbor von Herstein die «Locierung» des Dorfes Milavče im Ausmaße von 22 Hufen zu «deutschem Rechte» mit zwei Waldungen, deren eine Wlčibrod — Wolfsfurt — hieß, während die andere an das Dorf Radonitz grenzte. Heinrich erkaufte jede Hufe mit 3 Schock Anleite und besetzte sie mit Colonisten zu Jahreszins. Das Gericht in der Weise wie es zu Taus eingerichtet sei, erhielt er für Lebenszeit. Kennzeichnend für die vom Kriege oft heimgesuchte Gegend ist die Bestimmung: kehren die Glieder einer Erbpächterfamilie, vom Kriege vertrieben, nach Jahresfrist nicht auf ihren Grund zurück, so kann ihn die Herrschaft als erledigt an sich ziehen. — Ein Jahr darauf[1]) haben sich bereits Leute gefunden, welche mit jenem Heinrich Schicklin als Colonnen in Gesellschaft getreten sind; an diese werden nun weitere zwei Pflugmaße — *araturae* — in demselben Dorfe zu Erbpacht ausgethan, aus welchen zwei zum Theil noch mit Wald bedeckten Pflugmaßen ohne den Tomin genannten Wald 8 Hufen (lanei) gebildet werden. Als Anleite haben dieselben dafür 24 Schock P. Gr. gezahlt; der Jahreszins beträgt 75 Groschen für die Hufe, wofür Freiheit von sonstigen Leistungen zugesagt wird.

Das Richteramt in der Stadt Taus betreffend, gewährte K. Johann im Jahre 1331 der Bürgerschaft — gewiss nicht ohne Gegengabe — das Recht, sich den Richter aus ihrer Mitte zu wählen, der dann an die Kammer eine bestimmte Pauschalsumme herauszuzahlen hatte.[2]). Karl IV. bestätigte diese Vereinbarung, doch nur auf Widerruf. Außerdem bestimmte er im Sinne der Bürgerschaft, dass sich kein Bürger irgend einem Hofdienste zuwenden sollte zur Übervortheilung anderer.[3]) Wenzel IV. verschenkte später die Richterei erblich an seine dortigen Burggrafen Mařík und Bornik, doch so, dass sie das Amt immer nur mit einem Tauser Bürger besetzen sollten.[4]) Auf diese Weise zog das Burggrafenamt die Güter des Stadtgerichtes an sich.

Die Stadt selbst muss schon frühzeitig eine große Zahl von Dörfern als Schoßgut erworben haben; beurkundet finden wir aber nur die Erwerbung von Petrowitz, das ihr Karl IV. schenkte.[5]) Die Zwangsstraße von Taus[6]) führte über Pilsen, Rokyzan und

---

[1]) Emler III. (1325) p. 450.
[2]) Emler III. (1331) p. 692.
[3]) Čelak. II. (1348) p. 395.
[4]) Čelak. II. (1395) p. 861.
[5]) Čelak. II. (1349) p. 428.
[6]) Čelak. II (1381) p. 738.

Beraun nach Prag; die Einschaltung von Rokyzan war zu Gunsten des Erzbisthums erfolgt.

Die südlichere Straße an der Angel führte sowohl nach Regensburg wie nach Passau. Da, wo sie sich nach diesen beiden Richtungen hin auszweigte, deckte sie die Burg Klattau, in deren Nähe derselbe Ottokar II. die Stadt gleichen Namens anlegte. Als Gründer ist er insofern bezeugt, als sein Sohn von ihm sagte,[1]) er habe dem Stifte von St. Georg in Prag die Dörfer Horky, Benowitz — jetzt Běnow, Binnhof, — und Nowakowic entzogen, um damit die Stadt Klattau auszustatten.

Als Bürger der ältesten Zeit erscheinen Kimred gen. von Pomuk (1288), Konrad Pisinger, Dietrich Muscher, Heinrich Platzinsgut, Berwin, Meinhard Harcogonius, Peter und Thomas Rapoto, Johann Tetzler, Jacob Hainours, Henricus Persiconis, Matthias und Nikolaus Passauer, Andreas Kislauer, Otto und Albert Genglin, Fridolin Peupier, Eisenrik, Johann Atzler, Albert gen. von Tyn (Bischofteinitz), Konrad, Richter in Nyra (Nyřan), Peslîn Cloner, Dietlîn Musper, Peter Hertlin; — Pecka Břivoj (1369).

Ein Bürger Konrad besaß 1288, wahrscheinlich als Richter, vom Fürsten mehr als fünf Hufen in Erbpacht, dazu zwei Fleischbänke, eine Mühle, ein Bad, Malzhaus u. s. w.[2]) Ebensolchen bürgerlichen Besitz gab es in den nahen Dörfern Točnik und Stěpanowitz.[3])

Das Stadtgericht muss frühzeitig an die Kammer zurückgefallen sein, indem es schon Wenzel II. an Konrad Pisinger auf die Zeit eines Jahres gegen 50 Mark verpachten konnte. Wir finden einen Nikolaus, 1369 einen Libhard als Stadtrichter; als Stadtrecht galt das der Altstadt Prag.[4])

Schüttenhofen — Sušice, Sicca — deckte als Burg[5]) die Zollstätte an der directen Passauer Straße und dem jüngern Günthersteige, und kann so als ein im Thale der Wottawa vorgeschobenes Werk der alten, früh verfallenen Gauburg Prachin gelten. Älter noch war das schon 1088 genannte Dorf Sušice an dieser Stelle, für das schon 1246 der deutsche Name Schüttenhofen urkundlich auftritt. Für 1273 ist die Existenz des Schlosses festgestellt, zum Jahre 1290 wird eines Bürgers Ulrich als eines Verstorbenen gedacht. So darf wohl die Zeit Ottokars II. oder allenfalls die

---

[1]) Emler II. (1305) p. 881.
[2]) Emler II. (1288) p. 1190.
[3]) Emler II. (1289) p. 1192.
[4]) Emler IV. (1330) p. 851.
[5]) castrum Emler II. (1273) p. 327.

Wenzels II. als die der Anlage der Stadt gedacht werden. Am Besitze des Grundes hatten hier vordem verschiedene geistliche Stifte ihren Antheil gehabt. König Johann erwähnt die Ausstattung der Stadt mit Schoßdörfern und die nahen Goldgruben.[1]) Jakob, der gewesene Richter von Schüttenhofen, erwarb mit seinen Gewerken die Goldgruben oder den «Gang» — *meatum* — bei Horaždowitz.[2]) Karl IV. bestätigte der Stadt das übliche Meilenrecht, Wenzel IV. den Straßenzwang mit Bezug auf beide Straßen, die über Hartmanitz (Günthersteig) und die über das «Gefild» (Außergefild).[3])

Von den ältesten Bürgern werden uns nur wenige Namen genannt; die aber sind ausschließlich und charakteristisch deutsch: Heinrich, des Herwold Sohn, Gottfried, Kunred, Walther, Kunred Wichmanns Sohn, Schedel (1290); Bernhard gen. Haselpach, Gottfried gen. Renner (1331); Andreas gen. Zotel, Hertlin, Mautner und Handlin (1374). Wenzel IV. verkehrte mit der Stadt deutsch.[4])

Wiewohl sie entfernt gelegen, müssen wir doch auch die Stadt Beraun der Handels- und Straßenbeziehung, wie auch des Rechtsgebrauches wegen zu dieser Städtegruppe rechnen. Sehen wir von Altpilsen ab, so fällt es auch der Gründung nach mit jenen Städten zusammen, als ein Zeugnis für die großartige Thätigkeit Ottokars II. Eine Abweichung lag dagegen darin, dass es nicht unmittelbar an irgend eine bestehende Gau- oder Grenzburg angebaut, sondern seine Stelle am flößbaren Miesaflusse ihm lediglich durch die Straßenrichtung von Pilsen nach Prag angewiesen wurde. Nach dem Verfalle von Tetin befanden sich die königl. Behörden auf der neuen Burg Miesenburg (Nižburk). Die neue Stadt erscheint zuerst um 1266 unter dem Namen Verona,[5]) und die Beziehung auf die gleichnamige Stadt Italiens ist bei dem Umstande, dass auch Italiener neben Deutschen den Stamm der alten Prager Gemeinde bildeten, ein Dorf auf der entgegengesetzten Seite Prags — Bĕchowitz — das Walchendorf (Wälschendorf) hieß,[6]) nicht ganz abzulehnen. Zur Ausstattung der Stadt hatte Ottokar II. dem Prager Bisthum neben anderem die Dörfer Nawracow und Bezdĕkow entzogen. Doch mag die erste Anlage wenig oder vielleicht überhaupt gar nicht zur Vollendung gediehen sein; denn erst Wenzel II. ließ

---

[1]) Emler II. (1325) p. 412.
[2]) Emler IV. (1344) p. 573.
[3]) Čelak. II. (1356) und (1406) p. 1038.
[4]) Ibid. p. 1038.
[5]) Thetin apud Veronam und Popovic juxta Veronam civitatem. Emler I. (1266) p. 201.
[6]) Borowý L. er. p. 156.

Verona «neu anlegen und wieder aufbauen» und zog dazu noch die bischöflichen Dörfer Zdic, Baworine und Černin z. Th. tauschweise heran.[1]) Außer diesen bildeten das ausgedehnte Schoßgebiet noch die Dörfer Trubin, Zahřivče, Bašelkow und Počaply. Trubin hatte von einer Altarstiftung des Prager Doms abgelöst werden müssen.[2]) Überdies besaß die reiche Stadt Gemeinweiden und das Recht des Weideganges im Walde Kdičiny.[3]) Die zusammenhängenden Dorfschaften der Stadt reichten das Litawathal hinauf bis vor Žebrák (Bettlern), sowie anderseits der Mies über die Waldgegend bis an die Grenze des Schlaner Gaues.

Es ist kein Zweifel, dass alle diese Dörfer im Besitze der Stadt eine Umwandlung im Sinne des «Kauf-» oder Burgrechtes erfuhren, wie sie in einzelnen Fällen nachgewiesen ist. Beraun selbst besaß Alt-Prager Stadtrecht[4]) und dieses gieng auf die von ihm neu- oder umlocierten Dörfer über. Hier inmitten der alten Binnenmark mehrerer zusammenstoßender Gaue ist auch die Colonisation aus grüner Wurzel eine bedeutende gewesen, wenn sich auch die Namen der neuen Orte an vorhandene Flurnamen anschlossen oder mit slavischen Gemeinnamen deckten. Zu Beginn des 14. Jahrhunderts bestand bereits das der Anlage nach neue Dorf Wráž nächst Beraun an der Straße nach Prag mit den Einrichtungen des deutschen Rechtes, mit Richter und Schöffen. Um 1320 überließ Přibek von Chroustanic dem späteren Erbrichter Heinrich das benachbarte Waldgut Břczowa zur Anlage eines Dorfes nach «deutschem Rechte»;[5]) wir finden das neue Dorf nachmals als Lhotka wieder.[6]) Die Nachbarn, die der Erbrichter eingeführt hat - *quos secum locaverat* — sollen zu Erbrecht sitzen und 12 Freijahre genießen. Die Hufen hatten 60 Strich Aussaat und zahlen 42 Groschen Jahreszins und 4 Groschen Beisteuer für den Expeditionsfall, liefern 4 Hühner und stellen je 2 Schnitter. Die Rechtsordnung ist die wie in Wráž, der Rechtszug geht nach der Stadt Beraun. — In demselben Waldausschnitte zeigen die Dörfer Přilep, Železna, Chniawa und Libetschow eine Anlage, die deutlich auf den gleichen Vorgang ihrer Entstehung hinweist. Das erstgenannte dieser Dörfer wird in der That noch im Jahre 1359 als «neues Dorf» — *villa*

---

[1]) Emler II. (1294) p. 1231; (1295) p. 727.
[2]) Emler II. (1302) p. 824; (1305) p. 883.
[3]) Emler II. (1325) p. 428.
[4]) Emler II. (1302) p. 834.
[5]) Emler III. (1320) p. 264.
[6]) Emler IV. (1338) p. 244.

nova — bezeichnet.[1]) Die Berauner Dörfer dienten auch zum Vorbilde bei der Umgestaltung des östlicher gelegenen Bubowitz, das der Grundherr zu 9½ Hufen zu 64 Strich gemessen nach dem Maße der Stadt Beraun zu «deutschem Rechte, d. i. Burgrecht» aussetzte. Die sechsjährige Freifrist kennzeichnet die nothwendige Neurodung. Ein Jahreszins von 70 Groschen sollte die Ablösung aller Frohndienste und Schatzung selbst im Kriegsrüstungsfalle einschließen. An die Pfarrei bei St. Johann hatte jede Hufe eine Metze Korn zu zehnten. Die Vorbehaltfälle des Grundherrn sind Mord, Nothzucht und Brandstiftung; alles andere richtet der Dorfrichter, der ganz wie ein Erbrichter im deutschen Colonisationsgebiete gestellt ist — mit Freihufe, Taberne, Schmiede, Schusterwerkstatt und den Abgaben der Hintersassen oder Häusler; auch die niedere Jagd und der Vogelfang sind ihm zugestanden.[2])

Auch weit im Süden, am Fuße des Brdywaldes — in Hostomitz — begegnen wir Berauner Recht und seinem umgestaltenden Einflusse. Wahrscheinlich schon am Beginn des 14. Jahrhunderts hat einer der Prager Burggrafen als Nutznießer jene ausgedehnten Waldungen, in denen sein einsames Schloss mit dem Wirtschaftshofe und den angesiedelten Knechten stehen mochte, der Colonisation erschlossen und neben der Hofwirtschaft ein bevölkertes Dorf mit Markt und Handwerkern geschaffen.

Von den älteren Bürgern Berauns haben sich uns auffallend wenige Namen erhalten; diese wenigen aber — 1320: Henricus in acie, Petrus, Waltherus, Deotricus, Frenzlinus — tragen kein anderes Gepräge, als wir es bisher in allen Städten fanden. Doch müssen in Beraun schon um die Mitte des 14. Jahrhunderts die slavischen Bevölkerungstheile so zahlreich gewesen sein, dass ein Gegensatz beider Volkstheile bereits hervortrat. So fand schon Karl IV. im Jahre 1350 Anlass, beiderlei Bürger und Unterthanen, die von čechischer und von deutscher Sprache in Ansehung der Stadtprivilegien für gleichberechtigt zu erklären.[3]) Ob jene obenerwähnte «Neugründung» der Stadt durch Wenzel II. etwa auf eine Zerstörung derselben in den vorangegangenen Kriegszeiten erfolgte, wissen wir nicht bestimmt; doch ist eine solche Annahme immerhin zulässig. Dann aber wäre auch eine Aufnahme der heimischen Hintersassen in die neu constituierte Bürgergemeinschaft nicht unwahrscheinlich und damit das Voranstehende erklärbar. —

---

[1]) Borový L. er. (1359) p. 4.
[2]) Emler III. (1333) p. 774 f.
[3]) Čelak. II. (1350) p. 439.

An den Straßenzügen des Südens konnten aus ersichtlichen Gründen königliche Städte nicht wie im Westen bis in die Nähe der Grenze vorgeschoben werden. An der Hauptstraße, welche Böhmen mit Passau und dem Salzlande der Alpen verband, entstand in Prachatitz ein Hauptmarktplatz, in dem seine Besitzer städtische Einrichtungen einführten; aber dieser Platz gehörte dem geistlichen Stifte Wyšehrad und eine Abschüttelung dieser Herrschaft war erst die Folge der Husitenkriege. Die Wege aber, welche von Linz über Freinstadt und von Niederösterreich über Weitra nach Böhmen führten, durchschnitten in weiter Erstreckung das Rosenberg'sche Gebiet, wo die Wächter des Grenzwaldes den fürstlichen Unternehmungen zuvorgekommen waren.

Wohl mit Rücksicht darauf verlegte Ottokar II. die Stadt, welche diese Straßenzüge beherrschen und ausnützen sollte, tiefer in das Innere des Landes, wo ungefähr beide Richtungen zusammentrafen. Diesen Punkt bezeichnete Pisek, eine Burg mit landesfürstlicher Hofwirtschaft an der unteren Wottawa. Ob auch hier die Stadtanlage zunächst bei der Burg selbst versucht wurde, oder diese später als Altpisek bezeichnete Anlage nur das unterthänige Suburbium war, wissen wir nicht. Doch muss Ottokar II. sehr bald nach seinem Regierungsantritte an die Anlage einer Stadt geschritten sein, denn schon 1254 schenkte er dem Kreuzherrnorden einen Wald bei Prag zur Entschädigung für das ihm entzogene Dorf Drahonic, das er zur Ausstattung seiner Stadt Pisek verwendet hatte.[1]) Über das Ausmaß der Schoßgründe ist uns keine Nachricht erhalten, doch zahlte eine Hufe seit Ottokars Zeiten nur den mäßigen Zins von 28 Groschen. Mit der Beschränkung auf Dürrholz für den eigenen Bedarf stand die Waldnutzung den Bürgern abgabenfrei offen; nur wenn sie solches Holz zum Verkaufe ausführen wollten, sollten sie von der Fuhre je zwei Denare Forstgeld zahlen, 4 Denare aber für die Fuhre grünen Holzes. Auch stand ihnen die Weide von zu bestimmenden Stellen des Waldes offen. Auch das bekannte Meilerrecht erhielt die Stadt, doch wurde im 14. Jahrhunderte für die Bestimmung des Umfanges ein alter Brauch maßgebend.

Gewisse Dörfer nämlich, welche in der Stadt die herkömmliche Mautermäßigung auf 2 Denare vom Pferde genossen, sollten als innerhalb der Bannmeile liegend betrachtet werden; die aber herkömmlich mehr zahlten, lagen außerhalb. Wie für einzelne Städte des Nordens, so wurde auch für Pisek die Salzniederlage und der

---

[1]) Emler II. (1254) p. 14.

in einem bestimmten Kreise monopolisierte Salzhandel ein wichtiges Vorrecht. Jener Kreis umfasste mit Mühlhausen, Jistebnitz, Sedlčan und Bernartitz den ganzen alten Moldaugau im Osten der Moldau und den ganzen Westen bis an den Brdywald.[1]

Die alte Burgansiedlung — Altpisek — war im Beginne des 14. Jahrhunderts bereits verfallen und König Heinrich sicherte den Bürgern von Neupisek zu, dass jene nicht wieder erbaut, ihr Gebiet vielmehr zum Schoßgrunde der Stadt gezogen werden solle.[2] In gleicher Weise wurde, was die Schoßpflicht anlangt, 1332 noch das nahe Dorf Zatow mit dem Schoßgute der Stadt vereinigt[3]).

Die Stadt Pisek besaß das **Recht der Prager Altstadt.** Ursprünglich dürfte das Richteramt ein erbliches gewesen sein; doch war es im 14. Jahrhunderte an die Kammer zurückgefallen, die es dann zur Zeit Johanns gegen einen bestimmten Pachtzins sammt dem Zolle der Bürgerschaft überließ, die dann beide Ämter zusammen — das des Richters und Zolleinnehmers an einen tauglichen Bürger vertragsweise verlieh. Gegen Ende des Jahrhunderts bestand dieses Verhältnis nicht mehr; vielmehr hatte Georg von Roztok das Amt vom Könige erhalten. Nach ihm besaß es ein Bürger der Prager Kleinseite, der es wieder 1410 an den Piseker Bürger Maternus verkaufte. — Frühzeitig — unter Ottokar II. oder Wenzel II. hatte der Bürger Heinrich das Recht einer Münzstätte in Pisek besessen und ausgeübt.[4]) Die Zollstätten zu Wolin, Rakonitz, Netolitz, Březnic und Mirotitz sollten für Piseker Bürger und ihr Kaufmannsgut frei sein; dagegen für alle, die aus Österreich nach Böhmen und über Budweis kämen, der Straßenzwang über Pisek bestehen.[5]) Als nachmals die Kammer auch Wodnian zu heben suchte (siehe unten), wurde auch dieses in den Straßenzwang einbezogen, so dass dann alle Kaufmannsfuhren, die von Prachatitz aus Prag oder Kuttenberg oder von Budweis aus Pilsen zum Ziele hatten, über Wodnian und Pisek fahren mussten, während die Wodnianer auf der Reise nach Kuttenberg Pisek vermeiden durften, was deshalb von geringem Belang war, weil beide Städte — Wodnian und Pisek — gegenseitig Zollfreiheit genossen.[6])

---

[1]) Čelak. II. (1348) p. 405.
[2]) Čelak. II. (1332) p. 279.
[3]) Ibid. (1332) p. 279.
[4]) Emler II. p. 1009.
[5]) Čelak. II. (1327) p. 242.
[6]) Čelak. II. (1407) p. 1075; (1409) p. 1077.

Über die ursprüngliche Besiedlung dieser Stadt sind nur wenig Schlüsse statthaft. Von den ältern Bürgern kennen wir nur jenen Münzer Heinrich. Die aus Pisek stammenden Bürger, die wir im 14. Jahrhunderte in Prag antreffen, führen die Namen Elblin und Seydlin, deren Formen auf deutschen Sprachgebrauch schließen lassen. Auf solchen deutet wohl auch der Umstand, dass in einer für Pisek bestimmten lateinischen Urkunde die Worte *betula, alnus* und *tremula* durch die in der Umgangssprache — *vulgariter* — gebrauchten Namen *pyrkenholz, erlenholz, espenholz* erklärt werden.[1]

Auf einen mittelbaren Einfluss der Bürgerschaft auf die Agrarverhältnisse der Umgebung weist eine der großartigsten Umgestaltungen, die in naher Nachbarschaft im Jahre 1315 Königin Elisabeth[2]) in derselben Weise vornahm, die wir bezüglich ihrer Güter zu Melnik und bei Prag bereits kennen lernten. Melniker Hufenmaß und „Pisecker Recht» deuten auf die entsprechenden Beziehungen. Auch hier wünschte die Königin, dass das Unternehmen von ihren eigenen Beamten durchgeführt und die eigenen Unterthanen in das Eigenthum der aufgetheilten Gründe eingeführt werden sollten. Das damals der Königin gehörige Gebiet, welches diese Umwälzungen erfuhr, ist das der Wolinkastrecke zwischen Strakonitz und Winterberg, umfassend die Dörfer Němetitz, Nahořan, Wonschowitz und Wischkowitz westlich und die weit zahlreicheren Milonowitz, Hostitz, Střiteř, Neusluschitz, Čeprowitz, Kamena, Koječin, Wšechlap, Bohonitz, Aulehle, Stranowitz, Buschanowitz, Twřitz, Kovanin, Setěchowitz, Buděłow, Bolikowitz, Boschitz mit dem Walde, Zahoří, Radositz u. a. östlich von dem genannten Flussthale. Die Vermessung ergab nach Melniker Maß an Culturland 139 und an Rodeland 15 Hufen. Von diesen 154 Hufen verkaufte die Königin 148 «zu deutschem Rechte» an die «Armen» daselbst, d. h. an die bisher nach «böhmischem Rechte» angesessenen Bauern, indem sie von jeder Hufe 6 Schock Anzahlung und eine Mark Jahreszins verlangte, für das Rodeland aber 10 Freijahre gewährte. Sechs Hufen sollten als Deputatland der Wirtschaftsdiener verwendet werden.[3] —

Mit der etwas später erfolgten Anlage der Stadt Budweis an der Kreuzung der Straßen aus Österreich scheint Ottokar II. zugleich einen wichtigen Kampfposten gegen die Expansionspolitik der Rosenberge vorgeschoben zu haben. Ein Ort dieses Namens — Budivojovic, Budějowic, die nachmalige Altstadt — bestand wohl

---

[1]) Čelak. (1348) p. 405.
[2]) Emler III. (1315) p. 109.
[3]) Emler III. (1315) p. 109.

Lippert, Socialgeschichte Böhmens. II.

schon unweit der gewählten Stelle und sein Name deutet auf Rosenbergischen Besitz und Ursprung. Wenn auch die Chronik des Opatowitzer Abtes Neplach, von wildem Hasse gegen den Städtegründer dictiert, eine wenig verlässliche Quelle bietet, so lässt sich ihr[1]) doch entnehmen, dass Ottokar den Platz selbst erst aus den Händen eines Rosenbergers — Čeč — an sich bringen musste, — im Tauschwege, wie ein altes Gedicht zufügt.[2])

Das nahe Strodenitz (Rožnow = Rosenau) haben zweifellos auch die Rosenberger in einen Marktort umgestaltet, der dann in den Besitz des Familienseelgeräthes Hohenfurth gelangte. Ein Richter» Kunz daselbst, neben ihm als Zeugen ein Otto, Wetmanns Sohn und ein Kunz Renner bezeugen, dass die deutsche Colonisation der Rosenberge wenigstens sprungweise schon bis in diese Gegend vorgedrungen war.[3]) Jener in der Chronik genannte Čeč saß um 1263 thatsächlich im alten Budweis,[4]) und im nahen Frauenberg (Hluboka), das ihm Ottokar II. wegen eines geringfügigen Jagdfrevels abgenommen haben soll.[5])

Im Jahre 1265[6]) weist der Klingenberger Burggraf im Namen des Königs dem Dominikanerorden nächst jenem alten Budweis einen Klosterbauplatz an, «an der Stelle, an welcher die neue Stadt erbaut werden soll.» In demselben Jahre weilte dann Ottokar II. persönlich an der Stelle[7]) und um dieselbe Zeit war es wohl, dass er vom Stifte Hohenfurth — kaum ohne sanften Zwang — außer Saboři auch den Markt Strodenitz und die Dörfer Plawen und Malšic eintauschte, um sie der zu gründenden Stadt als Schoßgut zu schenken.[8]) Natürlich musste dann Strodenitz zu Gunsten seiner neuen Herrschaft sein Marktrecht verlieren.

Die Familie, welcher von Anfang an als Unternehmerlohn das Erbrichteramt in der neuen Stadt zufiel, ist die der Claricii. Der Name darf wohl auf wälschen Ursprung gedeutet werden, und darauf weist auch die Beschäftigung seiner Träger hin. Den ersten Claricius treffen wir im Jahre 1281 im Amte eines Examinators — Prüfers oder Probierers — bei der Münzstätte und im nachfolgenden Jahrzehnt als Urbur- und Münzmeister des Königs — in Kuttenberg.

---

[1]) Neplach ad a. 1276; Fontes r. bd. III. p. 476.
[2]) Fontes r. b. III. p. 242.
[3]) Emler II. p. 161.
[4]) Ibidem.
[5]) Fontes r. b. III. 476.
[6]) Emler II. (1265) p. 184.
[7]) Emler II. p. 190.
[8]) Emler II. 1292 p. 680.

andere Angehörige der Familie als Schöffen ebendaselbst. Vermögen und Einfluss waren in diesen Ämtern zu gewinnen, und wir sahen schon an dem Beispiele der Gründung der Prager Gallistadt, wie man damals solches anzulegen liebte.

So erscheint uns denn auch jener Münzmeister Claricius — um 1296 — als erster Erbrichter in Budweis, und Mitglieder seiner Familie folgen einander in diesem Amte bis an das Ende des 14. Jahrhunderts. Gegen die nicht erlöschende Eifersucht der Rosenberge wussten sie die Könige Ottokar II. und Wenzel II. zu schützen. Als aber letzterer starb, trieben Heinrich von Rosenberg und Witigo von Landstein Nikolaus, des ersten Claricius Sohn, aus seinem Amte,[1]) was wohl nur geschehen konnte, indem sie sich der ihnen von Anfang an verhassten Stadt bemächtigten. Unter der Regierung König Johanns aber war die Familie wieder in ihren Besitz gelangt. Zu der reich ausgestatteten Erbrichterei gehörten zwei Mühlen und ein Theil der Zolleinnahmen. Den bedeutenden Zoll, den in Budweis und Wittingau die Salzeinfuhr abwarf, verpachtete König Johann an einen anderen Kuttenberger Bürger.[2])

Mit der Richterfamilie Claricius fanden auch die Versuche des Silberbergbaues in die Gegend von Budweis Eingang. Der Erbrichter Wenzel Claricius betrieb gegen Ende des 14. Jahrhunderts mit mehreren Gewerken ein «die Monstranz» genanntes Silberbergwerk bei dem nahen Dorfe Wes, das durch diese Beziehung den Namen Wes-am-berg erhielt[3]) und der Ausgangspunkt für die nachmals entstandenen Bergstädte Adamsstadt und Rudolfstadt wurde. Dass die Neuanlage oder theilweise Neubesiedlung der Dörfer in der heutigen Budweiser Sprachinsel im Zusammenhange mit Anlage und Ausstattung der Stadt steht, ist kaum zu bezweifeln, wenn auch einzelne Dörfer, wie Strodenitz-Rosenau schon aus Rosenbergischer Colonisation herstammen. Wenn ein einzelner Bürger — Konrad Landoker — das ganze Dorf Gauendorf, das noch den Flurnamen Mokré trägt, sammt einer Mühle und sieben Hufen Land an der Maltsch dem Spitale zu Budweis schenken konnte,[4]) so muss wohl der Landbesitz einzelner Bürger ebenso bedeutend gewesen sein, wie ihr Einfluss auf die agrarische Umgestaltung. Überdies dürfte der größere Theil der Sprachinsel Schoßgut der Stadt gewesen sein. Was noch als Weideland dazwischen lag und immer noch von den

---

[1]) Emler III. (1319) p. 209.
[2]) Čelak. II. (1341) p. 363.
[3]) Čelak. II. (1385) p. 763.
[4]) Emler IV. (1335) p. 56.

Rosenbergern beansprucht wurde, das suchte die Stadt allmählich durch Kauf an sich zu bringen.¹) Solche Erwerbungen griffen mitunter weit aus, so in einem Falle bis Černitz nahe bei Krummau. So wichtig aber auch das agrarische Moment gewesen sein mag, eine zweite Hauptstütze bildete der Handel mit seinen Zwangseinrichtungen. Dass noch im 14. Jahrhunderte²) das gewöhnliche Zahlmittel in Passauer Münze bestand, deutet auf die alte Verbindung mit den Salzländern und Salzmärkten hin. Budweis besaß von altersher die eigentliche Niederlagsgerechtigkeit.³) Alle Kaufmannsware, die von dieser Seite nach Böhmen kam, musste nach Budweis geführt und daselbst drei Tage lang für die Bürger ausgeboten werden. Als Hauptstraße wird noch 1351 die von Linz über Freinstadt, 1393 als eine zweite die von Muhl aus, also wohl über Herlfenburg-Hohenfurth führende bezeichnet. Aber auch auf dem umgekehrten Wege nach Österreich verkehrende Kaufleute und selbst solche, die von Pisek nach Neuhaus wollten, sind verhalten, ihren Weg über Budweis zu nehmen.⁴) Insbesondere gilt dies aber von Salzfuhren.⁵) Als Ausgangspunkt wird außer Linz noch Lanfeld bezeichnet. Neben Salz bildeten Eisen (als kadnisches, bairisches und egerisches unterschieden), Stahl, Sensen (? «Segensen»), Häute, Leder, Öl, Wein, Heringe und Tuch — «geschlagenes», «polnisches» und graues — die Haupthandelswaren.⁶) Zollfreiheit genoss die Budweiser Kaufmannschaft an den Zollstätten zu Netolitz, Wodnian, Moldautein, Kalsching, Bukowsko (Pukaus), Lischau und Schweinitz.⁷)

Zu den Privilegien der Stadt gehörte auch das Meilenrecht, welches wie anderwärts wahrscheinlich auch hier im 15. Jahrhunderte besonderer Gegenstand der Anfechtung seitens der nachbarlichen Gutsbesitzer geworden war. Aus solchem Anlasse geschah es vielleicht, dass im Jahre 1464 nach Süden zu die strittig gewordene Grenze der Bannmeile mit dem Maßseile nachgemessen wurde. Dasselbe wurde bei der Zugbrücke am Linzer Thor — gegen Rosenau, d. i. Strodenitz — angesetzt, und es ergab sich, dass dann die Meile — zu 345 Seilen, jedes zu 52 Prager Ellen gerechnet — bis auf den Berg bei Steinkirchen (Ujezd) reiche.⁸) All dieser Ausstattung

¹) Emler IV. (1335) p. 71; (1331) p. 843.
²) Emler IV. (1335) p. 71.
³) Čelak. (1351) p. 455; (1393) p. 845.
⁴) Čelak. II. (1393) p. 845.
⁵) Ibid. (1410) p. 1112 ff.
⁶) Ibid. (1364) p. 508.
⁷) Ibid. (1351) p. 455.
⁸) Ibid. (1464) p. 1115.

nach war es Ottokar II. sichtlich darum zu thun, gerade an dieser
Grenze seines unmittelbaren Einflusses ein mächtiges Bollwerk des
Königthums zu errichten.

Dass die erste Besiedlung der Stadt vorzugsweise mit deutschen
— bairisch-österreichischen — Elementen vor sich gieng, ist außer
Zweifel. Im 14. Jahrhunderte treten uns in den deutsch benannten
oder umgetauften Dorfschaften ganz deutsche Flurnamen — Scheibum,
Ledermühl, Stutenhof, Landwehr, Hofmühl, Grabmühl, Wiesenmühl
und andere[1] — entgegen, und die Zuschriften der böhmischen
Kammer nach Budweis bedienen sich neben der lateinischen nur der
deutschen Sprache. Auch die Vor- und Zunamen der Bürger des
14. Jahrhunderts tragen vorherrschend noch ein deutsches Gepräge.[2]
Gerade die wiederholte Kennzeichnung einzelner Bürger als «Pehem»
oder Boemus zeugt, wie die nachmalige Benennung einer ganzen
Gasse, für den deutschen Charakter der Stammbesiedlung.

Im Jahre 1335 erhielt die Bürgerschaft[3] das jedenfalls erbetene
Recht, jeden Bürger oder Inwohner, der ihr nicht zusagte — *non
convenerit* — auszukaufen und aus der Stadt zu weisen — gerichtet
wahrscheinlich gegen eine Rosenberg'sche Partei in der Stadt. —
Umgekehrt gestattete Wenzel IV. den Budweisern[4] die Aufnahme
fremder Elemente aus dem Lande, seien es Leute des kleinen Dienst-
adels (Wladyken), Bürger anderer Städte und Marktorte oder bäuerliche Unterthanen. Nur sollten alle diese Aufzunehmenden von ihren
«natürlichen» und ordentlichen Herrschaften die übliche Entlassungs-
einwilligung einholen. Weigere diese die Entlassung, ohne dass der
zu Entlassende nachweislich in einer Schuld bei der Herrschaft stünde
oder für ein Delikt haftbar sei, dann ist die Bürgerschaft — nach
Gewohnheit aller Städte Böhmens — berechtigt, dem um Aufnahme
Ansuchenden durch Zahlung eines böhmischen Groschen — an die

---

[1] Emler II. p. 862, 1215; Čelak. II. p. 179.
[2] Quiethon, Fröhlich, Alblin, Hilbrant, Lowlin, Zimerl, Prundlin, Kunatlin, Spor'nkas, Kerger, Schuljandl, Knoll, Holbporf, Scharfenecker, Meindlin, Schindl, Winkler (— 1302); Faullisch, Kampner, Nodler, Zügler, Kamerer, Hugel, Thomlin, Höfleich (— 1309); Gebhard, Ulrich, Krenauer, Pilslinger, Patzaner, Hertreich, Stoll, Bawarus (Baier?), Wernhard (— 1332); Landauer, Klamner, Arnold, Albert, Walther (— 1323); von Reichenstein (1337); Grünpech, Engelpot, Arnoldi, Pirauer, Pegdalener, Dietlin, Hübner, Altmann, Herbord, Hofmann, Suizzer (— 1334); Kaplitzer, Horawitzer, Straubel (— 1348); Petzold, Elblin, Spech, Rauch, Kutzmann, Sax, Fridlin, Tanhauser etc.; diesen gegenüber: ein Hanko von Lomnitz, Wenzel Czygar, ein Fleischer Peško (1302); Nopekoh (?) Herusch (? 1309); Johann und Martin Boëmus (1332); Peško Pchem (1348); Wičko Bohemus (1334); Chalanec (1364); Kulkan (1377).
[3] Emler IV. p. 71.
[4] Čelak. II. (1393) p. 844.

Herrschaft — die gewünschte Licenz zu erkaufen. Sollte sich eine Herrschaft weigern, dieses Lösegeld anzunehmen, vielmehr den Unterthan auf dem Rechtswege verfolgen, so soll für diesen Fall ausschließlich das Stadtgericht zu Budweis competent sein. Es liegt nahe, diese Anordnung nur auf Bauern zu beziehen, die nach deutschem Rechte» eingekauft waren und ihren Grund anderweitig zu besetzen vermochten. — —

Zwischen Budweis und Pisek schob sich nachmals noch W o d n i a n als jüngere königliche Stadt ein. Wie der Flurname besagt, in einem richtigen Wassergefilde gelegen, bildete der Ort vordem eine der Piseker Burggrafschaft zugetheilte landesfürstliche Hofwirtschaft mit einer ländlichen Ansiedlung wahrscheinlich durchwegs heimischer und unterthäniger Elemente, die einmal im Besitze des Marktrechtes auch nach den übrigen Privilegien der Nachbarstadt und nach Gleichstellung mit derselben emporstrebten. In der That konnten die Bewohner mit Recht darauf hinweisen, dass das Darniederliegen ihrer Ortschaft die Folge des Abganges jener Rechte und Einrichtungen sei, deren sich Pisek mit anderen Städten erfreute, wenn es auch nicht der Wahrheit entsprechend erscheint, dass ihr solche Rechte, als wären sie für jede Gemeinde selbstverständlich, jemals schon hätten «entzogen» werden können. Thatsächlich erreichte es, dass ihm König Johann im Jahre 1335 eine Anzahl ähnlicher Rechte zuerkannte und dass wir so Wodnian bald darauf unter die königlichen Städte eingereiht finden. Zunächst suchte König Johann den Ort in das Zwangsstraßennetz einzuschalten, wenn auch ohne Niederlagsrecht. Alle österreichischen Kauffahrten auf der Straße Budweis-Pilsen mussten durch Wodnian — falls es nicht gerade unter Wasser lag — und dort den Zoll entrichten; nur die Bürger von Budweis und Pilsen selbst blieben zollfrei. Auch alle Fuhren von Prachatitz nach Moldautein, sowie von Kalsching und Netolitz nach Prag und Kuttenberg wurden durch Wodnian gewiesen.[1]

Das Städtchen erhielt das Meilenrecht und die Exemtion von den Provinzialgerichten, — aber noch blieb für gewisse Fälle der Villicus des Piseker Burggrafenamtes der Vorsitzende seines Gerichtes, während sich in den übrigen vorgenannten Städten — die Elbogener Gruppe ausgenommen — der König als höchster Richter durch den Unterkämmerer vertreten ließ.

Das der Stadt zugewiesene Schoßgebiet bildeten die alten Rustikalgründe der Bewohner zwischen der Blanitz und dem Möwenbache — kání potok — womit die Wasserverbindung der langen

---

[1] Čelak. II. (1407) p. 1074.

Teichreihe südöstlich von Wodnian bezeichnet erscheint. Die Hufe zahlt eine Mark Jahreszins; unter «*robota*» wird hier die Abfindungsgebühr — *subsidium* — für die ehedem geleistete Robot verstanden.[1]) Die Einführung des deutschen Gerichtssystems bezeugt — für 1362 — die Anwesenheit eines Erbrichters mit dem gut deutschen Namen Tristram. Trotzdem darf man diese Gründung für die Vertretung einer neuen Kategorie — für eine aus einheimischen urangesiedelten Elementen geschaffene Stadt halten, eine Kategorie, die sonst nur unter den unterthänigen Städten vertreten ist. —

In dem Dreiecke zwischen der Moldau und Sazawa, das in der böhmischen Socialgeschichte nach so vielen Seiten hin eine gesonderte Stellung einnimmt, entstand keine königliche Stadt. Hier hatten im Süden die Rosenberge, im Norden die Lichtenburge feste Hand auf den Besitz des alten Markwaldes gelegt, und in der Mitte herrschte das Prager Bisthum mit einigen Ordensstiften. Die Städte, die hier entstanden, gehörten zunächst diesen Herrschaften. Erst jenseits der Sazawaquellen bis zu den Elbequellen reichte wieder ein für Ottokars Schöpfungen frei gebliebenes Gebiet. Auch in diesem lässt sich ein Grundplan, dem die Anlage der Städte folgte, nicht verkennen; ein wesentlicher Unterschied aber lag darin, dass die wirtschaftliche Basis der neuen Bürgergemeinden erst durch Colonisation des Waldlandes gewonnen werden musste, wobei in allen Fällen von dem Zuzuge fremden Colonistenmaterials nicht abgesehen werden konnte. Den erhaltenen Sprachenverhältnissen und den Dorfanlagen nach zu urtheilen, kam derselbe wohl größtentheils über Schlesien herein. Überdies kennzeichnet die der gesammten Auftheilung und Administration zugrunde gelegte Lehensform wie das an der oberen Eger so auch dieses Gebiet. Die Organisation war auch hier schematisch die folgende: die bäuerlichen Colonisten sitzen durchwegs auf «Erbpacht»; ihre Grundherrschaften aber gehören verschiedenen Kategorien an: solche waren die Städte gegenüber den Bauern auf ihren Schoßgründen, dann die Vasallen auf ihren Gütern, durchwegs inländischen Wladykenfamilien entnommen und die Burggrafschaften oder Hauptmannschaften, denen eine Anzahl Dörfer zugewiesen zu sein pflegte. Die Dörfer hatten ihre Dorfschöffengerichte, die Mannschaft ihr «Mannschaftsgericht», das Obergericht ist bald ein Vogteigericht, bald das Mannschaftsgericht.

Der Ansatz zur Schaffung von Städten mit einer Umgebung neu angelegter Agrarcolonien wurde an vielen Stellen gemacht, aber nicht alle diese Anlagen gediehen zu königlichen Städten

---

[1]) Emler IV. (1335) p. 95.

oder erhielten sich als solche. Die großangelegte Unternehmung
Ottokars II. wurde vielfach in andere Bahnen geleitet, indem Theile
an weltliche Große als Lohngüter, andere an Geistliche als Seelgeräthe
gelangten.

Gleichsam den Übergang von den Kategorien der vorher
betrachteten Städte zu diesen Städten der Waldcolonisation bildet
Glatz, insofern es als deutsche Stadt an der Straße älterer slavischer
Colonisation entstand. Mit den Angaben der böhmischen Chronisten,
dass es gerade Ottokar II. gewesen sei, welcher die Besiedlung der
nachmaligen Grafschaft Glatz mit deutschen Colonisten vornahm,
stimmt auch die Zeit überein, in welcher sich uns die Anlage der
Stadt Glatz unter der alten Burg daselbst darstellt. Die Burg und
ein Marktort unter derselben — castrum et forum — wird uns seit
dem Jahre 1183 auch urkundlich[1]) bezeugt. Von Bürgern —
civibus — von Glatz aber spricht unseres Wissens zuerst der Prager
Bischof im Jahre 1274.[2]) Von da an wiederholt sich die Angabe
so oft, dass kein Zweifel darüber bleibt, es habe schon zu Lebenszeit Ottokars II. eine Bürgergemeinde daselbst bestanden. Ihr
war, wie aus jüngeren Urkunden ersichtlich wird,[3]) eine reichliche
Landausstattung ganz in der Weise wie den übrigen Städten
Böhmens zutheil geworden, indem sie über 60 Hufen zugemessenen
Grund verfügte, deren jede ³/₄ Mark und 1 Loth Silbers als Erbpacht zahlte.

Für die Bezeichnung des Richters begegnet uns hier für
Böhmen zum erstenmale abwechselnd auch die norddeutsche Benennung *Scultetus*, Schuldheiß, die in der Form «*Schulze*» — oder
Scholze — im ganzen nordöstlichen Gebiete fortlebt. Die Verfassung
des ganzen in sich wohl abgeschlossenen Colonisationsgebietes entsprach ganz jener Form, die wir bei der jüngeren Anlage von Polička genauer kennen lernten, nur dass die im Gau zerstreuten
Vasallengüter noch hinzukommen. Jedes der neuangelegten oder
mit Anschluss an die wenigen und kleinen slavischen Ansiedlungen
umlocierten Dörfer besaß seine Dorfschöffen, die in geringfügeren
Fragen unter dem Vorsitze ihres Dorfrichters oder Schulzen ur-
theilten, während der Erbstadtrichter als Vogt — *advocatus* —
der Oberrichter des betreffenden Gebietes war. Den Gerichtsstand
des Dorfschulzen selbst bildete das Stadgericht unter dem Vorsitze

---

[1]) Erben R. I. p. 168.
[2]) Emler II. p. 350.
[3]) Volkmer und Hohaus, Geschichtsquellen der Grafschaft Glatz I. p. 55; Emler IV. p. 334.

dieses Vogtes.[1]) Eines solchen Vogtes von Glatz geschieht schon 1275 Erwähnung,[2]) und es ist zweifellos derselbe Beamte, den der Prager Bischof im Jahre vorher als den «Rector» der Stadt bezeichnete[3]). Die Familie des unbekannten Locators und ersten Vogtes und Stadtrichters muss frühzeitig ausgestorben sein, indem schon Wenzel II. im Jahre 1290 in der Lage war, das an ihn heimgefallene Gericht für 100 Mark an einen Albert zu überlassen oder zu verkaufen.[4]) Um 1305 treffen wir an dessen Stelle als *Judex hereditarius* einen Heinrich.

Im Jahre 1319 wurde das Competenzgebiet des Glatzer Vogtes eingeschränkt. Bis dahin hatte es sich über den ganzen Gau, also auch über das neuangelegte Habelschwert erstreckt. Als kurz vorher dessen Richter Jakob Rücker die Ummauerung dieser Stadt in eigener Unternehmung ausgeführt hatte, erhielt er das Erbgericht in derselben unter Befreiung von der Glatzer Vogtei.[5]) Im Jahre 1334 besaß Fricko genannt Vogt das Glatzer Stadtgericht und von diesem kaufte es die Bürgerschaft selbst. Der König genehmigte diesen Kauf, indem er sich zwei Drittel der Einkünfte vorbehielt.[6])

Wie wir sahen, blieb auch bei den Erbpachtsverhältnissen, trotzdem sie sich auf ein «Kaufrecht» gründeten, Raum für Herrschaft und Herrschaftsrechte; ja das ganze Verhältnis, durch welches der Kauf gleichsam nie zu völliger Beendigung gelangte, schloss die Voraussetzung der Existenz einer Grundherrschaft ein, in deren Händen das «*dominium*» verblieb. Im Glatzer Gaue wurde nun durch die Colonisationsunternehmung der Landesfürst selbst Herr der Mehrzahl der neugeschaffenen Ortschaften, und wenn er dem alten Gange der Dinge Folge gegeben hätte, so wären diese Güter nach und nach als Lohngüter zu landesüblichem Erbeigen an einzelne Wladyken ausgegeben worden, die durch vorangegangene Dienstleistungen ein Guthaben bei der landesfürstlichen Casse erworben hatten. Hier war es wieder ohne Zweifel Ottokar II. selbst, welcher mit diesem Systeme brach und nach deutschem Vorbilde die für den Ertrag gewonnenen Güter, so weit er sie nicht in Beamtenregie behielt, nicht mehr als Erbeigen, sondern als erbliche Lehen, d. h. nicht als Entlohnung geleisteter, sondern als

[1]) Emler IV. (1343) p. 530.
[2]) Emler II. p. 397.
[3]) Emler II. p. 1176.
[4]) Emler II. (1290) p. 647.
[5]) Emler III. (1319) p. 230.
[6]) Volkmer und Hohaus a. a. O. I. 154.

Erkauf fortdauernd zu leistender Dienste an Getreue vergab, die sich ihm durch einen besonderen, persönlichen Eid zu bestimmten Gegenleistungen verpflichten mussten. Diese «Vasallen» lernen wir fortan als die Mannschaft der Glatzer Provinz kennen. Sie hatte insgesammt bis auf die Zeiten Johanns die Verpflichtung, dem Könige allzeit mit 40 Pferden dienstgewärtig zu sein; König Johann erleichterte ihr dieselbe.

An die Stelle eines Gaugerichts trat dann für jene Mannschaft ein Mannschaftsgericht in deutschen Formen. Der Burggraf von Glatz stand nur als Hauptmann — *capitaneus* — an der Spitze der Mannschaft und ein Landrichter — *judex provincialis* — ist hier der Vorsitzende des Mannschaftsgerichtes. Diese «Landrichter — im Jahre 1367 ein Kunzlin, 1405 Konrad von Nymancz, d. i. Niemes[1]) — finden wir seit der zweiten Hälfte des 14. Jahrhunderts aber auch als Vorsitzende des Schöffengerichtes der Stadt, ohne dass uns der Vorgang bekannt wäre, durch welchen diese Vereinigung von Vogtei und Landrichteramt herbeigeführt wurde.

Dass die ältere Bürgerschaft der Stadt Glatz nicht außer Beziehung zu dem ganzen Colonisationswerke stand, darauf deutet die vielfache Verbindung hin, in der wir sie mit vielen neuerstandenen Orten nicht bloß des Bezirkes selbst, sondern auch darüber hinaus antreffen. So deuten einzelne Namen frühzeitig auf Wechselbeziehungen zu Braunau und Politz.[2]) — —

An die planmäßig nach neuen Formen erfolgte Erschließung des Glatzer Gaues zum Nutzen der königlichen Kammer müssen wir uns der Zeit und dem Systeme nach die des böhmischen und mährischen Grenzwaldes südlich von jenem angeschlossen denken. Bis dahin war derselbe nur entlang der uralten Straße Hohenmauth—Leutomischl—Zwittau und durch schmälere Steige mit kleineren Ansiedlungen durchbrochen, die aus der Adlergegend in das Neißethal führend erst seit der Belebung dieses an Bedeutung gewinnen mochten.

Den südlichen Theil dieses Grenzwaldes eröffnete in der schon angeführten Weise Ottokar II. durch die Anlage der Stadt und des Districtes Polička.[3]) Die von 1265 datierte Urkunde[4]) dürfte erst ausgefertigt worden sein, als der Unternehmer Konrad von Löwendorf (j. Laubendorf) das Werk der Vollendung bereits nahe geführt

---

[1]) Borowý p. 64. 634 f.
[2]) Volkmer und Hohaus a. a. O. I. 310.
[3]) Siehe oben S. 155 ff.
[4]) Emler II. p. 191 f.

hatte. Mit Rücksicht auf die Unterscheidung einer 18- und einer 20jährigen Zinsfreiheit dürfte der Beginn der Unternehmung auf das Jahr 1263 zu setzen sein. Aber auch im Jahre 1265 gab es noch culturlose, waldbedeckte Strecken, die allmählich erschlossen werden sollten. Die so entstandenen Dörfer sind als echte Waldhufendörfer» nach Anlage und Flurtheilung von den benachbarten slavischen Ansiedlungen leicht zu scheiden.

In der Verfassung ist die weite räumliche Competenzerstreckung des Stadtvogtes auffällig, die sich nicht bloß auf die städtischen Schoßdörfer, sondern wie in dem Glatzer Gau auf den ganzen District ausdehnte. In Polička finden wir noch am Ende des 14. Jahrhunderts — 1392 — das Stadtgericht und die Vogtei im Besitze der Familie des ersten Unternehmers. Schon die älteste Urkunde verspricht demselben die Vogtei auch über alle jene Dörfer, die später noch in diesem Walde entstehen würden, und als Wenzel II.[1]) den Oberstmarschall Thobias von Bechyn zum Hauptmanne — *Capitaneus* — jenes Districtes einsetzte, erneuert dieser das Versprechen, wie in dieser «*provincia*» von Anfang an kein anderer Vogt als der von Polička eingesetzt war, so auch für die Zukunfs keinen zweiten einzusetzen, sondern diesem einen die ganze Provinz zuzuweisen, beziehungsweise — neu entstandene Ortschaften — gegen einen bestimmten Betrag in Erbpacht zu geben. Ob etwa die Bezeichnung «Hauptmann» allein genügen könne, auf einen damals bestandenen Lehensverband der benachbarten Güter zu schließen, wagen wir nicht zu entscheiden.

An den District von Polička grenzt nördlich das Colonisationsgebiet des Stiftes Leitomischl, während die alte slavische Colonistenstraße mit allerdings umlocierten Dörfern sich etwas nördlich von Leitomischl hinzieht.

Dass das nördlich anstoßende große Waldgebiet am Oberlauf der stillen Adler mit der Třebovka oder Trübe schon vor dessen Übergang in den Besitz des Klosters Königssaal in gleicher Weise wie Glatz und Polička colonisiert worden war, ergibt ein Zusammenhalt der chronologischen Angaben der Urkunden. Alle Umstände führen auf die Zeit Ottokars II. zurück und lassen den oben angedeuteten Vorgang vermuthen. Auch jene in der Nachbarschaft sind für unsere Annahme nicht bedeutungslos. Knapp an der Grenze in Mähren gab es mindestens schon im Jahre 1267 einen Colonisationsdistrict Trübau, eine Stadt gleichen Namens und einen Vogt

---

[1]) Emler II. (c. 1284) p. 1051.

daselbst mit einer Anzahl von Colonistendörfern, von denen Kunzendorf und Triebendorf namentlich genannt werden.[1])

Wenn wir uns erinnern, wie jener Konrad, der Gründer von Polička, sich nach der Unternehmung «von Löwendorf» benannte, so können wir nicht ganz unwahrscheinlicher Weise in einem Konrad von Landsberg, den uns das Jahr 1266 nennt,[2]) den Unternehmer einer Waldcolonisation vermuthen, in welcher nachmals Landsberg einen der Mittelpunkte bildete. Dass wir denselben zugleich als Bürger von Kremsier kennen lernen, den der unternehmende Bischof Bruno von Olmütz zum Erbbergmeister der Weinberge ernannte, die damals in der Anlage begriffen waren, dass er ihm nachmals das Dorf Chowalowitz zu Lehen gab, dürfte uns nicht abhalten, da wir bereits vielfach erfahren konnten, mit welch außerordentlicher Beweglichkeit sich bürgerliche Unternehmer der damaligen Zeit an entlegenen Orten in derlei Geschäfte einließen.

Sicherer als Zeit und Unternehmer ist uns indes der Umfang der Unternehmung selbst, für die wir vier aneinander grenzende, aber doch getrennte Colonisationsdistricte unterscheiden können: den District von Chocen, den von Landsberg-Wildenschwert, von Böhm. Trübau und Landskron. Der erstere bot nur noch vereinzelten Colonien aus grüner Wurzel Raum, die letzteren sind zum weitaus größten Theile Waldlandsdistricte. Dass aus diesen städtischen Centren keine königlichen Städte wurden und von der möglicher Weise vorhandenen Lehensorganisation nur Bruchstücke übrigblieben, lag an dem ungünstigen Wechsel der Besitzverhältnisse, der bald nach dem Tode des großen Organisators eintrat. Deshalb sehen wir uns veranlasst, die Geschichte dieser Districte hier einzufügen.

Nach dem Falle Ottokars II. finden wir den District in den Händen der mährischen Adelsfamilie von Dürrenholz und wenn wir nur etwas jener Urkunde glauben dürfen, waren Ulrich und Hermann von Dürrenholz überhaupt die ersten «Herren» desselben und der Stadt Landskron.[3]) Ulrich, der in Ottokars II. Dienste Burggraf in Znaim und Hauptmann von Kärnthen gewesen war, diente auch Wenzel II. und erhielt von diesem die Vogtei eines nicht näher bezeichneten Gebietes.[4]) War es das unsere, so könnte

---

[1]) Emler II. (1267) p. 212; (1270) p. 286.
[2]) Emler II. p. 197; (1270) p. 286.
[3]) Emler II. (1285) p. 586; Emler III. (1332) p. 746.
[4]) Formelbuch des Zdenko v. Trebecz Nr. 55; Emler II. p. 1050.

man annehmen, dass er von Ottokar II. nach Einführung der Colonisation als Burggraf oder vielleicht Mannschafts-Hauptmann eingesetzt worden wäre und dann von Wenzel II. auch die Vogtei hiezu erhielt, wie sich ähnliches auch in Glatz vollzog. Daraus wäre dann durch die Verhältnisse begünstigt eine Art völliger Herrschaft geworden. Auch Polička war in dieselben Hände gelangt. Von der Herrschaft der Dürrenholze schrieben sich die Privilegien der Erbvögte von Landskron her.[1]) Die von Dürrenholz löste im Jahre 1285 der bekannte Rosenberger Záviš von Falkenstein, der Stiefvater des Königs Wenzel II., im Besitze jener Herrschaft ab. Damals bestanden schon um die Stadt Polička viele Dörfer und in den Districten Landsberg und Landskron mehrere Städte — wohl Wilhelmswert und Trübau, vielleicht auch andere an den Sitzen des Vasallenadels, wie Gabel, Geiersberg — und zahlreiche Dörfer.[2]) Nach dem Sturze Záviš's fiel die ganze Landschaft an die königliche Kammer zurück und Wenzel II. benutzte die Erträge derselben — Polička, Landskron, Landsberg, Sandbach, (? Sebin), Zwittau — nebst anderen zur Sicherstellung eines Tauschgeschäftes mit dem Markgrafen Friedrich von Meißen.[3])

Die zwischen den Stadtgebieten und deren Schoßdörfern eingestreut liegenden ritterlichen Gutsbesitzer dürften nach der ursprünglichen Absicht Ottokars II. um so eher einen Lehensband haben bilden sollen, als in dem angrenzenden Theile Mährens Bischof Bruno, ein geborener Graf von Schaumburg-Holstein, seine Ministerialen nach dem Vorbilde der Lehensmannen des Magdeburger Gotteshauses organisiert hatte und auch die nahe Grafschaft Glatz als Muster dienen konnte. Der spätere Eigenthümer des ehemaligen Kammergutes[1]) nennt uns als solche Rittersitze: Geiersberg, Sandbach (Žampach), Schönberg (Šumberk), Brandeis a. d. Adler, und die nicht mehr auffindbaren Wusthub (Wüste Huben?) und Schildberg. In weiterer Entfernung dürfen wir wohl auch Pottenstein und Senftenberg in eine ähnliche Beziehung setzen.

Als unmittelbare Schutzburgen der neuerschlossenen Districte, in denen eine Burggrafschaft oder Hauptmannschaft des ganzen Gebietes geplant sein konnte, waren Landskron und nordwestlich davon Landsberg nach deutscher Art erbaut worden, in der Nähe

---

[1]) Emler III. p. 746.
[2]) Emler II. p. 586.
[3]) Emler II. (1289) p. 631.
[4]) Abt Peter von Zittau, Chron. Aul. Reg. in Fontes r. b. p. 167.

des ersteren auch die gleichnamige Stadt.[1]) Die Niederlassung an der Burg Landsberg blieb ein Dörfchen, indem die entsprechende Stadtanlage an die Vereinigung der Trübe (Třebovka) mit der stillen Adler — daher der Flur- und Ortsname *Ústí* — vorgeschoben wurde. Deshalb führt der District Landsberg oft auch nach der Stadt Wilhelmswerder — Wildenschwert — den Namen. Dieser District ist es, welchen zunächst und zwar schon im Jahre 1292 Wenzel II. zur Ausstattung seiner neuen Stiftung Königssaal verwendete.[2]) Die Urkunde nennt zwar nur die Territoria Wildenschwert und (Böhmisch-) Trübau, in ersterem aber, außer den rings herum liegenden Colonistendörfern Gerhardsdorf (Kerhartice), Rite (Ritow) und Böhm.-Rite, Knappendorf Dreihof (villa Ulrici, Oldřichowice), Hertersdorf (villa Herterici) und Seibersdorf (villa Sigfridi) noch die von Nord nach Süd bis vor Landskron heranreichende Reihe der Langdörfer Liebenthal, Dietrichsbach und Michelsdorf. Zum «Territorium» Trübau gehören außer der gleichnamigen «Stadt» die ziemlich entlegenen Herwigsdorf und Königsfeld (bei Abtsdorf) Rybnik nahe bei Trübau, Rathsdorf (Skuhrov), westlich Zhoň — damals unbewohnt — und Vlčkow, Dörfer slavischer Anlage und das große Colonistendorf Sloupnik. Swatosla scheint unter einem neueren Namen verdeckt zu sein. Außer diesen Dörfern nennt die Urkunde ein Kunzendorf, das, falls es überhaupt in Böhmen zu suchen ist, weit nordwärts an den Fuß des Adlergebirges verweist — ein Fingerzeig, dass wir auch nördlich in den völlig urkundlosen Gebieten von Senftenberg und Reichenau eine ähnliche Art der Besiedlung und ihrer Geschichte vorauszusetzen haben. Das Territorium Landskron wurde in dieser ersten Schenkung nicht genannt, vielmehr auch in einer nachfolgenden Urkunde die Grenze der beiden Districte bis hart vor Landskron verlegt.

In der schon 1304 erfolgten Bestätigung erscheint die Anführung bedeutend vervollständigt, obwohl nicht anzunehmen ist, dass die junge Ordenscolonie von Königssaal zu einer Zeit, da sie

---

[1]) Die Betonung des Wortes «Land» in diesen Benennungen lässt uns vermuthen, dass auch die sonst wegen ihrer Unbestimmtheit kaum erklärbaren Worte «in terris nostris» in der Urkunde, mit welcher Wenzel II. dem Dürrenholz die Vogtei verlieh, — Emler II. p. 1050 — hier einen determinierteren Sinn haben müssen. Es müsste dann angenommen werden, dass man bei Hofe für das der Kammer unmittelbar neugewonnene Gebiet schlechtweg die Bezeichnung «unser Land» gebrauchte, — daher von Landskron und Landsberg und der Mangel einer näheren Bestimmung in jener Urkunde bei «in terris nostris».

[2]) Emler IV. p. 745.

noch vollauf mit der Herstellung des eigenen Standquartiers beschäftigt war, selbst hätte in so entlegener Gegend Hand an das Colonisationswerk legen können. Es werden nur zwei Districte, der von Wilhelmswert und der von Landskron unterschieden. Bei ersterem erscheinen zwischen Stadt Trübau und Wildenschwert noch die Dörfer Parnik, Langetriebe und Kurzetriebe eingeschaltet. Letzteres ist vielleicht gleichbedeutend mit der als Nalhütten verdeutschten «*Lhota*». Jansdorf liegt gegen Leitomischl und ein Malin mag sich unter einem Colonistennamen (vielleicht Schirmdorf?) verbergen. Nun aber tritt noch der ganze Landskroner District mit der Stadt und folgenden Dörfern hinzu: das jetzt verschwundene, wahrscheinlich in Niederjohnsdorf aufgegangene Voitsdorf, Johnsdorf, Rudolfsdorf, Tomichsdorf (Tomigsdorf), Türpes (Tirpings), Ziegenfuß, Lukau, Sichelsdorf (Sichlingsdorf), Zohse (Sazau), Olbersdorf (Albrechtsdorf), Herbertsdorf (jetzt Herbertitz). Hermannsdorf (jetzt Hermanitz), Weipersdorf (Wiprechtsdorf), Waltersdorf, Rottenwasser (Rothwasser), Jokelsdorf (Jokolsdorf), Petersdorf, Wetzdorf (Wernhardsdorf), Tschunkendorf (jetzt Čenkowice). In der Urkunde, mit welcher 1358 das Stift Königssaal den ganzen Besitz an das junge Bisthum zu Leitomischl verkauft, erscheint auch noch Hilbetten in der Form Hulwadorf und Rathsdorf als Raczlabsdorf (Radislavsdorf).[1]) Vordem waren noch genannt der Marktort Gabel und die nicht mehr bestimmbaren Dörfer Reinprechtsdorf, Berchtoldsdorf und Ludwigsdorf. Es ist nicht zweifelhaft, dass wir aus der Mehrzahl dieser Benennungen die Namen Wilhelm, Ulrich, Gerhard, Knappe, Siegfried, Hertrich, Johann, John, Dietrich, König, Herwig, Michael, Sichling, Albrecht, Herbert, Hermann, Wiprecht, Tschunke(?), Reinprecht, Perchthold, Ludwig, Radislaw, Wernher, Walter, Peter, Jokel, Rudolf als die der «Locatoren» auszulösen haben, welche zu dem unternehmenden ersten Vogte ungefähr in dem Verhältnisse von Partieführern standen.

Dass auch die zwischen durch wohnende Ritterschaft ihre Hofgüter entweder an Colonisten oder doch an die eigenen Leute zu Burgrecht aussetzte, zeigen uns die betreffenden Dorfanlagen. So ist wohl, um nur auf ein Beispiel hinzudeuten, der Flurnamen Pisečna die älteste Bezeichnung für die Hofwirtschaft eines solchen Rittergutes gewesen. Als das betreffende Ritter- oder Vasallengeschlecht der Zeitsitte folgend sein Schloss auf die nahe Hügelkuppe baute, übersetzte es den Namen richtig mit Sandbach

[1]) Borowý L. cr. p. 10.

(Žampach). Indem aber das Hofgut zu deutschem Rechte aufgetheilt wurde, müssen der čechischen Sprache minder Kundige die Sache besorgt haben, die dann auf eine falsche Spur der Etymologie verlockt, denselben Namen in «Schreibersdorf» übersetzen konnten. Von einer gleichen colonisatorischen Thätigkeit der Rittergeschlechter auf Geiersberg, Pottenstein, Senftenberg u. a. geben die Dorfanlagen auf den zugehörigen Gütern heute noch Zeugnis.

Auch die oben angeführte Bestätigungsurkunde zeugt dafür, dass die Colonisation des Landskroner Districtes vollendet war, als derselbe an das Stift Königssaal gelangte. Der Geschenkgeber selbst spricht von «alten Zeiten» und von den Rechten, die den Städten und Dörfern vordem und vor ihm gewährt waren. — Kaum war der letzte Přemyslidenkönig gestorben, so nahm Heinemann von Duba das ganze Gebiet in Besitz und wich erst, als ihm das Stift eine hohe Entschädigung zahlte.[1]) Dann fielen unter der schlechten Regierung Heinrichs von Kärnten die ritterlichen Nachbarn von Brandeis, Sandbach, Geiersberg, Wusthub, Schönberg und Schildberg, die wahrscheinlich nach dem Plane Ottokars II. zum Schutze der Güter dahin gesetzt waren, wie Räuber über dieselben her und, wie der Abt Peter klagt, die zur Noth Ritter waren, spielten die Könige. Die Pachtzinse giengen zum Theil darauf, den Frieden dieser Leute zu erkaufen. Als aber auch das nicht schützte, musste das Stift selbst in der Person Heinrichs von Leipa einen Schirmherrn aufnehmen, der sich dafür den halben Ertrag als Lohn ausbedang und die andere Hälfte abzuliefern unterließ.[2]) König Johann nahm 1319 das Gebiet einfach an sich und stellte es erst 1325 dem Stifte wieder zurück. Nun erst entsandte dasselbe einen eigenen Probst nach Landsberg und richtete daselbst eine eigene Verwaltung ein, während es die von den Herren von Dürrenholz allzureich ausgestattete Vogtei von Landskron an sich kaufte und dann mit geringeren Zugeständnissen ausgestattet an den dortigen Bürger Tičko gen. Senftenberg als Erbvogtei wieder verkaufte.[3]) Wir schalteten diesen kurzen Abriss der Geschichte jener Territorien hier ein, weil er die Irrthümlichkeit der Meinung erkennen lässt, dass die Cistercienser die Colonisatoren jener Gegend gewesen wären.

Als kennzeichnend erwähnen wir auch noch den Inhalt jenes jüngeren Vertrages mit dem Landskroner Vogte. Seine unmittelbare Gerichtsbarkeit sollte sich fortan nur auf die sog. fünfzig Hufen

---

[1]) Chron. Aul. Reg. p. 165.
[2]) Ibid. p. 167.
[3]) Emler III. (1332) p. 746.

bei der Stadt und die Dörfer Voitsdorf und Johnsdorf erstrecken: er war also unmittelbar Richter der Stadt und auf ihren Schoßgründen und bezog von dem Ertrage dieses Gerichtes den dritten Theil. Als Vogt aber war er Oberrichter auch über jene Dörfer des Districtes, die nicht Schoßgüter der Stadt waren. Vor dieses Vogtsgericht gehörten Strafsachen wie Mord, Wucher, Diebstahl und alle, die über Eines Menschen Eid hinausgehen. Von den betreffenden Bußen dieses Gerichts fallen dem zuständigen Dorfrichter ein Drittel, der Herrschaft zwei Drittel zu, von welch letzterem Antheile sie wieder ein Drittel dem Vogte abzutreten hat. Überdies gehören dem Vogte die Erträge von einer Badstube, zwei Fleisch-, zwei Brod- und vier Schuhbänken, dann zwei Mühlen an der Sazau im gleichnamigen Dorfe (Zohse). Von den Salzhändlern erhält er zwei Kuffen Salz, von den Töpfern das sog. Marktrecht. In Sichelsdorf hat er die Fischerei und auf den «Fünfzighufen» um die Stadt Jagd und Vogelweide».

So reich dotiert dürfte die Richterei in den übrigen drei Städten des Territoriums, in Gabel, Wildenschwert und Trübau—Chotzen war an die Herren von Pottenstein gekommen — kaum gewesen sein; doch bestand auch in diesen im wesentlichen dieselbe Einrichtung. Wegen des Gerichtes in Gabel stand Abt Peter um 1332 in Verhandlung mit einem Bürger Peschilin von Kuttenberg.

In Böhmisch-Trübau dürften wir in der Person des Peter, genannt von Hermanitz (Hermannsdorf), den ersten Vogt und Unternehmer vor uns haben, dessen Enkel ihm 1335 ein Zeugnis setzte.[1]) Ihm war sein Sohn Ulmann und diesem wieder dessen Sohn Leopold in der Vogtei gefolgt. So viel wir gelegentlich erfahren, gehörten zur Vogtei Gründe in Sloupnitz, der Badstubenzins in Trübau und Mühlen daselbst und in Parnik. Die Namen der Trübauer Schöffen von 1335 sind: Fritz vor der Stadt, Volrad, Fritz am Eck, Konrad Ziemerl, Rodka, Jesko, Vanic, Leupold, Heinz, Weißmann, Kunad, Fritz bei der Mühle, Johann Kitler.

Dass sich ehedem die Waldcolonisation auch bis Chotzen vorerstreckt hatte, bezeugen die Dorfanlagen von Srub und Běstowitz. Ersterer Name bezeichnete 1292, als der kleine Distrikt Chocen an das Stift Königssaal gelangte, noch einen Wald in der Nähe des älteren Dorfes Slatina. Die Ausrodung desselben darf als die Unternehmung des Klosters oder seines Rechtsnachfolgers angesehen werden. Dass Chotzen selbst eine städtische Anlage derselben Art wie die vorgenannten war, bezeugt uns die Anwesenheit des

---
[1]) Emler IV. (1335) p. 48.

Erbrichters daselbst mit seinen charakteristischen Gerechtsamen: dem Drittel der Gerichtskosten, der ein einhalben Freihufe, dem Bade, den Fleisch- und Brotbänken, der Verfügung über die Hintersassen u. ähnl.[1])

Das Angeführte berechtigt uns wohl, alle diese Stadtgründungen als Ansätze zur Schaffung **königlicher Städte** zu betrachten, es erklärt aber auch den Umstand, dass sie als solche in Wirklichkeit nicht emporblühen konnten, vielmehr zu unterthänigen Städten herabsanken. — —

Einen ähnlichen Verlauf scheint die Geschichte des ganzen Gebietes an den Westabhängen des Adlergebirges genommen zu haben; wir können nur vermuthen, Urkunden fehlen. Aber in einer Beziehung muss sie sich auch wieder anders gestaltet haben. Wenn überhaupt die Voraussetzung zutrifft, dann war es nicht eine Schenkung an Stifte oder dgl., die königl. Städte nicht aufkommen ließ, sondern das musste in dem Umstande gelegen sein, dass die in dem Gebiete zerstreute Vasallenschaft ihre Lehenslast abschüttelte, was in den Zeiten, die auf den Fall Ottokars II. und den Ausgang der Přemysliden folgten, leicht möglich war, und in freie Gutsherrschaften sich auflöste.

Das ganze Gebiet von der wilden Adler bis an den Pass von Nachod erscheint in weiter Ausdehnung als ein von älteren Besitzergreifungen nur wenig durchsetztes der Colonisation aus wilder Wurzel. Die Thatsache liegt in der Dorfanlage selbst unanfechtbar bezeugt vor uns und wir würden sie auch ausnahmsloser, als es der Fall ist, aus den Benennungen erschließen können, wenn sich nicht so vielfach ältere Flurnamen als Ortsnamen eindrängten.

Durch den Zusammenschluss ritterlicher Güter bildeten sich im Laufe des 14. Jahrhunderts große Herrschaftsgebiete, wie das der mit den Sandbachern vereinigten Pottensteiner, das von Chotzen bis Senftenberg das Adlergebiet beherrschte. Auf der ganzen Strecke sehen wir die Colonisation theils alte Anlagen umgestaltend, theils vollkommen neue schaffend, sich ausbreiten.

Weiter nordwärts sind es vor anderen die Geschlechter von Reichenberg—Reichenau, von Skuhrow—Solnitz und von Dobruška, welche dem Beispiele der Nachbarschaft folgend, theils umgestaltend, theils neuschaffend vorgiengen.

In einer Urkunde, die sich uns nur als Formel erhalten hat,[2]) schenkte König Ottokar II. seinem Unterkämmerer — andere Ur-

---

[1]) Archiv český VIII. (1350) p. 302.
[2]) Bei Zd. de Trebecz, Emler II. p. 1023.

kunden nennen ihn Kämmerer schlechtweg — Hermann ein in der Formel mit Graz bezeichnetes «Land», das an der Grenze Polens lag. Dieser selbe Hermann, ein Jugendgenosse des Königs und nachmals dessen Hauptmann in den südlichen Ländern, nennt sich um jene Zeit — solche Urkunden pflegten nicht immer gleichzeitig mit der Übergabe ausgestellt zu werden — Hermann von Richenawe (Reichenau), und ein Geschlecht dieses Namens erhielt sich in Beurkundungen des 13. Jahrhunderts. Um 1310 nennt sich ein Wilhelm von Richenberg. Dieses etwas höher gelegene Schloss Reichenberg — čechisch versetzt Liberk, heute deutsch Rehberg — erscheint zu Reichenau in dem Verhältnisse wie Landsberg zu Wildenschwert. Vor der Colonisation der Gegend, mit der die deutsche Umtaufe zusammenzuhängen pflegte, kann dieses «Richenberg» immerhin wie zahllose andere Punkte dieser Art den Gemeinnamen Gradec (Gratz) geführt haben, der indes ebenso gut an dem nahen Hlaska — Warte — gehaftet haben kann. An den Zusammenhang mit der Colonisation von Glatz erinnert einigermaßen auch der Umstand, dass gerade Reichenau ein Mittelpunkt für die Verfertigung derselben gröberen Tuche wurde, wie sie im Glatzischen zu Hause war.

Das Verhältnis von Reichenberg—Reichenau wiederholte sich in der nächsten Thalfurche nach Norden zu: das höher gelegene Schloss Skuhrow war Sitz der Herrschaft, nach dem sie sich nannte, während Solnitz in der Ebene als Marktplatz zum Städtchen heranwuchs. Die unteren, an der alten Verkehrsstraße von Kosteletz— Wamberg nordwärts gelegenen Dörfer sind slavischen Ursprungs, die sich höher herauf gegen die «polnische» Grenze ziehenden sind deutsche Colonistendörfer.

Zwischen Opočno und Dobruška scheint das Verhältnis ein umgekehrtes gewesen zu sein; wenigstens findet sich im Beginn des 14. Jahrhunderts der Marktplatz in Dobruška, der an der Stelle eines früheren Dorfes Leštna durch die Herrschaft — man kann an ein Mitglied mit dem Namen Dobruš denken — als Marktort angelegt wurde, nach dessen neuem Namen sich dann das ganze Geschlecht nannte. Dass aber auch das neue Dobruška, dessen Gründung wir gegen das Ende des 13. Jahrhunderts setzen dürfen, etwa nach Anologie der Städte Landskron, Wildenschwert, Trübau, Chotzen durch deutsche Ansiedler bevölkert worden sei, halten wir für ausgeschlossen. Vielmehr muss es dem Hauptstocke nach die alte Dorfbevölkerung gewesen sein, welche unter Aufrechthaltung der alten Unterthänigkeitsformen selbst einschließlich der Frohndienste sich zur Marktgemeinde ausgebreitet hatte, ohne doch den Schutz des

Meilenrechtes zu genießen. Auf solche Bedingungen würde eine deutsche Besiedlungsgesellschaft nicht eingegangen sein. Aber so weit war doch schon der Einfluß der deutschen Gemeindeverfassungen im Lande vorgedrungen, dass auch die Marktleute von Dobruška sich ihrem Herrn Mutina von Dobruška gegenüber weigerten, in den alten Verhältnissen weiterhin zu verbleiben, und dass sich darüber[1]) im Jahre 1320 ein Streit zwischen der Bürgerschaft und Gutsherrschaft erhob, der endlich nach beider Übereinkommen durch ein Schiedsgericht beigelegt werden sollte. Interessant sind für unseren Gegenstand ebenso die Namen der Schiedsrichter wie deren Entscheidung. Jene waren Hinko von Friedland, Heinrich von Lichtenburg, Nikolaus von Pottenstein, Tasso von Skuhrow, Heinrich von Leipa oder Reichenwald und der Königgrätzer Burggraf Macko der Mönch — so weit sie uns bekannt sind — sämmtlich im Colonisationswesen erfahrene Herren. Sie entschieden aber dahin, dass die Arbeiten und ähnliche Exactionen fortan aufhören und die Bürger lediglich unter einen bestimmten «Schoß» für Hofstellen und Felder gesetzt werden sollten. Sie erklärten es also dem Wesentlichen nach für ersprießlich und nothwendig, einer deratigen Gemeinde die Verfassung des deutschen Stadtrechtes zu Grunde zu legen. So drängte sich also an der Hand der Erfahrungen das neue Verhältnis von selbst auf.

In nächster Nähe von Dobruška gegen Nordwesten hin weisen die Ortschaften Pulitz, Pohoř, Bohuslawitz, Kohanitz, Kralowá Lhota, Slavětin, Jasena u. a. den Charakter deutscher Anlage auf, während wir für die slavischen Ortschaften bei Opočno urkundliche Zeugnisse besitzen, dass ihre Bewohner zu Beginn des 14. Jahrhunderts von ihren Herrschaften mit einer gewissen Betonung als Emphiteuten bezeichnet wurden,[2]) also bereits eine Umgestaltung nach deutschem Rechte vorangegangen war.

An der benachbarten alten Polenstraße und nördlich davon an der Mettau und Steine bestanden ähnliche Verhältnisse, unter denen königliche Städte nicht entstehen konnten. Zur Zeit, da sich Nachod zur Bürgergemeinde erhob, war das Passland in den Händen des Geschlechtes der Hrone. Braunau mag als Marktort seine Anlage dem Glatzer Burggrafenamte verdanken, nachmals aber gelangte es sammt Politz in den Besitz des Stiftes Břevnow und wurde so vom Glatzer Gaue, von dem es keine natürliche Grenze trennte, abgelöst.

---

[1]) Emler III. p. 233.
[2]) Borowý L. er. (1361) p. 31.

In dem großen Bergwalde der Aupa und südlicher an der Elbe erstanden zwei königliche Städte — Trautenau und Hof, nachmals Königinhof, und die Besiedlung des ganzen Gebietes, welches nachmals das Decanat von Aupa — Úpsko — bildend nahe bei Jaroměř beginnt, bis hinauf über Hohenelbe und über das Aupathal hinweg bis in die Nähe der Mettau erscheint — bis ins 16. Jahrhundert — in den Formen eines Lehensverbandes organisiert als «Mannschaft Trautenau», *homagium Trutnoviense*. Als Sitze der ritterlichen Vasallen lernen wir Bürglitz (Wřešťow) Schurz, Altenbuch, Jungbuch, Pilnikau, Breitstein (Břečstein, nachmals Silberstein), Wildschütz (Vlčice), Bukowina, Pottwitz, Arnau, Hohenelbe u. a. kennen.[1] Auch die beiden genannten Städte gehörten in gewisser Hinsicht zur Mannschaft und stellten anfangs wahrscheinlich zu dem Mannschaftsgerichte, das zugleich ihr und der Dörfer Obergericht war, je eine Person, wie das nachmals wenigstens von der Stadt Hof nachweisbar ist. Im ganzen bestand dieses Gericht aus sechs Schöffen und tagte zu bestimmten Zeiten unter dem Vorsitze eines Hauptmanns», dessen Amt mit dem des jeweiligen Burggrafen von Trautenau verbunden war.

Heimische Chronisten bezeichnen die ganze Einrichtung als eine Schöpfung Ottokars II. und bringen sie in einen zeitlichen Zusammenhang mit der Umgestaltung des Glatzer Landes, und König Johann sagt in einer Urkunde,[2] sowohl die adeligen und ritterlichen Vasallen, wie die Bürger der genannten Städte genössen «von alten Zeiten her des kaiserlichen und Lehensrechtes wie andere Vasallen in den Districten Glatz und Bautzen». So weit es sich aber um die Stadt Trautenau handelt, so stehen die nachweisbaren Besitzverhältnisse der Annahme, dass auch hier Ottokar II. selbst eingegriffen, im Wege. Dieser an einer durch die Besiedlung des angrenzenden Schlesien lebhafter gewordenen Verkehrsstraße liegende Punkt befand sich bereits im Privatbesitz, als die Colonisation rechts und links in großem Maßstabe begann und die «Mannschaft», wie es scheint zumeist gestützt auf die wenigen älteren Besitzergreifungen im Walde geschaffen wurde. Wo der Weg nach dem Boberthale in Polen (Schlesien) die Aupa übersetzte, war wohl von selbst eine Ansiedlung entstanden, die den Namen des Flusses annahm.

Viel weiter gegen das Land zu, fast am Saume des Grenzwaldes, besaß der Landesfürst, dem im 12. Jahrhunderte zweifellos auch der ganze Wald, an dem der Name «Wald Königreich» haften

---

[1] S. Nováček, Trutnovské desky manské in Archiv český XV. p. 344 ff.
[2] Emler IV. (1340) p. 301 f.

blieb, gehörte, eine Hofwirtschaft oder «Villication», wie wir sie schon an vielen geeigneten Plätzen auf ehemaligem Markgrunde fanden. Ihr älterer Name Chwojnow, der noch an den nahen Föhrenwald erinnert, trat später gegen den Gemeinnamen «Hof» — *curia* — zurück. Als Herzog Soběslav im Jahre 1139 einen Feldzug gegen Polen rüstete und die Polen durch einen Angriff von einer neuen Seite zu überraschen gedachte, begann er zu seiner Stütze die nördlicher an der Elbe noch im Walde selbst gelegene Feste Hostin Gradetz — nach der Colonisation Arnau genannt — auszubauen.[1]) Später war aber auch diese Gegend in Privatbesitz gelangt, indem wir zur Zeit König Johanns sowohl diese Feste wie auch die östlich von Hof gelegene Feste von Gradlitz — Hradiště Chrustnikowo — als Allodialbesitz in den Händen eines Botho von Turgau finden, der im Jahre 1316 mit diesen beiden Burgen in den Lehensverband eintrat.[2]) Es scheint aber, dass wir es auch hier, wie in ähnlichen Fällen, mit Gütern zu thun haben, die ursprünglich mit der Lehenspflicht belastet waren, sich aber zu Zeiten schwacher Regierungen derselben entzogen hatten und dann nur durch gewisse Zugeständnisse bewogen werden konnten, sich wieder den alten Verhältnissen zu fügen.

Sämmtliche Dörfer dieses großen Gebietes sind als deutsche Colonistendörfer charakterisiert, auch jene, welche uns nicht schon in ihren Namen den Locator verrathen, wie Ahorn (Mohren) oder selbst slavische Flurnamen übernommen haben, wie Čermna und Wlčic (Wildschütz). Wenn wir von einem «*judicium bannitum* in villa Wlčic» hören,[3]) so befinden wir uns damit sicher auf deutschem Rechtsboden. Das Gebiet südlich von den «Schwarzen Bergen» zwischen Aupa und Elbe zeigt wie selten ein anderes die Planmäßigkeit der Anlage. Zwei parallele Wege, der von Trautenau nach Neuschloss a. d. Elbe und der von Jungbuch gegen Theresienthal durchqueren dasselbe. Beiden Wegen entlang haben sich von Ost nach West streichende Langdörfer, echte Waldhufendörfer, angesetzt. Den größeren Theil des südlichen Weges fasst in seinen Abtheilungen das alte Billungsdorf (Pilungsdorf, jetzt Pilnikau und Pilsdorf) ein, das mit dem nahen Altenbuch und Soor (Zárow) im 14. Jahrhundert der Vasallenfamilie von Jmpnitz gehörte.[4]) Auch Vigensdorf (Weigelsdorf), dessen Name später hinter dem slavischen Oblanow

---

[1]) Cosm. Cont. p. 329.
[2]) Emler III. (1310) p. 118.
[3]) Borowý L. cr. p. 700.
[4]) Borowý l. c. p. 24.

zurücktrat,¹) lag an einem Flügel dieser südlichen Querstraße. Die nördlichere bezeichnen die Dörfer Hartmannsdorf und Leopold. Senkrecht auf diese Grundlinien stellen sich wie die Sprossen einer Leiter nach einander die Dörfer Jungbuch II,, Mohren, Hermannsseifen, Polkendorf, Lauterwasser und Langenau, im Süden Altstadt, Wildschütz, Čermna und Arnsdorf.

Je nach ihrer Größe besaßen die einzelnen Dörfer oder etwa zwei gemeinschaftlich je einen Richter und eine aus jährlich gewählten Schöffen bestehende Schöffenbank.²) Einzelne Richter waren ihren Grundherren auch zu Dienstleistungen im Kriegsfalle verpflichtet, wie z. B. der von Jungbuch den Kriegswagen seines Herrn zu bewachen hatte.³) Die dem Lehensherrn unmittelbar gehörenden **Burgen** und Güter des Territoriums waren die zu Hof und Trautenau und wahrscheinlich auch die zu Schatzlar. In ihnen hatten die landesfürstlichen Burggrafen ihren Sitz. Die Burg Trautenau bildete den Vorort des ganzen Gebietes. Hier tagte das «Landgericht» der gesammten Mannschaft». In den friedlosen Zeiten König Heinrichs hatte man es versucht, die Selbständigkeit des Territoriums zu durchbrechen; König Johann stellte sie wieder her, indem er bedingungslose Befreiung der Mannschaft von allen Provinzialgerichten und Gerichtspflegen erneuerte; keine Poprava und keine Cuda sollen in dieses Gebiet eingreifen dürfen.⁴) Der oberste Richter sollte allenfalls der König selbst (durch sein Hofgericht), sonst der Landeshauptmann sein. Für die bäuerlichen Erbpächter bildete dieses «Landgericht» das Obergericht. Die Stellung eines Landrichters dieses Districtes scheint eine gesuchte gewesen zu sein. Mit ihr pflegte der König auch die oberste Aufsicht über die königlichen Wälder der Gegend zu vereinigen.⁵)

Den Hauptort Úpa (Aupa) finden wir im Jahre 1260 in den Händen des mährischen Herrn Aegidius von **Schwabenitz**, ohne dass wir über das Besitzverhältnis zweifellos aufgeklärt würden. Gewiss ist er der Provinzialrichter der «Provinz Aupa» und bezieht als solcher einen Antheil von den Gerichtsgebühren. Dass er sich von Aupa nennt, bezeugt nach der Gewohnheit der Zeit noch keineswegs das Eigenthum an diesem Platze. Ebensowenig lässt sich auf ein solches daraus schließen, dass er zwei Dörfer und einen

---

¹) Ibid. p. 474.
²) Nováček a. a. O. p. 346.
   Ebend.
⁴) Emler IV. (1340) p. 301 f.
⁵) Čelak. II. ad a. 1349.

Zehent von seinen Höfen verschenken kann; in einen Erbbesitz solcher Art hätte er immerhin auch durch königliche Gnade gelangen können, wenn er etwa im Auftrage Ottokars II., dessen Beamte er in Mähren war, das Colonisationswerk unternommen hatte. Sicher hatte dieses zu jener Zeit — 1260 — bereits begonnen;[1] Beweis dessen, dass bereits damals von einer Hufeneintheilung die Rede sein konnte, dass das alte Úpa ausdrücklich eine Stadt — civitas — genannt wird und als solche ihren Richter besaß. Dass Ägidius selbst der Unternehmer war, könnte man aus dem Umstande schließen, dass er sich in Aupa im Besitze des Kirchenpatronates befand· und sich beim Bischofe um die Zutheilung bestimmter Ortschaften zu dieser Kirche bewarb, sowie er auch der Stifter des dortigen Hospitales war.

So wie der «Richter» von Aupa auf eine deutsche Colonie daselbst schließen lässt, so dürfen wir das Aupa I und Aupa II der Urkunde wohl auf die Unterscheidung der deutschen Ansiedlung von der älteren slavischen beziehen. Neben diesen gab es noch neun slavische Dörfchen im Aupathale, von denen aber wenigstens das eine schon um 1260 zu einer deutschen Colonie erweitert worden war, wie der Name Hohenbruck bezeugt. Von den übrigen sind Parschnitz (Pořiči), Wolta (Woletiny) und Döberle (Debrné) unter Beibehaltung des Namens der deutschen Colonisation gewichen, während die andern entweder in derselben Colonie mit aufgegangen oder sonstwie mit ihrem Namen verschwunden sind.

Im Jahre 1297 erscheinen noch die gegen Schatzlar zu gelegenen Colonistendörfer Bernsdorf (Bernartice), Goldenöls (Olešna) und Albendorf (Alberonis villa — Alber hieß 1260 der Richter in Aupa), sowie die Fleisch-, Brot- und Schuhbänke auf dem Marktplatze zu Aupa im Besitze der Familie von Svabenitz bezeugt,[2] und es unterliegt kaum einem Zweifel, dass sich damals diese Familie im Erbbesitze dieser Güter befand, was übrigens nach so zahlreichen Analogien gar nicht ausschließt, dass sie ursprünglich im Auftrage des Königs in diese Gegend gekommen sei und sich nachmals die Zeitumstände zu Nutze gemacht, um sich Eigenthum und Herrschaft anzueignen.

Um jene Zeit, als die Regierung unter Wenzel II. wieder erstarkt war, finden wir die königliche Kammer in Verhandlungen mit der genannten Familie um die Wiedererlangung der Stadt Aupa und des Gebietes. Als dieselben — wir wissen nicht auf welche Weise — zum Ziele geführt hatten, erschien die Stadt

---

[1] Emler II. (1260) p. 95, 1169.
[2] Emler II. p. 761.

wieder als eine königliche unter dem Namen Trautenau. Die Verlegung derselben von dem flachen Aupaufer, auf dem sich jetzt die Gemeinde Altstadt, wahrscheinlich beide Theile des alten Aupa und das «alte Dorf» gemeinsam umschließend ausdehnt, nach dem höheren im Süden vorspringenden Ufer kann kaum in eine andere Zeit versetzt werden. Der neue Name dürfte nach Analogien auf den Unternehmer der Neuanlage schließen lassen. Der Name «*Trût*» kam und kommt in Zusammensetzungen wie *Trautmann*, *Trautlieb* in der Gegend häufig vor und es ist vielleicht eine und dieselbe Person, welche im Norden des alten Aupa das Dorf Trautenbach und im Süden Burg und Stadt Trautenau im Auftrage Wenzels II. anlegte. Man muss annehmen, dass hiebei die Marktgerechtigkeit von Altaupa aufgelassen und samt den Gerechtsamen der Fleisch-, Brot- und Schuhbänke nach Neu-Trautenau übertragen wurde. Auch das Spital der Zderazer Kreuzherren mag aus diesem Anlasse in die Nähe der neuen Stadt verlegt worden sein.[1]) Noch war es nicht üblich, solche Hospitze in den Städten selbst zu errichten, wohl weil man die fremde Bevölkerung nicht gern innerhalb der Mauern selbst aufnahm. Die Folge war dann, dass die neue Stiftung bei Trautenau sehr bald der Zerstörung durch Mordbrenner anheim fiel. Räuberische Absichten gegen das unmittelbare Kammergut zeigt der benachbarte Kleinadel auch nachmals noch.[2])

Die neue Stadt schloss sich an ein neues, am Rande des Hügels, auf dem auch jene lag, aufragendes Schloss an. Des alten Laubenbaues in der Stadt wird schon frühzeitig gedacht.[3])

Im alten Aupa dürften wir Slaven und Deutsche in zwei Ansiedlungen nebeneinander zu suchen haben. Aus diesem Markte mögen dann viele nach dem neuen Trautenau übersiedelt sein; gewiss aber erheischte die umfänglichere Anlage der neuen Stadt den Zuzug auswärtigen Colonistenmaterials. Ein Richter Lupold, der im Jahre 1313 genannt wird, dürfte einer der ersten der neuen Gründung sein. Von den Bürgern derselben Zeit sind uns die Namen Frowin, Apecco, Konrad Ribstiren, Pazold Rut erhalten. Später (1360) finden wir neben Nikolaus Gottfrieds, Henslin Kunads gen. Wernher, Kunad Rat und Henslin Meyn auch einen Bäcker Racko — —

---

[1]) Emler II. (1301) p. 804.
[2]) Vergl. Emler III. (1313) p. 55 f.
[3]) Eine Seelgeräthstiftung fertigt der Notarius publicus im Jahre 1360 am 17. Jänner — also mitten im Winter! — «unter den Lauben des Hauses des Hänslein Meyn — *sub lobiis domus Henslini Meyn* — aus. Borowý L. cr. p. 19.

Die Anlage einer königlichen Stadt bei der ehemaligen fürstlichen Hofwirtschaft an der Elbe unter Beibehalt der alten Bezeichnung Curia, Hof ‹Stadt zum Hof› oder im Diminutiv Hofeleins[1]), heute Königinhof, war in gleicher Weise wie die Trautenaus an die Colonisation der Mannschaft Hof-Trautenau geknüpft. Mit Bestimmtheit lässt sich nur sagen, dass die Aussetzung der Stadt zum Hof» zu deutschem Rechte am Beginne des 14. Jahrhunderts schon vollzogen war, da wir um 1313 in der Person eines Apecco bereits einen Stadtrichter daselbst antreffen. Namen von Bürgern sind uns erst aus der zweiten Hälfte des 14. Jahrhunderts bekannt — 1360: Heynuchs gen. Zimpel, Grizo Henslin gen. Holzmann, Nikolaus gen. Grempler, Gerhard, Gerhard gen. Weißlapp, Nikol. Neka, Pezold der Zehrer, Petzold gen. Brachuss, Henslin gen. Wlčko, Nikol. gen. Scherer, Heinlin Speck, Joh. Pfaff; 1390: Stenlin Peschel, Mikosch gen. Musler, Peter Muhmensohn, Hensil Berniger, Nik. Rechenberg, Enderlin, Nik. Huber, Stefan Krampfars, Nik. Fiebiger, Thom. Sineter, Albert — sie deuten fast durchwegs auf deutsche Abkunft und auch in den jüngeren Zunamen auf deutschen Sprachgebrauch in der Stadt.

Die Einkünfte aus den Städten Hof und Trautenau verschrieb König Wenzel IV. im Jahre 1399 seiner Gemahlin Sophie; darauf gründete sich die Bezeichnung der beiden Städte als «Leibgedingstädte». Beide unterstanden nun dem besonderen Unterkämmerer der Königin und auch der Burggraf zu Trautenau als Verwalter des ganzen Gebietes wurde von der Königin eingesetzt. Die Stadt zum Hof erlangte so die unterscheidende Bezeichnung Königinhof, wie Grätz schon früher aus gleichem Grunde Königingrätz genannt wurde. —

Die alte Schutzfeste Hostin-Hradec sagt uns schon in ihrem jüngeren Namen Arnau, der in der Zeit Ottokars II. zum erstenmale auftaucht,[2]) dass sie damals bereits die bekannte Umwandlung erfahren hatte. Der Name deutet auf einen Unternehmer Arn oder Arno, der die Colonisten ebensowohl nach der Stadt Arnau wie nach dem anschließenden Dorfe Arnsdorf geführt haben wird. — Zur selben Zeit bezeichnet Königin Kunigunde die Bewohner Arnaus als ihre Bürger und wir sehen diese damit beschäftigt, die alte Pfarrkirche des Ortes neu zu weihen und einem neuen Heiligenpatron zu empfehlen. Dabei trat ein interessanter Umstand hervor. Die Bürger - offenbar die neu angesiedelten — wollten den alten

---

[1]) Borowý (1360) p. 20, 324 ff.
[2]) Emler II. p. 1070.

Schutzpatron aus der erneuerten Kirche entfernen, um dafür dieselbe Muttergottes als Patronin einzuführen, die in der Probstei Marienzell im nahen Dorfe Heinrichau die Zugkraft der Cultstätte bildete. Die Benedictinermönche von Heinrichau, dem nachmaligen Mönchsdorf a. d. Elbe, aber befürchteten dadurch einen Ausfall für ihr Stift und wandten sich an Kunigunde, damit sie den Bischof abhalte, die Kirche zu Arnau auf den Namen dieser Patronin zu weihen. Ist die Voraussetzung richtig, dass die beiden auf Heinrichau bezüglichen Schreiben[1]) der zweiten Gemahlin Ottokars II. zuzuweisen sind, dann wäre die Ansiedlung einer deutschen Colonie im alten Hostinné, mit der ein Neubau und die Umgestaltung der Pfarrkirche in Zusammenhang gesetzt werden muss, in die Zeit der Jahre 1261 bis 1278 zu versetzen. Aus dem Umstande aber, dass damals die Königin die Bürger ihre Bürger nennt, muss man schließen, dass ihr das Gebiet von ihrem Gemahl zur Nutznießung angewiesen wurde, was wieder zu der Annahme führt, dass es damals schon ein durch Colonisation erschlossenes sein musste. Ebenso deutet der jetzt verschollene Name Heinrichsau auf vorangegangene deutsche Colonisation. Doch kann diese selbst nicht dem Kloster Opatowitz zugeschrieben werden, weil der so bezeichnete Ort vielmehr der Königin gehörte. Man wird also auch dieses Colonisationswerk ungefähr in das erste Jahrzehnt der Regierung Ottokars II. versetzen müssen.

Nach Ottokars Fall gelangt auch' dieses Gebiet in Privatbesitz, bis es im Jahre 1316 die Kammer durch bedeutende Zugeständnisse an den damaligen Besitzer Botho von Turgau mindestens wieder in den Lehensverband zurückgewann.[2])

Namen älterer Bürgergenerationen sind uns in keinem Denkmale erhalten. Dafür nennt uns eine Urkunde einige Namen bäuerlicher Colonisten in dem Dorfe Hermannseifen: Fritzlin, Schobrin, Kunzlin der Schuster, Hanko Siegfried, Jeklin Hûs, Hermann Mangolt, Nikolaus Reutaxt, Kuma(?) Wenzlins und Nik. Trautmann.

Das heutige Hohenelbe war damals noch ein Dorf, in dem sich jedoch der Rittersitz mit der slavischen Benennung Wrhlab von der deutschen Dorfansiedlung daselbst unterscheiden lässt. Letztere führte den jetzt verschollenen Namen Gießdorf aus Goswinsdorf entstanden. Beides, Schloss und Dörfer, gehörten als Lehen zu dem Mannschaftsgebiete Trautenau.[3]) —

---

[1]) In Palacký, Formelbuch I. p. 305, 295 und Emler II. Nr. 2480, 2487.
[2]) Emler III. p. 118.
[3]) Siehe Hieke, zur Geschichte von Hohenelbe in Mittheilungen XXXIII, p. 204 ff.

Die vorher genannten Städte landesfürstlicher Gründung standen alle einzeln und gruppenweise in einem leicht erkennbaren Verhältnisse zu dem vorhandenen Systeme der Handelsstraßen. Für einige andere bildeten abseits von jenen besonderen Beschaffenheiten der Örtlichkeit den Anlass zu ähnlichen Anlagen.

Zwischen den Städten, welche auf Marktorte an den alten Handelswegen gleichsam aufgepfropft wurden und jenen, die dem Segen des Bodens in anderer Weise ihre Entstehung verdankten, steht das alte, ziemlich geschichtslose Mies verbindend mitten inne. Seinem Ursprunge nach nimmt es an beiden Momenten Theil. Es liegt an dem Wege, der seit uralten Zeiten von der Pfreimt in Baiern — über Pfraumberg — nach Pilsen führte, und überkam — gleich Aupa und anderen Fällen — den Namen des Flusses — Miesa, Mezea — an der Stelle, wo ihn die Straße schneidet. Doch trat die Qualität des Ortes noch zur Verbindung beider Namen hinzu: schon in den letzten beiden Jahrzehnten des 12. Jahrhunderts befand sich hier ein Silberminenbau und sonach wurde der Ort auch als das Silberbergwerk an der Mies — *Argentaria super Mezea* bezeichnet.[1]) Als dieser Bau aufgekommen war, begründete hier die Herzogin Elisabeth, Herzog Friedrichs Gemahlin als Besitzerin des Ortes eine Pfarrkirche,[2]) — ein Beweis, dass die Marktgerechtigkeit den Ort bis dahin noch zu keiner besonderen Bedeutung erhoben hatte. Im 13. Jahrhunderte schwinden die Nachrichten über den Bergbau und die anderweitige Bedeutung des Platzes, gehoben durch den im allgemeinen in Böhmen auflebenden Verkehr, tritt in den Vordergrund. Ein wohl dotiertes Hospital der Kreuzherren[3]) daselbst gibt Zeugnis von der Frequenz der betreffenden Straße. Die Hofwirtschaft in Miesa erscheint als der Mittelpunkt des gleichnamigen Gaues, als Sitz der Gauämter, vor allem des Gaugerichtes.[4]) Im Jahre 1272[5]) wird Mies — nach unseren Quellen — zum erstenmale, doch in minder bestimmter Weise als Stadt — civitas — bezeichnet. im Jahre 1275 erscheinen daselbst ganz unzweifelhaft des Königs *Bürger*.[6]) Mit Bestimmtheit lässt sich also sagen, dass die Constituierung einer Bürgergemeinde — wahrscheinlich auf Grund des Privilegs Wenzels I. — wenn nicht früher zumindest schon unter

---

[1]) Erben I. (1183) p. 168; (c. 1184) p. 172; (c. 1188) p. 181.
[2]) Erben I. (c. 1184) p. 172.
[3]) Erben I. (1253) p. 609.
[4]) Erben I. (1252) p. 595.
[5]) Emler II. p. 313.
[6]) Emler II. (1275) p. 396.

Ottokar II. stattgefunden habe. In mehr als einer Hinsicht bildete das nahe Stift Kladrau mit seinem Marktflecken eine Rivalität. Es scheint, dass Wenzel IV. bei seinem Regierungsantritte das Interesse seiner Städte den ihnen zuvorkommenden Stiften gegenüber weniger im Auge hatte; auch für Kladrau hatte er das bestehende Marktrecht und den Straßenzwang bestätigt. Bald aber kam er, wie in anderen Fällen, davon zurück und führte die Zwangsstraße von und nach Baiern durch Mies, bestätigte das Meilenrecht desselben und nahm Kladrau den Wochenmarkt.[1]) Richter und Schöffen sind auch für Mies bezeugt. Die Bürgerschaft trägt in den Namen des 14. Jahrhunderts das Zeugnis eines deutschen Antheiles, zugleich aber auch eines reichlicheren Beischusses slavischer Elemente, als wir ihn sonst finden.[2])

Die wichtigste dieser Städte ist die königliche Bergstadt Kuttenberg — *Mons cuttnensis*, Hora kutna — in der Nähe des Cistercienserstiftes Sedlec. Sie entstand nicht wie jene erstgenannten Städte als eine planvolle Anlage und unter Ausstattung mit zugemessenen Ackergründen, vielmehr, wenngleich einem ganz anderen Anlasse folgend, ähnlich wie die älteste Stadt von Prag. Sie entstand auch nicht auf landesfürstlichem Grunde oder auf solchem, den der Landesfürst zum Zwecke ihrer Anlage neu erworben hätte, ja überhaupt nicht einmal auf dem Grunde eines einzigen Herrn. Ein Theil wuchs vielmehr auf der Gemarkung des zum Besitze des Klosters Sedletz gehörigen Dorfes Malin empor, der andere in der Gemarkung des jetzt verschwundenen Dorfes Pněwitz, welches dem Prager Domcapitel gehörte. Der Silberfund auf diesen Gründen und der beginnende Abbau derselben scheint nicht außer Zusammenhang zur Wirtschaftsthätigkeit der hier begüterten Mönche zu stehen, wie denn auch in Deutschland jenseits des Erzgebirges gerade auf dem Grunde desselben Ordens sich die nachmals berühmte Bergstadt Freiberg erhob. Eine päpstliche Bulle späterer Zeit[3]) sagt, als man seinerzeit hier Silber gefunden hätte, wären alljährlich Leute herbeigeströmt und hätten sich daselbst auch hölzerne Kapellen errichtet.

---

[1]) Čelak. (1382) p. 747; (1385) p. 762, 765; (1399) p. 927.

[2]) Chwal, Pezold (1275); Pezold Spetel (1322); Eiring, Rubobicunst (!), Pir-Niklin (1329); Sedler, Pezold Spötlin (1312); Leo von Hanau, Juha, Philipp, Nikol. Rosenbrecher, Jakso Zölner, Welislaus, Peschko Syndl (1383); Jakob Plansky (1390); Martin Homolka, Friedrich von Eger, Nik. Spatl, Bäcker Johlin, Kürschner Albert, Tuchmacher Hilbrand, Nikasius, Konrad Fantres, Mauricius, Nik. Adolts, Ješko Podsczyk, Mathias Jadrnicky, Martin Shybal, Peter Tulaczka.

[3]) Borowý (1374) p. 127.

Diese Ansiedlung nächst dem Kloster Sedletz muss mindestens schon im vorletzten Jahrzehnte des 13. Jahrhunderts erfolgt sein; denn im Jahre 1289 wird zum erstenmale ein «Bergwerkmeister in den Kutten» — *magister montium in Kuttis* — genannt[1].) Wann sich diese Ansiedlung die Verfassung einer deutschen Stadtgemeinde gab und die landesfürstliche Bestätigung derselben erwirkte, ist nicht bekannt; aller Wahrscheinlichkeit nach aber konnte das erst unter Wenzel II. geschehen. Den Anspruch darauf gab den bleibend angesiedelten Gewerken das zunächst für Iglau, dann aber auch für alle Gewerken im Königreiche Böhmen geltende Privileg Wenzels I.[2]) Überdies hatte sich die neue Gemeinde an Iglau um Überlassung einer Abschrift seines Stadtrechtes gewendet;[3]) dass ihr seitens der älteren Bergstadt nicht willfahrt wurde, das war einer der Anlässe, aus welchem das durch Wenzels II. Veranstaltung im Jahre 1300 veröffentlichte allgemeine Bergrecht für Böhmen hervorgieng, durch welches neben vielem anderen namentlich das Verhältnis der Bergbautreibenden zur ladesfürstlichen «Urbur» oder dem Bergrentenamte festgestellt wurde. Außerdem war die Organisation einer jeden Gewerkengemeinde ganz die einer deutschen Stadtgemeinde, nur dass sie sich noch im kleinen bei einzelnen Betriebsgemeinschaften nachahmungsweise wiederholte. So gab es nicht nur eine Schöffenbank der Stadtgemeinde, sondern auch Schöffen der Münzer und Präger. Vorsitzender der Stadtschöffen war wie anderwärts ein **Stadtrichter**, und wie sonst abwechselnd je einer der Schöffen als Amtsleiter in bestimmten Agenden den Titel Bürgermeister führte, so gab es in Kuttenberg je zwei Schöffenmeister. Dem Villicus oder Burggrafen in den landesfürstlichen Villicationen entsprach der **Berg- und Urburmeister** als Beamte der königl. Kammer; während sich aber in jenen Ämtern fast durchwegs Adelige befanden, lagen diese einfluss- und ertragsreichsten meist in den Händen von Bürgern.

Wiewohl die Bergstadt allmählich gleich Prag der Zielpunkt der Kaufmannsfahrten aus allen Gegenden des Landes wurde, so lag sie doch immer noch abseits der alten Verbindungsstraße von Kolin nach Časlau, die vielmehr — wie auch heute wieder durch das Dorf Malin führte. Erst Wenzel IV. verlegte[4]) diese Straße so, dass auch die Kaufleute der beiden genannten Nachbarstädte jedesmal durch Kuttenberg fahren mussten.

---

[1]) Čelak. II. p. 100; Emler II. p. 1193.
[2]) Čelak. II. (1249) p. 7 ff.
[3]) Čelak. II. p. 131.
[4]) Čelak. II. (1304) p. 853.

Obgleich die schnell aufblühende Stadt nicht nur Unternehmer und Gewerken, sondern auch Arbeiter allerlei Art, wie Köhler, Schmelzer, Präger etc. heranzog, so blieb doch der Charakter derjenigen Bürgerschaft, die wir aus der Nennung der Schöffen kennen lernen, in der ganzen Periode viel unvermischter deutsch als in irgend einer anderen Stadt. Das Wort «*Kute*», das heute noch in Norddeutschland allgemein für *Grube* gebraucht wird, deutet auf die einzelnen Schachte, während das Wort «Berg» — *mons* — in diesem Sinne das Bergwerk im allgemeinen bezeichnet. Die ältesten Schreibungen sind allerdings so ungenau, dass sie oft in ein und derselben Urkunde wechseln; richtig ist aber zweifellos die Schreibung «*in Kuttis*», wie sie uns in der ältesten Urkunde entgegentritt.[1]) Auch jüngere Urkunden haben noch diese correcte Form,[2]) oder sie sprechen von dem «Bergwerk zu den Kuten»,[3]) den Schöffen «zu den Kutten»,[4]) oder vom «Berge zum Kutten».[5]) Doch wird schon Ende des 14. Jahrhunderts im allgemeinen der Gebrauch des Namens ohne den Artikel — die «Stadt zu Kutten», die «Gemeinde des Berges zu Kutten»,[6]) immer geläufiger und damit scheint sich allmählich das Verständnis der Pluralbedeutung zu verlieren.

Dass damals auch, was auf die Besiedlungsart einen sicheren Rückschluss zulässt, die Umgangssprache die deutsche war, ergibt sich aus dem Rückstande so vieler Ortsbezeichnungen und Hantierungsterminen, wie sie sich in lateinischen Urkunden und der späteren čechischen Umgangssprache erhalten haben. Noch heute erinnert der nahe Ort *Gang* an den alten Betrieb und der zum Flussnamen gewordene Gemeinname «*Bach*» (pách) an die ehemaligen Bewohner. Dort lagen ehedem die «Lehen auf dem Gange»; andere Kuten oder Gruben führten — auch im lateinischen Text — die Namen «Badstub», «ob dem alten Neufangl», am «Grellenort», am «Pyrkner», «Melbot», «Weykmannsdorfer», wieder andere «zu dem Roßmord», «zum Goldschmied».[7]) In der Stadt gab es — zum Verkaufe getrockneter Fische — einen «dürren Fischmarkt», einen Platz der «hohen Kräme», eine «Rafflergasse», einen «Buschhof». — Die Schöffen verhandelten und urkundeten deutsch; deutsch wurden ein

---

[1]) Čelak. II. (1289) p. 100.
[2]) Emler II. (1308) p. 937.
[3]) Emler III. (1329) p. 592.
[4]) Emler IV. (1344) p. 582.
[5]) Čelak. (1410) p. 1126.
[6]) Ibid. (1376) p. 642; (1380) p. 774.
[7]) Emler IV. (1337) p. 173; (1344) p. 582.

«Geschafts- (= Testamenten-) Buch» und ein «Bergbuch» geführt.[1]) Die Terminen für Bergbau und Münzwesen sind durchwegs deutsch. Wir nennen einige in den Formen, in denen sie sich in die čechische Sprache des 15. Jahrhunderts eingebürgert haben. Die Erzkäufer hießen *erckaufeři*, — die verwandten *Valtverchtové* können wir nicht zurückübersetzen — die Hüttenrechnungsführer (d. i. Raiter) *hutrajteři*, die Silberauswechslung heißt *vexl*, das Ausschütten der Kohlen *šturcovat*, das Schätzen *šacovat*. Die Bezeichnungen *hofmistr, mincmistr, mince, minciř, šachta* sind verständlich. Die Schmelzer oder Brenner heißen *prenneři*, ihre Gehilfen *knappové*, das Schmelzhaus *prengaden*. Die Metallprüfer oder Versucher heißen auch späterhin *prûbéři* oder *fersucháři*, die Präger *pregiři*, das *Praeghaus* behielt auch im Čechischen den Namen. In der *šmitna* (Schmiede) arbeitet der *werkmistr*, und auch der čechische Arbeiter fordert seinen *luon*.

Die Namen der Bürger aus jener Zeit, die auf uns gekommen sind, bezeichnen allerdings zumeist solche Personen, welche das Schöffenamt erlangt haben, und lassen daher auf die ärmere Bevölkerung keinen sicheren Schluss zu. Diese aber zeugen auf das bestimmteste für deutsche Abstammung. Auch die Vornamen, die in der Genitivform zu Familiennamen zu werden pflegten, erscheinen von gut deutscher, oft recht alterthümlicher Art. Doch schlägt auch hier ab und zu die Sitte durch, sich in den Koseformen der čechischen Umgebung anzuschließen. Die lateinisch angegebenen Beinamen *carbonarius, albus* etc. erscheinen abwechselnd auch im lateinischen Text in deutscher Übersetzung: Köhler, Weißer etc. und die Endungen an von Ortsbezeichnungen abgeleiteten Personennamen tragen unverkennbar den Stempel deutscher Fügung — Eulauer, Kölner, Beneschauer etc.[2])

---

[1]) Borowý L. er. p. 585.
[2]) Überlieferte Vornamen, zum Theil in Koseformen, die ursprünglich für sich allein die Person bezeichneten, sind in chronologischer Folge: Nikolaus († 1308); Heinrich, Til, Konrad, Perlin, Gerhard, Siegfried, Fritzko, Petermann, Berthold, Arnold, Heimann, Kunat, Peter, Hermann, Hertlin († 1311); Hamann, Heinzmann, Martin (1314); Wilmann (1323); Engelbert, Reinmann, Kunzmann, Andreas, Günther (1327); Johann, Heinlin, Apecz, Tirmann (1330); Niklas, Hannus, Dietmer, Hirsel (1332); Jakob, Henslin, Henzmann, Jeschko, Christann, Dietrich, Elblin, Henzlin (1338); Ludmann, Ulrich, Heinlin, Hirslin, Frenzlin, Mertlin (1340); Boršuta (1341); Elblin (1343); Ulusch, Seidlin (1346); Therulin, Ulmann Piluš (1350); Thömlin, Kunzlin, Wermich (1358); Friduš, Ludmann, Linhard, Wenzel, Vincenz (1381); Peschel, Ticek (1387); Stefan, Prokop, Paulus, Michael, Oswald (1388); Rudolf (1396); Bernhard (1397); Hannus, Gregor, Burghard (1401). — Die sich allmählich herausbildenden Familiennamen entstehen theils aus denselben und ähnlichen Personennamen, die als Vatersnamen im (lateinischen) Genitiv hinzutreten, oder aus

Woher die ersten Unternehmer zuzogen, ist aus den wenigen Heimatsnamen nicht zu ersehen. Doch dürften Egerer Bürger schon zu den ersten Ansiedlern gehört haben, indem schon im Jahre 1311 Grubenmaße verkauft wurden, die vordem den Egerer Bürgern Heinrich Roser und Albert, dessen Bruder gehört hatten.[1]) Auf Meißen deuten die Namen Königstein und Lilienstein. Mit Prag stand Kuttenberg frühzeitig in reger Wechselbeziehung. Im Jahre 1338 schlossen beide Städte eine Union, derzufolge in Bezug auf Handelsbefugnisse die Bürger in beiden Städten einander gleichgestellt werden.[2])

Die Urbur befand sich wiederholt in Händen von Kuttenberger Bürgern. Die Bürger Kelberg (1327), Hoppo (1338), Eulauer (1342), Wölflins (1342), von Morspach (1350), Bartusch (1358), Enderlin (1363), Kramer (1381), von Rosenthal (1387), von Pisek (1450) treffen wir unter anderen auch als Stadtrichter. Schon deren wechselnde Zahl beweist uns, dass wir es hier mit Erbrichtern nicht zu thun haben, was auch der Art der Entstehung der Stadt entspricht.

Auch sonst genoss die Bürgerschaft von Kuttenberg gewisser Vorrechte über die der andern Städte hinaus. Während anderwärts den Schöffen, die ihr Amt der Regel nach nur je ein Jahr lang bekleideten, im Princip vom Landesfürsten, in der Praxis durch den Unterkämmerer eingesetzt wurden, gewährte König Johann den

Herkunfts-, Beschäftigungs- und ähnlichen Beziehungen oder besonderen Attributen. Wir finden bis ins 15. Jahrhundert die folgenden: Parcifal (1308); Klugel, Krämer (institor); Rotel, Ekhards, Pusch (Bnsch); Stollenhäuser, Schmied (Faber), Hutreiter (Hüttenrechnungsführer), Bertrams, Lomshoup, Ruthards, Eulauer, Popplins, Braunbart, Batzinger, Süramper, Weißer (Albus) (1311); Hübner, Kirchberg, Kaufmann (mercator), Decastro, von Smalbach, Nösel (1314); von Morspach (1323); Claricii, von Hachenberg, Großmann (1327); Barsaba von Prag, Köhler, Leiwater, Hoppo (1330); Wilmans, Rudhards, von der Bobritz, Beneshauer (1332); Lewlins, Schobir, Oswalds, Gobritzer (Bobritzer?), Resch, von Pisek, Brünner, Zittaver, Eulauer, Pusch, Peters, Wartschauers (1340); Lewl (1343); Gutbier, Pfregner, Eberuschlin, Hanspach, Hammann, Partusch (1346); Wolflini de Praga, Bobritzer, Brenner, Furmann (1350); Meuten, Grillenschmied (1358); Krinel, Frank, Hof, Plumel, Hager, Hosmann, Stocker, Roll, von Rosenthal, Gerung, Rotland, Schramm (1381); Roll, Geyer, Prawinhart (Braunhard) von Passau, Silber, Falkenberg, Nass (1387); Zwick, Klams, Schick, Katz, Glenzel, Schönhaar, Weißmann, Polner von Iglau, Ras, Platzer, Münsterberg, Hofmann (1388); Münzschreiber, Rysen, Bergschmied, Schwab, Weinand, Tezner, Tenker, Kunzel, Kimel, Rot, Bartusch, Gruber, Hager, Glenzel von Taus, vom Stamm, Fischer, Königstein, Troppauer (1397); Oderin, Lilgenstein, Klemens, Teicher, Groß, Kaufmann, Spirglas, Kölner, Ostermann, Goldschmied, mit dem Zopf.

[1]) Emler III. p. 12.
[2]) Celak. (1338) p. 443.

Schöffen von Kuttenberg das besondere Vorrecht, sich selbst nach Jahresfrist ab- und selbst neue einzusetzen.[1])
Wie sehr auch die Bürger von Kuttenberg in die Umwandlung der agrarischen Verhältnisse eingriffen, ist uns zwar nur durch wenige Nachrichten belegt, erscheint aber schon durch diese bedeutungsvoll genug. Schon im Jahre 1323 übernahm mit Genehmigung des Königs der Bürger Sidelmann die Emphiteutisierung der königlichen Dörfer Welim und Kbel und begründete damit in beiden ein Erbgericht für seine Familie.[2]) Erwähnenswert ist die Erwerbung des Pfandbesitzes der königlicher Herrschaft Pürglitz durch den Bürger Heinlin Eylauer, der im Besitze des Urbaramtes in solchen Vermögensverhältnissen stand, dass er dem Prinzen Karl im Jahre 1343 ein entsprechendes Darlehen bieten konnte. Es ist kennzeichnend für damalige Socialverhältnisse, dass dadurch der deutsche Bürger nicht nur zum Herrn über Schloss und Herrschaft Pürglitz, sondern auch über die Gauämter von Rakonitz und Saaz werden konnte, so dass ihm das Recht der Einsetzung der Gaurichter und Beamten in beiden Gauen, sowie die Vogtei über die Klostergüter innerhalb derselben zufiel. Die Vasallen der Burglehen aber wurden angewiesen, Eylauer den Homagialeid zu leisten.[3]) Der reichgewordene Bürger Berthold Birkner (Pirchner) erbaute sich bei Kuttenberg das Schloss Birkenstein — das jetzige Perštejnec — obwohl es nach des Chronisten Meinung mehr eine Laune als ein Bedürfnis für ihn war, dortselbst zu ruhen.[4]) Damals bestand noch nicht der Grundsatz, dass Landgüter, deren Besitzverhältnisse in der «Landtafel» des Landrechtes in Evidenz gehalten wurden, nur dem indigenen Landesadel zugänglich sein sollten; auch der Bürger konnte in den Besitz derselben gelangen, und Prager und Kuttenberger traten in die Reihe reicher Gutsherren ein. Erlangten die Bürger einer Stadt ein besonderes «Privilegium» für den Erwerb freier Landgüter, so war dies entweder nur eine anfechtungsfreie Bestätigung des bestehenden Rechtes oder es bezog sich der Ausnahmsfall nur darauf, dass solche Güter der betreffenden Stadt als «Schoßgüter» zugeschrieben werden durften; an sich war der Bürger als solcher von solchen Erwerbungen noch keineswegs ausgeschlossen. — —

Die Gegend zwischen der Eger und Tepl von deren Vereinigung eine Strecke aufwärts, welche die heißen Quellen im engen Teplthale

---

[1]) Emler IV. (1329) p. 592.
[2]) Čelak. II. (1323) p. 251.
[3]) Emler IV. (1343) p. 518.
[4]) Chron. Aul. Reg. Font. r. b. IV, 103.

umschließt, gehörte noch vor Beginn des 14. Jahrhunderts als Thiergarten oder Bannforst zu der Burggrafschaft von Elbogen. Im Jahre 1325¹) bildete König Johann aus diesem Thiergarten im Ausmaße von 16 Hufen ein besonderes Burglehen, das von ihm ein Kojata von Otnavic — selbstverständlich — in der Absicht in Empfang nahm, dasselbe durch Besiedlung ertragsreich zu machen. In der That entstand hier auch — doch nicht im Thale der Quellen, sondern auf der südlichen Höhe bei St. Leonhard — ein Dorf mit einer Pfarrkirche, das wie so oft den Flurnamen «Thiergarten» aufnahm.²) Den Umwohnern mussten die heißen Quellen in diesem Gehege längst bekannt sein, sonst hätte der Fluss nicht seinen Namen erhalten können; aber irgend eine Ausnützung scheinen sie nicht gefunden zu haben. Als eine solche — vielleicht erst seit Auflassung des Bannforstgeheges — zu Heilbadszwecken aufkam, zog sich eine Ansiedlung nach diesem Warmbade, welcher Karl IV. in unbestimmbarer Zeit, doch sicher schon vor 1370 die Ausstattung und Organisation einer **deutschen Stadtgemeinde** verlieh. Zu jener verwendete er das wieder frei gewordene Dorf Thiergarten mit seinem Zugehör und jenseits der Tepl das Dorf Drahowitz.³) Beide bildeten das Schoßgut der neuen Stadt, die zweifellos schon damals nach Elbogner — d. i. Eger-Nürnberger Rechte — sich organisierte. Denn als dann Karl IV. im Jahre 1370⁴) den «Bürgern zu Karlsbad», die schon in dieser Eigenschaft als anwesend vorausgesetzt werden, alle die «Freiheit, Recht und gute Gewohnheit», deren sich Elbogen erfreute, verlieh, kann der Ton nur auf jenen besonderen Freiheiten gelegen sein, deren — wie der Ablösung der Berna — Elbogen besonders genoss, während der Rechtsgebrauch nur bestätigt werden konnte.

Im Volke erhielt sich noch lange Zeit der Name «Warmbad», in Urkunden aber, in deutschen wie in lateinischen erscheint von Anfang an ausschließlich der deutsche Name Karlsbad. Doch muss der Erwerb bei der Badeunternehmung noch lang nicht den Ersatz für den Entgang der Handelsgelegenheit an einer verkehrsreichen Straße und der Gelegenheit zu agrarischen Unternehmungen geboten und den erwünschten Zuzug von Ansiedlern herangelockt haben. Deshalb fügte Wenzel IV. der Bestätigung der alten Freiheiten noch die hinzu, die wir bei Polička hervorgehoben finden, dass

---

¹) Čelak. II. p. 209 f.
²) Siehe Schlesinger, Gründung von Karlsbad. Mittheil. XXXI. p. 199 ff.
³) Čelak. II. (1401) p. 963.
⁴) Ibid. (1370) p. 631 f.

nämlich wegen Todtschlag oder ähnlicher nicht ehrloser Verbrechen Verfolgte hier ein sicheres Asyl finden sollten. — — Von Bergreichenstein unweit Schüttenhofen können wir kaum mehr als den Namen zufügen. Die erst von Karl IV. um 1356 erbaute und nach seinem Namen Karlsberg genannte Burg[1]) und der für jene Zeiten wertvolle Bergsegen der Gegend gaben den Anlass zu der nahen Stadtanlage, die dann auf Grund des Bergrechtes zu den königlichen Städten zählte.

In gewissem Sinne als eine ebenso große als eigenartige Schöpfung Karls IV. wäre dann noch die Neustadt Prag zu nennen.[2])

Sociale Umgestaltungen im Gefolge der Einführung bürgerlicher Gemeinden.

Die sociale Umgestaltung, welche durch die Schöpfung dieses - von den letztgenannten Fällen abgesehen — systematisch und planvoll über das Land gelegten Netzes von Bürgergemeinden veranlasst wurde, ist an der Hand des Vorangeführten leicht zu übersehen, nicht minder wohl auch das Wesen und die Art ihrer Errichtung. Es schlägt der geschichtlichen Wahrheit offen ins Gesicht, wenn slavische Geschichtsschreiber[3]) herkömmlicher Weise zu erzählen pflegen: der König baute eine Burg und aus deren Suburbium «entstand» eine Stadt. Nein, «entstehen» konnte aus einem solchen Suburbium immer nur ein böhmisches Dorf! Die «Städte» aber sind hier zulande das Product einer planvollen Veranstaltung.

Materielle Opfer und Aufwendungen der landesfürstlichen Kammer kommen dabei kaum in Betracht. Das Bedürfnis der auf dem Colonistensystem beruhenden socialen Gestaltung in den Nachbarländern, namentlich in Franken, Thüringen, in der Oberpfalz und im Voigtlande, in Meißen und Schlesien kam dem Plane rechtzeitig entgegen. Die verhältnismäßige Freiheit und das feste Rechtsverhältnis dem Grunde gegenüber hatte die bäuerliche Colonistenbevölkerung jener Länder mit der Beschränkung des Besitzes auf den Bedarf einer Einzelnfamilie erkauft. Der städtische Erwerb machte sich von dem Drucke dieser Einschränkung frei, und der Bürger genoss die Vortheile ohne die Opfer zu empfinden. Aber

---

[1]) Archiv český II, 182.
[2]) Die Urkunde in Čelakovský, Privilegia I.
[3]) Vergl. Nováček im Archiv český XV.

bei der zunächst geringen Aufnahmsfähigkeit der heimischen Städte erwuchs aus jenem Verhältnisse immer wieder das Bedürfnis, nach neuen Colonialunternehmungen auszusehen, und diesen sich ihnen aufdrängenden Vortheil wussten die Přemyslidenkönige zu benützen. Er unterstützte vor allem die Pläne Ottokars II., der schon damals daran gieng, neben Deutschland ein gleichwertiges Österreich zu errichten. Dieser Zusammenhang erklärt es wohl, dass die große Mehrzahl jener Gründungen, wie wir sahen, gleich in seine ersten Regierungsjahre fällt; sie erscheinen in seinem Geiste vorbereitet wie sein großer Plan selbst.

Zur Durchführung bedurfte es nicht einmal der Unterhaltung fürstlicher Beamte. Auch die Vermittler und Unternehmer boten sich aus dem Kolonistenlande, zunächst aus dem fremden, dann aus dem eignen. Ihre Entlohnung aber bestand in einer Anweisung auf die Zukunft, auf einen Theil des zu Schaffenden. Die Übergabe von Schoßgründen an die Städte war kein Opfer der Kammer; im Gegentheil sie sicherten ihr im Erbpacht ein Einkommen ohne Rücksicht auf die Zufälligkeiten der Ernten. Waren es Zoll- und Marktstätten gewesen, so verblieben Zoll und Ungelt der Kammer und wurden durch das aufblühende Erwerbsleben reichlich vermehrt. Auch die Kirchenpatronate in den meisten Städten verblieben dem Fürsten, bis er sie etwa an einzelne Orden verschenkte, und ihre Einnahmen an Seelsorgsgebühren, Offertorien und Zuwendungen jeder Art wuchsen mit dem Wohlstande der Bürgerschaften.

Gieng auch die Umgestaltung der Agrarverhältnisse nicht von den Städten allein aus, so lernten wir doch in den letzteren die erfolgreichsten Anreger und Vermittler kennen. Freilich zeigte sich gerade bei diesem Anlasse, bis zu welchem Grade völliger Rechtlosigkeit die heimischen, bäuerlichen Unterthanen ihren Herren gegenüber herabgesunken waren; aber das Beispiel der Colonisten zeigte dafür auch ihnen den Weg, sich durch emphiteutischen Einkauf in ihre Gründe aus jenem Zustande der Rechtslosigkeit zu retten und das Patriarchalrecht ihrer Herren in ein Vertragsrecht, ihr herrschaftliches Zuchtgericht in ein genossenschaftliches *Judicium parium* zu verwandeln. Den Herrschaften aber schmeichelte sich diese Umwandlung durch die Sicherung der Erträge und vielen vielleicht noch mehr durch den einmaligen Gewinn der Einkaufspreise ein.

Allerdings konnten wir sehen — und deshalb führten wir die Menge der Namen an —, dass die ursprüngliche Besiedlung aller unserer königlichen Städte ohne Ausnahme durch Einwanderer erfolgte; wie sehr aber den Fürsten als Grundherren daran lag, mindestens die Handwerkerclassen in denselben durch Zuzug aus dem eigenen Lande zu verstärken, das geht aus jener Art von Expropriationsrechte hervor, das sie den Städtern gegenüber den Unterthanen der Landherren ertheilten, nicht minder daraus, dass sie selbst dem seinem Opfer folgenden Bluträcher an der Schwelle der Stadt den Weg vertraten. Allerdings konnte diese Schicht der städtischen Bevölkerung erst ganz allmählich und nur stellenweise die überlagernden Schichten emporsteigend durchdringen, und dieser Process würde vielleicht noch Jahrhunderte zu seiner Entwicklung gebraucht haben, wenn er nicht im 15. Jahrhunderte gewaltsam forciert worden wäre. Im 14. Jahrhunderte waren beispielsweise die Städte des Ostens Grätz, Hohenmuth, Chrudim, Bydžow, Polička, Kuttenberg, Kolin, Königinhof, Jaroměř auch nach dem Zeugnisse der Dalimilschen Chronik noch deutsche Städte.[1]) Dass sie so wie mehr oder minder auch alle anderen königlichen Städte des Landes trotz der Aufnahme heimischer Elemente diesen Charakter bis ins zweite Jahrhundert nach ihrer Gründung behielten, das ist unter anderen auch durch die lebhafte Wechselbeziehung, die sie unter einander und mit den Städten des deutschen Reiches aufrecht erhielten und den stetigen Nachschub erklärbar, der von dortaus erfolgte.[2])

Eine besondere Stütze musste die deutsche Stadtbevölkerung wenigstens lange Zeit hindurch auch in dem Umstande finden, dass die Schoßgüter ursprünglich nur an die Stammbesiedlung vertheilt worden waren, Neuauftheilungen aber nicht wie etwa im slavischen Dorfe stattfanden. Außerdem aber war dieser Grund weit beweglicher als der bäuerliche. Für die Gesammtheit, die der Kammer für den Zins aufkommen musste, waren Theilungen wie Zusammenlegungen ganz belanglos und es bildeten sich städtische Maiereien reicher Patrizier neben winzigen Hausstückchen› der Ärmeren. Die untere Schicht konnte am ehesten durch Einheiraten in einen solchen Besitz gelangen.

---

[1]) Dalimil, C. v. 12, v. 26—27; Fontes r. b. III. p. 212 und Note 27.

[2]) Tomek hat in Děj. m. Prahy II, 513 gezeigt, dass Prag allein in den Jahren von 1340 bis 1393 den meisten Zuzug zwar aus den benachbarten Städten Regensburg, Nürnberg, Kamp, Passau, Augsburg, Würzburg und Bamberg erhielt, überdies aber auch aus folgenden Städten: Freisingen, Furt, Kufstein, München, Burghausen, Aichstedt, Ausbach, Baireut, Forchheim, Schweinfurt, Konstanz, Basel, Esslingen, Frankfurt a. M., Ingelheim, Mainz, Reutlingen, Speier, Straßburg, Mühlhausen, Koblenz, Andernach, Köln, Aachen. Dann aus: Wien, Linz, Efferding, Gmunden, Hallstadt, Enns, Krems, St. Pölten, Steier, Tuln, Welz, Dresden, Altenburg, Leipzig, Pirna, Plauen, Koburg, Torgau, Halberstadt, Erfurt, Nordheim, Schmalkalden, Ratzeburg, Thorn, Marienburg, Graudenz, Danzig, Krakau, Posen, Warschau, Lemberg.

Auf solchen Umständen beruhte auch das in Bezug auf Grundbesitz von vornherein im Principe erweiterte Erbrecht der Bürger im Gegensatze zu dem der heimischen Grundherren. Da das Schoßgut immer nur wieder an die Bürgergemeinde, nicht an die Kammer heimfallen konnte, die Gemeinde aber dafür zu sorgen hatte, dass sie das heimgefallene Gut immer wieder zu Zins auslegte, hatte die Kammer kein unmittelbares Interesse an der Beschränkung der bürgerlichen Erbfolge.

Schon das Iglauer Stadtrecht, wie es Wenzel I. 1249 bestätigt haben dürfte und wie es nachmals für Deutschbrod bestätigt wurde, enthielt den ausgesprochenen Grundsatz, dass nicht nur Frauen und Kinder, sondern auch weitere Verwandte zur Erbschaft berechtigt sind;[1] nur dem Mönche und der Nonne folgt das Erbe nicht — jedenfalls damit nicht das Schoßgut der Bürgerschaft auf diesem Wege geschmälert werde, weil sich die Stifte auf ihre Freiheiten berufen würden.[2] Wenn König Johann im Jahre 1335 den Bürgern von Wodnian das Recht zusprach, bei Abgang eines gesetzlichen Erbens über ihr Gut bei Lebenszeit und für den Todesfall frei zu verfügen,[3] so sollte damit der kleinen Stadt gewiß kein Sonderprivilegium gewährt sein, sondern es wurde ihr nur eingeräumt, was schon damals in allen Städten Recht und Brauch gewesen sein muss. Karl IV. setzt das Recht der Bürger, frei zu bestimmen, in allen seinen Städten bereits voraus, indem er der Prager Kleinseite das Privilegium ertheilt, dass ein bürgerliches Gut beim Abgange der nächsten Erben und einer testamentarischen Verfügung des Erblassers in derjenigen Weise an die entfernteren Anverwandten fallen soll, wie sich dieser Erbgang in der alten Stadt Prag festgesetzt hat.[4] Indem dann das gleiche Privilegium sämmtlichen königlichen Städten Böhmens ertheilt wurde, erschien ein weitgehendes Erbfolgerecht gleichmäßig geordnet. Es war aber für die socialen Verhältnisse im Lande gewiss nicht ohne Bedeutung, dass eine ganze, bald sehr einflussreiche Bevölkerungsclasse sich frühzeitig eines Erb- und Testierrechtes erfreute, das die freien Grundbesitzer außer den Städten zum Theil erst Jahrhunderte später erreichen konnten.

Natürlich konnte auch über das weiteste Testierrecht hinaus immer noch die Gelegenheit eines »Heimfalles« eintreten. Wie die Städte darüber zu verfügen pflegten, dafür ist schon das alte Iglauer

---

[1] Čelak. II. p. 63, Art. 7.
[2] Ibid. p. 67.
[3] Čelak. II. p. 304.
[4] Čelak. I. p. 150 f.

Stadtrecht vorbildlich geworden: ein Drittel als Seelgeräth des Verstorbenen, ein Drittel zu Wegen und Stegen und ein Drittel zum Besten des Stadtbedarfs. Soweit indes der «Heimfall» nicht in Schoßgrund bestand, gehörte er immer noch solange dem Könige, als dieser nicht anders darüber verfügte. Dass auch dies zu ihren Gunsten geschehe, darum bemühten sich die Städte mit zunehmendem Erfolge. Pilsen erhielt ein solches Privileg im Jahre 1372 von Wenzel IV.[1]). Kuttenberg ein ähnliches 1386; die Prager Städte gelangten dazu erst viel später, und erst vor Beginn des 16. Jahrhunderts dürften alle Städte nachgefolgt sein. Nur von den Bürgern erworbene landtäfliche Güter gelangten durch Heimfall an die Kammer, und die Ausfolgung eines Erbes von einer Stadt zur andern erfolgte in der Regel nicht.[2])

Man hat dagegen die Nachtheile abzuwägen versucht, welche dem altheimischen Handel durch die Einführung von Beschränkungen alter Freiheit zugefügt worden seien. Allein obwohl solche Beschränkungen mit dem städtischen Systeme verbunden waren, sind sie doch nicht an sich neu. Sie bestanden mit Bezug auf den Markthandel längst als Correlate der landesfürstlichen Friedensschutzpflicht. Nur dem Landesfürsten stand von jeher das Recht der Marktverleihung zu. Die Zahl der Plätze wurde vielmehr vermehrt. Örtlichen Beschränkungen stand der große Aufschwung des Handels gegenüber. Auch der Marktzoll war keineswegs eine neue Einführung, wenn er auch fortan ergiebiger wurde.

Einen beschränkenden Eingriff in die Rechte einzelner Gutsherren übte allerdings das städtische Meilenrecht. Es entsprang aber sichtlich aus der Annahme, — die z. B. bei Polička zutraf — dass der Regel nach jede Stadt von Schoßgründen umgeben sei, und auf diesen übte sie dann nur ein Recht, das auch jedem andern Gutsherrn zustand. Nur die Erweiterung auf den Radius einer Meile entsprach höchst selten jener Voraussetzung.

Einen außerordentlichen Wert gewannen die königlichen Städte als Wehr des Landes und des Königthums — und auch diese bedeutsame Hilfe wusste sich das Königthum der Přemysliden nahezu ohne jede Belastung der Kammer zu schaffen. Wir sahen in einzelnen Fällen, welches Gewicht die Fürsten auf ihre Befestigung legten und wie genaue Vorschriften sie darüber erließen. Nur in den seltensten Fällen leistete die Kammer eine unmittelbare Aushilfe.

---

[1]) Strnad, Regesten im Realgymnasialprogramm von 1880.
[2]) Eingehendes in Čelakovský, Heimfallsrecht 24.

In der Regel wurden die nöthigen Bauten entweder einem Unternehmer in Accord gegeben und der Aufwand auf eine besondere Einnahmsquelle gelegt, oder in gleicher Weise durch die gesammte Bürgerschaft ausgeführt. Durch Mauten und Ungelte wurde so der Kreis der Belasteten allerdings sehr erweitert. Alle diese Städte konnten dann im Bedarfsfalle in Proviant- und Waffenplätze umgewandelt werden, denen die Vorzeit nichts Ähnliches an die Seite zu stellen hatte. Als sich Karl IV. im Jahre 1362 zum Kriege gegen Österreich und Ungarn rüstete, ließ er große Getreidevorräthe und Waffen aller Art, die er theils selbst lieferte, theils durch die Bürger beschaffen ließ, in den befestigten Städten aufstapeln, worüber wir noch Verzeichnisse besitzen.[1]

Was aber nicht minder wichtig war: all diese festen Plätze beherbergten in der waffenfähigen Bürgenschaft Jahr aus Jahr ein eine stehende Besatzung, deren Erhaltung den Landesfürsten keinen Heller kostete. Vergleichen wir damit den Aufwand, den einzelne Schlösser der Fürsten bloß zum Zwecke ihrer ständigen Bewachung verursachten, so wird der außerordentliche Vortheil augenfällig. Hier musste die niedere Wachmannschaft auf Deputatland gesetzt werden und die ritterliche Besatzung diente gegen nachmalige Entlohnung in Grundzuweisungen. All das entfiel bei den städtischen Festungen, die vielmehr noch ihren Zins herauszahlten.

Dass aber dem Adel des Landes diese neue Einrichtung nicht im gleichen Maße wie dem Königthum sich einschmeicheln konnte, ist umso erklärlicher, als jener sich zwar mühte, den Fürsten in der Gründung eigener Städte nachzueifern, deren Befestigung aber dem Grundsatze nach nur mit besonderer Genehmigung des Landesfürsten vornehmen durfte. Außerdem entzogen die Fürsten durch die Gründung so vieler Städte wieder einen großen Theil der Liegenschaften des Landes jenem Kreislaufe, der sie, wenn sie als Heimfall an die Kammer gelangt waren, doch immer wieder als Lohngut in die Hände des Adels brachte. Dann aber erwuchsen diesem in den reich gewordenen Bürgern, die Landgüter aufkauften und in Schoßgüter verwandelten oder in Pfandbesitz nahmen, selbst Nebenbuhler ihres Erwerbs.

In dem Maße aber, in welchem das Vermögen und insonderheit der Landbesitz einzelner Bürger zunahm, musste auch ihr **politischer Einfluss** sich entwickeln und steigen. Von einer repräsentativen Vertretung wusste jene Zeit überhaupt nichts. Was man als

---

[1] Čelak. II. p. 575, 577 ff.

Landtag bezeichnen konnte, waren Versammlungen der Landherren, die mit den Fürsten über außerordentliche Leistungen verhandelten. Die der Bürger aber waren vertragsmäßig festgesetzt, und jene Verhandlungen boten ihnen kaum unmittelbaren Anlass zur Betheiligung. Noch weniger gab es für sie einen Weg zu den höheren Landesämtern; dagegen wurden ihnen neuerlich geschaffene wohl zugänglich: so das Amt des Unterkämmerers, das eines Landesmünzmeisters und des Meisters der Landesurbur.

Es bedurfte aber des Hinzutretens eines **gemeinsamen Interesses**, um den neuen socialen Factor auch als **politischen** erscheinen zu lassen. Ein solches Interesse war unbestreitbar die Frage nach einem **neuen Herrn**, der ja als der eine Vertragstheil den Städten gegenüber erscheinen musste. Zum erstenmale trat ein solcher Fall sofort nach dem Tode des großen Städtegründers Ottokars II. hervor. Als es sich im Jahre 1280 darum handelte, der Vormundschaftsherrschaft des Markgrafen Otto ledig zu werden, da traten zum erstenmale die «Prager Bürger» als Bundesgenossen der Herrn» im Kampfe gegen jene hervor.[1]) Als es sich dann darum handelte, den heraufbeschworenen Krieg durch Friedensschluss und Vertrag zu beenden, da war, soweit uns die Quellen berichten, zum erstenmale der Anlass zur Theilnahme der Bürgerschaft an der Verhandlung der Interessen des Landes gegeben, und da erschienen denn wirklich auf dem «Landtage» am Schlusse des Jahres 1281 neben den Herren und Rittern auch Abgesandte der befestigten **Städte**, und als dieser Landtag eine Art Pflegschaft für den jungen Prinzen Wenzel einsetzte, da sollte diese aus dem Bischofe, einigen böhmischen und einigen brandenburgischen Herren und einigen Personen aus der **Prager Bürgerschaft** bestehen.[2])

Das Erlöschen des einheimischen Fürstenstammes (1306) bot der politischen Mitbethätigung des Bürgerthums andauernd Raum; die Misserfolge bei den ersten Wiederbesetzungen des Thrones verlängerten jenen Einfluss und der an den Zeitereignissen selbst nicht unbetheiligte Chronist Peter von Zittau gebraucht von jener Zeit an die stehende Formel «Barone und Bürger» oder «Barone, Adel und Bürger», so oft er von der thatsächlichen Vertretung des Landes spricht. Bald nach Wenzels III. Ermordung wurden — von den Landesbeamten — zum Zwecke der Wahl eines Königs sowohl «Barone und Adelige, wie auch die Bürger» nach Prag berufen.[3])

---

[1]) Contin. Cosm. Fontes r. b. II. p. 342.
[2]) Cont. Cosm. ibid. II. p. 353 und 355.
[3]) Chron. Aul. Reg. LXXXV. Fontes r. b. IV. p. 109 ff.

Eine Verständigung erfolgte nicht sogleich, die Mehrheit aber entschied für den anwesenden Heinrich von Kärnten. Ein Theil der Barone und B ü r g e r einigte sich dagegen für Rudolf, den Sohn des deutschen Kaisers Albrecht. Als dann Kaiser Albrecht dem Lande Böhmen die beiden älteren Reichsprivilegien erneuerte, waren es neben den Baronen auch «der R i c h t e r, die S c h ö f f e n und die Gesammtheit der B ü r g e r in Prag», von denen er die Bestätigung forderte, dass das Land andere Reichsprivilegien nicht besitze.[1])

Rudolf verdarb es mit einem Theile der Bürger durch die sparsame Art seiner Wirtschaft. Der neue politische Factor handelte zum erstenmale recht unpolitisch in kurzsichtiger Verfolgung seines nächsten, materiellen Interesses. Nach Rudolfs frühem Tode (1307) waren es wieder «Barone und Bürger», welche eine Gesandtschaft an Heinrich von Kärnten entsandten, ihn nach Böhmen zu laden. Wieder versammelten sich in Prag «Barone und Bürger» zur Neuwahl; wieder uneins. Der Landesmarschall Thobias von Bechin und der Prager B ü r g e r W o l f r a m waren die Wortführer der österreichisch gesinnten Partei; auch der Bürger Hiltmar Fridingers Sohn stand zu dieser Seite. Die Wahlbewegung nahm gewaltthätige Formen an. Im Berathungssaale des Bischofs erschlugen zwei Lichtenburge den Landmarschall, der Bürger Nikolaus T a u s e n d m a r k vor der Minoritenkirche den Hiltmar. Heinrichs Sache siegte und die Bürgerschaft stand getheilt auf beiden Seiten. Während die Städte K u t t e n b e r g und K o l i n einem Heere des deutschen Kaisers erfolgreich Widerstand leisteten, mussten die Bürger Wolfram und Peregrin Pusch mit ihrer Partei aus Prag entfliehen. Der Kaiser stützte sich auf die Städtegruppe Grätz, Hohenmauth, Chrudim und Polička. Bald darauf fiel er (1308); Friedrich von Österreich schloss mit Heinrich von Kärnten Frieden.

Des letzteren schwache Regierung ermuthigte die so schnell zu Bedeutung gelangte Bürgerpartei, um auch einen stetigen Einfluss in der Landesregierung zu erstreben. Der Weg, den sie wählte, entsprach mehr den Sitten der Zeit als dem gewünschten Erfolge. Am 15. Februar 1309 weilten König Heinrichs Landesbarone Heinrich von Leipa, Johann von Wartenberg und Johann von Klingenstein im Kloster Sedletz. In K u t t e n b e r g stand damals das Geschlecht der reichen R u t h a r d e, von einem Gewerken dieses Namens abstammend, an der Spitze der Bewegung. Peter von Zittau wirft ihnen vor, dass sie sich in ihrem Hochmuthe für nichts geringeres

---

[1]) Emler II. (1306) p. 910.

als die Barone erachtet hätten. Mit Anhängern dieses Geschlechts in Kuttenberg standen die Prager Bürger Peregrin Pusch, Jakob Wolflins und Nikolaus Tausendmark im Einverständnisse. Während jene die noch schlafenden Herren in Sedletz überfielen und festnahmen, wobei sie nach dem Prager Bürger Wolfram vergeblich suchten, den Stadtrichter von Kuttenberg aber erschlugen, setzten die Prager gleichzeitig den Kanzler Probst Petrus, Reimund von Lichtenburg und Heinemann von Duba in Prag gefangen.

Nach drei Monaten kam ein Vergleich zwischen den auf einem bürgerlichen Schlosse gefangen gehaltenen Baronen und den Bürgern zu Stande. Die beiden Theile dieses Vertrages zeigen — von den einfließenden Sonderbestrebungen abgesehen — ganz deutlich den großen Endzweck der ganzen Unternehmung. Einerseits mussten sich fünfundzwanzig Herren dafür verbürgen, dass künftig keine Königswahl anders vorgenommen werden solle, als dass ein König gewählt werde, mit dem auch der Bürgerstand einverstanden wäre, und dass der Adel in allgemeinen Landesangelegenheiten nichts ohne Zustimmung des Bürgerstandes beschließen sollte. Andrerseits versprach Heinrich von Leipa seine Tochter einem der Söhne Rudhards zur Ehe, und Jakob Wolflins Sohn verlobte seine Tochter einem Herrn von Lichtenburg. Andere in gleicher Weise an Bürger versprochene Töchter des Adels wurden bis zum Heranreifen Bürgerhäusern zur Erziehung übergeben. Sichtlich sollte damit ein Connubium und die Schließung der Schlucht markiert werden, die noch zwischen den reichen Bürgern und dem Adel bestanden hatte, während die Erklärungen, welche die gewaltthätigen Bürger zu ihrer Vertheidigung vor dem Könige abgaben, darauf hindeuten, dass sie auch die höchsten Ämter mit den bisherigen Besitzern zu theilen gedachten. Als Bürgschaft für die Einhaltung dieses Vertrages sollte der Adel fünfzehn gute Schlösser den Bürgern von Prag und Kuttenberg überlassen.

Er wurde aber nicht eingehalten, und die Zwietracht unter den Bürgergeschlechtern bot dem Adel den erwünschten Anhalt. Gegen die Wölflinge und Tausendmark standen andere Parteien, mit deren Hilfe von Leipa und von Wartenberg in den Besitz der Stadt Prag gelangten, in die nun auch Wolfram wieder zurückkehrte, um sich im Kreuzherrnspital wie in einem Castell zu befestigen. In Kuttenberg nahm der von Leipa Ruthard und Peregrin Pusch gefangen und befreite die den Bürgern übergebenen Adelstöchter. So scheiterte der erste Versuch der Bürger, sich in politischer Gleichstellung neben den Adel emporzuschwingen, und die Regierungsgewalt gelangte völlig unbeschränkt in die Hände der Barone, die den König wie einen Gefangenen hielten.

Noch fehlte den Bürgern zum Erfolge, was der Adel bereits besaß, das Bewusstsein eines gemeinsamen Standesinteresses. Mit einem Meißner Heere zur Unterstützung des Königs kehrten die verbannten Wölflinger vor die Stadt Prag zurück. Zu ihnen standen die «vom Steine», gegen sie Wolfram und die von «den Hähnen»; ein unsicherer Kriegszustand hielt die Entscheidung hin.

Als bei zunehmender Unfähigkeit König Heinrichs die Wünsche des Volkes nach einem neuen Herrscher ausschauten, waren es wieder die Bürger, welche den wesentlichsten Antheil an der zukünftigen Gestaltung der Dinge nahmen. Die Hauptkönigsmacher waren diesmal freilich die Cistercienser, vorzugsweise die Äbte von Königssaal und Sedletz. Sie waren von Haus aus und in eigenem Interesse die Vertreter einer reichstreuen Politik. Bürger waren es, die neben bestimmten Herren die Vorverhandlungen mit den Cistercienseräbten pflogen, und Bürger mussten auch jenem Landtage beigewohnt haben, der am 29. Juni 1310 die Absendung einer officiellen Gesandtschaft an den deutschen Kaiser beschloss, denn aus Bürgern bestand ein Theil dieser Gesandtschaft selbst. Die Art, wie bei dieser einschneidend wichtigen Gelegenheit die bürgerliche Vertretung zu Stande kam, war die, dass die «Gemeine Bürgerschaft» der Städte Prag und Kuttenberg nach dem Vorschlage ihrer Schöffen die betreffenden Personen wählte. Es waren dies von Prag der Egerländer Konrad Kornbühel (Kornpühel), Otto Wigolais, Ebruschlin Popplins Sohn und Eberlin vom Steine, von Kuttenberg Tillmann der Lucia Sohn und Konrad, des Pfarrers Bruder. Neben diesen sechs Bürgern unternahmen die Reise drei Barone und drei Cistercienseräbte. Die Begleitschreiben für die Bürger stellten Wolflin, der Prager und der Kuttenberger Stadtrichter, nicht der Landtag als solcher aus, und auch die Gesandten des Herrenstandes führten solche Schreiben nur von einzelnen Herren.[1]) Dieselbe Gesandtschaft — mit Ausschluss der Äbte — holte dann die Prinzessin Elisabeth als Braut des künftigen Königs aus Böhmen und brachte sie ins kaiserliche Hoflager. Die Mittel zu dem ganzen Unternehmen — auf mehr als 1000 Mark Silber veranschlagt — haben die Bürger vorgeschossen.

So nothwendig auch diesmal ihre Theilnahme dem Adel erscheinen musste — eine gesetzliche Norm für ihren Antheil an der Ordnung der öffentlichen Angelegenheiten konnten die Bürger

---

[1]) Chron. Aul. Reg. l. c. p. 136.

damit noch nicht erreicht haben. Es ist gewiss kein zufälliges Vergessen, dass Peter von Zittau bei dem ersten durch König Johann einberufenen Landtage nur die «Barone und Adeligen als anwesend bezeichnet. Es war ja dem Könige darum zu thun, von ihnen den Treueid, das Homagium, abzunehmen;[1]) die Bürger waren ihm in besonderer Weise verpflichtet. Als aber bald darauf die Krönung stattfand, da wurden von den einzelnen Städten «die gewichtigeren Männer» zur Theilnahme am Feste berufen; hatte man ja der Prager Bürger auch bei der Deckung der Kosten dieses Festes nicht vergessen können. Sie wieder ließen sich dafür das Ungelt, d. i. den Marktzoll auf ihrem Marktplatze, schenken.

Einige Jahre des Friedens gaben keinen Anlass zu weiterer Entwicklung. Als es sich aber 1317 neuerdings um die Versöhnung feindlicher Parteien und Friedensstiftung im Lande in Abwesenheit des Königs handelte, da sehen wir wieder die Bürger auf dem «Landtage» erscheinen und einen derselben, Friedrich von den Hähnen, als Gesandten in einer Mission des Landtages an die Königin und den König. Auch die durch Kaiser Ludwigs Intervention im Jahre 1318 nach Taus berufene Versammlung der aufständischen Herren wird — von modernen Autoren — als «Landtag» bezeichnet. Der Chronist macht aber keine Andeutung von einer Theilnahme der Bürger; es handelte sich eben nur um die Versöhnung des Königs mit den Herren». Der jeweilige Bedarf und Zweck der Versammlung bleibt fortan bestimmend für das politische «Recht» des Bürgerstandes.

Dabei tritt nun die immer häufiger und gewöhnlicher werdende außergewöhnliche» Besteuerung in den Vordergrund. Indes stand auch das Steuerbewilligungsrecht des Adels noch auf recht unsicheren Füßen. Während moderne Autoren zum Jahre 1323 von einer «Bewilligung einer Steuer wissen,[2]) sagt die Quelle[3]) wörtlich nur: «in diesem Jahre kam Johann, der König von Böhmen, am Tage Jakobi von Lützelburg zurück, nahm von allen Städten des Reiches den Zehent des Geldes und erhob von allen die Berna. Von einem Landtage weiß der Chronist nichts. Auch der Landtag — *generale collegium* —, der dem Könige am 15. März 1325 eine neue Steuer bewilligte, tagte[4]) vielleicht ohne die Bürger. Ob die Bewilligung einer neuen Berna eine solche Landesangelegenheit war, bei welcher die Bürger, obgleich sie von der Bewilligung mitbetroffen waren,

---
[1]) Ibid. p. 175.
[2]) Tomek, Prag I. p. 596.
[3]) Chron. Aul. Reg. p. 265
[4]) Emler III. p. 403.

das Recht einer Mitwirkung beanspruchen konnten, dürfte immerhin noch als streitig betrachtet werden können. Auch für die adeligen Landherren war Gegenstand eines Bewilligungsrechtes eigentlich nur die Höhe der angesprochenen Steuer; die Anlässe dagegen, welche dem Fürsten hergebrachter Weise ein Recht des Anspruchs gaben, waren durch alte Gewohnheit festgestellt. Auf dieses unwidersprochene Recht — *juxta consuetudinem hactenus observatam* — beruft sich auch Johann in diesem Falle. Als die ihm zugestandenen Anlässe nennt er seine eigene Krönung und die Hochzeiten seiner Töchter. Neu ist nur seine Escomptierung: er hat die Steuern auch für diejenigen Hochzeiten schon voraus erhoben, die noch nicht in Aussicht stehen. Er quittiert diese Vorausleistung und erklärt, die Landherren erst dann wieder neuerdings mit dem gleichen Anspruche begrüßen zu wollen, wenn ihm aufs neue Töchter geboren werden sollten. Nur diese immer üblicher werdende Vorausleistung und der Anspruch auf Leistungen, die überhaupt in den herkömmlichen Fällen nicht begründet waren, hatten eine besondere Bewilligung durch die Landherrn als die — allerdings aus dem Vermögen ihrer Unterthanen — Leistenden zur nothwendigen Voraussetzung. Dagegen nahmen die Landherren in solchen Fällen, wie in dem von 1325, die Gelegenheit wahr, sich für alle Zukunft ein nicht zu überschreitendes Maß der Höhe auszubedingen. Johann willigte darein, dass dieses Maß je einen Vierdung (Ferto = 16 Groschen) von jeder Zinshufe betragen solle.

Wie verhielten sich nun Pflicht und Recht der Bürgerschaft diesen Steuerbewilligungen gegenüber? Im Grunde nicht anders als die der Erbpächter des Landes im allgemeinen. Diese Erbpächter aber haben, wie aus vielen einzelnen Urkunden hervorgeht, unter ihre Pflichten vertragsmäßig auch die übernommen, so oft eine neue Steuer auf das ganze Land gelegt werden würde, den auf sie entfallenden Betrag zu leisten — von einer Bewilligung durch die Erbpächter ist keine Rede. Dasselbe galt auch von den Erbpächtern auf geistlichen Gütern und desgleichen auch von den Bürgern als Erbpächtern. In vielen Fällen war diese Verpflichtung vertragsmäßig und urkundlich festgestellt. Irgend eine Bestimmung über die Verpflichtung zum Bernabeitrage im Verhältnis zu der Höhe der jeweilig ausgeschriebenen gehörte durchwegs zu den Vertragsabmachungen.

Es kam aber hinzu, dass das Bewilligungsrecht im allgemeinen, so weit sich ein solches durch die Vermehrung der Bedarfsfälle überhaupt herausbildete, nicht dem Erbpächter, sondern dem Gutsherrn zustand, in Bezug auf den Grundbesitz der königlichen Städte aber der Fürst selbst der Grundherr war. Von einem Bewilligungsrechte der Bürger konnte also vom Rechtsstandpunkte aus kaum die Rede sein, und es musste schon als ein Privilegium aufgefasst werden, dass das Maß ihrer Belastung von demjenigen abhängig gemacht wurde, wozu jeweilig das ganze Land verpflichtet werden würde. Nur diejenigen, allerdings immer häufiger werdenden Forderungen, die über den Pachtzins und selbst über die allgemeine Landesberna hinausgiengen, konnten eine Grundlage von Bewilligungsrechten werden.

Eine interessante Analogie bietet das Vorgehen König Johanns gegen das Kirchengut.[1]) Vor dem oben[2]) geschilderten Entwicklungskampfe hätte der Fürst im Bedarfsfalle dem Seelgeräthgute des Landes so viel von seinen Erträgen entnommen, als ihm mit dem Widmungszwecke des Gutes und seiner eigenen frommen Scheu nach vereinbar schien. Von der gemeinen Landesberna waren diese Güter an sich keineswegs ausgenommen. Gerade, dass in einzelnen Fällen der Fürst den jeweiligen Ertrag dieser Berna von den geistlichen Gütern ihren Besitzern selbst schenkte, ist der deutlichste Beweis dafür. Von einem Bewilligungsrechte war bezüglich dieser Art von Kammergut ebenso wenig die Rede, wie bei den Städten, sofern es sich um die herkömmlichen Fälle der Erhebung handelte.

Nun ist aber seit der Zeit der letzten Přemysliden das Seelgeräthgut, wenn auch nicht in vollkommener Weise dem kirchlichen Ansprüche entsprechend, ein Kirchengut unter der Hoheit des Papstes geworden und die außerordentlichen Anforderungen des Fürsten an dasselbe wie an alles übrige Gut des Landes kehren immer regelmäßiger wieder. König Johann wandte sich im Jahre 1325 mit der Ankündigung besonderer Leistungen für die Kirche an Papst Johann XXII. und erlangte von diesem die Genehmigung der Erhebung eines dreijährigen Zehents vom Einkommen aller geistlichen Güter in seinen Ländern, von welcher Belastung lediglich der Johanniterorden ausgenommen sein sollte.[3]) Peter von Zittau merkte an, dass dies der erste Fall dieser Art in Böhmen gewesen sei. Die Genehmigung des Papstes ersetzte hier jede Umfrage bei den Prälaten des Landes. Johann soll dann diesen Zehent dreier Jahre auf einmal erpresst haben.[4])

Eine solche Repräsentanz gab es natürlich den Städten gegenüber nicht. Wollte der König ihre Leistungen über das vertrags-

---

[1]) Vergl. Tomek Prag I. p. 599.
[2]) Siehe S. 92 ff.
[3]) Emler III. (1325) p. 435 f.; Chron. Aul. Reg. p. 276 ff.
[4]) Chron. Aul. R. (1327) p. 284.

mäßige Maß in Anspruch nehmen, so war er vom Rechtsstandpunkte aus auf ein Verhandeln mit ihnen angewiesen. Obgleich sich jedoch in Johanns Zeiten die Anlässe hiezu in einer vordem unerhörten Weise vermehrten, so kam es doch noch zu keiner feststehenden Form dieser Verhandlungen. Wir erfahren nur, dass Johann im Jahre 1328 im Kriegsfalle von den Pragern eine besondere Unterstützung verlangte und erhielt, und dass er im nachfolgenden Jahre das Ungelt in Prag bis auf dasjenige vom Weine ganz aufhob, das letztere aber der Stadt schenkte. Ein Zusammenhang beider Nachrichten ist allerdings zu vermuthen.[1]) Wieder im Jahre 1331 setzte Johann angeblich «den böhmischen Ständen einen Landtag» nach Taus an.[2]) Nach des Zeitgenossen[3]) Darstellung war es die Zusammenkunft von acht ausländischen Fürsten und mehreren «Baronen» Böhmens. Der Bürger thut er keine Erwähnung. Nichtsdestoweniger gieng wohl von hier die «Bewilligung» einer neuen außerordentlichen Berna aus, die bald darauf eingehoben wurde. Abermals bestätigte dann Johann in einem Reverse,[1]) dass alle Pflichtsteuern schon vordem abgeleistet seien, die neue nur besonderer Noth und dem guten Willen entspreche und erklärte, dass er fortan keinen Anspruch mehr auf eine Berna habe, außer, wenn eine seiner Töchter das zwölfte Lebensjahr überschreiten und verlobt sein oder wenn sein Sohn die Krönung empfangen würde. Die Adresse, an welche dieses Versprechen gerichtet ist, ist keine Art von Volksvertretung, sondern das ganze Land bestehend aus «dem Bischofe, dem Clerus und den Klöstern, den Baronen, Edelleuten, Stadtbürgern und Bewohnern des Reichs». Zugleich verspricht Johann, fortan bei der Auflage einer neuen Steuer weder Clerus und Bürger einerseits von den Baronen und Adeligen andererseits noch umgekehrt diese von jenen zu trennen, sondern die Steuer, welche nicht über einen Vierdung von der Hufe betragen dürfe, allen in gleicher Weise aufzuerlegen, widrigenfalls das Land das Recht der Steuerverweigerung haben sollte. In dieser Bestimmung glauben wir einen vom Adel errungenen Vortheil erkennen zu müssen, indem damit aufs neue der Grundsatz festgestellt wurde, dass seine Bewilligung — denn darauf scheint sich auch die auf dem Tauser Landtage beschränkt zu haben — auch maßgebend würde für die Schatzung der Geistlichkeit und Bürgerschaft. Doch blieben damit besondere Verhandlungen mit den Bürgern

---

[1]) Emler III. (1329) p. 618.
[2]) Tomek, Prag I. p. 605 f.
[3]) Peter v. Zittau, Chron. Aul Reg. p. 308.
[4]) Emler III. (1331) p. 703.

nicht ausgeschlossen. Der Verlauf — die Einzelheiten wollen wir nicht weiter verfolgen — war gewöhnlich der, dass der König im Falle eines Bedarfs ein bestimmtes Begehren an die Bürger stellte, das diese, um nicht der Vortheile seiner Huld verlustig zu werden, zwar im Augenblicke nicht abwiesen, um es sich aber bei gelegener Zeit in irgend einer Form wieder vergelten zu lassen.

Auch die neuartige Wirtschafts- und Erwerbsform in den Städten wurde mittelbar von großer politischer Bedeutung. Sie brachte es mit sich, dass nur in ihnen Ansammlungen von flüssigem Capital in größerer Menge entstanden, und die Art der Schutzbedürftigkeit der Städte gestattete ihnen nicht, ihren Reichthum den Fürsten zu verschließen. So sahen diese in der Bürgerschaft die Vorrathsquelle, aus der sie in allen dringlichen Fällen, in denen sie die alte Naturalwirtschaft des Landes im Stiche ließ, schöpfen konnten. Die reicheren Städte bildeten die Banken der Fürsten, und letztere benützten sie um so ausgiebiger, als sie die Geldvorschüsse zumeist mit Gewährungen und Anweisungen zurückzahlten, die — mindestens für den Augenblick — keine Barzahlungen bedeuteten. Nicht zum geringsten Theile waren es gerade solche Vorschüsse der Bürger, mit welchen Karl IV. der gänzlich verfallenen Landeswirtschaft wieder aufzuhelfen und die an den Adel verschleuderten Ertragsgüter wieder einzulösen suchte.[1]) Ja, er sah solche Güter — wir erinnern nur an Pürglitz, Pfraumberg, Poděbrad u. a. — als Pfand für neue Darlehen in den Händen von Bürgern für die Krone besser geborgen und für bessere Zeiten hinterlegt, als in denen des Adels, und wenn diese Hilfe wesentlich dem genannten Zwecke diente, so ist es in demselben Maße ein Verdienst des Bürgerthums, dass sich Böhmen nicht in eine machtlose Adelsoligarchie unter einem Scheinkönigthum auflöste.

Unter Karl IV. kam zu den Anlässen für die Theilnahme der Bürger an der Berathung öffentlicher Angelegenheiten ein neuer in des Königs Sorge für eine vollkommenere Abstellung der Unsicherheit im Lande durch eine ausnahmslose Infamierung des ritterlichen Raubgewerbes. Indem es zu diesem Zwecke der Verpflichtung aller selbstständigen Bevölkerungskreise und selbst der fürstlichen Nachfolgerschaft bedurfte, wurde auch die Theilnahme der Bürgerschaft an den bezüglichen Verhandlungen unentbehrlich, ja gerade diese mag zu nicht geringem Theile an der Anregung betheiligt gewesen sein. So kam das betreffende Gesetz im Jahre 1356 durch eine gemeinsame Berathschlagung — *communis consilio* — zu Stande, an welcher «Fürsten, Barone, Adelige, Wladyken und

---

[1]) Vergl. Tomek a. a. O. I. p. 621 f.

Bürger theilnahmen.[1]) Auf demselben Gebiete erfolgte ein großer Fortschritt bezüglich der öffentlichen Stellung des Bürgerthums, als Wenzel IV. die Gerichtsorgane der königlichen Städte Pilsen, Leitmeritz, Kolin, Budweis, Klattau, Laun, Melnik, Mies, Hohenmauth, Časlau, Brüx u. a. in die Reihe der ständigen Kreisgerichtspfleger — der Popravcen — aufnahm, so dass nun die Stadtrichter und ihre Schöffen in Bezug auf das halsgerichtliche Verfahren gegen offene Friedensbrecher gleichberechtigt an die Seite der adeligen Kreisrichter traten.[2]) In anderer Weise mit einem ähnlichen Rechte in Bezug auf die Straßenräuber in ihrem Gebiete hatte schon Karl IV. die Städtegruppen von Saaz, Brüx, Kaaden und Laun ausgestattet.[3])

Weit größer, durchgreifender und bedeutsamer als all diese Theilnahme des fremden Elementes am öffentlichen Leben in dem vordem rein slavischen Lande war schon lange vorher der siegreiche Einfluss seiner Rechtsformen auf die Umgestaltung der einheimischen gewesen. Reichte schon die Reform der Agrarverhältnisse gleichsam von den vielen Centren der königlichen Städte ausstrahlend weit über den Umkreis derselben, auch rein slavische Bevölkerungsmassen einbeziehend, hinaus, so verbreitete sich jener Einfluss des deutschen Beispiels in einer Weise über das ganze Land, dass es heute schwer wird, die Formen der Vergangenheit zu reconstruieren, ja selbst den Glauben an einen solchen Umschwung zu finden. Das wesentlichste darüber ist im ersten Bande dieses Werkes erörtert worden. Das Institut der Schöffen, die als Berather aus der Mitte des Volkes dem Richter zur Seite stehen, allmählich die Urtheilsfindung auf hergebrachten und eingelebten Normen fußend, ganz an sich reißend, ist keine der allgemein menschlichen, in jedem Culturkreise auftauchenden Erscheinungen. Das viel allgemeinere Princip des Friedens- und Schiedsgerichtes steckt allerdings auch in dieser Institution; aber noch bis auf unser Jahrhundert hatte sich bei südslavischen Stämmen die allgemeinere Form erhalten: weder die Person des Schiedsrichters noch die seiner Berather, noch die Normen des Urtheils, beziehungsweise der Sühne im Verhältnisse zur That erscheinen gefestigt und in dauernde Formen gegossen. Ist zwischen Freunden der Frieden gebrochen und bemühen sich die Interessenten um die Beilegung der daraus entspringenden Fehde, so wurde der Richter[4]) immer noch in der Weise gesucht und gewählt, wie sich die altböhmische Sage

---

[1]) Beneš von Weitmühl in Fontes r. b. p. 524.
[2]) Čelak. II. p. 734 ff., 1000 ff., 1009.
[3]) Čelak. II. (1366) p. 609; Schlesinger, Brüx Nr. 92; derselbe, Saaz Nr. 103.
[4]) S. Krauss, Südslaven.

die immer wiederkehrend beliebte Wahl Kroks zum Richter bei vielen nachbarlichen Stämmchen vorstellt. Die Männer aber, welche nach beiden Seiten sich bemühen, ein entsprechendes Angebot und dessen Annahme zu erwirken, sind immer noch von Fall zu Fall andere, wie auch das Angebot und der Zwang zur Annahme noch keine Norm haben. Erst durch die Fixierung dieser Elemente entsteht in dem betreffenden Culturkreise ein System, wie es uns im Wesen des deutschen Schöffengerichtes entgegentritt, indes ein anderer Kreis sich die Freiheit der Formen wahrt, und wieder in einem anderen ein erstarktes Fürstenthum der Idee nach alle Gerichtsgewalt an sich reißt, ehe noch in jener Fixierung irgend eine Beschränkung in der Ausübung eingetreten ist. Das letztere war, wie wir sahen, in Böhmen der Fall. Auch wenn hier der Fürst persönlich als Richter auftrat, hatte er seine Berather um sich — nach Urkundenzeugnissen oft seine Tisch- oder Jagdgenossen —; aber ein bestimmtes gebundenes Verhältnis von Rechtsfindung und Rechtssprechung hatte sich nicht entwickelt. In demselben Verhältnisse finden wir den fürstlichen Beamten an des Fürsten Stelle als Richter. Daneben erhielt sich besonders für schwierigere civilrechtliche Fälle in den Formen des «Obermannsgerichtes» immer noch das alte freie System.

Nun drang vereinzelt, vielleicht schon im 12., in zahllosen Fällen aber im 13. und 14. Jahrhunderte, mit den Städten und zahlreichen Dörfern das Schöffengerichtswesen eines nachbarlichen Culturkreises nach Böhmen. Die gefestigte Form desselben enthob die Gutsherrschaften, ohne sie jeder «Utilität» des Gerichtes zu berauben, der Sorge um den Friedensstand in der Gemeinde und gewährte dieser eine Bürgschaft gegen patriarchale Willkür. Indem die Schöffen zunächst nothwendig der eingewanderten Gemeinde entnommen werden mussten, boten sie derselben zugleich die Gewähr, dass das Gericht am alten Rechtsbrauche festhalten und namentlich die in langer Übung befestigten Bußenansätze auch zu Gunsten des Gerichtsinhabers nicht überschreiten würden. Deshalb nimmt denn auch die Feststellung solcher Bußenansätze einen so wesentlichen Theil des Inhalts der ältesten Rechtsbelehrungen ein. Aber in den weitaus meisten Fällen der Verleihung dieses Rechtes an die Städte ist die Stilisierung eine solche, dass man nothwendig annehmen muss, die böhmischen Fürsten des 13. Jahrhunderts hätten dabei keinen materiellen Inhalt dieses Rechtes, sondern die auf dem Schöffensysteme aufgebaute Form im Auge behalten, so dass zu gewissen Zeiten die Ausdrücke «Magdeburgisches Recht» —, auf das insbesondere durch den Olmützer Bischof Bruno, einen Grafen von Schaumburg—Holstein, die Aufmerksamkeit der gleichzeitigen Fürsten hingelenkt wurde, — und Schöffensystem für identisch galten, wiewohl doch auch das süddeutsche Gerichtssystem, wie es in der deutschen Gemeinde Prag von frühen Zeiten an in Gebrauch war, auf demselben Principe beruhte. Nur so ist zunächst die Angabe der Chronisten zu fassen, einzelne Fürsten hätten sich mit der Absicht getragen, das «Magdeburger Recht beim Prager Provinzial- bezw. Landesgerichte einzuführen.

Dieses System entfaltete sich nun seit dem Beginn des 13. Jahrhunderts mitten in Böhmen unter den Augen der alten Gaugerichte in den meist an die Stätten jener räumlich angelehnten Städten; bürgerliche Notare treten in den Dienst der «Cauden» — es entfaltet sich rings herum in den «Schoßdörfern», gleichviel ob sie bis dahin slavisch gewesen oder von Deutschen neu angelegt worden seien, in der großen Zahl deutscher Colonistendörfer und über diese hinaus in allen jenen zahlreichen slavisichen Dörfern, die aus wirtschaftlichen Gründen einer Umgestaltung «nach deutschem Rechte» unterzogen worden waren. Es ist bezeichnend, dass seither die deutschen Ausdrücke «Richta» — das Gericht — und «Richtař» — der Richter — im čechischen Sprachgebrauche zurückblieben.

Indem sich die Verbreitung dieser für Böhmen neuartigen Gerichte in ihren verschiedenen Formen — als Stadt-, Dorf- und Lehensgerichte — in einem zum Theil engmaschigen Netze über das ganze Land erstreckte, mussten die Formen und Vortheile derselben bald zu allgemeiner Kenntnis gelangen und auch unabhängig von der Umlegung der Dörfer zu deutschem Rechte und der Anlage grundherrschaftlicher Städte und Städtchen Versuche der Nachahmung erwecken. Eine Art Sieg des Systems aber musste die Einführung desselben in den Gaugerichten und insbesondere in dem zum Landesgerichte erhobenen Gaugerichte von Prag bedeuten. Im 14. Jahrhunderte sind die Formen desselben in Böhmen geläufig; «Richter und Geschworene» (Schöffen) setzt der *Ordo judicii*[1]) schon ganz allgemein in allen Marktorten voraus. Der «Schwabenspiegl» wurde in Prag, der «Sachsenspiegel» und das «Weichbild» im Bereiche des Magdeburger Rechtes heimisch und mancher Ausdruck aus diesem wurde auch in der čechischen Sprache volksthümlich.

Wie schon erwähnt, lagen die Vortheile, die dieses Gerichtsprincip bot, trotz der theilweisen Beschränkung der Willkür doch auch auf Seiten der Fürsten selbst. Über die Bedeutung der «Heimfälle» sind wir unterrichtet. Gerade die Revindicationen von an die Kammer heimgefallenen Gütern beschäftigten in hervorragender

---

[1]) §§ 44 und 52, latein. Text.

Weise die Gerichte. Indem aber hierin der Fürst die Verantwortung für die Rechtsprechung von seiner Person ab auf ein Collegium von Landherren wälzen konnte, wurde so manche für die Autorität des Fürsten bedrohliche Fehde im Keime erstickt.

Es erübrigt noch ein Blick auf die Rückwirkungen, die die sociale Neuschöpfung auf die nächstälteren, auf die kirchlichen Veranstaltungen übte, wobei wir uns wieder lediglich auf das sociale Gebiet zu beschränken haben.

Wie mehrfach bemerkt, sehen die geistlichen Chronisten jener Zeit in der wachsenden Zuneigung der Fürsten zu dem Städtewesen eine dem Kircheninteresse abträgliche Richtung — nach der einen Seite hin nicht ganz mit Unrecht. Hatte vordem der Landesfürst durch die Vermehrung des Seelgeräthgutes und deren Genehmigung eine große Zahl von Gütern für sich selbst in Reserve zu legen geglaubt, so begann mit den Städtegründungen eine andere Art der Hinterlegung. Dabei hatten — abgesehen von dem Abgange von etwa Neuerhofftem — einzelne Stifte mit Recht über Beeinträchtigungen zu klagen, indem die Fürsten nicht selten zur Ausstattung der neuen Städte Stiftsgründe verwendeten, ohne immer sofort und ungemahnt an einen Ersatz zu denken; sie ließen eben dem Ansprüche Roms zulieb nicht davon ab, das Kirchengut als ihr Kammergut zu betrachten.

Alldem gegenüber gewannen aber die geistlichen Stiftungen durch die Entwicklung des Städtewesens auf der andern Seite mehr als sie einbüßten. In der Bürgerschaft herrschte ganz dieselbe Richtung des frommen Sinnes in nicht minderem Grade als beim Landadel, und an dem gehobenen Wohlstande derselben gewannen auch die Stifte ihren Antheil. Allerdings in dem Maße und Umfange auf Landbesitz begründete Seelgeräthe zu stiften, wie es Fürsten und Landherren auch weiterhin thaten, waren die Bürger nur sehr ausnahmsweise in der Lage; Schoßgut eignete sich seiner Qualität nach zu solchen Stiftungen nicht. Dafür boten auch die kleineren Mittel Vieler zusammen Großes. Gerade dafür bildete die Organisation der Städte eine bequeme Grundlage.

Die Entstehung der jüngeren — durch Dominicaner und Franziscaner repräsentirten — Orden wurde allerdings nicht durch diese rein böhmischen Verhältnisse beeinflusst; dass diese Orden aber sofort nach ihrer Entstehung nach Böhmen vordringen und hier einen erwünschten Nährboden finden konnten, das hängt allerdings mit der gleichzeitigen Entwicklung des Städtewesens ursächlich zusammen. So trat gerade in den Städten neben die alte Stiftungsgeistlichkeit.

zu der wir auch die ständige Curatseelsorge zählen müssen, eine jüngere, nicht immer von Anfang an ausreichend bestiftete Geistlichkeit, welche ihren Erwerb mit den ihnen von den Päpsten zugestandenen Seelsorgeacten mehr oder weniger unmittelbar zu verbinden angewiesen war. Wie diese Concurrenz schon in der ersten Hälfte des 14. Jahrhunderts zu heftigen Kämpfen führte, haben wir bereits gezeigt.[1]) In diesen Verhältnissen lag ein Keim, welcher sich unter Umständen zu einer durchgreifenden Kritik und eventuell selbst zur Negierung des ganzen bisherigen Systems der Seelgeräths-Fürsorge und seiner theologischen Grundlagen entwickeln konnte. Es ist bekannt, wie der Einschlag dieses Funkens in die entzündliche Luft der nationalen Spannung gerade in Böhmen ein Feuer hervorbrechen ließ, das die ältere Verkörperung des städtischen Systems in Schutt und Trümmer legte; es ist aber interessant zu sehen, wie gerade dieses System selbst nicht außer Ursächlichkeit zu jener von Zeit- und Rassentemperament blutig gefärbten Katastrophe steht. Hier soll nur der eine oder andere Faden dieses Zusammenhanges angedeutet werden.

Während die Mitglieder der alten Orden ihre wesentlichen Subsistenzmittel in der Rente jenes Besitzes fanden, den ihnen die Seelgeräthstifter zur Verfügung gestellt hatten, mussten die jüngeren Orden immer mehr darauf bedacht sein, einen solchen Grundstock erst durch ihre Mitglieder aufsammeln zu lassen. Es geschah dies insbesondere auch dadurch, dass sie in den Städten bei der Aufnahme neuer Mitglieder mit den betreffenden Familien über eine Art Mitgift der Aufzunehmenden verhandelten und Verträge abschlossen. Im Grunde war wesentlich Ähnliches auch vordem schon geschehen; aber jetzt, da einerseits das Geschäftliche der Abmachung immer unverhüllter hervortrat und anderseits durch die vorangegangenen Kämpfe zwischen Staat und Kirche der Sinn für die Entdeckung aller Spielarten von «Simonie» geschärfter war, riefen diese Verhältnisse eine immer strengere und minder wohlwollende Kritik hervor.

Es war, soviel bekannt, zuerst der deutsche Pfarrer von Maria am Tein zu Prag, Konrad Waldhauser, welcher um die Mitte des 14. Jahrhunderts moralisierend und theologisch kritisch diese Gepflogenheiten beleuchtete und solchen Aufnahmen von Mönchen und Nonnen «cum pacto» — mit Vertrag — das Stigma der Simonie — des Verkaufs von Geistlichem gegen Weltliches — anheftete. In der That hatten seine Worte gerade in der Bürgerschaft so viel überzeugende Kraft, dass Viele, die an solchem Handel betheiligt

---

[1]) Siehe oben S. 87.

gewesen, sich um päpstlichen Nachlass für ihre Sünde bewarben, während andere sich weigerten, in dieser Weise ihre Söhne und Töchter an die jüngeren Orden auszufolgen. Letztere aber vertheidigten auch theoretisch die Art ihres Vorgehens.[1]) Indem nun auch jene «Verträge» ihrem Wesen nach als Seelgeräthsstiftungen zu betrachten waren, konnte schon dieser heftige Streit leicht zur Prüfung der Frage führen, ob denn in der That die Seelgeräthstiftung an sich das richtige Mittel zur Erlangung jener geistigen Vortheile sei, die man sich von ihm versprach und um deren Anhoffung die vorangegangenen Generationen eine Summe von weltlichen Gütern geopfert, welche die nachkommenden allmählich zu vermissen begannen. Der Anstoß, die Kritik der frommen Werke nach dieser Seite zu lenken, war aber nirgends so mächtig hervorgetreten als in den neuen Bürgergemeinden, in welchen die Gesammtheit von der Handlungsweise des Einzelnen in recht empfindlicher Weise in Mitleidenschaft gezogen wurde. Auch im Landadel hat manche Generation — an historischen Belegen fehlt es nicht — die nachfolgende dadurch in eine niederere Gesellschaftsschichte herabgedrückt, dass sie in frommem Egoismus von ihrem Gute mehr der Sicherung der Seele als der der Nachkommen verwendete; aber nicht immer erhielt sich in jenen geschichtslosen Zeiten bei den Nachkommen die Kenntnis der Ursachen ihres wirtschaftlichen Rückganges. Anders war das nun bei den Bürgern der Fall, in deren Genossenschaft einer für den andern mitbüßte. Was der Bürger von seinem beweglichen Vermögen seinem Seelgeräthe oder, wie man jetzt allgemeiner sagen konnte, «der Kirche» zuwendete, das kam auch jetzt nicht sofort in Betracht; aber seine Gebäude steuerten nach ihrem Werte für die gemeinen Bedürfnisse der Stadt und seine Grundstücke zahlten als «Schoß» den entfallenden Theil des Erbpachtes an die fürstliche Kammer. Dieser Erbpacht aber lastete unabänderlich auf der ganzen Gemeinde und mit jedem Ausfall an Gründen verringerte sich der Divisor zum Schaden jedes einzelnen Genossen. Deshalb wohl konnten die wirtschaftlichen Folgen einer wahllosen Art Seelversorgung nirgends fassbarer hervortreten, wie in den Städten. Nur war es zunächst nicht der Weg der theologischen Grübelei, sondern der praktischer Abwehr des schädlichen Übermaßes, den die Bürgerschaft beschritt.

Von älteren Analogien zu schweigen, hatte schon die Zeit Karls des Großen auf eine Beschränkung der Zuwendungen für die Todten zu Gunsten der Lebensausstattung der Nachkommenden

---

[1]) S. Benesch von Weitmühl ad 1369, Fontes r. b. IV. p. 540.

hinzuarbeiten begonnen.¹) In Böhmen aber schien der durch die Auflassung der Marken freiwerdende Grund und Boden so unerschöpflich, dass eine solche allgemeine Fürsorge sobald nicht herausgefordert erschien. Erst in den Städten trat die Erkenntnis der Gefahr hervor. Dass nach dem Iglauer Stadtrecht das städtische Erbe nicht Mönchen und Nonnen in die Klöster folgen sollte, ist aus allgemeinerem deutschen Rechtsgebrauch übernommen.

Um den Schaden an «Schoßgut» zu verhüten, schienen zwei Wege offen zu stehen: entweder den Stiften mit dem Gute die Schoßpflicht aufzuerlegen oder die Ausfolgung von solchem Gute an sie ganz zu verbieten. Beide Wege sind versucht worden. So ließ sich König Johann von den Bürgern der kleinen Stadt Prag bewegen, ihnen ohne Rücksicht auf frühere oder gegenwärtige Befreiungen der Stifte in darüber ausgestellten Urkunden das Recht zuzusprechen, alle als Schoßgut der Stadt zugemessenen Gründe und alle innerhalb der Stadt liegenden Häuser ohne Rücksicht auf die Person des Besitzers und dessen Vorrechte und Ansprüche zu besteuern,²) womit neben dem Adel auch die Geistlichkeit getroffen werden sollte. Das Gleiche hatte Johann für Laun und Kouřim verordnet.³) Andere Städte schienen ein Gleiches zu beanspruchen und suchten sich dadurch zu helfen, dass sie sich vor der Überlassung von Schoßgut an die Geistlichkeit einen bezüglichen Revers ausstellen ließen.⁴)

Den zweiten Weg, den der Beschränkung der Seelgeräthe, sehen wir schon im 13. Jahrhunderte beschritten, indem die Lichtenburge nach dem Vorbilde Iglaus im Stadtrechte für Deutschbrod ausdrücklich bestimmten, dass niemand seines Seelenheiles wegen irgend einer Kirche ein Landgut schenken dürfe, sondern lediglich Geld oder bewegliches Gut.⁵) Dieselbe Bestimmung hat früher oder später und mit mehr oder weniger Erfolg in den meisten Stadtrechten Eingang gefunden.

Als Wenzel II. anfangs des 13. Jahrhunderts die Stadt Leitmeritz gründete und die dortige neue Pfarrkirche mit Anweisungen auf seinen Erbpachtzins reichlich ausstattete, glaubte er noch den Bürgern eine freiwillige Beisteuer von ihren Gütern empfehlen zu sollen.⁶) Dagegen erbaten sich nachmals die Bürger von Znaym

¹) Capital. Aquisgran. a. 816, c. 7. Lex. Saxon. lit. 15. — Vergl. Eichhorn Rechtsgeschichte I. § 57.
²) Emler IV. (1337) p. 182.
³) Ibid. p. 177, 181.
⁴) Ibid. (1337) p. 188.
⁵) Čelak. II. p. 69.
⁶) Čelak. II. (1235) p. 4.

von König Johann die eingreifende Bestimmung, dass alle Grundstücke, seien es Äcker, Weinberge oder Häuser, welche von einem Bürger in seinem Testamente einer kirchlichen Stiftung, und sei es auch die Pfarrkirche, vermacht worden waren, von letzterer binnen Jahresfrist, und zwar ausschließlich an einen Bürger der Stadt verkauft werden müssten. Einer möglichen Umgehung der Absicht wurde ein Riegel vorgeschoben. Man konnte den Ausweg suchen, das Grundstück zwar den natürlichen Erben zu hinterlassen, es aber zu Gunsten der Kirche mit einem solchen Zinse zu belasten, dass dieser dem Nutzgenusse des Gutes gleichkam. Dagegen wurde festgesetzt, dass jeder solche Kirchenzins mit 4 Mark Capital für Eine Mark Zins ausgelöst werden dürfe — sonst betrug der Zinsfuß damals 10 Procent.[1])

Die Stadt Eger[2]) erhielt von Karl IV. die Bestimmung, dass jedes Kirchenstift, das testamentarisch auf Erb und Eigen haftende Zinsen zugewiesen erhielt, diese binnen Jahresfrist den nächsten Verwandten des Erblassers und, wo keine vorhanden wären, dem Stadtrathe zur Auslösung nach dem «gewöhnlichen» Zinsfuß anbieten muss. Unterlässt es solches, so soll der Rath das Erbe nehmen und den Erben einantworten oder falls keine da wären, einem Bürger der Stadt verkaufen. Auch der Verkauf solcher Erbzinse an die Geistlichkeit wurde verboten.

Bald darauf erließ Karl IV. für die Städte Görlitz, Zittau, Bautzen, Lauban und Löbau — jedenfalls auf deren Betreiben — das Verbot, überhaupt etwas anderes als baares Geld zu Seelgeräthszwecken zu verwenden, und[3]) ein gleiches erfolgte später (1372) für Königgrätz und die Prager Kleinseite.[4])

So rein wirtschaftlicher Natur auch diese Versuche waren, einen Zwiespalt zwischen den Interessen der Todten und der Lebenden zu beheben, so beweisen sie doch unwiderleglich, dass sich die Zeit eines solchen bewusst zu werden begann.

Die große Furcht vor der Geistlichkeit und einem ferneren Machtzuwachse derselben, die schon zu Zeiten Wenzels II. den Adel angetrieben hatte, den auf die Gründung einer Universität gerichteten Plan dieses Königs zu zerstören,[5]) ist nur ein anderartiges Symptom derselben Krankheit. Aus allem theologischen Gezänke des Husi-

---
[1]) Emler III. (1325) p. 407.
[2]) Čelak. II. 1359 p. 557.
[3]) Huber Regesten Karl IV. (1360) Nr. 3096.
[4]) Ibid. 5124 und 5126.
[5]) Franciscus, Script. r. b. p. 44.

tismus, aus den Reformversuchen des gemäßigten, wie aus dem barbarischen Zerstörungstriebe des radicalsten hören wir immer wieder das eine Leitmotiv heraus: zurück mit allem Gute aus der «todten Hand» in die der Lebenden! Es lag diesem Motive gar nicht fern, war vielmehr nur die logische Substruction desselben, wenn die Taboriten die Lehre vom Fegefeuer, von der Ersprießlichkeit des Betens für die Seele u. s. w. theologisch verwarfen. Es war minder radical, wenn die bekannten vier Artikel nur verlangten, es sollen die Geistlichen nicht unmittelbare Herren weltlicher Güter sein, sondern ihren Bedarf aus den Händen Weltlicher nehmen. Radicaler aber lautete wieder die Erklärung dieses Satzes dahin, es sei eine Todsünde der Geistlichen, für Taufen, Beichte, Trauung und Ölung, Firmung und Abendmahl, für Seelenmessen und Messen am «Dreißigsten» u. s. w. Geld anzunehmen oder Einkaufssummen zur Stiftung von Anniversarien.

Wie diese durch die theologische Richtung des Husitismus substruierten Forderungen in der Socialgeschichte des 15. Jahrhunderts Gestalt annahmen, ist im allgemeinen bekannt und nicht mehr Gegenstand dieses Buches. Nur Eins mag angedeutet werden, was dem socialen Wesen nach — dem die Theologie wie so oft substruierend folgte — den Husitismus vom spätern Protestantismus unterscheidet: jener versuchte eine Einmalige, dieser eine dauernde Lösung des Widerstreites der Interessen der Todten und Lebenden; im radicaleren Dogma der Taboriten begegneten einander beide: Verwerfung der Cultwerke älteren Sinnes.

Soweit gelangte der obsiegende «Utraquismus» allerdings nicht. Was er aber erreichte, war andrerseits gar so unbedeutend nicht: in allen von ihm eroberten Städten fiel das vordem ausgeschiedene Kirchengut› an die Bürgergemeinde zurück oder wurde mindestens von der Gemeinde für Stiftungszwecke in Verwaltung genommen. So gelangte die lebendige Gegenwart im gewissen Sinne zwar wieder in den Besitz dessen, was die Vergangenheit verloren hatte; aber der alte Cultgedanke lebte weiter und entzog neuerdings immer wieder den Lebenden den Bedarf der Todten. Die Offertorien», Seelenmessen und Seelgeräthe lebten wieder auf, bis eine zweite Welle derselben Reaction — die deutsche Reformation — sie wieder hinwegspülte.

Auf Seiten des Landadels geschah in anderer Form das nämliche: zahllose Adels- und Rittergeschlechter schwammen im Kielwasser des Husitismus, nicht wenige selbst in dem des Taboritismus. Als sie dabei wieder erbeutet, was ihre Ahnen zu Gunsten ihrer

Seelen den Nachkommen entzogen, und einige Verzugszinsen dazu, dann brachten sie diese ihre Beute in Sicherheit, indem sie wieder gut katholisch wurden und gut katholisch wieder für ihre eigene Seele sorgten.

Königliche Villicationsstädte.

Zu der Umgestaltung der Agrarverhältnisse, welche die eingewanderten Bürgergemeinden in unmittelbarer Weise veranlassten und förderten, gesellte sich noch die im ganzen Lande weit verbreitete Nachahmung ihrer Einrichtungen auf dem Boden geistlicher und weltlicher Landherren. Durch sie namentlich änderte sich im 13. und 14. Jahrhunderte das ganze Bild der Gesellschaft in Böhmen, und es wird fortan nothwendig, die alten Terminen genauer auf ihren determinierteren Sinn zu untersuchen.

Die ältesten Chronisten, die sich gern einer gewissen Schönrednerei befleißen, sahen auch in dem Wechsel der Bezeichnungen *civitas*, *urbs*, *oppidum* etc. lediglich einen Schmuck der Rede und an ihrer Hand könnten wir uns daher in der neueren Zeit, wie sie mit dem 13. Jahrhunderte eintritt, nicht zurecht finden. Anders stellt es sich in den genauer abwägenden Urkunden. In jenen des 12. Jahrhunderts wird die Bezeichnung *civitas* noch ausschließlich den burgartigen Vororten der Gaue beigelegt. Die Verbindung des Gaues mit seiner *Civitas* ist eine so enge, dass wir — wie auch schon bei Cosmas — denselben Namen für beides gebraucht finden.

Verschieden ist der Begriff *forum*, der Markt. Nicht jeder Markt liegt in einer *civitas*, wohl aber hat jede *civitas* ihren Markt. Außerdem aber befinden sich noch Märkte in der Nähe der Einbruchstellen der Auslandstraßen, und — seit dem 12. Jahrhunderte — werden wir da und dort auch einen in der Nähe von Klostergemeinden gewahr. Der besondere Friedensschutz, den die Marktplätze heischten und der, um für alle Stammesangehörigen bindend zu sein, nur vom Landesfürsten gewährt werden konnte, hob sie als privilegierte Orte von allen anderen ab. Diese alte Marktqualität änderte aber nichts an den Gesellschafts- und Grundbesitzverhältnissen der Bewohnerschaft. Der Marktort ist, wenn er sich nicht an eine Gauburg anschließt, — aber auch dann wohl noch in vielen Fällen — ein Dorf, eine *villa forensis*. Auch die ältere Colonisation hat hieran noch nichts geändert. Als Hroznata in der Lichtung des Grenzwaldes sein Lichtenstadt gründete, blieb dieses trotz seines

Marktes doch noch bis ins 13. Jahrhundert ein Dorf;[1]) noch gab es keine andere Organisationsform für eine solche Colonie.

Auf diese beiden Kategorien von Ansiedlungen — Gauburgen und Dörfer — beschränken sich die Angaben der Urkunden bis in die Mitte des 13. Jahrhunderts — selbst die mit Marktrecht versehenen Dörfer treten verhältnismäßig spärlich auf. Erst nachdem die königlichen Städte sich über das Land verbreitet und zum Theil gleichzeitig mit diesen tritt eine neue Form von Ortschaften unter dem Namen des *oppidum* in jüngerem, determinierterem Sinne hervor: die unterthänige Stadt in Nachahmung der Organisation der königlichen. Die Urkunden berichten von Neuanlagen solcher Landstädte, die gleich den königlichen Städten in der Nähe oder innerhalb eines Herrensitzes durch Ansetzung einer Colonistengemeinde entstanden sind. Häufiger aber deuten die Umstände dahin, dass eine vorhandene Dorfansiedlung zum Ausgangspunkte genommen und nur gesellschaftlich umgestaltet wurde. Aber auch dann traten — wie die unzweifelhaft deutsch klingenden Namen neben älteren čechischen schließen lassen — nicht selten fremde Elemente hinzu. Wo auch in diesen Landstädten ein Erbrichter erscheint, da kann er wohl zumeist diesen ortsfremden Elementen zugezählt werden. Häufig giengen solche «Locatoren» nachweisbar aus der Bürgerschaft der königlichen Städte hervor. In dieser jüngeren Zeit, welche für Böhmen mit der Mitte des 13. Jahrhunderts einsetzt und über die Husitenzeit hinaus fortdauert, nehmen die alten Terminen eine neue Bedeutung an: die alte, einst *civitas* genannte Burg lebt nur noch als *castrum* fort; ein kleineres *castrum* heißt eine *munitio* — Feste, *tvrz*. Dagegen bezeichnet *civitas* jetzt wieder wörtlich eine «Bürgerschaft», und kömmt sonach zunächst den bürgerlichen Ansiedlungen auf Königsboden, den königlichen Städten zu. Jede andere Bürgergemeinde heißt jetzt ein *oppidum* und nur allmählich werden *civitas* und *oppidum* wieder einander näher gerückt.

Dieses «Oppidum» kann nur in Verbindung mit einem «Forum» bestehen; es setzt nach seiner Organisationsgrundlage die Marktgerechtigkeit nothwendig voraus. Aber ein altes «forum» oder eine «villa forensis» ist deshalb noch keineswegs ein «oppidum». Den letzteren Namen führen nur Marktgemeinden, deren Mitglieder zusammen in einer Genossenschaft und in einem loseren Unterthänigkeitsverhältnisse zu ihrem Grundherren stehen, und diese theilweise Lösung besteht in deren Besitzverhältnisse zum Grunde und in einer

---

[1]) villa, villa cum foro, Erben I. (1213) p. 256; (1219) p. 284.

größeren Selbständigkeit des Gerichtes. Das erstere wird durch den uns schon bekannten Einkauf nach «Kauf-», «Burg-» oder «deutschem Rechte» erzielt, das andere durch die Einführung des Schöffensystems. Aus einer «villa», d. i. einem alten Dorfe konnte nur dadurch ein oppidum im Sinne des Sprachgebrauchs des 13. und 14. Jahrhunderts werden, dass ihm Marktrecht verliehen, dass der Grund aufgetheilt und in emphyteutischem Kaufe den Bewohnern zu eigen überlassen und dass deren von der Gutsherrschaft eingesetztem Richter aus diesen Bewohnern eine Anzahl Schöffen beigegeben wurde.

Um es äußerlich einer Stadt des Königs gleichzuthun, fehlte dann dem Oppidum noch die Ummauerung, die weder ohne Bewilligung der Grundherren noch ohne die des Landesfürsten vorgenommen werden sollte. Die Landstädte behielten ihren Herren gegenüber einen hohen Grad von Abhängigkeit, so lange sie sich in offener Lage schutzbedürftig an deren Burgen anlehnten; ihre Einschließung verlieh ihnen dagegen je nach den Umständen auch der Herrschaft gegenüber einen Grad von Selbständigkeit, den sie oft nur nach heftigem Kampfe erreichten oder durch ein hohes Lösegeld erkaufen konnten. Aber auch wo die Herrschaft in der Befestigung der Stadt ihren eigenen Vortheil erkannte, scheint sie auf ihre Schutzgewalt, bei der wieder die «Utilitas» die Hauptsache war, nicht ohne Ablösung haben verzichten zu wollen.

So mussten die Bürger von Deutschbrod den Lichtenburgern als ihrer Schutzherrschaft baare 200 Mark Silber für die Erlaubnis zahlen, ihre Stadt mit einer Mauer umgeben zu dürfen.[1] Das Werk selbst vollbrachten die Bürger in der Weise, dass jedem einzelnen mit dem Maßseile die Strecke zugemessen wurde, für deren Fertigstellung er in einem Zeitraume von zehn Jahren aufzukommen hatte. Während dieser Zeit befreite die Herrschaft die Bürger zwar nicht von ihrer Schoßpflicht, wohl aber von außerordentlichen Leistungen und von dem Zoll in Habern, den damals die Lichtenburge als Grenzvögte erhoben.[2] In Neubydžov übernahmen eine Anzahl Bürger die Bürgschaft für die Fertigstellung der Mauern gegen ein Pönale für jedes zu bestimmter Zeit nicht fertig gestellte «Seil» *(corda)*. Um dann die Gräben auszuheben und in der Nähe der Thore die Vorwerke — zum Theil aus Holz — aufzubauen, erhielt die Bürgerschaft einestheils eine Beisteuer durch den zweimaligen

---

[1] Emler II. (1310) p. 962.
[2] Ibid. IV. (1314) p. 780.

Nachlass eines halbjährigen Schoßzinses, anderntheils schrieb sie Zuschläge auf diesen Zins aus.[1])

Es bestand also hierin ein greller Unterschied gegenüber einer königlichen Stadt, der die Ummauerung sofort nach ihrer Anlage zur Pflicht gemacht wurde. Aber erst ein ebenso ummauertes Oppidum konnte sich dann mit Recht einer Civitas gleichstellen, so dass denn auch, sachlich weniger richtig, recht häufig erst die Erlaubnis zur Ummauerung als die «Erhebung zur Stadt» bezeichnet wird. Wenn außerdem einem Oppidum vom Landesfürsten alle jene Rechte verliehen wurden, wie sie die oder jene königliche Stadt oder überhaupt eine solche besaß, so bezog sich das einmal auf die Begünstigungen des Marktrechtes durch Zollerleichterungen, zumeist aber auf den Brauch und das Strafausmaß beim Gerichte. Eine solche Verleihung steht dann irgendwie im Zusammenhange mit der Exemtion von den Provinzialgerichten, und ihr gesellt sich zumeist die Gestaltung der localen Strafrechtspflege in Fällen der handfesten That gegen bürgschaftslose Leute — das Recht «zu Galgen und Rad» zu. Das Thor und die Mauer und der Galgen davor vollenden dann das Bild der richtigen Stadt.

Scheint so die unterthänige Stadt in betreff der Stellung ihrer Bürger bis auf die Verschiedenheit der Grundherrschaft den königlichen Städten näher zu rücken, so erweitert sich doch seit dem 14. Jahrhunderte in Bezug auf die politische Bedeutung beider der Abstand. Noch ein erwähnenswerter Unterschied tritt hervor, indem wir Städte auf königlichem Boden erstehen sehen, die, obwohl sonst im Genusse aller Freiheiten königlicher Städte, doch nicht letzteren beigezählt wurden. Das unterscheidende Merkmal scheint in diesem Falle in der Stellung zu liegen, die sie im Verwaltungsorganismus des königlichen Gutes einnahmen. Das Kennzeichen der «königlichen Städte» in dieser Richtung ist, dass sie aus jedem Zusammenhange mit jedem anderen Verwaltungsorgane ausgeschaltet lediglich dem Unterkämmerer, d. i. der für sie eigens geschaffenen Behörde des Königs, unterworfen sind und unmittelbar an die Kammer ihren «Kammerzins» entrichten, während es noch Städte des Landesfürsten gab, die zunächst als Rentobjecte den Villications-Beamten untergeordnet blieben. Diese Verschiedenheit trug vielleicht dazu bei, jene Scheidung anzubahnen, die Karl IV. zwischen unveräußerlichem und bedingt veräußerlichem Königsgute festzustellen gedachte. Durch thatsächlich eingetretene Veräußerungen oder Verpfändungen

---

[1]) Memorabilienbuch der Stadt Bydžow, Emler III. 1311. p. 18 f.

verloren dann solche Städte oft auch für die Zukunft die Aussicht, sich aus ihrer Unterthänigkeit zu königlichen Städten zu erheben. Den ganzen Umfang der nach der in Rede stehenden Richtung hin im 13. Jahrhunderte entfalteten Thätigkeit der Fürsten, der Geistlichkeit und des Landadels darzustellen, sind wir der Lückenhaftigkeit des urkundlichen Materials wegen nicht im Stande. Eine ziemlich große Anzahl von Städten und Städtchen, die uns erst im 15. Jahrhunderte als solche entgegentreten, mögen ihre «Erhebung» schon dem 13. oder 14. Jahrhunderte danken; wir müssen uns aber auf die Angaben beschränken, wie sie uns gerade der Zufall in den Urkunden erhalten hat.

Auf königlichem Boden unweit seines Grenzschlosses Bösig am Flüsschen Doksy übergab König Ottokar II. den Bürgern Konrad und Hertwig von Graber, das wir als eine Anlage von Leitmeritzer Bürgern auf einem Klostergute Doxans schon kennen lernten, eine Waldstrecke in der Schätzung von hundert Hufen sammt dem Dörfchen Chlum daselbst zur Anlage einer neuen Stadt. Konrad wurde Erbrichter mit zwei urbaren und zwei noch zu beräumenden Freihufen, einer zu bauenden Mühle und dem üblichen dritten Pfennig vom Gericht. Die neue Stadt, nach dem Fluße von den Čechen Doksy, von den deutschen Colonisten Hirschberg genannt, erhielt Prager Recht und alle Freiheiten anderer Städte des Landes. Als Jahresabgabe für das Burggrafenamt des Schlosses entfiel auf jede Hufe eine Mark Silber, ein Schweineschinken, drei Hühner und je ein Strich Weizen, Korn und Hafer. Das bereits urbare Land des bestandenen Dorfes zinst sofort nach dem ersten Jahre, das zu rodende genießt eine Freifrist von acht Jahren. Als Baaranzahlung auf diesen Kauf leisten die Unternehmer Konrad und Hertwig 100 Mark Silber.[1]) Dass die neue Besiedlung mit Graber und Leitmeritz in einem gewissen Zusammenhange stand, ist bestimmt anzunehmen; ob die älteren Nutznießer von dem verschwundenen Chlum abberufen oder etwa als Hintersassen bei der Stadt blieben, ist ungewiss.

Einer ähnlichen Umgestaltung dürfte das nahe Dorf Binai (Zbiny) den damals eingeführten Namen Ludwigsdorf verdanken haben,[2]) das mit seinen zehn Hufen zum Gerichte von Hirschberg gehörte. Tacha, Woken und Wobern fallen ihrer Anlage nach wahrscheinlich in denselben Colonisationskreis. Jenseits des Bösiger Waldes aber dürfte das damals Freistadt — *libera civitas*

---

[1]) Emler II. (1264) p. 180.
[2]) Emler II. (1293) p. 701.

— benannte Städtchen Hühnerwasser mit den benachbarten Colonistendörfern Schiedl, Gruppai und Rokytei zu den Gründungen auf königlichem Boden gehören, indem die betreffenden Kirchen — zu Freistadt und Gruppai — noch am Ende des 14. Jahrhundertes als Filialen zur Kirche von Bösig gehörten.[1]) Zur selben Zeit aber war die letztgenannte Gruppe schon in den Besitz der Herren von Dauba (Dubá) gelangt. Aber auch Hirschberg brachte es nicht zum Range einer «königlichen Stadt».

In unbekannter, aber mit großer Wahrscheinlichkeit in die Regierungsperiode des großen Colonisators Ottokars II. zu setzender Zeit war auch dicht unterhalb der Burg Bösig selbst eine gleichnamige Stadt — Schlossbösig — gegründet und als Mittelpunkt dieses Colonisationsgebietes — «von den alten Königen Böhmens»[2]) — mit allen Freiheiten ausgestattet worden. Sie mochte indes schon wegen der Ungunst der Lage auf unfruchtbarem Boden die Hoffnungen ihres Gründers nicht erfüllen; im 14. Jahrhunderte finden wir sie vielmehr sammt dem stolzen Königsschlosse und sammt Hirschberg und der ganzen Umgebung in den Händen der genannten Herrn von Dauba, die bald als Kämmerer, bald als Burggrafen und in anderen Ämtern dem königlichen Throne und — Gute nahe standen.[3]

Die von Hinko Berka von Dauba im Jahre 1337 vorgenommene Verlegung der genannten alten Stadt Bösig vom Fuße des Berges nach der offenen Gegend im Südosten an den Biela- oder Weißwasserbach gibt uns ein recht anschauliches Bild der Verhältnisse der neuen wie der alten Gründung. Den genannten Bach begleitete damals noch an seinen Ufern der «Bösiger Wald», in dem nun für die neue Stadt Raum wurde, indes die ältere Ansiedlung wegen ihrer ungünstigen Lage all ihrer Stadtrechte verlustig werden sollte. Die neue Anlage sollte Neu-Bösig heißen; das Volk zog aber vor, sie nach dem Namen des Baches Biela oder Weißwasser zu nennen. Dieses wurde nun der Gerichtsvorort aller zugehörigen Orte einschließlich Hirschbergs, woraus wir entnehmen können, dass auch früher in der Stadt Schlossbösig eine Vogtei für dieses ganze Colonisationsgebiet bestand und dass hier wohl die Anlage einer wirklichen «königlichen Stadt» geplant war, die aber durch den Übergang des Gebietes in Privatbesitz ebenso verhindert wurde, wie wir dies bei Landskron sahen. Als «Locatoren» vertraute Hinko von Dauba die Durchführung des Übersiedlungsgeschäftes seinem Leipaer Burggrafen Martin von Low, dem Altbösiger Richter Jeschko und einem Bürger von Leipa namens Christian.

Das Locationsgebiet bestand aus zwei Theilen: 40 Hufen liegen von der Gründungsstätte nordwärts im Bösiger Walde und 30 Hufen südwärts gegen die bestehenden Dörfer Dětel, Dlouha Doubrawa, Bezdědic, Plužna und Březinka zu. Die letzteren drei liegen am Südrande des heute noch bestehenden Waldes; die beiden ersteren sind unter der Colonisation verschwunden. Auch diesen Dörfern sollten bei dieser Gelegenheit angrenzende Waldgründe zugewiesen und zu deutschem Rechte überlassen werden; d. h. sie wurden durch Colonisation erweitert. Als Anleite verlangte Hinko für jene 40 Hufen 10 Schock, von jenen 30 Hufen 5 Schock von den Unternehmern. Zwanzig Hufen standen bereits bei jenen verschwundenen Dörfern unter Zins. Alle 90 Hufen aber sollten sammt ihren Besitzern und den besitzlosen Vorstädtern und Handwerkern zum neuen Stadtgerichte gehören.

Acht Hufen im Walde bei der Stadt schenkte der Gutsherr jener und den genannten Dörfern zu zinsfreier Benützung als »*obec*« oder »Viehweid«. Überdies steht der Stadt vom »Thore der Deutschen« an in der Richtung gegen das Schloss Bösig ein *drahy*» oder «*viehweg*» genannter Weideweg in der Breite von drei Ruthen offen. Den Fluss unter der Stadt können die Bürger zu all ihrem Bedarfe ausnützen, nur nicht zum Rösten von Flachs und Hanf, wozu sie eigene Gräben anlegen sollen. Die Malzbereitung wird den Bürgern zugelassen; dagegen behält sich die Herrschaft den Nutzen der Fleisch-, Brod- und Schuhbänke vor mit Ausnahme derjenigen Fleisch- und Brodbänke, welche dem Gerichte zugewiesen sind, d. h. dem Richter gehören.

Die Marktleute sollen in der neuen Stadt durch keinerlei «Marktrechte» beschwert werden. Das «Niederlagsrecht» bezüglich der Häringe und anderen Waren soll von der alten Stadt, die es durch königliches Privilegium besaß, auf die neue übergehen. In Bezug auf Schenken und Handwerker soll auch die neue Stadt das Meilenrecht besitzen — nur »der alte Otto von Bösig« behält für seine Schenke auf Lebenszeit ein Vorrecht.

Bürger und Bauern erhielten sieben Freijahre. Nach Ablauf derselben soll der Jahreszins von 60 Hufen je eine schwere Mark — zu 64 Groschen — von anderen 30 Hufen je eine leichte Mark — zu 56 Gr. — betragen. Die neue Kirche erhält zur Widmut eine Freihufe. Von den Locatoren gewann jeder zwei freie Hufen im Walde. Sollten der Leipaer Burggraf und der Bürger Christian diese ihre zwei Waldhufen verkaufen wollen, so steht dem alten Richter von Bösig das Vorkaufsrecht zu. Dass auf ihn das Gericht in der neuen Stadt übergieng, scheint die Urkunde als selbstverständlich zu betrachten. Er erhielt den dritten Pfennig vom Gerichte von Weißwasser und Hirschberg und allen zugehörigen Dörfern. Außerdem gehörte ihm eine Tuchmühle mit einem Rade, vulgär *walkmul* genannt, ein Ertrag der Mahlmühle, ein Garten oder Hopfengarten, das Bad unter der Stadt, drei Fleisch- und ebensoviel Brodbänke.

Die Kunst des Feldmessers muss damals hochbewertet worden sein. Trotzdem ist dies der einzige Fall, in welchem uns die Geschichte den Namen desselben erhalten hat: er hieß Zerwa und erhielt als Lohn für seine Arbeit eine Freihufe Wald und wurde Erbrichter des Dorfes Dětel mit einem Drittel jenes dritten Gerichtspfennigs, den der Stadtrichter in diesem Dorfe bezog.[1]

Das nach Norden gerichtete «Thor der Deutschen» in Neubösig versetzt uns in die Nähe des dichter werdenden Markwaldes mit nachmals vorwiegend verwendetem deutschen Colonisationsmaterial. Ohne Urkunden sind wir doch durch die Beziehungen des Gründers von Weißwasser als dem neuen Mittelpunkte einer großen Herrschaft auf ehedem königlichem Boden auf die Annahme hingewiesen, dass damals die Colonisation des Landes um Leipa und die Umgestaltung der Agrarverhältnisse im Gebiete von Dauba bereits in Angriff genommen waren. Auf beide Punkte stützen sich fortan die Zweige des aufstrebenden Geschlechts wie auf neue Stammsitze. Von Leipa konnte Hinko Berka I. nicht nur einen in den Geschäften der Colonisation bereits erfahrenen Burggrafen, sondern auch einen Bürger berufen; es muss also neben dem nach einem Lindenhage — lipá — benannten Schlosse auch schon eine bürgerliche Ansiedlung daselbst gegeben haben. Aber auch von Dauba (Dubá), dem «Eichenhain», woselbst die Anlage noch das Colonisationswerk neben den Resten eines älteren Bestandes erkennen lässt, muss dasselbe gelten. Außer der Anlage sprechen auch die bekannten Namen der Frenzlîn, Hutlîn, Litold u. ähnl., die noch im 14. Jahrhunderte auftauchen, für die Herkunft der Colonisten von Dauba. Ob aber vielleicht beide Städte das Schicksal der Herrschaft Bösig theilten, dass sie ursprünglich auf königliches Geheiß — etwa schon von Ottokar II. — angelegt, nachmals erst den glücklichen Strebern in die Hände fielen, darüber, obwohl es nicht unmöglich ist, lässt sich doch auch kaum eine Ver-

[1] Emler IV. (1337) p. 169 f.; (1345) p. 642 f.

muthung aufstellen. Wir werden uns also Leipa und seine Nachbarschaft für die Erörterung der Gründungen auf dem Boden der Landherren aufsparen müssen. —

In den bald wasser-, bald waldreichen Aulandgegenden des alten Gaues von Havran besaßen die Landesfürsten noch im 14. Jahrhunderte weite Strecken, an deren Colonisierung sie um dieselbe Zeit herantraten. Königin Guta, die Habsburgerin, übergab im Jahre 1291 als Nutznießerin eines Theiles dieser Ländereien ihrem Diener Rudlin die Herrschaft Lissa mit allen ihren damaligen Dörfern zum Zwecke der Location «zu deutschem Rechte», indem sie ihm die Eintheilung je nach dem Maße, das die einzelnen Reflectanten wünschten, freistellte. Zu dem Stocke vorhandener Dörfer, deren die Urkunde Erwähnung thut, kam so auch eine Zahl neu zu besetzender Hufen, die jedermann als «wahres Burgrecht», d. h. zu Kaufrecht in Besitz nehmen konnte, der nach Verlauf von zwei Freijahren einen Jahreszins von drei Vierdung Silber zu zahlen versprach. Rudlin zahlte der Königin für jede vermessene Hufe Eine Mark Anleite und erhielt dafür in üblicher Weise die Erbvogtei über Lissa und seine Dörfer, drei Freihufen und das Recht einer Schenke und einer Mühle.[1]) Zwei Jahre später finden wir in der That an neuer Stelle — zum Unterschiede vom «alten Markt» — einen neuen Marktflecken Lissa.[2])

Östlicher in der Elbegegend lagen die großen Königsgüter Sadska und Poděbrad, deren ersteres als Wirtschaftshof — *curia* — dem letzteren als der Burggrafschaft — *castrum* — Poděbrad untergeordnet war. Hier, in der Nähe der jungen Stadt Nimburg, hielten namentlich die Könige Ottokar II. und Wenzel II. häufig Hof, und wenn schon die benachbarten Orte Čelakowic und Dimokur von Wenzel II. als seine Städtchen — *oppida* — bezeichnet wurden,[3]) so kann wohl auch für Poděbrad schon für jene Zeit dieselbe Eigenschaft vorausgesetzt werden. Von «königlichen» Städten ist aber dabei nicht die Rede, indem sie vielmehr — bis zu ihrem Verkauf — in der «Villication» von Poděbrad blieben, dessen Villicus wieder dem Burggrafen des Prager Schlosses unterstand.[4])

Auch nordwärts im Quellgebiete der Cidlina gehörte die Landschaft von Jičin zum Haushaltsgut der Königin Guta.[5]) Hier

---

[1]) Emler II. (1291) p. 661.
[2]) Emler II. (1293) p. 697.
[3]) Emler II. (1290) p. 656.
[4]) Emler III. (1320) p. 233.
[5]) Emler II. (1293) p. 698.

griff aber bereits die Begehrlichkeit der Wartenberge ebenso ein, wie im Westen die der Berka. Auch Jičin (Zydinawes) finden wir nach Gutas Tode in den Händen des Benesch von Wartenberg, und dieser erlangte die Erhebung des Dorfes zur Stadt mit allen Rechten, wie sie andere Adelsstädte — *civitates nobilium* — besitzen.[1]) Dass dieser «Erhebung» auch die übliche «Location» vorangegangen war, ersehen wir daraus, dass König Wenzel, der zwei Jahre später das Gut wieder an sich nahm, von den «hundert Hufen» spricht, die es im Ausmaße hielt.[2]) Obwohl nun aber Jičin, dessen Bauart den Typus dieser Colonistenstädte gar nicht verkennen lässt, längere Zeit im Besitze des Königs blieb, wurde es doch nicht zur «königlichen» Stadt. Vielmehr gerieth es 1316 durch Pfandschaft an Potho von Friedland, einen der Söhne jenes Hinko von Dubá,[3]) dann wieder an Benesch von Wartenberg[4]) und endlich 1337 durch Kauf an dessen Sohn Jeschko von Wessel.[5])

Etwas südlicher am Mittellaufe der Cidlina wurde unweit eines älteren Ortes dieses Namens ein Neues Bydžow unter ähnlichen Umständen durch Wenzel II. als Stadt angelegt; aber auch schon der ältere Ort muss mindestens mit Marktrechten ausgestattet gewesen sein. Dass er auf einem königlichen Gute erstanden war, beweisen die seiner Kirche daselbst auf den königlichen Höfen angewiesenen Zehnten; dass aber die Verwaltung dieses Gutes in einem gewissen Zusammenhange mit dem Verwaltungskörper von Poděbrad-Sadska stand, dürfte daraus zu erschließen sein, dass jene Kirche zu Altbydžow zur Präbende des Stiftes Sadska gehörte. Durch die Verlegung der Stadt Bydžow an eine geeignetere Stelle erlitt jene Kirche einen bedeutenden Entgang, weshalb sie Wenzel II. durch Schenkung eines Dorfes entschädigte.[6]) Die Anlage erfolgte wahrscheinlich nicht ohne Mitwirkung der Villicationsbeamten von Königgrätz. Die Wirren unter Heinrich von Kärnthen trafen die Stadt noch unfertig und unbefestigt. König Johann nahm die Stadt und den Distrikt im Jahre 1311 in Besitz, indem er ihm den Kämmerer Walter von Castel mit seinen Leuten zur Besatzung gab und ihn dem neuernannten Grätzer Villicus Henlin unterstellte. Den Bau der Stadtmauern hatte bereits Wenzel II. angeordnet, und einzelne

---

[1]) Emler II. (1302) p. 821.
[2]) Ibid. (1304) p. 872.
[3]) Emler III. (1316) p. 129.
[4]) Emler IV. (1327) p. 841.
[5]) Ibid. (1337) p. 851.
[6]) Emler II. (1305) p. 883.

Bürger hatten sich unter Pönalverpflichtung in die Unternehmung getheilt, ohne dass sie — wahrscheinlich der Kriegsläufte wegen — die Arbeit hätten fertigstellen können. Das Pönale wurde 1311 eingefordert und die Arbeit aufs neue aufgenommen.[1]) Wahrscheinlich um entstandene Streitigkeiten der Bürger beizulegen, fand im Jahre 1334 eine Classificierung der verschiedenwertigen Hufen des Schoßgrundes statt.[2]) Nicht ohne Interesse sind die Bestimmungen über den Zinswert der Bauplätze in der Stadt. Die Hofstätte eines Eckhauses zinst 6 Mark, die der übrigen Ringhäuser — per circulum civitatis — 4 Mark. Die Baustellen in den beiden langen Gassen von einem Thor zum andern zinsen 3 Mark, andere Gassen 2 Mark, die Plätze für die Fleischbänke je 3, für die Brodbänke je Eine Mark. Besondere Malzhäuser zinsen für den Grund 3 Mark, wer aber nur für seinen Bedarf malzt, zinst dafür nicht. Jeder Gartengrund außer der Stadt ist zu einer halben Mark veranlagt. Die Handwerker zahlen einen Zins von drei Mark.

Dass die Verfassung der Stadt auf deutschem Stadtrechte beruhte, ist außer Zweifel — Zeuge unter anderem der Richter und die «vier Bänke» der Schöffen. Richter war um 1311 Friedrich; die damaligen Schöffen hießen: Konrad von Mordau, Nikoaus Sohn des Arnold, Konrad von Wesel, Heinrich von Nechanitz, Heinmann von Landeck, Heinmann Salta-in-pecinnam, Nikolaus von Trautenau, Richlin, Symacus, Jaroslav, Herbold von Grätz und Christian, der Sohn des alten Richters. Neu eintretende Schöffen waren damals: Ludwig, Arnold von Grätz, Walter von Kuttenberg, Peregrin, Heinrich Dives, Heinrich Schetzlin und Nikolaus Gumpolders.[3])

Der Einfluss, den der Villicus von Grätz in Bydžow übte, lässt erkennen, dass es damals zu den Villicationsstädten des Königs, nicht aber zu den königlichen Städten engeren Sinnes gezählt wurde. Auch Neubydžow fiel nachmals dem Besitze der Wartenberge zu und wurde erst im Jahre 1569 eine königliche Stadt.

Auch das nahe Neu-Nechanitz, das als Feste und Stadt — munitio et oppidum — bezeichnet wird, dürfte wie Bydžow auf Königgrätzer Villicationsgrunde geschaffen worden sein. Durch Tausch und Verkauf gelangte es in Johanns späteren Zeiten an die von Sandbach und dann an Hinko Krušina von Lichtenburg.[4])

[1]) Emler III. (1311) p. 13, 18, 21.
[2]) Emler IV. (1334) p. 45 ff.
[3]) Emler III. p. 21.
[4]) Emler IV. (1341) p. 86.

Elbekostelez wird schon um 1317 als Stadt genannt und scheint als solche ebenfalls auf dem Gebiete der Villication der Königin entstanden zu sein. Im Jahre 1327 verpfändete es König Johann an unsern Hinko Berka von Dubá.[1]

Im Bereiche der unteren Eger war auch nach den reichen Verleihungen an das Bisthum, an Břevnow und Doxan immer noch ein großer Rest als königliche Villication zurückgeblieben. Den Mittelpunkt derselben bildete Schloss und Hof Budin (Budyň) an der Eger. Auch hier hielt Ottokar II. mehrfach Hof.[2] Er selbst dürfte auch die Location dieser Güter begonnen haben; denn schon 1282 hat Budin seinen »Vogt.»[3] Unter der Regierung Wenzels II. setzte Leonhard, der Bischof von Meißen, als Verweser die Locationsarbeiten nach deutschem Rechte fort, sowohl in Budin als in den Dörfern daselbst. Damals bediente sich der Bischof eines durch den Namen Walter seiner Herkunft nach gezeichneten Mannes zur Besorgung der Locationsarbeiten unter Herbeiziehung von fremden Ansiedlern — *advenarum*; Walter erhielt dann dafür das Erbgericht in Černuc mit dem üblichen Einkommen, so dass sich also diese Thätigkeit bis gegen Welwarn zu erstreckt haben muss. Als Griffina, die nach Böhmen übersiedelte Tante Wenzels II. von diesem jene Güter angewiesen erhielt, schien ihrem Interesse die Vermessung nicht genügend günstig gewesen zu sein, so dass sie eine neuerliche Nachmessung vornehmen ließ. Das Versprechen völliger Befreiung vom Landesgerichte scheint für Bürger und Bauern der Ersatz gewesen zu sein, der sie mit der Neuvermessung versöhnen sollte. Sie sollten fortan nur an ihre eigenen Richter und den der Königin gewiesen sein. Die Hufe wurde dafür auf 60 Strich Aussaat reducirt; der Hufenzins sollte ½ Schock Groschen, je zwei Leitmeritzer Maße von jeder der vier Getreidearten und 6 Hühner jährlich betragen. Dagegen sollte in Budin die bestandene Malzgebür entfallen. Die Hintersassen zahlten je Ein Loth Silber jährlich.[4] Wahrscheinlich ist es schon jene Thätigkeit des Bischofs, in welche die Erhebung Budins zur Stadt fällt. Zu den dem Unterkämmerer des Königs untergeordneten Städten aber zählte sie niemals.

Dass die Bürger dieser Stadt von da aus wieder die gleiche Thätigkeit fortsetzten, bezeugt jener Bürger Hostka, der von der Königin zu mehreren Hufen, die er schon im Dorfe Malowar besaß,

---

[1] Emler III. p. 163, 487.
[2] Emler II. (1263) p. 170; (—) p. 1000.
[3] advocatus Emler II. (1282) p. 548.
[4] Emler II. (1302) p. 835.

noch 6 Hufen hinzukaufte,¹) kaum zu einem andern Zwecke, als um sie zu elocieren. Auch dieses Dorf lag bei Welwarn. — Eine Stunde egeraufwärts von Budin liegt heute das Dorf Radowesitz, das damals als Feste und Städtchen bezeichnet wurde,²) während das nahe Libochowitz noch ein Dorf sein musste, obgleich dessen »Richter« schon für 1307 seine vorausgangene Locierung verräth.³) Weiter war Slavětin in landesfürstlichem Besitze schon im 13. Jahrhunderte ein Marktflecken — oppidum forense — und wurde als solcher 1268 von Wenzel II. tauschweise dem Bischof Johann überlassen.⁴) Ziehen wir, wie billig, auch das Gebiet der königlichen Städte Kolin, Nimburg und Melnik mit in Betracht, so finden wir das ganze erweiterte Elbetiefland von Kolin bis Melnik und wieder das ganze Egerland von der Mündung dieses Flusses bis Laun und Saaz hinauf als ein einziges großes Wirtschaftsgebiet in unmittelbarem Besitze der Landesfürsten, auf dem sie in Ansehung der Städtegründung eine Thätigkeit entfalten, wie wir sie so zusammengedrängt nirgends im Lande wieder antreffen.

Ausgedehnte königliche Güter, an denen die Beamten den Meliorationsdrang der Zeit versuchen konnten, lagen auch im Süden und Südwesten von Prag. Als Wenzel II. im Jahre 1292 Řewnitz an der Beraun dem Kloster Königssaal schenkte, war dasselbe bereits eine Stadt.⁵) Eulau — Jilové — die alte Goldwäscherstätte war im 14. Jahrhunderte eine Stadt in königlichem Besitz. Lehensweise verlieh sie König Johann an Ulrich Hase von Waldeck.⁶) Auch Hostěraditz, das heutige Dorf, war damals ein Städtchen auf Königsgrund und gieng erst 1319 an Heinrich von Leipa über.⁷) An der Straße nach Pilsen lagen im 14. Jahrhunderte schon die Städte Bettlern (Mendicus, Žebrák), Zbyrow und Mauth, die beiden ersteren am Fuße gleichnamiger Burgen. Die beiden letzteren Städte verkaufte König Johann an Peter von Rosenberg; die erstgenannte Stadtanlage dürfte den Waldecken ihre Entstehung verdanken.⁸) Auch Radnic war bereits unter königlicher Herrschaft

¹) Ibid.
²) Emler IV. p. 96.
³) Emler II. p. 916. Budin, Schloss und Stadt, mit Libochowitz und Klapai mit der Hafenburg gelangten durch Tausch an Zbyněk den Hasen von Waldeck. Emler IV. (1326) p. 106.
⁴) Emler II. p. 240 f.
⁵) Emler IV. 1292 p. 745; 1344 p. 588.
⁶) Emler III. (1331) p. 712.
⁷) Ibd. (1319) p. 215.
⁸) Emler IV. (1336) p. 106, 119, 142.

zur Stadt ausgestaltet worden, ehe es durch Verkauf an die Rosenberge kam.[1])

Noch reichlicher war das königliche Gut in den Moldauländereien vertreten, wo die Villicationc von Kameik eine ungeheure Ausdehnung hatte. Bei der Burg selbst hatte die königliche Verwaltung nebst der kleinen Ansiedlung Altkameik ein Neukameik angelegt und dieses zu einem Städtchen erhoben. Auch Milin war ein Städtchen.[2]) Neben dem alten Knin, in dessen Nähe — bei Slap — Gold gegraben wurde, entstand spätestens schon am Beginne des 14. Jahrhunderts das Städtchen Neuknin. Wohin die Zuwanderung deutet, lässt vielleicht der Name des bürgerlichen Locators Kunzmann genannt Huchumstollen errathen. Wie überall setzte auch von hieraus die Location den Fuß wieder weiter. Jener Kunzmann erwarb von König Johann für 80 Schock Anzahlung die Ermächtigung, in der zum Walde der Kameiker Villication gehörigen Strecke Kapčic zwei neue Dörfer nach deutschem Rechte anzulegen, jedes zu 10 Hufen und die Hufe zu 72 Strich. Nach zwölfjähriger Freiheit — ein Beweis, dass es sich um die Ansiedlung auf grüner Wurzel handelte — soll die Hufe 34 Groschen, 10 Hühner und als Ablösung jener Arbeitsleistung, die man *roboten* nenne, 6 Groschen jährlich leisten. Woher die Colonisten kamen, wissen wir nicht; es wird für sie keine andere Bedingung aufgestellt, als dass sie verlässliche Wirte — *certi coloni* — seien. Angrenzend an die Dörfer erhielt der Unternehmer sechs Freihufen und in jedem Dorfe das Gericht und ein Schankrecht.[3]) Vielleicht verrathen außer der Lage zum Walde die Namen Kram und Neuhof die neuen Dorfanlagen.

Bei Beneschau-Konopischt liegt das Dörfchen Waclawic, das dereinst den Mittelpunkt einer aus sieben Dörfern bestehenden Villication bildete, die durch König Johann an Ulrich von Kostelec (Sazawa) verpfändet worden war.[4]) Vordem aber schon war Waclawic ein Städtchen — oppidum — gewesen, und obgleich die heutige Gestalt des Ortes nicht darauf schließen lässt, muss es doch damals sammt den Dörfern zu deutschem Rechte ausgesetzt gewesen sein, indem nicht von Zehnten, sondern von Landzinsen die Rede ist. Indem sich später die Bürger von Waclawic für 600 Schock aus der Pfandschaft selbst losgekauft und unter die Herrschaft des

---

[1]) Ibid. p. 119, 142.
[2]) Emler IV. (1336) p. 145.
[3]) Emler IV. (1335) p. 91 f.; (1339) p. 204.
[4]) Emler IV. p. 113, 400, 471.

Landesfürsten zurückkehrten,[1]) wurden ihre Verhältnisse vom Markgrafen Karl neu geordnet, wodurch wir einen genaueren Einblick in dieselben gewinnen. Sie sollen im Ganzen einen Schoßzins von 88 Schock jährlich zahlen, dafür aber von allen anderen Belastungen, von Neuvermessungen, Anleitbegehren, Zinserhöhungen u. s. w. für alle Zukunft verschont sein. Sobald sie ihrem Richter den genannten Zins zur Ablieferung übergeben haben, sind sie aller anderen Pflichten ledig. Sie sollen sich nach dem Rechte der **alten** Stadt **Prag** halten und nur vor ihrem Richter und dem Kämmerer des Fürsten vor Gericht stehen. Vier Hufen wurden der Stadt als Gemeinweide geschenkt.

Dieser Fall gibt uns zugleich eine Andeutung, wie Karl es anfing, ohne Aufwendung eigenen Geldes von seinem Vater verpfändete Güter für sich einzulösen. Das Ganze stellt einen unter günstigeren Bedingungen erneuerten Locationsvertrag vor, bei welchem die von den Emphiteuten aus Eigenem erlegte Pfandsumme als die dargebotene Anleite betrachtet wurde.

Seltschan (Sedličany), um 1294 im Besitze des Herrn von Neuhaus, wird schon zu jener Zeit als Marktflecken — *villa forensis* — bezeichnet.[2])

Ehemals gewiss auch königlich lagen im alten Gau von Tetin, westlich vom Brdowalde, einige größere dem Prager Burggrafen zugewiesene Dienstgüter. Es konnte nur darauf ankommen, dass einmal ein tüchtiger Wirt in die Stelle trat, um die zeitgemäße Umwandlung auch dieser ausgedehnten Liegenschaften zu bewirken. Ein solches Wirtschaftstalent war jener selbe Hinko **Berka von Dauba**, den wir schon am Bösig wirtschaften sahen. Indem er nach dem Bestande der Dinge auf seinem Dienstgute **Hostomitz** forschte, musste er sich überzeugen, dass hier schon einer seiner Vorgänger alles Nöthige besorgt, Hostomitz unter Einführung des Berauner Rechtes zum **Städtchen** erhoben und allen Grund hufenweise zu Erbzins ausgethan hatte. Er fand hier 61 Ackerhufen; davon gehörten zum Städtchen Hostomitz unter Zins 42, von denen augenblicks gerade zwei unbesetzt waren.[3]) Sechs Hufen benützten die Herrschaftsdiener als Deputatland und eine Hufe bildete das Freiland des Richters, das er ehedem für das Locationsgeschäft erhalten hatte. Den nachmaligen Richtern Buzek und Otto, Brüdern von Illazowec, hat Hinko Berka selbst zwölf Zinshufen

---

[1]) Ibid. (1342) p. 474.
[2]) Emler II. (1294) p. 711.
[3]) Emler IV. (1343) p. 499 f.

mitsammt dem freigewordenen Gerichte in Hostomitz verkauft. Jede Zinshufe zinst jährlich 3 Vierdung (= 48 Gr.), je fünf Berauner Haufenmaße Korn, Gerste und Hafer mit der Pflicht der Zufuhr bis zu einer Meile Wegs. Freiwillig schenkte der Gutsherr von diesem Zinsgetreide den Zehent der Kirche. Droht ein Kriegszug über die Grenze, so zahlt jede Hufe dem Herrn 8 Groschen Subsidium»; kömmt der Zug nicht zur Ausführung, so wird das Subsidium bei der nächsten Zinsfälligkeit abgerechnet. Jede Bierschenke in der Stadt zahlt 8 Groschen, jeder Bäcker 4 Groschen Jahreszins; der Fleischer liefert einen halben Stein reines Fett. Die Hintersassen leisten zusammen 3 Schock Groschen. Für die Erlaubnis, aus dem Brdowalde wagenweise Dürrholz zu führen, zahlt jedermann Einen Groschen jährlich; jeder, der Vieh hält, leistet für Weide und Heugewinnung im selben Walde je Einen Käse und 10 Eier zu Ostern und ebensoviel zu Pfingsten, die Harzschaber liefern je Ein Huhn. Schmiede, Schuster und andere Handwerker blieben bei ihren alten Rechten und Giebigkeiten. Hostomitz hat seinen Rechtszug nach Beraun. Dies waren die Angaben der Bürger. Der neue Herr erklärte sich damit im Principe ganz einverstanden; wusste aber doch noch ein hübsches Geschäftchen herauszuschlagen, indem er sich willens äußerte, eine neuerliche Vermessung vorzunehmen. Die geängstigten Bürger begannen zu verhandeln, und man kam überein, eine Excrescenz von drei Hufen zur Grundlage der Mehrverzinsung zu nehmen und dafür 40 Schock Anleite zu zahlen. Hinek erhielt also jährlich $2^{1}/_{4}$ Schock mehr Zins, steckte die 40 Schock ein und verband dafür seine Nachfolger mit dem Versprechen, nie wieder eine Neuvermessung zum Zwecke der Excrescenzgewinnung vorzunehmen.

Im 14. Jahrhunderte entstand noch anderwärts auf dem Grunde des Prager Oberstburggrafen eine diesem untergebene Stadt von den gleichen Verfassungsformen: der heutige Prager Stadttheil **Hradschin** dicht vor dem Hauptthore der Prager Burg. Wenn es richtig ist, dass diese Stadtgründung etwa in den Zeiten König Johanns stattfand,[1]) so kann man sich auch hier wohl auf die wirtschaftliche Thätigkeit des Burggrafen Hinek Berka hingewiesen sehen. Die Anlage dieses Städtchens zeigt noch heute das deutsche Schema. Mit Recht und Rechtszug war es an die kleine Stadt Prag» (Kleinseite) gewiesen.

Auch das Städtchen **Hermannstadt** oder Hermanns (Heřmaň) zwischen Pisek und Wodnian war wohl ursprünglich auf königlichem

---

[1]) Tomek, Prag I.; Čelakovský, Privilegia I., XCII. ff.

Boden erstanden, ehe es König Johann sammt dem Walde Wysoka an das Stift Wyschehrad verschenkte.¹)

Große Gebiete königlichen Gutes, ehemaligen Marklandes, boten sich einer extensiveren Colonisation des Fürsten weder im Süden noch im Westen des Landes dar. Nur vereinzelt hat sich im Böhmerwalde außer den königlichen Städten noch ein Raum für eine Marktanlage auf königlichem Boden erhalten. So finden wir unter der — um 1318 königlichen — Burg Pfraumberg auch ein Städtchen gleichen Namens.²)

In der Nähe wurde an einer zweiten Warte — Stráž — das neue Städtchen — Neustadtl — angelegt. Johann befreite die Getreide- und anderen Warenfuhren seiner Bürger von dem Zoll, den die Burggrafen des nahen Pfraumberg zu erheben pflegten und gewährte ihnen — eine gar seltene Gnade! — außerhalb der dortigen Bannforsten Fischerei, Hasen- und Vogelfang.³)

An der Zollstätte eines südlicheren Passes wurde Neuern (Nyrsko) in unbekannter Zeit colonieartig angelegt; im Jahre 1327 kam es durch königliche Schenkung in die Hand Peters von Rosenberg.⁴)

Im Pilsner Bereiche war auf fürstlichem Grunde Radnitz ein Städtchen geworden. Im Jahre 1336 verkaufte es König Johann an denselben Rosenberger.⁵)

In gewisser Hinsicht die merkwürdigste dieser kleinen Schöpfungen und Stätten ist wohl Karlshaus an der Moldau. Eine Meile nordwärts von Schloss Frauenherg über dem Ufer der Moldau hatte Karl IV. die neue Stadt begründet, ein Schlossgebäude und eine Kirche in ihr aufgeführt. In jenem wohnte um 1364 Peter genannt Nassawurch als Burggraf; in die neue Pfarrkirche war Seifried, Pfarrer von Netolitz eingezogen. Ein Richter und ein Schöffenstuhl regierten die Stadt. Jakob hieß in jener Zeit der Richter, Heinzlin Oder der eine, Johann Schramm der andere der uns bekannten Schöffen. Sie und die ganze Gemeinde verpflichteten sich, dem Pfarrer von jeder Hofstätte am Ringe — *in rinco*» — der Stadt zwei, von jeder Gassenbaustelle einen Groschen, von jeder der Schlosshufen bestimmte Maße von Getreide zu leisten.⁶) So genau und anschaulich lässt die Urkunde alles vor uns erstehen — aber Ring und Gassen, Kirche und Schloss sind versunken und

---

¹) Emler III. (1321) p. 276; (1328) p. 565; ibid. IV. (1341) p. 396.
²) Emler IV. (1318) p. 783; (1344) p. 555.
³) Emler III. (1331) p. 699.
⁴) Emler III. (1327) p. 524.
⁵) Emler IV. (1336) p. 119.
⁶) Borový L. er. (1364) p. 48.

verschwunden und auf den «Schosshufen» grasen Hirsche im Schatten der Fichten.

Pressnitz, das sich uns hoch im Erzgebirge im 14. Jahrhunderte als Städtchen vorstellt,[1]) gehört wohl noch in die Gruppe der Colonien des Elbogener Landes. Andere Städte königlicher Gründung daselbst haben sich, wie wir schon sahen, zum Range wirklicher **königlicher** Städte emporgeschwungen. Ähnlich verhält es sich in dem großen Colonisationsgebiete landesfürstlicher Unternehmung, das von der oberen Iser über die Quellgebiete der Elbe und Aupa, der Neisse und der Adlerflüsse reicht. Arnau, Königinhof, Trautenau, Glatz und Polička haben, nicht ohne zeitweilige Gefährdung und Unterdrückung ihren Rang gewahrt. Nicht so glücklich war das bereits genannte Jičin am Innenrande des Gebietes, und Neubydžow wieder hatte wechselvollere Schicksale. Jenseits des Trautenauer Passes gehörte damals noch ein Landstreifen in nordwestlicher Fortsetzung des Braunauer Ländchens zu Böhmen. Hier war wahrscheinlich schon im Zusammenhange mit den Schöpfungen Ottokars II. das Städtchen **Schömberg** gegründet worden, das nachmals Wenzel II. sammt dem Gebiete der nächsten Colonistendörfer — Michelsdorf, Trautliebersdorf, Kindesdorf und Königshain — an den schlesischen Herzog Bolko verschenkte.[2]) Um jene Zeit dürfte auch — damals noch dem Glatzer Gaue zugezählt — **Braunau** mit einigen Dörfern in der Osthälfte des Ländchens angelegt und unter einen königlichen Vogt gestellt worden sein, ehe sich die Herrschaft der Benedictiner auch über diesen Theil ausbreitete. Als Braunau im 14. Jahrhunderte vorübergehend verpfändet wurde, besaß es bereits seine städtische Organisation und seine Schöffenbank.[3]) Gleicherweise fanden im Adlergebiete die schon erwähnten Städte **Landskron**, **Wilhelmswerder** und **Böhm.-Trübau** ihre Anlage auf königlichem Boden, bei dessen Übergabe an die Cistercienser jene schon theils als Städte, theils als Marktflecken genannt werden.[4]) Ihr Aufschwung zu königlichen Städten war ihnen durch jene Schenkung endgiltig unterbunden. Ebenso bestand **Chotzen** bereits zu jener Zeit als Marktort; später wird es als **Stadt** bezeichnet.[5]) Dasselbe ist bezüglich **Gabel** der Fall.[6])

[1]) Emler IV. (1335) p. 71.
[2]) Emler II. (1289) p. 638.
[3]) Emler III. (1331) p. 690.
[4]) Emler IV. (1292) p. 745 ff.
[5]) Emler IV. (1341) p. 368.
[6]) Emler III. (1304) p. 867.

Städtegründungen geistlicher Herrschaften.

Dieselben Vortheile, welche der landesfürstliche Fiscus von der Emphiteutisierung ganzer Landstrecken erwartete und der Regel nach erreichte, veranlassten auch die anderen Grundbesitzer, seinem Beispiele zu folgen. Um auf dem emphiteutisierten Boden mehr als Dörfer, um daselbst einen Marktflecken oder eine Stadt erstehen zu sehen, dazu bedurfte es in diesem Falle allerdings auch der landesfürstlichen Genehmigung. Wer diese aber noch verhältnismäßig am leichtesten erreichen konnte, das waren die Nutznießer der geistlichen Güter, die immer noch als eine Art Reserve des Kammervermögens, ja der Form nach schlechtweg noch als Kammergut betrachtet wurden. Auch war es kaum jemand leichter, zu jeder Zeit eine Vertretung in der Nähe des Fürsten zu finden, als jenen. Vielfach führt man auch an, dass es mindestens den Congregationsorden leichter als anderen Parteien war, durch ihre Verbindungen zur Kenntnis entlegenen Colonisationsmaterials zu gelangen und dieses zweckentsprechend in Bewegung zu setzen. Es mag vielleicht nur in Dürftigkeit unseres Quellenmaterials seinen Grund haben: wir müssen aber bekennen, dass wir innerhalb desselben auf greifbare Belege für jene Annahme nicht gestoßen sind. Wohl aber trafen wir, soweit wir den Zusammenhang verfolgen konnten, nicht selten auf das bürgerliche Element als das vermittelnde, so dass es uns scheint, als wäre die größere Bewegung von dem unternehmenden Kaufmannsstande ausgegangen und auch im Laufe der Zeit von diesem gefördert worden.

Um so bestimmter aber scheint uns eine gewisse, materiell berechnende, stets an der Hand der Erfahrung fortschreitende Wirtschaftlichkeit in den Klöstern ihren Sitz gehabt und diese zur Lösung von Aufgaben der Landescultur in größerem Stile besonders geeignet gemacht zu haben.

Eine Anzahl solcher Städte wurde auch auf den Gütern des Bisthums im Laufe des 13. und 14. Jahrhunderts gegründet, ohne dass wir die Zeit im einzelnen genauer zu bestimmen vermöchten. Zu der mehrfachen Umgestaltung der Agrarverhältnisse in dem ausgedehnten, wenn auch nichts weniger als geschlossenen Bischofslande in Böhmen steht die Einführung des Lehenssystems in demselben gewiss in naher Beziehung. Hierin aber gieng der oftgenannte Zeitgenosse Ottokars II., der Olmützer Bischof Bruno, Graf von Schaumburg-Holstein voran, indem er die Lehensverfassung des Magdeburger Gotteshauses nachahmungsweise in Mähren einführte

Sein Zeitgenosse war Thobias von Bechin als Domprobst in Prag, welcher nach Ottokars II. Tode zur bischöflichen Würde gelangt, als der erste Bischof von seinen Gütern einen Heerbann von Lehensmannen dem Landesfürsten zur Verfügung stellte.[1] Seither treffen wir in zahlreichen Gegenden des Landes, wo sich früher Regiewirtschaften der Bischöfe befunden haben mögen, ziemlich selbständig gestellte Gutsbesitzer als «Armigeri», ritterliche Dienstmannen der Bischöfe im Lehensverhältnisse. Wie wir schon mehrfach anderwärts sahen, stand aber mit dieser Verfassung auch die Einführung des deutschen Rechtes in einem gewissen inneren Zusammenhange, wie anderseits mit dieser wieder die Organisation der Städte.

Die Anlage der bischöflichen Stadt Raudnitz an der Elbe fällt wahrscheinlich schon in jene Zeit, als in dortiger Gegend durch die Gründung von Leitmeritz und die Colonisationsthätigkeit von Doxan die Bewegung in Fluss gerathen war. Im Jahre 1237 war die Stadt schon nach Stadtrecht besiedelt und schon Wenzel I. verlieh ihrem Gerichte das Recht, in Straf- und Civilsachen sich nach Leitmeritzer und anderer mit deutschem Recht begabter Städte Rechtsgebrauch zu richten.[2] Die Thatsache dieser Locierung und des so geschaffenen Rechtsverhältnisses blieb im Gedächtnisse der Leute haften, nicht so aber, wie es scheint, die Erinnerung an den betreffenden Bischof — wenn nicht etwa jene Gründung zwar schon unter Wenzel I. beabsichtigt, aber doch erst unter jenem Bischofe Thobias zustande gekommen war.

Kurz, als viel später — im Jahre 1302 — Bischof Johann eine Urkunde[3] über jene Rechtsverhältnisse ausstellte, war ihm Bischof Thobias (1278—1296) als derjenige bezeichnet worden, der mit dem Locator und nachmaligen Richter Paul den betreffenden, damals nicht aufgezeichneten Vertrag geschlossen hatte. Es ist nicht unwahrscheinlich, dass diese zweite Locierung mit der Einführung des Lehenssystems zusammenhieng. Nach jenem neuen Vertrage hatte Bischof Thobias den Stadtgrund im Ausmaße von 43 Hufen dem Erbrichter um die hohe Summe von 129 Mark Silber als «Anleite — čechisch *podace* genannt — zu «deutschem Rechte», das man gewöhnlich «Burgrecht» nennt, und unter der Bedingung verkauft, dass jede Hufe — mit Ausschluss der Freihufe des Richters — einen Jahreszins von einer Mark zahlte. Jede der 13 Fleischbänke lieferte jährlich Einen Stein Fett, jede Schänke einen Vierdung

---

[1] Franciscus I., c. 16.
[2] Emler II. (1237) p. 236.
[3] Emler II. (1302) p. 833.

Silbers oder ein Schwein; die Hintersassen zahlten je ein Loth Silber.

Das alte Villicationsgut des Bischofs an der bairischen Grenze hatte noch in der vorottokarischen Zeit zum Vororte das Dorf Horšow Týn oder Bischofteinitz. In diesem Dorfe befand sich noch im Jahre 1229 das «Haus des Bischofs».[1]) Um die Mitte des 15. Jahrhunderts erscheint das «Haus» als Burg, deren Insassen die *castellani* in Tyn», das Dorf als Markt.[2]) Aber die ‹castellani› besitzen ihren Grund noch in Pflugmaßen — *araturae* — und liefern einen Zehent vom Ertrage; in Bezug auf sie also hat eine Emphiteutisierung noch immer nicht stattgefunden. Bald darauf aber nennt Bischof Ernest Tein schon seine Stadt — *oppidum*; es könnte also die Umwandlung, wenn sie nicht früher vor sich ging, in seine eigene Regierungszeit zu setzen sein.[3])

Příbram nennt — urkundlich — zuerst Bischof Gregor um 1298 seine Stadt.[4]) Da Gregor erst zwei Jahre vorher Bischof geworden war, dürfen wir die Locierung dieser Stadt immerhin seinem Vorgänger Thobias zuschreiben. Beziehungen zu Bürgern anderer Städte wurden durch den Silberbau in Příbram angeregt. So lernen wir als Gewerken die Prager Bürger Konrad, Heinzmann und Nikolaus von Příbram, den Kuttenberger Nikolaus von Neuenhofen kennen.[5]) Auch Moldautein und Wolin erscheinen im 14. Jahrhunderte als Städte.[6]) Im Osten traten schon Ende des 13. Jahrhunderts Řečic und Štěpanow als Marktorte aus dem Bisthumsgute hervor. Die Grundverfassung lässt an beiden Orten die deutsche Location nicht verkennen. Řečic umfasste 36 Hufen. Eine Freihufe hat der Richter für seinen Dienst, zwei der Burggraf inne. Štěpanow hat 40 Hufen, von denen zwei der Richter besitzt.[7])

Die Gründung von Pilgram wird dem Bischof Peregrin (Pilgram 1225—1226) zugeschrieben; ob außer der Namensübertragung noch ein historischer Grund vorhanden sei, wissen wir nicht. Sehr wahrscheinlich aber erfolgte die Locierung des Ortes dieses Namens als Stadt erst in jüngerer Zeit. Mit Bestimmtheit wissen wir nur, dass die Stadt mit deutscher Verfassung — mit einem Richter und

---

[1]) Erben I. (1229) p. 353; Emler II. p. 557.
[2]) Emler IV. (1341) p. 403.
[3]) Emler IV. (1344) p. 562.
[4]) Emler II. (1298) p. 703.
[5]) Emler III (1311) p. 5; (1330) p. 638.
[6]) Emler III. (1327) p. 507; (1331) p. 699.
[7]) Emler II. (c. 1295) p. 717 f.

einer Schöffenbank — im 14. Jahrhunderte bestand.¹) Das Erbgericht war daselbst im Besitze von zwei Freihufen, einer Freischänke und der Mauterträgnisse sammt den üblichen Antheilen an den Gerichtsbußen. Als später das Erzbisthum die dem Raudnitzer Gute benachbarte Burg Helfenburg (bei Auscha) käuflich erwarb, verkaufte es, um Bargeld zu gewinnen, das genannte Erbgericht zu Pilgram an den dortigen Bürger Buneo um 360 Schock.²) — —

Das Stift Wyšehrad hat sein ganzes Gut Zahradka emphiteutisch lociert und den gleichnamigen Ort zur Stadt erhoben.³) Prachatitz an der uralten Passauer Straße war bereits ein Marktort, als Ottokar II. dessen Schenkung an das genannte Stift bestätigte,⁴) jedenfalls auch schon viel früher. Aber zur Stadt im engeren, deutschen Sinne wurde es erst, als Probst Johann (— ein Probst Johann, Sohn Ottokars II., starb 1296, ein anderer, Sohn Wenzels II., wurde 1334 Bischof von Olmütz —) den Grund an die bereits ansässigen Nutznießer emphiteutisch auftheilte und denselben den Warenzoll auf dem Passauer Wege in Pacht gab, welche Veranstaltung König Johann im Jahre 1323 bestätigte.⁵)

Das älteste Benedictinerkloster in Böhmen, das der Nonnen dieses Ordens zu S. Georg auf der Prager Burg, musste in seinem Marktorte Trebnitz schon im 13. Jahrhunderte eine städtische Verfassung eingeführt haben, denn als Wenzel II. im Jahre 1299 dem Kloster für diesen Ort die Blutgerichtspflege — *judicium sanguinis et patibulum* — verlieh, konnte er schon von einem Gerichte der «Geschworenen» — Schöffen — daselbst sprechen.⁶) Dass das das einzige Städtchen dieses überreichen Klosters gewesen sei, soll nicht gesagt sein, doch fehlen uns weitere urkundliche Nachweise für die hier in Betracht kommende Zeit.

Die Benedictiner von Břevnow traten an die Colonisation jüngeren Stils erst nach der Erwerbung des Politz—Braunauer Ländchens heran. Nachdem sie die Übertragung des Marktrechtes von dem ihnen geschenkten Marktorte Prowodow bei Nachod nach ihrer neuen Probstei Politz im Jahre 1253 erlangt hatten, dürfte auch die Locierung dieses Platzes stattgefunden haben, wobei wahrscheinlich zum großen Theil die schon vorhandenen Ansiedler Berücksichtigung

---

¹) Borowý Lit. err. (1359) p. 13.
²) Ibid. (1375) p. 103.
³) Emler III. (1322) p. 314.
⁴) Emler II. (1262) p. 132, 157.
⁵) Emler III. (1323) p. 365.
⁶) Emler II. (1299) p. 785.

fanden.¹) Die Einrichtung eines bürgerlichen Schöffengerichtes musste vorausgesetzt werden, als Wenzel II. im Jahre 1295 der Stadt die Blutrechtspflege verlieh.²) In Braunau übernahm das Stift bereits die Anfänge der Stadtentwicklung mit einer Vogtei über die älteren Colonistendörfer daselbst.

Das Benedictinerkloster Ostrow entwickelte eine fruchtbare Thätigkeit auf dem Gebiete des Vorschiebens von Einsiedlercolonien und Dorflocationen; aber auch Märkte und Städtchen entstanden unter seiner Pflege; so wird in nächster Nähe Dawle um 1310 als Stadt — *oppidum* — bezeichnet,³) Dušník bei Příbram später als Markt.⁴) Weiter im Süden lag das Städtchen Tochowic, welches das Kloster durch den Richter Bužek zu 17 Hufen locieren ließ.⁵)

Das Kloster Opatowitz setzte schon frühzeitig⁶) sein Städtchen Přelauč in jene Verfassung, daß ihm Ottokar II. auf die Gewohnheiten des Magdeburger Rechtes, wie es in Kolin geübt wurde, verweisend, die Blutrechtspflege verleihen konnte.

Das Stift Kladrau besaß seit Beginn den gleichnamigen Markt.⁷) Dieser muss frühzeitig von Bedeutung gewesen sein, denn schon im Jahre 1212 wird von hier ansässigen, dem Landesfürsten tributpflichtigen Kaufleuten gesprochen, ohne dass diese jedoch als «Bürger» gekennzeichnet würden.⁸) Dagegen begegnen uns schon um 1233 die uns bekannten Namen und Bezeichnungen: Hertwig, ein «Bürger» — *burgensis* — von Kladrau und Meinhard, sein Sohn, der Stadt Richter.⁹) Kladrau gehört demnach zu den ältesten unterthänigen, ja überhaupt zu den ältesten Städten des Landes. Bald befassen sich auch die Bürger dieser Stadt mit emphiteutischen Grunderwerbungen außerhalb derselben. So kauften im Jahre 1334 sieben Bürger¹⁰) vom Kloster die acht Hufen des Dorfes Osí gegen einen Jahreszins von 32 Groschen, für die Hufe und mit der Bestimmung, dass durch Vererbung oder Veräußerung immer nur ein Kladrauer Bürger Eigenthümer dieser Gründe werden könne.

¹) Erben I. (1253) p. 618.
²) Emler II. (1295) p. 730.
³) Emler II. (1310) p. 971.
⁴) Emler III. p. 290.
⁵) Emler III. (1331) p. 674 f.
⁶) Emler II. (1261) p. 1236.
⁷) Erben I. (1186) p. 177 und (1239) p. 454.
⁸) Erben I. (1212) p. 247.
⁹) Erben I. (1233) p. 383; jurati Emler III. (1318) p. 190.
¹⁰) Emler IV. p. 45.

Tuschkau an der Mies, das im Jahre 1186 noch als Dorf desselben Klosters aufgeführt wurde, erscheint ein Jahrhundert später als Markt und Stadt — *oppium forense* —[1]) nachdem Přestic schon 1239 mindestens als Markt bezeichnet wird.[2])

Die Prämonstratenser von Strahow griffen in diese Thätigkeit am wirksamsten durch ihr Tochterstift Doxan an der Eger ein, dessen Lage in der Nähe einer der ältesten Städte Böhmens darauf gewiss nicht ohne Einfluss blieb. Indem wir seiner Thätigkeit schon öfter gedacht haben, fassen wir hier nur einiges zusammen. Mehrere nur theilweise besiedelte Waldgüter Dexans lagen an der oberen Eger; so der Wickwitzer (Wojkowicer) Wald zwischen dem Wistritz- und Liestel- (Leškem-) Bache, in dessen Bereiche das schon im Jahre 1226 genannte Schönwald auf eine der Schenkung vorangegangene Dorfcolonisation hinweist. Dann Welchau bei Rodisfort[3]) und ebenso muss auch ein Waldgut an der Eger die damalige Grenze gegen das Egerland berührend dazu gehört haben. Hier beschloss die Klosterverwaltung schon im Jahre 1232 eine Stadt aus dem Fundamente zu erbauen und Wenzel I. gewährte ihr für dieselbe die Marktgerechtigkeit und jene Freiheiten, die bis dahin andere Städte im Lande genossen sowie die Exemtion von jeder Art Vogtei und fremdem Gerichte.[4]) So entstand bei der Burg gleichen Namens, die schon die Hroznatalegende nennt, die Stadt Königsberg an der Eger als eine der älteren unterthänigen Städte des Landes. Schon zur Zeit Herzog Soběslavs II. (1173—1178) hatte Doxan von einem Melniker Probste dessen Erbgut Krawar (Graber) tauschweise erworben. Das war ein großes Waldgut, in dessen Grenzen die heutigen Orte Skalka, Neuthein (bei Auscha) und Drum (Stvolinec) fallen, während sich dasselbe nach Norden zu bis an den Polzen unterhalb Leipa erstreckte, so dass die beiden Politz noch hinzugehörten. Durch einen späteren Zukauf war die Grenze noch erweitert worden.[5]) Nach diesem Waldgebiete zog sich im eigenen wie im Interesse des Klosters der Unternehmungsgeist der Bürgerschaft von Leitmeritz. Frühzeitig begegnen wir einem Leitmeritzer Bürger, der sich nach seinem Besitze in dem zu jenem Gebiete gehörigen Konojed nennt.[6]) Im Jahre 1273 ist aus dem Waldorte

---

[1]) Emler II. (1288) p. 610.
[2]) Erben I. (1239) p. 453.
[3]) Erben I. p. 320.
[4]) Erben I. (1232) p. 370.
[5]) Erben I. p. 326 f.
[6]) Mathias de Konojed, Richter von Leitmeritz; Emler III. (1331) p. 676.

Krawař, dessen Name auf eine Weideviehwirtschaft deutet, bereits ein Marktflecken geworden, und innerhalb der anderen nur durch Flurnamen bezeichneten Marken treten neugeschaffene Dörfer mit zum Theil deutschen Namen hervor: Johnsdorf, Hermannsdorf (Hermsdorf) und Politz.[1]) Im Jahre 1282 gesteht auch die Bürgerschaft von Leitmeritz dem Markte Graber schon den Rang einer Stadt — *civitas* — zu.[2]) Aber schon vordem, im Jahre 1263, sehen wir wieder die Bürger der neuen Stadt in der Weise ihrer Vorfahren thätig, indem Heinrich der Vogt und Heinrich dessen Bruder, Heinrich Haspengenger und Arnold genannt von Leipa vom Stifte Doxan dessen Dörfer Kopist (bis Doxan) und Korušic (bei Mšeno) mit umliegenden Wäldern und Seen nach deutscher Art, die Hufe zu ½ Mark Jahreszins und 6 Maß Korn und 2 Maß Weizen in Kauf nahmen.[3]) Das Stift behielt in jedem Dorfe nur eine Hofstelle und eine halbe Hufe als Deputatgut für seine Waldhüter. Den Richter sollte das Stift bestellen dürfen. Außerdem leistete die Hufe 2 Schilling Kriegssubsidium und bei der Bewirtung des Königs im Kloster eine halbe Mark. So entstand neben Kopist das neue Dorf Deutschkopist. Dass man sich dabei deutschen Colonistencapitals bediente, sagt der bezeichnende Name. (Deutschkopist wurde später wegen des Festungsbaues verlegt.) Unter den entfernteren Besitzungen trat das Dorf Kolautschen (Koloweč) in der Klattauer Gegend als Marktort hervor.[4])

Reichliche Gelegenheit, colonisierend vorzugehen, fanden die Prämonstratenser im Markwaldgebiete von Leitomischl. Der genannte Ort selbst wurde frühzeitig in eine Stadt umgestaltet und Ottokar II. gewährte ihm 1259 alle Rechte,[5]) die damals die Stadt Grätz besaß, insbesondere Marktrecht und eigene Gerichtsbarkeit. Das lässt voraussetzen, dass der Markt von dem alten Platze dahin verlegt worden war und eine Locierung der Gründe stattgefunden hatte, welche die Einrichtung eines bürgerlichen Schöffengerichtes zuließ. Die ausdrückliche Befreiung der Bürgerschaft von all den alten Provinziallasten und der Gemeinbürgschaft bei begangenen Verbrechen lässt darauf schließen, dass es sich dem Stifte eben darum handelte, eine bürgerliche Colonisation heranzuziehen. Als später in Leitomischl der Sitz eines besonderen Suffraganbisthums errichtet

---

[1]) Emler II. p. 333.
[2]) Ibid. p. 548.
[3]) Emler II. p. 169.
[4]) Emler II. (1336) p. 139.
[5]) Emler II. p. 89.

wurde, that der Papst Clemens VI. im Jahre 1345 ein Übriges, indem er auch aus seiner Machtvollkommenheit das «Dorf» zur Stadt erhob.[1]) Dass es sich bei alldem um eine deutsche Stadtverfassung handelte, bezeugt uns das Vorhandensein des «Vogtes» und der Schöffen.[2])

Ein anderer Prämonstratensereonvent schuf an seinem Sitze das Städtchen Mühlhausen (Milevsko) im südlichen Böhmen.[3])

Als Hroznata im Jahre 1197 demselben Orden Tepl schenkte, war es bereits der Vorort eines großen Gutscomplexes mit einem Markte und der Zollstätte der Auslandstraße.[4]) Auch im Jahre 1273[5]) nennt zwar der Papst Tepl noch ein Dorf mit einem Markte, da aber gleichzeitig aus den älteren Besitzungen ein Neumarkt — *novum forum* — als neue Anlage hervortaucht, so dürfte wohl auch für Tepl selbst die Umwandlung vorauszusetzen sein, die es fortan als Landstadt zu betrachten gestattete. Im Jahre 1300 wird ihm[6]) in der That auch das Prädicat civitas ohne Einschränkung beigelegt und wir hören von einem «Bürger» Ulrich und bald auch von dem bürgerlichen Richter Pichelberger.[7]) Ob für Lichtenstadt im Grenzwalde unter dem Erzgebirge die Übersetzung lucida civitas[8]) ebenso gedeutet werden darf, ist zweifelhafter. Dass Hroznata Lichtenstadt als eine Colonie in einem Waldgebiete gründete, das er vom Fürsten als Lohngut erhalten hatte, bezeugt der Fürst selbst[9]) ebenso, wie dass diese Colonie Marktrecht erhielt. Der Name des Ortes — *Hroznětin* heißt es in keiner der ältesten Urkunden — und die ihn umgebenden «Grünen» weisen zweifellos auf deutsche und zwar fränkisch-oberpfälzische Colonisten. Dennoch scheint es uns zweifelhaft, ob schon Hroznata selbst am Ende des 12. Jahrhunderts jene Locationsform anwendete, die sich später als «deutsche» fast ganz Böhmen eroberte. Voytsgrün und Diepoldsgrün (Tüppelsgrün) gehören zeifellos in die Kategorie der älteren Teplschen Colonien; in ihnen aber zahlten bis zum Jahre 1342 die Bauern nicht den festen Zins des «deutschen Rechtes», sondern gleich den slavischen den wechselnden Zehent der Feldfrüchte und Erträge.

[1]) Emler IV. (1345) p. 618.
[2]) Ibid. (1346) p. 663.
[3]) Erben III. (1327) p. 507.
[4]) Erben I. p. 195.
[5]) Emler II. p. 334.
[6]) Emler II. p. 797.
[7]) Emler IV. (1346) p. 690.
[8]) Emler IV. (1339) p. 276.
[9]) Erben I. (1213) p. 255 f.

Erst im genannten Jahre[1]) verwandelte der Tepler Abt jenen Zehent in einen festen Geldzins und den sog. «Heidezehent» in ein ständiges «Subsidium», wie das in den jüngeren Colonien der Fall war. Wir schließen daraus, dass auch die Gründung von Lichtenstadt — gegen Ende des 12. Jahrhunderts — noch nicht in den jüngeren Formen des «Burgrechtes» vor sich gieng.

Das Schwesterstift Chotěschau schuf sich sein Städtchen jüngerer Art in Staab (Stod), das König Johann in aller Form zum Marktorte erhob.[2])

Ob das Prämonstratenserstift Schlegel in Oberösterreich den Ort Mirotitz im südlichen Böhmen zur Stadt umwandelte oder als Stadt an sich brachte, ist nicht bestimmbar; jedenfalls war Mirotitz am Ende des 13. Jahrhunderts eine wirkliche Stadt mit einem Stadtrichter. Sonst finden wir auf den böhmischen Besitzungen des Klosters noch um das Jahr 1291 beide Grundbesitzformen nebeneinander. In dem nahen Cerhonitz besteht schon eine Hufeneintheilung, in den andern Dörfern aber — dem verschwundenen Starawes, in Sevosetic, Svičic und Zalužan — bestehen noch Pflugmaße und als Abgaben «volle Zehente von allem Getreide, von Schafen, Lämmern, Gänsen, Hühnern, Käsen und Eiern».

Die Cistercienser von Sedletz besaßen zwar um 1339 Elbeteinitz als Stadt,[3]) haben es aber als solche nicht selbst angelegt, sondern irgendwie erworben, denn es wird schon vordem,[4]) als es sich noch im Besitze eines Jaroslav von Choltitz befand, als eine Stadt mit einem Richter und einer Schöffenbank bezeichnet. Pomuk oder Nepomuk desselben Ordens nennt schon Wenzel I.[5]) einen Marktort und indem er dem Richter des Klosters daselbst die Blutrechtspflege gegenüber in der Gemarkung ergriffenen Dieben und Räubern verleiht, scheint bereits ein ordentliches Schöffengericht vorauszusetzen zu sein. In dem Beinamen einer Prager Bürgerfamilie — der Wolflin von Pomuk — sind Beziehungen zu dem Orte ausgedrückt, die wohl nur durch die Emphiteutisierungsthätigkeit des Stiftes vermittelt sein konnten.

Im Stiftsgebiete Plass befand sich das Stadtforum in Kralowitz, dessen Richter Peter selbst im Locationsgeschäfte thätig war.[6])

---

[1]) Emler IV. (1342) p. 432.
[2]) Emler III. (1315) p. 107.
[3]) Emler IV. (1339) p. 245.
[4]) Emler II. (1306) p. 907.
[5]) Emler IV. (—) p. 1072.
[6]) Emler IV. (1340) p. 69.

Das Cistercienserstift Ossegg hat auf seinen weit ausgedehnten und durch umfassende Colonisation gehobenen Gütern nur die eine Ortschaft Skyrl in Form einer Stadt umgestaltet. Indem ihm hierfür König Johann nicht nur das Markt-, sondern auch das Befestigungsrecht verlieh, brachte er damit ausdrücklich die Erlaubnis in Zusammenhang, die betreffenden Gründe in Emphiteusis oder zu deutschem Rechte» auszuthun und die so erworbene Arra zur Schuldentilgung verwenden zu dürfen.[1]) Grab (Klostergrab) wurde um jene Zeit noch als Dorf bezeichnet.

Für Hohenfurt kann auf die Absicht, dortselbst einen Marktort zu schaffen, nur aus der Bezeichnung der dortigen Klosterkirche als Marktkirche — *ecclesia forensis* — geschlossen werden.[2])

Fast möchte es scheinen, als ob der sonst gerade durch seine wirtschaftliche Thätigkeit hervorragende Cistercienserorden - vielleicht aus irgend einer Vorsicht — gerade für Stadtgründungen sich wenig interessiert hätte. Nur Priethal erscheint noch als Marktort. Da dasselbe aber schon bei der ersten Schenkung als Pfarrort hervorragt und die Lage von Dörfern nach dessen Nähe bestimmt wird, so dürfte sein Marktrecht, auf das eine Urkunde späterer Zeit hindeutet,[3]) sehr wohl noch aus älterer Zeit stammen.

So haben auch Netolitz und Kalsching als Märkte bereits eine ältere Geschichte als ihre nachmalige Herrschaft, die Cistercienserabtei Goldenkron. Netolitz gehört halb schon der Vorgeschichte an; in die Geschichte trat von dieser Herrlichkeit nichts ein als der durch die Straßenanlage festgehaltene Markt.[4]) Der städtische Marktort, eine neue, wahrscheinlich von Ottokar II. geschaffene Anlage, war ziemlich entfernt von der alten Burg aus vorhistorischer Zeit.[5]) Als solche schenkte sie derselbe König an sein neugegründetes Stift Goldenkron und indem der Regent Otto von Brandenburg dieses Verhältnis bestätigt, spricht er von einem «Richter» und von Bürgern» von Netolitz.[6]) Als es um 1332 zwischen der Herrschaft und der Bürgerschaft über die Zinsleistung zum Streite kam, da erinnerte man sich auch der «Pflanzung dieser Stadt», war sich aber auch bewusst, dass es sich schon seither um ausgemessene Hufen gehandelt habe; nur um die Münzsorte des Zinses — Passauer» oder

---

[1]) Emler IV. (1341) p. 354.
[2]) Emler II. (1259) p. 87.
[3]) Emler IV. (1336) p. 852.
[4]) Emler II. (1262) und (1271) p. 306.
[5]) Pangerl, Goldenkron p. 340.
[6]) Emler II. (1281) p. 513.

‹Prager›? — drehte sich der Streit.[1]) Das Schiedsgericht sprach dem Stifte einen Jahreszins von einer halben Mark zu 32 Prager Groschen von jeder Hufe zu. Richter und Schöffenbank kennzeichnen auch fernerhin das «Burgrecht».[2]) Dass auch hier das deutsche Element an der Gründung seinen Antheil hatte, wenn es auch nicht der Zahl nach das vorherrschende war, beweist der Umstand, dass es noch am Beginne des 15. Jahrhunderts so zahlreich war, dass es daselbst einen eigenen Seelsorger der Deutschen gab.[3])

In demselben Verhältnisse steht der Markt Gualsing — Kalsching — zu Goldenkron. Auch er ist als Geschenk Ottokars II. an das Stift gekommen[4]) und die Flurtheilung nach Hufen anerkannte das letztere als «von Alters her» bestehend. Darnach waren die ‹Bürger› von Kalsching im Besitze von 26 Hufen, wovon 36 Joch an Neu-Krenau, 10 Joch an Boletitz und 15 Joch an die Pfarrwidmut gelangt waren. Auf Rechnung dieser entfremdeten 61 Joch sollten nach einem Vergleiche vom Jahre 1293 zwei Hufen[5]) von dem Schoßgrunde in Abzug kommen. Zugleich aber wurde festgesetzt, dass künftighin kein Schoßgrund an Bauern verkauft werden sollte. Ein Zehent von Gemüse und Mohn, der früher außer dem Schoßzins noch entrichtet worden war, wurde gleichzeitig seitens der gesammten Stadt mit zwei Talenten Denare abgelöst.[6])

Oberplan im Böhmerwalde war dagegen als Dorf in den Besitz von Goldenkron gekommen. Erst im Jahre 1349 gewährte ihm Karl IV. Marktrechte zugleich mit der die weitere Organisation voraussetzenden Berechtigung zu ‹Stock und Galgen› und der üblichen Exemtion[7]).

Wie die jüngste Colonie der Cistercienser, die von Königssaal, in den Besitz bereits geschaffener Landstädte — Řevnic, Landskron, Wildenschwert, Trübau, Chotzen u. a. — gelangte, ist schon mehrfach angeführt worden. Wenn nicht ein seltsamer Zufall bestimmend gewesen sein sollte, so könnte man annehmen, dass der Orden, der als besonders eifriger Pfleger rationeller Landwirtschaft anderen Kreisen beispielvoll vorangegangen ist, auf die Einnahme, die der Grundherr in erhöhtem Maße aus einer städtischen Anlage zu ziehen vermochte, zu verzichten pflegte, wenn ihm nicht ein solches Object

---
[1]) Emler III. p. 763.
[2]) Emler IV. (1338) p. 238.
[3]) Pangerl, Goldenkron p. 343.
[4]) Emler II. (1281) p. 531.
[5]) Emler II. p. 692.
[6]) Pangerl, Goldenkron p. 38.
[7]) Pelzel Karl IV., Urkundenb. 68 f. Nr. LVIII.

geschenkweise zufiel. Desto mehr scheint die jüngere Gruppe der ritterlichen Orden ihr Augenmerk dieser Art Erwerbsquellen zugewendet zu haben, zunächst gewiss nur aus dem Grunde, weil es immer schwieriger wurde, zu Seelgeräthszwecken weite Latifundien geschenkt zu erhalten. Vielmehr treten jetzt vorzugsweise Kirchenpatronate an deren Stelle und neben ihnen Städtchen und Märkte mit ihrem besonderen Arealzins, dem Fleisch-, Brot- und Schuhbankzins, dem Tabernen-, Handwerker- und Hintersassenzins.

Von den Malthesern gilt das verhältnismäßig noch am wenigsten. Zu der Kirche, die der Maltheserorden Ende des 12. Jahrhunderts an der Stelle des nachmaligen Kaaden erbaute, schenkte ihm Herzog Friedrich die neue Burgstätte — *novum burgum* — daselbst; die nachmals hier neu erstandene Stadt aber finden wir in anderem Besitze.[1]) Dagegen fanden wir Elbeteinitz, das zu gleicher Zeit als Dorf dem Orden geschenkt worden war, später in anderen Händen als Städtchen wieder. Ob Manetin dem Orden zur Gänze gehörte und ob es ihm sein Marktrecht verdankt, wissen wir nicht anzugeben.[2]) Ebenso ungewiss ist das Verhältnis des Ordens zu Böhm.-Aicha.

Als der deutsche Orden das Gebiet von Miletin in der Bydžover Gegend geschenkt erhielt, bezeichnete König Wenzel I. den Hauptort desselben noch als ein Dorf.[3]) Zwanzig Jahre später verlieh Ottokar II. gewiss auf Bitten und Zuthun des Ordens dem letzteren das Rechtspflegeramt «mit Galgen und Stock» in seinem Marktflecken Miletin.[4]) Dabei ist um so bestimmter an eine gleichzeitige Location zu denken, als bald darauf im selben Gebiete zwei «neue» noch namenlose Dörfer erscheinen, als deren Locatoren ein Markus von Hořic und ein Viska(?) anzusprechen sind.[5]) Die Umstände dürften auf die beiden Neudorf bei Bělohrad zu deuten sein.

Nicht ganz so verhält es sich mit Komotau. Obwohl dasselbe schon von dem Spender Friedrich von Chomotau als *oppidum* bezeichnet wird,[6]) wurde es doch vom Fürsten erst gleichzeitig mit Miletin zum Marktorte erhoben.[7]) Fortan wird es wiederholt als

---

[1]) Erben I. (1186) p. 174.
[2]) Mencling, Emler III. (1325) p. 406.
[3]) Erben I. (1241) p. 498.
[4]) Emler II. (1261) p. 114.
[5]) Emler IV. (1267) p. 725.
[6]) Erben I. (1252) p. 598.
[7]) Emler II. (1261) p. 113 f.

Stadt des Ordens genannt und für seinen Markt wird ihm Zollfreiheit auf der ganzen Straße von Pressnitz bis Laun gewährt.[1])
Gumpolds (Humpolec) hatte ebenfalls dem deutschen Orden gehört, war aber von diesem im Jahre 1233 an das Prämonstratenserstift Selau verkauft worden.[2]) Im Jahre 1253 finden wir[3]) es als Marktort und Zollstätte im Besitze der Kreuzherren mit dem rothen Stern. Als Stadt — *oppidum* — verkauft es der Orden im Jahre 1325 an Heinrich von Leipa.[4]) Zur Zeit Wenzels I. besaß der Kreuzherrenorden auch einen Marktort Tatschitz (Daschitz?).[5])

Städtegründungen auf Adelsgütern.

Der Antheil des Adels an der Einführung des Stadtsystems und an der Schaffung von Landstädtchen ist, wie sich aus den Endergebnissen schließen lässt, ein weit größerer gewesen, als wir urkundlich belegen können. Nichtsdestoweniger beschränken wir uns auf solche Anführungen. Die Vortheile, die dem Grundherrn eine städtische Ansiedlung bot, haben wir wiederholt zu Tage liegen sehen. Der augenfälligste war die wesentliche Erhöhung der Bodenrente. Sie wuchs unmittelbar durch die besondere Verzinsung der städtischen Baufläche und mittelbar in den Erträgnissen des Marktgeldes und durch die vermehrte Zahl der Victualienläden und den Zuzug von nicht mit Grund betheilten Zinspflichtigen, zu denen die meisten Handwerker und alle Hintersassen zählten. Trotz dieser Vortheile, die jedem Grundherrn den Besitz einer Stadt wertvoll machen mussten, konnte die Zahl derselben nicht über ein gewisses Maß hinaus wachsen. Abgesehen davon, dass es des landesfürstlichen Privilegiums bedurfte, bewirkte schon das ängstlich gewahrte «Meilenrecht» der jeweilig bestehenden Städte eine gewisse Weite des Maschennetzes; andere Grundbedingungen des Gedeihens waren überhaupt künstlich nicht zu schaffen. Es bedurfte einer gewissen Bevölkerungsverdichtung und einer reichlicheren Erwerbsgelegenheit, um die nöthigen Ansiedler heranzuziehen. Die Urkunden berichten von manchem zustande gekommenen Abschlusse zwischen einem Grundherrn und einem Unternehmer, aber sie sagen uns nichts von

[1]) Emler IV. (1335) p. 71.
[2]) Erben I. (1233) p. 384 f und 511.
[3]) Erben I. p. 609.
[4]) Emler III. p. 405.
[5]) Emler IV. (1254) p. 717.

den vielen Fällen, in denen der herbeigerufene Fachkundige von dem Geschäfte zurücktrat, weil seine Erfahrung die Erfolg verbürgenden Bedingungen nicht vorfand.

Den Namen der alten Burg Pracheň im Wottawagebiete trug der Gau noch im 13. und 14. Jahrhunderte;[1]) nur civitas im jüngeren Sinne findet keine Beurkundung. Im Jahre 1315 bestand nur noch der kahle Berg und darunter ein Dorf Pracheň. An den früheren Bestand erinnerte nur noch die Zinspflicht einiger nicht ganz naher Orte, die noch zu Wenzels II. Zeiten mit der alterthümlichen Verpflichtung jährlicher 18 Quartchen Honig und zweier Gänse an den Berg, beziehungsweise dessen Herrn gewiesen waren. Diesen Berg mit dem gleichnamigen und dem Dorfe Pořič wusste sich nun Bawar von Bawarow (Barau), der Herr des nahen Strakonitz, von König Johann zugleich mit der Erlaubnis zu erbitten, auf demselben wieder eine Veste erbauen zu dürfen.[2]) Vorher aber schon, zur Zeit Ottokars II., hatte der Vater des Herrn Bavar am andern Ufer der Wottawa gewiss mit königlicher Erlaubnis, die er als Marschall des Königs leicht erreichen konnte, sein Dorf Horaviz oder Horowic, nachmals Horaždowic in eine Stadt umgewandelt und mit Mauern umgeben lassen. Dass dessen Sohn Bawarus die dadurch an ihren Gründen betroffenen Maltheser im Jahre 1279 mit 5 Baustellen innerhalb der Stadt entschädigte,[3]) lässt uns die Stadtbegründung in die vorgenannte Zeit versetzen. Dieser Gründung gegenüber trat das Dorf Pracheň um so mehr zurück, seit es durch jene Schenkung derselbe Herr gewonnen hatte.

Wenzel II. verlieh dem genannten Bawar für Horaždowitz das übliche Stadtprivileg mit der Befreiung von den Provinzialgerichten und -Ämtern,[4]) was die selbständige Gerichtsverwaltung in der Stadt zur Voraussetzung hat. Dass seiner Zeit zur Anlage der Stadt erst Colonistengrund urbar gemacht werden musste, möchte daraus zu schließen sein, dass auch noch im Jahre 1298 eine Schenkung an die Kirchenwidmut nur in Waldgrund gemacht werden konnte, aus dessen Lichtung das nahe Babin — Feldahorn — entstand.[5]) In der That finden wir auch hier die typische deutsche Schöffenbank mit dem Richter an der Spitze und die Namen Leopold, Walther, Elblin, Rimbot, Dietrich[6]) verrathen die Herkunft ihrer Träger. Der

---

[1]) Erben I. (1233) p. 380; Emler II. (1341) p. 807.
[2]) Emler III. (1315) p. 114 f.
[3]) Emler II. (1279) p. 1228.
[4]) Emler II. (1293) p. 694.
[5]) Emler II. (1298) p. 1232.
[6]) Emler II. (1300) p. 802; IV. (1335) p. 52 f.

«alte Richter», Bürger in Schüttenhofen, erwarb vom Grundherrn den Gang (des Goldbergwerkes) bei Horaždowitz von der Mühle des Freytlin bis zu dem «Solgraben» genannten Graben.[1]) Nördlich von Horaždowitz liegt heute das Dorf Groß-Bor — im 14. Jahrhunderte Schloss und Stadt im Besitze einer Familie von Groß-Bor, die es 1335 dem Stifte Zderas schenkte.[2]) Ebenso wird Březnic nordöstlich von Horaždowitz im 14. Jahrhunderte als Städtchen bezeichnet.[3])

Das nahe Strakonitz, welches der Familie dieser Baware den Namen gab, und in dem sich die große Seelgeräthstiftung derselben in der Verwaltung des Malthoserordens befand, ist jedenfalls seit längerer Zeit im Besitze derselben, ob es aber deshalb auch ebenso alt oder älter als Stadtgemeinde ist, lässt sich damit nicht entscheiden. Der Name Bawar von Strakonitz taucht zuerst im Jahre 1235 auf[4]); die Gründung des Maltheserstiftes daselbst fällt um das Jahr 1251[5]) — damals wird Strakonitz noch als Ortschaft — *locus* — ohne nähere Bestimmung angeführt. Im Beginne des 14. Jahrhunderts dagegen weisen es die Urkunden als Stadt — *civitas* — mit Mauern und Thoren, mit Markt und Zollstätte,[6]) mit Fleischbänken, mit Richter und Schöffen auf.[7]) Aus dem Umstande, dass sich das Maltheserstift nicht in der Stadt, sondern in der Burg befand, kann man schließen, dass die Stadt selbst im Jahre 1251 noch nicht bestand. Bei dem Verhältnisse, in welchem Bawar zu Ottokar II. stand, darf man annehmen, dass die Anlage der Stadt in der Zeit des letzteren vor sich gieng.

Auch die Bürger von Strakonitz befassten sich mit Locationsgeschäften. So erwarb der Bürger Heinrich Sweykar vom Gutsherrn zu echtem «Kaufrecht oder Burgrecht» 1½ Hufe und 3 Joch «nach dem Maße der Stadt Strakonitz» von dem Neulande «na Bychnowě» an den Grenzen von Aunic und Klinowic zu sieben Freijahren und darauf folgend zu dem in Strakonitz üblichen Zins. Die 3 Joch sollen als Hofstätten zinsfrei geschenkt sein. Zugleich verpflichtet sich die Gutsherrschaft nie mit anderem als Strakonitzer Maße nachzumessen.[8]) Die so entstandene kleine Ortschaft führt

---
[1]) Emler IV. (1344) p. 573.
[2]) Emler IV. (1334) p. 29; (1335) p. 62.
[3]) Emler III. (1327) p. 507.
[4]) Erben I. p. 410.
[5]) Ibid. p. 593.
[6]) Emler III. (1314) p. 194.
[7]) Ibid. (1332) p. 740.
[8]) Emler IV. (1345) p. 617 f.

jetzt den Namen Hubenow und grenzt noch an einen Rest des alten Waldes. Die Angaben dieses Vertrages zeigen zugleich, dass auch die Location der Stadtgründe von Strakonitz auf dem bekannten System beruhte.

In dem benachbarten Droužetic kaufte irgend ein Maruško von demselben Gutsherrn — Wilhelm von Strakonitz — einen Hof und eine Viertel-Hufe zu «Kauf- und Burgrecht» mit 4 Schock Anleite gegen einen Jahreszins von 16 Groschen und 30 Passauer Denaren, 5 Hühnern und einem Schwein als Robotablösung, und es wird gesagt, dass das die Bedingungen sind, zu welchen die übrigen Bauern der Herrschaft in diesem Dorfe wohnen — ein Beweis für die vorangegangene Umwandlung der Gutsherrenverhältnisse in dieser Gegend.[1]

Die drei auf einanderfolgenden Bawari und der dritte Bruder, Wilhelm von Strakonitz, erscheinen überhaupt als sehr emsige Colonisatoren. Auch die nahe Ortschaft Radomyšl hatten sie bereits in ein Städtchen — *civitacula* — umgewandelt.[2]

Auch Barau — Bawarow — in der Nähe der Blanitz, auf dem die Witwe des dritten Bawar ihr Heiratsgut versichert hatte, als es im Jahre 1334 von König Johann als «Schloss und Markt» dem Peter von Rosenberg vergeben wurde, ist als eine Anlage eines der Baware anzusehen.[3] Noch im 14. Jahrhunderte wurden Richter und Schöffen daselbst bestätigt, und welcher Art die Bevölkerungsmischung war, deutet die Anstellung eines Predigers der Čechen — *praedicator Boemorum* — an.[4]

Winterberg taucht wohl um 1260 auf und die Burg dieses Namens befindet sich 1341 mit einem angrenzenden großen Walde, in dessen Mitte der Berg *uf der Gans* liegt, in den Händen König Johanns; einer Stadtanlage wird jedoch nicht gedacht.[5] Auch im Anfange des 15. Jahrhunderts, da sich Winterberg im Besitze des Hanuš Kapler befand, wird wohl außer der Burg einer neuen Kirche daselbst, aber nicht ausdrücklich eines Städtchens Erwähnung gethan.[6] Es ist wohl eine andere, als die oben genannte Flur mit der Bezeichnung «Gans» (Hus), auf welcher 1314 eine königliche Burg erbaut wurde, zu der im 15. Jahrhunderte das

---

[1] Emler IV. (1345) p. 620.
[2] Emler III. (1320) p. 257.
[3] Emler IV. (1334) p. 4.
[4] Borový L. c. (1364) p. 54 f.; (1393) p. 396.
[5] Emler IV. p. 398.
[6] Borový (1405) p. 649.

nahe Sablat und das nördlicher, jenseits Prachatitz, gelegene Husinec als Städtchen — *oppida* — gehörten.¹) Dagegen besitzen Mirowic und Mirotic um diese Zeit schon Stadtverfassung, desgleichen Welhartic.²)

Auch auf Rosenbergischem Gebiete ist die Beurkundung eine recht mangelhafte. Von der Stadt Rosenberg unter der gleichnamigen Burg wissen wir nur, dass sie in der zweiten Hälfte des 13. Jahrhunderts eine Ansiedlung nach deutscher Locationsart beherbergte, wie die Amtsperson des Richters erkennen lässt.³) Die vor den nachmaligen Stadtthoren entstandenen Suburbien von Rosenberg und Krummau führten die locale Bezeichnung Latrana, Latron.

Krummau — «Chrumbenowe», Chrumpnau» findet seine erste Nennung zum Jahre 1253; aber der Bestand der eigentlichen Stadt, obwohl für eine frühere Zeit anzunehmen, ist uns erst im 14. Jahrhunderte nachweisbar.⁴) Wie hier in der ganzen Gegend vielfach deutsches Colonistenmaterial neben slavischem die Ansiedlungen schuf oder umgestaltete, so sind auch die uns überlieferten Namen der Schöffen von Krummau sichtlich Deutsche, ohne eine čechische Beimischung ganz auszuschließen: Michel, Richter, Peter Mup, Konrad Brünner, Andreas, Niklas Megerl, Konrad Sattler, Konrad Sorgil, Seidil Leitner, Wadil Schneider, Wismut von Drthen (sic), Jan von Clum, Ulrich der schon Schuster, Swatislas.⁵) Ein Zuzug slavischer Bürger konnte am ehesten von der «Latrane» aus stattfinden, die wir im 15. Jahrhunderte ebenfalls als ein **städtisches** Gemeinwesen organisiert finden, so dass dann wie mehrfach zwei Städte hart an einander lagen.⁶)

Südlich von Krummau besaßen die Rosenberger einen Marktort in Oberhaid (Merica), der erst geschenkweise an Hohenfurt gelangte.⁷) Von ihrem Versuche, einen Marktort Rosenau (Rožnow) in ihrem Dorfe Strodenitz bei Budweis einzurichten,⁸) war schon die Rede. Der «Richter Kunz» weist auch hier auf den deutschen Colonisten.

---

¹) Pangerl, Goldenkron ad 1444 p. 452.
²) Borowý L. c. (1385) p. 217; (1402) p. 505; (1374) p. 95.
³) Emler II. (1278) p. 485; (1281) p. 545.
⁴) Emler III. (1332) p. 739; (1334) p. 18.
⁵) Emler IV. (1336) p. 852.
⁶) Pangerl Goldenkron S. 547, 553.
⁷) Emler II. (1278) p. 485.
⁸) Ibid. II. (1261) p. 120; (1273) p. 329; (1263) p. 101.

Südwestlich von Krummau wird Kirchschlag schon im
13. Jahrhunderte als ein Marktort der Rosenberge genannt;[1]) das noch
südlichere Friedberg wird zwar schon von 1238 an genannt, doch
ohne Andeutung seiner Verfassung. Auch die Urkunden des 14.
Jahrhunderts enthalten keine solche, ebenso wenig aber auch eine
andere Namensform. Oberplan (Plan) erscheint im 13. Jahrhunderte
als Dorf;[2]) weitere Nachrichten fehlen.

Die erste Nennung Rosenthals[3]) — Rožmital ist jüngere
Verdrehung — lässt auf vorangegangene Rosenbergische Colonisation aber nicht auf die Ortsverfassung schließen. Johann von Michelsberg nannte im Jahre 1283 die von Wenzel II. im Tauschwege erhaltene Burg Welešin in einem Zusammenhange mit «Städten
und Dörfern», dass man auf eine damals bei der genannten Burg
bereits vorhandene Stadtanlage schließen muss.[4]) Der Bestand von
Schweinitz — Swin oder Swins — als Besitz der Rosenberge
ist seit 1255, der von Beneschau seit 1222 beurkundet. Von
Schweinitz kennen wir zum Jahre 1391 die ganze Schöffenbank:[5])
Nikolaus, Richter, Jaklin Metznar, Hendlin Maghaypl (Mohnhäupt-
chen), Alwlin Mango, Nicklin Spizil, Brziecho, Hermann, Ditlin
Schuster, Hogdar Fleischer, Marklin, Fridlin Schuster, Matthias
Schuster. Die Kirche war damals «neu erbaut», was vielleicht mit
der Stadtanlage zusammenhängt. Die Namen zeugen von der Zu-
ziehung deutscher Colonisten, wenn auch die Beschäftigungen der
Schöffen andeuten, nicht von jener wohlhabenden Art, wie sie sich
in den königlichen Städten festsetzten. Beneschau, um 1368 im
Besitze des Rosenbergers Heinrich von Welešin, wird schon 1361
als Stadt bezeichnet.[6])

Weseli, Strobnitz und Gmünd pflegen im 13. und 14.
Jahrhunderte als Haupt- und Orientierungspunkte der Rosenberg-
schen Villication genannt zu werden, so dass auch an deren hervor-
ragendere Organisation zu denken ist.[7]) Weseli hatte mindestens
schon 1383 seinen Richter und seine Schöffenbank, und das nahe
Soběslau ist sicher schon 1367 eine «Stadt» der Rosenberge.[8])

---

[1]) Ibid. II. (1283) p. 357; (1209).
[2]) Ibid. II. (1259) p. 87; (1261) p. 120.
[3]) Ibid. II. (1259) p. 87.
[4]) Ibid. (1283) p. 560.
[5]) Borowý l. c. 362.
[6]) Borowý l. c. (1368) p. 69; (1361) p. 34.
[7]) Emler II. 1262 p. 143.
[8]) Borowý l. c. p. 207 und 61.

Strobnitz wird 1302 ausdrücklich als Markt bezeichnet.[1]) Gratzen ist schon im 13. Jahrhunderte als Stadt — *civitas* — und Zollstätte beurkundet.[2]) Wittingau ist mindestens schon im 14. Jahrhunderte Stadt.[3]) Lischau fällt durch seine ganz deutsche Fluraufteilung und den entsprechenden Anlageplan auf, und besaß bestimmt schon Ende des 14. Jahrhunderts seine Stadtverfassung mit Richter und Schöffen.[4]) Lomnitz wird frühzeitig, aber auch Mitte des 14. Jahrhunderts nur als Burg, nicht ausdrücklich als Stadt genannt. Bukovsko kam bereits als Städtchen durch Tausch an die Rosenberge.[5]) Neu-Bistritz war schon im 14. Jahrhunderte eine Stadt,[6]) Neuhaus — *Nova domus* — bereits gegen Ende des 13. Jahrhunderts. Markt und Zollstätte bestanden hier seit uralter Zeit. Seit 1297 durfte der Grundherr auch acht Judenfamilien zu seinem Nutzen halten.

Die erhaltenen Bürgernamen sind von bekanntem Klange: Gottfried, Ortlieb, Rinold, Heinrich dictus Anfora (Krug?), Otto gen. Fuchs.[7]) Tremles (Dremiol) und Deschna (Teschna) werden bereits Ende des 13. Jahrhunderts als Marktorte erwähnt, beide dem Herrn von Neuhaus gehörig.[8])

Noch sind Pacow, Černovic, Borotin und Miličin als unterthänige Orte zu erwähnen, die schon im 14. Jahrhunderte Stadtverfassungen besaßen.[9]) Úsk oder Ústí an der Lužnic, das nachmals der Stadt Tabor den Platz räumte, ist im 14. Jahrhunderte bereits eine Stadt mit Zollstätte und mit ausgesprochener Hufenauftheilung in den nächsten Dörfern.[10]) Gegen Ende des Jahrhunderts gehört sie als solche den Brüdern von Usk, deren einer Canonicus in Prag war.[11])

Auch Kamenic (im Taborer Kreise) war zu Ottokars II. Zeit bereits eine Stadt — *civitas* —, an den König heimgefallen und von diesem an die Sternberge vergeben.[12]) In Hořepnik bestand im

---

[1]) Emler II. (1320) p. 832.
[2]) Ibid. (1284) p. 575 f.
[3]) Emler IV. (1341) p. 371; Borowý L. c. 1367) p. 62.
[4]) Borowý l. c. (1391) p. 356.
[5]) Emler III. 1323 p. 363.
[6]) Emler IV. (1341) p. 371.
[7]) Emler II. (1293) p. 699; (1294) p. 710; (1297) p. 759; III. (1319) p. 221.
[8]) Emler II. (1294) p. 710.
[9]) Borowý l. c. (1365) p. 60; (1371) p. 83; (1380) p. 225; (1393) p. 401.
[10]) Borowý l. c. (1371) p. 83.
[11]) Ebend. (1388) p. 281 und 287.
[12]) Emler II. (—) p. 1024.

13. Jahrhunderte unter der Burg eine Stadt im Besitze einer nach beiden genannten Familie. Durch Heimfall und Verleihung gelangten Burg und Stadt im 14. Jahrhunderte an Ulrich von Neuhaus.¹)

Jistebnitz unter der Herrschaft der Rosenberge war bereits im 13. Jahrhunderte nach deutschem Rechte locirt, wie daraus zu ersehen ist, dass vor 1262 durch den Tod des Richters daselbst drei Hufen — *tres hubae* — freigeworden waren.²)

Žleb, Goltsch-Jenikau und die andern Burgen der Lichtenburge sind von der colonisatorischen Thätigkeit dieses unternehmenden Geschlechtes gewiss nicht unberührt geblieben; aber die Kunde kam nicht auf uns. Die Stadt Ronow legte Ulrich von Lichtenburg nach deutscher Art im Jahre 1307 an. Locator war Gottfried, vordem Richter in Podol — vielleicht Vapený Podol bei Heřmanměstec — der wahrscheinlich auch dort schon das gleiche Geschäft besorgt hatte. Auch seine Colonisten — *concultores* — scheint er mit sich gebracht zu haben. Der Hufen waren 39; jede sollte den hohen Jahreszins von 1½ Mark bringen. Eine halbe Hufe diente zur Ansiedlung von 24 Hintersassen, deren jeder 1½ Joch Grund gegen einen Vierdung Jahreszins erhielt. (Das «Joch» ist hier wie öfter einem «Strich» Aussaat gleichgesetzt, — die Hufe daher mit 72 Joch statt «Strich» berechnet.) Maß und Rechtsbrauch soll die Stadt von Časlau übernehmen. Von den Gebäuden auf den Baugründen der Stadt, wie von Malzhäusern, Backhäusern und Gartenanlagen wird kein Zins gezahlt; ebenso bleibt die Fischerei in bestimmten Strecken der Dubrawa den Bürgern frei. Als «Subsidium» im Kriegsfalle wird von der Hufe ein halber Vierdung erhoben. Der Locator Gottfried erhält für seine Arbeit erblich das Gericht mit dem dritten Pfennig, eine Taberne, eine Brod- und eine Fleischbank, eine Mühle, zwei Hintersassen und zwei Hufen Land. Die Besiedlung ist als aus 36 Grundbesitzern und 24 Handwerkerfamilien bestehend gedacht. Die Übergabe des Grundes an den Locator scheint mit einer gewissen Feierlichkeit — «in Anwesenheit der Gemahlin, Söhne und Verwandten» des Gründers — vor sich gegangen zu sein. Die anwesenden Zeugen, Gäste, darunter fremde Richter und Schöffen, deuten auf interessante Beziehungen zu Časlau, Leitmeritz und Schüttenitz bei Leitmeritz.³)

Als den Mittelpunkt des südlicher gelegenen Gebietes älterer Colonisation der Hron-Lichtenburge kann man Deutschbrod

---

¹) Emler II. (1299) p. 789; Emler IV. (1334) p. 2 f.
²) Emler II. 1262) p. 144.
³) Emler IV. (1307) p. 823.

betrachten; das Sammelbecken von deutschem Colonisationsmaterial scheint die Iglauer Gruppe gewesen zu sein. Wie dort, so war auch in Deutschbrod der aufgenommene Bergbau die anziehende Kraft, und zwischen dem rührig von Ort zu Ort fortstrebenden Elemente der Colonisten und dem in jenen Gegenden nicht unvertretenen aber auch nicht allzu zahlreichen heimischen Bauer scheint ein Verhältnis anzunehmen zu sein, wie etwa heute in Südafrika zwischen dem conservativen Bûren und der emsigen Randbevölkerung. Als auf mährischem Boden an den Quellen der Sazawa in der Mitte des 13. Jahrhunderts der Grund zum Kloster Saar gelegt wurde, da kamen nach der Erinnerung des gleichzeitigen Chronisten[1]) nicht nur Mährer, sondern auch Deutsche und Bergleute zahlreich aus der Umgegend herbeigeströmt. In der That waren damals — um 1250 — auch schon auf böhmischer Seite — nicht nur in Iglau — die Deutschen ansäßig. Die Hrone, die sich seit 1251 von Lichtenburg nannten, waren als Waldvögte, als «Markwarte» in der Gegend ansäßig geworden, und die sich zeigenden Metallschätze hatten sie zu weiterer Erschließung angespornt und der Erfolg ihnen immer neue Mittel zugeführt.

Schon um 1234 gab es in der Gegend einen «Urburarius», einen Verwalter der Montanrenten. Als das Kloster Saar erstand, war in der That der Silberbergbau schon in Brod, in Běla, Schlapanz und Přibislau im Gange und mit ihm deutsche Bevölkerung hier angesiedelt.[2]) Merkwürdig bleibt noch die besondere Beziehung der bergbauenden Lichtenburge zu dem Cistercienserorden, dessen drei Stifte zu Sedletz, Saar und Grätz mit Zehenten der genannten Bergbaue bedacht wurden. Ob jene Anlagen schon damals städtische waren, wird nicht gesagt, doch ist es mindestens in Bezug auf Deutsch-Brod anzunehmen. Schon um 1261 schlichtete Smil, der Gutsherr, einen Streit um die Kirchenwidmut daselbst vor Richter und «Bürgern».[3]) Schon vor 1269 besaß Brod alle Freiheiten und Einrichtungen deutscher Städte, da ihm seine Grundherren selbst das begehrteste aller Privilegien, das der «Niederlage» aller Handelswaren, zu verschaffen gewusst hatten. Damit aber war die Eifersucht Iglaus und der Mährer wachgerufen, welche Ottokar II. bestimmten, dieses Stapelrechtsprivileg von der unterthänigen Stadt zu nehmen und nach Iglau zu verlegen, wohin besonders die Durchfuhr von Tuch, Blei und Häringen in Betracht

---

[1]) Chronic. Sarense in Fontes rer. b. II. p. 530.
[2]) Emler II. (1257) p. 65.
[3]) Celak. II. p. 35.

kam.¹) Vier Brüder von Lichtenburg, Heinrich, Smil, Ulrich und Raimund bezeichnen im Jahre 1278 ihren Vater Smil als denjenigen, der Brod seine Freiheiten und Rechte gewährt habe und damit übereinstimmend nennt Wenzel II. die genannte Stadt «Broda Smilonis». Denselben Namen gibt ihr Bischof Johann III., der zugleich von ihrem «Richterius» spricht.²) Nun erscheint aber ein Smil, Sohn des Heinrich, Burggrafen von Zittau, zuerst zum Jahre 1243,³) unter dem Namen von Lichtenburg zuerst um 1251 und dann bis gegen das Jahr 1270 genannt. Alles spricht also dafür, diesen Smil für den Gründer der Stadt Deutschbrod zu halten und so deren Gründung in die Mitte des 13. Jahrhunderts zu setzen. Dass aber jene Rechtsverleihung durch Smil schon die Bestätigung einer geschriebenen Rechtsbelehrung gewesen sei, wie sie in der Bestätigungsurkunde seiner Söhne vorliegt,⁴) ist zweifelhaft. Diese aber enthält eine eingehende Belehrung über Rechtsbrauch und Rechtsgrundsätze rein deutscher Art, im Wesentlichen conform derjenigen, die Wenzel I. und dessen Sohn Ottokar II. 1249 den Bürgern von Iglau und den böhmischen Bergstädten überhaupt bestätigt hatte. An der Spitze der Stadt steht der Richter und die Schöffenbank. Die Stelle des Grundherrn vertritt der Münzmeister.

Ungefähr gleichzeitig mit Deutsch-Brod erscheinen als Städte Schlapans, Běla und Chotěboř gegründet.⁵) Sie haben ihre Lane, «in der Volkssprache Huben genannt» *(quod vulgariter dicitur hueben)* zugemessen. Was innerhalb dieser Huben der drei genannten Städte an Bergsegen gewonnen wird, das gehört zu dem Bergbetriebe dieser Städte. Alles andere aber, was irgendwo auf den Gründen der Herrschaft oder ihrer Rittersleute oder Bauern gefunden wird, das gehört als Bergwerk zur Stadt Deutschbrod und ihrer Bürgerschaft. Dass da von Gründen der Bauern gesprochen werden kann, zeugt für die vorangegangene Emphiteutisierung.

Der Jahreszins beträgt von jeder zugemessenen Hufe eine halbe Mark Silber. Häuser, Mühlen, Brod- und Fleischbänke, Verkaufsläden u. dgl. im Besitze der Bürger sind zinsfrei und sollen nur für das Bedürfnis der Stadt belastet werden. «Zugemessen» zur Stadt, als Schoßgut derselben aber erscheint schon ein großer Complex

---

¹) Emler II. (1269) p. 255.
²) Emler II. p. 1013; IV. (1269) p. 727.
³) Erben I. p. 517.
⁴) Emler II. (1278) p. 473 ff.
⁵) Ibid. p. 478.

von Landgütern als Zeugnis für die ausgebreitete colonisatorische Thätigkeit der jungen Bürgerschaft. Als — jetzt zum Theil verschwundene, zum Theil reducierte — Dörfer werden genannt: Schenkelsdorf — es besteht noch ein «Schenkelhöfel» bei Höfern —, Hruschenstein — verschwunden —, Poiwa — ebenso —, Gobelsdorf — ob Gablenz? — mit Gütern der Bürgerfamilie Claritius, die wir schon bei Kuttenberg und Budweis kennen lernten, und ein Antheil von Gerungsdorf — ebenso —. Außerdem treten noch Langendorf und Mittelberg an der Grenze des Schoßgrundes auf, die der Pfarrer mit Erfolg beanspruchte.[1]) Von Meierhöfen der Bürger gehörten zur Stadt der des Wernher, des Hermann des Rothen, des Heinrich Bihuss, des Pabo, Konrads des Weißen, des Konrad Herstul, des Bero, des Ulmann und Wilhelm, einzelne Hufen des Ekkehard, des Arnold Ganghofer, des Wernher Etch, des alten Eberhard und des Lessher. Die erhaltenen Sprachproben, durchwegs auf den Bergbau bezüglich, zeugen von der deutschen Umgangssprache unter Gewerken und Bürgern.

Es ist nicht unwahrscheinlich, dass wir in jenem Richter Wernher, genannt Fischer, den Smil von Lichtenburg im Jahre 1265 ganz besonders belohnte,[2]) noch den Mann vor uns haben, der als Locator die Arbeit der Stadtbegründung und Besiedlung geleitet hat. Er gewährte ihm, was man heute die Versetzung in den Ritterstand nennen würde, indem er ihm das Dorf Mazerau (Macerow) nicht emphiteutisch, sondern zinsfrei und zu erbeigen mit der Bedingung schenkte, dass Wernher und seine Nachfolger zu jeder «Expedition» des Herrn einen leichten Reisigen zu stellen hatten.[3]) Überhaupt muss ein solcher Bürger bei den wirtschaftlichen Herren von Lichtenburg nicht in solchem Despect gestanden haben, wie bei dem Schlage des Adels einer etwas jüngeren Zeit; denn Heinmann, der Sohn Smils, nennt denselben Wernher seinen Pathen und erlässt ihm auch die Stellung des Reisigen dagegen, dass Wernher verspricht, den Gewinn aus etwaigen Silbergängen auf seinem Gute mit dem Baron zu theilen.[4]) Und der Mann war auch jetzt als Gutsherr nicht unthätig. Mit Beginn des 14. Jahrhunderts mochte er schon gestorben sein; aber rechts und links von Mazerau sehen wir zwei neue Colonien, Lettendorf und Schönfeld und unterhalb Mazeraus einen — bereits wieder verlassenen — Stollen, genannt «Kalden Husein»,

---

[1]) Emler IV. (1256) p. 719.
[2]) Emler II. (1265) p. 194.
[3]) Emler II. (1265) p. 194.
[4]) Ibid. II. (1289) p. 638.

den der Richter Albert und der Urbur-concessor Henning Stuchwin nach Bergrecht dem Probste von Frauenthal, dessen Bergmeistern Friedrich und Gottfried und den übrigen Gewerken verleihen.[1] Es sind wieder Cistercienser, die sich hier mit dem Bergbau beschäftigen.

Solche von der Bürgerschaft ausströmende Thätigkeit wird uns auch noch im 14. Jahrhunderte in ihren Erfolgen bemerkbar. So bezeichnet König Johann noch im Jahre 1342 das — jetzt verschwundene — Dorf Königsbrunn bei Deutsch-Brod als ein neu angelegtes Dorf.[2]

Von der Befestigung der Stadt Deutsch-Brod spricht schon im Jahre 1278 die Bestätigung des Stadtrechtes. In der That hatte der Regent Markgraf Otto von Brandenburg in demselben Jahre die Erlaubnis zur Stadtbefestigung ertheilt und für diesen Zweck die Wiedereinführung der vordem entzogenen «Niederlage» für die Zeit von fünf Jahren gestattet.[3] Aus dem Späteren ergibt sich aber, dass diese erste Befestigung — *munitio civitatis* — nicht gerade als eine **Ummauerung** zu denken ist, wie sich ja auch andere Städte für die erste Zeit mit Zäunen und Planken genügen ließen. Überdies galt diese Erlaubnis des Regenten zunächst für den Grundherrn; als sie dieser der Stadt ertheilte, geschah es nicht ohne ein Entgelt von 200 Mark. Die wirkliche Ummauerung muss erst in den ersten Jahren des 14. Jahrhunderts begonnen haben. Nach Anordnung des Raimund von Lichtenburg, der den Bürgern für die Dauer des Baues alle Nebenbelastungen erließ, wurde der Mauerumfang nach «Seilen» vermessen und jedem Bürger sowie dem Kirchenpatronate im Besitze der Deutschherren seine Strecke zugetheilt. Der Bau dürfte in elf Jahren beendet gewesen sein.[4]

So war Deutschbrod thatsächlich zur vollendeten Stadt geworden, obgleich es ihm an ausgesprochenen königlichen Verleihungen noch fehlte. Als auch Heinmann von Lichtenburg mit seinen Söhnen Ješek und Heinko die Gewährungen seines Vaters Raimund und seiner Brüder Wenzel und Stanko bestätigte,[5] fügte er noch einige den Bürgern wertvolle Bestimmungen hinzu. Gegen den Willen derselben soll kein Bediensteter der Herrschaft in der Stadt ansäßig sein dürfen; wird ein solcher mit Raub in der Stadt betroffen, soll er dem Stadtgerichte unterworfen sein; desgleichen,

---

[1] Ibid. II. (1303) p. 852.
[2] Emler IV. (1342) p. 431.
[3] Emler II. (1278) p. 497.
[4] Emler IV. (1314) p. 780 und p. 90.
[5] Emler II. (1310) p. 499. Über die Datirung s. Čelak II. p. 164.

wer immer einen Excess in der Stadt begeht. Auch das gewisse Asylrecht erhält die Stadt: wer dahin kommt, kann nicht herausgeholt, sondern nur vor ihr Gericht gefordert werden. Dagegen schützt das Gebiet kirchlicher Herren nicht die Unterthanen derselben und auch die Mitglieder der Herrschaft selbst wollen sich gegen einzelne ihrer Bürger nur des Stadtgerichtes bedienen.

Die halbe Stadt Deutschbrod und das Bergwerk in Mittelberg, welche König Johann im Jahre 1319 von Raimund von Lichtenburg erkauft, nachdem sich ihm Heinrich von Lichtenburg ergeben hatte, überließ Johann in demselben Jahre nebst andern Gütern tauschweise für die Stadt Zittau und die benachbarten Burgen dem Heinrich von Leipa.[1]) Dieser bestätigte nun seinerseits die Bürgerschaft in ihren alten Rechten,[2]) während König Johann erst dreizehn Jahre später die Exemtion der Stadt ausdrücklich anerkannte und aussprach unter Zusicherung all der Rechte, deren sich irgend eine andere Stadt im Königreiche erfreue.[3]) Die Versuche der Stadt, hierauf gestützt, sich zur Stellung einer freien königlichen Bergstadt zu erheben, blieben erfolglos, obwohl sie wiederholt unter die unmittelbare Herrschaft der Landesfürsten gelangte; erst im 17. Jahrhunderte konnte sie dieses Ziel erreichen.

Die Bürgernamen aus dem 14. Jahrhunderte tragen den uns bekannten Typus: Wernher, Heinrich und Haymann sind die Namen von Stadtrichtern. Von Schöffen hießen: Nik. Lechlers, Albert Brenners, Nik. Brenners, Otto Krukners, Nik. Muratoris, ein andermal Nik. Maurer (1343), Ottlin Krukner, Ottlin Rotmelzer, Hermann Koberl, Albert in longa villa, Nik. Erhard, Konrad Erwer, Nik. Koppold.

Für Schlapanz, Běla und Chotěboř — das erstere ist heute ein Dorf — ist die Stadtqualität auf Grund eines Emphiteutisierungsverhältnisses schon vor 1278 festzustellen. Silberbergbau war in den beiden erstgenannten Orten schon vor 1257 im Betriebe.[4]) Běla bei Deutschbrod wird noch im Jahre 1306 als Stadt bestätigt.[5]) In Chotěboř hatten die Lichtenburge überdies eine Zollstätte.[6]) Als dasselbe mit andern Theilen des Herrschaftsgebietes an König Johann gelangte, ertheilte dieser den Bürgern daselbst das Iglauer Recht.[7])

---

[1]) Emler III. (1319) p. 192, 215 f.
[2]) Ibid. (1220) p. 255.
[3]) Emler III. (1333) p. 792.
[4]) Emler II. (1257) p. 65.
[5]) Ibid. (1306) p. 910.
[6]) Ibid. (1303) p. 855.
[7]) Emler IV. (1331) p. 799 f.

Polna, dessen Kirchenpatronat schon vor 1242 oder doch spätestens um 1282 an die Deutschherren[1]) verschenkt worden war, tritt uns im 14. Jahrhunderte als Stadt entgegen. Damals, im Jahre 1326, hat Wikart von Polna «beides, Stadt und Hûs» dem Deutschherrenstift zu Drobowitz zu einem reichen Seelgeräth geschenkt.[2]) Habern kennen wir auch im 14. Jahrhunderte noch als Zollstätte, wo zuerst die Lichtenburge, dann König Johann und später das Stift Wilimow den Zoll erhoben. Unter der Burg Žleb, nach der sich Zweige der Lichtenburge nannten, befand sich im 14. Jahrhunderte eine Stadt mit Richter und Schöffen.[3]) Zu gleicher Zeit erscheint auch das nahe Přibislav als eine Stadt mit Marktgerechtigkeit, eigenen Maßen und Gewichten und einem Tuchkaufhause.[4]) Zbraslawitz gehörte als Stadt einer Familie, die sich darnach nannte,[5]) die Stadt Kruzenburg der Familie derer von Hradek.[6]) Auch Kácow besaß bereits eine Stadtverfassung.[7])

Die nach Osten zu das Land umsäumenden Städte haben wir bereits als auf landesfürstlichem und zum Theil kirchlichem Boden entstanden kennen gelernt.

Pardubitz am südöstlichen Knie der Elbe ist vor der Mitte des 14. Jahrhunderts eine dem Vater des ersten Prager Erzbischofs gehörige Feste. Dessen gewöhnlicher Sitz, nach dem er sich damals nannte, war die Burg Stara in der Poděbrader Gegend. Die Stadt, die bei jener Feste Pardubitz angelegt war, nennt er selbst im Jahre 1340 eine neue; sie dürfte also Ernest von Stara selbst ihre Anlage verdanken. Eine zweite Stadt besaß dieser in Liban in der Nähe seiner Burg Stara.[8])

Eine Familie von Dobruška ist seit dem Beginne des 14. Jahrhunderts nachweisbar. Um diese Zeit war daselbst auch eine Stadt entstanden, aber wie es scheint nicht in der gewöhnlichen Art der Neuanlage, sondern einfach dadurch, dass das alte Marktdorf Leštna mit einer Mauer umgeben und so zur Stadt mit dem neuen Namen, der vordem vielleicht nur einem Herrenhause daselbst zukam, umgestaltet worden war. Es lag darum nahe, dass die Herrschaft ihre alten Unterthanen auch innerhalb der Mauern in

[1]) Emler II. p. 504 und IV. p. 737.
[2]) Emler III. p. 455.
[3]) Borowý l. c. (1370) p. 78.
[4]) Borowý l. c. (1360) p. 10.
[5]) Ibid. (1381) p. 183.
[6]) Ibid. (1385) p. 218.
[7]) Ibid. (1391) p. 362.
[8]) Emler IV. (1340) p. 806.

der alten Weise behandelte, vor allem also mit Roboten belegte. So innig aber hatte sich in Böhmen damals schon mit dem Namen der «Stadt» und des «Bürgerthums» ein ganz bestimmter Begriff von Verfassung, von Rechten und Freiheiten verbunden, dass sich nun nicht bloß die Unterthanen innerhalb der Mauern *ipso facto* für befreit hielten und gegen die alten Zumuthungen sträubten, sondern, was noch bezeichnender ist, dass sich auch die böhmischen Herren, die der von Dobruschka zu Schiedsrichtern in dem so entstandenen Streite aufrief, auf ihre Seite stellten. Es waren das freilich Männer, wie Hinko von Friedland, Heinrich von Lichtenburg, Heinrich von Leipa u. a., die wir bereits als entschiedene Wirtschaftsreformer kennen lernten. Sie entschieden, dass alle Robotpflicht der zu Bürgern gewordenen Unterthanen aufhören, diese aber dafür ihrem Herrn die unter dem Namen «Schoß» übliche Zinsung leisten sollten; dazu aber müsse erst eine ordentliche Veranlagung der Häuser und Grundstücke stattfinden.[1]) Es musste also gleichsam das nachgeholt werden, was sonst bei der üblichen Location einer Stadt als Einkaufsvertrag voranzugehen pflegte.

Auch Týništ a. d. Adler, das im 14. Jahrhunderte bereits Stadtverfassung besaß, gehörte den Herren von Dobruschka. Seine Gründung mag mindestens in die erste Hälfte des Jahrhunderts fallen; denn um 1361 war seine Richterhufe schon wieder frei geworden.[2]) Solnitz wird um dieselbe Zeit als ein Städtchen bezeichnet, das gleichsam die übliche Ergänzung der nicht zu fernen Burg Skuhrow bildete.[3])

Nachod als Stadt unter der gleichnamigen Burg und das nahe Hronov als Markt erhalten das Andenken an Hron von Nachod aus der Verwandtschaft der Lichtenburge, der seit 1254 unter diesem Namen und im Besitze jener Gegend hervortritt. Die Gründung beider fällt in die Zeit Ottokars II.[4]) Beide zeigen in der Anlage, Nachod auch in der ganzen inneren Einrichtung und Verfassung den Typus der in Rede stehenden Organisation. — Für Starkstadt bezeugt der schon 1321 auftretende Name Starkinstadt[5]) einigermaßen seine deutsche Anlage vor jener Zeit.

Von den Städten im Gebiete der Lehenshauptmannschaft Trautenau war schon oben die Rede; auch die ursprünglich dazu ge-

---

[1]) Emler III. (1320) p. 231.
[2]) Borowý l. c. (1361) p. 29.
[3]) Emler III. (1321) p. 295.
[4]) S. Hraše Dějiny Náchoda, 1895.
[5]) Emler III. (1321) p. 295.

hörigen Orte (Gradlitz¹) und Bürglitz oder Wřešťov, letzteres im 14. Jahrhunderte in den Händen der Herren von Riesenburg, besaßen um diese Zeit Stadtverfassungen.²)

Mehr im Binnenlande finden wir Rataj an der Sazawa bereits im 13. Jahrhunderte als Marktort im Besitze einer Adelsfamilie, bei deren Proscription es durch den König an das Prager Bisthum übergieng.³) Auch Načerac und Wlaším, sowie Eule, der Ort alter Goldwäscherei, besitzen um die Wende des 14. Jahrhunderts Stadtverfassung.⁴)

Libán im Poděbrader Gebiete haben wir als ein Städtchen der Ritter von Stara und Pardubitz schon genannt. An der Cidlina war bereits Ende des 13. Jahrhunderts Žiželic, im Besitze einer Familie von Hořepník, ein Marktort.⁵) Damit hatte schon vorher die Umwandlung der alten Dorfverhältnisse begonnen, die um das Jahr 1300 der neue Herr Diotloch von Hradistko vollendete.⁶) Schon im Marktorte hatte eine Schöffenbank und ein von der Herrschaft auf unbestimmte Zeit eingesetzter Richter bestanden. Jetzt wurden die Unterthanendienste in einen bestimmten Zins nach Hufenmaß und das übliche Subsidium für den Kriegsfall verwandelt. Der Robotdienst eines Schnitters wurde mit 5 Groschen für jede Hufe abgelöst. Nur ein jährlich dreimaliger Dienst bei der Herrenjagd blieb aufrecht. Dafür aber erhielten die Bürger einen Antheil an der Fischerei und eine Gemeindeweide. Bei der Neuvermessung der Gründe, die wir voraussetzen können, scheint es auf die Heranziehung der bis jetzt grundbesitzlosen Hintersassen abgesehen gewesen zu sein: denn, wer von ihnen eine Viertelhufe kaufen würde, der sollte dafür vom Hauszinse befreit sein. Den Emphiteuten wurde die Testirfreiheit erstreckt und das Heimfallsrecht an die Herrschaft für den Fall des völligen Aussterbens einer Familie vorbehalten. Da es hier einen Erbrichter nicht gab, musste die Herrschaft selbst sich um die Wiederbesetzung erledigter Wirtschaften kümmern. Wer sein «Burgrecht» verkaufte und mit einem ordentlichen Menschen besetzte, hatte freies Abzugsrecht. So gieng die alte Verfassung des Ortes — ähnlich wie bei Dobruschka — ohne Heranziehung einer fremden Colonisation in die des deutschen Stadtrechtes über.

---

¹) Emler III. (1316) p. 118; Borowý L. c. (1359) p. 16.
²) Borowý (1378) p. 187.
³) Emler II. (1295) p. 727.
⁴) Borowý (1365) p. 53; (1403) p. 580; (1402) p. 561.
⁵) Emler II. (1299) p. 789.
⁶) Emler IV. p. 752 f.

Auch Kopidlno, Hořic und Neu-Paka stehen Ende des 14. Jahrhunderts unter Stadtverfassung.[1] Das erstere, einem Wenko von Kopidlno unterthan, besitzt mit dem Dorfe Lhota zusammen 40 zugemessene Hufen.

Turnau gehörte um 1271 der Familie der Waldsteine (von Lemberg) und schon einige Jahre später erscheint der Koliner Bürger Walther in nahen Beziehungen zu jenem Orte.[2] Es könnte sonach die Stadtverfassung, die uns erst zum Jahre 1335 urkundlich bezeugt ist, immerhin schon in die Ottokarische Zeit zurückreichen.[3] Damals vermehrte Zdeněk von Waldstein — «Walstein» — die Rechte der Erbrichterei und ihres «freien Burgrechtes». Wer zuziehen wolle und mit guter Kundschaft versehen sei, soll einen Pfennig Aufnahmsgeld erlegen. — bestimmte er unter anderem.

Jungbunzlau, eigentlich das «kleine Bunzlau», gehörte der Familie von Michelsberg und war zu Beginn des 14. Jahrhunderts ein offener Ort mit Marktrecht und Zoll neben einer Feste.[4] Erst im Jahre 1334 nahm Ješko von Michelsberg eine wirkliche Stadtgründung vor, wobei er[5] dem Unternehmer Heinrich das Erbgericht mit dem üblichen dritten Pfennig, eine Freischenke und eine Freihufe verkaufte und die neue Stadt auf ihre heutige Stelle auf dem Hügel Hroby verlegte. Da von der Erwerbung und Verzinsung der Hufen nicht die Rede ist, so kann man annehmen, dass die Bürger im Besitze ihrer alten, schon zu einer früheren Zeit ihnen zugehörigen Hufen verblieben und nur die Baustellen wechselten, so dass es im Großen auch nur die alte Bevölkerung sein konnte, welche die neue Stadt besiedelte. Ješko verlieh dieser die Stadtrechte von Nimburg. insoweit es dazu nicht eines königlichen Privilegs bedurfte. Insbesondere zeichnete sich die neue Gründung dadurch aus, dass der Grundherr eine Anzahl von Patriarchalrechten, die sonst nur auf Zins ausgesetzt zu werden pflegten, den Bürgern ein für allemal verkaufte, einige wenige verschenkte. So erkauften die Bürger die 30 Fleischbänke um 60 Schock; ebenso die 24 Brotbänke, 12 Tuchbänke und 20 Schuhbänke. Die Braupfannen, die vordem ein Eigenthum der Herrschaft gewesen waren, schenkte diese dafür den Bürgern und ebenso gab sie ihnen zur Gemeinnutzung mehrere Wiesen unterhalb der Stadt und eine unter der Burg Michelsberg.

[1] Borowý L. c. (1361) p. 29; (1391) p. 359; (1415) p. 738.
[2] Emler II. (1277) p. 463.
[3] Emler IV. (1335) p. 47.
[4] Emler IV. (1318) p. 783.
[5] Emler IV. (1334) p. 9.

Wir sehen auch in diesem Falle, wie an die Stelle der früher vorherrschenden Neucolonisation mit fremdem Material die allmähliche Umgestaltung vorhandener Ansiedlungen tritt — in dem Maße natürlich, in welchem das ursprünglich Fremdartige als etwas Eingebürgertes betrachtet werden konnte. Wenn also hier allenfalls noch der Name des Unternehmers auch auf einen Deutschen gedeutet werden kann, so ließ der von Turnau schon auf einen Einheimischen schließen.

Auch für Sobotka, Sowinky und Neubenatek ist die Stadtverfassung für das 14. Jahrhundert beurkundet.[1]) Von Dauba war schon die Rede. Glatz, Nachod, Dauba, Schloss Hauska, Leipa, Friedland sind Stützpunkte ein und derselben Familie und Verwandtschaft.

Indem wir die innere Grenze des ehemaligen Markwaldes in denselben eindringend überschreiten, werden die urkundlichen Zeugnisse für die Schöpfungen der Colonisation noch unzureichender. In Bezug auf das Besitzverhältnis zum Grunde werden sie aber auch in gleichem Maße entbehrlicher; denn hier, wo die Colonisation auf grüner Wurzel stattfand, bieten in jener Beziehung Dörfer und Städte keinen Unterschied. Dasselbe gilt auch von der Gerichtsverfassung, und in diesen beiden Momenten ruht das Wesentlichste des socialen Bestandes.

Der Flurname Lipá — Lindenhain — im Walde jenseits von Bösig und Dauba wird zum ersten Male im Jahre 1262 zur Bezeichnung des oftgenannten Geschlechtes gebraucht: damals also war Lipá mindestens schon der zweifellos befestigte Mittelpunkt einer Villication. Aber mehr als das ist wahrscheinlich. Damals war das nahe Graber schon eine Stadt, und einer ihrer unternehmenden Bürger Arnold nannte sich »von Lipá«. Es gab also auch damals außer den Dienstleuten daselbst schon freie Ansiedler und jener war dem Namen nach ein Deutscher. Wir können ihn uns so kaum in einer andern Eigenschaft in Leipa denken, denn als Bürger, und es ist recht wahrscheinlich, dass die Besitzergreifung durch die Hronfamilie in jener Gegend mit der Anlage der Stadt Leipa verbunden war. Im 14. Jahrhunderte ist über den Bestand der Stadt kein Zweifel mehr; wir sahen bereits Bürger derselben bei der Verlegung von Neubösig betheiligt.

Das Erbrichteramt in Leipa finden wir im 14. Jahrhunderte im Besitze einer ritterlichen Familie, die durch den geistlichen Chronisten Benesch Krabice von Weitmül bekannt geworden ist. Aus dem

---

[1]) Borowý (1361) p. 32; (1360) p. 23; (1380) p. 170.

ersteren Namen dürfte man schließen, dass die Familie zu den heimischen Ministerialen der Lichtenburge gehört habe, wie denn auch ein Bruder des Benesch wieder als Peter von Slivna (Žleb?) erscheint, mit welchem Orte ihn sein Dienst zusammengeführt haben dürfte. Dagegen deutet die «Weitenmûl» — wahrscheinlich «Weidenmühle» — auf die Ansiedlung im deutschen Colonistengebiete, auf die Gegend von Leipa. Die Familie war in Leipa weit verzweigt, und ihr Besitz in Oberliebich und Voigtsdorf dürfte noch auf die Freihufen der Lokatoren zurückzuführen sein.[1])

Wie den Colonistennamen Liebich, Voigtsdorf u. a. ältere slavische Namen zur Seite stehen, die auf eine wenn auch schwächere Vorbesiedlung dieses Innensaumes des Markwaldes hindeuten können, so lassen auch die uns überlieferten Bürgernamen von Leipa auf eine Beimischung heimischer Elemente schließen. Neben einem Erbrichter Franzlin aus der Familie der «Weitinmul» sind um 1371 Schöffen: Henslîn Ratgeb, Kunz Gerber, Peter Mraczko, Peter Überschar, Wernher Gewandschneider, Kunz Strausnitz, Hermann Wollweber, Warba, Schenker, Jeszko Ausker, Wenzlîn, Bäcker, Henczik, Bäcker, Jecho Kojata. Später treten hinzu: Matzlin Pauer, Heinz von Wythemel (Weitmül), Konrad, Gerber, Niklas Intempe (sic), Waniczko der Schwarze, Henslin, Nik. Ordeum, Nik. Strausnitz, Mich. Poppe, Nik. Heitmanns, Peter Petzolds; — Nik. Pflug, Georg von Nimans (Niemes), Engelbert der Lange, Peter Sawermolk, Peter von Brenn, Heinczík, Bäcker.[2])

Um diese Zeit muss die Gegend gerade von dieser Seite aus schon so weit erschlossen gewesen sein, dass die alte Gauburg Tetschen am andern Rande aufhörte, zu ihrer Bezeichnung zu dienen; man sprach schon nicht mehr von einer Tetschner, sondern von einer Leipaer Provinz — *provincia Lipensis.*[3]) Sandau steht schon im Jahre 1267 zu Bürgern von Leitmeritz in Beziehung, ebenso wie Bensen zu Bürgern von Aussig.[4]) Die Gegend von Bensen mit der Burg Scharfenstein war im 14. Jahrhunderte Eigenthum und Colonisationsgebiet der Herren von Michelsberg.[5]) Gegen Ende des Jahrhunderts besaß das alte Benešow bereits Stadtverfassung. Seine Schöffen von 1397 hießen Matthias, der Richter, Nik. Wank, Joh. Pomser, Peter Klatzel, Georg Schmied, Paul Kaule.

[1]) Borowý l. c. (1363) p. 82; (1370) p. 83; (1371) p. 85.
[2]) Borowý l. c. (1371) p. 85; (1381) p. 179; (1389) p. 317.
[3]) Emler IV. (1341) p. 405.
[4]) Emler II. (1267) p. 214, 548; Emler IV. p. 357; Emler III. (1330) p. 652.
[5]) Borowý l. c. (1387) p. 186.

Nik. Hoetlener, Peter Urche (?), Nik. Trescher, Joh. Pfropper, Joh. Korzener, Heinrich Fleischer, Theod. Richter, Richard Rosell.¹) So wie diese, so beweisen auch die erhaltenen Namen der Bauern der Umgegend, dass wir uns hier auf dem Gebiete deutscher Colonisation befinden.

Dass Tetschen schon in ältester Zeit nicht nur als Gauburg, sondern auch als Marktort bestand, muss aus der mehrfachen Nennung der Zollstätte daselbst geschlossen werden; doch ist es für eine Stadtanlage jüngerer Art nicht sofort ausgewählt worden. Noch vor Mitte des 14 Jahrhunderts finden wir die alte Gauburg im Privatbesitze der Wartenberger²) und es ist wahrscheinlich, dass die jüngere Stadt diesen Herren ihre Anlage verdankt. Eine «alte Stadt», die von dieser neueren in nachfolgender Zeit unterschieden wird, scheint wie die Latranen am Krummauer und Rosenberger Schlosse das alte Suburbium gewesen zu sein. Dieser ältere Marktort scheint vorherrschend slavische, die neue Stadt beiderlei Elemente umfasst zu haben. Im Jahre 1373 stiftete die Herrschaft in der alten Kirche einen Altaristen als deutschen Prediger.³)

Kamnitz und Kreibitz verdanken ihre Stadtanlage wahrscheinlich denselben Grundherren. Die Burgen Tetschen, Bösig und zwei namens Ronov — Ronberg (?) und Rumburg — sind noch nach dem Tode Ottokars II. in königlichem Besitz. Kann man auch einen Hron aus dem bekannten Hause für der beiden letzteren Gründer ansehen, so scheint er sie doch nur auf königlichem Boden für den König gegründet zu haben.⁴)

Auf einer dieser Burgen, wahrscheinlich der von Rumburg, lernen wir auch einen Burggrafen Ottokar kennen.⁵) Als Kaiser Heinrich VII. namens seines Sohnes Johann nach dessen Wahl dem Oberstlandmarschall Heinrich von Leipa im Jahre 1310 die Stadt Zittau und die Burg «Ronawe» mit Erinnerung daran, dass sie schon dessen Vorfahren gehört hätte, schenkte, da muss sich an letztere noch keine Stadt angeschlossen haben, die sonst wohl wie üblich mitgenannt worden wäre.⁶) Als Johann 1319 beiderlei und die Burgen Oybin und Schönbuch tauschweise wieder an sich brachte, wird einer Stadt Rumburg auch noch nicht gedacht,⁷) und als sich

---

¹) Borowý l. c. 1307 p. 469.
²) Emler IV. (1342) p. 431.
³) Borowý l. c. (1389) p. 292; (1372) p. 87.
⁴) Emler II. (1283) p. 554.
⁵) Emler II. p. 154.
⁶) Emler II. p. 965.
⁷) Emler III. p. 213.

später dasselbe Gebiet im Pfandrechte des schlesischen Herzogs Heinrich von Münsterberg befindet, werden ausdrücklich die «Bürger» von Zittau, von den Burggrafen, Unterthanen und Vasallen — *homines et vasalli* — jener Burgen unterschieden.[1]) Dagegen erscheint im Jahre 1377 unzweideutig neben der Burg die Stadt Rumburg.[2]) Man wird also wohl die Stadtanlagen in dieser Gegend überhaupt erst in die Mitte des 14. Jahrhunderts versetzen dürfen.

Dem bürgerlichen Gemeindeansatze an der alten Gauburg Bilin blieb es gleich Tetschen, Netolitz und anderen Orten versagt, zur königlichen Stadt zu werden. Obgleich die Gauburg selbst frühzeitig in die Hände eines Adelshauses kam, spricht doch noch das 12. Jahrhundert von der *«civitas»* im alten Sinne des Wortes.[3]) Der Fortbestand eines *«forum»* daselbst ist noch im 13. Jahrhunderte constatiert.[4]) Im 14. Jahrhunderte sind die Herren von Bergau und Seeberg im Besitze von Burg und Stadt, und König Johann verwandelte beides in ein Lehen, um es unter Exemtion von allen Provincialgerichten und -Behörden dem für das Land Bautzen bestellten Lehensgerichtsverbande anzuschließen.[5]) Dass aber bereits vordem ein städtisches Gemeinwesen deutscher Art daselbst entstanden war, bezeugt das Vorhandensein des Richters und der Schöffenbank, und dass die Besiedlung vorwiegend deutscher Herkunft zuzuweisen, besagen die bekannten Namen: Hanemann Rolo, Albert von Görlitz, Heinzelin, Johann Jordans, Arnold Troller, Konrad, Jenlin von Trebnitz, Nikolaus von Brykau u. a.[6])

Die «Burgrecht»-Colonisationen erscheinen am linken Elbeufer in der Ebene weit früher als im Hochlande, das wir eben verlassen haben. Aber die Beurkundungen städtischer Anlagen auf Adelsboden sind auch hier spärlich. Dux — Dukczow, Doxau, Duchcow — hat unter der Herrschaft der Riesenburge im 14. Jahrhundert eine Stadtverfassung mit Richter und Schöffen besessen und sich der Befestigung erfreut.[7]) Zu Beginn des 15. Jahrhunderts hieß der Richter Tietz, die Namen der Schöffen lauteten: Nik. Randecker, Nikel der Schuster, Nik. Loze, Nik. Coclian, Peschel de sepulcro, Hensel Hala, Nik. May, Michael Farbenschaber, Paul der Sägeschmied.[8])

[1]) Emler IV. (1337) p. 147.
[2]) Borový l. c. p. 2, 143.
[3]) Erben I. (1130) p. 94.
[4]) Ibid. (1208) p. 232.
[5]) Emler III. (1327) p. 519 und 522; IV. (1334) p. 848.
[6]) Emler III. (1322) p. 309.
[7]) Borový l. c. (1392) p. 387.
[8]) Borový l. c. (1402) p. 567.

Graupen ist wohl am Schlusse des 13. Jahrhunderts schon ein Bergbauort, aber noch keine privilegierte Stadt. Erst gegen Ende des 14. Jahrhunderts sprechen die Herren von Kolditz von ihrem «Städtel unter der Veste auf dem Graupen».[1]) Das nahe Grab, jetzt Klostergrab, ist im Begriffe ein Bergbauort zu werden, und wieder sind es Cistercienser — die von Ossegg — die es vorher als Dorf vom Kloster Teplitz erworben haben.[2]) Um das Jahr 1370 deutet ein «Richter» Wenzel von Teplitz auf die Burgrechtsverfassung daselbst.[3])

Im Egergebiete ist, von den Städten anderer Kategorien abgesehen, der Mangel nachweisbarer Herrschaftsstädte nicht dem mangelhaften Urkundenstande allein zuzuschreiben; viele dermalige Städte und Städtchen können vielmehr für jene Zeit noch positiv als Dörfer nachgewiesen werden. Einer der wenigen Orte, die in jener Periode Stadtrecht erhielten, ist Wilomitz — Wilhelmow — das den beiden Wilhelmen von Egerberg gehörte. Karl IV. verlieh ihm 1342 Marktrecht und das bezeichnende Recht «zu Stock und Galgen».[4]) Luditz war Ende des 14. Jahrhunderts eine Stadt mit Schöffengericht unter der Herrschaft der Herren von Riesenburg.[5]) Auch Eidlitz (Udlice) hatte im 14. Jahrhunderte Stadtverfassung.[6]) Maschau wird bereits anfangs des 13. Jahrhunderts, da es geschenkweise an die Cistercienser übergeht, als Marktort — *villa forensis* — bezeichnet,[7]) woraus freilich nicht auf Emphiteusis geschlossen werden kann. Sicher ist aber letzteres bei Kopitz der Fall, als dasselbe als «Städtchen» an die Benedictiner in Chemnitz verkauft wurde.[8]) Asch ist Markt,[9]) Falkenau bereits 1339 eine unterthänige Stadt.[10])

Auch an der Stelle oder in der Nähe des alten Vorortes des Chluminer Gaues war eine Stadt gleichen Namens (Klomin) angelegt worden, in der auch Prager Bürger ihre Zinsgüter hatten.[11]) Später erscheint sogar ein Prager Bürger, Matthias vom Thurm als

---

[1]) Emler III. (1305) p. 882; Borowý l. c. (1394) p. 407.
[2]) Emler II. (1282) p. 548.
[3]) Über die Orte der Gegend vergl. die Werke H. Hallwichs . . . . . .
[4]) Emler IV. p. 467.
[5]) Borowý l. c. (1375) p. 105.
[6]) Borowý l. c. (1370) p. 80.
[7]) Erben I. (c. 1206) p. 226.
[8]) Emler IV. (1344) p. 602.
[9]) Emler IV. (1335) p. 68.
[10]) Ibid. IV. p. 805.
[11]) Ibid. IV. (1344) p. 565.

Grundherr der Stadt.[1]) Neweklow war eine Stadt im Besitze der Rosenberge. Als sie Heinrich von Rosenberg im Jahre 1285 an das Kloster Zderas verkaufte, ließ er einen Theil des Kaufschillings in der Weise bei dem Kloster stehen, dass dasselbe die Pflicht haben sollte, ihn dreimal des Jahres, wenn er nach Prag gienge, mit 20 bis 24 Personen je drei Tage auf jenem Gute zu verpflegen.[2]) Beneschau bei Prag erscheint 1327 als unterthänige Stadt, die damals von Thobias von Beneschau an Zdislav von Sternberg übergieng.[3]) Cerhovic im Brdywaldgebiete war im 13. Jahrhundert eine Marktstadt — *civitas forensis* — des Sulislav von Trnowan.[4])

In Dobrzan, das damals im Besitze eines Wichard von Tyrna war, wird schon zum Jahre 1259 ein «Burgensis» genannt,[5]) und ein Jahr darauf erscheint die Stadtqualität und das Richteramt daselbst unzweifelhaft beurkundet. Um 1272 ist ein Ulrich Richter daselbst und «Schöffen und Bürger» treten auf.[6])

Rabenstein oder Rabstein wird noch im Jahre 1332 bloß als Burg genannt.[7]) Bald nachher aber müssen die beiden Ulrich Pflug von Rabstein, Vater und Sohn an die Anlage einer Stadt vor jener geschritten sein, wozu sie den Grund der nahen Dörfer Stwolny (Zwollen) und Hradek theilweise verwendeten. Hradek scheint auf diese Weise überhaupt verschwunden zu sein. Die Bauern — «*cultores*», nicht Besitzer! — von Ostrow aber sind unter Einkauf ihrer sämmtlichen Nutzungsgründe als Bürger in die neue Stadtgemeinde eingetreten. Aber auch die Gründe der übrigen zwei genannten Dörfer wurden erst durch «Einkauf» Schoßgründe der Stadt. Die Gründe wurden nach Hufen vermessen und die neuen Bürger zahlten für die von Stwolno je 4 Schock und für die von Hradek 2 Schock als Anleite, wofür die Herrschaft sich verpflichtete, niemals eine andere Forderung zu stellen, als von den Zwollener Hufen je 60 und von den Hradeker 33 Groschen, und dazu von den ersteren Hufen je zwei Strich Korn, ebensoviel Gerste und 4 Strich Hafer. Von den aus Ostrow übersiedelten Neubürgern hatte jeder für sich als «Anleitung» 3 Schock zum Einkauf gezahlt und von jeder Hufe sich zu 56 Groschen Zins verpflichtet. Dass wir von

---

[1]) Borowý l. c. (1375) p. 102.
[2]) Emler II. (1285) p. 578 f.
[3]) Emler III. p. 486.
[4]) Emler II. (1275) p. 416.
[5]) Emler II. p. 88.
[6]) Ibid. II. (1260) p. 101; (1272) p. 321; (1282) p. 554.
[7]) Emler III. p. 756.

keinem Locator und Erbrichter hören, hängt sichtlich damit zusammen, dass das Besiedlungsmaterial vom Platze genommen wurde. Um dann aber doch eine städtische Ordnung einzuführen, «damit sie schicksamer leben und in Anstand sich regieren», wies sie der Gründer an das Saazer Stadtrecht, damit sie sich von dort Belehrung und in unentscheidbaren Fällen die Entscheidung holen.[1]) Wir sehen hier in einem an sich lehrreichen Falle, in dem nicht mit städtischem Rechtsbrauch vertraute Fremdlinge übersiedelten, wie nothwendig für den Ordnungsbestand in der neuen Gemeinde eine solche Anlehnung erschien.

Noch wären die kleineren Orte Blowitz, Wšehub, Sedlčan, Janowitz und Sepekow als solche zu nennen, die im 14. Jahrhundert Stadtverfassungen besaßen.[2])

Charakter der Stadtanlagen.

In Bezug auf die äußere Anlage ist ein wesentlicher Unterschied zwischen königlichen und unterthänigen Städten nicht festzustellen. Beide zusammen haben sogar wieder noch das mit den ländlichen Ansiedlungen deutscher Colonisation in Böhmen gemein, dass sie alle zusammen der Mehrzahl der wohlhabenden Bewohner nach auf den Landbau sich stützen und für diesen die Zutheilung zu empiteutischem Besitze ausnahmslos zur Voraussetzung haben. Von den in Böhmen üblichen Bezeichnungsweisen dieses Besitzverhältnisses, dessen Wesen wir an einer größeren Anzahl von Beispielen gezeigt zu haben glauben, scheint das häufig angewendete «Burgrecht» anzudeuten, dass die Kenntnis desselben durch die Vermittlung der Bürgerschaften, der «*burgenses*» ins Land kam, so wie das «deutsche» Recht auf die Richtung der Herkunft und das «Kaufrecht» auf den innern Gegensatz zum heimischen böhmischen Rechte hinweist.

War nun die «Vermessung» thatsächlich der Beginn der technischen Durchführung der Anlage, so haben uns die voran aufgeführten Fälle — um das hier zusammenzufassen — auch schon über das Wesen des Grundmaßes belehrt. Wäre nicht die frühere heimische Entwicklung der Gesellschaftsverhältnisse zu dem durchwegs geltenden und in die Praxis eingeführten Grundsatze gelangt,

---

[1]) Emler IV. (1387) p. 191 f.
[2]) Borowý l. c. (1383) p. 209; (1376) p. 130; (1384) p. 234; (1359) p. 23. Emler II. (1306) p. 893; (1307) p. 919.

dass aller Grund nur der Herrschaft zu eigen gehören könne, so
müsste das alte System der «Pflugmaße» — *araturae* — als Einheiten des Bauernbesitzes als das für den Unterthanen günstigere
erscheinen, wie wir auch an einzelnen Beispielen sehen konnten, dass
den alten Pflugmaßen eine größere Zahl von Hufeneinheiten entsprach. Indem die Herrschaft ganz materiell einen Theil des wirklichen Ertrages des Bauerngutes an sich nahm, musste sie sogar ein
Interesse daran haben, dass je ein Pfluggespann ein möglichst
großes Flächenmaß bearbeitete. Indem aber in der Wirklichkeit der
Bauer darauf absehen mochte, sich nicht über den nöthigsten Bedarf
für sich und seine Familie anzustrengen, weil ihm auch vom Mehrertrage die Herrschaft vielleicht thatsächlich doch nur diesen Bedarf zu belassen pflegte, mag der nach Pflugmaßen zugetheilte Boden
in der Regel nur in wenig intensiver Weise ausgenützt worden sein.
Dagegen war das Prinzip, auf welchem das Colonistenmaß beruhte,
ein ganz anderes. Seine Einheit war nicht die — mehr ideale —
Leistungsfähigkeit eines Pfluggespanns, sondern der durchschnittliche
Bedarf einer bäuerlichen Familie mit einem gewissen Zuschlage,
durch den ein ganz bestimmter, für alle Fälle pauschalierter Antheil
des Grundherrn als Verzinsung des eingekauften aber nur zum
Theil bar bezahlten Grundes gedeckt werden sollte. Dadurch war
das Risiko auf die Schultern des Bauers gelegt und darin lag die
Gewähr für die Intensität der Bearbeitung seiner «Hufe». Natürlich
war dieser Übergang von der materiellen Ertragsbetheiligung des
Grundherrn zur Geldauslösung wieder nur denkbar unter Voraussetzung von Vermittlungsplätzen, wie sie die neuen Städte boten
und gerade in ihnen gewann deshalb auch der Betrieb der Landwirtschaft eine ganz neue Bedeutung. Flächenmaß und Längenmaß
gehen bei dem deutschen Hufensystem zwar von verschiedenartigen
Grundeinheiten aus; doch erscheint deren Verhältnis zu einander
durch die Erfahrung vermittelt. Die Einheit des Flächenmaßes ist
durch ein bestimmtes Hohlmaß des betreffenden Aussaatgutes gegeben: den deutschen «Strich» oder den čechischen «*Korec*», beides
häufig auch nur gemeinhin «Maß», «*modus*» genannt. Die vom
Chronisten Ottokar II. zugeschriebenen Versuche, auch dieses Maß
für ganz Böhmen auf eine gleiche Einheit zu bringen, scheinen nicht
erfolgreich gewesen zu sein; vielmehr hatte auch später noch fast
jeder bedeutendere Marktplatz sein eigenes Maß. Für «Hufe» wird
im Lateinischen der Name «*mansus*», häufiger und gewöhnlich
«*laneus*», čechisch «*lán*» gebraucht. Häufig erinnert die Gleichstellung dieses Wortes an das deutsche «Lehen», andererseits aber

wird «*lán* und «*laneus*» auch zweifellos als ein der gewöhnlichen Hubenlänge entsprechendes Längenmaß gebraucht, wo wir dann versucht wären, es mit dem urverwandten Worte Leine, čechisch *láno* zusammenzustellen. In Wirklichkeit pflegt aber dann häufiger die Bezeichnung Seil, lat. *funis*, *funiculus* zu erscheinen und als dessen Unterabtheilung die Ruthe, *virga*, čech. *prut*. Ein Lan hält zwölf Ruthen. Mitunter scheint es, als würde beides auch als Quadratmaß gebraucht, so dass man auch eine Hufe 12 (Quadrat-) Ruthen gleichsetzen kann. Daneben tritt aber auch das Seil-Maß in einer ganz andern Bedeutung auf, so dass ein Laneus zu 60 Seilen — *funes* — gezählt wird, wie in Saaz der Fall ist.[1] Weit häufiger aber ist das Flächenmaß der «Strich» (Aussaat) und das «Joch» gebraucht, letzteres als Doppelstrich, häufig aber auch als ganz gleichbedeutend mit Strich. Die Größe der Hufen nach der Zahl der Striche ist sehr verschieden; Hufen von 90 Strich kamen nur ganz ausnahmsweise vor, solche von 60 Strich sind die kleinsten; sonst kommen noch die Zahlen 84, 72, 66, 64 vor. Verhältnismäßig am häufigsten sind die durch 3 und 4 theilbaren Strichzahlen, die ersteren mit Bezug auf die mit dem ganzen Systeme verbundene Dreifelderwirtschaft, die letzteren mit Bezug auf die thatsächlich häufigsten Theilungen der Hufen. Bei den Schoßgütern der Städte gab es kaum einen rationellen Grund, welcher die Theilbarkeit der Hufen, die hier nur ideale Einheiten zu sein brauchten, irgendwie beschränkt hätte; nichts destoweniger treffen wir ausnahmsweise Bestimmungen, nach welchen die Theilung der Hufen nur nach Hälften und Vierteln vor sich gehen sollte.

Am häufigsten treten daher die Zahlen hervor, welche — wie 60, 72 und 84 — beide Arten von Theilbarkeit zulassen. Die Bezeichnung eines Hufenmaßes als «Königshufe» konnten wir in böhmischen Urkunden nicht finden, die der «Fränkischen Hufe» — *mansi franconici* — nur einmal, wobei es sich aber um ein Gut in Schlesien handelte.[2]

Die am häufigsten vorkommenden Bezeichnungen für die Baranzahlung des Emphiteuten sind *Arra (Arrha), pecunia porrectoria, iductionalis, Anleit* und *Anleitung* und čechisch *podace*. Es ist bezeichnend, dass gerade auch nach dem letzteren Namen dieses ganze «Kaufrecht» *(právo zákupné)* auch *právo podací* genannt wurde.[3]

---

[1] Emler III. (1321) p. 278.
[2] Emler II. (1254) p. 6.
[3] Emler IV. (1334) p. 37; (1335) p. 803.

Aber schon bei dem Punkte der Vermessung sondern sich einigermaßen Stadt- und Landcolonien mehr nach der Art der Benützung des Zugemessenen. Bei der jüngeren deutschen Colonisation, die an uns als eine thüringisch-meißnisch-schlesische herantritt, nach Meitzens Vorgange aber schlechthin die «Fränkische» genannt werden soll, ist mit der Vermessung der Gründe auch schon die Anlage des Dorfes besorgt: das Straßenende jeder Hufe, jeder Halb- oder Viertelhufe bildet ohne besondere Abgrenzung die «Area» für die Hofanlage, die Hofereite. Bei der Stadtanlage ist das nicht der Fall, vielmehr muss hier wie bei der Anlage des slavischen oder des deutschen Stammdorfes die Gesammtheit der zusammenhängenden Hofreiten von der Hufenanlage abgesondert werden. In wirtschaftlicher Hinsicht tritt dieser Unterschied auch dadurch hervor, dass dadurch in den Städten eine doppelte Art der Grundverzinsung entstand; es gab außer dem Hufenzinse noch einen Areenzins.

Die Anordnung der Areen oder Hofreiten — um die Gebäude auf denselben kümmert sich die Location noch nicht — ist in unseren Städten beider Kategorien eine wesentlich andere als im Colonisten- und im heimischen Stammdorfe, überdies aber auch eine andere als in der alten deutschen Stadt, die gleichsam aus sich selbst herausgewachsen war. Von der Anlage des Waldhufendorfes muss sich die Stadtanlage natürlich durch die Aneinanderschließung der Areen unterscheiden, aber diese ist wieder eine andere als die im slavischen Dorfe. Die fast immer der Rundung zustrebende Form des letzteren verleiht den Areen eine gegen das Innere des Dorfes keilförmig zulaufende Form. Darauf beruht dann auch eine häufig wiederkehrende Art der Raumausnützung durch die Anordnung der Hofgebäude. Indem sich der Raum nach dem Dorfplatze zu verjüngt, sieht dieser in der Regel nur die schmale Stirnfront des Hauptgebäudes und ein Einfahrtsthor daneben, an das sich gleich wieder in gleicher Anordnung das Nachbarhaus anschließt. Die Stallungen setzen sich dann in der Längenrichtung des Wohngebäudes fort, während die rückwärtige, breitere Seite des Hofes die quergestellte Scheuer abschließt. Hinter dieser folgen dann die zur Hofstätte gehörigen Grasgärten, durch welche die Zufuhr zur Scheuer freisteht.

Die Anordnung in unserer Colonistenstadt geht dagegen immer von einer rechtwinkligen Grundfläche aus, und darum sind auch die Areen der Regel nach Rechtecke. Die Hofstätten aber können sich nicht mehr in jener Weise durch die Scheuer öffnen — der Stadtmauer wegen; ja die Scheuer ist zunächst nicht mehr unterzubringen; sie muss zumeist außerhalb der Stadtmauer verlegt werden. Der Mittelpunkt der ganzen Anlage aber ist, dem Zwecke der Stadt entsprechend, der Marktplatz.

Vom Dorfplatze unterscheidet ihn ausnahmslos sein auffällig großes Flächenmaß und seine möglichst vollkommen geradlinige Abgrenzung. Dieses große Rechteck des Marktes war aber ursprünglich niemals leer zu denken. Sein Zweck ist ja Handel und Verkehr zu vermitteln, und dazu dienen in seiner Mitte theils bewegliche, theils festgefügte Vorkehrungen. Zu letzteren zählen vor Allem die Brod- und Fleischbänke; zu ihnen gesellen sich Schuh- und Tuchläden, sowie Läden und Kräme zur Auslage und Aufbewahrung derjenigen Waren, welche zur «Niederlage» gebracht wurden; daneben hölzerne Bauden mit aufschlagbarem «Lied», das den Kram schloss und geöffnet als Kauftisch diente. Viele solche Läden wurden je nach Bedarf aufgestellt und wieder entfernt. Die dauernd aufgestellten aber bildeten zusammen ein oder mehrere Gebäude, die beständig die Mitte des Platzes verstellten. Unter diesen bildet oft das ansehnlichste ein Haus mit vielen Aufbewahrungs- und Verkaufszellen für heimische und fremde Kaufleute, unter denen wieder die Gewandschneider die angesehensten sind. Dieses allgemeine «Kaufhaus» heißt wohl auch das «Theatrum». Örtlich kommt auch der Name Kotzen für ähnliche Anlagen vor. Ein «Rathhaus» gehörte ursprünglich nicht zu jenen Markthäusern; in älterer Zeit bedurften die Städte eines solchen überhaupt nicht. An dessen Stelle diente vielmehr das geräumige Haus des Richters dem entsprechenden Bedarfe. «Bürgermeister» war abwechselnd je einen Monat lang einer der Schöffen, und auch in dessen Wohnung konnte eine «Morgensprache» derselben abgehalten werden. Erst wenn das Richteramt durch Kauf und auf andere Weise in wechselnde Hände gelangte und dagegen das Amt des Stadtschreibers von einer größeren Bedeutung wurde, begann allmählich die Periode der Rathhausgründungen. Dann entstand ein solches wohl auch inmitten des Marktes, nicht selten über den Brot- und Schuhbänken oder in ähnlicher Weise. Mitunter, aber nicht zu häufig, gehört auch die Stadtkirche zu dem Gebäudecomplex inmitten des Marktes. Dass das nicht häufiger als thatsächlich — z. B. in der Gallistadt Prag, in Neupilsen, in Nachod u. a. — der Fall ist, mag darin begründet sein, dass um die Stadtkirche herum zugleich der Begräbnisplatz sich ausbreiten musste, für den inmitten des Marktes nicht immer Raum genug schien. Viel häufiger wurde deshalb die Kirche seitwärts vom Marktplatze, etwa an einer der vier Ecken angelegt.

Indem dann häufig auch dieser Kirchenplatz mit Gebäuden umrahmt wurde, entstand nach Auflassung des Friedhofes ein zweiter kleinerer Stadtplatz unweit des großen.

Der zwischen dem Häuserrechteck des Marktplatzes und dem Gebäudekern im Innern desselben freibleibende Raum heißt im ganzen ostdeutschen Colonisationsgebiete der Ring, čechisch *rynk*, *na rinku*, lateinisch *in circulo* oder auch «*in rinco*». Das ist der Haupttheil der Stadt und seine Hofstätten sind im Ganzen nicht für die Handwerker, sondern für das patricische Element der landbegüterten und handeltreibenden Unternehmer berechnet. Dieser Platz ist aber auch für den Grundherrn der ertragreichste. Nicht nur dass alle jene für den Handel bestimmten Gebäude und Räume ihren verhältnismäßig hohen Grundzins zahlen, sind auch die Hofstätten um den Ring zu der höchsten Steuerbasis veranlagt. Unter ihnen sind wieder, wie wir bei Neubydžow sahen, die (acht) Eckhäuser die zuhöchst veranlagten.

Die längere Axe des rechteckigen Marktplatzes war durchwegs in der Richtung des betreffenden Straßenzuges in diesen eingelegt. Die gewöhnlich in Überkreuzung von den vier Ecken des Ringes ausgehenden Gassen waren in der ersten Anlage dem Ausmaße des Marktes gegenüber regelmäßig von geringer Erstreckung. Es gab Städte, die fast nur aus einem ummauerten «Ringe» mit seinen Häusern bestanden. In der Axe der durchführenden Hauptstraßen liegen die zwei Hauptthore der Stadt. Die vom Markte dahin führenden und nicht selten irgendwie gegen das Thor zu convergierenden Straßen sind die «langen», und an ihnen, häufig genug jedoch nur in einseitiger Entwicklung, liegen die nächst wertvolleren Hofstellen. Die querdurch schneidenden kürzeren Gassen können allenfalls noch als solche, die zur Kirche oder zum Schlosse oder durch eine Seitenpforte zum Wasserschöpfplatze und Badehause führen, einige Bedeutung beanspruchen; ihre Hofstätten sind aber am niedrigsten veranlagt. In all diesen Gassen siedeln sich — gewöhnlich gruppenweise — die bürgerlichen Handwerker an, die im Einzelnen auch ohne Rücksicht auf einen Grundbesitz zu einem bestimmten Durchschnittssatze für die Besteuerung veranlagt sind.

Auch in der Anlehnung an die meist vordem schon vorhandene Burg lassen sich die unterthänigen Städte den königlichen gleichstellen. Doch ist hierin je nach örtlichen Bedingungen die Mannigfaltigkeit groß genug. Die zwei Haupttypen sind jedoch: die in die Stadt selbst gleich der Kirche mit ihrem Raume eingeschlossene und die über der Stadt thronende durch Mauerfortsätze mit ihr verbundene Burg. Während sich in alldem königliche und unterthänige Städte ,kaum wesentlich unterscheiden, ist das schon in Bezug auf die Besiedlungselemente der Fall: im allgemeinen herrscht in jenen das patricische, in diesen das Handwerkerelement vor. Während es königliche Städte geben konnte, in denen das Handwerkerelement, zunächst von der Tuchmacherei abgesehen, vielleicht überhaupt nur aus den Hintersassen sich recrutierte, fanden wir unterthänige Städte, in denen das ehrsame Schuhmachergewerbe die Schöffenbänke besetzte. —

In Bezug auf die Selbständigkeit der Gerichtsbarkeit lässt die theoretische Unterscheidung den großen praktischen Unterschied kaum ganz ermessen. Auch den unterthänigen Städten ist durchwegs der Rechtsgebrauch irgend eines deutschen oder doch in seinem Ursprunge deutschen Stadtrechtes und die Rechtsbelehrung in einer älteren deutschen Stadt zugesichert; auch in ihnen amtiert nach deutschem Rechtsbrauch ein Richter mit einer Schöffenbank, und wie hier doch wieder der Gutsherr der eigentliche oberste Richter ist, der sich einzelne Fälle ausdrücklich vorbehalten hat, so untersteht auch die königliche Stadt der obersten Gerichtsbarkeit des Königs, die dieser fallweise durch seinen Unterkämmerer, wie dort der Gutsherr durch seinen Burggrafen üben lässt. Aber trotz dieser Übereinstimmungen ist doch die Praxis eine ganz andere geworden. In den königlichen Städten erhielt sich oft durch Jahrhunderte der Erbrichter» und mit ihm eine gewisse Festigkeit und Autorität der Tradition. Ihre Processe vor das königliche Gericht zu ziehen vermieden die Bürger in wohlverstandenem Gemeinsinn nach Möglichkeit. Der König kam nur ganz ausnahmsweise einmal, der Unterkämmerer nur selten in die Stadt und selbst die Erneuerung der Schöffenbank erfolgte oft längere Zeit nicht regelmäßig. Dem entgegen behielt der Burggraf des adeligen Herrn Richter und Schöffen der unterthänigen Stadt beständig in der Hand; der Grundherr wohnte selbst nicht selten in oder ob der Stadt, und jeder Bürgerzank bot ihm den gewünschten Anlass zu neuerlicher Einmischung. Auch in Bezug auf außergewöhnliche Leistungserpressungen stellt sich aus ähnlichen Gründen das Verhältnis der unterthänigen Bürger weit schlechter, abgesehen davon, dass nach dem geschichtlichen Hergange bei vielen solchen Stadtbesiedlungen die «Befreiung» der Bürger als ein Act der «Gnade» des Grundherrn ihnen immer wieder ins Gedächtnis gerufen werden konnte. Zwar waren auch die Bürger der königlichen Städte vor Erpressungen keineswegs sicher — die Zeiten König Johanns haben sie darüber belehrt — und wenn es schon den königlichen Beamten, wie beispielsweise dem Unterkämmerer,[1]) einmal verboten wurde, allzutief in die Säckel der Bürger hineinzulangen, so blieb doch den Königen selbst für den äußersten Bedarfsfall das Mittel der Bezugsanweisungen und Verpfändungen an Adelige, die sich dann selten an Recht und Privilegium hielten und niemals rechtzeitig und vor erfolgtem Schaden auf den Weg des Rechtes zurückgeführt werden konnten. Aber was hier ausnahmsweise und im äußersten Falle geschah, das war in den unterthänigen Städten doch häufig genug die Regel und ein Rechtsschutz dagegen war nicht zu finden.

Wir haben bisher im Einzelnen — und das konnte mit Rücksicht auf Gründlichkeit und Erfasslichkeit dem Leser nicht erspart werden — die Entwicklung des Städtewesens in Böhmen lediglich an der Hand verlässlicher Urkunden durch die zweite Hälfte des 13. und bis an das Ende des 14. Jahrhunderts hindurch verfolgt. Das war die Zeit der größten Regsamkeit auf diesem Gebiete. Während uns als Ergebnis derselben schon die Karte des Landes eine kaum zu übersehende äußere Umgestaltung zeigt, ist die innere der Wirtschaftsverhältnisse als kaum minder groß zu betrachten. Die Urkunden jener Zeit sprechen noch immer von der Stiftung von Seelgeräthen; aber niemals mehr von der Anweisung an die Villici, diese und jene Producte jährlich aus ihren Arbeitshäusern beizustellen. Was angewiesen wird, ist nur noch Geld oder Geldeswert, zu allermeist ein Bauernzins. Mit dem Bauer der jüngeren Art lässt sich Alles bestreiten; nur nicht mehr unmittelbar, sondern indem er einem Capitale gleichsteht, das Zinsen trägt, während andere Capitalien dem Kirchengesetze zulieb das nicht thun dürfen. Der Bauer ist wie Geld, und wer Bauern hat, kann alles haben. Aber das ist erst der Fall, seit es Städte im Lande gibt, die für den Umtausch der Landproducte in jede beliebige Ware sorgen. Die Stadt ist für den Gutsherrn ein ewiger Markt. Was uns jenes Schweigen der Urkunden vor Allem berichtet, ist das allmähliche Eingehen der alten Arbeitshäuser und der Handwerkerdörfer auf den Villicationen mit ihren halbsclavenmäßig in Regie gehaltenen Arbeitern und das Sinken der Bedeutung der herrschaftlichen Gynäcien. Dass einzelnen, dafür auf Deputatgrund angesetzte Unterthanen bestimmte Jahresleistungen in Erzeugnissen ihrer qualificierten Handarbeit — Pflüge, Räder, Schilde, Schüsseln, Lederkleider u. dgl. — abverlangt wurden, das dauerte allerdings fort; dass aber ganze

---

[1]) Čelak. II. (1337) p. 321 f., 323 f. und 325 f.

Dörfer gleichsam die Werkstätte für ein- und dasselbe Erzeugnis bildeten, das hörte auf; denn es musste sich herausstellen, dass diese Producte die betreffende Herrschaft, die dafür erst ein ganzes Gutsgebiet anlegen musste, im Vergleiche zu den Marktproducten der Städte und im Hinblick auf die gehobene Verwertbarkeit des Bodens, ungleich theuerer zu stehen kamen. Indem sich die Erzeugung solcher Gegenstände in die Städte zog, wurden viele Unterthanengründe für ausschließlich landwirtschaftliche Arbeit frei und wenn diese die Herrschaft auf festen Zins setzte, gewann sie reichlichere Mittel zur Beschaffung jener Producte in verfeinerter Herstellung und reichlicherer Auswahl; — die Schmucksucht der Menschen bildete auch hier eine wirksame Triebkraft.

Noch im 10. Jahrhunderte war Böhmen seiner Urproduction entsprechend reich an Erzeugnissen von mancherlei Art Lederarbeit gewesen, und Pelze und Leder waren die Hauptstoffe, die in den Arbeitshäusern zu landesüblichen Bekleidungen verarbeitet wurden, indes die Linnenweberei daselbst für einen besonderen Schmuck sorgte. Es ist keineswegs zufällig, dass überall im slavischen Osten unter den heranziehenden Handelsleuten der Gewandschneider», d. i. der Tuchhändler an der Spitze erscheint. Die Tuchmacherei gehörte bis dahin nicht zu den heimischen Betrieben, und wenn von groben «polnischen» Tuchen gesprochen wird, so sind darunter die der in Schlesien eingewanderten Tuchmacher zu verstehen. Der weiche Stoff, der in so vielen hellen Farben erscheinen konnte, wurde der allerbegehrteste Luxusartikel der Zeit nicht nur als Schmuckkleid, sondern auch als kostbare Draperie der Festräume. Die Einfuhr fand von den Städten der Niederlande her statt, und wir begegnen ihr frühzeitig fast auf allen Straßen. Unter den reicheren Bürgern, welche den patricischen Grundstock der städtischen Ansiedlungen bildeten, sind die Tuchhändler überall vertreten, und wie ansehnlich die Geschäfte sind, die sie mit dem auch in der äußeren Lebenshaltung emporstrebenden Adel machten, weisen uns viele Urkunden auf. Ganze Dörfer und Güter nimmt der Gewandschneider nicht selten in Versatz für die Mengen kostbarer Tücher, die er — vielleicht aus Anlass eines Hochzeitsfestes — an ein großes, aber nicht jederzeit an barem Gelde reiches Haus geliefert. Dem Gewandschneider in der Patricierschaft zieht allmählich der Tuchmacher in der Handwerkerschaft nach. Wir sehen beide Gruppen frühzeitig von Schlesien her im östlichen Böhmen, aber auch über das Erzgebirge herein in die neuen Städte des Nordens eindringen, wobei sie keineswegs immer friedlich Hand in Hand gehen: — ein Kampf zwischen Patriciern und Handwerkern spielt sich im Kleinen zwischen Tuchhändlern und Tuchmachern ab. So oft der Tuchmacher mit seinem heimischen gröberen, aber auch billigeren Stoffe sich zum Händler aufschwingen will, gibt es einen harten Strauß mit dem patricischen Gewandschneider. Nichtsdestoweniger schlug der neue Stoff immer siegreicher alle ältere Concurrenz aus dem Felde und an seine Verbreitung lehnte sich eine neue Art der Bekleidungskunst an. Es ist vorzugsweise die Zeit König Johanns, seit welcher die Klagen der geistlichen Herren Chronisten über die Neuerungen im Kleiderluxus nicht mehr verstummen wollen. In demselben Maße, als dieser der Zeit selbst genug auffällige Umschwung vor sich gieng, mussten die alten Bekleidungswerkstätten in den Villicationen sinken und veröden. Die alte Naturalwirtschaft zog sich in die tieferen Schichten zurück; das Wirtschaftsleben in den oberen Regionen nahm eine andere Gestalt an.

Sprachenverhältnisse.

Zum Jahre 1334 erzählt der gleichzeitige Chronist[1]) von Blanca, der jungen Gemahlin des Markgrafen Karl: «Uns ist es sehr misslich, dass sie nur französisch spricht, eine Sprache, die ihr Gemahl versteht und liebt, weil er ja lange in Frankreich gelebt hat.» ... «Um sich aber dem Volke in Böhmen — angenehmer zu machen, begann sie deutsch zu lernen, und sie übt sich in dieser Sprache mehr als in der böhmischen; denn fast in allen Städten des Reiches und bei Hofe ist zu dieser Zeit die deutsche Sprache gebräuchlicher als die böhmische.» In den Worten «zu dieser Zeit» klingt noch die Erinnerung des Chronisten nach, dass das nicht immer und ehedem so war. Die Kindheit desselben fiel noch in die Regierungszeit Ottokars II., dem — nach einem jüngeren Berichte — auch die Vaterstadt desselben, Zittau, die Ummauerung verdanken soll.[2]) So konnte wohl der Jüngling und Mann Zeuge des sich vollziehenden Umschwunges gewesen sein. Dass dieser aber etwa auf Rechnung der höfischen Umgebung König Johanns zu setzen sei, ist gerade für jene Zeit ausgeschlossen, in welcher es jahrelang keine königliche Hofhaltung in Böhmen gab. Um so gewisser erklärt der Hinweis auf die Städte den seit ihrer Gründung eingetretenen Umschwung.

---

[1]) Chron. Aul. Reg. in Fonter r. b. IV. p. 320.
[2]) Fontes rer. b. IV. p. 7.

Die Kreuzungen und Verschiebungen der Sprachgebiete, die mitunter, aber nicht jedesmal mit entsprechenden Schiebungen der Stämme und Nationalitäten zusammenhängen, bilden an sich allein wohl noch keinen Gegenstand, dem die Socialgeschichte ihre Aufmerksamkeit zuwenden müsste. In Böhmen jedoch würden wir der Fortsetzung der Socialgeschichte einen Stein des Unterbaues entziehen, wenn wir die Sprachenverhältnisse, wie sie zum großen Theile durch die eben betrachteten inneren Vorgänge geschaffen wurden, und als ein mit stürmischer Heftigkeit wirkendes Ferment für zukünftige Gestaltungen sich ausbildeten, unbeachtet lassen wollten.

Wenn wir auch nur diejenigen über das ganze Land zerstreuten städtischen Ansiedlungen ins Auge fassen, deren Schöffenfamilien ihren Namen nach einen wenn auch nicht immer untrüglichen Schluss auf ihre Umgangssprache zuließen, so kann uns jener Ausspruch des Chronisten keineswegs überraschen; umgekehrt aber bestätigt er im allgemeinen die Schlüsse, die wir aus jenen Namen zu ziehen versucht hatten.

In den höheren Kreisen des Adels, der vor dem Erscheinen des Bürgerthums allein alles öffentliche Leben repräsentierte, hatte die Befreundung mit der deutschen Sprache — von noch früheren Einflüssen abgesehen — schon mit jener Politik der Přemysliden begonnen, welche zur Errichtung des Königthums im Schutzbanne des deutschen Reiches geführt hatte. Mit diesem Königthum und seinem äußeren Glanze, der auf die Hofämter und den durch diese gehobenen Adel fiel, näherte sich Böhmen auch in Sprache und Sitte dem Kaiserreiche. Überdies war es wohl auch eine persönliche Hinneigung zu deutschem Wesen, welche Wenzel I. und vielleicht auch Ottokar II. in für Andere beispielsvoller Weise an den Tag legte. Gewiss hat derselbe Adel, der sich selbst durch die deutschen Namen seiner neuen Burgen zu schmeicheln glaubte, sich auch bemüht, deutsche Conversation pflegen zu können, wie sie am Hofe Rudolf des Habsburgers, Heinrichs von Kärnten und Johanns von Luxemburg vorherrschen musste.

Die Gelegenheit, deutsch zu lernen, brauchte der junge Adelige nicht erst an der Grenze zu suchen. Schon zu Cosmas Zeiten erklangen auch in der Prager Schlosskirche deutsche Gesänge und die «Vornehmen» hielten sich zu dieser Übung. Seither waren auch Prämonstratenser und Cistercienser, Johanniter und Deutschherren überall im Lande vorherrschend, deutsche Ordenscolonien entstanden, welche in den regsten Verkehrsbeziehungen zu den Adelshäusern blieben. Nun waren außer Prag noch die vielen königlichen Städte und endlich die der Stifte und des Adels hinzugekommen, die ein Netz über das ganze Land verbreiteten, in dessen Knotenpunkten, wie man behaupten darf, nur ausnahmsweise die deutsche Sprache nicht gehört wurde. Von allen königlichen Städten zumindest kann man behaupten, dass sie wenigstens bis über die Mitte des 14. Jahrhunderts hinaus unangefochten deutsche Städte blieben. Aber auch in vielen der übrigen behauptete bis dahin ein deutsches Patricierthum die Vorherrschaft, und bei der Öffentlichkeit und Unmittelbarkeit des Gerichtswesens konnte die Sprache des Gerichtes nicht ganz ohne Einfluss auf die Sprachübung in der Stadt bleiben.

Der Adel aber verkehrte gern und viel in diesen Städten. Die Bürger derselben lieferten ihm — gar oft borgweise — die Mittel zur Entfaltung seines modischen Luxus und vermittelten nicht nur seine Geldgeschäfte, sondern, wie wir sahen, auch die Umgestaltung seiner Grundwirtschaft. Wir wissen nicht, dass anderswo als in den Städten die alte Schuldgefangenschaft des Adels in das behaglichere «Einlager» umgewandelt worden wäre. Mitglieder der Adelsfamilien bewohnten nicht nur mit Vorliebe Häuser in ihren Städten, sondern erwarben solche auch in den königlichen, um an den Vortheilen und Annehmlichkeiten des Lebens daselbst theil zu nehmen, nicht ohne damit schweren Streit über die Rechte und Pflichten solchen Besitzes in den Gemeinden heraufzubeschwören.

Doch aber wird man den Gebrauch der deutschen Sprache in Adelskreisen nur dem Eindringen jenes Modefranzösisch vergleichen können, das in späterer Zeit dieselben Kreise beherrschte. Man kann den Unterschied nicht übersehen, der zwischen einem eingewanderten deutschen Herrschaftsadel in den nördlichen Marken an und jenseits der Elbe und einem deutsch sprechenden heimischen Landadel in Böhmen bestand. Der stete Verkehr und die vielfache Lebensgemeinschaft mit dem immer wieder von der heimischen Scholle aus heranwachsenden, nach aufwärts strebenden Wladykentum führte auch den höheren Adel Böhmens immer wieder zur heimischen Sprache zurück, und wo dieses Emporstreben in der festgehaltenen Zeitsitte ein Hemmnis fand, da setzte sich seine Energie in jenen untilgbaren Hass um, dem die Chronik des sog. Dalemil zur Zeit der Blüte deutschen Wesens in Böhmen ein Denkmal gesetzt hat. Wie gebrechlich aber der Widerstand sein mochte, der sich solchem Ansturme etwa in der deutschen Sprachbildung des hohen Adels entgegenstellen konnte, das bezeugt unter anderem die bald urkundlich festgestellte Aussprache jener deutschen Burgnamen, die wenige Generationen vorher der Stolz der Ahnen gewesen waren: die

Žumburk, Cimburg. Švamberk, Klimberk, Žampach und so viele andere zeugen nicht dafür, dass sich die deutsche Sprache in den Familien der Sonnenburge, Zinnenburge, Schwanenberge, Klingenberge, Sandbache u. a. lange wohl befunden hätte.

In den Städten, in den königlichen zumindest, lag die Sache zumeist anders. In ihnen haben wir es nicht nur mit der deutschen Sprache, sondern auch mit deutscher Nationalität zu thun, allerdings, wie gleich hinzugefügt werden muss, mit einer zum großen Theil in der Diaspora versprengten und nicht allenthalben undurchsetzten. Wo sich diese Städte räumlich an das Gebiet der deutschen Colonisation des alten Markwaldes anlehnten, da konnte auch ihr nationaler Typus gesichert erscheinen. Um zerstreut Angeführtes zusammenfassend zu wiederholen, muss erinnert werden, dass es sich bei vielen derselben doch nur um einen deutschen Patriciern handelte. Auch dieser aber war schon durch die Bedeutung, die der Marktverkehr für ihn hatte, nichtsweniger als jeder slavischen Beeinflußung entrückt. Bei oder in den meisten dieser Städte befand sich eine königliche Burg als Wohnsitz eines dem heimischen Adel angehörigen Burggrafen und Gaurichters mit dem entsprechenden Gefolge. Von deren Amtsthätigkeit war die Bürgerschaft allerdings eximiert; aber sie hatte doch häufig genug aus Anlass jener Thätigkeit heimischen Adel und dessen Gefolge in ihren Mauern zu beherbergen. Fast wichtiger für die Frage der Spracherhaltung wurde noch die Hintersassenschaft, die entweder von früheren Besiedlungen her zurückgeblieben oder auch des Bedarfes wegen herangezogen worden war, und nun vor den Mauern in immer mehr sich ausbreitenden Vorstädten saß, immer bereit, der Arbeitsgelegenheit in die Stadt selbst zu folgen und sich allmählich in die entstehenden Lücken der älteren Besiedlung einzuschieben. So ergänzte sich insbesondere das bürgerliche Handwerk aus solchen Elementen, und wir haben in einzelnen Fällen gesehen, wie wertvoll der Stadt und dem Grundherrn solcher Zuzug erschien. Das alles musste dahin führen, dass die Sicherung der Fortdauer eines bestimmten nationalen Charakters einer Bürgerschaft eigentlich vorzugsweise in dem betreffenden Hinterlande, für die deutsche Stadt also in der auch von deutschen Bauern colonisierten Umgebung lag.

Der Einfluss, den deutsche Unternehmer der Anlage, deutsche Locatoren und Grunderwerber in unterthänigen Städten wie in slavischen Dörfern nach jener Richtung nehmen konnten, kann leicht überschätzt werden. Gerade durch die «deutsche» Emphiteusis wurde das Verhältnis des Herrn zum Unterthanen wesentlich gelockert; ja wenn nicht das schlechtere Beispiel immer wieder die Consequenz des Gedankens ungünstig beeinflußt hätte, so hätte eigentlich der Herr nur noch in einem Verhältnisse zum Zins, kaum noch direct zum Bauer gestanden, wie ja in der That in den Urkunden jener Zeit nicht mehr wie in den älteren von Verkauf, Verschenkung und Tausch der Unterthanen, sondern nur von den Veräußerungen des bei dem und jenem Bauer ausstehenden Zinses die Rede ist. Freilich wird dann dieser Zins als der «pure» oder «nackte» unterschieden von dem *dominium*, das dem Veräußerer zu verbleiben pflegte, wenn es nicht ausdrücklich mitveräußert wurde. Aber auch die Gerichtspfennige und die Kriegssubsidien, die diesem Dominium entsprechen, waren nun fest bestimmt und zwischen den Grundherrn als Richter in vorbehaltenen Fällen, und den Bauer schob sich der richtende Schöffenstuhl. Wenn beispielsweise ein deutscher Bürger Prags Herr von Chlumin oder sonst einem Städtchen oder Dorfe war, so beschränkte sich sein Einfluss zumeist darauf, dass er in seinem Wohnsitze zu Prag seinen Richter erwartete, der ihm zu Georgi und Galli den Zins zu bringen und die Gerichtsgelder zu verrechnen hatte.

Ländliche Colonisation.

Die sociale Umwälzung durch deutsche Colonisation und die nachahmende Verbreitung ihrer Organisationsformen so von Dorf zu Dorf zu verfolgen, wie wir dies bezüglich der städtischen Colonisation versuchten, würde auch dann kaum thunlich und nicht gerathen sein, wenn der Zustand unserer Quellen es zulassen wollte. Das ist aber leider nur zu einem allergeringsten Theile der Fall, und wir müssen uns auch aus diesem leidigen Grunde auf eine allgemeine Umschau beschränken. Wir können das aber auch umso eher, als der Leser einen Einblick in das Wesen dieser Umgestaltung und die Art des Vorganges schon im Vorangehenden gewonnen haben kann. Städtische und ländliche Colonisation sind als Hand in Hand gehend und ihrem Wesen nach nicht auseinander zu reißen schon im Vorangehenden vielfach dargestellt worden.

Gönnen wir also schon der rein ländlichen Wirtschaftsreform eine getrennte Darstellung, so gliedert sich uns der Stoff wieder in mehrere Gruppen. Wie wir schon sahen, ist die deutsche Colonisation Anlass und Vorbild einer Umgestaltung der Grundverhältnisse geworden, die weit über das deutsche Colonisationsgebiet hinausreicht. In beiden Bereichen unterscheidet sich das Bauerngut der jüngeren Form von dem altheimischen als das «eingekaufte» von dem nicht eingekauften; das erstere gehört bedingungsweise dem Bauer, das letztere bedingungslos der Herrschaft. Im eigentlichen — deutschen — Colonistengebiete erfolgte der Einkauf seitens zugewanderter deutscher Bauern, im andern zumeist durch Änderung des Besitzverhältnisses unter Verwendung der bisher angesessenen heimischen Leute. Das erstere Gebiet bildet große zusammenhängende Flächen an den Grenzen, das zweite verbreitet sich in größeren und kleineren Inseln über das ganze Land. Beide Gebiete zusammen von dem unberührt gebliebenen genau und scharf zu scheiden, wäre an der Hand der Katastralmappen Böhmens möglich. Eine solche Arbeit ist jedoch noch nicht vollbracht oder — unseres Wissens — doch noch nicht veröffentlicht worden. Schwieriger ist die Unterscheidung beider Gruppen untereinander. Einmal ist die heutige Sprachgrenze aus schon erörterten Gründen nicht maßgebend und andererseits das Urkundenmaterial gerade nach dieser Richtung hin ganz unzulänglich. Es ist daher nothwendig, Nachrichten, so weit sie uns erreicht haben, und andere Merkmale zusammen in Anwendung zu bringen, um jene Grenze festzustellen, die im allgemeinen mit der des Markwaldbestandes zu einer bestimmten Zeit zusammenfällt, wie wir sie — selbstverständlich ohne Gewähr für jedes Detail — auf der Karte des ersten Bandes angedeutet haben.

Nach A. Meitzen pflegt man diejenige Colonisation, die sich in besonders typischen Formen über Meißen, die Oberlausitz und Schlesien nach Böhmen herein verbreitet hat, als die «fränkische» zu bezeichnen. Es ist aber unverkennbar, dass sich in Böhmen noch eine andere ältere Form der deutschen Colonisation vertreten findet, die vorzugsweise dem bairisch-österreichischen Stamme angehört.

Schloss Rosenberg liegt im Jahre 1259 noch vor dem Grenzwalde — «*sub nemore*».[1] In der Widmung für das Stift Hohenfurth unterscheidet der Stifter Wok von Rosenberg genau das noch zusammenhängende Waldgebiet, inmitten dessen das Stift liegen sollte und die zu dessen Erhaltung bestimmten, bereits entsprechend ertragreichen Güter und sonstigen Einkünfte und Ertragsquellen, zu denen auch die Patronate der Kirchen zu Rosenthal und Priethal gehören. Jenes Waldgebiet bildet die Strecke des Markwaldes zwischen der kleinen Mühl und dem Helfenburger Wege bis zum heutigen Hainbache, der unterhalb Hohenfurth in die Moldau

---

[1] Pangerl, Fontes rer. Austr. XXIII. p. 2; Emler II. (1250) p. 86 f.

fällt und damals als «kleine Moldau» bezeichnet wurde. Von der Wasserscheide im Süden reichte die Strecke bis an die Moldau im Norden und in dem Bogen von der Teufelsmauer bis Rosenberg ein Stück über jene hinaus. In dieser nach allen Richtungen von Thälchen durchschnittenen Waldstrecke fehlte es zur Zeit der Überlassung an das Stift nicht mehr ganz an kleinen Ansiedlungen; aber die Mehrzahl der heutigen hat das Kloster erst mit Hilfe der Erträge der ihm angewiesenen Culturgüter außerhalb des Waldes geschaffen. Auch unter letzteren befanden sich bereits von den Rosenbergern geschaffene Colonien, wie man aus den Bezeichnungen Rosenthal, Gutenbrunn, Wintersdorf, Sonnberg nothwendig schließen muss. Es muss aber gleich hier angemerkt werden, dass trotzdem in den zu Rosenthal gehörigen Dörfern wie in allen übrigen Rosenbergischen[1]) noch das Zehentsystem der Naturalabgaben bestand — ein Beweis, dass diese ältere bairische Colonisation noch nicht zu dem Systeme des festen Geldzinses übergegangen war, wodurch sie sich nicht unwesentlich von jener «fränkischen», die vom Norden her vordrang, unterschied. Die zahlreichen deutschen Colonien, die dann auf Veranlassung des Stiftes in dessen Walde entstanden und durch die Bezeichnungen — Schlag, — Berg, — Felden von den wenigen vordem schon vorhandenen — wie Ziehrads, Dobring — zu unterscheiden sind, tragen auch in ihrer Anlage einen von den fränkischen Waldcolonien scharf unterschiedenen Charakter, indem die Gehöfte nicht reihenweise an der Kopfseite jeder Hufe angeordnet sind. Dagegen ist die Bezeichnung Hube, wie der Ortsname Schönhub bezeugt, und, wie man daraus schließen muss, auch der Begriff derselben auch diesen süddeutschen Ansiedlern nicht unbekannt gewesen. Ebenso finden wir das System der Dorfrichter auch in diesem Colonisationsgebiete vertreten,[2]) vermissen aber den Erbrichter. Allerdings erscheinen auch die meisten der Neuanlagen von so beschränktem Umfange, dass die Entlohnung des Unternehmers durch Überlassung einer Erbrichterei nicht im Verhältnisse zu seiner Leistung gestanden hätte.

Der Gegensatz eines slavischen Dorfes in seiner alten Verfassung tritt in dem ebenfalls dem Kloster geschenkten Dorfe Slavětic — in der Prachiner Gegend — genug auffallend hervor. In demselben befinden sich nicht Hufen, sondern sieben «Pflugmaße» — *araturae* — deren Bebauer den sog. «integralen» Zehent, d. h. einen solchen von allen erbauten Früchten, allen Geburten der Hausthiere.

---

[1]) Vergl. Emler II. (1278) p. 485.
[2]) S. Emler IV. (1339) p. 247.

allem Käse u. s. w. an die Herrschaft zu liefern hatte, von den Ansprüchen des «*dominiums*» natürlich abgesehen. Dass dem entgegen das Hubensystem — wenn auch unter anderen Vertragsbedingungen — auch auf Rosenbergischem Gebiete schon bestand, geht aus dem Testamente Woks hervor,[1]) das «zwei Huben» — *duas hubas* — in Třeboň (Wittingau), ebenso viele in Leimbach, drei in Stybnitz (Jistebnitz) und vier in Friedrichsschlag — dem heutigen Friedetschlag bei Strobnitz — nennt.

Überdies bestanden auf böhmischer Seite bereits die Colonistendörfer Bamberg (Babenberg) und Emmern (Emerndorf). In dem südlichsten Theile der Rosenberg'schen Herrschaft zwischen Moldau und Maltsch, in dem nebst anderen Colonistendörfern jenes Babenberg erscheint, konnten die Rosenberge leicht Colonisten aus ihren angrenzenden österreichischen Besitzungen Eibenstein, Sumerau, Kerschbaum heranziehen.

Auch hier im Süden hat gelegentlich und in einem gewissen Zusammenhange mit der deutschen Colonisation das Lehenswesen Eingang gefunden; es entspricht ungefähr einer gleichen Hebung und Ordnung des Verhältnisses des Wladyken- und Ritterstandes, wie sie jene für den Bauernstand darstellte. Wok von Rosenberg hatte für verschiedene — böhmische und deutsche — Rittersleute aus seinen Dörfern Dienstlehen gebildet.[2]) Auch Sonnberg und Rukendorf bei Rosenberg, sowie Gerbetschlag jenseits der Moldau, die erst später geschenkweise an Hohenfurth gelangten, sind wie Kaltenbrunn, Zierung und Hohenschlag[3]) Zeugnisse für die von den Rosenbergern unmittelbar durchgeführte Colonisation im Grenzwalde. Überhaupt ist der Theil des Waldlandes zwischen dem Hohenfurth-Leonfeldner Wege und dem Hainbache schon vor der Übergabe an Hohenfurth mit deutschen Colonien durchsetzt gewesen.[4]) Dass wir es bei den verschiedenen «Schlägen» mit wirklichen Waldrodungen und mit der Colonisation auf grüner Wurzel zu thun haben, zeigt uns der Umstand, dass von den drei Schlägen Unter- und Oberschlagel und Gerbertschlag, welche zusammen als die «Schläge des

---

[1]) Emler II. (1262) p. 144 f.

[2]) Es ist beachtenswert, dass sein Testament im Dorfe Emerndorf vier Grundeinheiten, die er zu Lehen — *titulo feudali* — gibt, mit jenem Namen *benejicia* bezeichnet, der sonst für das «Lehen» gebräuchlich ist, während sie kaum etwas anderes vorstellen können als vier «Huben», womit die Annahme, dass der zweifelhafte «*laen*», «*lancus*» (= Hufe) auf «*Lehen*» zurückzuführen sei, vortheilhaft beleuchtet erscheint.

[3]) Emler II. (1278) p. 481, 485; (1290) p. 657.

[4]) Vergl. zu Obigem auch III. (1332) p. 732.

Herrn Gerbert bezeichnet werden, im Jahre 1281 noch im Gedächtnisse ist, dass den dritten Schlag ein gewisser Jur «gerodet hat — *extirpavit*.[1]) Ein gewisses Unternehmersystem hat also auch hier platzgegriffen, wenn es sich auch nicht in Erbrichtereien verewigen konnte.

Dieselben Verhältnisse mit vorwaltenden «Schlägen» von geringer Ausdehnung erstrecken sich nach Osten zu bis in die Quellengegend des Schwarzaubaches, während nach dem Innenrande des Markgebietes immer zahlreicher kleine Ortschaften slavischen Ursprungs zwischen den deutschen eingestreut erscheinen. Das alles deutet mehr auf ein natürliches Fortschreiten der Besiedlung von beiden Seiten des Waldes aus, als auf eine in großem Zuge planmäßig unternommene Colonisation, wie wir sie im Norden finden. Für jenes musste der Umstand günstig sein, dass die Rosenberge streckenweit auf beiden Seiten der Landesgrenze als Herren geboten, und diese hier nicht durch den Scheitelzug eines Gebirges gekennzeichnet erscheint. Deshalb mag es auch keiner besonderen Veranstaltungen zur Heranziehung der Colonisten bedurft haben; sie erschienen von selbst und siedelten sich in kleinen Vereinigungen auf erworbenem Rodelande an.

Die Lage ändert sich aber nach Norden zu im offenen Lande, durch welches die alte Verkehrsstraße über Gratzen nach Weitra und weiter nach Österreich führte. So sehr auch hier das alte «Praedium von Záhoř» bereits von slavischen Colonien durchsetzt war,[2]) so fand doch auch die deutsche Colonisation hier noch genug verwendbare Zwischenräume. Und zwar erscheinen hier der Anlage nach — Urkunden fehlen uns noch — beide Colonisationsformen neben einander. Während wir Dörfer wie Kainretschlag, Puschendorf, Sonnberg u. a. zur älteren, beziehungsweise bairischen Form zählen müssen, zeigen Deutsch-Reichenau, Langstrobnitz u. a. die im Norden gemeinere Form der Waldhubendörfer. An ihrem deutschen Ursprunge ist nicht zu zweifeln, wenn sie sich auch oft an bestehende slavische Dörfchen und Einschichten anlehnten, deren Namen dann als die slavische Bezeichnung des Ortes erhalten blieb, wenn sie selbst auch in der größeren Anlage aufgiengen. Im Kampfe des alten und neuen Namens hat der letztere sogar oft dann weichen müssen, wenn die Bevölkerung der Ortschaft selbst deutsch blieb. So sahen wir bereits den Colonistennamen Rosenau durch den älteren Strodenitz verdrängt, und so hat auch der Name

---

[1]) Emler II. (1281) p. 544.
[2]) Siehe B. I.

Langen-Strobnitz den Colonistennamen Gerleiten wieder verdrängt.[1]

Ob mit dem Unterschiede der Anlagsformen auch eine andere Herkunft der Colonisten angedeutet sein könne, wagen wir nicht zu entscheiden. Nothwendig erscheint die Annahme bei dem Umstande gerade nicht, als auch «Schläge» wie Meinertschlag, Uretschlag, Waldetschlag u. a. einen Übergang in die zweite Form erkennen lassen, während doch ihre Benennung immer noch auf österreichische Ansiedlung hinweist. Dagegen kennzeichnen Namen wie Trautmanns und Rinpolz (Reinbolds in Österreich) einen andern Typus, auf den wir noch weiter nördlich stoßen werden. Über die Zeit dieser Schöpfungen wissen wir nichts; nur das ist sicher, dass die große Anlage von Reichenau mit umliegenden und dahin eingepfarrten Dörfern schon dem 13. Jahrhunderte angehörte.[2]

Der Colonisationsgürtel setzt sich nun nicht der heutigen Landesgrenze folgend nach Norden hin in das Wald- und Teichgebiet von Wittingau fort, sondern wendet sich nach Osten in den ehedem zu Böhmen gehörigen Weitraer Gau und erreicht Böhmen erst wieder an der Landzunge der ehemals Wittigonischen Herrschaft Landstein oder dem heutigen Bezirke Neubistritz, von wo aus er sich in bedeutender Breite über Neuhaus nach Norden zieht. In dem jetzt österreichischen Theile des Colonisationsgürtels um Litschau treten die «Schläge» der Zahl nach schon einigermaßen vor jener zweiten Form von Ortsnamen zurück, ohne dass sich aber die Anlage wesentlich ändert, und dasselbe gilt von der benachbarten Landzunge von Neubistritz—Landstein. Ortschaften wie Kockschlag, Bernschlag, Minchschlag, Braunschlag wird man nach Analogie der vorher genannten der Einwanderung österreichischer Stammesgenossen zuschreiben können. Fraglich aber ist die Angehörigkeit der anderen Gruppe, deren Ortsnamen als einfache Genitive eines Personennamens auftreten — wie Kunas (Kunats, Konreds), Konrads, Artholz (Artholds), Gebharz (Gebhards), Dietreichs, Bernhardts, Gottschallings, Reichers u. a. Klimesch[3] hat durch gewisse Gründe der Annahme einen Grad von Glaubwürdigkeit zu geben gewusst, dass diese Namensformen das Andenken einer thüringischen Einwanderung festhalten. Dass dieser Namentypus aus Österreich—Baiern nicht stammt, scheint durch seinen völligen Mangel in diesen Ländern

---

[1] Emler II. (1300) p. 802.
[2] Emler II. (1291) p. 669.
[3] Dr. J. M. Klimesch, Zur Geschichte der deutschen Sprachinseln von Neuhaus und Neubistritz in Mitth. d. V. f. G. d. D Jahrg. 28, Nr. I, p. 88 f.

erwiesen, wohingegen er in den thüringisch-fränkischen Ländern eine besonders auffallende Verbreitung hat. Die Vermittlung zwischen beiden entfernten Gegenden sieht Klimesch durch den deutschen Orden hergestellt, der in dieser Gegend begütert war und dessen Beziehungen zwischen Böhmen und Thüringen als recht lebhafte allerdings nachgewiesen sind; und dass gerade der deutsche Orden systematischer und in großem Stile auf die Colonisation der von ihm erworbenen Landgüter ausgieng, ist eine bekannte Thatsache und auch für unsere Gegenden bezeugt. So übersetzte der Orden im Jahre 1272 ein Dorf[1]) aus der Administration der mährischen Ballei in die Österreichs, weil es so gelegener wäre zur Locierung von Leuten, die da Wohnungen bauen und zu gelegener Zeit dem Orden dienen könnten. Ein anderesmal heischt der Orden von König Johann ausdrücklich die Erlaubnis, in dem ihm von diesem überlassenen Weichsellande neue Dörfer anzulegen und in diesen die Leute in einen freien Stand zu versetzen — *homines libertandi*.[2]) Dennoch bleibt es unaufgeklärt, wie die Deutschherren im Gebiete der Herren von Neuhaus und Landstein einen solchen Einfluss üben konnten, da sie in letzterem wahrscheinlich gar nicht, in ersterem nur mit geringem Grundbesitze angesessen waren. Alles, was wir von diesem Besitze wissen, beschränkt sich darauf, dass Heinrich von Neuhaus in der ersten Hälfte des 13. Jahrhunderts dem Orden das Kirchenpatronat daselbst mit den dazu gehörigen Landwidmungen verliehen und Landbesitz in verschiedenen Ortschaften» hinzugefügt hatte.[3]) Eine solche erste Kirchenwidmut kann aber kaum aus noch unbebautem Lande bestanden haben. Die Gemahlin Heinrichs hatte wegen Errichtung eines Krankenhospitals die Dörfer Tremles (Ztremils) und Diebling (Doblings) hinzugefügt. Beide Dörfer tauschte ihr Sohn im Jahre 1255 wieder zurück, ohne dass einer eben inzwischen erfolgten Erweiterung derselben Erwähnung geschähe, und verlieh dafür dem Orden zehn Hufen beim Dorfe «zum Heiligen» — *ad sanctum* —, woraus, wie wir annehmen müssen, «Heiligen-Rüdgersschlag», das nachmalige Riegersschlag entstand, wobei in der That die Colonisation des Ordens direct eingesetzt haben könnte. Nachmals befindet sich allerdings auch Heiligen-Rüdgersschlag wieder im Besitze der Herren von Neuhaus selbst.[4]) In dem Namen jenes Radwan, der einst eine Mühle und einen Teich besessen, die nach-

---

[1]) Emler II. (1272) p. 323.
[2]) Emler III. (1329) p. 603.
[3]) Emler IV. (1255) p. 718.
[4]) Emler II. (1294) p. 710.

mals auch an den Orden übergiengen, dürfte der des Locators eines der Radaun oder des Radeinles genannten Dörfer erhalten sein. Wie die Ordensbrüder wirtschaftlich vorgiengen, ist weiter daraus zu erkennen, dass sie in der Verlängerung einzelner ihnen zugewiesener Hufen nach dem Walde zu Rodeland schaffen ließen, dessen Besitz ihnen dann der Grundherr zusprach.

Es scheint wenig zwingend anzunehmen, dass der so beschränkte Landbesitz des Ordens hingereicht haben sollte, diesem eine so einflussreiche Ingerenz auf die allmähliche Colonisierung der Gegend zuzusprechen, und doch bietet wieder einen directeren Hinweis auf die Verwendung thüringischen Colonistenmaterials der Umstand, dass eine Urkunde von 1375 unter den damaligen Insassen der Dörfer Dietrichs und Auern auch solche anführt, die noch den Beinamen Tuering — Thüringer — trugen.[1]) Es könnte allenfalls auch auf die Rolle hingewiesen werden, welche die dem Orden angehörigen Seelsorger und Beichtväter der Herrschaft auch als deren wirtschaftliche Berather spielen konnten.

Auf alle Fälle aber sind die Ordensbrüder nichts weniger denn als die ersten Colonisatoren der Gegend zu betrachten; das waren vielmehr unbestreitbar die betreffenden Zweige des Witigonenstammes, welche mit dem Beginn des 13. Jahrhunderts ihre Sitze über die alte Grenzwarte Platz (Stráž) hinaus in den Wald vorschoben und zunächst als einen Stützpunkt Neuhaus und später im Süden in gleicher Weise Landstein erbauten. Auch die Templer und die Cistercienser von Wilhering[2]) erhielten nachmals Landschenkungen von diesen Witigonen, aber keineswegs von erst zu colonisierendem Lande; erstere vielmehr einen Gutshof bei dem oft genannten Rudgersschlag, der fortan Neuhof — *nova curia* — heißen sollte und vielleicht zu dem Dörfchen Neudek sich auswuchs, die anderen zu Seelgeräthszwecken 4 Hufen und 2 Joch bei dem Dorfe Rudweins (heute Riedweis).

Das Gebiet dieser Witegonischen Colonisation bildet die jetzige Landzunge von Neubistritz-Landstein und zusammenhängend im Norden das Grenzland bis zu der Linie Platz-Deschna im Westen, doch so, dass die slavischen Orte Polliken, Motten (Polikna, Matna) näher an das vorgeschobene Neuhaus heranreichen. Im Norden liegt Neu-Ötting als vereinzelte Colonie schon wieder im slavisch besiedelten Gebiete.

---

[1]) Klimesch a. a. O. p. 90.
[2]) Emler II. (1207) p. 759; III. (1319) p. 221.

In der Landschaft von Neuhaus herrschen die «Schläge» vor; in der von Landstein werden die Genitivbezeichnungen häufiger, woraus Klimesch geschlossen hat, dass die Colonisation der letzteren die jüngere sein müsse. Zu Beginn der Colonisation, die wir wohl in die Zeiten jenes Witigonen Heinrich von Neuhaus versetzen dürfen, der uns um die Zeit Ottokars I. als Gründer von Neuhaus entgegen tritt, bediente man sich ausschließlich der Einwanderer österreichischen Stammes; später zog man auch ein zweites Material aus größerer Ferne heran. Aber der Anlage nach unterscheiden sich beiderlei Colonien nicht wesentlich: nur im Norden, in Rüdgersschlag und Radaun begegnen uns Ansiedlungen, die der thüringisch-fränkischen Ansiedlungsweise engeren Sinnes gleich sehen. Das Hufensystem bildet die Grundlage; nur auf den herrschaftlichen Regiehöfen, wie sie sich auch in der Nähe von Neuhaus noch erhalten haben, begegnen wir noch der Aratur. Auch das Richtersystem tritt hervor, und das Andenken an Locatoren ist uns in vielen Namen erhalten; aber Erbrichter haben wir nicht constatiert. Die schon erwähnte, theilweise offenbar erst in jüngerer Zeit vorgenommene Umgestaltung der slavischen Nachbardörfer, wie Kardasch-Řečic, Deschna, Kamenitz, Neuötting, Počatek in Stadtgemeinden fand gewiss durch die Nähe des Colonistenlandes eine gewisse Unterstützung, wie sie für jene Zeit die Geltung deutschen Einflusses erweitern musste.

Wir kehren nun wieder nach Süden zurück, um von dem Hohenfurther Walde aus die weitere Entwicklung nach Westen und Norden hin zu verfolgen. Das jenem Stifte überlassene Waldgebiet war verhältnismäßig nur ein sehr kleiner Theil des Grenzwaldes, welcher der Moldau entlang und in den tieferen Lagen zwischen dem Kalschinger und Höritzer Bache bereits der slavischen Colonisation gewichen war. Was dazwischen in dem Bogen der Moldau übrig geblieben, das erfüllte die Colonisationsthätigkeit der Witigonen von Rosenberg und Krummau aus mit ihren «Schlägen» und einer österreichisch-bairischen Bevölkerung; und es war, wie die Anlage von Wittinghausen errathen lässt, gewiss nicht die Absicht dieser Markvögte nach Westen hin an dieser Grenze Halt zu machen. Wir müssten vielmehr auch weiterhin eben solche Vorstöße des waldbezwingenden Geschlechtes nach dem Westen zu erwarten, wie solche nach Osten hin die Stationen Gratzen, Wittingau, Neuhaus bezeichnen, wenn sich hier nicht die Waldhut zum Verdrusse der Rosenberger anders gestaltet hättte. Während das Gut Poletitz, westlich von Krummau und in unmittelbarer Nähe desselben auch zu Zeiten Ottokars II. eine königliche Villication geblieben war, hatte kurz vor 1263 Witigo von Krummau mit dem Kaufe des Dorfes Zakoř bei Chrobold weit darüber hinaus die Angel geworfen und festen Fuß gefasst. Es ist aber nicht unauffällig, mit welcher Betonung König Ottokar II. gelegentlich von dieser Besitzung hervorhebt, dass «durchaus nichts vom Walde» zu ihr gehöre.[1])

Während die Herren von Krummau nach Westen zu fast schon mit ihrer Burg selbst an Güter stießen, welche die königliche Kammer bisher festzuhalten vermocht hatte, war ihre Expansionssucht nach dem Walde hingelenkt worden und hatte im Südwesten Höritz erreicht, das die Rosenberge noch zu ihrem Besitze zählten. Bis hieher und an den Bach, der von Drossen gegen Ottau fließt, verrathen die Ortsnamen eine ursprünglich slavische Besiedlung, die aber wohl bald das Schicksal derjenigen theilte, die wir im Nachbargute kennen lernen werden. Südlich von jener Linie aber herrschen die gleich ursprünglich deutschen «Schläge» vor.

Westlich von Höritz hatte König Wenzel I. seinem Klingenberger Burggrafen Hirzo (Hrz) einen Landbesitz als Lohngut geschenkt, als dessen Mittelpunkt wir den Ort «Na mokrých» — Mugrau — betrachten können.[2]) Auch Hirzo suchte nun die Erweiterung seines neuen Besitzes im Vordringen durch den Wald gegen die Grenze zu und in der Eröffnung eines Handelsweges durch sein Gutsgebiet. Wo er auf diesem Wege die Moldau überschreiten musste, gründete er die nach seinem Namen genannte Colonie Hirzow, die wie alle 14 anderen Ortsnamen, die er uns im Jahre 1268 nennt, auf die Verwendung slavischer Colonisten deutet. In späterer Zeit verdrängte nach der öfter beobachteten Übung, solche Übergangspunkte nach dem betreffenden Flusse zu benennen, der Flurname Unter-Wuldau den genannten Namen.

Dieses Gut des Hirzo zog sich nun wie ein schmaler Schutzwall zwischen dem Witigonischen Gebiete und dem noch im königlichen Besitze verbliebenen Walde hin. Nun aber schob Ottokar II. durch die Gründung der Cistercienserabtei Goldenkron noch einen weit kräftigeren Riegel vor und riss überdies durch die Lage, die er dem Kloster selbst am östlichen Fuße des Planker Waldes anwies, das Krummauer Gut von den nördlicher gelegenen Besitzungen der Rosenberger los, die er zwei Jahre später noch von Norden her durch die Anlage der Stadt Budweis in Schach setzte.

---

[1]) Stiftungsurkunde Pangerl a. a. O. (1263) p. 9.
[2]) Pangerl Goldenk. (1268) p. 17.

Die auch für Böhmen beispiellose Ausdehnung der Stiftsgüter stand gewiss mindestens ebenso im Verhältnisse zu dem Gewichte, das Ottokar II. darauf legte, die ungehobenen Schätze des Waldes nicht in andere Hände gelangen zu lassen, wie zu seiner Frömmigkeit. Die Zusammensetzung der Dotation befolgte wieder das erprobte System: der weitaus größere Theil bestand aus, wenn auch nicht intensiv, so doch cultivierten Gütern, deren sofort fließender Ertrag dem Stifte die Mittel bieten konnte, das westliche Waldgebiet der Cultur zu erschließen. Die Hauptstützpunkte waren das zur ehemaligen Gauburg Netolitz gehörige Fürstengut und die landesherrliche Villication Poletitz bei Krummau mit allen dazwischen liegenden Gütern. Von einer ungefähr vom Plansker nach Netolitz zu gezogenen Linie sollte alles Gut und aller Wald nach Südwesten zu bis zur Wasserscheide der deutschen Grenze, alles Land zwischen dem Hirzonischen Gute im Südosten und dem Wyschehrader Gute im Nordosten dem neuen Kloster gehören. Die Breite des Gutes an der Grenzlinie des Landes erstreckte sich von der Gegend von Glöckelberg im Süden bis an die Schillerberge bei Böhmisch-Röhren im Norden. Die vorhandene slavische Besiedlung reichte — von vorgeschobenen Einschichten abgesehen — von Norden her bis an den Libinberg bei Prachatitz; von da bis an die Quellen des Kalschingbaches, von diesem aber noch bis an das oftgenannte Gut Hirzos; doch blieb noch auf beiden Seiten dieser Grenzlinie Raum für Colonisation. Hirzo — ob von seinem Könige beeinflußt oder nicht, entzieht sich unserer Kenntnis — brachte nun auch sein Gut dem neuen Stifte zur Opfergabe dar und der Besitzer von Zaboř, der einzigen fremden Enklave in dem ganzen Gebiete, der nun seine auf die Erwerbung dieses Punktes gesetzten Hoffnungen getäuscht sehen musste, bot dasselbe dem Stifte zum Verkaufe an.[1]

Die Art, wie bei der weiteren Erschließung dieses Gutes vorgegangen wurde, lernen wir in Hirzos Gebiete kennen, gleichviel ob noch dieser selbst oder erst sein Rechtsnachfolger an die Colonisation mit deutschem Material Hand anlegte. In den wirklichen Besitz von Goldenkron kam das Gut erst nach dem im Jahre 1275 erfolgten Tode Hirzos, aber schon im Jahre 1284 ersehen wir die Umwandlung, die jetzt auf diesem Gute vor sich gegangen war.[2] Neue Dörfer, Colonien aus grüner Wurzel, die wir später im südwestlichen Theile finden, sind noch nicht hinzugekommen, im Gegentheil müssen einige der slavischen Einschichten zu je einem Dorfe

---

[1] Pangerl a. a. O. (1290) p. 36 ff.
[2] Pangerl a. a. O. p. 32 f.

zusammengezogen worden sein; aber an die Stelle älterer slavischer sind — zum Theil heute wieder durch andere Namen ersetzt — die Namen Mautstadt, Janketschlag, Ditoldschlag, Jurikschlag, Jertenschlag und Budetschlag getreten. Zur Mautstätte (Mautstadt) wurde der Ort, der bei der Eröffnung dieses Weges als der nächste vor dem Walde lag. Nach dessen Lage weit jenseits des Planskergebirges lässt sich beurtheilen, wie weit die innere, slavische Colonisation seit dem 11. Jahrhunderte vorgeschritten war: Cosmas konnte noch die Lage von Netolitz mit dem Grenzwalde in Verbindung bringen. Aber auch auf die Beschaffenheit dieser vorgeschobensten Colonien lässt sich ein Schluss ziehen. Die Neubezeichnung schon bestehender derselben als «Schläge» sagt uns ganz deutlich, dass man nicht etwa durch Neuvermessung des vorhandenen Culturbodens neu zugezogene Colonisten mit den alten abgenommenem Grunde betheiligt habe. Man sucht vielmehr diese einschichtartigen Colonien dadurch zu verstärken, dass man neu herangezogene deutsche Colonisten in unmittelbarer Nachbarschaft Neurodungen vornehmen ließ. So ist also beispielsweise gleich neben Mautstadt ein Janketschlag aus einer slavischen Colonie entstanden. Nun zählte aber dieses Dorf sammt seiner Verstärkung im Jahre 1843 nur fünf Häuser; wie groß kann also wohl vor jener Umgestaltung ein solches Dorf angenommen werden? Kein Wunder also, wenn auch bei einer nur mäßigen Zuwanderung die frühere Verkehrssprache der der Zuwanderer wich und die neuen Colonisten ihren «Schlag» ohne Rücksicht auf die vorhandenen Einschichtnamen nach ihrem Belieben bezeichneten. Trotzdem haben sie nicht selten die vorhandenen Namen, bald in volksetymologischer Umgestaltung, bald in treuerer Übersetzung — wie Schwarzbach = *na černé* («Na chirnie») — übernommen, oder jener hat sich als slavische Benennung neben der deutschen erhalten. Aber nicht jeder čechische Name für diese so germanisierten Dörfer hat an und für sich schon den Anspruch der Priorität. Unter den alten, von den Urkunden uns bewahrten Namen, deren Einer z. B. in Janketschlag umgewandelt wurde, befindet sich kein *Jankow*. Dieses kann also wieder nur als eine Übersetzung von Janketschlag, wie *Otice* von Otetschlag u. s. w. zu deuten sein. So entstanden also durch Nachcolonisation in jenem Gebiete theils in der genannten Frist, theils bald darauf außer den beiden genannten Orten Pingetschlag, Eisengrub, Mugrau und Schwarzbach, alle — mit Ausnahme des entfernteren Hirzow, das erst im 16. Jahrhundert seinen Namen in Unter-Wuldau (Untermoldau) änderte, — im schon halb erschlossenen Theile des Waldes gelegen, während Eggetschlag, Rathschlag, Neustift im Walde selbst gelegen jener Periode nicht angehören, sondern ihre Entstehung erst einer viel jüngeren Zeit verdanken.

Dieser Vorgang, welchen wir uns auf das ganze Gebiet übertragen denken müssen, darf gewiss als ein wirtschaftlich rationeller anerkannt werden. Erst wurden die schon cultivierten Landstriche ertragfähiger gemacht, und dann konnte man Schritt für Schritt — mit neuen Schlägen, Schlägeln, Stiften, mit Reit, Hof und Berg, Dorf und Haide — in den Wald vorrücken. Nicht immer schlossen sich die neuen Ankömmlinge dem alten Bestande unmittelbar an; mitunter bezeichnete ein «Neu-» oder «Deutsch-», «Ober-» und «Nieder-» oder «Klein-» und «Groß-» die jüngere Ansiedlung neben der alten. Dass dann in der Regel die schwächere Nationalität in der stärker vertretenen aufgieng, ist natürlich: so viel čechische Ansiedler vor und im Walde unter den deutschen verschwanden, ebenso viel deutsche mag das offene Land in seinen kräftigeren slavischen Ortschaften verschlungen haben.

Die Colonisten sind österreichisch-bayrischen Stammes, die Dorfanlagen zumeist wenig umfangreich, erweiterten Einschichten vergleichbar. Lange Waldhufendörfer kommen nirgends vor, eher hie und da die zerstreute Anlage von Alpendörfern. Das Hubensystem, das wir in den Städtchen des Gebietes, in Kalsching und Netolitz kennen lernten, bildet auch in den Dörfern die Grundlage;[1]) aber nicht jedes der kleinen Dörfer bildet auch für sich ein Gerichtsgebiet. «Richter» — d. i. Bauern als solche — finden wir zwar in den größeren Ansiedlungen, von den kleineren aber unterstanden je mehrere einem Dorfrichter. Auf Schöffen aber stoßen wir in jenen Gerichtsorten, deren Richter wir ihrem Gebietsumfange nach den Vögten» des Nordens vergleichen können.

Zu je einer solchen «Richterschaft — *judiciotus* (sic) — war eine größere Anzahl von Dorfschaften vereinigt.[2]) Solcher Richterschaften gab es zehn und zwar: zu Poletitz, Stein, Oberplan, Mugrau, Kalsching, Mičowitz, Tisch, Chrobold, Oberheid und Netolitz. Die Zahl der einer Richterschaft zugetheilten Dörfer war eine sehr ungleiche.

Wiewohl vereinzelte Urkunden beweisen,[3]) dass den Klosterbauern der Begriff des «Kaufrechtes» keineswegs unbekannt war,

---

[1]) Pangerl a. a. O. (1485) p. 540 f.

[2]) Wir können darauf allerdings nur aus einer Urkunde zurückschließen, die schon dem Ende des 15. Jahrhunderts angehörte. Pangerl p. 581 ff.

[3]) Vergl. Pangerl (1371) p. 139 f.

und sich dieselben — auch von Stadtgründungen abgesehen — unter Umständen in Geschäfte auf dieser Grundlage wohl einließen, so können wir doch nicht die Überzeugung gewinnen, dass die Gesammtheit dieser Colonisation auf diesem Systeme beruht hätte. Dafür aber den Grund in den Grundsätzen des Ordens zu suchen, wäre gewiss verfehlt; denn wir werden im Norden denselben Orden sich dieses Systemes des Kaufrechtes in ausgedehntem Maße bedienen sehen — allerdings immer nur unter einem gewissen wirtschaftlichen Zwange, und wir dürfen deshalb wohl annehmen, dass dieser im Grunde immer das entscheidende Moment war.

Wenn die Cistercienser im Süden und wohl ebenso die Rosenberge von den für die Zukunft des Bauernstandes fraglos günstigen Bedingungen des Kaufrechtes vielleicht vielfach absahen, so geschah es wohl, weil sich ihnen in den österreichisch-bayrischen Waldbauern keine Colonisten anboten, die mit dem Baargelde der Arra ausgestattet gewesen wären, wohl aber solche, die den Nachlass einer solchen gern durch erhöhte Jahresleistungen auszutauschen bereit waren. Um die Schwierigkeit vermittelnd zu überwinden, dazu fehlte hier die Gruppe jener Unternehmer, die in Nordböhmen als ›Locatoren‹ eine so große Rolle spielten. Dagegen mussten auch hier den Colonisten im Neulande gewisse Freijahre gewährt werden, und falls der Vertrag am Verhältnisse des Bauers zum Grunde nichts Wesentliches änderte, so erscheint in der That die hier übliche Stift· der slavischen Lhota gleichgestellt. Nur darin dürfte man einen Fortschritt finden, dass allmählich die Bezehentung des Bauers allgemein einer festbemessenen Abgabenpflicht Platz machte, — aber auch dessen Bezeugung stammt doch erst aus dem 15. Jahrhunderte.

Im Gegensatze dazu waren noch im Jahre 1311 die Ansiedler in der Neustift» Zaŕetsch (bei Tisch) auf Zehent ausgesetzt, der nach neun Freijahren zu leisten war, zu welchem aber erst nach weiteren neun Jahren der Zins hinzutreten sollte. Es muss also die Zehentleistung bei Neurodungen als die leichtere vorausgesetzt worden sein, was auch durch die spärliche Vertheilung der Marktplätze in der Gegend begreiflich wird.[1]) Das, was im Norden als ein fertiges System ins Land kam, sehen wir hier erst allmählich sich entwickeln. Wenn ursprünglich der Zehent das Bequemere schien, dann die Leistung des Bauers auf Zins und Zehent sich erstreckte, suchte eine jüngere Zeit beides mit Einer Summe abzulösen.

so dass die Colonisten dann, von der Caducität abgesehen, als freie Zinsbauern erschienen.[1])

Für die Beurtheilung der Baarzinse fehlen uns bestimmte Angaben. Nach einer Aufzeichnung aus dem 16. Jahrhunderte hatten in der Oberplaner Richterschaft 149 Bauernansässigkeiten bestanden.[2]) Wenn wir diese zu der Gesammtleistung von 64 Schock 30 Gr. im 15. Jahrhunderte in Beziehung bringen, so würde auf eine Ansässigkeit noch nicht ganz ein halbes Schock Jahreszins entfallen — ein mäßiger Betrag, falls wir jede Ansässigkeit durchschnittlich einer halben Hufe gleichsetzen dürfen. Dieser Zins fand aber seine Ergänzung in weiteren Abgaben an Weizen, Korn, Gerste, Hafer und Erbsen. Die Menge des geforderten Weizens zu der des Korns verhält sich im Ganzen wie 1 zu 3, die des Weizens zur Gerste wie 2 zu 5, an Hafer aber wurde fast dreimal so viel geleistet wie an Gerste. Nach einer Durchschnittsrechnung würden zu je einer halben Mark Zins etwa 5 Zuber Getreide als Abgabe hinzugetreten sein. Es muss aber hervorgehoben werden, dass neben dieser mäßigen Belastung — mindestens in den Neuanlagen — **keine Robotpflicht** bestand. Bestimmt wissen wir das wenigstens von der Oberplaner Richterschaft. Dagegen bestand auch hier die »**Todtenfälligkeit**« oder **Caducität**, d. i. das Heimfallsrecht der Herrschaft bezüglich der Hinterlassenschaft der Unterthanen, woraus sich mit größerer Bestimmtheit ergeben würde, dass diese Colonisation auf dem Grundsatze des »Kaufrechtes« nicht beruht haben könne, wenn sich sicherstellen ließe, dass nicht vielleicht erst unter der nachgefolgten Herrschaft der Rosenberge den Unterthanen des ehemaligen Klostergutes diese Pflicht aufgezwungen worden sei. Als nachmals der ehemalige Oberstburggraf von Prag, Wilhem von Rosenberg im Jahre 1581 diese Caducität den Oberplaner Unterthanen verkaufte, mussten sie ihren Jahreszins verdoppeln und die **Robotpflicht** auf sich nehmen. So fand also für sie eigentlich erst damals der «Einkauf» in ihre Gründe statt; aber das, wovon sich andere Colonisten durch den Einkauf befreiten, zahlten sie als Kaufpreis.

Mehrfach hatten wir Gelegenheit, den Mangel eines großen Planes und Systemes in dieser Colonieanlage hervorzuheben, so wie den Zusammenhang dieser Erscheinung mit dem Abgange der in anderen Gebieten heimischen Institution des **Erbrichters**. Ihm war nicht nur die Hegung des Gerichtes, sondern auch die Aufrechthaltung aller Art Ordnung und die Organisierung und Leitung

---

[1]) Pangerl (1445) p. 467.
[2]) Pangerl a. a. O. p. 582.

des Schutzes der Angesiedelten gegen äußere Feinde auferlegt. Dieses Schutzes entbehrten die kleinen «Stifte», obwohl sie seiner doch gerade so lange am nöthigsten bedurften, bis sie selbst durch Zuzug von Colonisten in ihren Mannschaften gestärkt waren. Der Orden befolgte nun ein eigenes System, um hierin ohne größeren Aufwand Ersatz zu schaffen, indem er den Ertrag dieser Neuanlagen irgend einem Rittersmann in Zeitpacht gab und ihn dafür zum Schutzdienste verpflichtete. Der gewöhnlich auf Lebensdauer des Pächters geschlossene Vertrag enthielt zugleich eine Art Glücksspiel, indem es fraglich war, wie lange jener die stipulierten Freijahre der Colonie überlebte, um so wieder durch den Bezug der Leistungen auf seine Rechnung zu kommen.[1]) Auch Leute wie ein Witigo von Landstein waren erbötig, solche Geschäfte einzugehen.[2])

Wie sehr die Arbeit des Klosters binnen einem Jahrhundert fortgeschritten war, davon gibt die Nordwestgrenze des Gutes, wie sie uns eine Urkunde von 1395 vorführt,[3]) ein überraschendes Bild. Im Jahre 1263 weiß die Schenkungsurkunde diesseits der Grenze die Orientierung an keine Ortsnamen zu knüpfen. Sie spricht nur von der Grenze des Gutes Prachatitz, zu dem wir das Gebiet von Wallern noch hinzufügen müssen, dann — wohl zwischen Christiansberg und Planetschlag — vom Passauer Wege (dem »goldenen Steige») und schließlich von zwei Bächen, — dem heutigen Prachatitzer oder Bělěbache der Generalstabskarte und dem Goldbache, welche beide Bäche jene Grenze etwas südlich von Prachatitz durchschnitt. Nach 130 Jahren aber wimmelte dieses Grenzgebiet nach Osten zu von Dörfern — nur von Wallern aus südöstlich scheinen die Wälder noch ununterbrochen über die Berge zwischen Moldau und Olschbach zu reichen. Nächst jenem Übergange über den Goldbach lag dann Freudenthal (jetzt Frauenthal, vordem auch Frantol), Aberschlag (jetzt Schlag, Lažištěk, also Klein-Lažišt, d. i. eine Neustift bei dem alten slavischen Lažišt), Puckerron (Prohn), Pleschen, Lewgenried (Luzerier), Goldbach oder Dietrichsstift (jetzt Einschicht Goldbach bei Chrobold), Blazikstift (jetzt Planetschlag),[4]) Sweinschlag (Schweinetschlag), Schreinerschlag, Johannsstift (jetzt verschwunden), Hundsnusch (richtiger Hunds-nursch, d. i. Hundetrog Psí koryto), Jadlans

---

[1]) Vergl. Pangerl a. a. O. (1311) p. 51, 53, 65, 111 f.
[2]) Ibid. p. 53.
[3]) Pangerl p. 292 ff.
[4]) Der Wechsel von »Stift« und »Schlag« ist nicht vereinzelt. Es scheint, dass auf Seiten der Herrschaft die Bezeichnung »Stift«, auf den der Colonisten »Schlag« geläufiger war.

oder Jonsdorf (Jandles) oder Mošna, Zbiting (Oberhaid), Ebenau oder Miesau und Pulkenstift (jetzt verschwunden), — dann jenseits des Bergwaldes im Moldauthale Schönau, Hintring, Sunneberg (Sonnberg), Seldenau (Salnau), Perfried (Pergfried, eigentlich wohl Bergfried), dann die drei verschwundenen Burgstall, Walterstift und Christiansstift.

Die Bevölkerung mehrerer dieser Dörfer war damals sprachlich gemischt, so dass öffentliche Mittheilungen der Herrschaft zuerst in deutscher, dann in čechischer Sprache gemacht zu werden pflegten. Dass dabei eine bestimmte Sprachgrenze, wie sie heute besteht, noch kaum zu ziehen war, dürfte der größeren Beweglichkeit des Colonisationsmaterials zuzuschreiben sein. Da immer wieder neuer Grund zu gewinnen war, wurde minder bewerteter leicht verlassen. So waren Polkenstift und das heute wieder bewohnte Miezau, dann Burgstall, Waltersstift und Christiansstift schon 1395 wieder verlassen und verödet, ohne dass von Kriegszügen aus jener Zeit etwas bekannt wäre. So konnte es geschehen, dass deutsche Colonisten ebensowohl in das čechische Gebiet eindrangen, während gleichzeitig slavische im Süden neue Fluren suchten, wenn auch das Zahlenverhältnis ein ungleiches blieb, was schließlich einmal in der Stabilisierung der Sprachgrenze seinen Ausdruck finden musste. Wie wir schon erwähnten, gab es noch im Jahre 1405 eine eigene Seelsorge für die deutsche Bevölkerung im Pfarrsprengel Netolitz,[1]) während nachmals das deutsche Element im offenen Lande verschlungen wurde, wie das čechische im Gebirge.

Die unsichere Rechtsbasis und die — infolge des Mangels an erfahrenen Unternehmern und in großem Maßstabe entworfener Auftheilungs- und Besiedlungspläne — zersplitterte Art des Colonisationswerkes im Bereiche des bayrischen Stammes, scheinen zu den wesentlichsten Factoren zu gehören, durch deren Wirkung die sehr verschiedenen Erfolge der Colonisation im Süden und Norden Böhmens hervorgerufen wurden, und diese Unterschiede scheinen auch in cultureller Beziehung weiter fortgewirkt zu haben.

Dieselbe Art der Colonisation setzt sich ohne Unterbrechung in dem benachbarten Gutsgebiete des Wyschehrader Domstiftes vom «goldenen Steig», das nachmals in die Güter Prachatitz, Gans und Wallern zerfiel, und scheinbar weit darüber hinaus dem Grenzsaume entlang fort. Wir erkennen das allerdings zumeist nur aus der Art ihrer Erfolge. Das Flanitzgebiet zwischen dem Prachatitzer Libin und den Kubany- und Schreinerbergen füllte sich mit «Schlägen», die wie die erhaltenen slavischen Namen bekunden, sich

---

[1]) Pangerl p. 345.

als deutsche Klein-Colonien an schon bestandene slavische Ansiedlungen anschlossen, während die tiefer im Walde gelegenen sich als selbständige Gründungen darstellen. Die Grenze zwischen beiden schiebt sich nach Norden zu immer näher an die Landesgrenze heran folgend den belebteren Wegen, die von Alters her aus dem Pilsner Gau — Günthersteig, Neuerner, Tauser Weg — nach Bayern führten.

Nördlich von Taus beginnt ein, allerdings vielfach von anderen Besitzungen unterbrochenes Gebiet von Ordensbesitzungen, welches der Grenze entlang bis an das Egerland und von dieser Basis aus in den alten Rakonitzer Gau (Rokytensko) bis an den Mittellauf der Beraun reicht. In den Besitz dieses Klosterlandes theilen sich die Prämonstratenser mit den Chotěschauer und Tepler Gütern, die Benedictiner von Kladrau und die Cistercienser von Plass. Kleinere Besitze haben in diesem Gebiete die Augustiner in Stockau zwischen den beiden Chodengebieten von Taus und Pfraumberg, das Prager Bisthum (Bischofteinitz), die Maltheser (Manetin) u. a.

Diese Ordensgüter haben mit dem vorhin betrachteten das gemein, dass sie in schon cultiviertem Lande fußend Gelegenheit zu weiterer Erschließung des angrenzenden fanden. Nur den Stiften von Tepl und Kladrau bot sich dazu auch der unerschlossene Grenzwald an, während diese und die übrigen ihre Hauptaufgabe doch darin fanden, in der Verstärkung der bestehenden Ansiedlungen und der Erschließung der Reste alter Binnenmarken ihren Wirtschaftsvortheil zu suchen. In letzterer Hinsicht gestaltete sich die mit Zuziehung deutschen Materials bewerkstelligte Colonisation wie im Gebiete von Goldenkron vor dem Walde. Aber die Spuren derselben sind — zunächst im Flußgebiete der Radbusa — abgesehen von dem Einflusse, den sie auf die Verschiebung der Sprachgrenze gewannen, kaum merklich wahrnehmbar. Wir finden hier so gut wie keine Neustiftungen neben bestehenden Dörfern, und wenn deutsche Bauern von der Grenze aus zuwanderten, so muss das nicht in der Weise geschehen sein, dass sie die Zugewinnung von Boden hätten als Schlag bezeichnen oder der Ansiedlung überhaupt ihre eigenen neuen Namen hätten geben können. Ja in vielen dieser Dörfer fand das Hufensystem der Colonisation keinen Eingang, und sie zeigen bis heute die slavischen Formen der Fluraufteilung. Nichts desto weniger ist aber auch auf dem Chotěschauer Gebiete in etwas jüngerer Zeit eine Umlegung der Dörfer in Hufendörfer ganz nach dem Systeme der vom Norden her eindringenden Colonisationsform üblich gewesen. Als Beispiel dafür lässt sich das Dorf Přeheischen (Přeheyšow, Przehyssow) anführen, das im Jahre

1303 von der Probstei Chotěschau zu 41 Hufen nach deutschem Rechte emphiteutisiert wurde. Die ausbedungenen Leistungen der Bauern sind aber so ansehnliche, dass wir annehmen müssen, der «Einkauf» sei seitens der früheren Nutznießer ohne Anzahlung erfolgt. Außer einer ganzen Mark Jahreszins leisteten sie jährlich je 22 Dobrzaner Maß Getreide mit der Zufuhr bis ins Kloster, 8 Hühner zu je einem Regensburger Denar im Werte, einen großen Schinken, 40 Eier und gutes Fett und 6 Käse. Zur Heumahd stellten sie einen, zur Getreideernte zwei Schnitter. So oft der König im Kloster herbergen würde, sollte das ganze Dorf einen Beitrag von einer halben Mark oder einem Rind und einem Schwein liefern, außerdem sich an der Berna und dem Bischofszehent betheiligen. Als Kriegssubsidium zahlte jede Hufe im Kriegsfalle 1 Loth Silber. Der Bauer durfte fortan seinen Grund verkaufen, aber nicht an einen Edelmann, sondern immer nur an Seinesgleichen, der auch seinen Wohnsitz auf demselben nehmen würde.[1])

Anders liegen die Verhältnisse in dem kleinen Gebiete der ehemaligen Augustinerherrschaft in der Nachbarschaft der südlichen Choden. Orte wie Waldersgrün, Stockau, Münchsdorf, Schiefernau tragen die Spur deutscher Colonisation aus grüner Wurzel.

Das Benedictinerstift Kladrau mit dem Hauptgüterstocke zwischen der obern Mies und der Uhlava, von Kladrau westlich über das offene Gebiet bis in den Grenzwald reichend, schuf annähernd dieselben Verhältnisse wie Goldenkron. Auch die auf grüner Wurzel angelegten Colonistendörfer trugen nicht den Charakter der mährisch-schlesischen Colonisation, sondern unterschieden sich in ihrer Anlage nicht von den bairischen. Als Benennungen treten die «*Reuthe*» besonders hervor.

Auch die Verhältnisse im Tepler Gebiete sind ganz ähnliche. Dasselbe reicht aus der offenen Culturlandschaft der oberen Tepl in den Grenzwald. Die Erschließung desselben ist durch Colonistendörfer derselben Art bezeichnet, bei denen die Benennung «*Grün*» (die Grün) charakteristisch hervortritt. Die Tepler Colonisation schließt sich insofern noch mehr als die Kladrauer an die von Goldenkron an, als die deutsche Colonisation auch in das schon cultivierte Stammland verstärkend eindrang. Wie dort sind diese vorgeschobenen Colonien öfter durch die Bestimmung «deutsch» — geschieden, oder sie haben sich als «Grünen» neben den alten Namen behauptet, wie Enkengrün — Jankovice, oder es sind die

[1]) Emler IV. (1303) p. 760.

Grünen erst in slavische Namen übersetzt worden, wie Pfaffengrün — Popovice.

Zur Erklärung der Unterschiede von «Schlag» und «Stift» einerseits und «Reut» und «Grün» anderseits liegt wohl die Beziehung derselben auf die sprachgebräuchlichen Unterschiede der bairischen und oberpfälzischen Bevölkerung am nächsten. Soweit das zutrifft, zeigt es für die Thatsache, dass trotz der weitreichenden Beziehungen der Ordensgesellschaften der Regel nach doch die Ansiedlungselemente aus der näheren Nachbarschaft bezogen wurden. Dass dabei aber doch auch wieder in einzelnen Fällen Auswanderungszüge in größere Entfernungen unternommen wurden, beweist die Besiedlung des Colonistengebiets im erzgebirgischen Grenzwalde in der Umgebung von Lichtenstadt, welche von Hroznata, dem Gründer von Tepl zu dessen Nutzen durchgeführt wurde und oberpfälzische Besiedlungselemente wahrscheinlich über Tepl dorthin führte. In Lichtenstadt übte eine besondere Probstei das Richteramt über den ganzen District, dem Ottokar II. die Exemtion von dem Elbogner Provinzialgerichte und die Befreiung von allen Landesroboten zugestanden hatte.[1]) Von der Vorladung vor das Prager Gericht waren die Colonisten nicht befreit; der «Nutzen» von Verurtheilungen derselben sollte aber immer nur dem Kloster zufallen. Erbrichter der einzelnen Dörfer treffen wir auch hier nicht an.

Ob ursprünglich immer das Zehentsystem oder dieses nur neben einem Zinssystem bestand, wissen wir nicht. Sicher aber waren die Colonisten noch im 14. Jahrhundert zehentpflichtig, wie aus dem Übereinkommen hervorgeht, das erst im Jahre 1342 der Abt bezüglich der Geldablösung des Zehentes traf.[2]) Hieraus, wie aus allen übrigen Umständen, lässt sich schließen, dass die Agrarverhältnisse auf all diesen Gebieten denen im Süden conform waren, wobei es für uns unentscheidbar bleibt, ob in allen oder in welchen Colonien ein «Einkauf» der Colonisten die Grundlage des Verhältnisses bildete. Gewiss ist dagegen so viel, dass zumindest in den alten slavischen Ansiedlungen, in deren Besitz die Klöster gelangt waren, auch im 14. Jahrhundert noch das alte «böhmische» Rechtsverhältnis fortbestand. Erst im Jahre 1341 bewarb sich der Abt von Tepl[3]) mit Erfolg bei König Johann als dem Herrn der Kammergüter, zu denen die klösterlichen ohne Unterbrechung gezählt wurden, um die Erlaubnis, diese «zu böhmischem Rechte liegenden» Dörfer zum

---

[1]) Emler II. (1268) p. 240.
[2]) Emler IV. (1342) p. 432.
[3]) Emler IV. (1341) p. 371.

Nutzen des Stiftes nach deutschem Rechte neu aussetzen zu dürfen. Der Vorgang bedurfte um so mehr der Genehmigung des Königs, als er eigentlich doch einen Verkauf der Gründe der Kammer zum Inhalte hatte. Der directe Nutzen aber lag natürlich in der Gewinnung der «Anleite». Es wurde dem Kloster gestattet, mit dieser Maßregel so lange vorzugehen, bis der Anleitserlös die Summe von 1000 Schock erreicht hätte, mit der sich dann das Kloster ein neues Gut kaufen könnte. Die aus den Katastralmappen ersichtliche Flurtheilung in den einzelnen Gemeinden könnte den Nachweis liefern, wie weit das Stift von dieser Erlaubnis Gebrauch gemacht hat.

Die ausgedehnten Güter der alten Cistercienserabtei Plass im Gebiete des Střela- (oder Schnella-) Baches bis an die Beraun reichten nicht an den Grenzwald, schlossen aber genug Binnenwälder ein, die eine Colonisation ertragen hätten. Wenn aber eine solche über die bereits vorhandenen Ansiedlungen hinaus stattfand, so ist sie zunächst in slavischer Weise vor sich gegangen, indem die Spuren einer deutschen Colonisation nur untergeordneter Art sind. Als ein Beispiel, wie diese Art Colonisation in älterer Zeit vor sich zu gehen pflegte, haben uns die Urkunden die Bezeugung eines solchen Vorganges aufbewahrt.[1])

Das entferntere Waldgut Thyskow (Těškow bei Mauth) hatte schon König Wladislaw dem Orden geschenkt; es war aber in seiner Schutzlosigkeit durch Räubereien völlig verödet. Da schloss das Kloster im Jahre 1224 mit dem «Baron» Ratimir einen Vertrag, wornach derselbe das verödete Gut für die Zeit seines Lebens in seine Nutznießung übernahm und dafür sich verflichtete, Colonen dahin zu ziehen und Dörfer anzulegen. Nach seinem Tode sollen diese dann zugleich mit dem von ihm hinzu zu schenkenden eigenen Dorfe Ujezd an das Kloster zurückfallen. Den Regiehof — *allodium* —, den er in Těškow zu errichten versprach, sollte er demselben mit zwei Pflugmaßen — *araturae* —, 12 Kühen und 60 Schafen bestellt zurücklassen, für die Zeit seines Lebens aber das Kloster keine andere Nutzung außer Heu und Holz aus dem Gute ziehen dürfen. Da von mehreren Dörfern die Rede ist, dürfte das nördlich von Těškow angrenzende Kirchdorf Lhota als Gründung Ratimirs zu betrachten sein. Der ganze Vorgang aber kennzeichnet sich als der alte *Lhota*vertrag; von einem Emphiteutenverhältnisse der Colonisten ist keine Rede.

---

[1]) Erben I. (1224) p. 315.

Solche Contracte der Klöster sind um so häufiger, als diese oft genug noch den Antheil an ihren Cultverdiensten in die Wagschale zu legen haben, um dafür irdische Vortheile einzutauschen, und sie blieben auch dann noch im Schwunge, als die alte Art der Colonisation durch die jüngere bereits längst verdrängt erschien. So zahlten die Eheleute Otto und Juta von Zsulaw im Jahre 1343[1]) dem genannten Kloster für die Überlassung des Neulandes Jilau (Gylaw) noch 24 Schock heraus und versprachen dasselbe ertragreich einzurichten und dann mit ihrem Tode so dem Kloster zu überlassen — zur Förderung ihres Seelenheils. Auch das war noch ein Lhotavertrag.

Dass aber damals auch die emphiteutische Verpachtung der Güter im Stifte Plass bekannt und in Übung war, bezeugt der Vertrag mit Ješko von Krassewitz, der im Jahre 1334 für sich und seine Nachkommen[2]) das Gut Choicz erblich gegen einen Jahreszins von 8 Schock ohne jede weitere Leistung unter Gewährung von 5 ganzen und 7 darauffolgenden halben Freijahren übernahm. Derselbe Vertrag sollte im Kaufwege auf jeden anderen übergehen können; nur behielt sich für diesen Fall das Stift das Vorkaufsrecht vor. Diese andere Form konnte dem Stifte umso weniger unbekannt geblieben sein, als Nachbardörfer in Laienbesitz bereits anfangs des 14. Jahrhunderts in dieser Art ausgesetzt waren. So tauschte dasselbe Stift Plass[3]) im Jahre 1315 das Dorf Sieglitz (Žihlice) von einem Abraham von Sieglitz ein, in welchem Dorfe Andreas, ein Sohn des Pilsner Bürgers Imram Richter war und bestätigte diesen im Amte. Als solcher besaß er eine Freihube von 37 Joch, eine Mühle mit Wiesen und Gärten und den dritten Pfennig der Bußen; er war also zweifellos Erbrichter. Als Recht galt das der Stadt Pilsen. Die Hufen der Bauern maßen je 32 Joch und zinsten jährlich eine Mark Silber und vier Hühner nebst fünf Groschen als Ablösung für sonstige Leistungen.

Mitten in dem großen Walde zwischen dem Běla- und Třemoschnabache und der Beraun, der mit seinem Nordende an das Stift heranreicht, liegen, sichtlich als Waldschläge entstanden, die Dörfer Pribnitz, Kasnau (Kazňow) und Wobora. Beurkundet ist uns nur die Anlage der mittleren Colonie, die aber erst ins 14. Jahrhundert fällt. Der Locationsvertrag, dessen Hauptpunkte wir hier als Muster dieser Art Colonisation mittheilen, wurde mit dem Richter

---
[1]) Emler IV. (1343) p. 487 f.
[2]) Emler IV. p. 5 f.
[3]) Emler III. (1315) p. 112.

des Marktes Kralowitz auf der Grundlage des deutschen Rechtes geschlossen.¹)

Die Colonie sollte theils an urbarem theils an Waldgrunde 16 Hufen zu je 40 «deutschen» Jochen umfassen, von denen der Locator eine Freihufe erhielt, während er für jede andere für einen Jahreszins von 5 Groschen für alle Fälle gutzustehen hatte. Über die Hernahme der Colonisten wird demselben keine Bedingung gestellt; nur sollen es ehrliche und ehrbare Leute sein. Außer dem überaus mäßigen Zins waren ihnen aber noch Verpflichtungen aufzuerlegen, die theils an den alten Zehent, theils an die Robot der alten Unterthanen erinnern. Für ersteren gelten jährlich 5 Strich Korn, 2 Strich Gerste und 3 Strich Hafer, 2 Hühner, 20 Eier und 2 Käse. Außerdem sollte jede Hufe das Stroh von 8 Strich Korn zum herrschaftlichen Schafstalle und andere ähnliche Beiträge liefern. Als Arbeitsleistungen war den Bauern das Waschen und Scheren der Lämmer und Schafe, das Mähen und Einbringen des Heus und Grummets und jährlich eine Fuhre zum Stifte aufzutragen. So oft die königliche Berna eingehoben wird, hat jede Hufe 24 Gr., einen Strich Hafer und Ein Huhn zu liefern — mehr also als nach König Johanns Bestimmung die Schuldigkeit betrug. Daneben musste der alte Rauchpfennig, der vom Bisthum dem Stifte überlassen war, mit jährlich einem Groschen entrichtet werden.

Vor dieser Colonisation war Kazňow ein Vorwerk des Klosters mit einer Schutzfeste gewesen; jetzt verblieb dem Stifte nur noch eine Schäferei daselbst in eigener Regie. Für die Schafe behielt es sich eine freie Weide auf allen Bauerngründen, so weit damit kein Schaden entstünde, vor, wogegen dem Vieh der Bauern eine gleiche Weidegerechtigkeit auch auf den Herrschaftsgründen gewährt wurde. Es war eine Consequenz des «Kaufrechtes», dass dem Colonen im Principe das Recht, seine Hufe weiter zu verkaufen, zustehen musste; fraglich aber blieb ohne besondere Abmachung sein Recht der Zerstückelung der Hufe und des theilweisen Abverkaufes. Im Grunde genommen lag im Systeme selbst eine Beschränkung dieser Freiheit nicht, da ja der Richter auf alle Fälle für den Gesammtzins seiner Anlage aufzukommen hatte und es diesem anheim gestellt sein konnte, wie er den Bauern gegenüber auf die Rechnung kommen wollte. In unserem Falle aber bestimmte die Grundherrschaft ausdrücklich, dass kein Colone von seiner Hufe ein einzelnes Feld, einen Garten oder eine Wiese abverkaufen, verpfänden oder anderweitig veräußern dürfe. Freistehen sollte ihm dagegen der Verkauf der

---

¹) Emler IV. (1346) p. 692 ff.

ganzen, der halben oder einer Viertelhufe, aber auch das nur mit Genehmigung des Stiftes an Leute, die diesem genehm wären. Wir halten dafür, dass mit diesen Bestimmungen im einzelnen Falle nur das ausgesprochen wurde, was innerhalb des ganzen Systems allgemeine Übung war. Wer mit seinem Zinse im Rückstande blieb, kann darum die Hälfte und im Wiederholungsfalle die ganze Hufe an die Herrschaft verlieren; nur Feuersbrunst, Hagel und ähnliche Unfälle könnten ein Zuwarten begründen.

Den Namen «Erbrichter» nennt die Urkunde nicht; aber sie kennzeichnet die Stellung des Locators unzweideutig als die eines solchen, indem sie seine Vorrechte auch seinen Erben zuerkennt. Außer der schon erwähnten Freihufe schenkt ihm das Stift die bestehende kleine Veste mit allen daran gebauten Stallungen. Von den übrigen Baulichkeiten soll der gemauerte Keller mit dem Speicher darüber der ganzen Dorfgemeinde gehören, so dass der Richter kein größeres Anrecht an denselben hätte, wie jeder andere Bauer. Die gemauerte Stube bei dem Keller dagegen, welche man als Refectorium bezeichnete, soll dem Kloster verbleiben, und zu der Schäferei gehören und weder Richter noch Bauern sich irgend ein Recht über dieselbe anmaßen. Auch ein Fischteich verblieb dem Stifte, doch durfte sich der Richter eine Mühle daran anlegen. Ebenso sollte er das Recht haben, einen Schmied und einen Schuster im Dorfe zu halten, natürlich so, dass er deren Zins für sich nahm.

Der Locator Petrus und dessen Erben sollten für all das ihren ständigen Wohnsitz im neuanzulegenden Dorfe haben und des Richteramtes pflegen, doch so, dass jeder Gerichtssitzung ein bestimmter «Stiftscommissär» beiwohnen könnte. Von den Bußen nimmt dieser für das Stift zwei Drittel, der Richter für sich eines, wie allenthalben auf dem Gebiete «deutschen Rechtes». Die drei Fälle der Nothzucht, des Mordes und Diebstahls bleiben dem Stiftsgerichte vorbehalten sammt ihren Bußen. Vor diesem Stiftsgerichte hat auch der Richter selbst in allen Fällen seinen Gerichtsstand. Das Richtergut kann in keiner Weise vom Amte getrennt und für sich allein veräußert werden; dagegen ist das Amt mit dem Gute wohl verkäuflich; nur bleiben Edelleute und Wladyken als Käufer principiell ausgeschlossen. —

Indem wir wieder nach der Südostgrenze zurückkehren, finden wir den Grenzwald vom Nasergebiete bis zu den Sazawaquellen schon frühzeitig durch slavische Ansiedlungen ziemlich durchbrochen und gelichtet. Gerade in dem am wenigsten erschlosssenen Theile von dem nördlichen Bug des Igelflusses nordwärts zur Sazawa war es der Bergbau, welcher deutsche Ansiedler heranzog, die sich zum Theil dem Bergsegen folgend auf Neuland niederließen, zum Theil vorhandene Ansiedlungen in einem Verhältnisse verstärkten, dass in ihnen das slavische Element bis zum Verschwinden zurücktrat.

Vom Norden her haben wir bereits bei Erörterung der Stadtgründungen die Herren von Lichtenburg an der Colonisation dieses Landstriches von den damaligen Bergstädten Deutschbrod, Běla und Schlapanz aus in Thätigkeit gesehen. Von Süden her aber bildete die Bergstadt Iglau den Stützpunkt gleicher Unternehmungen. Die ältere Ansiedlung deutscher Bergleute daselbst muss auf dem linken Flussufer auf heute böhmischem Gebiete gelegen gewesen sein. Hier, in Altiglau finden wir schon zu Anfang des 13. Jahrhunderts einen Bergmeister — *magister montium* — und was noch mehr auf deutschen Ursprung hinweist, Bergschöffen — *jurati montium*.[1]) Von der Bedeutung dieser Bergstadt zeugt die überaus reiche Ausstattung der alten Pfarrkirche zu St. Johann an der älteren Stätte der Niederlassung. Von den vierzehn Dörfern, die schon um jene Zeit ihre Widmut bildeten, lassen sich nur noch Kosow, Bukow, Smržné und Sarek (Žďárec) mit einiger Bestimmtheit wiederfinden. Diese bezeichnen auf böhmischer Seite einen weiten Bogen um Iglau, dessen Radius ungefähr der Entfernung bis Stecken gleichkommt. Von jenen alten Dörfern haben aber nur Bokowe — als Einschicht — und Kosow ihre slavischen Namen behalten, wie sie auch nach ihrem Bestande von der Colonisation nicht berührt blieben. *Smirczna* dagegen erscheint als Simmersdorf, Sarek als Seelentz wieder. Da die übrigen zehn Dorfnamen überhaupt nicht mehr auffindbar sind, können sie wohl jenen Ansiedlungen zugedacht werden, die durch die Colonisation umgestaltet wurden. Unter den Schoßdörfern dürften sich aber solche neben selbständigen Gründungen befinden.

Zu Anfang des 13. Jahrhunderts gehörten die reichen Kirchenpatronate zu Gumpolds (Humpolec) und zu Iglau dem deutschen Orden. Ob indes dieser einen Einfluss auf die Herbeiziehung von Colonisten aus deutschen Bergbaugegenden genommen, bleibt unnachweisbar. Als der Ordenshochmeister Hermann Balko im Jahre 1233[2]) die beiden Patronate — oder vielmehr die Widmutsgüter derselben unter Zugabe der Kirchen — an das Prämonstratenserstift Selau verkaufte, waren alle Benennungen der zugehörigen Dörfer

---
[1]) Erben I. (1227) p. 331; (1234) p. 399.
[2]) Erben I. p. 384 f.

noch slavisch, während einzelne derselben später deutsche Zuwanderungen aufnahmen und deutsche Namen empfingen. Den so erlangten Besitz im Iglauer Gebiete suchte Stift Selau nachmals mit Erfolg zu vermehren[1]) und es betheiligte sich wetteifernd mit den Iglauer Gewerken an der Colonisation.

Was uns im 13. Jahrhundert schon wiederholt begegnet ist, stößt uns auch hier auf: Iglau hat in der Zeit der Städteanlagen nach einem neuen Maßstabe und Muster seine Ansiedlung auf einen geräumigeren Platz verlegt. Diese planmäßigere Neuanlage muss in die Mitte des Jahrhunderts fallen, indem Bischof Bruno im Jahre 1257 die noch unvollendete neue Pfarrkirche zu St. Jakob einweihte.[2]) Aus dieser Zeit stammt das bekannte Stadt- und Bergrecht.[3])

Dass sich der neue Patronatsherr von Iglau, der damit zugleich Grundherr der böhmischen Dörfer daselbst geworden war, dass sich das Stift Selau nicht nur am Bergbau, sondern auch an der deutschen Colonisation auf seinen Landgütern betheiligte, wissen wir aus Urkunden. Schon im Jahre 1252 bezieht sich eine solche der Wyschehrader Probstei[1]) auf die Hufenmaße, wie sie die Deutschen auf den Gütern des Stiftes Selau bebauten. Damals gehörten aber auch jene Kirchengüter von Humpoletz und Iglau bereits diesem Stifte, und es ist nicht ausgeschlossen, dass sich die Colonisation auch bereits auf ihr Gebiet erstreckte, wie wir sie nachmals noch im 14. Jahrhundert fortgesetzt finden. Über die Art derselben erhalten wir zum Jahre 1303 einen sehr orientierenden Einblick.[5])

Unserer Ansicht nach handelte es sich damals um die Colonisierung eines der beiden genannten Dörfer Namens Smrczna im Iglauer Waldgebiete, das fortan den Namen Simonsdorf (Simmersdorf) führen sollte.[6]) Ein slavischer Dorfansatz bestand bereits; der Locationsunternehmer Eberhard, der nach seiner Bezeichnung als ehrenfest und vorsichtig zweifellos deutsch-bürgerlicher Herkunft

---

[1]) Emler II. (1272) p. 322; (1288) p. 619.

[2]) Emler II. p. 61.

[3]) Erben I. (1247 — 49) p. 566. Vergl. Čelakovský, Nástin dějin českého práva horního. Separatabdruck Prag 1896.

[4]) Erben I. p. 606.

[5]) Emler II. p. 837.

[6]) Erben I. Register bezieht die Urkunde auf Šimonow, deutsch Kellersdorf. Zweifellos könnte der Name Simonsdorf auch in *Šimonow* oder *Šimonowice* übersetzt erscheinen. Unsere Wahl bestimmt aber der Umstand, dass von den beiden in Frage kommenden Dörfern jenes Simonsdorf der Urkunde ein Pfarrdorf war, was nur bei Simmersdorf, nicht aber bei Kellersdorf zutrifft; gewiss aber ist auch letzteres in ganz gleicher Weise umgestaltet worden.

war, versprach aber dem Stifte dort ein Dorf von 16 Hufen anzulegen, so dass die schon bestehenden Hufen sofort, die neu anzulegenden aber erst nach fünf Freijahren ihre Zinsleistung antreten sollten. Sollte nach Ablauf dieser fünf Jahre eine oder die andere Hufe noch nicht besetzt sein, so hat der Unternehmer für die betreffende Schuldigkeit aufzukommen. Als Leistung wurde bestimmt: der Zehent von den vier Getreidearten und 6 Loth Silber jährlich, überdies 20 Eier, 2 Käse, 2 Hühner und die Stellung von 2 Schnittern in der Erntezeit von jeder Hufe. Der Unternehmer erhält das Erbrichteramt mit dem üblichen Drittel des Gerichtsertrages, eine zehentpflichtige Hufe und ein Mühlrecht. Er ist der Vorsitzende einer bäuerlichen Schöffenbank mit dem Rechtszuge vor das Iglauer Stadtrecht. Der Richter kann sein Gut und Amt vererben und auch verkaufen; wird aber bezüglich der tauglichen Person des Käufers zwischen ihm und dem Stifte keine Übereinstimmung erzielt, so entscheidet eine Art Schiedsgericht, bestehend aus 6 Schöffen, deren eine Hälfte der Richter, die andere das Kloster wählt. Zwei dieser Schöffen müssen Simmersdorf, die anderen vier den übrigen Klosterdörfern entnommen sein. Als Pfarrdotation widmet das Stift eine zinsfreie Hufe.

Aus diesen Bestimmungen geht hervor, dass auch andere Dörfer des Klosters bereits die Schöffeneinrichtung besaßen, was nothwendig auf deutsche Colonisation zurückweist. Wenn wir die Zeugen jener Urkunde als Erbrichter solcher Dörfer ansprechen können, so werden wir damit auf Gießhübel (*Gishowels*, slavisch Wýskytna německá), Opatau, Dudin und Kalkau hingewiesen. Sicher aber gehören auch noch die nahen Dörfer Rothneustift und Reitersdorf in diese Kategorie, und in dem kleinen Wilhelmsdorf ist vielleicht (?) das zweite *Smrczna* verborgen.

Die äußere Anlage der Dörfer im Iglau-Deutschbroder Gebiete nähert sich der slavischen, was sich theils aus dem unmittelbaren Anschlusse der Neuanlagen an bestehende, theils aus der Art der Häuserschichtung in Bergbaugegenden erklären mag. Dagegen tritt die Hufeneintheilung urkundlich hervor, und das Institut des Erbrichters und der Schöffenbank entspricht dem des Colonisationsgebietes des Nordens. Dagegen erinnert wieder der Zehent mehr an alteinheimische Verhältnisse. In den Ortsbezeichnungen tritt von der Umbildung slavischer Namen abgesehen das «Dorf» besonders hervor.

Eine gleiche Form der Colonisation, ausgehend von der Domdechantei Wyschehrad als Grundherrschaft drang auch in die Waldung

Nelecho nordwestlich von Humpoletz vor, wo heute kein Ortsname mehr an eine solche erinnert. Unternehmer war der einer Prager Bürgerfamilie angehörige Münzmeister H e i n r i c h in Humpoletz. Die Bedingungen waren den oben angeführten ähnlich. In allen Dörfern sollten die Colonisten nach f ü n f Freijahren einen Getreidezehent und nach weiteren f ü n f einen Vierdung als Geldzins entrichten. Aber die Entlohnung des Unternehmers bestand nicht in der Erbrichterei, vielmehr sollte das Gericht in allen zu gründenden Dörfern nach des Unternehmers Tode von der Grundherrschaft aus besetzt werden. Dafür aber erhielt Heinrich in jedem Dorfe die siebente und achte Hufe als erbliches L e h e n, wofür er V a s a l l der Domdechantei zu Wyschehrad wurde. Hierin scheint das Stift dem Beispiele des Olmützer Bischofs B r u n o, eines Grafen von Schaumburg-Holstein gefolgt zu sein, der das Lehenssystem auf dem Kirchengute in Mähren nach Magdeburger Muster einführte.

Der Zufluss deutscher Colonisten muss damals ein sehr großer gewesen sein, indem sich der genannte Münzmeister gegen ein bedeutendes Pönale verpflichten konnte, die nöthigen Colonisten für mehrere Dörfer binnen Jahresfrist zu beschaffen.[1]) Die Zuwanderung muss aber von weither erfolgt sein, da das nahe Mähren gerade hier ein deutsches Hinterland nicht bieten konnte. Es lässt sich also annehmen, dass der berühmt gewordene Bergsegen der Gegend die Glücksuchenden in größerer Zahl anlockte als befriedigte, so dass gerade ein höherer Bergbeamte leicht in die Lage kommen konnte, den Überschuss für die Landcultur anzuwerben.

Dass auch auf den Gütern des Stiftes W i l e m o v die Colonisation nach deutschem Muster und System nicht unbekannt war, bezeugt uns schon ein Fall aus dem 13. Jahrhundert, der sich allerdings nicht auf unsere sondern auf die Gegend von Časlau bezieht. Hier handelte es sich auch um keine Waldrodung, sondern um die Umwandlung der klösterlichen Regiehöfe Bučitz und Wlačitz in Zinsdörfer durch Auftheilung der Gründe an Colonisten zu «deutschem» oder «Burgrecht» nach Časlauer Ausmaß und Gerichtseinrichtung. Die Leistung bestand aus Getreidezehent und Geldzins zugleich.[2])

Sonst tritt — in zugänglichen Urkunden wenigstens — Stift Wilemov durch eigene Colonisationsarbeit nicht hervor. Vielmehr übergab es[3]) im Jahre 1329 seinen Hauptbesitz im Waldlande des

---

[1]) Ein Waldrest östlich von Zahradka heißt noch jetzt *Melechow;* die Vermuthung darf daher etwa auf die Dörfer Althütten, Rejčkow, Ober- und Unter-Pasek, Kaut und Stein-Lhota fallen.

[2]) Emler II. (1270) p. 500.

[3]) Emler III. (1320) p. 595.

Quellgebietes der Chrudimka, — die in diesem oberen Theile damals wie so mancher andere Wildbach *Kamenice* hieß, — mit 24 Dörfchen in einem äußerst verwahrlosten «nahezu verlassenen und gänzlich uncultivierten» Zustande dem unternehmenden Herrn Heinrich von Lichtenburg, damit dieser ihn durch «Location» zu einem größeren Ertrage bringe. Dafür hatte er für seine Lebenszeit den gesammten Nutzgenuss. Zweifellos war mit dieser «Reformation» eine Colonisation verstanden, die der Lichtenburger für das Kloster unternehmen sollte. Es scheint aber nicht, dass er der Erwartung in höherem Maße entsprochen hätte, wenn nicht etwa die Orte Seč und Nassaberg in diesem Gebiete als seine Gründungen anzusehen wären.

Wie eifrig die Lichtenburge oder Hrone sonst auf ihrem eigenen benachbarten Gebiete colonisierten, haben wir schon bei Betrachtung der städtischen Anlagen kennen gelernt. Jene Gründungen hiengen allerdings größtentheils mit Bergbauunternehmungen zusammen. Andere Belege zeigen uns aber auch, dass sie sich nicht in geringerem Maße mit Unternehmungen der Landescultur befassten. Einige Neuanlagen derselben im Thale der Dubrawa, im Mittelpunkte ihres Gebietes sind allerdings wieder spurlos vom Erdboden verschwunden, so ein Pfarrdorf Braunau (Prawnow) und ein Dorf Ronwald, die Saul von Ronow am genannten Flusse neu gegründet hatte.[1])

Wenn wir jenes Waldgebiet nach Osten zu verlassen, stoßen wir — in Ober- und Unter-Holetin, Unter-Babakow, in Rauna, Ober- und Unter-Prasetin — zuerst auf Dorfanlagen von dem ausgespochenen Typus der Waldhufendörfer der nordböhmischen Colonisationsform. Urkundliche Nachweise über die Entstehung der gerade genannten Dörfer besitzen wir nicht; aber schon die Theilung in «Ober-» und «Unter-» Dörfer in Verbindung mit dem slavischen Namen deutet auf die deutsche Zuwanderung neben einem slavischen Besiedlungsansatze. Es folgt dann nach Osten zu auf einer kurzen Strecke wieder eine slavische Anlage zwischen deutsche Colonistendörfer eingemengt, bis im Gebiete von Polička und Leitomischl die langgestreckten Dörfer mit der klaren Hufenabtheilung immer seltener von Resten slavischer Ansiedlungen unterbrochen werden.

Gerade in diesen — sogenannten «fränkischen» — Colonien mit ihren Erbrichtern oder Schultheißen (Schulzen, Scholzen), ihren Dorfschöffengerichten und ihren bestimmten und klaren Verträgen

---

[1]) Borowý l. c. I. p. 36.

mit der Gutsherrschaft findet dieses System jenen besonderen Ausdruck, der ihm weit über das eigentliche Colonisationsgebiet hinaus bis ins Herz des Landes jenen umgestaltenden Einfluss verschafft hat, den wir schon kennen lernten. Wiewohl es sich keineswegs aus slavischen Agrarverhältnissen heraus entwickelt hat, so hat es doch im gewissen Sinne in deren Entwicklung abschließend eingegriffen.

Der slavische Bauer war, wie wir im I. Bande sahen, längst aus der Genossenschaft mit der Herrenfamilie hinausgedrängt; den Grund, den er bebaute, beanspruchte als Eigen der Herr. Diesem Anspruche stand freilich der geschichtlichen Entwicklung nach eine ideale Pflicht gegenüber: der Herr hatte den Bauer auch dann zu erhalten, wenn er ihm den Nutzgenuss des Grundes entzog, denn die Ansetzung auf einem Rusticalgrunde war nur als Eine der Möglichkeiten seiner Erhaltung zu denken. In diesem Zusammenhange erscheint die Thatsache erklärlicher, dass der Bauer nach heimischem, d. i. «böhmischem» Rechte[1]), nicht Eigner seines Grundes war, vielmehr von demselben nach Belieben des Herrn getrennt werden konnte. Dass diesem Verhältnisse gegenüber die Location zu «deutschem Rechte» in der Auffassung jener Zeit ein wirklicher «Einkauf» des Bauers in das betreffende Gut sein sollte und war, besagt nicht bloß der allgemein dafür gebräuchliche Name «Kaufrecht», *právo zákupné*, sondern auch der Inhalt zahlreicher Urkunden und der in diesen oft ausgesprochene Zweck, den der Grundherr mit dem Übereinkommen verband. So ist es nach schon genannten Urkunden, in denen das bisherige Verhältnis des «böhmischen Rechts» dem neuen gegenüber gestellt wird, die Absicht der Klöster Břevnov und Tepl, durch jene Umwandlung so viel Geld als Kaufangabe zu gewinnen, um ihre Schulden abstoßen zu können. Dass der Fürst auch für Emphiteutisierungen des Klostergutes seine Einwilligung ertheilen musste, bestätigt die Ansicht der Zeit, dass in jener eine Entäußerung des Gutes lag. Zweifellos gewannen dabei die betreffenden Bauern und der Stand der Landescultur im Lande überhaupt. Jene erfreuten sich nun des gesicherten Eigenthums an ihren Gründen, und ihre **persönliche Freiheit** wäre nicht mehr bedroht gewesen, wenn nicht neben ihnen das schlechtere Beispiel immer noch fortgelebt hätte. Auch die Bestimmtheit der Abgaben und Leistungen schützte sie, wenn auch dem wieder die äußerste Strenge der Eintreibung gegenüberstand, deren vertragsmäßige Sanction an das frühere Verhältnis erinnert. Nicht selten sollte ein

---

[1]) Vergl. Emler IV. (1341) p. 357, 371.

einziges Zinsversäumnis den ganzen Vertrag auflösen, so dass der zum guten Theile doch bar bezahlte Grund wieder bedingungslos an die Herrschaft zurückfiel. Auch sahen wir bereits in die ältere Form dieser Verträge das ungewisse Zehentsystem aufgenommen. Nicht selten erhielt sich der Zehent neben dem Geldzins, und er erscheint dann als die dem Bauer geläufigere, ungefährlichere Form der Leistungen, die häufig durch eine bestimmte Zahl der Erstlingsjahre die einzige sein soll, bis der Bauer einen gewissen Vermögensfond erworben haben kann, auf Grund dessen er sich gefahrloser auch zu einem Geldzins zu verpflichten im Stande wäre. Auch da, wo es zur Zeit der ländlichen Colonisation noch sehr an nahen Städten und Handelsplätzen fehlte, ist der Zehent die leichtere Form. Nichtsdestoweniger hat sie ihre großen Gefahren für den Bauer, indem sie ihn in jedem Falle der Durchführung in einen Streit mit den herrschaftlichen Bamten setzen kann und ihn dann deren Willkür in der Schätzung preisgibt. Das war wohl der Grund, aus welchem allmählich auch der «Zehent selbst unter Beibehaltung des Namens in eine von dem jeweiligen Ernteausfall unabhängige Leistung von einer bestimmten Grundfläche, also in einen Naturalzins übergieng. Doch muss dieser Übergang anfänglich recht mannigfache Verhältnisse geschaffen haben. Während an Stelle des Erntezehntels immer häufiger eine bestimmte Zahl von Mandeln für jede Hufe trat, blieb dieses Pauschal doch noch von recht verschiedener Größe; bald waren es fünf, bald nur drei Mandeln. Die letztere Zahl muss in Böhmen schon Mitte des 13. Jahrhunderts am häufigsten vorgekommen sein, denn in Mähren pflegte man um jene Zeit[1]) drei Mandeln von der Hufe als den «böhmischen Zehent» zu bezeichnen, und Bischof Bruno von Olmütz führte nachmals dieses Maß auf allen seinen Gütern als das gesetzliche ein.[2])

Allmählich verschwindet auch der Name des Zehent aus den Verträgen, und es erscheinen an seiner Stelle ganz bestimmte Maße ausgedroschenen Getreides neben den Geldleistungen, und dann wieder tritt die Wendung hervor, letzteren — den Geldleistungen — den Vorrang vor den ersteren zu wahren. Die vielfach noch mit ausbedungenen persönlichen Leistungen sind in der Regel geringfügig, häufig in einigen Fuhren und in der Beistellung zweier Schnitter erschöpft, — aber es zeigt sich deutlich die Tendenz, auch diese noch mit Geldleistungen abzulösen — immerhin ein Zeichen von wachsendem Wohlstand, dessen sich dieser Bauernstand bewusst

---

[1]) Emler II. (1257) p. 62.
[2]) Emler II. (1277) p. 459.

wurde. Vom Kriegsdienste war der Colonist persönlich frei, an Stelle der Leistungen für Kriegsrüstungszwecke aber zahlte er eintretenden Falls an die Herrschaft ein «Subsidium» in einem vorausbedungenen Betrage. Dagegen war die Erbrichterei — als Dorfvogtei — in der Regel verhalten, auch für den Kriegsfall ihren bewaffneten Mann zu stellen. Die königliche Steuer oder Berna fiel dagegen unmittelbar auf den Bauer.

Durch Geldablösung war sogar bei ruhiger Fortentwicklung des ganzen Systems dem Emphiteuten oder Burgrechtsbauer eine völlig freie Selbständigkeit erreichbar, in der er sich im 14. und 15. Jahrhundert nur dadurch noch von den älteren «Freisassen» des Landes unterschieden hätte, dass sein ursprünglich zu irgend einer Herrschaft gehörender Grund nicht im Grundbuche des Landes, in der «Landtafel» geführt wurde und er seinen Gerichtsstand nicht vor dem Landrechte hatte. Die Fälle der Durchführung der Möglichkeit mögen zwar nicht häufig gewesen sein, doch wollen wir einen einzelnen hier erwähnen. So hat im Jahre 1447 ein Johann von Bukow vom Kloster Chotěschau — das Burgrecht,» d. h. die vertragsmäßigen Nutzungen des Dorfes Gotowitz gekauft und dann dasselbe sammt dem Gerichte an die Bauern dieses Dorfes selbst wieder veräußert.[1]) Er unterlässt nicht, hiebei das unbeschränkte Erb- und Testierrecht der Bauern festzustellen; auch soll jeder sein Anwesen frei verkaufen können, doch — in Consequenz des Überganges — nur an jemand, der der «ganzen Gemeinde» genehm ist. Es hat sich auf diese Weise der «Einkauf» der Bauern dadurch vollzogen, dass sie auch den bisdahin verzinsten Theil des Kaufschillings dem Grundherrn erlegt haben.

Dass der Bauer in dem Bewusstsein seines erblichen Eigens an seinem Grunde einen Ansporn sah, auf diesen wie auf den Bau und die Erhaltung seiner Hofgebäude und auf seine ganze Wirtschaft zum Nutzen des Ganzen einen weitaus größeren Fleiß zu verwenden, braucht nicht erklärt zu werden.

Die großen, unmittelbaren Vortheile, die das Burgrechtssystem den Grundherren brachte, erwähnen die Urkunden selbst oft genug ausdrücklich.[2]) Außer dem einmaligen Gewinne der Anleitsummen, die mitunter ausreichen sollten, um an Stelle der so theilweise veräußerten Gründe neue Güter ersatzweise anzukaufen, wird besonders die größere Sicherheit des von allen Ernteschicksalen unabhängig gestellten Jahreseinkommens betont; dabei wuchs aber gleichzeitig dieses Einkommen

---

[1]) Archiv český IV. p. 41.
[2]) Vergl. Emler III. (1323) p. 333, 343, 400 f.; Emler IV. (1343) p. 501 et pass.

auch quantitativ, welchen Gewinn wir in manchen Fällen nachzurechnen vermögen.¹) Nicht selten gieng ein solcher aus der sog. «Excrescenz» bei der Vermessung der alten Ackeranthcile und der Umwandlung derselben in Hufen hervor oder es wuchsen durch Auftheilung des alten Gemeindegrundes neue Wirtschaftseinheiten zu.

Einen Vortheil aber, den die Grundherrschaften gewannen, deutet keine Urkunde an; er war der Zeit offenbar schon aus dem Bewusstsein entfallen. Durch den Verkauf der Gründe an die Unterthanen — seien es die alten oder neu zugezogenen gewesen — gab die Grundherrschaft wohl einige Rechte hin, die sie thatsächlich geübt, aber sie entschlug sich damit auch in einer rechtsgiltigen Form aller Pflichten, die aus dem alten Patriarchalverhältnisse herstammend wenigstens dem Rechtsgedanken nach noch auf ihr lasteten. Fortan war der Grundherr auch von Rechtswegen nicht mehr verpflichtet für die Erhaltung seines Bauers zu sorgen: er hatte ihn abgefunden; durch alle Fragwürdigkeiten des frühern thatsächlichen Bestandes war ein Strich gezogen.

Wenn weiter für die zukünftige Entwicklung der bäuerlichen Verhältnisse das Colonensystem für sich allein entschieden eine gesündere Basis abgegeben hätte, als das altheimische, so war doch das Zusammentreffen und die Mischung beider Systeme nicht nur in demselben Lande, sondern oft auch auf ein und demselben Gutsgebiete, unter ein und derselben burggrafschaftlichen Wirtschaftsbehörde von bedenklichem Einfluss. Auch dem Colonisten gegenüber besaß der Grundherr eine Fülle von Machtmitteln, und es lag nahe, dass für die zukünftige Gestaltung der Dinge er, der Grundherr, der maßgebendere Factor bleiben werde, und dass er von jedem der beiden sich durchkreuzenden Systeme jene Principien als sein Recht in Anspruch nehmen und zur Geltung zu bringen bestrebt sein werde, die seinem Vortheile dienten. Dann aber blieben für den Bauer von beiden Systemen die Nachtheile: der «Herr» entnahm dem einen Systeme seine rechtliche Befreiung von allen, in seinem Bewusstsein allerdings schon lang verblassten Pflichten und dem andern einen Inbegriff von Rechten, denen gegenüber die vertragsmäßigen Rechte eines bevorzugt erscheinenden Theils der Bauernschaft zu Zweifeln an der Rechtlichkeit ihres Bestandes verleiten konnten. — —

Das was wir auf der Karte des ersten Bandes von der zuletzt genannten Grenze an im Osten und Norden als ehemaliges Wald-

---

¹) Z. B. Emler III. p. 400 f.

gebiet verzeichnet haben, das ist im großen und ganzen von eingesprengten Besiedlungsadern und -Inseln abgesehen zugleich das Gebiet einer Colonisation aus grüner Wurzel, deren Kennzeichen die nach der Reihenfolge der Hufen langgestreckte Dorfanlage und zugleich das Erbrichter- oder Schulzeninstitut ist. Die Verträge zwischen Bauern und Grundherrschaft in diesem Gebiete, immer nur zwischen Richter und Herrschaft geschlossen, enthalten durchwegs dieselben Grundsätze mit geringen örtlichen Modificationen. Es wird deshalb von geringerem Belang sein, wenn uns nur hie und da stichprobenweise auf einen solchen Einzelnvertrag einzugehen gestattet ist.

Das erste Bereich solcher Colonisation im großen Stile ist das der Stadt Polička, über deren Anlage durch Ottokar II. wie über deren Verhältnis zu den zugehörigen Colonistendörfern wir schon berichtet haben. Nach Osten zu setzt sich das Bereich über Zwittau und seine charakteristischen «Vierzig Hufen» und Mähr.-Trübau hinaus weit nach Mähren hinein fort.

Nach Norden zu schloss sich an das Kammergut Polička das in derselben Weise colonisierte Gebiet der Prämonstratenserabtei Leitomischl. Der alte Straßenzug im Walde von der Trstenice-Station bis über das alte Grutow (bis Leitomischl) heraus, ist – mit wechselnden Einheiten und Namen — ein einziges langes Waldhufendorf geworden. Nordwestlich reicht das Gebiet bis an das Königsgut von Hohenmauth, östlich bis an den waldigen Höhenzug, der zum Thal der Trübe (Třebovka) steil abfällt, und an dessen Südende mit Abtsdorf in dieses Thal hinein. Ein spätes Zeugnis, das Dorf Hopfendorf betreffend,[1]) zeigt uns die Institution des Erbrichters daselbst in der charakteristischen Weise. Er besitzt erblich außer dem Freigrunde das Schankrecht, die Bäckerei, Schmiede und Schusterei und das Drittel von allen Gerichtsgebühren. Nur im Falle, dass der Abt als Oberrichter Gnade übt, verliert er auch seinen Antheil. Im Einverständnis mit der Herrschaft kann er das Gut auch veräußern.

Das Gebiet östlich von dem genannten Höhenzuge einschließlich des Thales der Trübe bis an die stille Adler bedeckt die gleiche Art der Colonisation, die, wie wir schon zeigten, nicht den späteren Besitzern, sondern gleich der von Polička der Unternehmung Ottokars II. unmittelbar zuzuschreiben ist. Die Anlage der Burgen Landskron, Landsberg, dann Geiersberg und Gabel konnte die Stützpunkte für ein ritterliches Lehenssystem bezeichnen, wie es derselbe Fürst in dem nahen Gau von Glatz durchgeführt hat. In der That

---
[1]) Emler III. (1314) p. 80.

hieng das Gebiet von Gabel aus durch das Dorf Ullersdorf unmittelbar mit dem Glatzer Gau (Mittelwalde) zusammen und ein solcher Zusammenhang dürfte auch in Bezug auf Zeit und Art der Colonisation anzunehmen sein. Ja uns ist es sehr wahrscheinlich, dass das Landsberger Territorium ursprünglich nur den südlichsten Theil eines Lehensverbandes gebildet hat, der sich von da aus bis gegen die reicher besiedelte Gegend des Nachoder Passes erstreckte oder erstrecken sollte, einer «Lehenshauptmannschaft», die dann vollkommen derjenigen jenseits des Adlergebirges wie jener jenseits des Nachoder und Politzer Landes entsprochen hätte.

Indem aber jenen Landsberger Theil der bekannte Zawiš von Falkenstein als Erbeigen an sich brachte, mag er den Vasallen des nördlicheren Theiles ein Beispiel gegeben haben, das diese in den Zeiten der Vormundschaft und Kindheit Wenzels II. erfolgreich nachahmen konnten.

Was die Organisationsverhältnisse im Landsberger Theile anbelangt, so ist das Nöthige schon bei Besprechung der betreffenden Städtegründungen — Landskron, Wildenschwert, Trübau, Chotzen — angeführt worden. Die spärlich erhaltenen Dorfurkunden bestätigen den bekannten Typus: so hat z. B. Dittersbach (Dietrichsbach) auch noch unter der nachfolgenden Cisterciensherrschaft einen Erbrichter, der außer über zwei Freihufen über die Gerechtsame eines Schankes, einer Mühle, des Schneiders, Schusters, Fleischers und Bäckers und zwei Drittel aller Gerichtsbußen verfügt.[1]

Das vordem genannte Gebiet am Adlergebirge entlang zeigt dieselben Colonisationsformen, im östlichen und südlichen Theile in größerer Reinheit, nördlich und westlich untermischt mit slavischen Ansiedlungen. Unter den ritterlichen Geschlechtern der Gegend dürften die von Sandbach (Žampach), Pottenstein, Senftenberg, Reichenberg (Richenberg, jetzt Rehberg, čechisch Liberk)[2] und von Skuhrow (unweit Solnitz) — als ehemalige Mannschaft — einen wesentlichen Theil an der Colonisation genommen haben; an urkundlichen Nachweisen fehlt es für die ältere Zeit gerade bezüglich dieser Gegend am meisten. Ebensowenig wissen wir über die vielen Colonistendörfer, die westlich von Dobruška landeinwärts liegen.

Von der Glatzer Seite aus reichen die Colonistendörfer bis unmittelbar an Nachod heran; aber auch auf böhmischer Seite setzen sie sich in Pořič, Hronow, Zbečnik, Kosteletz nach Nord-

[1] Emler III. (1328) p. 568.
[2] Die Umwandlung von Richenberg in Liberk (Local: Liberce) ist dieselbe wie die von Reichenberg in Liberec.

westen zu fort, wo sie sich an das Gebiet der Trautenauer Lehenshauptmannschaft anschließen. Die Colonisation des Mettauthals oberhalb Nachod wird man auf die Familie der Hrone als zeitweilige Herren von Nachod zurückführen dürfen.

Weiter nordwärts öffnen sich uns die beiden wohlbegrenzten Gebiete von Politz und Braunau durch das Wandgebirge getrennt. In ersterem unterscheidet man eine etwas ältere Colonisation mit slavischen und eine jüngere mit deutschen Elementen.[1]) Die čechische Colonie verräth zum Theil ihre Anlage, bestimmter aber noch lassen sich die deutschen durch das Vorhandensein des Schulzenhofes unterscheiden. Im Braunauer Gebiete gibt es nur deutsche Waldhufendörfer, die sich wie die Rippen eines Eichenblattes nach beiden Seiten von dem Thale des Steineflusses abzweigen, indes Reste des alten Waldes noch eine schmale Mark zwischen je zweien bezeichnen. Auch diese Dörfer scheiden sich nach ihrer Herkunft. Der Südosten des Ländchens mit dem Hauptorte Schönau ist noch als Glatzische Colonisation zu betrachten, die Mehrzahl der Dörfer aber verdankt ihre Anlage wie die Politzer dem Stifte Břevnow, während die nördlichsten ehedem mit der Trautenauer Mannschaft in einer Verbindung gestanden haben mögen. Die erstgenannte Gruppe bildete wie das Ländchen von Polička ein Vogteigebiet und der Vogt hatte seinen Sitz in dem Marktorte Braunau.[2]) Ein ‹Deutscher› übernahm im Jahre 1255 die Lichtung einer Waldstrecke mit 15 Freihufen gegen Gewährung einer Freihufe, einer Mühlstätte und eines Schankrechtes, dem Nutzbezuge von jeder sechsten Hube und dem Drittel der Gerichtsbußen. Die Leistungen von jeder Hufe betrugen eine halbe Mark Jahreszins und je zwei Maße Weizen, Korn und Hafer. Dagegen geschieht weder eines Zehents noch persönlicher Dienste Erwähnung.[3])

Ein Unternehmer Namens Berthold übernahm die Waldrodung entlang dem Bache Božanov — heute «Puse» — zur Gründung des von der Vogtei unabhängigen Dorfes Bertholdsdorf — Barzdorf, čechisch Božanow —, ein Zweiter, der im Walde bei dem Marktorte Braunau selbst ein Dorf anlegen sollte, wird als ein Handwerker bezeichnet und scheint als solcher diesem Marktorte selbst angehört zu haben.[4]) Im ersteren Falle ist von der gewöhnlichen Ausstattung

---

[1]) Siehe Tomek a. a. O.; Lippert a. a. O.
 Ersterem verdanken wir die Erschließung des gesammten Urkundenmaterials.
[2]) Emler II. (1256) p. 35; (1260) p. 202; (1258) p. 76.
[3]) Emler II. (1255) p. 26.
[4]) Emler II. (c. 1256) p. 35.

des Erbrichters, im letzteren von 16 Freijahren die Rede. Die Erbrichter werden hier als *sculteti*[1]) oder «*solti*»[2]) — Scholzen — bezeichnet.

Am orientierendsten dürfte der Vertrag mit dem Schulzen von Haitfolksdorf (jetzt verderbt «Hauptmannsdorf» und erst darnach čechisch Hejtmankowice) sein.[3]) Auch dieses nordwärts von dem Marktflecken Braunau gelegene Dorf war zur Zeit des Abtes Martin also nach 1253 — durch Waldrodung neu angelegt worden und besaß in seinem «*schultetus*» einen Erbrichter neben einer bäuerlichen Schöffenbank. Was ersteren anlangt, so tritt hier die Rücksicht auf seine Pflichterfüllung stärker als sonst hervor. Er besitzt nur eine Freihufe und darf auch keine zweite unter seinem Pfluge halten. ist dagegen sammt Weib und Kindern zur *residentia personalis* auf seinem Schulzenhofe verhalten. Dagegen gehören ihm außer einer Mühle und dem üblichen Drittel der Gerichtsbußen alle Zinse von jeder sechsten Hufe des Dorfes, ohne dass er die Königssteuer für dieselbe zu entrichten hätte. Diese fällt vielmehr auf den betreffenden Bauer. Zu den Pflichten des Schulzen gehörte außer der Leitung des Gerichtes und der Aufrechterhaltung der Ordnung auch die, dem Stifte mit Ross und Waffen so oft zu dienen, als es verlangt werden würde. Da jedoch für solchen Dienst das Stift auch Leute des Ritterstandes mit besonderen Verträgen aufzunehmen pflegte, — in solchem Dienstverhältnisse stand auch ein Bruder des damaligen Abtes Bawarus — so scheint frühzeitig an eine Reluierung jener Waffenpflicht gedacht worden zu sein, so dass es auch dem wehrhaften Schulzen von Haitfolksdorf nahe gelegt wurde, sich für je ein Jahr die Nachsicht jener Leistung im Gnadenwege zu erbitten — natürlich konnte eine solche Bitte nicht mit leeren Händen vorgetragen werden. Auch bei der Einhebung und Ablieferung der Zinsungen, die sonst Sache des Richters zu sein pflegte, hatte der Braunauer Schulze nur eine Mitwirkung, indem es das Stift vorzog, einen eigenen Notar zu halten, der von Dorf zu Dorf zu Georgi und Michaeli die Reise unternahm. Dafür musste dann jeder Bauer diesem Notar jedesmal zwei Denare als «*annotales*» zuzahlen.

Das Zehentsystem bestand hier von allem Anfang an nicht; jede Hufe leistete vielmehr in zwei Raten jährlich «zwei Vierdunge» d. i. eine halbe Mark Silber oder ein halb Schock Groschen und im

---

[1]) Emler II. (1300) p. 1208.
[2]) Ibid. (1255) p. 26.
[3]) Im Original erhalten im erzbischöfl. Archiv zu Olmütz. Emler II. (1296) p. 743.

Michaelitermine je zwei Prager Strich Weizen, Korn und Hafer und zu Pfingsten eine Keule Fleisch. Außerdem enthielt die ursprüngliche Abmachung die Verpflichtung jeder Hufe, jährlich dreimal zur Wintersaat und einmal zur Sommersaat zu pflügen und vier Tage zu mähen. Diese noch zu Zeiten des Abtes Martin festgehaltenen Robotdienste aber waren seither (1296) mit einem halben Vierdung Silber abgelöst worden. Dagegen bestand keine Verabredung über ein «Subsidium» an Stelle außerordentlicher Leistungen, wie wir es anderwärts trafen; vielmehr behielt sich das Stift in solchen Fällen eine besondere Besteuerung der Bauern sowie die Auflage von Fuhrdiensten vor. Natürlich fiel überdies auch die landesfürstliche Steuer oder Berna auf die Bauern.

Dreimal im Jahre hatte der Schulze mit seinen Schöffen, über deren Ernennungsart wir nirgends eine Andeutung finden, das ordentliche Gericht — *judicium generale* — zu halten. nach Michaeli, nach Weihnachten und nach Pfingsten. Nach jedem Gerichte konnte der Abt oder sein Stellvertreter eine Mahlzeit verlangen; zu den beiden ersten Terminen hatten sie die Bauern, zum letzten der Schulze anzurichten. Auch dafür wurde die Geldreluition angebahnt, indem der Abt sich vorbehielt, die Mahlzeit abzulehnen und dafür von jeder Hufe beziehungsweise vom Schulzen je zwei Denare zu erheben.

Die Tendenz zur Ablösung aller robotartigen Leistungen durch Geldzinse hat auf der Benedictinerherrschaft mit Erfolg fortgewährt: wir können das wenigstens aus Vertragsbestätigungen des 15. Jahrhunderts ersehen. So wurde bei der späteren Anlage von Kleinlabnei — na hoře Radimowě bei Dörrengrund — eine Robotleistung nicht mehr ausbedungen, dagegen der Geldzins mit zwei Schock jährlich neben je zwei Strich Korn und Hafer ansehnlich hochgestellt. In der nachmaligen Bestätigung wird das «freie Erbrecht und die Robotfreiheit dagegen ausdrücklich hervorgehoben.[1]

Der Einfluss der glatzischen und schlesischen Colonisation, unter dem die des Braunauer Ländchens steht, ist nicht zu verkennen. Ebenso sichtlich ist es aber auch, wie die Benedictiner nachmals von hier aus dieselbe Form mitten ins Land hinein übertrugen. Das Stift besaß jenseits von Königssaal zwischen Beraun und Moldau einen Wald namens Trnova und übergab denselben den Brüdern Peschel und Ulrich von Kosors zur Anlage eines Dorfes, auf das wie so oft der Namen des Waldes überging. Die Vertragsbedingungen sind des Vergleiches wegen erwähnenswert. Die Hufen enthalten 72

---

[1] Bestätigung Heinrichs von Münsterberg 1477; Archiv český VIII. p. 382.

Strich Prager Maß. Eine Hufe gehörte der Gemeinde als Viehweide und drei Ruthen (= ¹/₄ Hufe) als «drahy» (Viehweg, «Viebich»). Dieser Gemeindegrund bleibt zinsfrei, muss aber wie die anderen Dorfhuben mit einer Arra von zwei Schock Groschen erkauft werden. Nach sechs Freijahren leistet jede Hufe 1 Mark Silber, 2 Hühner und 3 Groschen als Hilfe für die Abtstáfel am Benedictifeste. Dagegen sollten sie — die Königssteuer allein ausgenommen — von allen anderen Leistungen frei sein. Eine Freihufe soll die Widmut der zu gründenden Kirche bilden, die überdies die dem Kloster zugestandenen Rauchpfennige — 6 Denare von jeder Hufe — erheben wird. Das Gericht soll den genannten Unternehmern erblich zustehen und mit 2¹/₂ Freihufen ausgestattet sein. Die Vorschriften für das Gericht sind genau dieselben wie im Braunauer Ländchen: dreimal und zu denselben Zeiten wir dort findet das «größere Gericht» statt, bei dem der Abt oder sein Vertreter anwesend sein kann.

An diesen Gerichtstagen ist derselbe mit einem Gefolge von 12 Rossen frei zu halten; sollte er es aber wünschen, so müsste statt dessen die ganze Gemeide im Kloster erscheinen. Bei diesen Gerichten wird auch über die sonst vorbehaltenen Verbrechen der Brandlegung, des Diebstahls, Mordes und der Nothzucht gerichtet, und auch von deren Ertrag — *únos* — erhält der Richter sein Drittel. Überdies gehören dem Richter die Erträge eines Schankhauses, eines Schlachthauses, einer Schuster- und Schneiderwerkstatt und einer Baderei. Ganz ausnahmsweise erhalten die Locatoren auch noch für ihre Lebenszeit Jagd, Vogelfang und Fischerei. Gleich den Schulzen im Braunauer Ländchen übernahmen sie eine Reisigenpflicht, indem sie verhalten sind, dem Abte jährlich auf drei Reisen, nämlich nach Politz, nach Raygern (Mähren) und Nezamyslitz oder Kosteletz ohne Anspruch auf Ersatz bei genommenem Schaden ein bewaffnetes Geleite zu stellen.[1]

Zugleich geht aus dieser Urkunde hervor, dass um dieselbe Zeit in geringer Entfernung auch der Wald Mořín, den die Kreuzherren erst im Jahre 1338 als solchen tauschweise erworben hatten,[2] in gleicher Weise gerodet und in die gleichnamige Ansiedlung verwandelt worden war, — ein Beweis, wie durch die Colonisationsformen im Grenzlande belebt auch mitten im Lande die Colonisation aus grüner Wurzel noch ihren Fortgang nahm.

Wie sich die bäuerliche Colonisation in den anschließenden von Ottokar II. organisierten Lehensgebieten ganz auf derselben

---

[1] Emler IV. (1342) p. 475 ff.
[2] Emler IV. p. 211, 230, 479.

Grundlage entwickelte, haben wir schon bei Betrachtung der damit organisch verbundenen städtischen Colonisation kennen gelernt. Auch wissen wir, wie das Lehensgebiet Hof—Trautenau bis über Hohenelbe hinausreichte, ohne dass wir seine nordwestliche Grenze genauer bestimmen könnten. Es scheint, dass die Pässe an der obern Iser gleich dem von Nachod den Besiedlungsverhältnissen nach sich trennend zwischen die Lehensgebiete mit ihrer deutschen Colonisation einschoben. Um so gewisser ist es, dass das Gebiet der Görlitzer Neiße, das durch den Einschnitt von Zittau heute in zwei Theile geschiedene sogenannte böhmische «Niederland» ein solches Lehensgebiet bildete und dass daselbst, wie die ganze Anlage der Dörfer heute noch zeigt, eine Colonisation ganz in den Formen derjenigen von Landskron, Glatz, Braunau, Trautenau stattfand, die von vereinzelten Ansiedlungen an den Waldstraßen in der Richtung auf Zittau, Gabel, Grottau u. s. w. zu abgesehen, den Stempel der Colonisation auf grüner Wurzel und in ihren Erbgerichten die Zeugnisse ihrer Zugehörigkeit zum meißnisch-schlesischen Colonisationssystem an sich trägt. Im östlichen Theile bildete Friedland, im westlichen die Herrschaft Tollenstein einen Mittelpunkt der Unternehmungen. Nach Neplachs Chronik hätte Ottokar II. den ersteren Theil der Familie derer von Duba abgenommen, so dass dann die als Lehensmannen an ihre Stelle getretenen Bibersteine als die Leiter der begonnenen Colonisationsunternehmung zu betrachten wären. Im westlichen Theile aber finden wir die Herren von Duba noch lange in gleicher Weise, aber auch als Vasallen des Königs thätig.[1])

Auch über das Erzgebirge reicht dieselbe Colonisationsform nach Böhmen herein; doch lag hier dem Gebirgsbau entsprechend der breitere Gürtel des Markwaldes auf der Meißner Seite. Für abgeschlossen hielt aber auch Karl IV. die Colonisation namentlich nördlich von Aussig, Brüx und Kaaden noch nicht; nur sollte der zu lichtende Waldgrund weiterhin nicht mehr der königlichen Kammer entzogen werden,[2]) d. h. die weitere Colonisation sollte wie in jenen Lehensgebieten zum Nutzen der Kammer durchgeführt werden.

Die Urkunden, welche uns über die durch diese Colonisation geschaffenen Organisationsformen stichprobenweise orientieren, verdanken wir der Cistercienserabtei Ossegg. Wenn noch irgend ein Zweifel über das Wesen der früheren heimischen Agrarverhältnisse und ihr Verhältnis zu denen, welche die Colonisation schuf, bestehen

---
[1]) Siehe Archiv český III. p. 560, 565.
[2]) Majestas Carol. L.XII.

könnte, so sind gerade diese Ossegger Urkunden geeignet, darüber ein entscheidendes Wort zu sprechen.

Der an die Klosteranlage anstoßende Grenzwald war allein dem Kloster zu späterer Verwertung vorbehalten.[1]) Dass aber in der Nähe schon vor Ankunft der Cistercienser, also wohl schon am Ausgange des 12. Jahrhunderte durch die Grundherren deutsche Colonisation ausgeführt worden war, beweisen die schon damals vorhandenen Namen der Dörfer Hain, Schönfeld, Friedbach (bei Saida in Sachsen) und Bruch, sowie die gleichzeitige Nennung von Hufen (*mansi*) neben den älteren Pflugmaßen (*araturae*).[2]) Auch das Dorf Liquitz (Libkowitz) war bereits eine deutsche Colonie, als es im Jahre 1240 von Ossegg angekauft wurde.[3]) Es ist dies aus der Anlage, der Bemessung der Leistungen und mehr noch aus den zwei Freihufen eines Suidger, die sich dabei befanden, erkennbar.

Neben solchen Dörfern erhielt das Stift zu seiner Ausstattung eine größere Anzahl alter slavischer Dörfer, in denen das System der Pflugmaße und der Herrschaftszehenten in Getreide, Wein und Käsen hervortritt.[4]) Die Anlage neuer Dörfer «im Walde jenseits des Klosters» sollte zunächst nicht vom Stifte selbst ausgehen, sondern der Gründer Slavko verpflichtete sich, die Rodungen auf seine Kosten vorzunehmen und den Ertrag der Neuanlagen dann mit dem Stifte halbweis zu theilen.[5]) Die Zeugnisse unmittelbarer Colonisation durch das Stift beginnen erst im 14. Jahrhunderte. Minichhof (Münchhof) am Hoblikberge unweit Laun scheint wenigstens zum Theil eine Neugründung des Stiftes zu sein, das in der Nähe seinen Regiehof Odolitz (Wodolitz) besaß.[6]) Das Stift übergab diesen dem Unterthanen Witko und seinen Genossen zu «deutschem Rechte» bis zum Ausmaße von 11 Hufen für 36 Schock Anzahlung und 9 Schock Jahreszins. Als Ablösung der «Privatsteuern», d. h. der vom Kloster zeitweilig nach Bedarf auferlegten, zahlte jede Hufe 8 Groschen jährlich, überdies aber noch die Königsberna. Als Frohndienst wurde ein zweitägiges Ackern beim Gutshofe Wodolitz verlangt; dafür sollten die Colonen «von anderen Arbeiten und vom Joche der Knechtschaft» gänzlich befreit sein.

Weit abseits vom Kloster — in der Gegend des Duppauer Gebirges an der oberen Eger — besaß das Stift einen Wald,

---

[1]) Erben I. (1203) p. 215.
[2]) Erben I. (1207) p. 230.
[3]) Erben I. p. 471.
[4]) Erben I. (1209) p. 237.
[5]) Ibid.
[6]) Emler IV. c. 1340.

Schemnitz genannt und daselbst einen Wirtschaftshof gleichen Namens mit dem angereihten Dorfe — das heutige Schömitz. Im Jahre 1326 beschloss das Stift,[1]) diesen Wald weiter ausroden und an seiner Stelle ein Dorf mit dem oft wiederkehrenden — gleich manchem ähnlichen auf die Anziehung der Colonisten berechneten — Namen Schönau neu anlegen zu lassen. Die Ausführung des Planes übergab es dem Wolflin, genannt Hartmannsgrün. Der Beinamen verräth wohl seine Herkunft aus dem an jenen Wald angeschmiegten Hartmannsgrün, das mit einigen nahen Grünen — Ranzengrün, Sachsengrün, Langgrün — auf die Herkunft dieser Colonisten im allgemeinen hinweist. Wolflin sollte in der uns bekannten Art das Erbrichteramt mit dem üblichen Bußendrittel erhalten, doch wird der beschränkte Erbgang desselben etwas näher bestimmt. Das Gericht sollte immer nur Eine Person besitzen, nach dem Vater der älteste Sohn, dem dann die Brüder nach dem Alter folgen sollten; aber an Neffen und fernere Verwandte sollte das Gericht nicht übergehen, vielmehr nach dem Ableben der erstgenannten Generationsfolge an das Kloster heimfallen. Wenn einer der Richter wegen eines Verbrechens verurtheilt würde oder das Gericht verließe, um einem anderen Herrn zu dienen, dann sollte das Gericht sofort auf den nächsten Anwärter übergehen. Der Gerichtsbrauch sollte derselbe sein wie in dem älteren Dorfe Schemnitz (Schömitz) und beide Dörfer sollten zusammen nur Einen Büttel (*praeco*) haben. Die Dorfgründe betrugen 15 Hufen nebst einer Freihufe für den Richter und entsprechenden Wiesen und Weiden. Freijahre wurden sieben gewährt. Der Jahreszins der Hufe sollte nur 4 Prager Groschen betragen; dafür aber hatte jede Hufe außer einem Huhn und einem «Herdnapf» Mohn, den Getreidezehent zu leisten. Dagegen war sie frei von jedem dem Wirtschaftshofe in Schömitz zu leistenden Frohndienste, und wenn sie sich zu einem solchen «auf Bitten» herbeiließe, so sollte das für ihre Freiheit» kein Präjudiz bilden. Das Erbrecht der Colonisten betreffend sollten Söhne und Töchter nach dem Heimgange der Eltern den gleichen Antheil erben, Neffen und Nichten aber, sowie andere Verwandte und Gemeindegenossen von jedem Erbschaftsantheile gänzlich ausgeschlossen sein.[2]) Die ungewöhnlich starke Betonung — «*strictius*» und *inhibentes*» — bezeichnet den Gegensatz der slavischen Erbschaftsauftheilungen in den Dorfgemeinden, die an die Accrescenz in der alten Hauscommunion anknüpfend zu jener wirt-

---

[1]) Emler III. p. 472 f.
[2]) Emler III. (1326) p. 472.

schaftlich nachtheiligen Flurvertheilung führten, die durch eine Commassation zu beseitigen einen der Zwecke der Umlegung čechischer Gemeinden nach «deutschem Rechte» bildete. Auf diesem Wege sehen wir auch genanntes Stift Ossegg vorwärtsschreiten, wobei die wiederholte Betonung des Gegensatzes des neuen Rechtes zum alten nicht auffallen kann.

Der erste uns bekannte Fall ist der von Putscherad (Potscherad) nördlich von Postelberg. Ohne dass es eines Unternehmers bedarf, wird der Bauerngrund in 19½ Hufen getheilt, und jede neue Hufe zahlt 4 Schock Anleite und — ohne Freijahre — 40 Groschen Jahreszins und führt im Kloster nebst einem Huhn und 30 Eiern vier Strich Getreide ab. Die Frohndienste, welche die Bauern dem Herrschaftshofe geleistet, bleiben in gemessener Weise aufrecht. Der vom Stifte auf unbestimmte Zeit — *ex nunc et ex tunc* — eingesetzte Richter hat das befestigte Vorwerk zu bewahren und erhält dafür ½ Hufe zur Nutznießung, für deren Zins aber die Bauern in der Weise aufkommen müssen, dass jede Dorfhufe einen Groschen jährlich zuzahlt; — also bezahlen hier eigentlich die Bauern ihren Richter.[1])

Das Bedürfnis der Umwandlung bestehender Dörfer in Anlagen zu Kaufrecht und Erbpacht scheint sich bei den ferner liegenden zuerst geltend gemacht zu haben. Das Dorf Černochow, an dessen Umwandlung im Jahre 1340 gegangen wurde[2]), liegt jenseits der Eger in der Budiner Gegend. Dasselbe umfasste 42 Hufen zu je 64 Strich Aussaat, und diese wurden gegen Einzahlung von je 6 Schock Anleite und einer Jahresleistung von 1 Schock Groschen, 3 Strich Hafer, 2 Schock Eier und 4 Hühnern an die bisherigen Inhaber zu «deutschem und erblichem Rechte» überlassen. Außerdem befanden sich in dem großen Dorfe zwanzig Hintersassen — ohne Ackerland — die jährlich je 4 Groschen und 2 Hühner zinsten und 5 Bauern, die noch ein besonderes Ackerland gegen einen Jahreszins von 2 Groschen innehatten. Die neuconstituierte Gemeinde erhielt das Weiderecht in den Wäldern bis Ječowitz, Perutz und Chrašti; nach diesen drei Richtungen hin wurde je ein Viehweg ausgesteckt und von der Herrschaft der Gemeinde abgetreten; die Wälder selbst aber dürfen nicht angegriffen werden. Auch in Bezug auf Steinbrüche und Lehmgruben wird genau vorgesehen. Das Gericht sowohl in Straf-, wie in Civilsachen wird grundsätzlich dem Stifte vorbehalten, und es sollte mit Ausschluss jedes anderen Rechtsschutzes die In-

---

[1]) Emler III. (1333) p. 812.
[2]) Emler IV. p. 331.

wohner nach den auf allen Gütern des Klosters üblichen Rechtsgrundsätzen richten. Einsetzung und Entschädigung des Richters bleibt dem Stifte freigestellt. Von dem sonst angetroffenen Richteramte erscheint hier aber ein wesentlicher Theil abgetrennt, indem das Stift zu seiner Vertretung einen eigenen Dienstmann im Dorfe mit 40 Strich Deputatgrund ansetzte. Ebenso wird ein Büttel (*praeco*) vom Kloster selbst angestellt; über beide als Klosterbeamte soll sich der jeweilige Richter keine Gewalt anmaßen. Dem Pfarrer wird zu seiner und eines Scolaren Erhaltung 1½ Freihufe eingeräumt nebst dem Zehent von je 1 Strich Korn, Weizen und Gerste von jeder Hufe und dem Genusse eines Hopfen- und eines Gemüsegartens. Die Hintersassen sollen sowohl dem Pfarrer wie dem Richter auf dessen Wunsch, aber gegen Entlohnung je einen Tag Lohnarbeit leisten; von einer Robotleistung der Bauern ist dagegen keine Rede mehr. Die wesentlichste durch die Anzahlung erkaufte Änderung in ihrer Stellung ist einerseits die Commassation ihrer Gründe und andererseits der erbliche Besitz derselben. Die Erbfolgevorschriften sind hier nicht wiederholt, aber als geltend vorauszusetzen.

Schwindschitz (Swinčice) liegt dem Kloster etwas näher, aber doch noch als Enclave entfernt genug im Mittelgebirge südlich von Bilin. Seine Bewohner erkauften im Jahre 1342 das «deutsche Erbrecht»[1]) gegenüber dem bisher besessenen «böhmischen» Rechte um 31½ Schock Gr. Angeld und die Verpflichtung zu einem Jahreszinse von 52 Gr., 2 Hühnern und 30 Eiern von jeder der 10½ Hufen. Außerdem verblieb ihnen das Weiderecht auf den Herrschaftsweiden, wie sich umgekehrt die Herrschaft ein schadenloses Weiderecht auf den Bauerngründen vorbehielt. Überdies verblieb in Schwindschitz ein Regiemeierhof und in dessen Nähe ein Wald.

In diesem Walde sollte im darauffolgenden Jahre[2]) ein neues Dorf mit dem Namen Noskow angelegt werden, und wir haben hiebei Gelegenheit, den Unterschied des Vorganges in beiden Fällen zu betrachten. In diesem Falle der Neuanlage tritt sofort wieder der Locator und Erbrichter in erster Reihe hervor. Als solcher erscheint Přibik von Krzemusch (bei Dux), der gegen eine Anzahlung von 12 Schock an das Stift vier Hufen zu je 60 Strich in jenem Walde zur Locirung übernimmt. Eine Hufe erhält er als erbliche Freihufe in Verbindung mit dem Gerichte, das ihm mit Ausnahme der vorbehaltenen Fälle das übliche Drittel der Bußen abwirft. Dafür muss aber Přibik ferner dem Abte wie dem Rector» des

---
[1]) Emler IV. p. 445.
[2]) Emler IV. 1343) p. 493.

Meierhofs in Swinčic mit Ross und Panzer in allen Bedarfsfällen dienen. Geht das Ross im Dienste ein, so erhält er die Hälfte ersetzt. Die einzelnen Hufen zinsen jährlich ³/₄ Schock Groschen, 1 Schock Eier, 2 Strich Korn, 2 Strich Gerste und 2 Hühner. Was die Königsberna betrifft, so unterscheidet das Stift wie in anderen Urkunden zwei Fälle. Gelingt es letzterem, mit den Einhebern über einen Pauschalbetrag einig zu werden, so steuert die Hufe je 17 Groschen bei; gelingt dem Stifte jenes nicht, so müssen auch die Bauern sehen, wie sie mit den Einnehmern zurechtkommen. Als Robot haben die Bauern zwei Ackertage dem Meierhofe zu Swinčic zu leisten. Das Gericht wird im Beisein des Erbrichters auf jenem Meierhofe abgehalten. Das Dörfchen konnte nur aus drei Hufen bestehen; heute ist keine Spur davon vorhanden.

Gleichzeitig[1]) erfuhr das südlicher davon gelegene Dorf Wodolitz die mehr genannte Umwandlung. Hier bedurfte es wieder keines Locators und die Anleite zahlten die Bauern unmittelbar. Neben dem Zins von ¹/₂ Schock und Getreideschüttung blieben bedeutendere Dienstleistungen bestehen: 3 Ackertage, 3 Schnittage außer der Stellung von 3 Vorarbeitern — *messores generales, qui dicuntur shonici* — Unterstützung der Gastfreundschaftsleistungen des Hofes (Brennholzbeischaffung etc.), die Schafe zweimal des Jahres waschen und scheren. Das sehr regelmäßig angelegte Dorf war von altersher mit einem Graben umgeben; nun sollten sich die Bauernhöfe auch über diesen Graben hinaus erstrecken dürfen. Jeder Besitzer einer Hufe sollte das Recht haben, sich als «*Hegweide*», čechisch *zátka*, einen Grund von 3 Strich Aussaat auszuscheiden, in den die Schafhirten nicht eindringen durften. Die Hintersassen hatten die Pflicht, die Zinseier der Bauern ins Kloster zu tragen.

In ähnlicher Weise fand zu gleicher Zeit die Umgestaltung der Dörfer Sallesel, Wysočan (Wischezahn) und Lažany (Loosau bei Skyrl) statt.[2]) Die Anleite wird hier bezeichnet als *inductionale nomine proprietatis et hereditariae possessionis* — als Einkauf in Eigen und erblichen Besitz, der also bis dahin als nicht vorhanden betrachtet wurde. Neu erscheint uns nur die ausbedungene Auflage eines kirchlichen «Offertoriums» von 30 Denaren für jede Hufe. Eine Hube in Wysočan wurde unter Robotarbeiter — *robotarii* — ausgetheilt, um so für den Entgang an Robotleistungen seitens der Bauern einen verlässlichen Ersatz zu schaffen.[3])

---

[1]) Emler IV. (1343) p. 494.
[2]) Emler IV. (1343) p. 507 und 516 f.
[3]) Emler IV. (1343) p. 531.

Von der Colonisation im westlichen Theile der Erzgebirgsgegend haben wir schon bei Gelegenheit der Städtegründungen gehört; andere stehen in Beziehungen zu den Lehensverbänden Elbogen und Eger. Dass auch die Vorfahren der Riesenburge weiter im Westen schon vor der Errichtung des Stiftes colonisatorisch thätig waren, bezeugen die schon im Jahre 1207 erwähnten Gründungen von Slawkoswerder (Schlaggenwert) und Pasengrüne.

Dass zuerst die Colonisation aus grüner Wurzel über die Grenze hereindringen musste, ehe der Anlass gegeben war, ihre Formen mitten im Lande nachzuahmen und bestehende Agrarverhältnisse danach umzuformen, spricht für sich selbst. Beiderlei Thätigkeit hatte eine rein wirtschaftliche Grundlage, und wenn sich die Ordensgesellschaften mit der einen oder andern Form befassten, so thaten sie das als Grundherren ohne jede Nebenabsicht. Wenn aber einem einzelnen Orden der Zeit nach ein gewisser Vorsprung eingeräumt werden müsste, so dürfte für Böhmen am ehesten der Malthesorden einen Anspruch dieser Art erheben können, indem sich dieser schon 1204 vom Markgrafen Wladislaw für Mähren das Recht erwirkte, auf allen seinen Besitzungen fremde Colonisten einzuführen und nach deutschem Rechte anzusiedeln.[1] Aber die erste und älteste Colonisation war auch das nicht, denn eben jenes Privileg spricht ja schon von den Deutschen, welche unter gesicherter Freiheit und mit unverletzbaren Rechten im Lande säßen.

Während die Colonisation aus grüner Wurzel sowie der Zuzug deutscher Colonisten in erweiterungsfähige slavische Ansiedlungen zwar ohne einen bestimmten Zeitabschluss zu erreichen, doch vorzugsweise im 13. Jahrhunderte im Schwunge war, blühte im 14. Jahrhunderte das Eindringen der neuen Organisationsformen in die slavischen Dörfer des Binnenlandes. An dieser Übertragung betheiligten sich alle Categorien des Großgrundbesitzes, die königliche Kammer, die Stifte und Orden und die Laien. Auf Beispiele dieses Vorganges sind wir schon wiederholt im Vorangegangenen gestoßen; es sollen noch einige angeführt werden, um die Organisationsformen, die so geschaffen wurden, in ihrer Mannigfaltigkeit kennen und den Umfang, den diese Bewegung nahm, wenigstens annäherungsweise schätzen zu lernen, wenn es schon kaum je möglich sein dürfte, ihr in erschöpfender Darstellung zu folgen.

Eine Location des Königs Johann zeichnet sich durch besonderen Reichthum aus. Johann[2] verleiht dem Přibislaw Scheder das

---

[1] Erben I. p. 221.
[2] Emler IV. (1325) p. 791.

schon bestehende Dorf Řevničow mit 48 Hufen zu je 90 Strich Aussaat zu «Burgrecht» und zur Besetzung desselben theils mit den vorhandenen, theils mit heranzuziehenden Bauern. Vom Grunde sollten nicht weniger als 8 Hufen zinsfrei bleiben, 3 derselben dem Unternehmer als Richter, 2 dem Pfarrer und 3 der Gemeinde als Hutweide gehören. Nach 12 Freijahren sollen die restlichen 40 Hufen eine Mark Silber (zu 56 Groschen) Jahreszins, 6 Strich Korn, 8 Strich Hafer und 8 Hühner leisten. Zur Richterei gehört außer den drei Freihufen eine Schänke, eine Bäckerei und Fleischerei, eine Baderei und Mühle, dann ein Garten von 6 Strich Ausmaß und eine Wiese von gleicher Größe, überdies natürlich das Drittel der Bußen. Da von einer Anzahlung nicht die Rede ist, könnte es scheinen, dass es sich hier wohl mehr um ein Geschenk oder eine Art Wucherzins handelte.

Doch deutet eine Urkunde gleichen Stils, abgesehen von ihrer Versicherung, dass es sich bei der Vornahme der Maßregel um die Förderung des Staatsinteresses handle, auf ein in Gang gekommenes System. Wo das unter gleichen Bedingungen durch Vermittlung eines Chwal und seines Sohnes Dietrich colonisierte Domaschicz (sic) zu suchen ist, wird durch die Hinweisung auf die Rechtsgleichheit mit Netschetin (Nezzeting) zweifelhaft.[1]) In ähnlicher Weise hatte Johann schon 1323 dem Kuttenberger Bürger Sudelmann[2]) die Dörfer Velim und Kbel nach deutschem Rechte übergeben. Auch hier fällt die Opulenz der Ausstattung des Erbrichters mit 5 Freihufen auf. Mit zwei Mark Jahreszins sollten sich die Bauern von allen anderen Lasten freigekauft haben.

Einen nicht unähnlichen Beweggrund hatte König Johann, als er[3]) im Jahre 1334 durch seinen Sohn Karl das zur Herrschaft Protivin gehörige Dorf Milenovič sammt den Gründen des dortigen Meierhofes, die das Ausmaß der alten Rustikalgründe um das doppelte überstiegen, den Ansiedlern ohne Vermittlung eines Locators emphiteutisch überließ, so dass jene fortan von jeder der 12 Hufen ihre fernere Jahresschuldigkeit mit 48 Groschen Zins, 4 Strich Korn, 4 Strich Hafer und je 1 Strich Weizen und Gerste abstatteten. Dazu aber musste jeder Bauer seine Einkaufssumme von je 18 Schock (!) selbst leisten, die dem Oberstkämmerer Peter von Rosenberg als Gläubiger des Königs angewiesen wurden. Hier

---

[1]) Emler III. (1325) p. 447.
[2]) Emler III. p. 353.
[3]) Emler IV. (1334) p. 37.

stellt die Anleite in der That eine für jene Zeit recht angemessene Kaufssumme dar. Die Urkunde erwähnt noch umliegende Orte mit gleicher Einrichtung.

Wie gerade die königlichen Städte und ihre Bürger mit derartigen Geschäften sich vielfach befassen, haben wir schon, wenn auch nicht erschöpfend angeführt; erscheinen letztere aber zumeist in der Rolle der Locatoren, so kam doch auch der Fall vor, dass sie als Grundherren ihre Dörfer in Burgrechtsdörfer verwandelten. Der Prager Bürger Dietrich, ein Sohn Wolflins war Besitzer der Dörfer Zlatnik mit Veste, Branik und Hodkowitz bei Prag, die er im Jahre 1314 durch die Vermittlung des Richters Otto in Burgrechtsdörfer umwandelte.[1]) Sie hielten zusammen 32½ Hufen zu 60 Strich, und Dietrich erhielt für jede Hufe in einigen Terminen 8 Schock Einkaufsgeld, und — ohne Freifrist — einen Jahreszins von 2 Mark; dagegen ist weder von Getreidelieferungen noch Frohnarbeiten die Rede. Nur der Pfarrer von Zlatnik hatte als Zehent von jeder Hufe je einen Strich Korn und Gerste zu erheben. Otto erhielt als Erbrichter eine Freihufe mit dem Schankrechte und das Drittel der Gerichtsbußen, mit Ausnahme von Brandlegung, Nothzucht und Mord, worüber sich Dietrich Gericht und Bußen selbst vorbehielt. Als Kaufpreis für die Veste in Zlatnik zahlte Otto 20 Mark zu; doch behielt sich Dietrich für sich und seine Familie das Recht des Unterstandes daselbst vor. Der Verkauf der Güter stand dem Richter wie den Bauern frei, sofern der Käufer dem Grundherrn zusagte.

Der Prager Bürger Seibot von Beneschau gab das nahe Dorf Počernitz[2]) im Jahre 1322 an die Unterthanen desselben zu deutschem Rechte gegen eine Anleite von 8 Schock von jeder Hufe und gegen 1½ Mark Jahreszins und führte den Gebrauch des Prager Rechtes daselbst ein.

Auch das Bisthum hatte in einzelnen Fällen dem Zuge der Zeit nachgegeben. In Bylany auf der Böhmisch-Broder Herrschaft lebte zur Zeit des ersten Erzbischofs ein Erbrichter, der sein Amt schon von seinem Vorfahren geerbt hatte.[3]) Er besaß zwei Freihufen, ein Schankrecht, einen Mühlenantheil und die Bußgelder mit Ausnahme derer von den vorbehaltenen Fällen und diente dafür der Herrschaft mit Ross und Armbrust. Ein anderes Dorf gleichen

---

[1]) Emler III. p. 76.
[2]) Emler III. p. 308.
[3]) Emler IV. (1344) p. 601.

Namens war schon im Jahre 1276 vom Kloster Sedletz zu Erbrecht ausgesetzt worden.[1])

Das Domstift Wyschehrad haben wir schon auf seinen entfernteren Besitzungen in gleicher Thätigkeit angetroffen. Es übte sie auch noch anderwärts, wie es scheint ziemlich planmäßig. Probst Johann locierte im Jahre 1320 sein Präbendendorf Hostin[2]) mit 18 Hufen an die bisherigen Nutznießer — *cultores* — und ihre Erben und Nachfolger gegen eine Anzahlung von 5 Schock von jeder Hufe als «*laudemium*» zu emphiteutischem Rechte in der ausgesprochenen Absicht, den zweifelhaften und schwankenden Zustand der Präbende in einen gewissen und festen zu verwandeln. Die weitere Belastung beschränkte sich auf einen Jahreszins von 1½ Mark und 6 Hühnern; dagegen behielt sich die Herrschaft das Gericht und «alle übrigen Rechte» selbst vor. Johanns Nachfolger, Probst Berthold von Lipa war wiederum geneigt, den Bestand seiner Pfründe aber, wie er sagt, auch den der Bauern daselbst zu verbessern und ließ zu diesem Behufe die Gründe neu vermessen, «zu dem Zwecke nämlich, damit, wenn etwas zu jenen 18 Hufen fehlen sollte, jedem Einzelnen der Zins um den entsprechenden Betrag herabgesetzt werden könnte».[3]) Aber siehe da — es fanden sich zwei Hufen mehr und der Zins des Dorfes wurde entsprechend erhöht!

Das Wohl der Unterthanen stand überhaupt keineswegs immer in erster Reihe. Die Dörfer Čakowitz und Bašť gehörten der Stiftung der Boninfanten des Wyschehrad. Als der Domdechant für diese Stiftung einen Aufwand von 60 Schock gemacht hatte, den er nicht zu decken wusste, schloss das Capitel mit Nikolaus Pičko von Bašť den erblichen Locationsvertrag, wornach dieser jene 60 Schock als Anleite auszahlte und sich zu einem ferneren Jahreszinse von 32 Schock verpflichtete. Wie er das auf die Bauern auftheilte und wieder hereinbrachte, darum kümmerte sich das Capitel nicht weiter.[4]) Dem Eigennützigen solchen Vorganges steht die Thatsache gegenüber, dass sich damals bereits immer Leute fanden, die bereit waren, für Erlangung eines Erbeigens am Grunde größere Opfer zu tragen; die Beispiele haben zu ziehen begonnen. Freilich wissen wir wieder nicht, wie oft das vielleicht nur unter dem Drucke der Erwägung geschah, dass die sich weigernden heimischen Bauern durch zugezogene ersetzt worden wären.

---

[1]) Emler IV. p. 374.
[2]) Emler III. p. 260.
[3]) Emler IV. (1337) p. 176.
[4]) Emler III. (1323) p. 333.

Derselbe Domdechant Dřislaw versetzte ohne jede Vermittlung seine zwei Unterthanen in Wršowic und 13 solche in Nusle für einen Jahreszins von zusammen 15 Schock in das Burgrechtsverhältnis. Eine Vermessung und Commassation scheint hiebei nicht stattgefunden zu haben; es behielt vielmehr jeder Unterthan außer seiner Hofstätte auch seine Garten- und Feldgründe. Von der Ernterobot löste er sich mit jährlich 2 Groschen und 3 Hühnern. Damit kaufte er sich auch von allen anderen «Exactionen und Subsidien» völlig frei, nur war ihm die Entsagung auferlegt, im Botičbache nicht zu fischen.[1]) Die Locierung eines Theiles des Dorfes Čečowic durch den betreffenden Präbendisten von Wyschehrad[2]) wird dadurch interessant, dass es neben 5 Unterthanen jenes Dorfes auch zwei Prager Bürger, Konrad Hiltprecht und der Fuhrmann Götzlin Schotner waren, die sich bereit fanden, die Grundstücke unter den neuen Bedingungen eines Jahreszinses von zusammen 12 Mark zu übernehmen. Dieser Pachtschilling betrug 5 Mark mehr als der frühere Ertrag des Gutes, und dass dabei beide Parteien auf ihre Rechnung kamen, lag wohl daran, dass der Canonicus keinen Regiehof in der Nähe besaß, auf dem er die Robotdienste der alten Unterthanen hätten ausnützen können.

Einen Besitz in der Saazer Gegend, je einige Hufen, zusammen 22 zu je 64 Strich in den Dörfern Miecholup, Sirbitz, Groß- und Klein-Holetitz, Ploscha und Korček (?) gab ein anderer Canonicus von Wyschehrad dem Albert genannt Krir wieder in der Weise, dass ein Erbgericht daraus entstand, das sich über Theile mehrerer Dörfer erstreckte. Albert zahlte eine Anleite von 6 Schock für jede Hufe, behielt sich 1½ Hufen zinsfrei vor und versprach 5 Vierdung (zu 17 Groschen) Jahreszins gegen völlige Befreiung von allen sonstigen Diensten und Lasten. Es war dann natürlich seine Sache, die alten Nutznießer gegen Übernahme der entfallenden Leistung zu belassen oder neue einzuführen.[3])

Etwas besonderer Art ist der Erbpachtvertrag, den 1343 Probst Berthold von Lipa[4]) mit dem Canonicus Witko abschloss, der hier als Locator auftrat. Das Dörflein Štědřik, das vordem nur 5 Vierdunge (zu 16 Groschen) Ertrag geliefert, war von Bebauern verlassen und so ein Raub der Nachbarn geworden, die sich die leer stehenden Gründe zueigneten. Indem ein Witko das Dorf zu

[1]) Emler III. (1323) p. 343.
[2]) Emler III. (1325) p. 401.
[3]) Emler III. (1332) p. 701.
[4]) Emler IV. p. 501 f.

Burgrecht übernahm, umgieng er die Leistung einer Anleite, indem er ein Äquivalent derselben dem Jahreszinse zuschlug, so dass letzterer ein für immer 6 Vierdung betragen sollte.

Kloster Ostrov war im Tauschwege in den Besitz eines abgerundeten Herrschaftsgebietes im Prachiner Kreise — zwischen Březnitz und Milin — gelangt und richtete sich daselbst im Jahre 1331 das Städtchen Tochowitz[1]) — heute nur ein Dorf — mit den nahen Dörfern Hořian, Altwasser, Kletitz, Hořčapsko und Litowitz unter Vermittlung des Erbrichters Buzko und mit Hilfe der alten Inwohner, so viele daselbst verbleiben wollten, emphiteutisch ein, indem er als Einkaufssumme von jeder Hufe von Tochowitz, Altwasser und Hořčapsko 4, von Hořian und Kletitz 2 Schock, von Litowitz aber nichts verlangte. Dafür waren die Leistungen auf je ein Schock Jahreszins von der Hufe beschränkt abgesehen von der Berna und besonderen Subsidien. In ersterer Hinsicht sollte der Bauer an dem Vortheile der Pauschalierung participieren, wenn eine solche dem Kloster gelang.

Es scheint, dass gerade um diese Zeit die Umwandlung der alten Besitzungen der «todten Hand» durch das «Burgrecht» in Rentengüter ganz allgemein in Schwung kam, wobei der Anleiteerlös die Schulden decken sollte, welche die Klöster zum großen Theil infolge der großen Anforderungen König Johanns an seine Kammer, zu der sie doch immer noch zählten, gemacht hatten. Darum ertheilte ihnen wohl Johann selbst zu dieser Art «Verkauf» ihrer Gründe jene Generalvollmacht, die uns nur in ihrer Ausfertigung für Doxan und die Kreuzherren erhalten ist.[2]) Wir müssen daher auch annehmen, dass die uns zufällig erhaltenen Urkunden den Umfang jener großen Bewegung nur zum geringsten Theile andeuten. Das Kloster Sazawa betheiligte sich noch spät daran durch die Aussetzung des Dorfes Hostiwař unter einem Erbrichter[3]). um jene Zeit auch das Stift St. Georg durch die Aussetzung der Dörfer Upohlaw und Ujezdec (Aujezd bis Pičkowitz), nachdem schon vorher Třebautitz und das jetzt verschwundene Dorf Pirnai bei Leitmeritz ebenso umgewandelt worden waren.[4]) Das interessante Motiv, welches im letzteren Falle angegeben wird, zeigt, wie die Bewegung dieser Umwandlungen schon so mächtig geworden war, dass sie die Grundherren gleichsam auch widerwillig mit fortriss, denn es heißt, das

---

[1]) Emler III. p. 674 f.
[2]) Emler IV. (1339) p. 252; (1341) p. 362 f.
[3]) Borowý, L. E. (1362) p. 36.
[4]) Borowý l. c. (1304) p. 48; (1305) p. 55.

Stift willige deshalb in die Anlage, weil die Gefahr vorhanden ist, dass die Bewohner von Ujezdec, welche bisher seit Urzeiten zu «böhmischem» Rechte auf dem Grunde saßen, «sich nun das Eigenthumsrecht an demselben auch ohne Entgelt anmaßen könnten». So wirkte das Beispiel der Umgebung. Zum erstenmale tritt hier auch das nachmals verhängsnisvoll gewordene Wort auf, das diejenigen Bauern, welche sich rechtlich und ehrlich ihren Grund eingekauft hatten, als die privilegierten bezeichnet.

Indes nahmen auch die Laienbesitzer an der Bewegung theil, wenn sie nicht vielleicht sogar auch in Bezug auf die Umgestaltung der alten Dörfer einen Schritt voraus waren. Wir wollen noch einige Beispiele hiefür anschließen, wie sie der Zufall uns erhalten hat.

Die vordem waldbedeckte Gegend an der Beraun und dem Lodenitzbache haben wir schon mehrfach als Gebiet verhältnismäßig später Colonisation erwähnen müssen. Am letztgenannten Bache, nahe bei dem Pfarrdorfe Lodenitz, liegt das böhmische Dörfchen Chrustenitz, nach dessen Besitze sich 1320 ein Přibik nannte, der an dieser Colonisation einen nicht unbedeutenden Antheil genommen zu haben scheint. Er legte — so nahe bei Lodenitz, dass er es dahin einpfarren konnte — ein Dorf nach deutschem Rechte an, das er Březowa — Birkicht — nannte. Der Name aber hat sich nicht erhalten und wir vermuthen, dass er von dem Gemeinnamen Lhota verdrängt wurde. Wir dürften nicht irren, wenn wir in dem Locator und Erbrichter Heinrich einen Bürger der Stadt Beraun vermuthen, der mit seinen Leuten, «die er hier lociert hat», erst das betreffende Birkicht gerodet hatte; dafür sprechen die 12 Freijahre. Jede Hufe, zu 60 Strich vermessen, leistet einen Jahreszins von 42 Groschen, 4 Groschen Beischuss für Kriegsrüstungen, 4 Hühner und stellt jährlich zwei Schnitter. Der Richter soll «mit seinen Schöffen» alle Rechte genießen, wie der im benachbarten Dorfe Wráž, und wenn dort das Recht nicht zu finden wäre, es in Beraun suchen. Nach Ablauf der Freijahre entrichtet ferner jede Hufe dem Pfarrer von Lodenitz zwei Strich Getreide als Kirchenzehent.[1]) Nach dem Vorangehenden muss also auch Wráž für eine Colonie gleicher Art gehalten werden.

Auf der anderen Seite des Waldes entstand Bubowitz in gleicher Weise und erst später öffnete sich durch die Anlage von Mořin der Wald auch nach der Beraun zu. Heinrich von Malowar ließ den Ansiedlern von Bubowitz 6 Freijahre und verlangte

---
[1]) Emler III. (1320) p. 264.

von da ab 72 Groschen von jeder der 9½ Hufen. Dafür sollen sie von aller Robot und Schatzung und selbst von den Kriegssubsidien und anderen Sammlungen gänzlich befreit sein. Die Einführung der Colonisten haben drei Brüder von Bělčic besorgt, die dafür die Erbrichterei mit einer Freihufe, Taberne, Schmiede, Schöffenbank und allen Hintersassen sowie die niedere Jagd zugewiesen erhalten. Maßgebend ist das Recht der Stadt Beraun, und das Gericht soll sich in Bemessung der Bußen nach der Übung in Wráž halten.[1])

Wir können nicht beurtheilen, ob es gerade der Zufall der Urkundenerhaltung ist, oder ob in der That gerade die großen Waldgebiete südlich von Prag diese Art Nachcolonisation besonders anzogen. So «locierte» nach «deutschem Rechte» ein Stephan von Tetin, der auf einem neuerlich entstandenen Schlosse dieses Namens wohnte, eine Reihe von Ortschaften im Waldgebiete jenseits des Hřebeny-Gebirges in ein und demselben Jahre[2]): den Markt Dušnik bei Příbram mit 10, Dubenec mit 9, etwas nördlicher das an deutsche Anlagen erinnernde Rosowitz (Rosejowice) mit 26 Hufen (zu 64 Strich), weiterhin Dobříš mit 12 und Rain mit 7½, südlich von diesem Lipšic mit 10 und nördlich — unweit Mníšek — Kytin mit 8 Hufen. Da von Freijahren keine Rede ist, wohl aber von einer Anzahlung — 2 bis 4 Schock von der Hufe — so ist die Übernahme der Gründe seitens der bisherigen Nutznießer anzunehmen, wie sie auch die Urkunde selbst andeutet. Durchschnittsleistung ist 3 Vierdung Zins, 8 Hühner und 8 Groschen Kriegssubvention; Robotpflicht bleibt das Schneiden von je 12 Mandeln Getreide und zwei Tage Heumahd. Das Gericht behält sich der Grundherr selbst vor, doch verspricht er alles nach dem Rechte der Stadt Beraun zu richten.

Westlich der Hřebeny haben wir bereits die Prager Burggrafen mit der Einführung des «deutschen Rechtes» befasst angetroffen. Eine Urkunde von 1324 bezeugt uns,[3]) dass auch Lochowitz und Žebrák bereits mit deutschem Rechte ausgestattet sind, indem sie das zu gleichem Rechte ausgesetzte Lounin (? Mluniw) dahinweist. Man wird aber auch Littau in derselben Gegend heranziehen müssen, dessen Herr das genannte Dorf, wie man nach der Einführung eines Erbrichters urtheilen darf, neu gründete. Zu den gewöhnlichen Verpflichtungen der Colonen tritt auch die Beisteuer von 8 Groschen, so

---

[1]) Emler III. (1333) p. 774 f.
[2]) Emler III. (1321) p. 290 f.
[3]) Emler III. p. 380.

oft der Grundherr einen Sohn oder eine Tochter ausheiraten, und jährlich einmal eine Mahlzeit, wenn er das Dorf besuchen würde.

Trotz großer Mannigfaltigkeit hat sich doch immer wieder in größerem Bereiche ein gewisses Gleichmaß der Bedingungen herausgebildet. Abgesehen von dem Erbzins und den zugehörigen Leistungen die den schuldig gebliebenen Theil der Kaufsumme verzinsen sollten und von der auf den Bauer allein gelegten Königssteuer tritt fast überall noch eine Abfindung für den Nachlass der Beihilfe zum Kriegsdienste bezw. eine Beisteuer zur Kriegsrüstung der Grundherren hinzu, obgleich die Steuerfreiheit der letzteren gerade damit motivirt wird, dass ihnen allein dafür jene Wehrpflicht obgelegen habe. In den meisten Fällen wird dieses «Subsidium» nur dann in Anspruch genommen, wenn der Kriegsfall thatsächlich eintritt, im anderen Falle das schon entrichtete von dem nächstfälligen Zinse in Abschlag gebracht.[1]) Doch muss constatirt werden, dass auch entgegengesetzter Weise einzelne Herrschaften den Bauer verpflichteten, jenes Subsidium — in der Regel von 6 bis 8 Groschen — Jahr für Jahr auch dann zu entrichten, wenn ein Kriegsfall überhaupt nicht in Aussicht stand[2]).

---

[1]) Vergl. Emler III. (1327) p. 516.
[2]) Siehe Emler III. (1320) p. 266.

Register.

(Die Ziffern bezeichnen die Seitenzahl).

Aachen 278.
Aberschlag 381.
Abertham 224.
Ablass 61, 117.
Ablassystem 118.
Abtsdorf 254.
Adalbert 10, 14, 17, 25 ff., 27, 30, 39, 89, 90.
Adam 171.
Adamstadt 243.
Adel 364.
Adelsbund 219.
Adelsstädte 330 ff.
Adler 251, 317.
Adlergebirge 254, 258, 400.
Adlergegend 250.
Adloth 199 f.
Adolf von Freiberg 176.
advocatia 60, 93, siehe auch Vogtei.
advocatus 175, s. auch Vogt.
Aegidius von Schwabenitz 263.
Affiliierte 78.
Afra 78.
Agnes Äbtissin 83, 88.
Agneskloster 85, 145.
Agrargeschäfte 179, 213, 241.
Ahorn (Mohren) 262.
Aicha, Böhm.- 77.
Aichstedt 278.
Alaert 194, 230.
Albendorf 264.
Alber, Richter 264.
Albero Canonicus 117.
Albert 223.
Albert Habranc 189.
Albert Lacher 200.
Albert, Richter 340.

Albrecht I. 147, 165, 204, 283.
Alexander III. 15.
Alfart 194.
allodium 386.
Alta Muta 156, siehe Hohenmauth.
Altaich 30.
Altaristen 36.
Altbudweis 242.
Altbydžow 309
Altenberg 176.
Altenbuch 261.
Altenburg 262, 278.
Alten-Zell 65, 185.
Althütten 233.
Altiglau 390.
Altkolin 192 f., 195.
Altköln 141.
Altpilsen 169, 236.
Altpisek 239.
Altstadt 263.
Altthein (Teins, Tynec) 183.
Amonsgrün 61.
Am Sande 128.
Andernach 194, 278.
Angabe 126, s. Anleite.
Angel Fluß 235.
Anger 233.
Andreas 171.
Andreas St. 129.
Andreas Bischof 110, 113, 116.
Andreas gen. Geschrei 194.
animatores 14. 92.
Anleite 160, 178, 191, 209, 306, 319, 352, 386, siehe Arra.
Anna St. 95.

Anniversarien 35, 41, 299.
annotales 402.
Ansbach 278.
Anselm 176.
Anton 176.
Antusch 194.
Apecco 265.
Apollinar St. 42, 91.
Apostolorum Porta 50.
Aratura 234, 320, 354, 368, 374, 386, 406, s. Pflugmaß.
Area 126, 356, s. Hofreite.
Argentaria 268.
Armigeri 185, 319.
Arn, Arno 266.
Arnau 170, 261 ff., 266, 317.
Arnold 194.
Arnold von Leipa 184, 324, 347.
Arusdorf 263, 266.
Arra, Arrha 160, 191, 355, siehe auch Anleite und podacz.
Artholz 371.
Arvo 221.
Asch 351.
Askese 84.
Asylrecht 158.
Atschau 222.
Atzler 235.
Aubach 67, 222.
Auern 373.
Augsburg 146, 278.
Augustin St. 78.
Augustiner 197.
Augustiner Chorherren 88 f., 91.
Agustiner Eremiten 88.

Auherzeu 55, 62.
Auholitz 130.
Aujezd (oujezd, Ujezd), Groß- 183, 416.
Aujezd bei Prag 66, 206, 208.
Aulehle 241.
Aunčtitz 33 f.
Aunic 332.
Aupa 44, 262 f., 317.
Aupagau 261 ff.
Auřinowes 79.
Außergefild 236.
Aussig (Usk, Usti) 40, 51, 77, 80, 83, 85, 168 f., 177 f., 186 ff., 188 f., 348, 405, 176.
Aussig, Adalbertskirche 186.
Aussig, Burgstadtl 186.
Aussig, Castrum 186.
Aussig, Kirche 187.
Aussig, Stadtplatz 186.
Aussig, Ummauerung 186.
Avignon 87.

Babakow 394.
Babin 331.
Babina 80.
Bačkow 49.
Bärentanz 233.
Baiern 9, 132, 146, 383.
Baireut 278.
Ballei 79.
Balwin 207.
Bamberg 278, 369.
Bannforst 221, 225, 275, 316.
Bannmeile 219, 223, 244, siehe Meilenrecht.
Barau, (Bawarow) 35, 331, 333, s. Bawarow.
Barcheu 223.
Bartelsdorf 218.
Bartholomäus 176.
Bartlin 172.
Barzdorf 401.
Basel 278.
Basilkow 237.
Bašč 414.
Baueru deutsche 365.
Bauernnamen 267.

Bauernstand 121.
Bauernzins 92, 360.
Bauschowitz 55, 176 f.
Bautzen 176, 183, 261, 298.
Bawarow 35, 331.
Bawar von Strakonitz 331, 333.
Baworine 237.
Běchowitz 236.
Befestigungskosten 167.
Begräbnisse 26.
Beherbergung 133, 171.
Beichtstuhl 66.
Beichthören der Mönche 66.
Běla 342.
Běla bei Deutschbrod 338 f.
Bělebach 381.
Bělčic 418.
Bělohrad 329.
Benedict 13, 80.
Benedict XII, Pabst 86.
Benedictiner 30, 58, 62, 75, 90, 14, 33, 46, 42 ff. 145, 321.
Benigna St. 88.
Benowitz 235.
Bensen 188, 348.
Benetictinerinnen 51, 13.
Beneš 197.
Beneschau 147, 335, 352.
Beneschauer 228.
Běnow 235.
Beraun 312, 169, 238 ff., 235 f., 31, 231, 237 ff., 71 f., 417.
Berauner Recht 238.
Berchthold, Richter 208, 220.
Berchtholdsdorf 69, 255.
Berengar, Bischof 46.
Bergau und Seeberg, von 350.
Bergbau 243, 338 f., 341 f., 390.
Bergleute 159.
Bergrecht 270, 339.
Bergreichenstein 276.
Bergschöffen 390.
Bergstädte 170.
Bergwerk 271.
Bergwerkmeister 270.

Berlin 141.
Berna 286 f., 289, 220, 118, 108 f., 60.
Bernardice 61.
Bernartitz 240.
Berngar 221.
Bernsdorf 264.
Bernhard, Legat 117.
Bernhard, Probst 72.
Bernhard St. 62.
Bernhardts 371.
Bernschlag 371.
Bero 211.
Bero, Richter 210.
Berthold 194, 200.
Berthold, Locator 401.
Bertholdsdorf 401.
Berthold von Leipa, Probst 414.
Berwin 235.
Bescherer 194.
Besteuerung der Stifte 117.
Besteuerung des Volkes 20.
Bettelmönche 83, 87 ff., 118.
Bettelmönchskrieg 88.
Bětka 173.
Bettlern (Žebrák, s. d.) 226, 231, 237, 312.
Beweisverfahren 134.
Bezděcow 236.
Bezděz s. Bösig.
Bibersteine 405.
Bičkowice (Pitschkowitz) 80.
Biela 186 f.
Bierbrauer 27 f.
Bierverkauf 196.
Bilin 170, 216, 210, 94, 350.
Bilin, Gauburg 14.
Biliner Grenzsteig 67.
Billungsdorf 262.
Binai (Zbiny) 304.
Binnof 235.
Birkner 274.
Birkenstein (Perstejnec) 274.
Bischof 18, 22, 102, 220, 71.
Bischof, Bürger 202.
Bischofřečic 20.
Bischofsbestellung 114.
Bischofsernennung 116.

Bischofsland 107.
Bischofspfennig 24.
Bischofssteuer 20.
Bischof von Prag 106, 173.
Bischofswahl 19, 114 f.
Bischofszehent 20 f., 14, 110.
Bischofsteinitz 20, 62, 235, 320.
Biskupic 202.
Bisthum 19 f. 9, 318, 413.
Blanca, Königin 362.
Blanitz 32, 246.
Blata bei Polep 181.
Blatna 77.
Blaue Messen 29.
Blazikstift 381.
Blažim 30.
Blei 223.
Bleiwage 200.
Blowitz 353.
Blutbann 163.
Blutgericht 156.
Blutrache 27.
Boček 68 f.
Böhmisch-Aicha 329.
Böhmisch-Brod 130.
Böhmisch-Kamnitz 349.
Böhmisches Recht 179, 395, 417.
Böhmisch-Rite 254.
Böhmisch-Röhren 376.
Böhm.-Trübau 317 s. Trübau.
Bohonitz 241.
Bohuš, Mönch 48.
Bohuslav, Mönch 48.
Bohuslawitz 260.
Bohuslaw v. Žernosek 184.
Bojanowic 32.
Boleslaw I. 7.
Boleslaw II. 19, 25, 30, 13 f. 137.
Boleslaw III. 114.
Boleslaw, Herzog v. Schlesien 44.
Boletitz (s. a. Poletitz) 328.
Bolič 89.
Bolikowitz 241.
Bolko 147.
Bonifaz VIII., Pabst 87.

Borek 58.
Bořiwoj 9, 42.
Bornik 234.
Borotin 336.
Borso 65.
Bošic (Boschitz) 195, 199, 241.
Bösig (Bezděz) 170, 184.
Bösig, Schloss 304.
Bösig, Stadt 305.
Botho v. Turgau 267, 262.
Burgrecht 416.
Božanow 401.
Božena, Herzogin 39.
Brandenburg, Dorf 201.
Brandstiftung 161.
Braník 413.
Brandeis a. Adl. 253, 256.
Brauereien 220.
Bräuhaus 200.
Braunau 53, 95, 170, 173, 250, 317, 321 f. 394, 401 f., 404 f.
Braunschlag 371.
Brdywald 238, 240, 314 352.
Břečstein (Breitstein) 261.
Breitstein (Silberstein) 261.
Brenngaden 272.
Breslau 83, 117, 194.
Breslauer 194.
Břetislav 12, 26, 31, 39, 137.
Břetislav II. 29, 32.
Břevnov 59, 260, 321, 50, 52, 128, 395, 311, 401, 14, 51, 30, 33, 43 f., 145.
Březan 195.
Březnic 46, 240 332.
Březova 237.
Broda Smilonis 339.
Prod 338.
Brotbänke 157 f., 193.
Brozan 39, 182, 198.
Bruderschaften 61, 149.
Bruch 406.
Bruckmeister 194.
Brumardsdorf 221.
Brünn 24, 158.
Brünner Straße 169.
Brunnersdorf 221.

Bruno von Schaumburg-Holstein, Bischof 176, 252 f., 292, 318, 393. 396.
Brüx 64, 78, 88, 214 f., 170, 219 ff., 216 ff., 261, 405, 221.
Brüxer Recht 218.
Brzanken 197.
Bubna 129.
Bubowitz 238, 417.
Bučic 201, 393.
Buchelberg 221.
Bücher 9.
Buchlin 172.
Budeč 10.
Budělow 241.
Budetschlag 377.
Budin (Budyň) 176 f., 182, 223, 311 f.
Budissin (s. Bautzen) 176.
Budweis 85, 291, 375, 164, 240, 241 ff., 69, 169, 230, 340, 245 ff.
Budweiser Sprachinsel 243.
Bug 19.
Bukow 390.
Bukowina 261.
Bukovsko 244, 336.
Bunzlau 39, 115, 130.
Burgämter 185.
Bürger, ihr Gütererwerb 134.
Bürgerfamilien 154.
Bügergemeinden 150, 152, 145, 81, 150, 113, 276 ff.
Bügergesandtschaft 285.
Bürgermeister 357.
Bürgernamen 272 f., 342, 348 f., 350, 245, 269, 257, 265 f., 238, 322, 320, 203, 208, 334 f., 340, 211, 209, 215. 336, 220 f., 331, 236.
Bürgerschaft 159.
Bürgerstand 159.
Bürgerthum 160 f., 290, 282 ff.
Burgflecken 128, s. suburbium.
Burghard 176.
Burghausen 278.

Bürglitz (Wřešťow) 261, 345.
Burgrecht 332, 345, 353, 255.
302, 308, 159, 238, 328,
198, 207, 393, 397, 191,
224, 237, 190.
Bürgerschaft 301.
Bürgerschaftsrecht 165.
Burgstadtl 222.
Burgstall 382.
Buschanowitz 241.
Buschwitz 177.
Bußen 156.
Bussenbemessung 164.
Busko 172, 194.
Buslaw 147.
Butow 47.
Butowitz 207.
Büttel 409.
Buzek von Hlazowec 314.
Bydžow 168, 278, s. a. Neubydžow.
Bylany 413.

Caducität 380, s. Heimfall.
Čakowitz 79, 414.
Calixt II., Pabst 15.
Campnosius 140.
Canoniker 10, 36, 41.
Canoniker, beweibte 100.
Capitelhaus 38.
Castel, Walther von 309.
Časlau 169, 393, 168, 202,
195. 201, 270, 198, 291,
80, 337, 200..
Časlauer Gau 39, 67.
Castrum 301.
Čeč 242.
Čechen 8, 90 f., 7.
Čečowitz 415.
Čelak 187.
Čelakowitz 191, 308.
Čelakovský 135.
census liber 92.
census nudus 93.
Čeprowitz 241.
Čeraditz 214.
Čerčiněves 20.
Cerhonitz 326.
Cerhovitz 352.

Čermna 262 ff., 311.
Černčic 210.
Černitz 214, 244.
Černin 31, 237.
Černochow 408.
Černosek (s. a. Žernosek)
184 f.
Černovic 336
Chemnitz 176, 222.
Chejnow 57, 170.
Chleb 191.
Chlomek b. Melnik 196.
Chlum 304.
Chniawa 237.
Choceň (Chotzen) 328, 257 ff.,
252, 317, 400.
Chodau 63.
Choden 60, 232 f.
Choicz 387.
Choler 194.
Chorherrn 62.
Chotěboř 69, 339, 342.
Chotěschau 326, 229, 383 f.,
96, 109, 62, 397, 183.
Chotowitz 64.
Chowalowitz 252.
Chozwors 202.
Chraštian 198.
Christensclaven 25.
Christenthum 8, 6, 137.
Christiansberg 381.
Christiansstift 382.
Christian von Leipa 306.
Christof 194.
Christus 93.
Christus als Erbe 64.
Chrobold 375, 378.
Chrudim 173, 165, 169, 204,
215, 278, 283, 203 ff.,
198.
Chrudim, Gauburg 14.
Chrudimer Gau 74.
Chrudimka-Kamenice 394.
Chrustenitz 417.
Chwojnow 262.
Cidlina 308, 345.
cippus et patibulum 165.
Circarien 53.
Cistercienser 75, 71 ff., 62 ff.,

373, 90, 400, 341, 338,
326 ff., 285, 260, 351,
317, 195.
Cistercienserinnen 71.
Citolib 209 f.,
civitas 171, 300.
civitates nobilium 309.
Clarissinnen 88.
Claricius; Claricii 242 f., 340.
Clemens St. 85 f.
Clemens VI., Pabst 90, 118.
325.
Clerus 114.
Cleriker 10.
Cölestin III., Pabst 60.
Cölestiner 88 f.
Collectores 21.
Collegiatstifte 15, 42, 33, 36,
39, 19, 30 ff., 75, 29.
Cölibatsstreit 99 ff.
Colonia antiqua (s. Altkolin)
192.
Colonia nova (s. Kolin) 192.
Colonien 127.
Colonisation 74 f., 68. Co,
233, 242.
Colonisation aus grüner
Wurzel 61, 191.
Colonisation, fränkische 126,
367.
Colonisation, ländliche 366.
Colonisation, slavische 467.
Colonisation, städtische 124 ff.
Colonisationsdörfer 122.
Colonisationsgeschäfte 197.
Colonisationsunternehmer
155.
Colonisationsvertrag 156.
Colonisationswesen 260.
Colonisten 45, 123, 125, 160.
Colonistendörfer 49.
Commassation 122.
Commenden 77, 79, 80.
Comthur 77.
Comthurei 79.
Concordat von 1222, p. 112 f.
Concubinat der Geistlichen
101.
consolatio memorialis 35.

Constantia, Königin 44, 61, 80, 82 f., 140.
corda, Maß 302.
Cosmas 10, 28, 36, 21, 100, 130, 139, 10, 115, 114, 94, 89, 377, 2.
Cosmas' Parteinahme 140.
Ctitar 193.
culpae majores 156.
Cult, Culte 6 f., 4 f., 15.
Cultbesorger 28.
Cultdiener 12.
Cultformen 39.
Cultgeist 11.
Culthandlungen 3.
Cultobjecte 6, 28.
Cultsprache 13.
Cultstätten 3.
Cultpflege 2, 7, 10.
Cultpfleger 15 f.
Cultspenden 9.
Cultverhältnisse der Slaven 1, 2.
«cum pacto» 205.
Curie 110.
Cyriaken 88.
Czamer 194.

Dalibor 65.
Dalimil 90.
Dämonen 7, 12.
Daniel, Bischof 115, 100, 68, 107.
Danzig 278.
Dauba (Dubá) 307 ff.
Dauba, Dubá, Herrn v. 305, 105.
Dauba, Hinko Berka v. 305, 314 f.
Dawle 322.
Dechant 41.
Decimae episcopales 20, s. Bischofszehent.
Decimae integrales, totales plenae, universales 23.
Decimae minutae 24.
Decimales 20.
Decimatores 21 f.
Deschna 49, 336, 373 f.

Dětel 307.
Deutschbrod 279, 302, 297, 170, 71, 49 f., 80, 339, 341 f., 338, 337.
Deutsche 10, 90. 131, 338.
Deutsche Colonisten 411.
Deutsche Gemeinde 151.
Deutsche gerufen 138.
Deutsche in Prag 147.
Deutsche Lebensformen 137.
Deutsche und Čechen 134.
Deutscher Orden 140.
Deutscher Prediger 216.
Deutsches Element 89.
Deutsches Lied 137.
Deutsche Sprache 271, 189, 146, 175, 245, 365, 362 f., 211.
Deutsche Städte 278.
Deutsches Recht 160, 163, 171, 122, 156, 154, 180, 190, 183, 174, 353, 319, 241, 237, 262, 302, s. a. Kaufrecht, Burgrecht.
Deutsches Wesen 140.
Deutschherrn, Deutschherrnorden 79, 329, 390 f., 372, 90, 187, 343
Deutsch-Kopist 182, 184, 324.
Deutch-Kralup 222.
Deutsch-Kubitzen 233.
Deutsch-Reichenau 370.
Deutsch-Tynec (Alttheiu 183.
Diebling 372.
Dienstleute, ritterliche 185.
Diepoldsgrün 325.
Dietlin 194.
Dietlin Musper 235.
Dietlin Zinners 176.
Dietmar, Bischof 9 f., 19, 25.
Dietmar von Kouřim 176.
Dietpold von Voburg 48.
Dietreichs 371.
Dietrich 147.
Dietrich Muscher 235.
Dietrichs 373.
Dietrichsbach 254.
Dietrichstift 381.

Dietwin 194.
Dietz 147.
Dimokur 191, 308.
Ding, gehegt 172.
Dingtag, rechter 172.
Dionys 17.
Diothoch v. Hradištsko 345.
Dirna 210.
Dirslaus von Kojic 65.
Ditoldschlag 377.
Dittersbach 400.
Diviš 55, 199.
Döberle 264.
Dobrawa 394.
Dobring 368.
Dobříš 418.
Dobrohost 228.
Dobroměřič 209 f.
Dobroslaw, Richter 210.
Dobrowitz 201.
Dobruška 400, 173, 172, 343 f., 259.
Dobrzan 88, 96, 230, 352.
Doksy 304, s. Hirschberg.
Domažlice 232, 412, s. Taus.
Domherrn 37 f., 41.
Dominium 97, 128, 160.
Dominium des Patrons 95.
Dominikaner 84 f., 86, 242.
Dominikanerinnen 87, 173.
Domschule 10.
Domstift Prag 116.
Donewald Kloster 58.
Dörfer 15-, 300.
Dörfer, slavische 154.
Dorfrichter 156, 368.
Dorfverfassungen 218
Dörrengrund 403.
Doubravská hora 52.
Doxan, Stift 54 f., 58, 182 f., 323 f, 313, 224, 304.
Draho 190.
Drahonic 239.
drahy (Viehweide 190, 306, 404.
Drahelitz 190.
Drohowitz 275.
Drasenau 233.
Draskowitz 227.

Drasowitz 31.
Dreihof 254.
Dresden 188, 278.
Dressel 187.
Dřewič 227.
Drobowitz 80, 343.
Drossen 375.
Droužetic 333.
Drum 323.
Dřinow 218.
Dubá 309.
Dubá, Herren von 305.
Dubá, Heinemann v. 256, 284.
Dubenec 418.
Dubrava 337.
Dubrawic 80.
Dubravnice 57.
Dudin 392.
Duppauer Gebirge 222.
Dürrenholz von 254.
Dürrenholz, Hermann v. 252.
Dürrenholz, Ulrich von 252.
Dušnik 322, 418.
dušnik, dušnici 14, 92.
Dux 350 f.

Ebenau 382.
Eberach 65, 70.
Eberhard 187, 302.
Eberhard Abt 185.
Eberhard locator 391.
Eberlin 140 ff., 143.
Eberlin vom Steine 285.
Ebruslin Popplins 285.
Eckel 187.
Efferding 278.
Eger 170, 273, 298, 63, 226, 214 f., 225, 227, 80, 83, 169, 146.
Egerberg, Wilhelm v. 351.
Egerdelta 182.
Egerer Recht 227.
Eger, Fluss 220, 222, 221, 225, 198, 209 f., 34, 4, 56, 67, 50, 274.
Egerland 19, 80, 223, 221, 323, 63.
Eggetschlag 373.
Ehebündnisse 26.

Ehelosigkeit 99.
Ehetrennung bei Geistlichen 100.
Eidablegung 141.
Eidesleistungen 2.
Eidkirche 139.
Eidlitz 351.
Eingekaufte Bauern 367.
Einkauf 385, 380, 410, 395.
Eikener 194.
Einlager 364.
Eisen 223 f.
Eisengrub 377.
Eisenrik 235.
Einsiedler 12 f. 33, 43, 45, 52.
Ekhard 21, 189.
Elbe 190, 188, 169, 195, 317, 187, 186, 181, 173, 262, 192.
Elbehandel 177.
Elbekosteletz 311.
Elbeschiffahrt 177.
Elbeteinitz 326, 329.
Elblin 241.
Elbogen 83, 223 ff., 317, 226, 275, 170.
Elboguer Stadtrecht 225.
Elbzoll 40.
Elisabeth 172, 115.
Elisabeth Herzogin 221, 268.
Elisabeth Königin 197, 207, 241, 196, 87.
Elisabeth Prinzessin 285.
Elster 63.
Elzka 173.
Emaus Kloster 91.
Emmeram 18.
Emmeram, Sohn Prokops 13.
Emmern 369.
Emprich 187 f.
Emphiteusis 185, 274, 302.
Enkengrün 384.
Enns 278.
Episcopus, Bürgername 202, 220.
Erasmus 233.
Eremiten 44. s. Einsiedler.
Erbel 187.
Erbgericht 311, 321, 323, 340.

Erbpacht 160, 234, 232, 229, 203, 201, 178. s. Emphiteusis, Kaufrecht.
Erbpächter 160.
Erbpachtgüter 183.
Erbrecht 160, 212, 237, 407, 397, 279.
Erbrichter 191 f., 220, 210, 243, 197, 393, 359, 400, 228, 380, 387, 402, 126, 188, 179, 249, 368, 171, 175.
Erbrichteramt 242, 182, 175, 199, 204, 212.
Erbrichterei 189, 194, 243, 155, 230, 200, 284, 199.
Erbzins 160, 190, 298.
Erfurt 226, 278.
Erik 172.
Ernst Erzbischof 91, 95.
Ernest von Stara 343.
Erzkäufer 272.
Erzpriester 27.
Erzgebirge 63, 210, 222, 405.
Esslingen 278.
Eule (Jilové) 194, 312, 345.
Eulauer (Eylauer) 194, 274.
Ewigkeitszins 88, 126, 191.
Excrescenz 229, 398, 196.
Exemtion 145, 159, 192, 162, 323, 108 f., 187, 203, 246.
Exuvien 98.

Falkenau 214, 351.
Falkenstein 253, 400.
Falschmünzerei 166.
familia 63, 123.
Federl 194.
Fegefeuer 299.
Feiertag, dritter 29.
Feldmaß (časlauer) 202. s. Hufenmaß.
Feste 3, 26.
Feste besuchen 11.
Festzeiten 11.
Fiebiger 266.
Fichtenberg 233.
Fischer 180.

Fischerei 189, 257.
Fischzins 180.
Fischniederlage 193.
Flandern 207.
Fleischbänke 157 f., 193. 304. et pass.
Fleischer 191.
Flöhau 213 ff.
Floßschiffahrt 192, 220.
Flurnamen, deutsche 245.
Forchheim 278.
Forstgeld 239.
forum 300.
Fraña Manau 175 f.,
Fraña Nagel 215.
Franciscus 85, 104.
Franciscaner 84 f.
Franciscanerinnen 88.
Francko 172.
Franken 8 f., 18, 146.
Frankfurt a. M. 226, 231, 278,
Fränkische Hufe 355.
František 145.
Franzbrunnhütte 233.
Franzenshütte 233.
Franzlin von Weitmühl, Richter 348.
Frauenberg 242.
Frauenthal 71, 340, 381.
Freiberg 65, 176, 180, 269.
Freiheitsanfechtung 150.
Freihufen 319, 313, 238, 204, 199, 182, 346.
Freijahre 237, 306, 381.
Freisassen 397.
Freisingen 278.
Freistadt (Hühnerwasser) 304 f.
Frenzlin 172, 190, 307.
Fricko 172.
Friedbach 406.
Friedberg 335.
Friedensbruch 165.
Friedensschutz 133, 160 f.
Friedenssteuer 40.
Friedland 260, 309, 344, 347, 405.
Friedland in Schlesien 52.
Friedenstribut 39, 133.

Friedetschlag 369.
Friedlin 230.
Friedrich 194, 200.
Friedrich, Herzog 48, 329, 221, 268, 57, 63, 109, 45.
Friedrich II., Kaiser 110, 114, 116.
Friedrich, Markg. v. Meißen 253.
Friedrich, Mönch 48.
Friedrich, Richter 310.
Friedrichshof 233.
Friedrichshütten 233.
Fritz 172.
Fritz am Eck 257.
Fritz bei der Mühle 257.
Fritz vor der Stadt 257.
Fritzendorf 24.
Fritzko Qualisdorf 205.
Frohnen 179.
Frohnhof 131.
Frowin 194, 265.
Fuchsberg 94, 233.
Fumales 20 s Rauchpfennige.
Funeralien 24, 26, 87.
funis 355 s. Seil.
Fünfzig Hufen 256 f.
Furth Stadt 131, 278.
Furthen 129.

Gabel 66, 85, 176 f., 399, 74, 253, 257, 255, 317.
Gabelsdorf 340.
Gaëta 209.
Galgen und Rad 303.
Gallus St. 142 f., 147.
Gang 236, 271.
Gang bei Horaždowitz 332.
Gans 333, 382.
Garmuß 34, 39.
Gassen 167, 310, 358.
Gäste 122.
Gastfreundschaft 6, 113.
Gastgründe 122.
Gaubeamte 120.
Gauburgen 127, 170, 173.
Gauendorf 243.
Gaugericht 113, 120, 108 f., 161, 189.

Gaugrafen 120, 169.
Gaurichter 159.
Gauvororte 169.
Gebannte 162.
Gebauntenauzeige 162.
Gebhard - Jaromir, Bischof 140.
Gebbartz 371.
Gebühren für Seelsorger 95.
Gedächtnisfeier 38.
Geiersberg 253, 256, 390.
Geising 177.
Geistercult 3.
Geistliche 27.
Geistlichkeitsstädte 318 ff.
Geldbußen 156.
Geldzins 123.
Geleit 404.
Geleitschaft 231,
Gemeinde 126.
Gemeindeverfassung 124.
Gemeinbürgschaft 108, 113, 133, 171.
Gemeinbußen 109.
Generalstudium 113.
Genglin 235.
Genossen 165.
Genossenschaftssystem 124.
Georg St., Stift in Prag 13, 145, 183.
Georgenthal 217 f.
Georg v. Mühlhausen 59.
Georg v. Roztok 240.
Gerbetschlag 369.
Gerhard 194.
Gerhard, Dominikaner 117.
Gerhardsdorf (Kerhartice) 226, 254.
Gerichtsbarkeit 145.
Gerichtsbarkeit über den Clerus 111 f.
Gerichtsbußen 193.
Gerichtsexecution 159 s. Execution.
Gerichtsgebiete 145.
Gerichtsgebüren 199.
Gerichtsleiter 163.
Gerichtsnutzen 109.
Gerichtsreform 291 f.

Gerichtsumstand 162 f.
Gerichtsverhältnisse 165.
Gerichtsvorbehalte 199 f.,206,
193, 223, 238.
Gerichtswesen 161.
Gerlach 115.
Gerleiten 370.
Gerungsdorf 340.
Geschlechter 151, 167.
Geschrei, Andreas 194.
Geschworne 162.
Getreide 178, 223, 171.
Getreidehandel 171, 220.
Gevower 187.
Gewandschneider 213, 361 f.
Gewohnheitsrecht 212.
Giebacht 233.
Ginoschel 147, 149.
Gieselbrecht 193.
Gießdorf 267.
Gießhof 182.
Gießhübel (Gishowels) 392.
Glatner 172.
Glatz 91, 77, 169, 168, 400,
405, 399, 248, 250 f.,
259, 253, 198, 317.
Glatzer Gau 251, 261, 260.
Gmünd 335.
Gmünden 278.
Gnesen 28, 39.
Goczelin (Götzlein) 55 f., 176,
194, 230.
Goczlin von Buschwitz 176.
Goldbach 63, 67, 61, 381.
Goldgräberei 313.
Goldgruben 236.
Goldwäscherei 312.
Goldenkron 327, 375 ff., 70.
Goldenöls 264.
Goltsch-Jenikau 337.
Görlitz 39, 189, 298.
Garschin 233.
Gossil 187.
Goswinsdorf (Gießdorf) 267.
Gotowitz 397.
Götter der Slaven 1.
Götterbilder 1.
Gottesgericht 27.
Gottfried 194.

Gottfried, Richter 202, 337.
Gotthard 194.
Gottschalliugs 371.
Grab 351.
Graber 347, 323 f., 304, 185,
177, 184.
Grabmühl 245.
Grabwächter 78, 145.
Gradec 171.
Gradlitz 262, 345.
Grafenried 233.
Grätz (s. a. Königgrätz) 278,
170 ff., 283, 310, 309,
165, 43. 169, 338, 204 f.,
172.
Gratzen 69, 336.
Graudenz 278.
Graupen 351.
Graz 259.
Grempler 266.
Gregor, Cardinal 112.
Gregor VII. 94, 99 f., 103.
Grenzburgen 170.
Grenzvögte 302.
Grenzwald (s. a. Markwald)
198, 205, 70, 68, 56.
Grenzzölle 14.
Gretzer 187 f.
Griechen 131, 134.
Griflina 311.
Grob 195.
Grob, Mühle 193.
Großbor 332.
Großkostomlat 191.
Großpriesen 77.
«Grün»-dörfer 61.
Grutov 57.
«Grüne» 224, 325, 384, 407.
Gruppai 305.
Grüssau 44.
Guido, Cardinal 100 f.
Gumpolds (s. a. Humpolec)
310, 330.
Günther, Bürger 194.
Günther, Ein iedler 45 f.
Günther, Helmschmied 226.
Günthersteig 235 f., 385.
Guta, Königin 190, 197.
Gutenbrunn 368.

Habelschwert 249.
Habern 49, 302, 343.
Haberner Straße 169.
Hacker 230.
Hähnen, von den 285.
Haimburg 146.
Haine 406, 11.
Hainbach 367.
Hainmann von Lichtenburg
341.
Hainours 235.
Haitfolksdorf (Hauptmanns-
dorf) 402.
Halberstadt 278.
Halbworst 194.
Halle 146.
Hallstadt 278.
Handel 222, 132.
Handelsgeschlechter 151.
Handelsstraße 158.
Handeltreibende 167.
Handelswaren 223.
Handelsverkehr 137.
Handlin 236.
Handwerker 151, 127, 359,
149, 172, 167, 220.
Handwerksgehilfen 150.
Hanemann von der Mühle 176.
Hanko Elyae, Richter 208.
Hanko v. Gabel 176.
Hanko 172.
Hans Eberhard 220.
Hanuš Kapler 333.
Hartmanitz 236.
Hartmannsdorf 263.
Haselberg 233.
Haselpach 236.
Haspenberger 324.
Hauer, Richter 220.
Hauptmann 250 f., 261.
Hauptmannsdorf 402.
Hauscommunion 5.
Hauska 347.
Hauszins 310.
Häute 244.
Hawran 180, 308.
Hegweide 410.
Heidenreich, Abt 72.
Heinel 172.

Heinemann 202.
Heinmann v. Dubá 256, 284.
Heinko von Lichtenburg 341.
Heilige 6, 7, 64, 93.
Heiligenkreuz 70, 233.
Heiligenkron 70, s. Goldenkron.
Heiligen-Rüdgerschlag 372.
Heilslehre 7.
Heimann 195.
Heimfall 380, 97 f., 160, 293, 229 f., 32, 55, 43, 13, 119.
Heimfallsgut 152.
Heimsuchung 166.
Heinmann Salta in pecinnam 310.
Heinmann von Landeck 310.
Heinrich 147, 192, 200, 204.
Heinrich II. 46.
Heinrich III. 46.
Heinrich IV. 138.
Heinrich VI. 115.
Heinrich VII. 349.
Heinrich, Bischof 115.
Heinrich, Herzog 48, 60.
Heinrich von Kärnten 256, 263, 285, 283, 309, 363, 240.
Heinrich, Erbrichter 175, 237.
Heinrich gen. König 176, 183.
Heinrich Haspenberger 187.
Heinrich Hebriner 197.
Heinrich, Münzer 241.
Heinrich Münzmeister 393.
Heinrich Platzinsgut 235.
Heinrich, Richter 193.
Heinrich Sotlin 197.
Heinrich Vogt 184. 324.
Heinrich Zdik 54, 57, s. Heinrich Bischof.
Heinrich Zinner 176.
Heinrich von Bautzen 176.
Heinrich von Freiberg 176, 180, s. a. H. g. König.
Heinrich, Herzog von Schlesien 44.
Heinrich von Hildenberg 176.
Heinrich von Hildesheim 176.
Heinrich von Krischow 176.

Heinrich von Kytz 188.
Heinrich von Lichtenburg 260, 339 f., 312, 344, 394.
Heinrich von Leipa 284, 283, 256, 260, 312, 330, 342, 344, 349.
Heinrich von Nechanitz 310.
Heinrich v. Neuhaus 372, 374.
Heinrich von Pirna 176.
Heinrich von Rosenberg 352.
Heinrich von Zittau 179, 182.
Heinrichau 267.
Heinrichs 69.
Heinrichsberg 230.
Heinrichsgrün 63.
Heinzlin 230.
Hejtmankowice 402.
Helfenburg 244, 321.
Helfenburger Weg 367.
Helmbrecht 194.
Helwig 194.
Henlin von Kopist 176.
Henning Stuchwein 340.
Henslin 147, 172, 232.
Henslin Burchards 215.
Hensliu Rucz 200.
Henzlin 194.
Henzlin Episcopi 200.
Herberge der Kaufleute 138.
Herbert 175 f., 182.
Herbertsdorf 255.
Herbold 187, 310.
Heringe 196, 244.
Heringsniederlage 193.
Hermann 200.
Hermann Balko 390.
Hermann Bischof 115.
Hermann von Bocha 185.
Hermann von Dresden 188.
Hermann von Pforta 176, 182.
Hermann von Reichenau 259.
Hermanitz 257.
Hermannsdorf 255, 257, 324.
Hermannměstec 337.
Hermannsseifen 263, 267.
Hermannstadt (Hermanns, Hermaň) 315.
Herrschaft des Patrons 95, s. Dominium.

Herschefel 230.
Herstein, von 234.
Hertersdorf 254.
Hertlin 232, 236.
Hertwig 176, 179 f.
Hertwig von Graber 304.
Herwigsdorf 254.
Herwold 236.
Herzog 28.
Heynuchs 266.
Hilbetten (Hulvadorf) 255.
Hilcze 173.
Hildebrand 176, 230.
Hildesheim 17, 176.
Hiltmar 147.
Hiltmar Fridinger 283.
Hinko Berka v. Dubá 305, 307, 311, 314 f.
Hinko Krušina von Lichtenburg 310.
Hinko von Dubá 309.
Hinko von Friedland 260, 344.
Hintersassen 365, 304, 238, 337, 180, 165, 199, 186, 408, 127.
Hintring 382.
Hirschau 233.
Hirschberg (Doksy) 304, 184, 307.
Hirzo (Hrz) 71, 375.
Hirzow (Unterwuldau) 375 f.
Hloupětín 80, 83.
Hoblik 210.
Hochofen 233.
Hodkowitz 413.
Hof (Hofeleins, Stadt zum Hof, Curia) 266 ff., 261 ff., 405, s. Königinhof.
Hoffnagel 232.
Hofgericht 108 f., 120.
Hofhandwerker 149.
Hofmübl 245.
Hofreiten 126, 357.
Hofstaat 138.
Hofwirtschaft 158, 173, 190.
Hofwerkstätten 127.
Hohenbruck 264.
Hohenelbe 261, 267.
Hohenfurt 369, 367, 242, 334,

242, 204, 374, 96 ff.,
21, 71.
Hohenmaut 250, 291, 283,
278, 198, 204, 205, 156,
158.
Hohenschlag 369.
Holetin 294.
Holetitz 415.
Holland 146.
Holpritten 232.
Holzhandel 192.
Holzmann 266.
Holzzaun 168.
Hölle 8.
Homagium 286.
homines libertare 372.
Honorius IV., Papst 117.
Hopfen 57, 230.
Hopfengärten 213.
Hopfendorf 399.
Horawic s. Horažďowitz.
Horažďowitz 236, 331 f.
Hořepnik 336, 345.
Hořic 329, 346.
Hořin 197.
Höritz 375.
Höritzer Bach 374.
Horky 235.
Horowic s. Horažďowitz.
Horšow Týn 320 s. Bischofteinitz.
Hortus ferrarum 221.
Hoschalk 194.
Hospitäler 81 f.
Hospitalität 76.
Hospitalsorden 81 f.
Hostěraditz 312.
Hostin-Gradec (Arnau) 262, 266.
Hostiwař 416.
Hostitz 241.
Hostka, Bürger 311.
Hostomitz 238, 314 f.
Hostowitz 287.
Hrabiša 67.
Hradek 352.
Hradiště Chrustnikowo 262, s. Gradlitz.
Hradiště (Münchengrätz) 64.

Hradschin 315.
Hranice 45.
Hrdly 14, 52.
Hřebeny 418.
Hroby 346.
Hron 349.
Hron, die Familie 328, 294, 179, 401.
Hronow 344, 400.
Hron von Nachod 344.
Hroznata 300, 385, 323, 325, 64, 62, 77, 59 ff.
Hruschenstein 340.
Hruschowan 62.
Hrzla 173.
Hube s. Hufe.
Hubenow 333.
Huchinbach 213.
Hufe 125, 157, 191, 190, 330, 337, 354.
Hufendörfer 383.
Hufenmaße 238, 355, 237, 307, 241, 196, 229, 311, 209, 214.
Hufensystem 378, 374, 369.
Hufentheilung 388 ff.
Hugo Legat 117.
Hugwart 172.
Hühnerwasser (Freistadt) 305.
Hulwadorf (Hilbetten) 255.
Humpert 228.
Humpoletz (Gumpolds) 58, 80, 390 f., 393.
Hundewarten 171.
Hundorf 49.
Hundsnursch 381.
Husinec 334.
Husitenzeit 151.
Husitismus 298 f.
Hutlein 307.

Jabloné 74, s. Gabel.
Jacko von Kopist 176.
Jacolin von Schandau 176.
Jadlaus 381.
Jagd 257.
Jägermeister 171.
Jagdnetzschleppen 171.

Jahrgezeiten 35, s. Anniversarien.
Jahresfest 11.
Jahresgericht 179.
Jahrmarktszeiten 11.
Jaklin Mukač 197.
Jakob 200.
Jakob St. zu Prag 85, 87 f.
Jakob von Schandau 176.
Jakob Richter 236.
Jandles 382.
Janketschlag 377.
Jankowice 384.
Janowitz 353.
Jansdorf 255.
Jaromir-Gebhard, Bischof 40.
Jaroměř (Jermer) 205 f., 165, 91, 170, 261, 278, 198, 204.
Jaroslav von Choltitz 326.
Jasena 260.
Jechnitz 213, 215, 230.
Jeklin 230.
Jeklin Plyskot 200.
Jenč 207.
Jerčany 32.
Jermer 205.
Jertenschlag 377.
Jeschko, Richter 306.
Ješek v. Lichtenburg 341.
Ješko von Krasowic 387.
Ješko von Michelsberg 346.
Ješko von Wessel 209.
Iglau 192, 159, 80, 49, 202, 338, 390 ff., 270, 164, 58.
Iglauer Stadtrecht 193, 204 f, 200, 342, 297.
Jičin (Zydinawes) 173, 308 f.
Jilau 387.
Jilmanic 199.
Jilové s. Eulau.
Jinonitz 207.
Jiřetin 218.
Jistebnitz 240, 337.
Jitschiner 172.
Immeram 230.
Imram, Richter 387.
Impnitz v. 262.
in circulo 358.

Incorporierung v. Kirchen 96.
Inductionalis 355 s. Arre.
Indulgenz 66.
Ingelheim 91, 278.
Ingolstadt 146.
Innocenz IV., Papst 28, 66.
Innungen 149.
Inquisition 86.
in rinco 356.
Interdict 111, 117.
Investitur 110, 114.
Joachimsthal 224.
Joch 355.
Johann 143 f.
Johann Bi-chof 312, 35, 319, 115.
Johann König 118, 312 f., 316, 226, 275, 342 f., 333, 360, 362, 246, 256, 261, 286 ff., 289, 297 f., 309, 321, 240 f., 222, 331, 206 f., 214, 236, 234, 85, 326, 243, 199, 201, 208, 211, 188, 190 f., 148.
Jo ann III., Bischof 339.
Johann IV., Bischof 89 f., 106, 116.
Johann XII., Papst 87.
Johann XIII., Papst 114.
Johann XXII., Papst 118, 288.
Johann Czachborii 215.
Johann der junge Richter 171.
Johann der Richter 171.
Johann, Herberts Sohn 176.
Johann Mertlin 205.
Johann mit dem Rosse 172.
Johann Probst 321.
Johann St. a. d. Furt 129.
Johann St. d. Täufer, 31, 46, 96.
Johann von Bukov 397.
Johann von Freiberg 176.
Johann von Gabel 176.
Johann von Klingenstein 283.
Johann von Meißen 176, 180.
Johann von Schandau 176.
Johann von Sitbor 216.
Johann v. Tuscu'um Legat 117.

Johann v. Wartenberg 283.
Johanniter 77 ff., 79, 130, 221, 109, 98.
Johannesberg 233.
Johanneskirche 233.
Johannistag 78.
Johannstift 381.
Johnsdorf 184, 255, 257, 324.
Johlin 147.
Jokelsdorf 255.
Jokes 224.
Isenrik 187.
Iser 317.
Jubeljahr 118.
Juden 134, 130 f., 25 f., 336, 175.
Judengemeinde 146.
Judenstadt 131.
Judiciotus 378.
judicium bannitum 262.
judicium generale 403.
judicium parium 277.
Judith, Königin 52, 115.
Jungbuch 261 ff.
Jungbunzlau 170, 77, 346.
Jungfern-Teinitz 88.
Jungmeier 194.
Jungschöpf 202.
Junoš 147, 149.
Jürge 172.
Jurik Mönch 45.
Jurikschlag 377.
Iwan 31.

Kaaden 170, 226, 403, 221 ff., 223, 210, 219, 329, 291.
Kaaden, Burg 77.
Kacov 343.
Kainrathschlag 370.
Kalden Husein 340.
Kalkau 392.
Kalkauer 194.
Kalsching 244, 327 f., 378.
Kalschinger Bach 374.
Kaltenbrunn 360.
Kameik 185, 313.
Kamena 241.
Kamenic 336, 374.
Kammer, fürstl. 75, 153, 156, 160.

Kammerballei 79.
Kämmerer 166.
Kämmerer, Hermann 259.
Kammergut 97, 119 f., 152, 151.
Kammerzins 154.
Kamnitz, Böhm.- 349.
Kamp 278.
Kandler 187.
Káni potok 246.
Kannibalismus 4.
Kapar 333.
Kapčic 313.
Kappler Konrad, Hans, Jarke 175.
Kardasch-Rečic 374.
Karl der Große 18.
Karl IV. 175, 181, 188, 98, 189, 279, 281, 275, 290 f., 298, 303, 316, 274, 351, 328, 201, 208, 210, 225, 228, 222, 236, 89, 405, 118 f., 121, 238, 172, 90 f., 211, 204 f., 234, 18.
Karl Markgraf 362.
Karmeliter 88 f.
Kärnten 252.
Karthäuser 88 f.
Karlsbad 60, 170, 225 ff., 275.
Karlsberg 276.
Karlshaus 316.
Karlshof 91.
Karlsbacherhütte 233.
Kasnau (Kazňow) 387.
Kauf 125.
Kaufhaus 357.
Kaufhof 82.
Kaufleute 140.
Kaufmannschaft 127, 146.
Kaufschilling 160.
Kaufrecht 395, 191, 159, 378, 388, 126, 237, 355, 353, 332, 308, 302.
Kazi 2.
Kazuow 387.
Kbel 274, 412.
Kdičiny 237.
Keber 194.
Keblitz 182, 177.

Kel 194.
Kelberg 273.
Keser 194.
Ketzergericht 85 f.
Kindesdorf 317.
Kimrad 235.
Kirchen 10, 12, 16 f., 28, 129.
Kirchen als Ertragsobjecte 96.
Kircheneinverleibung 95.
Kirchenertrag 96.
Kirchengut 298, 288, 75, 94, 64, 99, 152.
Kirchengutsbesteuerung 118.
Kirchengutsschaffung 118, 113, 120.
Kirchengutsstreit 106 ff., 100 ff., 110 f.
Kirchenpatronat 25, 135.
Kirchenverkauf 96.
Kirchenverpachtung 95.
Kirchenwidmut 179.
Kirchenzehent 22 ff., 110, 179.
Kirchenzwang 26.
Kirchliche Gerichtsbarkeit 110.
Kirchschlag 335.
Kirchplatz 357.
Kirchspiele 129.
Kirchweihe 61.
Kislauer 235.
Kladrau 129, 98, 145, 46 ff., 54, 111 f., 62, 383 f., 77, 71, 51, 233, 231, 322.
Kladrauer 194.
Klappai 61.
Klattau 83, 269, 169, 235, 230, 228, 85, 231, 194, 291.
Klavar 193.
Kleinlabnei 403.
Kleinseite s. a. Prag 279, 297, 398, 206 f., 315, 240.
Kleisch 188.
Klentsch 233.
Kličow 233.
Klimesch 371, 374.
Klinovic 332.
Klingenberg 71, 242.

Klingenstein, Joh. v. 283.
Klomin (Chlumin) 351.
Klomminger 200.
Kloster 12.
Klostergrab 327, 351.
Klösterle 80.
Klosterstiftungen 13.
Knappendorf 254.
Knechtschaft 27, 113, 121.
Knin 313.
Knobis 227.
Knöschitz 213.
Koblenz 215, 278.
Koburg 278.
Kochensdorf 49.
Kohlstätten 233.
Kojata 225.
Kojata von Brüx 64.
Kojata von Otnanic 275.
Kojećin 241.
Kojic 65.
Kokot 147.
Kockschlag 371.
Kolautschen 324.
Kolditz, von 351.
Kolin (Colonia nova, Cöln) 191 ff., 169, 164, 194, 193, 73, 312, 80, 203, 200, 195, 270, 291, 283, 278.
Kolin, Alt- 192.
Kolin, Neu- 192.
Kolin, Schöffensstuhl 194.
Kolin, Stadtbefestigung 167.
Kolleben 184.
Kolmar 146.
Köln 278.
Komar 190.
Komarna 190.
Komotau 219, 222, 329, 80, 170, 223.
Komotauer Bach 222.
Königinhof 170, 261, 278, 317, s. Hof.
Königgrätz 260, 298, 80, 85, 54, 44, 188, 170 ff.
Königliche Städte 151 ff., 301.
Königreicher Wald 261.
Königsberg 323, 36.

Königsbrunn 341.
Königsfeld 254.
Königshain 317.
Königshufe 355.
Königssaal (Aula regia, Zbraslaw) 254, 256, 251, 328, 205, 312, 71 ff., 73 ff.
Königsstein 80, 187.
Königsstraße 223.
Königswahl 284.
Königthum 116, 138.
Konojed 176 f., 183, 323.
Konrad 204, 194, 197, 175, 230, 189 f.
Konrad II. 46.
Konrad Kornbühel 285.
Konrad, Mönch 48.
Konrad Pisinger 235.
Konrad Prior 723.
Konrad Richter 208.
Konrad Spitaler 201.
Konrad von Bautzen 185.
Konrad von Gabel 176.
Konrad von Graber 304.
Konrad von Leitmeritz 177.
Konrad von Löwendorf 204, 155 ff.
Konrad von Meißen 176.
Konrad von Mordau 310.
Konrad von Pištian 182.
Konrad von Schandau 176.
Konrad von Wessel 310.
Konrad Waldhauser 295.
Konrads 371.
Konradsgrün 63.
Konrad Ziemerl 257.
Konstanz 278.
Kopidlno 346.
Kopist 177, 324, 176, 218.
Kopist, Deutsch- 182, 184.
Kopitz 68, 214, 217, 351.
Köpl 143.
Korušic 324.
Korwei 9.
Kosenamen 147, 176.
Košiř 287.
Kosler 197.
Kosmanos 77.
Kosors von 403.

Kosov 390.
Kossatitz 214.
Kosteletz 259, 400, 404.
Kostenblatt (Kostomlat) 190.
Kotzen s. Chotzen 252.
Kouřim 83, 74, 200, 164, 169, 177, 199, 198, 195, 194, 297.
Kouřim, Gauburg 14.
Kowanin 241.
Kowlenrichter 172.
Krabice von Weitmühl 347.
Krabern 192.
Krakau 278, 146.
Králowá Lhota 260.
Kralowitz 230, 326, 388.
Kralup 14.
Kraluper Bach 222.
Kram 313.
Kramläden 166.
Kramer 172.
Krampfars 266.
Krawar (Graber s. d.) 195, 323, 177, 184.
Krawar a. d. Elbe 193.
Kreibitz 349.
Kreisgerichtspflege 197, 291.
Kreistafel 196.
Kreistafelschreiber 196.
Krems 278.
Krenau 328.
Kresobor (Grüssau) 44.
Kreuzherren m. d. roth. Stern 330, 81 ff., 404, 183, 145, 268.
Kreuzhütten 233.
Kreuzzüge 75, 78.
Krieg 172.
Kriegsdienst 263, 119, 397.
Kriegssubsidien der Bauern 289, 419.
Krima 222.
Krubel 187.
Krummau 61, 244, 70 f., 374, 31, 88, 334.
Kruzenburg 343.
Krzemusch 409.
Krzeschitz 181.
Kuchna 195.

Kufstein 278.
Kujem 209.
Kulm 40, 187, 141.
Kunat 371.
Kunigunde, Königin 90, 266.
Kunlin 232.
Kunstadt 68.
Kuntšoft 210.
Kunzendorf 254.
Kunzlin 250, 172, 200, 197, 187, 147.
Kunzlin Kolbe 205.
Kunzmann Huchumstollen 313.
Kunz Renner 242.
Kunz, Richter 242, 334.
Kurojed 48.
Kurschil 187.
Kurzentriebe 255.
Kute 271.
Kutener 230.
Kuttenberg 170, 200, 340, 242, 65, 63, 192, 230, 203, 201, 200, 320, 194, 240, 310, 205, 283 f., 280, 257, 278, 269.
Kycje Stoer 205.
Kyrillische Schrift 13.
Kyscow (Gießhof) 182.
Kytin 418.

Labenska 173.
Labnei 403.
Laden des Getreides 217.
Langentriebe 255.
Lahowitz 31.
Laienpröbste 60, 122.
Laimbach 369.
Lambert 176.
Lambert, Mönch 48.
lán, laneus 157, 191, 354, 125.
Landbau 154.
Landeck 61, 310.
Landesfrohnen 171.
Landesthor 60, 233.
Landeswart 216, 218 f.
Landgericht (Trautenau) 263.
Landoker 243.
Landrecht 159, 397.

Landrichter von Glatz 25.
Landsberg 254, 256, 259, 252 f., 74, 399.
Landshut 44.
Landskron 254 ff., 256, 252 f., 317, 74, 328, 400, 405, 390.
Landstädte 153.
Landstein 371, 343, 372 f.
Landtafel 274, 397.
landtätlich 145.
Landtag 282, 286, 289.
Landwehr 245.
laneus s. lán.
Lanfeld 244.
Langenau 263.
Langendorf 49, 340.
Längenmaße 355.
Langen-Strobnitz 370.
Langgrün 407.
Langheim 65.
Lappanitz 24.
Laschowitz 214.
Latron 334.
Lauban 298.
Lauben (in Trautenau) 265.
Laubendorf 155, 205, 250.
laudemium 414.
Laun 291, 297, 223, 320, 219, 222, 85, 213, 54, 63, 170, 88, 209 ff.
Launowic 58.
Laupe 35.
Laurenz St. 43.
Laurenziberg (Petřin) 128, 208.
Laurenzikirche 41.
Lauterwasser 263.
Lažišťěk 381.
Leder 244.
Lederkleidung 148.
Ledermühl 245.
Leben 252, 262, 354.
Lehensgebiete 404.
Leheusrecht 261.
Lehenschaft 274.
Lehenssystem 318 f., 399.
Lehensverband 251, 261 f.
Lehenswesen 350, 353, 240, 360, 258, 219, 247, 224 f., 393.

Leibgedingstädte 266.
Leibrenten 76.
Leidvertrinken 35.
Leipa, Böhm.- (Lipá) 260, 347 ff., 306 ff., 308, 323, 342, 184, 66, 215.
Leipa, Gau (Lipsko) 14.
Leipa, Heinrich von 349, 330, 284, 283, 256.
Leipzig 278.
Leisentritt 197.
Leitensdorf 218.
Leitmeritz 348, 81, 85, 291, 297, 304, 195 f., 48, 39, 169, 55, 337, 206, 203, 173 ff., 177, 184, 188, 187, 416, 61 f., 83, 51, 323 f.
Leitmeritz, Burghügel 180.
Leitmeritz, Domcapitel 183.
Leitmeritz, Dorf 173, 178.
Leitmeritz, Gauburg 14.
Leitmeritz, Neustadt 181 f., 185.
Leitmeritz, Probstei 181, 185
Leitmeritzer Recht 209 s. a. Recht.
Leitomischl 255, 250 f., 324 f., 171, 394, 204, 192, 49, 57, 64, 158, 130, 399.
Lemberg 278.
Lemus 195.
Leneschitz 209.
Lenfal 187.
Lenzel 80.
Leo 200.
Leonhard St. 95.
Leonhard Bischof 311.
Leopold (Dorf) 263.
Leschčan 210.
Leštna 259, 343.
Lettendorf 340.
Leupold 194.
Leutpriester 16 f., 87, 104.
Leutpriesterwahl 135.
Lewgenried 381.
Leyer 194.
Leynwater 230.
Leynwanter 194.

Leynwot 194.
Lhota 255, 379.
Lhotavertrag 386 f.
Lhotka 237.
Liban 343, 345.
Libhard, Richter 235.
Liberk (Richenberg) 259,400.
Libetschow 237.
Libin 283, 376.
Libitz 13, 44, 130, 169.
Liboc 14.
Libochowan 185.
Libochowitz 210, 223, 312.
Lichtenburg 260.
Lichtenburg, Raimund von 284.
Lichtenburg, Ulrich von 202.
Lichtenburge 342 f., 247, 302, 337 ff., 390, 394, 185, 69, 71.
Lichtenstadt 61, 224, 60, 385, 300, 325 f.
Liebenstein 80.
Liebenthal 254.
Liebstein 187.
Liegnitz 173.
Liegnitzer 172.
Liestelbach 323.
Limberg 155, 205.
Linz 278, 244.
Lipanský-Wald 191.
Lipmann 187.
Lipšic 418.
Lipsko-Wald 199.
Liquitz 214, 406.
Lischau 336, 244.
Lišeň 24.
Lissa 191, s. a. Lysa 308.
List 194.
Litawa 237.
Litold 176, 307.
Litowitz 416.
Littau 418.
Liturgien 40.
Löbau 298, 203.
Lobositz 179 f., 182, 185.
Location 191, 201.
Locationsgeschäfte 195.
Locationsthätigkeit 197.

Locatoren 168, 255, 205 f., 319, 337, 178, 190, 158.
Loch 201.
Lochotin 230.
Lochowitz 418.
Locierung 213, s. Location.
Locierungsverträge 22.
Lodenitz 419, 31.
Lohngut 43, 128, 152, 173, 249.
Lohnpriester (mercenarius) 68, 94, 103 ff.
Lomnitz 336.
Loosau 410.
Lösegeld 246.
Lounin 418.
Low, Martin v. 306.
Löwendorf 204 f., 157, 252.
Löwendorf, Konrad v. 155, 250.
Lubno 49.
Lučanen 7.
Ludewitz 210.
Luditz 170, 223, 351.
Ludlin 194.
Ludolf 170.
Ludolf von Budin, 182.
Ludwig, Kaiser 286.
Ludwigsdorf 255, 304.
Lukau 255.
Lupold, Richter 265.
Luthold 175, 180.
Luxemburger 74.
Lysa 176 f., 189 f.

Macko, der Mönch 260.
Magdalena, St. in Leipa, 66.
Magdalenitinnen 88, 96.
Magdeburg 164, 10, 169, 90, 253, 318.
Magdeburger Recht, 188, 187, 174, 192, 165, 164, 212, 209, 200, 206, 196, 292, 228, 207, 210, 199, 198, 322.
Magdeburger Schöffenstuhl, 174.
Magister montium 270.
Magyaren 18.

Lippert, Socialgeschichte Böhmens. II. 28

Mahlen 158.
Mähren 73, 146.
Mainhard 171.
Mainz 111, 114, 278.
Mainzer Erzbischof 173.
Malin 64, 255, 269.
Malowar 311, 417.
Malšic 242.
Malstätten 7.
Maltheser 145, 90, 130, 77, 415, 331, 369, 329.
Maltsch 243.
Mälzerei 193.
Manetin 77, 329.
Manetiner Bach 47.
Mangolt 267.
Mannschaft 267, 250, 266, 261, 263, 253.
Mannschaftshauptmann 261.
Mannschaftsschöffen 261.
mansus 354, 125, 406.
Manya 173.
Marcus Probst 10, 37.
Marcus v. Hořic 329.
Maria St. 73, 93.
Maria St. am Tein 41.
Marienberg 187.
Marienburg 278.
Marienkirche am Tein 139.
Marienkirche zu Ossegg 67.
Marienzell 267.
Mařík 234.
Marken 127.
Markland 152.
Markomannen 132.
Markt 125, 186, 300.
Marktdörfer 127.
Marktleben 26.
Marktplatz 166 f., 357
Marktrecht (als Gebür) 257, 306.
Marktzoll 39, 280.
Markwald 57 f., 47, 170.
Markwarte 71, 66, 194.
Martin 147, 145, 185, 194.
Martin Abt 402.
Martin St. 141, 129.
Martin Trap 200.
Martin von Low 306.

Maschau 67 f., 214 f.
Maße und Gewichte 138, 254.
Maß, Leitmeritzer 311.
Maß, Melniker 241.
Maštow 67.
Matschau 351.
Maternus 240.
Mathias 175.
Mathias vom Thurm 351.
Mathias von Konojed 176.
Matthaeus Koch 44.
Matra 19.
Mauern der Städte 302 f., 310.
Maut 312, 386, 226, 165, 169, 158, 173.
Mautertrag 204.
Mautgeld 239.
Mauthaus 233.
Mautner 172, 236.
Mautstadt 377.
Mautstätten 158.
Mautquittung 158.
Mautzeichen 158.
Maxberg 233.
Mayersgrün 61.
Maygans 187.
Mayerau 340.
Meilenmaß 244.
Meilenrecht 239, 208, 219 f., 228, 220, 244, 246, 260, 280, 236, 226, 217, 187.
Meinertschlag 371.
Meinhard 147.
Meinhard Hareogonius 235.
Meinlin 191.
Meißen 146, 180, 176, 175, 130, 68, 72, 65, 215, 194, 311.
Meißner Straße 132.
Melechow 373.
Meliorationen 188, 178, 218, 181, 312, 183.
Melnik 188, 178, 51, 169, 312, 88, 291, 193, 241.
Melnik Gauburg 39.
Melniker Maß 196.
Mendicanten 87 f., 90.
mercenarii (Lohnpriester) 80, 94, 103 ff.

Meringe 63.
Merten 172.
Mertlin 194.
Metelitz 197.
Mettauthal 401.
Mičko 230.
Mičkowitz 378.
Michael St. 95, 129.
Michel 172.
Michel Donat 208.
Michelsberg 348, 346, 49.
Michelsdorf 254, 317.
Micholup 415.
Mikulne 43 f.
Milavče 234.
Miletin 80, 39.
Milenovic 412.
Milewsko 59.
Milhost 67.
Miličin 336.
Milin 313.
Milonowitz 241.
Miloslav 230.
Milsau 210.
Minoriten 85.
Minution 96.
Miroslav 63 f.
Mirotic 334, 240, 326.
Mirovic 334.
Mies 170, 169, 96, 236, 229, 467 f., 61, 237, 83, 291, 268.
Miesau 382.
Miesenburg 236.
Mittelberg 340, 342.
Mittelwalde 400.
Mixiko 175.
Mixo 172.
Mlada 13.
Mlikojed 182.
Mněchenitz 31.
Modlan 188.
Mohren 262 f.
Mokré 243.
Moldau 374, 128, 71, 216, 31, 70, 247, 367.
Moldaugau 240.
Moldautein 244, 246, 320.
Molkenberg 189.

Register.

Mollen 373.
Mönchsdorf 267.
Mönchsorden 36, 24 ff.
Mönchspioniere 45.
Mönchsstifte 30.
monetarii 130, 140.
Monogamie 26.
Mörder 27.
Mordgänge 168.
Morgensprache 357.
Morimund 73.
Mořin 404, 417.
Mošna 382.
Motler 230.
Möwenbach 246.
Mrdakov 233.
Milina 188 f.
Mugrau 375, 378, 377.
Mühl 244.
Mühlen 191, 189, 182, 179, 157.
Mühlhausen 59, 240, 278, 325.
Muhmensohn 266.
Mukač 197.
München 187.
Münchengrätz 66, 69, 71, 64.
Müncherdorf 406.
Münchschlag 371.
Münchsdorf 233.
Muttersdorf 233.
Munitzer 187.
Mur a. d. Eger 183.
Muta,alta 156 s.Hohenmauth.
Mutina v. Dobruška 260.
Münze 230.
Münze, Regensburger 132.
Münzhändler 140.
Münzmeister 339, 142.
Münzstätten 240, 242.
Meyssner 194.
Mztis 94.

Na blatiné 213.
Na černě 377.
Načerac 345.
Nachod 403, 260, 173, 52, 401, 400, 60, 314.
Nachtwache 193.

Nachvermessung 196.
Nackte Zinse 366.
Nahořan 241.
Namensformen 172.
Nalhütten 255.
Naschau 222.
Nationalismus 89, 90, 137.
Nationalität 146 f., 150.
Navracow 236.
Nebelung 221.
Nebowyd 128.
Nechanitz 310.
Nedošin 57.
Negranitz 222.
Neid 233.
Nelecho 393.
Němetitz 241.
Nepomuk (Pomuk) 147, 116, 69, 65, 22, 226.
Neplach 242.
Neiße 317.
Nesel 61, 80.
Neswadilow 52.
Netolitz 244, 71, 51, 327, 378, 377, 382, 376, 240, 169.
Netschetin 412.
Netschich 210.
Neweklow 352.
Nezamyslitz 404.
Neubau 233.
Neubauhütten 233.
Neubenatek 347.
Neubistritz 326, 371.
Neubösig (Weißwasser) 305, 307.
Neubydžow 309 ff., 302, 317.
Neudeck 373.
Neudorf 233, 329, 195.
Neudörfel 184, 222.
Neuern 316.
Neugedein 233.
Neuhaus 80, 336, 372 f., 244.
Neuhaus, Ulrich v. 86.
Neuhof 195, 233, 313, 373.
Neukamcik 313.
Neuknin 313.
Neukolin 192.
Neumarkt 44,61, 88, 233, 325.

Neu-Ötting 373 f.
Neu-Paka 346.
Neu-Pilsen 169, 228 ff.
Neu-Pisek 240.
Neustadt, Prag (Kleinseite) 206 ff.
Neustadtl (Stráž) 316.
Neustift 378 f.
Neustraschitz 241.
Neuthein 323.
Neuvermessung 229.
Nickelsdorf 221.
Niczko 172.
Nikolaus 147, 184, 200, 194.
Nikolauscult 146.
Nikolaus Arnoldo 310.
N. Haumanns 176.
N. Helwig 205.
N. in den Weinbergen 181.
N. Krüger 205.
N. Lysse 176.
N. Milota 200
N. Petermann 220.
N. Pirners 176.
N. Pfauenzagel 200.
N. Rufus 204.
N. Seidelmann 205.
N. von Bautzen 183.
N. von Budin 176.
N. von Pottenstein 260.
N. Werchirmayster 214.
Nimburg (Neuenburg) 188, 85, 346, 308, 169, 168, 312, 191.
Nimburger Recht 346.
Nimmergut 233.
Nižburk 236 s Miesenburg.
Niederaltaich 45 f.
Niederjohnsdorf 255.
Niederlagsrecht (Stapelrecht) 189, 187, 178, 200, 196, 226, 244, 217, 338, 193, 341.
Niederland 403, 19.
Nonnenklöster 51.
Norbert St. 53.
Nordheim 278.
Nordslaven 11, 4.
Nothzucht 160.

28*

Nordwald 46.
Nowakowic 235.
Nowawes 195.
Nunkleppel 194.
Nürnberg 146, 231, 278, 164.
Nürnberger Recht 143 f. 150, 229.
Nusle 415.
Nyřan 235.

Oberaujezd 57.
Oberhaid 226, 334, 378.
Oberhütte 233.
Oberliebich 348.
Oberplan 328, 335, 378, 380.
Oblanow 262.
Obora 145.
Obotriten 2.
Ocheles 199.
Ocronandi 194.
Ordo judicii 293.
Offertorien 16, 24, 299.
Ohrada 195.
Öl 244.
Oldříš 13, 106, 169.
Olbersdorf 255.
Olmütz 116.
Olschbach 381.
Opatau 392.
Opatowitz 64, 52, 164, 267, 43 ff., 322.
Opatowitz b. Prag 129.
Opfer 3, 29.
Opfergaben 17, 9.
Opfergelder 95, s. a. Offertorien.
oppidum 300 f.
oppidum forense 312.
Opočno 259 f.
Originarii 122.
Ordal 11, 27.
Orden 295, 263.
Ordensbesitzungen 383.
Ortlieb v. Rosenthal 189.
Ortlin 194.
Osi 322.
Ossarien zu Sedletz 64
Ossegg 183, 68 ff., 122, 71,
405 ff., 67 ff., 109, 182, 327, 351, 227, 224.
Österreich 200.
Ostrow (Insula) Stift 72, 129, 116, 416, 109, 42, 30, 33, 352, 227, 322.
Ostrožné (Sporengeld) 98.
Otročinčwes 31.
Ottau 31, 375.
Otnand 194.
Otto Herzog 57.
Otto III. 114.
Otto der Alte von Bösig 306.
Otto von Altenberg 176.
Otto von Brandenburg 327, 341.
Otto von Hessler 176.
Otto von Hlazowec 314.
Otto Richter 233, Otto Wigolais 285.
Ottokar I. 52, 79, 172 f., 34, 374, 229, 98, 114, 44, 147, 152, 171, 110, 113, 60, 68, 75, 106, 109, 140.
Ottokar II. 180, 327 f., 174, 196, 178, 200, 203, 205 f., 277, 282, 250, 231, 258, 269, 261, 264, 282, 248, 251 f., 267, 204, 307, 349, 308, 362, 322, 241 f., 245, 243, 324, 90, 218, 236, 385, 375, 226, 164 f., 167 ff., 318 f., 321, 344, 317, 239, 311, 235, 331, 240, 338 f., 202, 200, 211, 216, 181, 142 f., 146 f., 150, 153, 155, 158, 62, 399, 70, 404, 186, 188, 179, 91.
Oujezd 61, 128, s. Aujezd. und Ujezd.
Oučtitz 33 f., 36.
Oybin 89, 340.

Pabenberger 197.
Pabst 116.
Pabststeuer 117 f.
Pabstzins 41.
Pabstzehent 117.

Paichowe (Býchor) 195.
Panzner 194.
Parchan 167 f.
Paredel 219.
Pardubitz 343, 344.
Parnik 219.
Parschnitz 264.
Pasengrün 411.
Passau 46, 235, 239, 244, 278.
Passauer 235.
Passauer Münze 327, 333.
Patermann 187.
patibulum 321.
Patriarchalgericht 161.
Patrizier 127.
Patrone (Kirchen-) 95, 97, 38, 36, 103 ff., 80, 76 f.
Patronate 17, 25, 97, 93, 187, 141, 79, 77, 88.
Patronatsrecht 120.
Patzau 326.
Pauschalierung der Steuer 119.
Pecka Břivoj 235.
peculium 212.
Pelzkleidung 148.
Peregrin Bischof 85, 116, 320.
Peregrin Pusch 283 f.
Perfried 382.
Pernold 193.
Persiconis 235.
Personennamen 172.
Perštejnec (Birkstein) 274.
Perutz 210, 214.
Peschilin 257.
Peslin 172.
Peslin Cloner 235.
Peslin Mathiae 214.
Peslin von Gabel 176.
Peter Anselmi 176.
Peter, Cardinal 101.
Peter 176.
Peter, Bürger 55 f.
Peter Heidlin 200.
Peter Hertlin 235.
Peter Keblitz 177.
Peter Nassawurch 316.
Peter Perator 205.
Peter, Richter 326.

Peter sutor 197.
Peter Stainer 199.
Peter St. 109.
Peter St. am Poříč 140 f., 80, 139; 134 f.
Peter von Aussig 176.
Peter von Chemnitz 176.
Peter von Gabel 176.
Peter von Görlitz 189.
Peter von Meißen 176, 175.
Peter v. Rosenberg 316, 333.
Peter von Schandau 176.
Peter von Slivna 348.
Peter von Taus 175 f.
Peter von Zittau 17, 148, 257, 256, 282 f., 288, 286.
Petermann 187, 194.
Petersdorf 255.
Petřín 41, 129.
Petrowitz 234.
Petrus locator 389.
Petzold 176.
Pfaffenberg 233.
Pfarrkirchen 105.
Pfarrsprengel 105.
Pfraumberg 290, 316, 47, 222, 231, 268.
Pfeffer 223.
Pfreimt 268.
Pfingsten 28.
Pflugmaße 234, 354, 368.
Pforta (Schul-) 177.
Pforten 166, 168, 358.
Phratrie 3.
Pitschkowitz 61, 416.
Pichelberger, Richter 325.
Piegelhof 221.
Pilger 76.
Pilgram 320 f.
Pilna 219.
Pilnikau 261 f.
Piller 194.
Pilsen 268, 291, 85, 65, 63, 80, 170, 48, 236, 234, 232, 169, 228 ff., 226, 312, 26.
Pilsener Gau 383.
Pilsener Gauburg 14.
Pilsener Recht 230.

Pingetschlag. 377.
Pioniere der Orden 43.
Pirna 176, 278, 170, 197. 187, 178, 176.
Pirnai b. Leitmeritz 61, 416, 80, 183.
Pisečna 289.
Pisek 85, 246, 315, 239 ff., 244, 170.
Pisek, Münzstätte 240.
Piseker Recht 241.
Pištian 177, 182.
Pitantia 29, 37, 34 f.
Plan 215.
Plankenzaun 167.
Planetschlag 381.
Plass 65 f., 70, 22, 230, 386 f., 326.
Plassendorf 233.
Platte 181.
Platz (Stráž) 373.
Platzitzer 172.
Plauen 226, 278.
Plawen 242.
Plebani 16 f., 36.
Pleissen 203.
Pleibschil 194.
Pleschen 381.
Plöß 233.
Ploschkowitz 77.
Plotišť 171.
Plzenec 229.
Pněwic 269.
porrectoria 355 s. Arra.
Poboř 195.
Počaply 237.
Počatek 374.
Počernitz 413.
podace (s. Arra) 355, 319, 160.
Poděbrad 308, 290, 52, 200, 190, 189, 42.
podhradí 129.
Podlažic 50.
Podol 129, 202, 337.
Podskal 181, 129.
Pohoř 260.
Poiwa 340.
Pokratitz 185.
pokladnice 36.

Polaber (Elbslaven) 2.
Polen 202.
Polenstraße 130, 160 f., 260.
Poletitz (Boletitz) 71, 378, 376.
Polkendorf 263.
Polepp 181.
Polep (bei Kolin) 195.
Polliken 373.
Pollwitz 261.
Polička 283, 251, 280, 250, 260, 401, 58, 173. 204, 317, 399, 394, 158, 157, 156, 155, 173, 278, 165.
Politz 401, 404, 52, 321, 173, 96, 250.
Politz b. Leipa 323 f.
Politzer 172.
Polna 343, 80.
Pölten St. 278.
Pöltenberg 83.
Pololz (Podol) 201.
Polzen 323.
Polygamie 5, 25.
Polyandrie 5.
Pomuk 235, 230, 326 s. a. Nepomuk.
poprawa 165, 197, s. Kreisrechtspflege.
Poprawce 291.
Poříč 141, 135, 145, 331, 400.
Poříčí 129 ff.
Porta 176.
Poschitzau 226.
Poschitzer 194 f.
Posen 278.
Possigkau 233.
Postelberg 222, 50, 214.
Potěch 201.
Pottenstein 400, 256 f., 253, 260.
Pottensteiner 258.
Potscherad 408.
Potho v. Friedland 309.
Praebenden 76, 94, 46, 41, 35, 37 f.
Prachatitz 71, 246, 321, 230, 60, 40, 376, 381, 382.
Prachin (Prácheň) 169, 235, 231.

Prag 289, 285, 283, 279, 312, 118, 273, 270, 81, 237, 223, 231, 240, 236, 223, 235, 230, 158, 190, 51, 112, 226.
Prag, alter Markt 140.
Prag, alte Stadt 128, 142 f., 145, 164.
Prag, Altstadt 314, 212.
Prag, am Sande 145.
Prag, Bisthum 247.
Prag, Baubedarf 153.
Prag, Brücke 139 f.
Prag, Besitzverhältnisse 145.
Prag, Burg 132 f., 130, 128, 77, 206, 9, 14, 3, 8, 11, 169.
Prag, Burg, Steinthron 3.
Prag, Čechen 149.
Prag, Deutsche 140, 147.
Prag, Deutsche Ansiedlung 131 ff.
Prag, Deutsche Gemeinde 136 f., 134.
Prag, Deutscher Weiler 133.
Prag, Deutsches Element 148.
Prag, Dom 237, 269.
Prag, Domcapitel 40, 183, 46.
Prag, Gallistadt 140, 144, 243, 128, 243.
Prag, Freiheiten 133.
Prag, Gemeinde 133.
Prag, Hofgebiete 145.
Prag, Kleinseite 240, 206 f., 279, 297, 298.
Prag, Markt 130 f., 147, 142.
Prag, richtarius und judex 138 f.
Prag, Ring 130, 141.
Prag, Neustadt 276, 142.
Prag, Nikolaus S. 140.
Prag, Opatowitz 145.
Prag, Patronat 140.
Prag, Pořič 145.
Prag, Stadtgemeinde 138.
Prag, Stadtprivilegien 135 ff.
Prag, suburbium 135 f.
Prag, Teutonici 135 ff.

Prag, Ummauerung 136, 143 f., 152.
Prag, vici Teutonicorum 136.
Prager Recht 229, 235, 237, 240.
praeco 409.
Praeghaus 272.
Praemoustratenser 53 ff., 90, 75, 59 ff.
Praesentation der Geistlichen 105.
Prasetin 394.
Prasnic 199.
Prawnow 394.
právo podací 355.
právo zákupné 126, 355, 395.
Přcheischen 383 f.
Přebik 417.
Predigerorden 83.
Preller 194.
Přemysliden 152, 363.
Pressnitz 222, 317, 330.
Přestic 323.
Preunel 233.
Přelouč 164, 322.
Příbram 320, 322, 209, 140.
Přibislau 328, 343.
Přibik von Chroustenic 237.
Přilep 237.
Priesen 188, 186.
Priesener Bach 222.
Přisnobor 171.
Priester 36, 11, 9, 28.
Priesterehen 101.
Priestereinsetzung 111 f.
Priesterthum, christl. 8.
Priesterthum der Slaven 2.
Priesterschaft 4.
Priesterstand 7.
Priesterweihe verhindert 101.
Priethal 327, 367.
Privileg des Bisthums 107.
Privileg des Bürgerstandes 161.
Privilegierte Bauern 417.
proanimati 14, 92.
Provisionen 118.
Probierer 272, 242.
Probst 41, 121.

Probsteien 31.
Proboscht 77.
Prochomut 61.
Prochs 194.
Pröhl 222.
Prohlig 63.
Prohn 381.
Prokop St. 12 f., 100.
Prokop, Richter 215.
propugnacula 168.
proscripti 162.
Prosmik 182.
Protivin 412.
Prowodow 52.
Pulitz 260.
Pulkenstift 382.
Pürglitz 274, 290.
Pusch, Bürger 284.
Puschendorf 370.
Puse 401.
Putim 62.
Putzbühl 233.
Priesterweihe 103.

Rabenstein, Bürger 194.
Rabenstein, Rabstein 214 f., 352.
Račic 219, 230.
Raczlabsdorf 255.
Radaun 374.
Radbuza 62.
Radeinles 373.
Radhostitz 195.
Radnitz 312, 316.
Radomyšl 333.
Radonitz 54, 234.
Radositz 241.
Radotin 14, 72.
Radowestitz 312.
Radwan 372.
Raimund von Lichtenburg 341 f.
Raizenhein 222.
Rakner 194.
Rakonitz 215, 274, 170, 31, 240, 223.
Raneu 4, 6.
Ranna 394.
Rannay 210.

Ranozir 58.
Ranzengrün 407.
Rapoto 235.
Rataj 345.
Ratimir 386.
Rathhaus 166, 357.
Ratschitzer 233.
Rathschlag 378.
Rathsdorf 254 f.
Ratzeburg 278.
Raub 161.
Rauchpfennige 20 f., 404.
Raudnitz 89, 91, 35 f., 178, 174, 321, 319.
Raygern 45, 404.
Reblin 205.
Rector der Kirche 36.
Rechenberg 266.
Recht, böhmisches 417.
Recht, deutsches 122, 190.
Recht der Städte 159.
Recht, Magdeburger 187, 292, 196, 206, 209, 212, 164 f., 322, 198 f., 207, 210, 228, 192, 174, 188.
Recht, Berauner 238.
— Brüxer 218.
— Egerer 227.
— Elbogner 225.
— Hohenmauter 204.
— Iglauer 200, 204 f., 297, 342.
— Leitmeritzer 209.
— Nürnberger 229.
— Nimburger 346.
— Pilsener 230.
— Piseker 241.
— Prager (Altstädter) 229, 235, 237, 240.
— Saazer 214, 353.
— Tauser 233.
Rechtsbelehrung 212, 164.
Rechtsmittheilung 142.
Rechtspflege 154.
Řečic 170, 320.
Refection 34.
Regensburg 235, 232, 278, 13, 18 f., 8, 9, 46, 231, 230, 146.

Regensburger Münze 132.
Regiegut 179.
Rehberg (Reichenberg) 400.
Reichenau 254, 258 f.
Reichenbach 48.
Reichenberg (Rehberg) 258 f., 400.
Reichenwald 260.
Reichers 371.
Reichlin 310.
Reimund von Lichtenburg 284.
Reinprechtsdorf 255.
Reischdorf 222.
Reisigendienst 149.
Reißenkittel 172.
Reitersdorf 392.
Reitner 172.
Reckzel 221.
Reliquien 39, 69, 18, 15, 9, 7.
Renner 236.
Reuffel 187.
Reutaxt 267.
Reutlingen 278.
„Reuthe" 384.
Řevnicow 412.
Řevnitz 312, 328.
Rhein 177.
Řičan 130, 265, 170.
Richard, Arzt 86.
Richsa 48.
Richter 28, 133, 156, 154, 145, 230, 227, 166, 163, 378, 339, 310, 248, 263, 357.
Richteramt 155, 240, 234 f.
Richterei 234.
Richterius 139.
Richterschaft 378.
Riedweis 373.
Riegerschlag 372.
Riesenburg 67.
Riesenburge 71, 219, 216, 227, 351, 345.
Riesengebirge 205.
Rinchnach 46.
Ring (rink, rynk, in rinco) 166, 316, 357, 310.

Ringwert 172.
Rinpolz 371.
Rite 254.
Rittergüter 258.
Ritterorden 74 ff., 118, 329 ff.
Robot 123, 403, 380, 313, 345, 344.
Robotleute 198.
Rodebeule 181.
Rodisfort 223, 227, 323.
Rodland 193.
Rohanitz 260.
Rohlau 226.
Rohrberg 69.
Rokyteň 305.
Rokyzan 147, 170, 91, 234 f.
Rokzover 191.
Rom 30, 40, 111, 113, 120, 118, 116, 75.
Romanen 146, 131, 134.
Ronberg 349.
Ronow 202, 394, 337, 349.
Ronwald 294.
Rosenberg 61, 70 f., 233, 374, 380, 91, 333, 369, 367, 334.
Rosenberge 69 f., 88, 241 f., 243, 352, 244, 247.
Rosenberg, Heinrich von 243.
Rosenberg, Peter von 231, 412.
Rosenau s. Rožnow.
Rosendorf 233.
Rosenthal 225, 268, 367.
Rosner 172, 187.
Rosawitz 418.
Ross 172.
Rösselberg 219.
Rotel 172.
Rothenwasser 255.
Rothenstift 392.
Rotlew 201.
Rožmital s. Rosenthal.
Rožnow 242, s. Strodenitz.
Rücker, Richter 240.
Rudger 200.
Rüdgerschlag 79, 373.
Rudig 214, 216.
Rüdiger von Budissin 176.

Rudlin 308, 191, 190, 233, 194.
Rudlin, Richter 204.
Rudlin Roth 205.
Rudolf Christinens 176.
Rudolf König 363, 283.
Rudolfsdorf 219, 255.
Rudolfstadt 243.
Rudolf v. Habsburg 190.
Rufnamen 147.
Rugionen 4.
Rügen, Insel 4.
Ruhstein 233.
Rukersdorf 369.
Rumburg 349 f.
Ruschowan 181.
Rusticalgründe 179.
Rusticalisten 122.
Rusticalland 123.
Rutharde 283 f.
Ruthenmaß 355.
Rusyn 14.
Rybník, Rybníček 80, 129, 254.
Rychta 293.
Rychtař 293.
rynk 358.

Saar 49. 338.
Saaz 223, 219, 211 ff., 274, 222, 415, 68, 210, 51, 71, 291, 215 fl,.
Saazer Gau 63.
Saazer Stadtrecht 214, 353.
Sablat 334.
Šach (? Scac), Berg 112.
Sacco 202.
Sachers 194.
Sachsen 209, 9.
Sachsengrün 407.
Sachsenland 18.
Sacramentsentziehung 22.
Säcularfest.
Sadska 42, 44, 91, 189, 130, 308.
St. Aegyd 95.
Saffran 223.
Salae 142.
Sallesl 410.

Salmann 230.
Salmannsdorf 226.
Salnau 382.
Salz 189, 178, 220, 210, 243, 196.
Salzhandel 240, 244.
Salzniederlage 239,
Salzungelt 213.
Salzzinse 180.
Sandau 60 f., 170, 348, 63.
Sandbach 253, 255, 256, 310, 400.
Sandbacher 258.
Sangerberg 61.
Sarek 390.
Saul von Ronow 394.
Sayda 68.
Sazau 40, 30, 257.
Sazawa 12 f., 31, 247, 49 f, 345, 58, 416, 338.
Schabogläck 222.
Schadernicht 214.
Schaffen 194.
Schandau 176.
Schankgerechtigkeit 157.
Scharf 230.
Scharfenstein 348.
Schaumburg-Holstein 253.
Schatzung 289.
Schatzlar 263 f.
Schedel 236.
Scheibelsdorf 49.
Scheibum 245.
Scheichenkauf 194.
Schemnitz 407.
Schenke (Taberne) 191, 306.
Schenkelsdorf 340.
Schenkow-Westec 191.
Schetzil 194.
Schieferau 233.
Schiffsziehen 180.
Schicklin 234.
Schiedl 305.
Schiedsrichter 27.
Schildberg 253, 256.
Schindloch 201.
Schirmdorf 255.
Schiřowitz 183.
Schlachten 158.

„Schläge" 369, 371, 374, 382.
Schläge des HerrnGerbert 370.
Schlaggenwert 67 f., 223, 227, 410.
Schlan 169, 223, 226 ff., 209, 32.
Schlan Gauburg 14.
Schmalz 223.
Schlapanz 338 f., 382.
Schlegel 326.
Schlesien 174, 361.
Schloß-Bösig 305.
Schloßberg, Teplitzer 52.
Schloßstiege, alte 130.
Schmalau 233.
Schmalkalden 278.
Schmalzgruben 233.
Schmiede 191, 194.
Schneider 191.
Schneiderwerkstatt 193.
Schnella 386.
Schnürschneider 194.
Schnurrenerzähler 4.
Schochau 188.
Schöffen 159, 190, 145, 156, 149, 229 f., 329, 211, 270, 343, 331, 310, 417, 345, 196, 328, 261, 291, 333.
Schöffenamt 205.
Schöffenbank 154, 164, 196, 263, 292.
Schöffenbelehrung 174.
Schöffeucollegien 163.
Schöffengericht 187, 202, 212, 225.
Schöffenmeister 270.
Schöffennamen 172.
Schöffenstuhl 172, 204, 154, 194.
Schöffen zu Magdeburg 174.
Schöffensystem 122, 164 f., 162, 292.
Schöffenzahl 163.
Schöffen zu langer Zeit 164.
Schömberg 317.
Schömitz 407.
Schönau 382, 401, 219, 407.
Schönbach 63.

Schönberg (Šumberk) 253, 256.
Schönbüch 349.
Schönfeld 406.
Schönlind 63.
Schönwald 323.
Schönweid 195.
Schönpriesen 188, 186.
Schonscheider 172.
Schönzopf 187.
Schöpfe der junge 172.
Schopka 88.
Schoß 126, 260.
Schoßdörfer 156 f., 227, 236.
Schoßgründe 81, 196, 201, 212, 240, 340, 173, 187, 190.
Schoßgüter 199, 160, 127, 297, 222, 274, 209, 320, 242 f., 218, 234, 192.
Schoßpflicht 302, 297.
Schreibersdorf 256.
Schreinerschlag 381.
Schrotamt 200.
Schulmeister 194.
Schultheisse 394.
Schulzen (Scholzen) 248, 394, 402.
Schünan 213.
Schurz 261.
Schuster 191.
Schüttenhofen 169, 235, 231. 332.
Schüttenitz 183, 203, 337.
Schutzprivilegien 146.
Schwaben 9, 146.
Schwabenitz 263 f.
Schwamberg 88.
Schwanenbrückel 233.
Schwänke in Cultbeziehung 29.
Schwarzawa 58.
Schwařenitz 181.
Schwarzbach 377.
Schwarzberg 233.
Schwarze Berge 262.
Schwatz 78, 98.
Schweinetschlag 381.
Schweinfurt 278.

Schweinitz 244, 335.
Schwindschitz 409.
Schwurkirche 136, 141.
Sclaven 9, 25 f.
Sclavenhandel 26.
Sculteti (s. Schulzen) 402.
St. Clemens 95.
Sebusein 185.
Sechspfenniggebühr 39.
Sedletz 284, 31, 283, 201, 195, 72, 69, 63 ff., 326, 200, 202, 338, 240, 269, 191.
Sedlčan 353.
Sedličanen 224.
Seelgeräth 46, 15, 294, 296, 41, 280, 97, 91 f., 70 f., 69, 67 f., 65, 59, 102, 128, 121, 120, 75, 64, 49, 298, 297 ff., 81, 343, 298, 56, 78, 44, 10, 84, 152, 33.
Seelgeräthsbeschränkungen 121, 297 ff.
Seelgeräthsgut 93.
Seelgeräthsknechte 14.
Seelgeräthsverwalter 102.
Seeg 233.
Seelenz 390.
Seelenbedarf 35.
Seelsorge 15, 87.
Seelsorggebühren 95.
Seelsorger 77.
Seestadtl 217.
Seibersdorf 254.
Seibot von Beneschau 413.
Seidowitz 219.
Seifried, Pfarrer 316.
Seifried, Richter 320.
Seilmaß 219, 212, 302, 355.
Seilwiesen 219.
Selau 97, 50, 58, 320, 390 ff.
Selbstdarbringung 47.
Selbstgerichtsbarkeit 124.
Selbstverwaltung 124.
Seltschan 314.
Severus, Bischof 26.
Senftenberg 253, 256, 258, 254, 400.

Sepekow 353.
Serviten 88 f.
Setčchowitz 241.
Sevosetic 326.
Seydlin 241.
St. Franz 83.
St. Georg, Stift 8, 51, 227, 416, 235, 321, 37, 30.
St. Jakob, Dorf 195.
Sicca s. Schüttenhofen.
Sichdichfür 233.
Sichelsdorf 255, 257.
Siedelmann 274.
Siegfried 183.
Sieghardsdorf 49.
Siegmund 59, 184.
signum ungelti 210.
Siffrid v. Kopist 176.
Siffrid von Meißen 176.
Siffrid vom Rhein 176.
Sieglitz 230, 387.
Silberbau 260, 268, 243, 320, 342, 338.
Silbergruben 69.
Silberstein 172, 261.
Silberfuß 220.
Siloe 50.
Sirbitz 415.
Simmersdorf 390.
Simon, Legat 117.
Simonie 94, 100, 295.
Šimonow 396.
Simon Pule 201.
Simonsdorf 396.
Sion 54.
Skalitz 74, 171.
Skalka 323.
St. Katharinendorf 195.
Skuhrow 258 f., 260, 344, 400.
Skultis 172, s. Schultheiß, Schulze.
Skyrl 327.
S. Laurenz, Kloster 79.
Slaven 1, 2, 5.
Slavenkloster 91.
Slatina 205.
Slavětic 368.
Slavětin 210, 312.

Slavische Bürger 238.
Slavnikreich 13.
Slavko 67 f., 406.
Slawkenswerder 67, s. Schlaggenwerth.
S. Leonhard 275.
Slepotitz 195.
Sletner Nikol. 226.
Slicheint 187.
Slichting 187.
Sloupna 205.
Sloupnitz 58, 254, 257.
Slup 89.
Smil von Lichtenburg 338 ff.
Smoller 187.
Smrczna 392.
Smrdow 49.
Smržné 390.
St. Nikolai, Dorf 195.
Sobenitz 61.
Soběslau 335.
Soběslav 34, 262, 82, 41, 134, 132, 231, 146, 143 f., 139.
Soběslav II. 42, 48, 323.
Sobotka 347.
Sockel 189.
Sok 2, 29.
Solgraben 332.
Solnitz 64, 258 f., 332, 344, 400.
solti 402 s. Schulzen.
Sonnberg 368 ff., 382.
Soor (Zárow) 262.
Sophienthal 233.
Sotlin 197.
Sowinky 347.
Sulislaw v. Trnowan 352.
Spitaler 87 f.
Spolienrecht 98.
Sporengeld 118.
Sprache 151, 150, 146, 377, 382.
Sprachgrenze 382.
Springenberg 233.
Springinsgut 197.
Speytel 230.
Sporport 172.
Spytihněv 8 ff., 32.

Spytihněv II. 39, 137 f.
Srub 205.
Staab 326.
Stadtanlage 166, 169, 356, 153.
Stadtbewohner 125.
Stadtgemeinde 125.
Städte 121, 290.
Städte, befestigte 152.
Städte, königliche 151 ff., 169.
Stadtbefestigung 167 ff.
Stadterhebung 304.
Stadtgründungen 124 ff., 169.
Städtebündnisse 161.
Städtewesen 294.
Stadtgraben 167.
Stadtgut 160.
Stadtmauern 166.
Stadtrecht 142 f., 145, 156. 161.
Stadtrecht, Nürnberger 143 f., 150.
Stadtrecht, Iglauer 270, 279.
Stadtrecht v. Deutschbrod 341.
Stadtrichter 192 f., 270, 273, 159, 285, 291, 322.
Stadtummauerung 145, 341, 310.
Statutarrecht 159.
Statutarrecht v. Iglau 193.
Stadtvogt 251.
Stämme 3.
Stankowitz 213.
Stapelrecht 178, 192, 196.
Stará 62, 343, 345.
Starawes 326.
Starkstadt 344.
Stecken 390.
Štědřiš 415.
Steier 278.
Stein 378.
Steine-Fluß 52 f.
Steinfeld a. Rh. 54, 58.
Steinkirchen 244.
Štěpanow 49, 320.
Štěpanowic 235.
Stephan, Jude 44.
Stephan St. b. Prag 80.
Sterkowitz 210.

Sternhof 233.
Stesserer 172.
Steubel 194.
Steudler 172.
Steuerverweigerung 289.
Stich 232.
„Stifte" 385.
Stiftungen 30.
Stiftungsgeistlichkeit 294.
Stiftsgründe 294.
Stiftsgüter 122.
Stiftungsgut 92.
Stiftungsgut als Kammergut 97.
Stiftung Zbyhněws 34.
Stipky 45.
Stock und Galgen 165, 328 f., 351.
Stoer 187, 194.
Strakow 54 f., 58, 117, 141, 145, 213, 323.
Strafrechtspflege 28.
Strakonitz 77, 241, 321 ff.
Strakonitzer Maß 332.
Stral 194.
Stronitz 214.
Stranowitz 241.
Strampauch 201.
Strašic 210.
Straßburg 146.
Straßen 231.
Straßenzug 127.
Straßenzwang 210, 222 f., 240, 217, 231, 226.
Straßenhütte 233.
Straubingen 146.
Straupitz 213.
Strauss 194.
Stráž (Platz) 373.
Střelabach 65, 386.
Strich (Maß) 355.
Strimitz 219.
Střítěř 241.
Strobnitz 325 f., 369.
Strodenitz 242 f., 334, 370.
Stry 19.
stuba 21.
Stutenhof 245.
Stwolno 352.

Stybnitz (Jistebnitz) 369.
S. Veit (Prag) 10 f.
Swatawa 108.
Swatopluk 32, 41.
Swatosla 254.
S. Wenzel (Prag) 11.
Swetkau 224.
Swičic 326.
Subsides 127, 186, s. Hintersassen.
Subsidien 326, 403.
Suburbium 128 ff., 170, 173.
Sudelfleisch 194.
Sudelmann 412.
Sudler 194.
Südslaven 11.
Suidger 406.
Sulowitz 185.
Superexcrescenz 196, s. Excrescenz.
Sušice s. Schüttenhofen.
Sylvester, Bischof 115.
Symacus 310.
Synagoge 131, 146.
Synode, Prager 22, 101, 29.
Syrowatka 189.
Sytiner 194 f.

Taberne 157 f., 27, 191, 238.
Taboritenlehre 299.
Tacha 304.
Tachau 170, 47, 226, 228, 231.
Taufe der Herzoge 8.
Tagardes-Wald 226.
Tanneberg 233.
Tapard 187.
Tasso von Skuhrow 260.
Tatschitz 330.
Taufnamen 141, 147.
Taus 60, 175 f., 231 f., 31, 14, 169, 177, 228, 232, 51.
Tausendmark Nikol. 284.
Teindles 169.
Teinhof 81, 138.
Teinizl 80.
Tempel 1.
Tempelsteuer 4.
Templer 373.

Templerorden 79.
Tepl 170, 395, 109, 61 ff., 59 f., 173, 231, 22, 383 ff., 325.
Tepl, Fluß 225, 274.
Teplitz 52, 351.
Tertiarier 85.
Těškow 386.
Testierrecht 224, 279.
Testa 2.
Tetin 164, 314, 236.
Tetin, Gau 31.
Tetin, Stephan v. 418.
Tetschen 170, 348 f.
Tetschen, Gauburg 14.
Tetzler 235.
Teutunici 132 ff.
Teutunicorum vici 132.
Thetico Isenrich 176.
Thaya 39.
Theatrum 357.
Theodorich, Abt 72.
Theobald III. 49.
Theresienthal 262.
Thiergarten 275, 325.
Thobias, Bischof 319 f.
Thobias v. Bechin 319, 251, 283.
Thobias v. Beneschau 352.
Thomas Kambůr 205.
Thore 166 f., 302 f., 358.
Thorn 278.
Thortürme 168.
Thorwache 225.
Thüringen 8, 9, 371 f.
Tieczko, Senftenberg 236.
Tillmann 285.
Tilmann 194.
Tilmitschau 333.
Tilo Bylen 205.
Tisch 378.
Tisowa 205.
Titelweihe 103.
Tochowitz 322, 416.
Točnik 235.
Tollenstein 405.
Tomek 124, 130, 147, 234, 255.
Torgau 278.

Tote 11.
Totenfälligkeit 380, vergl. Heimfall.
Tote Hand 92.
Totenbestattung 29.
Toust 232.
Trautlieb 265.
Trautenau 170, 401, 405, 317, 310, 265 f., 261 ff., 344, 78.
Trautenau, Mannschaft 261.
Trautenbach 265.
Trautliebersdorf 317.
Trautmann 265.
Trautmanns 371.
Trávník 128.
Traxelmoor 233.
Třebaně 199.
Třebautitz 183, 416.
Třebešitz 201.
Trebnitz 210, 321.
Třeboň 369, s. Wittingau.
Třebowa 58, s. Trübau.
Třebovka 251, s. Trübe.
Třebovle 199.
Tremles 336, 372.
Třemošnabach 387.
Tristram 247.
Triebach 84.
Trnowa 403.
Trocharz 187.
Trübau 400, 74, 257, 255, 254, 251 ff., 328.
Trübau, Mähr.- 399.
Trübe 399, 254, 251.
Trübel 187.
Trubin 237.
Trucklo 187.
Trút 265.
Trstenice 14, 57, 156.
Tschachwitz 222.
Tschausch 219.
Tscheppern 218.
Tschernitz 218.
Tschersing 184.
Tschunkendorf 255.
Tschitern (Čtihar) 193.
Tuche 147, 231, 223, 244, 338.
Tuche, graue 148.

Tuche, polnische 148, 244.
Tuche, ypernsche 148.
Tuchhandel 219, 213.
Tuchhändler 361 f., s. Gewandschneider.
Tuchkleidung 148.
Tuchmacher 213, 361 f.
Tuering 373.
Tuhošť 232. s. Taus.
Tuln 278.
Turgowec 173.
Türme 168.
Turmkammern 168.
Turnau 85, 346.
Türpes 255.
Tüppelsgrün 325.
Tuschkau 230, 323.
Tuschmitz 222.
Twřic 241.
Tynčan 59.
Týnisť 344.
Tyrmann 220.
Tyrmann Leynwater 230.
Tyrlow 210.

Überfuhr 179.
Udlitz 215.
Ujezd 47, 233, 386, s. Aujezd und Oujezd.
Ujezdec 80, 416.
Ulbersdorf 218.
Ullersdorf 400.
Ulmann 257.
Ulmann von Aussig 176.
Ulrich 197, 31, 200.
Ulrich Czachborii 214 f.
Ulrich Hase v. Waldeck 312.
Ulrich, Herzog 12.
Ulrich Pflug v. Rabstein 352.
Ulrichsgrün 61.
Ulrich v. Lichtenburg 202, 339.
Ulrich v. Neuhaus 86, 337.
Umgangssprache 382.
Umlocierung 210, 410 ff.
Ummauerung 127, 186.
Umstand des Gerichtes 162 f.
Ungarn 27, 194.
Ungelt 193, 289.

Ungeltzeichen 210.
Unhošť 207.
Universität 298.
Unschlitt 223.
Unterhütte 233.
Unterkämmerer 98, 160, 223.
Unterthanen 180.
Unterthanenstädte 301.
Unter-Wuldau 375, s. Hirzow.
Úpa Stadt 264 f., s. Trautenau.
Úpa s. Aupa,
Upohlav 416.
Úpsko 261 ff.
Urbs 300.
Urbur 273, 270.
Urburarius 338.
Urburmeister 242, 270.
Uretschlag 371.
Urtheilsfinder 151, 163.
Úsk 186, s. Aussig.
Úsk, Ústí a. d. Lužnic 336.
Uslawa 229.
Ústí 186, s. Aussig.
Ústí a. d. Adler 254, s. Wildenschwert.
Ústí bei Nimburg 188 f.
Utraquismus 299.

Valentin, Bürger 115.
Vapený Podol 337.
Veit, Neffe St. Prokops 13.
Veit St. zu Prag 37 f., 9, 22.
Venedig 207.
Verbannung 27.
Verhandlungssprache 172.
Verjährung 150.
Verköstigung des Richters 179.
Vermessung 353.
Verona 236 f.
Versucher 272.
Verwandtenehen 25.
Vetterlin 187.
via publica 129 f.
Vicare 27, 95.
Vicaristen 68.
vicus Teutonicorum 135 f.
Viehhandel 231.

Viehweg 306.
Vienne 101, 104.
Vier Bänke 148, 172.
Vierzig Hufen 399.
villa forensis 300.
Villication 186, 308.
Villicationsämter 189, 303.
Villicationsstädte 300 ff.
Vlčice 261.
Vogelfang 316.
Vogelweide 257.
Vögte 156 f., 163, 378, 251, 248 f., 175, 311.
Vogtei 155, 365, 97, 252 f., 256 f., 93, 60, 322, 401.
Vogteirechte 113,
Vogtland 223.
Voit 172.
Voitsdorf 255, 257, 348.
Voitsgrün 325.
Volklin 172.
Volkmann 233.
Volkskirchen 17, 97.
Volkssprache s. Vulgärsprache.
Vorwerke 168, 302.
Vomerales 20, s. Rauchpfennige.
Vrbno 197.
Vulgärsprache 241, 271, 176, 216, 197, 339, 194, 188.
výhosť 212.

Wachskerze 35.
Wächter d. h. Grabes 78, s. Grabwächter.
Waclawic 313 f.
Wadalitz 410.
Wagirer 2.
Wahlstatt 44.
Wakowitz 222.
Walchendorf 236.
Waldcolonisation 257.
Walddorf 233.
Waldeck 88, 312.
Waldetschlag 371.
Waldhauser 295.
Waldhufendörfer 251, 262, 370.

Waldnutzung 113, 239.
Waldrodung 56, 68.
Waldsassen 48, 62 f., 64 f., 67, 213.
Waldstein-Lemberg 346.
Waldvögte 338.
Wallern 381 f.
Wälsche 134, 146.
Wälscher Hof 207.
Waltersdorf 255.
Walterstift 382.
Walter von Castel 309.
Wamberg 259.
Wamms, böhm. und schwäbisches 148.
Wanka 197.
Warmbad 275, s. Karlsbad.
Warschau 278.
Wartenberge 309, 349.
Wartenberg, Joh. v. 283.
Weberhof 233.
Weberschan 51, 210.
Webrutz 181.
Weiden 190.
Weiden, Markt 226.
Weigelsdorf 262.
Weihe 102.
Weinand 194.
Wein 244, 231, 223.
Weiner 187.
Weingärten 187.
Weinzehent 179.
Weipersdorf 255.
Weißer Berg 207.
Weißensulz 233.
Weißwasser (Bĕla, Neubösig) 170, 307, 305.
Weißlapp 266.
Weitmuhl, Weitenmuhl, Benesch, Franzlin, Heinz von 347 f.
Weleditz 214.
Weleslavin 14.
Welchau 56, 323.
Welešín 335.
Welich, Probst 10.
Welin 195, 274, 412.
Weliš, Burg 31.
Welwarn 311.

Weseli 335.
Wenclav 197.
Wenzelin 197.
Wenzel 269, 191, 194, 197.
Wenzel St. 67, 38, 17.
Wenzel Herzog 7, 9.
Wenzel I. 268, 270, 279, 83, 329, 18, 330, 138, 136, 133 f., 75, 113, 120, 63, 174, 79, 323, 326, 159, 140 ff., 147, 152, 216, 375, 28, 48.
Wenzel II. 363, 254, 264, 249, 251, 252 f., 297, 298, 236, 243, 205, 227 f., 311, 71 f., 270, 308 f., 173, 175, 321, 187, 240, 193, 335, 339, 199, 204, 207, 217, 215, 223, 238, 161, 171, 93, 229, 312, 113.
Wenzel III. 283.
Wenzel IV. 245, 266, 275 f. 280, 291, 230, 201, 219, 231 f., 222, 121, 172, 143, 206, 202, 209, 211, 204, 234, 226 ff.
Wenzelsdorf 233.
Wenzelslegenden 9, 11.
Wenzel von Meißen 176.
Wenzel von Wolfsberg 215.
Werner 176.
Werner v. Aussig 176.
Wernher 172, 223, 230.
Wernher, Richter 340.
Wernsdorf 221.
Werkstätten 220.
Wes am Berg 243.
Weselská 173.
Weseritz 88.
Westec 191.
Wessel 309.
Westel 171.
Wetmann 242.
Wetzdorf 255.
Wetzlín 194.
Wichard von Tyrnau 352.
Wichmann 236.
Wicker, Mönch 48.
Wickwitzer Wald 323.

Widmut 306.
Wien 278.
Wiesenmühl
Wiegensdorf (Weigelsdorf) 262.
Wildenschwert 257, 259, 252 f., 74, 328, 400, s. Wilhelmswert.
Wildschütz (Wlčice) 261, 263.
Wilemow 50, 49, 201, 202, 343, 393.
Wilhelmsdorf 392.
Wilhelmswert (Wilhelmswerder) 254 f., 74, 317.
Wilhelm v. Rosenberg 380.
Wilhelm v. Strakonitz 333.
Wilhelm von Sulzbach 49.
Wilhering 70, 373.
Wilken 222.
Wilmann 200.
Wilomitz (Wilhelmov) 351.
Wilricus 214.
Winterberg 241, 333.
Wintersdorf 368.
Wischezahn 410.
Wischkowitz 241.
Wistritzbach 323.
Wittighausen 374.
Witzo 175 f.
Witigonen 60, 373 f.
Witigo v. Krumau 375.
Witschin 61.
Wittingau (Třeboň) 91, 336, 243, 371.
Wlačitz 201, 393.
Wladislaw 32, 386, 109, 50, 56.
Wladislaw I. 46, 41, 49, 65, 63, 75.
Wladislaw II. 54, 106, 100, 75.
Wladislaw III. 115.
Wladykenstand 369.
Wlašim 345.
Wlčibrod 234.
Wlčic 262.
Wlčkow 254.
Wltheim 210.
Wochenmärkte 130.
Wodnian 315, 170, 240. 244, 246 ff.

Wodochod 20.
Wodolitz 406.
Wobern 304.
Wobora (Obora) 206, 208.
Woken 304.
Wok v. Rosenberg 69, 369.
Wojslawa 62.
Wolflin 147, 326, 413.
Wolflins Jakob 284 f.
Wolflin Hartmannsgrün 407.
Wölflinge 147, 273.
Wolin 240, 320.
Wolinka 241.
Wolfram 230, 283 ff.
Wolframe 141, 147.
Wolta 264.
Wonischen 233.
Wonoschitz 241.
Worasitz 210.
Wormser Concordat 99, 103, 115.
Wottawa 235, 239, 331.
Wrana, Kirche das. 14.
Wratislaw 13, 37, 8, 94, 134 f., 169.
Wratislaw II. 44, 40 f., 100, 137 ff., 129, 132.
Wratislaw Burg 204.
Wráž 237, 417 f.
Vrbčan 199.
Wrchlab 267.
Wrdy 201.
Wřeštow (Bürglitz) 261, 345.
Wršowic 415.
Wšechlap 241.
Wšehub 353.
Würzburg 278.
Wusthub 253, 256.
Wuttau 47.
Wyšehrad 54, 95, 376, 382, 239, 392, 414, 82, 316.
Wyšehrad Probstei 197.
Wyšehrad Stift 40 f., 46, 140, 185, 183, 321, 108, 100, 129 f., 118, 71.
Wýskytna 392.
Wyslavic 202.
Wýsluha (Lohngut) 119.
Wysoka 316.

Ypern 146.

Záboř 370.
Záboří 242.
Záduši 92.
Zádušnik 92.
Zahoř 56,
Záhoří 241.
Zahradka 321.
Zahřivče 237.
Zahubin 202.
Zaječi 30, 32.
Žák 201.
Zakoř 375.
Zaleš 205.
Zalužan 227, 326.
Žampach 256, 400.
Zařeč 379.
Zaříčan 201.
Zátew 240.
Zátka 410.
Zátoň 31, 129.
Zauberer 28.
Zauberpriester 2.
Záwiš 74.
Záwiš von Falkenstein 72, 400.
Záwiš von Pilsen 253.
Zbraslaw 71 ff., s. Königssaal.
Zbraslawitz 343.
Zbirow 88, 312.
Zbiting 382.
Zbečnik 400.
Zbyhněw 33.
Zdanitz 198.
Zderas 216, 78, 265, 145, 352, 332, 205.
Zdeslaw 172.
Zdic 237.
Zdislaw v. Sternberg 352.
Žebrák 418, s. Bettlern.
Zebus 52.
Zehent 379, 16, 20, 320, 326, 258, 214, 392, 396.
Zeidlin 172.
Železna 237.
Železnice 227.
Želiv 50, s. Selau.
Žernosek (Černosek) 184 f.

Zerwa 307.
Žerotin 88.
Zedlitz 224.
Zezemitz 74.
Zehent 16, 20, 214, 258, 320, 326, 379, 392, 396.
Zehent der Kirche 110.
» böhmischer 396.
» integraler 368.
Zehentpauschalierung 111, 22.
Zehentsystem 123, 367, 385.
Zieras 368.
Ziegenfuß 255.
Zierung 369.
Ziger 194.
Žihlice 387.
Zinn 223.
Zinnober 223.
Zins 379.
Zinsenkauf 92.
Zins, freier 92.
Zins, nackter 93.
Zinsfuß 298.
Zinssystem 385.
Zinsung 157.
Zittau 342, 405, 339, 179, 295, 349 f.
Zittauer Weg 132, 188, 66.
Žiželic 39, 345.
Zlatnik 219, 413.
Žleb 337, 343, 67.
Znaim 68, 83, 252, 297.
Zohse (Sazau) 255, 257.
Zoll 158, 211, 231, 243.
Zollbefreiung 189.
Zollfreiheit 244, 240.
Zöllner 158.
Zollsätze 178.
Zollstätten 342, 226, 235, 186, 170.
Zotel 236.
Zwangsstraße 234, 246, 250, 228, 231.
Zwinger 168.
Zwillinger 230.
Zwittau 399.
Zwratkabach 57.
Zwollen 352.
Zydinawes (Jičin) 309.

www.ingramcontent.com/pod-product-compliance
Lightning Source LLC
Chambersburg PA
CBHW022139300426
44115CB00006B/254